旭升堂

江南好家风

· 王向阳　编注

中山大学出版社

· 广州 ·

SUN YAT-SEN UNIVERSITY PRESS

图书在版编目（CIP）数据

旭升堂：江南好家风/王向阳编注．—广州：中山大学出版社，2023.7
ISBN 978 - 7 - 306 - 07753 - 0

Ⅰ．①旭…　Ⅱ．①王…　Ⅲ．①家族—史料—浙江　Ⅳ．①K820.9

中国国家版本馆 CIP 数据核字（2023）第 039125 号

XUSHENGTANG：JIANGNAN HAO JIAFENG

出　版　人：王天琪
策划编辑：李　文
责任编辑：叶　枫
封面设计：曾　婷
责任校对：管陈欣
责任技编：靳晓虹
出版发行：中山大学出版社
电　　话：编辑部 020 - 84110283，84113349，84111997，84110779，84110776
　　　　　发行部 020 - 84111998，84111981，84111160
地　　址：广州市新港西路 135 号
邮　　编：510275　传　　真：020 - 84036565
网　　址：http：//www.zsup.com.cn　E-mail：zdcbs@ mail.sysu.edu.cn
印　刷　者：恒美印务（广州）有限公司
规　　格：787mm×1092mm　1/16　28 印张　654 千字
版次印次：2023 年 7 月第 1 版　2023 年 7 月第 1 次印刷
定　　价：128.00 元

照　片

图 1　浙江浦江深溪义门王氏宗祠大门

图 2　浙江浦江深溪旭升堂创始人王继旦的祖父王天爵创建的中正堂

图 3　旭升堂门楼

图 4　旭升堂大厅

图 5　旭升堂百岁老人王正全（1921—2021）

图 6　旭升堂于 2010 年被浙江省浦江县人民政府列为第四批文物保护单位

图 7　旭升堂创始人王继旦的父亲王宗群之墓

图 8　王氏先茔前的石供桌

图 9　王氏先茔残存的石雕

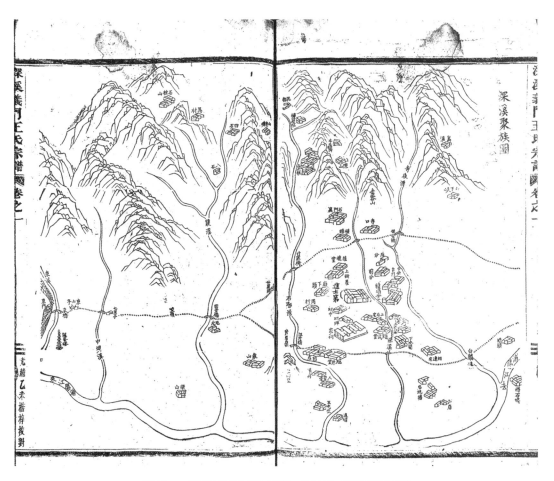

图 10　《深溪义门王氏宗谱》收录的《深溪聚族图》

图 11　清光绪乙未年（1895）续修的《深溪义门王氏宗谱》

图 12　王龄撰写的《回龙庵记》碑刻

图13　王龄出资刊印的《盘洲文集》

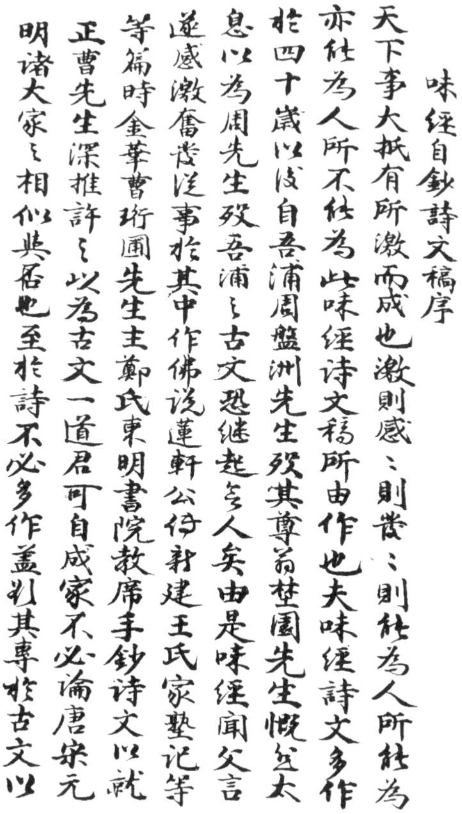

味经自鈔詩文稿序

天下事大抵有所激而成也激則憤憤則仕為人所仕為亦仕為人所不仕為此味經詩文稿所由作也夫味經詩文多作於四十歲以後自吾浦周盤洲先生殁其尊翁楚園先生慨然太息以為周先生殁吾之古文恐継起乏其人矣由是味經廟父言遂感激奮發従事於其中作佛說蓮軒公仔剏建王氏家塾記等等篇時金華曹珩圃先生主鄭氏東明書院教席手鈔詩文以就正曹先生深推許之以為古文一道君可自成家不必論唐宋元明諸大家之相似與居也至於詩不必多作盖以其專於古文以

图14　朱寯为王可仪《味经斋诗文稿》作的序

以礼教联结"家国"

——《旭升堂：江南好家风》序

陈春声

　　70多年前，费孝通先生在其不朽的名篇《礼治秩序》中指出："乡土社会秩序的维持，有很多方面和现代社会秩序的维持是不相同的。……我们可以说这是个'无法'的社会，假如我们把法律限于以国家权力所维持的规则；但是'无法'并不影响这社会的秩序，因为乡土社会是'礼治'的社会。……礼是社会公认合式的行为规范。合于礼的就是说这些行为是做得对的，对是合式的意思。如果单从行为规范一点说，本和法律无异，法律也是一种行为规范。礼和法不相同的地方是维持规范的力量。法律是靠国家的权力来推行的。'国家'是指政治的权力，在现代的国家没有形成前，部落也是政治权力。而礼却不需要这有形的权力机构来维持。维持礼这种规范的是传统。"费孝通先生把法律、道德与礼节视为制约人的规范的三种不同表现形式，特别强调礼治和礼教在维持中国传统乡村社会秩序方面的重要性，指出礼的存在是中国社会结构的特质之一。近日，承蒙王东晓教授介绍，有机会拜读王向阳先生编注的《旭升堂：江南好家风》书稿，对费老高度重视的"礼治和礼教"问题有了新的感受与认识。此书通过江南一个乡村家族发展与礼教建设的历程，以丰富翔实的历史文献，从相当具体而深入的视角，生动地展现了传统中国基层社会运作机制的若干侧面，对我们更为细致地理解中国文化背景下乡村与国家的关系，颇具启发意义。

　　根据《浦江县志》记载，东晓教授和向阳先生的家乡浙江省浦江县郑宅镇是县内历史名镇，而深溪王氏更是本地望族之一，其先祖定居的历史可以追溯至南宋淳熙年间（1174—1189）。王向阳先生历时十年，从族谱、诗文集、碑铭、方志等地方文献和民间文书中，辑录了与深溪旭升堂王氏家族相关的251篇文字，包括诗、赞、说、辨、序、传、记、行状、墓志铭、祭文、墓图、题跋等体裁，结合田野调查所得，认真辑佚、校勘，并做了相当细致的注释，探赜发覆，用功精勤，兼具学术积累价值与文化保护意涵。

　　细读这251篇文献，给人深刻印象的，就是深溪旭升堂王氏"家教"与"家风"中氤氲着的浓郁的"礼教"氛围。在人物传记、宗族规约和读书笔记中，不断提及"礼仪""礼法""礼义""礼节"等儒学典章的规矩，于"礼乐""礼服""礼器""礼物"等多有论述，对重要仪式场合和日常生活中的"冠礼""婚礼""乡饮酒礼""贺庆吊丧之礼、祭祀宾客之文"和"洒扫应对之节、事亲敬长之礼"等格外重视，还要求家族成员言谈举止要"知礼""守礼""合礼""尽礼"和"礼让"，且对"诗礼""典礼""乡礼"与"家礼"等观念也有较多关注和解释。邻村郑祖涝在写给旭升堂第七世子孙王思韩的七律《柬寄王鹿鸣》，就是将"诗礼"与"家风"联结在一起的："诗礼家风应未坠，莫将壮志付蹉跎"。具有族规性质的《深溪义门王氏家则》第三十六条对宗族延请塾师的条件，也有这样的说法："延迎礼法之士，庶几有所观感，有所兴起，其于学问资益非小"；第二十五条对族务管理中"家长"的治事规矩，更是要求"在上者谨守礼法，以制其下"；其第一百七条还明确了族人"违于礼法"的罚则："子孙赌博无赖及一应违于礼法之事，家长度其不可容，会众罚拜以愧之，但长一年者受三十拜"。"礼法"与"礼教"在乡村公共管理和风俗培育中的功能，可见一斑。

正如人类学和历史学的许多研究所表明的，仪式行为在人类社会的发展中具有多方面的重要意义，而在中国这个"国家"无时不在、无处不在的社会里，当"仪式"被视为"礼仪"的时候，王朝意识形态的因素就深深地蕴含于其中了。正如作者在"前言"和"后记"中一再强调的，"家是最小国，国是最大家"，"'天下之本在国，国之本在家，家之本在身'，这就是儒家'修身、齐家、治国、平天下'的家国一体思想"。《旭升堂：江南好家风》一书给我们的启示就是，在"家国一体"的乡村社会历史发展中，常常是以"礼教"将"家"与"国"联结起来的。

在中国上千年的传统社会中，朝廷直接任命的官吏最低只到达县级，在地域辽阔、自然和社会状况千差万别、信息传递手段相对落后的乡村地区，社会生活的正常进行，基本上依靠的是带有某种"乡村自治"性质的运作机制。乡村的各种公共事务，包括防疫、慈善、教育、水利、诉讼或调解、道路修筑、乡村规划、处理村际关系等等，都是依靠村落内部的乡绅阶层、家族和信仰组织，以及风俗习惯等来维持的。当然，我们不能把传统乡村社会描述为田园牧歌式的世界，历朝历代也有许多对于乡村内部政治压迫和经济剥削的批评和抗议行动，但不能否认的是，中国传统农业社会能维持长达数千年之久，中华文明能成为世界上唯一没有中断的文明，正是建基在这样一种乡村文化传统之上的。有着乡村生活经验的人们都知道，传统乡村里长幼尊卑的关系、乡村公共事务的处理、村际关系的协调等等，都是根据礼治的习惯和传统来处理的。宋代以后，随着文字在乡村的普及，包括《朱子家礼》在内的带有儒家意识形态色彩的有关家族和乡村日常生活礼仪的读本也越来越常见，成为乡绅们规范自身与所在乡族行为的标准，也成为他们解释各种礼仪活动的正统性和合法性的依据。《深溪义门王氏家则》正是这样的范本："著为《家则》一集，以贻厥子孙。其类凡九：首之以敬先，谓思所以报本也；次之以务本，谓行莫先于孝悌忠信也；又次之以惇礼，谓衣食、冠婚、丧祭必有其恒也；又次之以厚生，谓布帛、菽粟必欲其弗匮也；又次之以防范儆戒，谓以礼义维持勉其为善而禁其不善也；又次之以睦族恤众，谓推亲亲仁民之心将以为凭为翼也；又次之以规余，谓诸类不能尽者则列之于此也。其齐家修身之道可谓至矣！"细读本书"附录"的九类一百八十四条《家则》，儒家意识形态在其中的绝对主导地位是不言而喻的。

从王朝的角度看来，通过文教事业，使儒学的理念和意识形态得以一代又一代地传承；通过科举考试的机制，让世代交替自然而然地发挥作用，使孝、悌、忠、信、礼、义、廉、耻之类的观念深入人心；"使百世下闻风起懦，维千秋纲常于不坠"，是达致国家长治久安最稳固可靠的途径，即使这样的过程看起来似乎有点缓慢。但有意思的是，由于科举制度的千年发展，以文教的方式传播"礼法"和"礼仪"的责任，在传统乡村地区更多的是由家庭、宗族、社学、义学等基层社会组织来承担的。《旭升堂：江南好家风》就记载了许多旭升堂王氏族人兴办教育的事例，如第五世子孙王龄"于居室外营构别墅，名曰双桐书屋，延师以训其子，而自外来肄业者常数十人，得所成就甚多"；而利用祠堂作为教学场所更是常见的做法，第六世子孙王可仪的《启四百五辉山公传》，就记录了嘉庆元年（1796）邑庠生王祖瑞在王氏宗祠设馆课徒的情况："嘉庆丙辰岁，设馆宗祠中，余弟从之游。而公泰岳张泰卿先生精音韵，严点画，于四书六声详审细密。公得其传，余亦受公讲论之益不少"；嘉庆十五年（1810），该族又有兴建"家塾"的举措："嘉庆庚午岁，吾族创建家塾既落成，此父兄不殚竭蹶囊事以培养其子弟者也，此子弟所由黾勉奋兴以求仰副父兄之期望者也"；旭升堂族人中读书有成者，也有从事教育的，如第八世子孙恩贡生王兴谟"应东道之聘，马帐高悬，生徒远集，敦师道，整学规，分次序，严课程，参透诗书之奥义，裁成制艺之宏章，大以成大"；在这样的氛围之下，女性也重视子孙的教育，如曾任儒学训导的同县人朱兴悌在为王龄之母所作《深溪吟为王梦九龄母氏黄太孺人赋》中，就这样描述这位二十六岁开始守寡育孤、六十岁时奉旨建坊旌表的老妇人的德行："青箱课学，书味沉酣。"

家族重视教育的直接动因，当然与功名有关。深溪旭升堂王氏注重督课子孙，其效果是明显的，从清康熙年间的王继祥开始，王守中、王祖源、王志枫、王舟、王可嘉、王思兼、王兴豪连续八代中秀才，在地域社会长期保持威望和影响力。而取得功名的宗族成员，也就自然而然地成为官府与百姓之间具有双重身份的"代理人"，在乡村社会拥有某种具有"合法性"的控制权。例如，旭升堂七世子孙、邑庠生王思兼"秉性忠直，为人慷慨。里闬哄斗，质之公，公必力为排解，据理直斥，柔则不茹，刚亦不吐。与族叔祖芸岩公同总理祠事几近二十年，人以公直任之而不疑，公亦以忠勤自矢而不苟"；清末民初王兴谟"不忍宗祖之馁而召集祭会，思免乡邻之械斗排解纷争，其事之卓卓昭人耳目者，尤为指不胜屈"。然而，文教对传统乡村社会更为深刻的影响，仍然在于通过对蒙学教材和"四书五经"的记诵与宣讲，让以儒学为中心的王朝正统意识形态得以深广流播，从幼童开始就潜移默化地深入人心。《旭升堂：江南好家风》记录的许多事例，描述的都是这样的情况。清代族内多位女性因守节抚孤而奉旨建坊旌表，也是一个侧面的例证。

行文至此，笔者还想就传统"礼教"与现代乡村振兴的关系，谈一点浅见。笔者在华南乡村从事田野调查三十余年，越来越体会到，许多历史上在乡村稳定、发展过程中发挥过作用的文化传统和运作机制，还是值得当代人认真重视并善加利用的。在乡下调研的时间越长，就越发感到中国传统乡村的文化传统，与建立在科学理性和民主制度基础上的近代社会理想，是有可能和谐相处、相得益彰的。文化传统可以转化为政治资源，在乡村振兴、保持农村和谐稳定发展的努力中，尊重乡民的风俗习惯，保护并善于利用乡村固有的文化传统对现代乡村振兴来说，可以自然而然地收到事半功倍之效。而且，乡村振兴中的文化建设，也只有植根于本土深厚的民间文化土壤，才可能真正达致稳固国家长治久安根基的目标。珍惜和保护乡村文化传统，让子孙后代有更多机会体验"留得住乡愁"的境界，就是在维护民族的文化遗产。其实，存在着巨大地域差异的乡村社会所存留的丰富多彩的本土文化传统，正在为新时期民族文化的振兴提供源源不竭的思想源泉。希望各位读者也能从这样的角度，去体验和理解本书的现代文化意义。

是为序。

2022 年 7 月 11 日
于广州康乐园永芳堂
（作者系中国社会史学会常务理事、广东省历史学会会长、中山大学党委书记）

前言

家风·学风·文风

宋元明三代，地处江南一隅的浙江浦江盛行同居之风。明朝"开国文臣之首"宋濂写过一篇《浦阳深溪王氏义门碑铭》："浦江蕞尔之邑，以义居闻者三人，而子（士）觉又不悖先训，蹶然而思继焉，古者礼义之俗，诚岂有越于此哉！"文中"以义居闻者三人"，是指四世同居的何氏、三世同居的锺氏以及当时已经十世同居的郑氏，三家倡首在前；同邑的深溪王氏、合溪黄氏、吴溪吴氏仿效在后。

尤其是以郑绮为始祖的麟溪郑氏，先后同居十五世、长达三百多年，以孝义治家闻名于世，被誉为郑义门，168 条传世家训《郑氏规范》成为传统家训的重要里程碑。同里的深溪王氏见贤思齐，择邻而居，起而效仿，七世同居，长达 142 年，两朝旌表，誉为王义门，堪与郑义门媲美。王氏家长王士觉充分借鉴吸收《郑氏规范》的精髓，结合自家实际，有所损益，形成 184 条《深溪义门王氏家则》（简称《王氏家则》），分成九大类，包括尊宗敬祖、礼义廉耻、财物掌管、待人处事、勤俭节约、婚嫁迎娶等方面，成为引导并约束王氏子弟道德和行为的规范。

数百年来，在《深溪义门王氏家则》的规范和熏陶下，王氏子弟"课农桑，敦诗礼，耕者力于稼穑，读者勤于诗书"[①]，形成一种务农的勤于耕种、读书的勤于攻读的耕读家风。其中，尤以浙江浦江郑宅镇前店村旭升堂（新屋里）为翘楚，其在清代两百多年时间里，白手起家，勤劳致富，负耒横经，诗礼传家，一门之中连续出了八代秀才，成为中华民族践行耕读家风的优秀典范。

如今人丁兴旺的前店村，早在四百年前就是一家人。他们的共祖王天爵（1568—1638）是明朝末年人，生前建造中正堂（旧屋里），生下六子：王宗相、王宗藩、王宗元、王宗完、王宗规、王宗群。幼子王宗群生下二子：王继祥、王继旦。王继祥一心读书，中了秀才；王继旦从事经营，发家致富，建造旭升堂。从王继祥开始，王守中、王祖源、王志枫、王舟、王可嘉、王思兼、王兴豪连续八代中秀才，形成在浦江、浙江、江南乃至全国也难得一见的好家风。

---

① 《深溪义门王氏宗谱》（以下简称《王氏宗谱》）卷六〔清〕王东川《承五十六府君实录》。

家　风

　　千百年来，民间流传着一句俗语"富不过三代"，意为第一代创业，第二代守成，第三代败家。如何破解这个亘古不变的"魔咒"？旭升堂两百多年的实践表明，子弟只有从小受到良好家风的熏陶，才能勤奋读书，勤劳致富，继承家业，发扬光大，确保基业长青。

　　克勤克俭，发家致富。旭升堂的先贤白手起家，勤劳致富。明朝末年，前店村的王大龙生三子：王天俸、王天禄、王天爵。王天俸"始家不加丰，后业日以隆"[1]。王天爵的第四子王宗完"营缔生业，业底有成"[2]，"用与岳母，力同甘苦，勤俭相克，不数载而家道兴荣"[3]。王天爵的第六子王宗群"以赀甲于乡里"[4]。

　　富裕起来的王氏子弟没有花天酒地，骄奢淫逸，依然布衣素食，安于俭朴。王继采"循循谨饬，安于俭朴，不以富而沃，饮食依然菲薄也，衣服依然垢敝也，言辞依然谦退也"[5]。作为旭升堂的始祖，王继旦"治家严整，事事皆有法度，而奉身以俭，率下以勤"[6]。作为富家子弟，旭升堂第二世王守中"业既饶裕，而恶衣菲食，不殊寒素，创大厦以广规模，人人欣悦，相助有成"[7]，作为富二代，依然勤俭朴素，穿得差、吃得差，把财富用在扩建旭升堂上。王守裕"观其自奉，居不重席，食不二味，布衣素食，恬如也"[8]，也自奉俭约。

　　兄弟同心，其利断金。说起兄友弟恭的故事，笔者不由得想起与王义门同里的郑义门，兄弟争死的事例在郑氏家族中屡见不鲜。尤其是同居第五世祖郑德珪与郑德璋，兄代弟死，弟弟抚养兄长的子女同于自己的子女，成为千古美谈。而前店旭升堂始祖王继旦抚养早逝兄长王继祥的儿子王守观，同于己子王守中，事载清《乾隆浦江县志·孝友传》，同样流芳百世。

　　在旭升堂初创时期，王氏人丁不旺，常常一脉单传；享年不永，往往英年早逝。王继旦生王守中，王守中生王祖源、王祖津，分成两支：王祖源生王志枫，王志枫生王舟；王祖津生王志棣，王志棣生王龄，都是一脉单传。如果其中一支的男丁英年早逝，其未成年的子女只能由另一支的兄弟代为抚养。

　　王继旦"伯仲之间，自相师友。无何，兄（王继祥）染膏肓乎疾，缠绵三载。公延医视药，不惜倾家之积，以济参苓。三年之间，初无倦色。既而兄疾弥留，遂慨然叹曰：

---

① 《王氏宗谱》卷六〔清〕王誉《和六公传》。

② 《王氏宗谱》卷六〔清〕方崇桓《源四十三翁墓志铭》。

③ 《王氏宗谱》卷六〔清〕方崇柏《源四十三岳翁叔有王公序并辞》。

④ 《王氏宗谱》卷六〔清〕郑尚苠《承十七公王君麟如传》。

⑤ 《王氏宗谱》卷六〔清〕王宗熹《承四公传》。

⑥ 《王氏宗谱》卷六〔清〕张以琚《承百十三存斋公传》。

⑦ 《王氏宗谱》卷六〔清〕叶廷璧《芳五十三公传》。

⑧ 《王氏宗谱》卷六〔清〕吴鸿遂《芳廿四公传》。

'余幼事诗书，将以卒业而底于成。今不幸兄早世，兄子守观、守先俱未成立。吾不忍析炊，以伤兄志。'遂身任家政，专心以课其后人"①。为了让哥哥专心读书，王继旦主动放弃学业，独自承担家务；哥哥卧病三年，王继旦提供一切费用，没有一句怨言；哥哥早逝，王继旦把侄儿王守观与儿子王守中一同培养，子侄二人均考中秀才，兰桂齐芳。

与此相似，王继祥生子王守观、王守先。王守先"以兄课读甚勤，独劳其心，我可不劳其力乎！于是，以南亩为己任，春耕夏耘，亲督其事，明动晦休，无日以怠，俾兄得以训子成名，群季皆成俊秀，毫无内顾之忧者，实公之力居多也"②，又是一个舍己为兄的好弟弟！

"王氏兄弟各单传数世矣！寿箅（算）亦递为荣枯。盖相互抚养，以至于（王）龄之身，则受育于宸翁（王志枫）者，其从伯也"③，王龄因父亲王志棣早逝，只能由堂伯父王志枫抚养。而王志枫的父亲王祖源同样早卒，王志枫是由叔父王祖津抚养，"其长兄讳祖源，早逝，遗一孤志枫，甫七周，寒暑训养，得有成立"④，"公（王志枫）自幼失怙，养于叔（王祖津）。叔氏（王祖津）卒，堂兄志棣继卒。公抚从侄（王）龄，饮食教诲如己子"⑤。一言以蔽之，今天你抚养我这个遗孤长大，明天我抚养你的遗孤长大，兄弟同心，互帮互助。

含辛茹苦，抚养孤儿。旭升堂部分先贤享年不永，譬如王宗群、王继祥、王祖源、王志棣、王舟等人，有的活到二十多岁，有的活到三四十岁。子女年幼，除了兄弟相助，更赖遗孀青年守节，辛勤抚养，因此家族中先后涌现了不少教子成立的贤母。

首先给王氏后世媳妇作楷模的是王天爵妻朱氏，"今观其族，虽富家巨室之女，一入王氏之门，无不勤俭操持。而其女、孙之外适者，亦皆能以礼自守。夫非太母之遗风，其感人者深钦"⑥。其媳妇王宗群妻朱氏紧随其后，"自西山翁（王宗群）卒后，内外兼治，教子以耕读，训媳以勤俭，待己薄而待客厚，自奉约而祀先丰"⑦，并养育了王继祥、王继旦这两个优秀的儿子。

旭升堂先后有两位守节的遗孀受朝廷旌表，奉旨建立旌节牌坊，一位是第四世王志棣的夫人黄氏，另一位是第五世王舟的夫人张氏。

王志棣"享年二十八岁。配黄孺人，少府君二岁。姑老，遗孤在抱，健持门户，抚孤儿成立，冰蘗其操，历五十年如一日。乾隆五十五年（1790），以节孝奉旨建坊，旌其门闾"⑧。乾隆五十七年（1792），牌坊落成，矗立在王氏宗祠大门的南面。

王志棣堂侄王舟的夫人张氏是进士张以琚的孙女，"幼读书，深明大义，能字能诗，父母深爱之。归深溪，事舅姑孝，接妯娌和，御臧获宽，勤勤厥职，不贻夫子内顾虑。

---

① 《王氏宗谱》卷六〔清〕张以琚《承百十三存斋公传》。
② 《王氏宗谱》卷六〔清〕王祖福《芳六十四公传》。
③ 《王氏宗谱》卷十〔清〕周璠《后四十五黄太孺人旌节序》。
④ 《王氏宗谱》卷六〔清〕王守坊《启七十二跃云公传》。
⑤ 《王氏宗谱》卷十〔清〕周璠《王宸植先生墓志铭》。
⑥ 《王氏宗谱》卷十三〔清〕张铎《和十八朱安人像赞》。
⑦ 《王氏宗谱》卷十三〔清〕陈命禹《源六十六朱安人传》。
⑧ 〔清〕朱兴悌《王府君鄂铧暨配黄孺人墓志铭》。

故济川（王舟）得专心于学，游郡庠焉"①。王舟能够考中秀才，背后也有她的一半功劳，可惜他因为刻意求学，用功过度，英年早逝。"济川因科举过自刻励，染疾归，竟赍志以殁。时孺人年才二十七也，念舅已老，而遗孤甫在抱，勉节哀视，冠盖衣衾，必诚必信，咸谓王氏妇知礼云。顾奉舅则以妇兼子，而教子更以母兼师，世业家风，赖以不堕"②。"嘉庆二十四年（1819），亲族以节孝上闻，奉旨建坊"③，道光四年（1824），牌坊落成，矗立在旭升堂大门的北面。

青灯冷焰，旭升堂受到旌表的两位遗孀，黄氏二十六岁守寡，抚养一个儿子，七个孙子；张氏二十七岁守寡，抚养一个儿子，四个孙子，均学有所成，成为社会的有用之才。

乐善好施，热心公益。提起富人，人们往往产生为富不仁，甚至作恶多端的印象。旭升堂的家业之所以长盛不衰，是因为历代先贤乐善好施，热心公益，积极承担社会责任，渊源有自，代有其人。

旭升堂的创始人王继旦"秉性慷慨，乐于解推，岁出其所有，以济乡里之困乏及宗族之贫病者"④，不仅接济宗族，还接济乡人。

从王继旦往上，祖父王天爵"施恩不望报，为善不求名，所力行不怠者，惟积德累仁之事"⑤，甘愿做舍己为人的无名英雄，这是何等高尚！伯父王宗完"性慷慨，好义举，乡党有饥寒疾苦，出粟分金，毫无吝色"⑥，"闾里有屈者，有贫者，多为之伸直，多为之赒恤"⑦。堂兄王继挥"乡党邻里，饥者贷之以粟，寒者授之以衣，甚至遭难流离之后，家室罄空，毫无愠色，再架桥梁以济行人，又公之余事也"⑧，行善积德，无怨无悔。

从王继旦往下，曾孙王志枫、王志棣兄弟捐谷赈饥。王志棣"喜济人之乏，单窭者不计其偿。乾隆辛未（1751），岁大俭，道馑相望，捐谷赈饥"⑨，有司想要赠他一个登仕郎的虚衔以表彰其义举，而他施恩不图报，坚辞不受。

穷人之苦，一则以贫，二则以病，贫病交加，雪上加霜。旭升堂曾经有一个自学医药成才的奇人王思宾，"有暇则浏览岐黄及诸医家书，以为儒者不能医国，务能活人。是以手妙回春，四方求诊者接踵，悉应之，不索谢"⑩，医术精湛，不图回报。

除了救苦济贫，旭升堂历代先贤热心修桥铺路。旭升堂坐落在石埠源之北，很多田地都位于石埠源之南，没有桥梁，行人过溪不便。据清《光绪浦江县志》记载，乾隆二

① 《王氏宗谱》卷十三〔清〕戴殿泗《昆三十四张太孺人七秩节寿序》。
② 《王氏宗谱》卷十三〔清〕戴殿泗《昆三十四张太孺人七秩节寿序》。
③ 《王氏宗谱》卷十一〔清〕王可仪《昆三十四府君暨张安人墓志铭》。
④ 《王氏宗谱》卷六〔清〕张以珤《承百十三存斋公传》。
⑤ 《王氏宗谱》卷八〔清〕张铎《和十八天爵公像赞》。
⑥ 《王氏宗谱》卷十一〔清〕方崇桓《源四十三翁墓志铭》。
⑦ 《王氏宗谱》卷十〔清〕方崇柏《源四十三岳翁叔有王公序并辞》。
⑧ 《王氏宗谱》卷六〔清〕黄图《承六十八公传》。
⑨ 《王氏宗谱》卷十一〔清〕朱兴悌《王府君鄂铧暨配黄孺人墓志铭》。
⑩ 《王氏宗谱》卷六郑隆球《良百九十一府君介庵公传》。

十九年（1764），王志枫在村西造履安桥，长五丈二尺，宽一丈三尺；乾隆三十八年（1773），在村南重建旭升桥，长二丈，宽七尺。

至于修宗祠、续宗谱、祭祖宗这样的公益事业，旭升堂的历代先贤不甘人后，乐此不疲。"续修宗祠，公（王继持）竭力仔肩，整饬而更新之，再辑谱牒，踊跃前驱。自癸卯（1663）以及庚申（1680），尤孜孜深加意焉！合族为一家，公务为私事"①，把宗族的事情当作自家的事情，把公家的事情当作私人的事情，竭尽心力。"王氏旧有宗祠，规制卑隘，不足以妥先灵。公（王可嘉）悉心经理，垂四十年，凡三修建之，费逾数千金，钱谷出入，无纤介私"②，悉心管理祠堂四十年，经手的钱财数千两，干干净净，没贪一点便宜。每次修建王氏宗祠，旭升堂先贤总是慷慨解囊，乐意捐助。

至于续修《王氏宗谱》，旭升堂先贤也是踊跃参与，"宗谱之纂辑续修，（王兴谟）劳怨不辞"③。历次参与续修《王氏宗谱》的旭升堂先贤有：清康熙五十八年（1719），王守中参与第十一修；乾隆三十四年（1769），王志枫参与第十三修；乾隆五十三年（1788），王龄参与第十四修；嘉庆七年（1802），王龄、王可仪、王可大参与第十五修；嘉庆二十四年（1819），王龄、王可仪、王可大、王可嘉参与第十六修；道光十二年（1832），王镐、王可仪、王可大、王可嘉、王可杰、王可在、王思古参与第十七修；道光二十四年（1843），王镐、王可嘉、王可在、王思古、王思兼、王思奠、王思渫参与第十八修；咸丰六年（1856），王可枢、王思兼、王思孟、王思古、王思胜、王思奠、王思渫参与第十九修；同治十年（1871），王思渫参与第二十修；光绪九年（1883），王思宾、王兴谟参与第二十一修；光绪二十一年（1895），王思宾、王兴谟参与第二十二修；光绪三十三年（1907），王兴谟、王兴嗣参与第二十三修；民国八年（1919），王逢坤、王逢汉参与第二十四修；民国二十年（1931），王逢坤、王逢沾参与第二十五修；民国三十二年（1943），王兴镇、王逢述、王逢源、王逢法、王正大、王正孝、王在先、王在腾参与第二十六修；2009年，王根泉参与第二十七修。自从旭升堂第二世王守中参与《王氏宗谱》第十一修以来，其间旭升堂族人只缺席一次，参与的人数少则一人，多则八人，其中王龄、王可仪、王可大、王可嘉、王思古、王思渫、王兴谟等八位先贤甚至一生三次参与续修《王氏宗谱》。

尤其是作为武秀才的王思渫，堪称重义轻利、先人后己、敬祖敦宗的楷模。太平天国战争后，旭升堂的人员和财产遭受重大劫难，从此走向衰败，"吾祖祭产业经荡尽，贤产犹存。今我入庠，例得收管，不忍吾祖之馁，如若敖氏鬼。请以贤产改作祭产，自今伊始，以后在庠者不得收管争论"④，王思渫主动把自己作为秀才例得收管的贤产，改作祭祀祖宗的祭产，只因不忍心让祖宗"忍饥挨饿"。

---

① 《王氏宗谱》卷六〔清〕王宗熹《承七公传》。
② 《王氏宗谱》卷六〔清〕黄叔午《弟二十五坪南公传》。
③ 《王氏宗谱》卷六郑晖《孝九十五王梅谷先生传》。
④ 《王氏宗谱》卷六黄凤纪《良六十四府君王梅溪先生传》。

学 风

《三字经》里有句名言："人遗子，金满籝。我教子，惟一经。""一经教子"的做法，深得传统文化的精髓。旭升堂的家长向来尊师重教，建家塾，延名师，再加上子弟勤攻读，培养了一代又一代的有用之才。

建家塾。小康人家的子弟往往出就外傅，刻苦攻读；而富裕人家多自建家塾，延师训子。关于旭升堂的家塾情况，从现今掌握的资料来看，始于始祖王继旦，名叫青云斋，塾师陈命禹"适康熙己未岁（1679），讲学于公（王家梁）之族孙德平（王继旦）家，会于西席青云斋"①。其时，王宗群已去世十年，36岁的王继祥已在前一年考中秀才，王家正由29岁的王继旦当家。

一百多年后，旭升堂第五代王龄绳其祖武，发扬光大，"于居室外营构别墅，名曰双桐书屋，延师以训其子。而自外来肄业者，常数十人，得所成就甚多"②。双桐书屋地处旭升堂东侧、垫园南侧，门前植有双桐，故名。相对于青云斋而言，双桐书屋是新设的，故又名新书堂。王龄曾为双桐书屋绘图征诗，一唱众和，后编成《双桐书屋诗》二卷。

双桐书屋富于藏书，为学生的阅读提供方便，也为教师的教学提供资料。"余家有书数千卷，自经及诸子百家，虽不能备，而目前取用亦稍具焉"③；"馆中经史子集虽未克充，而所耳熟者，亦多预蓄。先生（王有芳）且读且教，学者未有益，而教者已日进矣"④。正因为有丰富的藏书可供阅读，师生才能做到教学相长，日有所益。

到了民国十一年（1922），旭升堂第八世王兴镇在王氏宗祠创办私立中正初级小学，有教职员一人，学生十余人。到了民国二十五年（1936），该校有教职员三人，学生四十八人。

延名师。王可仪在《家塾记》里说过"教学之道，择师为先"，无论是子弟出就外傅，还是建立家塾，都要选择良师。旭升堂出就外傅的子弟到底向哪些老师问学？家塾请过哪些老师？如今已无完整的记载，我们只能从现存的断简残篇中窥见一鳞半爪。

郑尚莨（1636—1707），号立羽。浙江浦江郑宅镇丰产村佛楼下人。邑庠生，儒学训导。他说："麟如（王继祥）弱冠时（1663），偕弟德平（王继旦）从予受学，为文卓特有奇气。"⑤ 著有《浣云轩诗草》《书种堂文稿》等。

陈命禹（1651—1701），字舜也，号中庵。浙江浦江白马镇清塘村人。清康熙己巳年（1689），中邑庠生。精堪舆。曾卜居深溪（今郑宅镇水阁村一带）十余载，以教书为

① 《王氏宗谱》卷六〔清〕陈命禹《和五百八十一公传》。
② 《王氏宗谱》卷十一〔清〕郑祖涝《昆四十二府君暨张安人墓志铭》。
③ 〔清〕王可仪《藏书目录序》。
④ 《王氏宗谱》卷六〔清〕王可仪《昆廿二竹岩夫子传》。
⑤ 《王氏宗谱》卷六〔清〕郑尚莨《承十七公王君麟如传》。

生。"适康熙己未岁（1679），讲学于公（王家梁）之族孙德平（王继旦）家"①，其"馆于其家有年矣"②。

张以珸（1685—1750），字次玉，号华麓。浙江浦江县城东隅人。清雍正癸卯科（1723）进士，先后任江西都昌、建昌、鄱阳、星子等县知县，后转内阁中书，历任昌平州、霸州知州。"（王祖）源、（王祖）津复从余学"③。著有《华麓诗稿》四卷。

王祖福（1703—1765），字学景，号安宁，又号陆巢。浙江浦江郑宅镇水阁村人。邑庠生，治《诗经》。"今（王）志枫从余游"④。

张邦彦（1711—1782），字俊球。浙江浦江县城人。清乾隆癸酉科（1753）举人，官至仁和儒学训导，曾主月泉书院教席。"初，公尝延孝廉张俊球（邦彦）先生，诲其子若侄。"⑤

周璠（1734—1803），字鲁玙，号盘洲。浙江浦江檀溪镇潘周家村人。清乾隆壬寅年（1782），中岁贡生。年逾七旬，授海盐县学训导。"忆乾隆壬辰（1772），故人周君鲁玙（璠）馆深溪授经"⑥；"癸巳（1773）春正，馆深溪"⑦；"馆深溪王氏始终五载"⑧。著有《盘洲诗文集》八卷。王舟、王龄、王可仪、王可大皆曾从其学。

王有芳（1747—1816），字如松，号竹岩，庠名筠。浙江浦江虞宅乡王村人。邑庠生，治《诗经》。王可仪曾说，"至辛丑岁（1781），吾父乃聘请，而得就学焉"，"馆予家，始终十三载"⑨。

陈耀俊（1749—1810），字升之，号新田。浙江浦江檀溪镇寺前村人。清乾隆三十九年（1774），中邑庠生；嘉庆己巳年（1809），中岁贡生。应王龄之邀，在旭升堂设馆，课其诸儿。著有诗歌《兰庭课草》十八首。

王明爽（1751—1816），字慈明，号西圃。浙江浦江中余乡中余村人。贡生。王可仪曾说，"嘉庆丙辰（1796），吾伯祖（王志枫）尝请诲其子若孙，始终凡十三载"⑩。

王祖瑞（1751—1804），字光玉，号辉山。浙江浦江郑宅镇樟桥头村人。清乾隆三十一年（1766），中邑庠生。王可仪曾说，"嘉庆丙辰岁（1796），设馆宗祠中，余弟从之游"⑪。

王志推（1787—1854），字景颜，号月轩。浙江浦江郑宅镇樟桥头村人。府庠生。王

---

① 《王氏宗谱》卷六〔清〕陈命禹《和五百八十一公传》。
② 《王氏宗谱》卷十三〔清〕陈命禹《源六十六朱安人传》。
③ 《王氏宗谱》卷六〔清〕张以珸《承百十三存斋公传》。
④ 《王氏宗谱》卷六〔清〕王祖福《启三十四公传》。
⑤ 《王氏宗谱》卷六〔清〕王守坊《启七十二跃云公传》。
⑥ 〔清〕朱兴悌《王府君鄂铧暨配黄孺人墓志铭》。
⑦ 清·周璠《题〈惜阴编〉示王济川、梦九二子》。
⑧ 〔清〕周璠《旌节王母黄太孺人诗序》。
⑨ 《王氏宗谱》卷六〔清〕王可仪《昆廿二竹岩夫子传》。
⑩ 民国乙酉年（1945）续修《新修王氏宗谱》卷六〔清〕王可仪《西圃先生传》。
⑪ 《王氏宗谱》卷六〔清〕王可仪《启四百五辉山公传》。

思兼曾说，"兼也叨居族党，忝附门墙，既然亲炙以有年，因心知而益稔"。①

黄志锴（1816—1884），字文之，庠名志勉，号敏斋。浙江浦江黄宅镇桂花明堂村人。清同治壬申年（1872），中岁贡生，候选儒学训导。"（王兴）谟与丽堂兄弟同受业于黄敏斋夫子"。②

黄几墀（1826—1883），字云湄，浙江浦江黄宅镇小份村人。恩贡生，候选儒学教谕。清光绪元年（1875），举孝廉方正，赏六品顶戴，朝考一等，以教职用。署理杭州府学训导，特授处州府景宁县学教谕。"家虽中落，敬尊母命，矢志读书，受经黄云湄、家谷堂各名宿之门，日夜攻苦，砺错他山。"③

王志镆（1831—?），字子铒，号谷堂，别号筱云，后改名景曾。浙江浦江郑宅镇三埂口村人。清同治三年（1864），中优增广生；光绪丁丑年（1877），中贡生，授翰林待诏。

在科举时代，无论是出外就傅，还是延师坐馆，教习时文（即八股文）是题中应有之义，无可非议。难能可贵的是，旭升堂延请的名师不仅教为了考取功名的时文，还教对于生活大有用处而对功名没有用处的古文，成功培养了古文名家王可仪。

王可仪的老师王有芳"教人也，不屑屑科举时文，惟学古是尚，作文黜华崇实，有古人风"，"不屑媲白妃青为逢时技，而以古人是期"④，不为功名而教学，在科举时代实在难能可贵。王可仪的另一位老师周璠，更是闻名退迩的古文名家。

教学生作文的方法之前，旭升堂家塾的老师先教其做人的道理。首先，要懂得起码的礼节和仁爱之心。"必教之以隅坐随行、洒扫应对之节，以及夫昆虫草木方长不折、启蛰不杀之仁，而后及于文艺"⑤，由此可见，学习做人比学习知识更为重要。其次，要懂得敬重他人，才能得到人家的敬重。王可仪曾说，"当是时，余至讲习，侧听训诲，惟以敬为主。窃思敬固士人持己之要，而时人以放浪为高，乃谆谆说：'敬一字，得毋皆以为迂。'……迄今，狮源父老谓有合于'毋不敬，俨若思''敬人者，人恒敬之'也"⑥。周璠教导学生要珍惜光阴，一天当中如果没有什么值得记录的，那就是虚度光阴，应该感到惭愧；如果有不敢记录的，那就是心里有鬼，更应该感到惭愧。他"与二子约，凡朝之所为者，可笔而书也；凡日中、昃之所为者，可笔而书也；凡夜之所为者，可笔而书也。其无可笔而书，则愧矣；其不可笔而书，则益愧矣"⑦。他从精神的层面上，要求学生培养元气，在于一个"诚"字，一个"健"字，从而成为一名能够修身、齐家、治国、平天下的合格人才。

勤攻读。 从小生活在富裕人家，旭升堂的先贤没有得富贵病，宴安逸豫，贪图享受，

---

① 《王氏宗谱》卷十〔清〕王思兼《后四百廿四月轩老夫子大人七十寿序》。

② 民国丙子年（1936）续修《沙城陈氏宗谱》卷六〔清〕王兴谟《廷百十五石舫公暨黄太孺人传并赞》。

③ 《王氏宗谱》卷六郑晖《孝九十五王梅谷先生传》。

④ 《王氏宗谱》卷六〔清〕王可仪《昆廿二竹岩夫子传》。

⑤ 民国乙酉年（1945）续修《新安王氏宗谱》卷六〔清〕王可仪《西圃先生传》。

⑥ 民国乙酉年（1945）续修《新安王氏宗谱》卷六〔清〕王可仪《西圃先生传》。

⑦ 〔清〕周璠《题〈惜阴编〉示王济川、梦九二子》。

而是跟寒门子弟一样，悬梁刺股，寒窗苦读，不负父母的一片苦心，不负老师的辛勤栽培，甚至为此献出宝贵的生命。

旭升堂始祖王继旦的伯祖父王天俸就是邑廪生，也是前店村的第一个秀才，"公少有大志，姿分英敏，邑人咸目为伟器，故每试辄冠群英"①。

王继旦自己"潜心嗜学，能通五经大义"②，因为忙于家务，中途辍学。而其兄长王继祥着意功名，成为前店村的第二个秀才。兄长王继祥不幸去世以后，王继旦培养侄儿王守观和儿子王守中，子侄两人相继中秀才。"翁（王守中）年甫十六，试即入泮，其敏睿过人，可不问而知。然未弱冠辄失怙。是时，家务猬缠，而翁读锐志进修，潜心经籍，一切外物不以累其心。"③

到了王守中的长子王祖源，"生而颖异，十岁能文。年十九，即蜚声黉序。然自视欿然，每言奕世簪缨，冠盖相望，一介青衿岂可自足。于是闭户斋居，锐志进取，忘食忘寝，虽家庭熟识鲜觏其面"，"而公也幽居不出书斋，足迹未入城市，终日危坐，一志凝神，惟以读书穷理为事"④，闭门读书，不入城市，甚至到了连家人也很少见面的地步。王祖源的弟弟王祖津一脉，"曾元繁衍，或食饩，或游庠，或业儒，崭然各露头角"⑤，更是满门书香，人才济济。

到了王可大，其"尝自题其斋室曰'尘隐造诗厨'，朝夕寝馈其中，手一编，无间寒暑。凡书之六体，音之二合三合，出入《说文》，绍统诸书，阐发尽致。而尤精篆刻，得啸民杲叔之遗。兴到时，辄得句自娱，希风骚雅，盖日与古人相晤，对人罕见其面者"，可谓心骛八荒，神游古人。因为沉潜朴学，曾经得到时任浙江学政、经学大师阮元的赞赏，"阮芸台（元）协揆视学两浙，得府君卷，击赏，拔入邑庠。古艺尤典雅，莫无伦比，以是知名于时"⑥。王可大还著有《里下荒谈诗草》八卷、《诗韵通释会参》二十卷。

在双桐书屋里，王龄的七个儿子均受到良好的教育，可谓"一门七杰"：王可仪，岁贡生；王可大，邑庠生；王可作、王可俊，业儒；王可杰、王可在，九品职衔；王可仔，业儒。

因为读书过于刻苦，加上体质屏弱，旭升堂常有子弟享年不永。譬如王继旦的兄长王继祥，"以远大期之，而王子族中咸目为翘楚，顾屡蹶童子试……奈素屏弱，就闱试，遂遘羸疾。今岁庚申（1680），竟以殒命"⑦。又如王祖源，"年三十六而遽赴玉楼之召，志大徒成虚语，学醇空埋黄泉"⑧。再如王舟，"迨服既阕，因赴棘闱，刻意构思，自忘

① 《王氏宗谱》卷六〔清〕王誉《和六公传》。
② 《王氏宗谱》卷六〔清〕张以珸《承百十三存斋公传》。
③ 《王氏宗谱》卷六〔清〕叶廷璧《芳五十三公传》。
④ 《王氏宗谱》卷六〔清〕王祖福《启三十四公传》。
⑤ 《王氏宗谱》卷六〔清〕王守坊《启七十二跃云公传》。
⑥ 《王氏宗谱》卷六〔清〕陈果《弟十五庠士次轩府君家传》。
⑦ 《王氏宗谱》卷六〔清〕郑尚荩《承十七公王君麟如传》。
⑧ 《王氏宗谱》卷六〔清〕王祖福《启三十四公传》。

劳瘁，归，乃撄疾以殁"①。

尤其难能可贵的是，旭升堂的家塾突破了《王氏家则》第一百五十四条"大小义学中，不可容异姓子弟"的祖训，除了自家子弟，也向别家子弟开放，成为一件功德无量的善举。其中既有同宗的王继廉、王继彦兄弟，"先君（王继廉）亦习举子业于其家"，"然余叔父（王继彦）年邻八十，亦曾习业公家"②；也有亲戚黄叔午，其曾说道，"余年十六七，尝读书其家"③。

在清代两百多年的时间里，旭升堂先后培养了十多位秀才，还有两位武庠生——王思古、王思渼，允文允武，学风不坠。

文　风

在现存的文献资料中，多数旭升堂先贤留存下来的诗文屈指可数，评价也是片言只语："伯父（王舟）秉性豪迈，善读书，作文不事浮华，而以六经子史为圭臬"④；"先生（王兴嗣）为文纯朴，似其为人，不肯作姿媚语，以悦有司"⑤；"（王兴谟）文已典赡赅博，诗亦雅正清真"⑥。好在第五世王龄留存诗歌30首、文章5篇，其子王可仪留存诗歌9首、文章58篇，父子俩的诗文共计达到102篇（首），有足够的厚度体现自己独具一格的文风。

王龄工诗歌，善绘画，著有《埜园诗钞》（又称《亦亦诗钞》）4卷（已佚）。现从清同治辛未年（1871）续修的《深溪义门王氏宗谱》辑得《挽华峰叔祖》诗1首，从清代潘衍桐编《两浙輶轩续录》辑得《孝感泉》《拟古（二首）》，共计诗3首，从清代郑楸编《浦阳历朝诗录》辑得《题郑素园〈柳岸垂钓图〉》等诗21首，从清代郑祖涝编《乐清轩外编》辑得《题锁月楼》诗1首，从清代郑祖涝编《栾栾草》辑得《题〈栾栾草〉》诗1首。此外，还从《深溪义门王氏宗谱》辑得《芳六百三十三商周府君像赞》《芳六百三十三蔡安人像赞》《启四百五辉山公像赞》等韵文3篇，共30首（篇）诗文。

张汝房在为王龄《亦亦诗钞》所作的序言中，称其诗歌"不假雕饰，别有天趣，读其诗，如见其画，如见其人"，寥寥数语，可谓不易之论。下面分别对其予以论述。

不假雕饰。王龄的诗歌多出于天性，是内心的自然流露，大多采取白描的手法，不假雕琢，有一股"清水出芙蓉，天然去雕饰"的清新之风。譬如《孝感泉》："大旱热烁金，流波成槁壤。母渴剧于饥，子心郁以快。为念乳哺时，三年未脱褓。母乳即母血，母血泉水仿。泣血血如泉，血枯泉水长。"讲述孝子郑义门同居始祖郑绮的孝心感动天地

---

① 《王氏宗谱》卷十一〔清〕王可仪《昆三十四府君暨张安人墓志铭》。
② 《王氏宗谱》卷六〔清〕王守坊《启七十二跃云公传》。
③ 《王氏宗谱》卷六〔清〕黄叔午《弟二十五坪南公传》。
④ 《王氏宗谱》卷六〔清〕王可仪《昆三十四府君暨张安人墓志铭》。
⑤ 《王氏宗谱》卷六张若骦《孝五十二续岗先生家传》。
⑥ 《王氏宗谱》卷六郑晖《孝九十五王梅谷先生传》。

的故事。又如《题郑素园〈柳岸垂钓图〉》：“先生乐如何？在钓不在鱼。人间万事轻如丝，先生之乐乐有余。”语言明白晓畅，琅琅上口，犹如民歌一般通俗易懂。

在王龄现存的 21 首诗歌中，19 首是古风，只有《挽华峰叔祖》是七律、《画松》是七绝。格律诗讲究平仄、对仗、押韵，格律严整，精雕细琢；而古风只要押韵即可，韵脚也宽，表达起来更加自由随性。

别有天趣。王龄的诗歌正因为不假雕饰，所以读起来天真自然，别有一番趣味。先看《登山杖铭》：“出必随行，坐则侍侧。犹子若孙，曰惟汝翼。遇险而夷，汝之职欤？遇颠而扶，汝之力欤？可劳而劳，有德不德。惟我与汝，久交靡忒。”全诗采用拟人的手法，把须臾不可离身的手杖比作搀扶老人的子孙，读起来妙趣横生，令人忍俊不禁。

再如《有女儿来乞余画者述此诗》：“有女特来前，举止颇闲逸。巧笑媚语言，窈窕和颜色。手持好束绢，请为一挥笔。移置几席傍，索取无虚日。伊我非画师，敢道王摩诘。偶尔弄柔翰，六法未能一。而子意勤勤，愧报终何极。画成漫携去，清诗聊自述。一笑锺子期，今日在巾栉。”独养女儿虽已出嫁，但在老父亲面前，依然是楚楚可怜的小娇女，那种亲昵、贴心、知己的神情，跃然纸上，怪不得古人曾说“谢公最小偏怜女”了。

如见其画，如见其人。“味摩诘之诗，诗中有画；观摩诘之画，画中有诗”，这是苏轼在《东坡题跋》下卷《书摩诘蓝田烟雨图》上为王维写的评语。王维既是山水诗的旗手，又是文人画的巨擘，在他的笔下，诗画融合，浑然一体，形成诗中有画、画中有诗的独特风格，成为千百年来中国文人画的圭臬。“伊我非画师，敢道王摩诘”，王龄虽然自谦自己不是王维，但他确实像王维一样能诗善画，把绘画的技法融入诗歌创作，臻于“如见其画，如见其人”的化境。

作为一个画家，王龄的画作均已散佚。作为一个诗人，他的诗集《埜园诗钞》也已散佚。好在从各种古籍中辑得其所作诗歌 21 首，其中题画诗占了相当比例，譬如《题郑素园〈柳岸垂钓图〉》《〈萱堂罔极图〉为天台徐敬亭明府作》《晓山图》《题〈大海扬帆图〉》《写四景山水诗为郑甥竹岩题》《画松》。他作诗时，充分发挥了画家的优长，特别善于写景，如“娟娟绿净粉初消，冉冉枝新箨犹坠”“磷磷山骨涓涓水，惨惨云容淡淡烟”写的是静景；“日车翻出朱轮朱，华曜闪烁麟溪墟。溪水潆洄绕襟带，汇入浦汭从东趋”写的是动景。

王龄自称不擅古文，其存世作品也极少，我们从现存宗谱和碑刻中，辑得《〈盘洲先生诗文集〉跋》《回龙庵记》《承八百十五府君传》《蔡氏续修宗谱序》《仁三十祖丸翁六旬寿序》等 5 篇古文。清代以八股取士，读书人要求取功名，必须“代圣人立言”，从小诵读四书五经，背得滚瓜烂熟，以致下笔为文、遣词造句的用典大多出自四书五经，正用、反用、活用，不一而足，常有掉书袋之嫌。而王龄的古文风格与众不同，跟他的诗歌一样，擅长白描，娓娓而谈。以下试举两例。

先看他《蔡氏续修宗谱序》中的一段文字：“或谓十九都地而惟蔡姓人难与交，是未得蔡姓人之性情也。人无刚性不立，蔡姓人虽未知学，而天生刚性自在也。其于父子昆弟也，而恩而爱，无失焉；其于农桑家计也，而勤而俭，各勉焉；其交游而素相信也，而身而家，不己有焉；其遇人而不相得也，而诤而辨，不少逊焉。盖其人朴其俗，重气谊，以礼义接之，则咸若以礼义；而以权势胁之，则共激以权势也。以视世之雕琢其性情，修饰其体貌，假附于文人学士者，其真伪为何如也。"整段文字中，没有一个生僻的词语，也没有一个深奥的典故，几乎跟白话文一样，明白晓畅，气韵生动。

再看他《仁三十祖丸翁六旬寿序》中的一段文字："世之善信阴骘者，每日鸡鸣而起，盥手焚香，跪诵《文昌帝君阴骘文》一周，以为行善保生之术。或于坊间印数十本，多至数百本，以施于人，为能劝人为善，以祈福祥之报。及考其生平行事，甚至无所不为，而其心犹自恃为能广施阴骘文，神必保佑。名耶？实耶？欺己耶？欺人耶？拟欺神耶？不务实而务名，于己为可愧，于人为可讥，于神必有谴责之，加恶积而不知，罪深而莫解，甚矣！其惑也。"按照惯例，清儒写的寿序，跟汉赋一样，铺陈夸张，不是堆砌典故、进行类比，就是雕琢辞藻、加以夸耀，让人如坠五里云雾，看不清寿星的生平事迹和性格特征。像王龄这样摆事实、讲道理、不假雕饰、直抒胸臆的寿序，确实难得一见。

王龄一门七子，个个能文，尤其是长子王可仪工于古文，自成一家。王可仪现存的58篇古文中，有25篇出自《味经斋诗文稿》残本。旭升堂虽然富裕，但传承到王志枫、王龄时，家产一分为二，且王龄为家族修建双桐书屋、为母亲黄氏修建旌节牌坊、为恩师周璠刊印《盘洲诗文集》，耗资甚巨；到王可仪当家时，家产更是一分为七，经济实力严重下降，"余生产不过数十亩，居室不逾七八楹，业薄而用繁，生寡而食众，又不谙奇赢子母之权"①，以致他本人也像普通的穷秀才一样，不得不到檀溪镇潘周家村坐馆，为期三年，赚取微薄的束脩，根本没有资金刊印自己的文集，只得以稿本的形式存世。

朱寯为王可仪《味经斋诗文稿》所作之序曰："曹（开泰）先生深推许之，以为古文一道，君可自成家，不必论唐宋元明清诸大家之相似与否也。"时人对他的古文评价极高，当非空穴来风。兹从文章风格、写作技巧和文艺理论三个方面，加以论述。

王可仪所写古文的风格，跟其师承的渊源有关。"一则善其能承父志，又善其能绍师传"——一半得之于父亲王龄的家传，语言通俗，文字简洁；一半得之于老师周璠的师传，崇尚实学，擅长说理。

语言通俗。王可仪青年中府庠生，晚年中岁贡生，虽然屡试不第，但也是从千千万万的考生中考出来的。参加科举考试，写的是所谓时文的八股文，无论是文章的立意，抑或是遣词造句，都逃不脱四书五经的藩篱，比一般的唐宋散文更加深奥晦涩。在他现存的58篇散文中，除了寿序这种特殊文体比较深奥晦涩以外，其余文章不论是说理，还是记叙，大多语言通俗，明白晓畅，很少出现清儒寻章摘句、堆砌典故的通病。

在《风水说为六弟一升作》中，王可仪用的是白描手法，跟他的父亲王龄的文风神似："吾六弟一升自谓知风水，乃于鹤塘之上买一地，得意者久之，欲择吉日造寿圹而立石焉！朱越山先生者，姻亲也，亦自谓知风水，且讲三元九宫之理。尝走杭嘉湖绍等处，偶来于此，往视之，曰'无'，而一升曰'有'，争之不已，来使予断之。吁！予将何以断之哉！使一自谓知，一自谓不知，吾可从二子之意断焉！不然，使吾信此为知，信此为不知，又可从吾之信而断焉。即不然，旁人有谓此为知，谓此为不知，亦可从旁人之

---

① 〔清〕王可仪《〈家中实物记〉序》。

言而断焉！数者无一可，予将何以断之哉？"

文字简洁。现存的王可仪散文里很少有千字文，篇幅大多在五百字左右，短的只有三百字，文字省净，文短意不短，言简而意赅。如他的《〈藏书目录〉序》，短短的三百余字，讲了三层意思：第一层，例举古代的藏书家，有穷的，也有富的；第二层，介绍自家的藏书；第三层，肯定藏书的功用。文后朱寯的点评一语中的："落落数行，以少许胜多许，笔墨极洁净。"

再如《醉墨轩跋》，全文只有百余字："昔张旭善草书，性嗜酒，醉后挥毫，变化犹鬼神，故时号张颠，又谓醉墨。今表弟竹岩以醉墨名轩，其有旭之心哉。然性不喜饮，而作草书则霞催风送，蓬振沙飞，不亚于旭。盖墨因人醉而醉，醉不在墨，不因人醉而醉，墨自能醉矣。何必如醉后之旭乎！东坡云：'近者作堂名醉墨，如饮美酒消百忧。'竹岩不喜饮，吾得牵纸磨墨，醉兹轩以消忧焉，足矣！"以少胜多，言有尽而意无穷，是这篇文章的妙处。

崇尚实学。陋儒的眼里只有功名利禄，没有人情世故。为此，王可仪在《钞东坡策论书后》里对此痛加鞭挞："呜呼，人情世务，达则为经国理民之具，穷则为持身处世之资。乃士人多置而不顾，而手执一卷，曰穷理、穷理，吾不知其所谓理者何在也。舍此实而可据者不之求，而入杳冥之途、昏黑之境，且以读书人不涉世务自解。"

王可仪也像他的老师周璠一样，写了一系列接地气的实用文章，如《味经斋诗文稿》里有《〈藏书目录〉序》《〈出入总登簿〉序》《〈家中实物记〉序》。在《〈出入总登簿〉序》中，他认为"善理财者，量其生息，而审其出入。而不善理其财，必不足以供其役"；在《〈家中实物记〉序》中称，"尝读吾五世祖复之公所著家则，于家中什物之细，亦无不置之有条，而用之有纪，岂纤啬哉。家虽小，器用必需，物虽微，检点必至"。戴聪在文后的点评恰到好处，"此与总登簿序皆布帛菽粟之文"。因为人的日常生活就是开门七件事——柴米油盐酱醋茶，虽然琐碎，但颇为实用。

擅长说理。在王可仪的《味经斋诗文稿》里，最前面的就是一组有关仙道神佛的说理文章。作为一个儒生，他继承儒家祖师爷孔子的衣钵，"子不语怪力乱神"，认为君子要修身齐家、积德行善，对于求仙拜佛的行为痛加批驳："佛不可以治天下之君子，而可以治天下之小人也"（《佛说》）；"事神以治身，非以求福也。身治而福不必求"（《方岩求福说》）；"风水不可断，土其可断也！然则土可断，安知风水之不可断也"（《风水说为六弟一升作》）；"人皆可以为神仙，惟在能以神仙自为也"（《仙说》）。

王可仪的一系列说理散文，写得摇曳生姿，令人回味无穷。这固然跟立意高远有关，但也离不开变化多端的写作技巧。

喜用譬喻。王可仪在《答友问》里，把写古文比作偷盗："齐国氏大富，宋向氏大贫。自宋之齐请其术。国氏曰：'余善为盗，盖盗天地之时利，以生殖乐稼，筑垣建舍。'向氏未谕其旨，逾垣凿壁，探人财物，未几，以赃获罪。"并列举善盗和不善盗的现象："盗古人之意，不盗古人之辞，谓之善盗；盗古人之辞，不盗古人之意，谓之不善盗。"优秀的作者，借用古人的意思，不用古人的语言；蹩脚的作者，借用古人的语言，不用古人的意思。这个譬喻形象生动，妙不可言。

善用设问。在说理文里，作者说的道理如何才能让读者乐意接受？王可仪采用了问答的方式，他善用设问，一问一答，自问自答。在《佛说》里，他虚拟了一位辩者，给自己提了三个问题："佛所崇尚者，其所言死生祸福，杳冥难必之事也，将何以治之？""佛以虚无治小人，将何以取信哉？""天下有君子，有小人，圣与佛可并行乎？"然后逐个回答，以打消读者心中的疑虑。

多用对比。对比的好处，是将善与恶、美与丑、强与弱进行相互对照，以此来加深读者印象。譬如王可仪在《佛说》里把君子和小人作对比："佛不可以治天下之君子，而可以治天下之小人也。君子明礼义，重廉耻，大而君臣父子，小而文武事为，莫不遵圣人之教；小人不然，则有礼义廉耻所不能闲，桁杨刀锯所不能移者，纵之则肆其毒，殄之则不可胜诛。"又如他在《答友问》中所说的善盗与不善盗的对比，能够给读者留下深刻的印象。

爱用排比。排比的好处，一层一层，层层递进，愈进愈深，鞭辟入里。譬如王可仪在《芳五百二天威公传》里，描写为了生计不得不辍学的王守电，用了一组排比："然公不读书，未尝去书也"，"然公好读书，已不暇读书也"，"然公不读书，常念读书也"，"然公不读书，且胜读书也"，最后得出"读书人且共仰"的结论，一气呵成，浑然一体。

针线细密。作为一位古文家，王可仪具有严密的逻辑思维，文章写得严丝合缝、滴水不漏。他在《〈家中实物记〉序》中说，"有办而常用者，有办而不常用者，有不用而豫办者，有随用而随办者，有办而一生可用者，有用而旷年必办者"，把各种可能出现的情况一一列举，予以穷尽，增强说服力。在《仙说》中，他条分缕析，列举种种可以做神仙和不能做神仙的现象："人生世上，不以得失累其心，则功名富贵中有神仙；不以嗜欲累其心，则声色货利中有神仙。若夫饥寒逼迫者，不视居恒饱煖者为神仙乎？劳苦困顿者，不视体常舒泰者为神仙乎？疲癃残疾者，不视身其康强者为神仙乎？累因桎梏者，不视躬无系累者为神仙乎？盖为善可乐，乐则神仙；无欲而静，静则神仙；知足不辱，知止不殆，不辱不殆即神仙。"

王可仪具有丰富的文学实践经验，在古文、诗词和时文方面都达到了相当高的造诣，这离不开他的文艺理论。理论指导实践，实践反过来验证理论、修正理论、丰富理论，从而达到相辅相成、相得益彰的效果。

文以载道。在道与文之间，道是本，文是末，文以载道，而不能舍本逐末，去片面追求形式。对于诗歌，王可仪反复强调内容的重要性："盖孝也，悌也，忠信也，四者人之大本，作诗之宗旨也"（《读〈乐清轩诗集〉书后》）；"浦之作诗者甚多，而发乎情，止乎礼义，皆期有合乎古人之诗教"（《〈浦阳历朝诗录〉序》）。提倡忠孝节义，坚决反对吟风弄月，"盖非以其能诗者之多为盛，而盛在于其诗之不徒雕音饰声、吟风咏月为也"（《〈浦阳历朝诗录〉序》）。

以人论诗。文学批评史上有一个传统，就是知人论世——评价一篇文学作品，不仅要看作品本身，更要看其作者，尤其是作者的人品，如果作者人品有亏，其作品再好也不必读。王可仪在《陈雪樵先生诗集序》中说，"尝读古人诗，往往于诗见人；读今人诗，不可以人论诗乎？夫人之有诗也，如植物然，各视其根株，而枝叶因之。五谷则生五谷之枝叶，花实而可食；稊稗则生稊稗之枝叶，花实而不可食"，"以是先生亦以人论诗，苟非其人，而徒工声律，不足当其一喙也"。

崇尚自然。在《陈雪樵先生诗集序》里，王可仪把陶潜的诗歌比作五谷，把沈约的诗歌比作稊稗，因为陶潜"未尝较声律、雕句文，信手写出，便是宇宙第一种好诗"，而"自有诗以来，用心最苦，而立说最严者，无如沈约，使人读之，只见捆缚龌龊，不曾道出一句好话"，表达了自己崇尚自然、反对雕琢的观点。在《昆廿二竹岩夫子传》里，他批评刻意雕琢的时文，推崇朴实自然的古文："其教人也，不屑屑科举时文，惟学古是尚，作文黜华崇实，有古人风。"王龄、王可仪父子创作的诗歌，大多是形式比较随意的古风，很少有格律严整的近体诗，富有自然之美，甚至是拙朴之美。

辞必己出。今人如何写作古文？怎么处理变与不变的关系？王可仪在《答友问》里阐述了自己的文艺理论——"盗古人之意，不盗古人之辞"。变的是古人的辞，"物之生也，若骤若驰，无时而不变，无动而不移。人各有一喙，人各有一心，吾目则目，吾耳则耳，自道所得"，不变的是古人的意。在继承与创新的关系上，他提倡借鉴唐代文学家柳宗元的文艺理论，"柳州言作文，曰参之，曰本之，曰旁推交通，正如国氏之善盗也"，在广泛汲取前人优秀文化遗产的基础上，融会变化，推陈出新。具体而言，就是"本之《书》以求其质，本之《诗》以求其恒，本之《礼》以求其宜，本之《春秋》以求其断，本之《易》以求其动，此吾所以取道之原也。参之穀梁氏以厉其气，参之孟荀以畅其支，参之庄老以肆其端，参之《国语》以博其趣，参之《离骚》以致其幽，参之太史公以著其洁，此吾所以旁推交通而以为之文也"①。

《礼记·大学》说："欲治其国者，先齐其家；欲齐其家者，先修其身。"《孟子·离娄上》说："天下之本在国，国之本在家，家之本在身。"这就是儒家"修身、齐家、治国、平天下"的家国一体思想。家庭是社会的细胞，家风是社会风气的基础，家风正则民风淳，民风淳则世风清，能够为建设政治清明的和谐社会营造良好的氛围。"遗子黄金满籯，不如一经"，旭升堂在两三百年时间里连续出了八代秀才，家业长盛不衰，不是因为祖先留下了多少高楼、田地和金银，而是因为教子读书的良好家风的不断传承。这对于我们今日汲取祖国文化遗产，做到古为今用，增强文化自信，提高文化软实力，从而提升综合国力，具有很强的借鉴意义。这正是编注出版《旭升堂：江南好家风》的意义所在。

---

① 〔唐〕柳宗元《答韦中立论师道书》。

凡　例

一、本书搜集整理的文献资料均与浙江省浦江县郑宅镇前店村旭升堂的王氏家族有关，凡251篇（首），体裁有诗、赞、说、辨、序、传、记、行状、墓志铭、祭文、墓图、题跋等。

二、旭升堂历代先贤所著诗文集均已不存，只有断简残篇散见于丛书、总集、别集、宗谱和碑刻（详见文后参考文献），予以辑佚，并注明出处。

三、将佚文分为"旭升堂先贤志传""旭升堂先贤往来诗文""旭升堂先贤著述"三编。其中，"旭升堂先贤志传""旭升堂先贤往来诗文"以传主的生年先后排序，"旭升堂先贤著述"以作者的生年先后排序。生年不详的，附于其后。

四、各家宗谱屡经续修，鲁鱼亥豕之处不少。对于明显的差错，笔者予以纠正，并出校记。《深溪义门王氏宗谱》现存清代和民国的多种版本，故以较早的版本为底本，以较迟的版本与之互校，择善而从。

五、个别文章在收入宗谱和文集时文字略有不同。一般选择文集版本作为底本，标注宗谱版本与其不同之处，不再录入全文。

六、对于疑难的字、词、句、典故、人名、地名、事件以及典章制度等加以注释。字注释音义；词、句、典故除了注释音义外，酌情注释出处，包括引用文献资料的时代、作者、书名、卷名、篇名，尽量用原文。文义深奥的，附浅显的白话翻译；文字冗长的，用简短的白话浓缩；人名注释行讳、字号、生卒、籍贯、履历、仕宦、著作等，旭升堂先贤还注明婚配、子女。

七、姓名文化是中华传统文化的重要组成部分，寄寓长辈对晚辈的期盼。《说文解字》云："名，自命也。"《礼记·曲礼上》曰："男子二十，冠而字。"古人名字相应，互为表里，字往往是名的补充或解释，相互之间具有相同、相近、相类、相反、相对、相顺、相延等内在关联，笔者对此尽量予以梳理说明。

八、清代不设太学，宗谱中标注的太学生是通过捐纳取得的，并非实际的功名，原则上不予采纳。

九、明清职官有实授、候补、追赠之分。候补官员很难转为实授，追赠官员更是身后的荣誉，与实授官员不可同日而语，故予以标明。

十、书中涉及的地名，若非属浙江省浦江县管辖范围的，原则上细化到县为止；若是属浙江省浦江县管辖范围的，则尽量标注所属的乡镇（街道）和自然村。古今地名不同的，原则上用今名，特殊情况则古今名一起标注。

十一、对于文字较短的注释，允许反复标注，免于读者来回翻检之苦；文字较长的注释，为节省篇幅，首次出现用详注，以后重复出现用简注，并作"详见……"处理。

目 录
CONTENTS

第二编　旭升堂先贤往来诗文

第三编　旭升堂先贤著述

第一编
旭升堂先贤志传

王宗群妻朱氏

王宗群（1613—1669），字叔美，号西山（按，〔唐〕施肩吾著《西山群仙会真记》。美若天仙，"美"与"仙"字义相顺），行源六十六。浙江浦江郑宅镇前店村中正堂（俗称旧屋里，下同）人。娶朱氏（1619—1703），生王继祥、王继旦二子。

源六十六朱安人传

西山翁之德配朱安人于康熙癸未二月廿二日卒①。其子继旦请余为传②。余馆于其家有年矣③，曷可辞④！

谨按，安人秉性端静，口不妄言，足不轻举。自西山翁卒后，内外兼治，教子以耕读，训媳以勤俭，待己薄而待客厚，自奉约而祀先丰。下而至于僮仆侍女，愨守规矩⑤，无有怨而不伸者。其母仪洵足式也⑥。奈长子名成而不寿⑦，幸幼子克家⑧，事嫂如母，字侄犹子⑨，矢慎矢公⑩，不忍分釜⑪，承先启后，愿世世一家焉！

君子曰："西山翁虽贤，得安人之贤而无忧。翁与安人得子之贤而更无忧矣！使世世子孙善继其志，则五世同居之风何难复觏于今日哉⑫！"

康熙十九年庚申冬月⑬　陈命禹拜撰⑭

（辑自清同治辛未年续修《深溪义门王氏宗谱》卷十三）

【注释】

①西山：王宗群的号。

德配：旧时对他人妻子的敬称。

安人：犹夫人，对妇人的敬称。

康熙癸未：1703 年。康熙（1662—1722），清圣祖玄烨的年号。

②继旦：王继旦（1651—1692），字德平，号存斋（按，《孟子·告子上》"其日夜之所息，平旦之气……则其夜气不足以存"），行承百十三。浙江浦江郑宅镇前店村旭升堂（俗称新屋里，下同）始祖。系王宗群次子，娶项氏（1651—1725），生一子王守中。为了让兄长王继祥专心读书，独自操持家务，克勤克俭。兄长去世后，抚养侄儿王守观同于己子王守中，后子侄双双入庠。乡饮宾。事见清《乾隆浦江县志·孝友传》。

③馆：坐馆授徒，旧时指担任塾师。

④曷：怎么。

⑤愨［què］：诚实，谨慎。

⑥其母仪洵足式也：她为人母的轨范实在可以作为楷模。母仪，为人母的典型轨范。洵，实在。足式，足为楷模。

⑦长子：指王继祥（1644—1680），字麟如（按，《宋书·乐志一》"九年，岚州献

祥麟"），行承十七。浙江浦江郑宅镇前店村中正堂人。系王宗群长子，娶蔡氏（1648—1726），生王守观、王守先二子。一生着意功名，将家务委托其弟王继旦经营管理。三十五岁中秀才，治《诗经》，三十七岁病故，故称"名成而不寿"。

⑧幼子：指王继旦。

克家：能承担家事，继承家业。语出《周易·蒙》："纳妇，吉。子克家。"

⑨字：抚养。

⑩矢慎矢公：发誓为公慎重办事。

⑪分釜：分锅烧饭，意谓分家。

⑫五世同居：浙江浦江深溪义门王氏从南宋景定元年（1260）到明建文四年（1402），从第四世始，到第十世终，七世同居，历时142年，元明两朝受到朝廷旌表，称义门王氏或王义门，与同里郑氏媲美。清同治辛未年（1871）续修《深溪义门王氏宗谱》卷十一收录贾似道于南宋景定四年（1263）撰《亿三八府君墓志铭》："创业虽由于先君，而处士半持之，存尚义心，语诸子姓曰：'家之人虽未满百，内外大小事喜一心，而所以能一众口于爨也。'"第二十世王继曾于清乾隆四年（1739）撰《续修家乘纪录》："芰生二子，长讳或次讳广者，慕义门之风，参定《家则》，合爨五世，传至善渊处士讳澄、八世祖士觉，而孝友益著。"由此可知，南宋景定元年（1260），深溪王氏第三世王芰去世，第四世王或制定28条《王氏家则》，带领弟弟王广及其子侄同居，人口不到一百人。到第八世的王士觉兄弟，已经五世，人口将近200人。赵友同于明洪武三十一年（1398）撰《续修宗谱序》："至元间，旌其门闾，一也。自澄而至士觉至诸名公，时议愈美名愈香，而所以得我圣朝之旌其门者，二也。"由此可知，深溪王氏曾在元（后）至元年间（1335—1340）和明洪武年间（1368—1398）两次受朝廷旌表。深溪王氏第十一世王荣于明正德元年（1506）撰《续修宗谱议》："洪武三十年（1397），家长家遭不测之祸，（家）乘亦与去，幸检事者识为通族谱而复，第世系内已失数页矣。"同时，续撰《凡例》："洪武三十年，家长家遭不测之祸，（家）乘随去。祖孙甚幸，遇检事者知立谱之艰难而系于众，复之，（世）系中已失五六七八九世之（世）系矣。"永康金仕元于洪武三十二年（即建文元年，1399）撰《雅六府君墓志铭》："洪武三十二年，讼事由于家长。"比前说推迟了两年。朱兴悌于清嘉庆辛未年（1811）撰《重刊深溪义门王氏家则序》："明成祖时，惨遭家难，里居灰烬，《家则》一书亦渐灭而不可考。"深溪王氏二十五世王可仪于同年撰《重刻家则跋》："自遭有明靖难之厄，家长构祸，流离播迁，《家则》之板全毁矣！"此时距离靖难之役（1399—1402）还有数年。由此可知，深溪王氏家长王士觉之侄、时任右春坊右庶子王勉受邻家之累，含冤被杀，子孙星散，同居结束。至于具体时间，有三种不同说法：洪武三十年、洪武三十二年、靖难之役期间。第一种说法明显有误，如果洪武三十年就已遭祸，那么洪武三十一年深溪王氏不可能再续修宗谱。第二种说法也不太可靠，因为一日为师，终身为父，建文帝不可能杀他的老师王勉。第三种说法比较笼统，尚需细化。明洪武二十六年（1393），明太祖朱元璋擢浙江浦江郑义门郑济、王义门王勉为左右春坊左右庶子，陪皇太孙朱允炆读书。洪武三十一年（1398），朱元璋去世，由朱允炆继位，是为建文帝。建文元年（1399），建文帝下令进行削藩。燕王朱棣起兵反抗，史称"靖难之役"。建文四年（1402），朱棣攻下南京，

大肆杀戮建文帝旧臣，最著名的是株连十族的方孝孺，王勉也在此时受邻家之累，含冤被杀。《深溪义门王氏宗谱》的世系图中记载家长王士觉所在的郎中派，第十世子孙有雅一至雅廿六、显一至显二、恺一至恺五，行第齐全，兄弟三十三人，标示生卒年的只有雅廿二王瀛一人，生于洪武十三年（1380），到建文四年（1402）时已二十三岁，说明此时子孙已基本出生，且多数已成年，故称七世同居。至于第十一世子孙，行第不全，有名有姓的有二十二人，其中徽十一王叔溶生于洪武二十三年（1390），王彪生于洪武二十年（1387），到建文四年（1402）分别只有十三岁和十六岁，说明此时部分子孙已经出生，但多数尚未成年，故不计入同居世代之中。

靓［gòu］：遇见。

⑬康熙十九年庚申：1680 年。

⑭陈命禹（1651—1701）：字舜也（按，《论语·泰伯篇》"舜禹之有天下也，而不与焉"），号中庵，行和八十一。浙江浦江白马镇清塘村人。邑庠生。曾卜居深溪（今郑宅镇水阁村一带）十余载，以教书为生。清康熙己未年（1679），在旭升堂王继旦家设馆授徒。

王继旦

王继旦（1651—1692），字德平，号存斋，行承百十三。浙江浦江郑宅镇前店村旭升堂始祖。乡饮宾。系王宗群次子，娶项氏（1651—1725），生一子王守中。为了让兄长王继祥专心读书，操持家务，克勤克俭。兄长去世后，抚养侄儿王守观同于己子王守中，子侄双双入庠。事见清《乾隆浦江县志·孝友传》。

承百十三存斋公传

公少孤①，偕其兄继祥同奉母朱氏②。自幼即敦至性，以孝行闻于乡党③，复潜心嗜学，能通五经大义④。伯仲之间⑤，自相师友。无何⑥，兄染膏肓乎疾⑦，缠绵三载⑧。公延医视药，不惜倾家之积，以济参苓⑨。三年之间，初无倦色⑩。既而兄疾弥留，遂慨然叹曰："余幼事诗书，将以卒业而厎于成⑪。今不幸兄早世，兄子守观、守先俱未成立⑫，吾不忍析爨以伤兄志⑬。"遂身任家政，专心以课其后人。

公子允中偕兄子守观⑭，出同学，入同处，宛然公之昔日与兄联肩就傅时也⑮。己巳春⑯，守观游于庠⑰，旋食廪饩⑱。允中亦相继采芹⑲，并以文行推重士林⑳。而公之甘自辍业以成兄之志者，亦可少慰厥心矣㉑！

公治家严整，事事皆有法度，而奉身以俭，率下以勤。德配项氏复克周内助㉒，以相夫子，用能光大前业㉓。凡所以肯堂构而宏燕翼者㉔，事无不备。至其秉性慷慨，乐于斛推㉕，岁出其所有以济乡里之困乏及宗族之贫病者。俭于居身而厚于恤物，殆有得于其性㉖，初非勉而为之者与！邑侯赵公高其行㉘，推为乡祭酒㉙，以为邑人矜式㉚。凡远近之有争者，别取平于公㉛，以论其曲直。公以一言解纷，无不帖然心折㉜。盖公之实行素孚于人㉝，而临事得秉正不阿，故能见重于时如此。惜享年不永，寿四十二而卒。

然公行修于身而克昌厥后㉞，今其孙祖源、祖津皆能读父书㉟，崭然见头角㊱。祖源年方弱冠即补邑弟子员㊲，声名藉甚㊳。夫孰非公之厚德所贻留也哉！

余以葭莩之亲㊴，夙仰公德。源、津复从余学㊵，因得以悉公之生平。既传其事，因为之赞曰：

士君子立身，内无忝于家㊶，外有济于物，斯亦世俗之所难者矣！昔第五伦以一夕三起㊷，犹自以为有私彼其㊸，故厚于兄子，以别异于己子，亦诚不得谓无私也。今公待兄子与己子坦然无复町畦彼我之分㊹，而又终身不自鸣其德，则真可谓无私矣！至若晏子仕齐，待之而举火者千人㊺，范文正公义田之设，举族世食其利㊻。今公之拳拳以施贫活族为念，于古人何多让焉！使人而尽以公为法也，则乡邻风俗之美犹及见之矣！

康熙五十八年己亥季冬㊼　华麓张以珸拜撰㊽

（辑自清同治辛未年续修《深溪义门王氏宗谱》卷六）

【注释】

①少孤：年少死去父亲或父母双亡。王宗群于清康熙八年（1669）去世时，其子王继旦才十九岁。

②继祥：王继祥（1644—1680），字麟如。浙江浦江郑宅镇前店村中正堂人。邑庠生，治《诗经》。

③乡党：指乡里，家乡。

④五经：《易》《书》《诗》《礼》《春秋》五部经典，西汉时订为五经。

⑤伯仲：兄弟间排行的次序。

⑥无何：不久。

⑦膏肓乎疾：比喻事情严重到了不可救药的程度。典出《左传·成公十年》："疾不可为也，在肓之上，膏之下，攻之不可，达之不及，药不至焉。"意谓疾病要是深入肓（心脏与膈膜之间）之上、膏（心尖脂肪）之下，那就任何药力都不能达到，难以治好。

⑧缠绵：久病不愈。

⑨参苓：人参与茯苓。

⑩初：全，本来就。

⑪厎［zhǐ］：达到。原作"底"，形近而误。

⑫守观：王守观（1669—1720），字用宾（按，《周易·观》"六四，观国之光，利用宾于王"），行芳四十一。浙江浦江郑宅镇前店村中正堂人。邑廪生，治《诗经》。

守先：王守先（1677—1726），字君进（按，《论语·先进篇》"先进于礼乐，野人也"），行芳六十四。浙江浦江郑宅镇前店村中正堂人。

⑬析炊：分灶烧饭。指分家。

⑭允中：王守中（1674—1739），字用其，庠名允中（按，《礼记·中庸》"执其两端，用其中于民"；《尚书·虞书·大禹谟》"允执厥中"），行芳五十三。浙江浦江郑宅镇前店村旭升堂第二世。邑庠生，治《周易》。介宾。系王继旦之子，娶白马镇清塘村陈大昌之女（1670—1740），生二子三女，子为王祖源、王祖津，三女中长女适县城举人张铎，次女适黄宅镇桂花明堂村贡生黄方远，幼女适同村庠生黄成章。

⑮就傅：出外就学。语出《礼记·内则》："十年，出就外傅，居宿于外，学书计。"

⑯己巳：清康熙己巳年（1689）。

⑰游于庠：即游庠。明清时，儒生经考试入府、州、县学为生员，俗称中秀才。

⑱旋：不久。

廪饩［xì］：明清科举制度，生员经岁、科两试列优等者，增生可依次升廪生，谓之"补廪"或"补饩"，由朝廷供给其日常生活所需。廪，谷仓。饩，米粮。

⑲采芹：指中秀才成为生员。语出《诗经·鲁颂·泮水》："思乐泮水，薄采其芹。"周代诸侯的学宫叫泮宫，泮宫外围的水叫泮水。

⑳士林：指文人士大夫阶层、知识界。

㉑厥：不定代词，那个。

㉒德配：旧时对他人妻子的敬称。

㉓用：介词，表示结果。相当于因而。

㉔肯堂构：语出《尚书·周书·大诰》："若考作室，既底〔zhǐ〕法，厥子乃弗肯堂，矧肯构？"意谓儿子连房屋的地基都不肯做，哪里还谈得上肯盖房子。后反用其意，比喻子承父业。堂，立堂基。构，盖屋。

燕翼：善为子孙后代谋划。语出《诗经·大雅·文王有声》："诒厥孙谋，以燕翼子。"燕，安。翼，敬。

㉕斝推：即交斝推杯。指酒宴中相互斟酒。

㉖殆：大概。

㉗初：全，本来就。

与：同"欤"。

㉘邑侯：县令。

赵公：赵懿源，号曾一（按，《出华严经随疏演义钞》"一源者，甚深法界之体也"），顺天武清（今属天津）人，贡生。清康熙二十六年（1687），任浙江浦江知县。曾主持修复月泉书院。

㉙乡祭酒：古代飨宴时酹酒祭神的长者。后泛指年长或位尊者。

㉚矜式：敬重效法。

㉛别：各自。

㉜帖然：顺从服气，俯首收敛。

㉝盖：发语词。

孚：为人所信服。

㉞克昌厥后：能够使子孙后代繁荣昌盛。语出《诗经·周颂·雝》："燕及皇天，克昌厥后。"

㉟祖源：王祖源（1696—1731），字学远（按，〔唐〕白居易《海州刺史裴君夫人李氏墓志铭》"夫源远者流长，根深者枝茂"），行启三十四。浙江浦江郑宅镇前店村旭升堂第三世。邑庠生，治《诗经》。系王守中长子，娶郑宅镇孝门村张以相之女（1694—1765），生一子王志枫。

祖津：王祖津（1705—1750），字跃云（按，〔南朝宋〕刘义庆《世说新语·赏誉》"君兄弟龙跃云津，顾彦先凤鸣朝阳"），行启七十二。浙江浦江郑宅镇前店村旭升堂第三世。恩贡生，候选儒学训导。系王守中次子，娶黄氏（1702—1725）；继娶金氏（1710—1729），生一子王志棣；又娶张氏（1704—1773）。

㊱轹然：形容超出一般。

头角：比喻青年的气概或才华。

㊲弱冠：古代男子二十岁行冠礼，表示已成人，体未壮，故称弱冠。语出《礼记·曲礼上》："二十曰弱，冠。"

弟子员：明清时，对府、州、县学生员的称呼。

㊳藉甚：显赫。

㊴葭莩之亲：比喻关系疏远的亲戚。葭莩，芦苇杆内壁的薄膜。王继旦之孙王祖源娶郑宅镇孝门村邑庠生张以相之女，张以相与本文作者张以珛同宗同辈；王继旦的孙女

适县城举人张铎，而张铎系作者同宗晚辈，故属远亲。

⑩源、津：王祖源、王祖津。

⑪忝：辱没。

⑫第五伦（生卒年不详）：字伯鱼（按，《说文解字》"伦，辈也"。伯鱼，孔子之子孔鲤的表字。意谓孔鲤之辈，字义相顺）。东汉京兆长陵（今陕西咸阳）人。典出《后汉书·第五伦传》："吾兄子常病，一夜十往，退而安寝；吾子有疾，虽不省视而竟夕不眠。若是者，岂可谓无私乎？"

⑬彼其：那个，他。

⑭町畦：界域，界限。

⑮晏子仕齐，待之而举火者千人：晏婴到齐国做官，依靠他接济的有上千人。典出《晏子春秋·外篇上》："婴之宗族待婴而祀其先人者数百家，与齐国之间士待婴而举火者数百家，臣为此仕者也。"晏子，即晏婴（？—前500），夷维（今山东高密）人。春秋时期齐国政治家、思想家、外交家。举火，生火做饭，引申为过活。

⑯范文正公义田之设，举族世食其利：范仲淹设立义田，整个家族世世代代受益。典出〔北宋〕钱公辅《义田记》："（范文正公）方贵显时，置负郭常稔之田千亩，号曰义田，以济养群族之人。"范文正，即范仲淹（989—1052），字希文（按，希文，希慕江淹的文才），苏州吴县人，北宋思想家、政治家、文学家，倡导"先天下之忧而忧，后天下之乐而乐"，谥号文正，世称范文正。义田，为赡养族人或贫困者而置的田产。

⑰康熙五十八年己亥：1719 年。

⑱张以璐（1685—1750）：字次玉（按，《史记·司马相如列传》"其石则赤玉玫瑰，琳瑉琨珸"，〔唐〕司马贞索隐"琨珸，司马彪云'石之次玉者'"），号华麓。浙江浦江县城东隅人。清雍正癸卯年（1723），中进士，先后任江西都昌、建昌、鄱阳、星子等县县令，转内阁中书，历任昌平州、霸州知州。著有《华麓诗稿》四卷。

王继旦传

王继旦，字德平，深溪人①。自幼敦至性，读书求通大义。早孤，与兄继祥奉母②，即以孝闻。继祥为邑诸生③，锐意举子业④，悉以家计委弟。弟亦绝不以尘事及兄。无何⑤，继祥病羸，缠绵三载⑥。继旦不惜罄资，以供参苓⑦。兄卒，二侄俱幼，以叔代父，督课维勤⑧。后侄守观及子允中先后游庠⑨，皆其所培植也。性慷慨，乐于推解⑩，岁出其节啬所余以济族邻之贫乏者。前令赵嘉其行⑪，推为乡祭酒⑫，以风示邑人焉⑬。

（辑自清《乾隆浦江县志·孝友传》）

【注释】

①深溪：溪名。发源于浙江浦江金芙蓉山西麓，流经郑宅镇西部。清光绪癸未年（1883）续修《深溪义门王氏宗谱》收录深溪王氏第十九世王家明于清康熙二年（1663）

撰《续修家谱序》："（王起）公之孙讳芰者游惠香（寺），览深溪之胜，乃筑室于兹。"收录深溪王氏第二十一世王守畇于乾隆五十三年（1788）撰《聚族图说》："迨三世祖万十府君（王芰）又东十里许，左麟溪、右石塝源、金蓉北流而南者，深溪也，卜而居之。"同时收录《深溪聚族图》，图上显示深溪发源于金芙蓉山西麓，自北往南，流经浦江盆地北缘的石门里（今三雅村）、横塘、上新屋、进士第（今三埂口）、后分（今不存）、前分、积顺堂（今樟桥头）、上后宅（今水阁）、绳武堂（今四份头）、上水阁、下水阁，在下店（今西店）西侧注入石塝源（厚大溪），再汇入浦阳江。深溪源头金芙蓉山的西麓悬崖峭壁，峡谷幽深，故称。《深溪义门王氏宗谱》收录《深溪十景》诗，其中有《深溪晚钓》《灵泉修禊》《双池分月》《金蓉拱翠》《石壁遗铭》《山寺疏钟》等六首，歌咏金芙蓉山（蒋山）及其附近的惠香寺、醴泉寺。据族中耆老相传，清嘉庆二年（1797），深溪洪水暴发，冲毁横塘村东北角的房子。为此，王氏族人将深溪改道，北移三四十米，引向正东，并在村北修筑避水塍，彻底杜绝水患。改道后的深溪，接近葬有深溪王氏第十一世王荣（1435—?）、十二世王楦（1460—1541）父子（樟桥头、上新屋、三雅村三村共祖）的毛蟹形。为了改善祖坟的风水环境，族人在坟前筑堰蓄水，称毛蟹堰。深溪水流过毛蟹堰后，抵达上新屋村北，与自北向南流的白麟溪水合流，俗称并溪口，再一起往东流经郑宅古镇，注入浦阳江。据田野调查，从毛蟹堰到并溪口这一段溪道，宽窄相同，河床较浅，均用巨石砌岸，呈一直线形，与天然溪道的蜿蜒曲折、宽窄不一、草木护岸不同，系人工开凿垒砌。深溪改道汇入白麟溪后，从深溪南侧的石塝源（厚大溪）祝家桥西侧筑堰引水，注入深溪故道，但这水量对于深溪故道来说只是杯水车薪，故道自此淤泥堵塞。到了二十世纪七十年代初，樟桥头村附近还有水荡，后因修筑浦后公路，终被填塞，变成田埂，俗称深溪埂。八百余年来，王氏裔孙世居深溪两岸，繁衍生息，形成十几个村庄环王氏宗祠而居的空间格局，世称深溪王氏。

②继祥：王继祥（1644—1680），字麟如。浙江浦江郑宅镇前店村中正堂人。邑庠生，治《诗经》。

③诸生：明清两代称已入学的生员。

④举子业：即举业，科举时代指为应考试而准备的学业，包括应试的诗文、学业、课业、文字。明清专指八股文。

⑤无何：不久。

⑥缠绵：久病不愈。

⑦参苓：人参和茯苓。

⑧维：同"唯"。

⑨守观：王守观（1669—1720），字用宾。浙江浦江郑宅镇前店村中正堂人。邑廪生，治《诗经》。

允中：王守中（1674—1739），字用其，庠名允中。浙江浦江郑宅镇前店村旭升堂第二世。邑庠生，治《周易》。任介宾。

游庠：明清时，儒生经考试取入府、州、县学为生员，俗称秀才。

⑩推解：即推食解衣，比喻慷慨施舍恩惠。语出《史记·淮阴侯列传》："汉王授我上将军印，予我数万众，解衣衣我，推食食我。"

⑪令：县令、知县。

赵：赵懿源，号曾一。顺天武清（今属天津）人，贡生。清康熙二十六年（1687），任浙江浦江知县。曾主持修复月泉书院。

⑫乡祭酒：古代飨宴时酹酒祭神的长者。泛指年长或位尊者。

⑬风示：晓谕，教诲，告诫。

王守中

　　王守中（1674—1739），字用其，庠名允中，行芳五十三。浙江浦江郑宅镇前店村旭升堂第二世。邑庠生，治《周易》。任介宾。系王继旦之子，娶白马镇清塘村陈大昌之女（1670—1740），生二子三女，二子为王祖源、王祖津，三女中长女适县城举人张铎，次女适黄宅镇桂花明堂村贡生黄方远，幼女适同村庠生黄成章。

芳五十三公传

　　乾隆丙辰①，予秉铎浦阳②。有张子铎者③，因季课而知其名④，是岁即膺乡荐⑤。嗣此⑥，日与往来，谈及其外舅王公讳允中⑦，端方正直，文行兼优，余心记之。后每月举课⑧，又得王子祖津、黄子方远、成章⑨，询之，即王翁之子与其婿也，文艺超卓，度越寻常。观公之子若婿⑩，可以识其家教矣！己未岁⑪，王氏续修家乘⑫，祖津胪其父之行⑬，请传于余。余因忆张子之言，急愿有述焉！

　　翁年甫十六，试即入泮⑭，其敏睿过人，可不问而知，然未弱冠辄失怙⑮。是时，家务猬缠⑯，而翁独锐志进修，潜心经籍，一切外物不以累其心。虽数奇不偶⑰，第青衿老⑱，而于翁奚愧焉！迨历年六十余⑲，县举介宾⑳，为一邑士人矜式㉑，所谓洛阳耆旧、东国人伦㉒，即其人也。子二，祖源、祖津㉓，俱名列胶庠㉔。祖源虽同颜寿㉕，而祖津表表士林㉖，诸孙卓荦㉗，头角崭然，定为他年国器㉘，盖不于其身、于其子孙者欤！翁业既饶裕，而恶衣菲食，不殊寒素，创大厦以广规模，人人欣悦，相助有成。观者谓："是承先之堂构㉙，而实裕后之诒谋也㉚。"

　　今翁虽逝，而翁之德行与翁之事业彰彰在人耳目，奚俟余赘㉛。予不忘张子之言，因王子之请，遂为传其巅末㉜，以附王氏家乘云尔㉝。

乾隆四年己未冬月㉞　浦阳外史东嘉叶廷璧拜撰㉟
（辑自清同治辛未年续修《深溪义门王氏宗谱》卷六）

【注释】

①乾隆丙辰：1736 年。乾隆（1723—1795），清高宗弘历的年号。

②秉铎：春秋至汉代，有人执木铎以施教，后称执掌教化人民的官吏为秉铎，也称为司铎。当时作者叶廷璧任浦江儒学教谕，故称。秉，拿着，持。铎，大铃，形如铙、钲而有舌，古代主要用于宣布政教法令，亦为古代乐器。

浦阳：唐玄宗天宝十三载（754），置浦阳县。五代吴越天宝三年（910），改浦阳县为浦江县（今属浙江金华）。

③张子铎：张铎（1697—1748），字圣为（按，《论语·八佾篇》"天下之无道也久矣，天将以夫子为木铎"。木铎系圣人孔子所为，故字圣为），号觉斋。浙江浦江县城东

隅人。中举人。娶郑宅镇前店村旭升堂王守中长女。

④季课：明清时，每个季度对学子考核一次。

⑤膺乡荐：通过乡试，指中举人。膺，接受。乡荐，乡试。

⑥嗣此：自此以后。

⑦外舅：岳父。

王公讳允中：王守中。

⑧每月举课：即月课。明清时，每个月对学子考核一次。

⑨王子祖津：王祖津（1705—1750），字跃云。浙江浦江郑宅镇前店村旭升堂第三世。恩贡生，候选儒学训导。

黄子方远：黄方泰（1698—1769），字镇邦（按，《诗经·鲁颂·闷宫》"泰山岩岩，鲁邦所詹"），庠名方远，行德四百七十八。浙江浦江黄宅镇桂花明堂村人。恩贡生，候选儒学训导。事见清《光绪浦江县志·人物志》。娶郑宅镇前店村旭升堂王守中次女，生四子三女，四子分别为黄以樋、黄以柭［biē］、黄以枃［jìn］、黄以桯；三女中长女适郑宅镇前店村旭升堂王志枫。

成章：黄方汧［qiān］（1705—？），字洵汇（按，《史记·秦本纪》"四年，至汧渭之会"。也作"汧渭之汇"），庠名成章，行德五百七十一。浙江浦江黄宅镇桂花明堂村人。邑庠生。娶郑宅镇前店村旭升堂王守中幼女（1701—？）。

⑩若：同。

⑪己未：清乾隆己未年（1739）。

⑫家乘：又称家谱、族谱、宗谱等，是一种以表谱形式，记载一个家族的世系繁衍及重要人物事迹的书。

⑬胪：陈述。

⑭入泮：古代学宫之内有泮水，故学宫称泮宫，童生初入学为生员，则为入泮。

⑮弱冠：古代男子二十岁行冠礼，表示已成人，体未壮，故称弱冠。语出《礼记·曲礼上》："二十曰弱，冠。"

失怙［hù］：指死了父亲。语出《诗经·小雅·蓼莪》："无父何怙？无母何恃？"1692年，王继旦卒，其子王守中时年十九岁，未及弱冠。

⑯猬缠：事情繁多而集中。

⑰数奇不偶：形容经历坎坷，潦倒失意。

⑱第：但。

青衿：青色交领的长衫，为明清秀才的常服。此处指中秀才。语出《诗经·国风·郑风·子衿》："青青子衿，悠悠我心。"

⑲迨：等到。

⑳介宾：古代举行乡饮酒礼时辅佐宾客的人。

㉑矜式：敬重效法。

㉒洛阳耆旧：典出《宋史·文彦博传》："（文彦博）与富弼、司马光等十三人，用白居易九老会故事，置酒赋诗相乐，序齿不序官。为堂，绘像其中，谓之'洛阳耆英会'，好事者莫不慕之。"后用于形容年高德劭。

东国人伦：语出〔南朝梁〕刘峻《广绝交论》："陆大夫喜宴东都，郭有道人伦东国。"郭有道，东汉名士郭泰（128—169），字林宗，通晓典籍，喜欢谈论，曾以有道征，辞不就。形容人品出众。

㉓祖源、祖津：王守中的儿子王祖源（1696—1731）、王祖津（1705—1750）。王祖源，字学远。浙江浦江郑宅镇前店村旭升堂第三世。邑庠生。王祖津，字跃云。郑宅镇前店村旭升堂第三世。恩贡生，候选儒学训导。

㉔胶庠：周时胶为大学，庠为小学。后世通称学校。语出《礼记·王制》："周人养国老于东胶，养庶老于虞庠。"

㉕颜寿：孔门七十二弟子之首颜回（前521—前481）寿短，只活了四十一岁。后以颜寿代指短命。王祖源享年三十六岁，故称。

㉖表表：卓异，突出。

士林：指文人士大夫阶层、知识界。

㉗卓荦：超出一般，出众。

㉘国器：治国的人才。

㉙堂构：比喻子承父业。详见本书〔清〕张以珸《承百十三存斋公传》。

㉚诒谋：父祖对子孙的训诲。语出《诗经·大雅·文王有声》："诒厥孙谋，以燕翼子。"诒，同"贻"，遗留。

㉛奚：何。

俟：等待。

㉜巅末：从开始到末尾，谓事情的全过程。

㉝云尔：用于语尾，如此而已。

㉞乾隆四年己未：1739年。

㉟东嘉：古代温州的别称。语出〔南宋〕陈叔方《颍川语小》："温为永嘉郡，俚俗因西有嘉州，或称永嘉为东嘉。"

叶廷璧（生卒年不详）：浙江永嘉（今温州城区）人。贡生。清乾隆元年（1736），任浙江浦江儒学教谕。授儒林郎。自号浦阳外史。

王祖源暨妻张氏

王祖源（1696—1731），字学远，行启三十四。浙江浦江郑宅镇前店村旭升堂新屋里第三世。邑庠生，治《诗经》。系王守中长子，娶郑宅镇孝门村张以相之女（1694—1765），生一子王志枫。

启三十四公传

公讳祖源，字学远。生而颖异，十岁能文，年十九即蜚声黉序①。然自视欿然②，每言奕世簪缨冠盖相望③，一介青衿岂可自足④，于是闭户斋居，锐志进取，忘食忘寝，虽家庭熟识鲜觏其面⑤。其志之大已具乎少时矣！

公父单传而赀甲一乡⑥，几务之丛集不待问矣⑦！而公也幽居不出书斋，足迹未入城市，终日危坐，一志凝神，惟以读书穷理为事。又知其学之醇也。

自是而孝以事亲，夔夔敬也⑧；和以待弟，怡怡笃也⑨。且宽以接众，恩孚群下⑩，罔非平日之所研求者⑪，躬行而实践之。谓是人而有不得其寿者乎！岂知天不可必，年三十六而遽赴玉楼之召⑫，志大徒成虚语，学醇空埋黄泉。余每念及，而不觉悲从中来也。

淑配张氏⑬，子志枫⑭。余幼从公习举子业⑮，亲炙最久⑯，故知之甚悉。今志枫又从余游，因聊传其微末，附于家乘之后⑰，使志枫果能铭其德、学其学、继其志，则公虽死犹生矣！此又余之深望也夫！

时乾隆四年己未冬月⑱　学生祖福拜撰⑲

（辑自清同治辛未年续修《深溪义门王氏宗谱》卷六）

【注释】

①黉［hóng］序：古代的学校。

②欿［kǎn］然：不自满，有所欠缺貌。

③奕世：累世。

簪缨：古代官吏的冠饰。比喻显贵。

冠盖：古代官吏的帽子和车盖，借指官吏。

④青衿：青色交领的长衫，明清秀才的常服。此处指中秀才。语出《诗经·国风·郑风·子衿》："青青子衿，悠悠我心。"

⑤觏［gòu］：遇见。

⑥赀：同"资"。

⑦几务：重要的事务。

⑧夔夔［kuí kuí］：敬谨恐惧貌。

⑨怡怡：喜悦欢乐貌。

⑩孚：为人所信服。

⑪罔非：无非。

⑫赴玉楼之召：典出〔唐〕李商隐《李贺小传》："（李）长吉将死时，忽昼见一绯衣人，驾赤虬，持一版，书若太古篆或霹雳石文者……笑曰：'帝成白玉楼，立召君为记。天上差乐，不苦也。'（李）长吉独泣，旁人尽见之。少之，（李）长吉气绝。"后作文人早死的婉辞。

⑬淑配：佳偶，贤妻。

⑭志枫：王志枫（1725—1797），字宸植，号寒林（按，〔三国魏〕何晏《景福殿赋》"芸若充庭，槐枫被宸"。又有成语"丹枫寒林"），行后廿七。浙江浦江郑宅镇前店村旭升堂第四世。邑庠生，治《春秋》。后捐为例贡生，候选儒学训导。系王祖源之子，娶黄宅镇桂花明堂村贡生黄方远长女（1724—1776），生一子王舟；娶侧室朱氏（1762—1846），生一子王镐。曾在村南登高里建造"王氏先茔"（俗称花坟），在富春江边经营盐业。

⑮举子业：即举业，科举时代指为应考试而准备的学业，包括应试的诗文、学业、课业、文字。明清专指八股文。

⑯亲炙：亲身受到教益。

⑰家乘：又称家谱、族谱、宗谱等。是一种以表谱形式，记载一个家族的世系繁衍及重要人物事迹的书。

⑱乾隆四年己未：1739 年。

⑲祖福：王祖福（1703—1765），字学景（按，《诗经·周颂·潜》"以享以祀，以介景福"），号安宁，又号陆巢，行启七十一。浙江浦江郑宅镇水阁村人。邑庠生，治《诗经》。

启三十四府君暨张氏安人墓志铭①

深溪王氏启三十四府君讳祖源，字学远，庠宾公芳五十三之长子②。孝友性成，敏而好学，年十九，入邑弟子员③。娶龙溪庠宾公讳张以相之女④，与琏同宗⑤。琏则府君婿也。府君之子志枫⑥，由邑庠捐赈⑦，议叙贡生⑧。孙名舟⑨，府庠生，与修邑志⑩。庚子乡闱染疾归⑪，寻卒⑫。曾孙可嘉⑬，甫今十一岁⑭。

府君生康熙丙子十月初六日午时⑮，卒雍正辛亥八月初三日卯时⑯，行年三十六。孺人生康熙甲戌九月廿二日酉时⑰，卒乾隆乙酉三月初八日辰时⑱，倍筭七十二⑲，均未安厝⑳。今其子获地于本都八保登高里中出之岗㉑，众山环抱，如兰瓣之包心，真秀穴也㉒。爰卜吉于乾隆五十三年四月五日丑时㉓，扶柩合葬，酉山卯向兼乙㉔，墩以石，左右余两虚圹附之㉕，碑刻"王氏先茔"四大字，又篆"似兰斯馨"额于上㉖。铭曰：

翁有幽德，兰有幽香。同穴母氏，节寿流芳。兀然耸峙，登高故址。伏而坳堂㉗，灵泉汪洋。窀穸于兹千万载㉘，春秋俎豆不能忘㉙。

乾隆五十三年戊申四月　婿男张贵琏百拜志㉚

（辑自清同治辛未年续修《深溪义门王氏宗谱》卷十一）

【注释】

①启十三：王祖源的行第。

府君：旧时对已故者的敬称。多用于碑版文字。

安人：犹夫人，对妇人的尊称。

墓志铭：文体名。包括志和铭两部分。志用散文撰写，叙述死者的姓名、籍贯、生平、功业等；铭用韵文撰写，赞扬、悼念或安慰死者之词。

②庠宾：对庠生的尊称。

芳五十三：王守中（1674—1739），字用其，庠名允中，行芳五十三。浙江浦江郑宅镇前店村旭升堂第二世。邑庠生，任介宾。

③弟子员：明清时对府、州、县学生员的称呼。

④龙溪：巷名，在浙江浦江县城。张氏世居于此，称龙溪张氏。

张以相（1669—1737）：字鼎和（按，鼎和，鼎鼐调和，比喻处理国家大事，多指宰相。字义相顺），号恕斋，行纶二百四。浙江浦江郑宅镇孝门村人。

⑤琏：张贵琏（1724—1801），字夏玉（按，《礼记·明堂位》"夏后氏之四琏"），号景会。浙江浦江白马镇夏张村人。邑庠生。张以相属龙溪张氏，张贵琏属柳溪张氏。

⑥志枫：王志枫（1725—1797），字宸植，号寒林。浙江浦江郑宅镇前店村旭升堂第四世。例贡生，候选儒学训导。

⑦邑庠：明清时期的县学。

⑧议叙：清制对考绩优异的官员，交部核议，奏请给予加级、记录等奖励。

贡生：科举时代，挑选府、州、县学生员中成绩或资格优异者，升入京师的国子监读书，称为贡生。贡生又分为拔贡、恩贡、副贡、岁贡、优贡，为正途。通过捐纳取得的贡生，称例贡。王志枫系例贡生。

⑨舟：王舟（1751—1779），字济川（按，《尚书·商书·说命》"若济巨川，用汝作舟楫"），号道篷，行昆三十四。浙江浦江郑宅镇前店村旭升堂第五世。府庠生。系王志枫之子，娶县城东隅张守滔幼女（1753—1822），生一子王可嘉。曾搜得《深溪义门王氏家则》明代旧抄本，参与缮录清《乾隆浦江县志》。

⑩邑志：县志。指清《乾隆浦江县志》。

⑪庚子：清乾隆庚子年（1780）。

乡闱：乡试。

⑫寻：不久。

⑬可嘉：王可嘉（1778—1846），字肇锡（按，〔战国〕屈原《离骚》"皇览揆余初度兮，肇锡余以嘉名"），号坪南，行弟廿五。浙江浦江郑宅镇前店村旭升堂第六世。邑庠生。娶黄宅镇桂花明堂村黄兆烜〔dá〕之女（1780—1862），生王思兼、王思胜、王思奠、王思永四子。

⑭甫：才。

⑮康熙丙子：1696 年。

⑯雍正辛亥：1731 年。雍正（1723—1735），清世宗胤禛的年号。

⑰康熙甲戌：1694 年。

⑱乾隆乙酉：1765 年。

⑲倍筭：加倍计算。王祖源享年三十六岁，加倍计算为七十二岁。筭，同"算"。

⑳安厝［cuò］：因待葬或要改葬而暂将灵柩停放某处。

㉑本都八保：指十九都八保。清代县以下的基层组织实行都保甲制度，若干甲为一保，若干保为一都。

登高里：在浙江浦江郑宅镇前店村旭升堂南里许，因元末宋濂曾在此登高而得名。

㉒秀穴：好墓穴。

㉓爰：于是。

卜吉：占问选择风水好的葬地。

乾隆五十三年：1788 年。

㉔酉山卯向：风水罗盘分为二十四山，酉代表西方，卯代表东方，酉山卯向是坐西朝东。兼乙：即偏向乙，而乙在卯的南面，就是偏南。按风水学说，酉山属阴，卯向也属阴，阴龙立阴向，故吉。在二十四山中，子、午、卯、酉四个地支系"四旺"，故酉山处旺地。在二十四山的每一山下排三龙，共七十二龙。酉山下分乙酉（水龙）、丁酉（火龙）、己酉（土龙）。对照七十二龙盘，因为"王氏先茔"坐西朝东偏南，正好对应己酉（土龙）。据《穿山七十二龙吉凶断诀》："己酉龙是福，文武出三公。申子辰年应，世代富贵丰。"而"王氏先茔"建成于清乾隆戊申年（1788），逢申年，故大吉。

㉕圹：坟墓。

㉖似兰斯馨：像兰花一样芳香。语出〔南北朝〕周兴嗣《千字文》："似兰斯馨，如松之盛。"

㉗坳堂：指堂上的低洼处。

㉘窀穸［zhūn xī］：安葬。语出《左传·襄公十三年》："惟是春秋窀穸之事。"〔西晋〕杜预注："窀，厚也；穸，夜也。厚夜犹长夜。春秋谓祭祀，长夜谓葬埋。"

㉙俎豆：俎和豆。古代祭祀、宴飨时，用来盛祭品的两种礼器。泛指礼器。

㉚志：记。

王祖津

王祖津（1705—1750），字跃云（原作"耀云"，误），行启七十二。浙江浦江郑宅镇前店村旭升堂第三世。恩贡生，候选儒学训导。系王守中次子，娶黄氏（1702—1725）；继娶金氏（1710—1729），生一子王志棣；又娶张氏（1704—1773）。

启七十二跃云公传

坊闻之先君曰①："凡人制行②，莫大乎尊祖敬宗。况吾先代称义门，合炊五世③，迄今村落犹且环祠宇而居④，不忍远离其祖，则后有以孝友继其先而待族如待家者尚⑤。"

己族有入庠授贡号跃云公者⑥，讳祖津，孝友讳继旦之孙也⑦。其长兄讳祖源⑧，早逝，遗一孤志枫⑨，甫七周⑩，寒暑训养，得有成立。子一，志棣⑪，议叙登仕郎⑫，年二十八而卒，媳以节孝奉旨旌表建坊⑬。孙字梦九⑭，由庠如贡⑮，于族分虽卑，而制行出言无不敬若长者。曾玄繁衍⑯，或食饩⑰，或游庠⑱，或业儒⑲，崭然各露头角⑳。而吾以此为特身后炽昌耳！毋庸赘序。

初，公尝延孝廉张俊求先生讳其子若侄㉑。先君亦习举子业于其家㉒。初，公以同族故，情谊周浃㉓，尝相与追叹同居故事，以不及亲历其盛为可悼㉔。先君对梦九尝语其梗概，于家居课读时亦曾为坊备述之。先君以公之相接若是之亲厚㉕，尝欲于其敦宗睦族训子恤孤诸大事，可与古仁人孝子相媲美，并所称待族如待家而克以孝友继其先者，为公作传，以为一族模楷，惜不果。

公孙梦九每向予於邑太息㉖。余应之曰："然。"然余叔父年邻八十㉗，亦曾习业公家，至今犹可想见其英姿秀挺、须眉清朗，则公之事迹为坊备述之。坊幸犹能于星霜递嬗后追忆先君之庭训与叔父之所屡陈者㉘，为梦九仿佛存其大凡也㉙。

庸是撰小传㉚，以垂于家乘云㉛。

时嘉庆七年壬戌夏月㉜　纶如氏守坊谨撰
（辑自清同治辛未年续修《深溪义门王氏宗谱》卷六）

【注释】

①坊：王守坊（1762—1809），字言可，又字纶如（按，成语"言可为坊，行可为表"；《礼记·缁衣》"王言如丝，其出如纶"），号莲轩，行芳九百五十一。浙江浦江郑宅镇三雅村人。邑廪生，治《书经》。

先君：已故的父亲。指王继廉（1725—1793），字德隅，号仁山（按，《诗经·大雅·抑》"抑抑威仪，维德之隅"，〔西汉〕毛亨传"隅，廉也"；《逸周书·大聚》"生无乏用，死无传尸，此谓仁德"），行承八百七十六。浙江浦江郑宅镇三雅村人。邑廪生，治《诗经》。岁贡生，候选儒学训导。

②制行：指德行。

③先代称义门，合炊五世：浙江浦江深溪义门王氏从南宋景定元年（1260）到明建文四年（1402），从第四世始，到第十世终，七世同居，历时142年，元明两朝受到朝廷旌表，称义门王氏或王义门，与同里郑氏媲美。五世同居系从第四世到第八世，是七世同居的前半期。详见本书〔清〕陈命禹《源六十六朱安人传》。合炊，一起做饭，即同居。

④犹且：仍然。

⑤尚：尊崇。

⑥入庠：明清时，儒生经考试取入府、州、县学为生员。

授贡：恩授贡生。

⑦继旦：王继旦（1651—1692），字德平，号存斋。浙江浦江郑宅镇前店村旭升堂始祖。任乡饮宾。

⑧祖源：王祖源（1696—1731），字学远。浙江浦江郑宅镇前店村旭升堂第三世。邑庠生。

⑨志枫：王志枫（1725—1797），字宸植，号寒林。浙江浦江郑宅镇前店村旭升堂第四世。例贡生，候选儒学训导。

⑩甫七周：才七岁。王志枫于1725年出生，其父王祖源于1731年去世时，才七虚岁。

⑪志棣：王志棣（1729—1756），又名荣升，号鄂䶮（按，《诗经·小雅·常棣》"常棣之花，鄂不韡韡"；《尔雅·释草》"木谓之花，草谓之荣"），行后四十五。浙江浦江郑宅镇前店村旭升堂第四世。系王祖津之子，娶黄宅镇桂花明堂村黄方潞之女（1731—1805），生一子王龄。

⑫议叙：清制对考绩优异的官员，交部核议，奏请给予加级、记录等奖励。

登仕郎：文散官名。清正九品概授登仕郎。

⑬奉旨旌表建坊：王祖津儿媳黄氏在丈夫王志棣去世后，守节抚孤，于清乾隆五十五年（1790）奉旨建坊。

⑭梦九：王龄（1751—1819），字梦九（按，《礼记·文王世子》"武王对曰：'梦帝与我九龄'"），号埜园，又号兰庭，行昆四十二。浙江浦江郑宅镇前店村旭升堂第五世。例贡生，候选儒学训导。系王志棣之子，娶郑宅镇孝门村张邦至之女（1747—1807），生王可仪、王可大、王可作、王可俊、王可杰、王可在、王可仔七子，繁衍为旭升堂七房。善绘画，工诗歌，著有《埜园诗钞》（又称《亦亦诗钞》）四卷，编《双桐书屋诗》二卷、《旌节编》，为业师周璠刊印《盘洲诗文集》八卷。

⑮由庠如贡：从庠生捐纳为贡生。

⑯曾玄：曾孙和玄孙。玄，原作"元"，清代为避清圣祖玄烨的讳，将"玄"改为"元"。今改回。

⑰食饩〔xì〕：明清科举制度，生员经岁、科两试列优等者，增生可依次升廪生，谓之"补廪"或"补饩"，由政府供给日常生活所需。

⑱游庠：明清时，儒生经考试取入府、州、县学为生员，俗称秀才。

⑲业儒：以儒为业。

⑳崭然：形容超出一般。

头角：比喻青年的气概或才华。

㉑孝廉：是西汉武帝时设立的以察举考试任用官员的一种科目，意谓"孝顺亲长，廉能正直"。明清时作为举人的雅称。

张俊求：张邦彦（1771—1782），字俊求（按，《尚书·商书·太甲上》"旁求俊彦，启迪后人"），号华峰。浙江浦江县城人。举人，官至仁和儒学训导，曾主月泉书院教席。

若：同。

㉒举子业：即举业，科举时代指为应考试而准备的学业，包括应试的诗文、学业、课业、文字。明清时期专指八股文。

㉓周浃［jiā］：周到。

㉔悼：悲伤，哀念。

㉕相接：相交。

㉖於［wū］邑：哽咽哭泣。

㉗叔父：指王继彦（1731—1803），字德成（按，《尚书·周书·立政》"我则末惟成德之彦，以乂我受民"），厍名商求，号景山。浙江浦江郑宅镇三雅村人。例贡生，候选吏目。

㉘星霜递嬗：岁月渐渐流逝。

庭训：意谓晚辈接受长辈的教训。典出《论语·季氏篇》："尝独立，（孔）鲤趋而过庭。曰：'学《诗》乎？'对曰：'未也。''不学《诗》，无以言。'（孔）鲤退而学《诗》。"

㉙大凡：主要的内容，概要。

㉚庸是：以此。

㉛家乘：又称家谱、族谱、宗谱等。是一种以表谱形式，记载一个家族的世系繁衍及重要人物事迹的书。

㉜嘉庆七年：1802年。嘉庆（1796—1820），清仁宗颙琰的年号。

王志枫

王志枫（1725—1797），字宸植，号寒林，行后廿七。浙江浦江郑宅镇前店村旭升堂第四世。邑庠生，治《春秋》。后捐为例贡生，候选儒学训导。系王祖源之子，娶黄宅镇桂花明堂村贡生黄方远长女（1724—1776），生一子王舟；娶侧室朱氏（1762—1846），生一子王镐。曾在村南登高里建造"王氏先茔"（俗称花坟），在富春江上经营盐业。

王宸植先生墓志铭①

周 璠②

公讳志枫，字宸植，姓王氏，浦之深溪人也③。

公天分最高，喜深沉之思而发以豪俊，不屑屑随人作计。初，习举子业④，厌塾师熟软妩媚之习⑤。既游庠⑥，会家政羁绊，不克逞志于学，乃循例贡入成均⑦，弃科举文字弗复道。而浦东乡固沃野，田连阡陌，人人计筹斗斛畸重畸轻⑧，以希赢得。公厌之，念天下财路关隘莫如盐务，则业牢盆⑨，张肆富春江上⑩，船筏往来其间。既又见商家者低昂价值，操纵利权，美宫室，丽衣服，丰饮馔，竞相夸能轻财，以市名为豪举，则弥厌之，颇不甚经意，故生息亦微。晚遂辍不为。

善读书，颖悟性，每出人意表。尝延请盘洲周璠，训诲其子舟、从侄龄⑪。公手一卷，隔户听。罢讲，则前席理己说⑫，河悬瓶泻⑬，澜翻不竭，师若弟子皆为之颐解⑭。

精医药，不望不问，尤不喜言切，曰："夫谁知脉？"叩其人之性情遭际及近来出入起居饮食状，书方授之，应手效⑮，无失。

作擘窠大书⑯，不规规古人⑰，波过点隐⑱，着意在指腕间，天真洒落。每亲友喜庆事，诗联满堂柱，公书独脱去氛埃⑲，人不能以工拙较。得梅氏《筹法》丛书⑳，一览即悟，测远近高下，分寸毫厘不爽。每营工，匠自施绳墨，斤斫刀削者趋承如徒弟子㉑。晚乃叹曰："非无才之患，才不当其用之患；非无财之患，财不当其用之患。吾始有以善用吾财乎？"

乃为先人营葬地于家之里许。既葬，揪文石阑其外㉒，雕刻玲珑，倍尽精巧，费数千金不啻㉓。晨往暮归，役工数年无倦色。于是，往来者咸迂道礼展㉔，风闻远迩，有自绍之暨来观者㉕，有自严之桐来观者㉖。

曾祖继旦，入邑志孝友传㉗，妣项氏。祖允中㉘，邑庠生，妣陈氏。父祖源㉙，邑庠生，妣张氏。娶黄氏㉚，先公卒。生一子舟㉛，府庠生，与修邑志㉜；女一，字暨邑庠生马珖㉝，甫就婚而女没㉞。孙男可嘉㉟，邑庠生；孙女一。朱氏，生一子镐㊱，太学生㊲；女一。公生雍正乙巳二月十六日㊳，卒嘉庆丁巳四月廿九日㊴，葬先茔侧㊵。公自幼失怙恃㊶，养于叔氏㊷。叔卒，堂弟继卒㊸，公抚从侄龄㊹，饮食教诲如己子。铭曰：

球球落落㊺，石耶玉耶？纷奚若槛械蒙丛，其阴赤铜㊻。耿彼阳崖㊼，而错而奢㊽。"

（辑自〔清〕周璠《盘洲文集》卷六）

【注释】

①该文亦被收入清同治辛未年续修《深溪义门王氏宗谱》，题为《后廿七宸植先生墓志铭》，文字略异。文末署"嘉庆七年壬戌仲夏"，即作于1802年。

②周璠（1734—1803）：字鲁玙（按，《说文解字》"玙璠，鲁之宝玉"），号盘洲，行者六十六。浙江浦江檀溪镇潘周家村人。岁贡生。年逾七旬，授浙江海盐县学训导。曾应王志枫之邀，在郑宅镇前店村旭升堂坐馆五年。著有《盘洲诗文集》八卷，系学生王龄出资刊印。

③深溪：溪名。发源于浙江浦江金芙蓉山西麓，流经郑宅镇西部。王氏世居于此，称深溪王氏。详见本书《王继旦传》。

④举子业：即举业，科举时代指为应考试而准备的学业，包括应试的诗文、学业、课业、文字。明清专指八股文。

⑤熟软：谄谀逢迎。

⑥游庠：明清时，儒生经考试取入府、州、县学为生员，俗称中秀才。

⑦循例贡入成均：按照惯例捐纳贡生。成均，古代的大学。后泛称官设的最高学府。

⑧斗斛：斗与斛，两种量器，十斗为一斛。形容少量、微薄。

⑨牢盆：用于熬煮制盐的器具。借指盐业。

⑩张肆：即市张列肆，指在集市里开设店铺。

富春江：为钱塘江自浙江省建德市梅城镇至杭州市萧山区闻家堰段的别称。长110公里，流贯杭州市桐庐、富阳两县区。

⑪子舟、从侄龄：儿子王舟、堂侄王龄。王舟（1751—1779），字济川，号道篷。浙江浦江郑宅镇前店村旭升堂第五世。府庠生。王龄（1751—1819），字梦九，号垫园，又号兰庭。郑宅镇前店村旭升堂第五世。例贡生，候选儒学训导。

⑫前席：谓欲更接近而移坐向前。

⑬河悬瓶泻：比喻说话流畅，口若悬河。

⑭若：同。

颐解：犹解颐，面现笑容。

⑮应手：随手，顺手。形容技艺高超娴熟，或做事得法顺当。

⑯擘窠〔kē〕：大字的别称。古人写碑为求匀整，有以横直界线划成方格者，称擘窠。

⑰规规：浅陋拘泥貌。

⑱波过点隐：一捺之中含有转折，一点之中藏着暗锋。波，波磔，是指书法右下捺笔，参见〔明〕丰坊《书诀》："点必隐锋，波必三折。"

⑲氛埃：污浊之气。

⑳梅氏：梅文鼎（1633—1721），字定九（按，《史记·孝武本纪》"禹收九牧之金，铸九鼎"），号勿庵。宣州（今安徽宣城宣州区）人。清初天文学家、数学家。

《算法》：即《梅氏历算全书》。算，同"算"。

㉑斤斫：即郢人斤斫。典出《庄子·杂篇·徐无鬼》："郢人垩慢其鼻端，若蝇翼，

使匠石斫之。匠石运斤成风，听而斫之，尽垩而鼻不伤，郢人立不失容。"比喻成熟、高超的技艺。

㉒文石：有纹理的石头。

阑：通"拦"。

㉓不啻：不止。

㉔展：察看。

㉕绍之暨：清代浙江绍兴府诸暨县，在浦江县的东北邻。

㉖严之桐：清代浙江严州府桐庐县，在浦江县的西北邻。

㉗曾祖继旦，入邑志孝友传：曾祖父王继旦的事迹收入清《乾隆浦江县志·孝友传》。王继旦（1651—1692），字德平，号存斋。浙江浦江郑宅镇前店村旭升堂创始人。任乡饮宾。

㉘允中：王守中（1674—1739），字用其，庠名允中。浙江浦江郑宅镇前店村旭升堂第二世。邑庠生，任介宾。

㉙祖源：王祖源（1696—1731），字学远。浙江浦江郑宅镇前店村旭升堂第三世。邑庠生。

㉚黄氏（1724—1776）：浙江浦江黄宅镇桂花明堂村人。父亲黄方泰（1698—1769），字镇邦，又名方远。恩贡生，候选儒学训导。母亲王氏，系郑宅镇前店村旭升堂王守中次女。有兄弟四人，即黄以樋、黄以柭〔biē〕、黄以枃〔jìn〕、黄以榱；有姐妹三人，居长。丈夫王志枫，系母亲王氏的侄儿，属姑表亲。

㉛舟：王舟（1751—1779），字济川，号道篷。浙江浦江郑宅镇前店村旭升堂第五世。府庠生。

㉜与修邑志：参与缮录清《乾隆浦江县志》。

㉝字：女子许嫁。

暨邑：诸暨县，在浦江县东北邻。

马玞（生卒年不详）：今浙江省诸暨市大唐镇马家坞村人，大约生活于清乾隆、嘉庆、道光年间。

㉞甫：才。

没〔mò〕：通"殁"，死亡。

㉟可嘉：王可嘉（1778—1846），字肇锡，号坪南。浙江浦江郑宅镇前店村旭升堂第六世。邑庠生。

㊱镐：王镐（1788—1845），字仲有，号维京（按，《诗经·大雅·文王有声》"文王有声，遹骏有声……考卜维王，宅是镐京"），行昆二百廿四。浙江浦江郑宅镇前店村旭升堂第五世。系王志枫庶子，娶浦阳石马村张一蠹幼女（1786—1810），生二女；继娶黄氏（1787—1838），生王可超、王可枢、王可楣、王可槐四子以及六女；继娶应氏（1814—1854）。

㊲太学生：太学是古代最高学院，即国学。清代不设太学，童生往往花钱捐太学生头衔。

㊳雍正乙巳：1725 年。

㊴嘉庆丁巳：1797 年。

㊵先茔：即"王氏先茔"（俗称花坟）。

㊶失怙恃 [hù]：指死了父母亲。语出《诗经·小雅·蓼莪》："无父何怙？无母何恃？"

㊷叔氏：指王祖津（1705—1750），字跃云。浙江浦江郑宅镇前店村旭升堂第三世。恩贡生，候选儒学训导。

㊸堂弟：指王志棣 1729—1756），又名荣升，号鄂㐧。浙江浦江郑宅镇前店村旭升堂第四世。

㊹龄：王龄（1751—1819），字梦九，号埜园，又号兰庭。浙江浦江郑宅镇前店村旭升堂第五世。例贡生，候选儒学训导。

㊺碌碌落落：语出《文子·符言》："不欲碌碌如玉，落落如石。"碌碌，玉石美好貌。落落，堆积貌。

㊻奚若：何如。

檀棫蒙丛，其阴赤铜：檀树、棫树覆盖丛生，山的背面多产赤铜。语出《山海经·西山经》："其上多棫檀，其下多竹箭，其阴多赤铜，其阳多婴垣之玉。"

㊼耿：明亮。

阳崖：向阳的山崖。

㊽错：打磨。

礱：磨。

王志棣暨妻黄氏

王志棣（1729—1756），又名荣升，号鄂铧，行后四十五。浙江浦江郑宅镇前店村旭升堂第四世。系王祖津之子，娶黄宅镇桂花明堂村黄方潞之女（1731—1805），生一子王龄。二十八岁去世，议叙登仕郎。妻子黄氏守寡，抚孤成立。清乾隆五十五年（1790），奉旨建坊。

王府君鄂铧暨配黄孺人墓志铭①

朱兴悌②

府君讳志棣，字鄂铧。王氏为浦望族，元明间讳澄者③，子姓七叶同居，号深溪义门④。府君曾祖继旦⑤，载邑志孝友传。祖守中⑥，父祖津⑦，皆邑庠生，行谊著于乡族。

府君勤学，事亲孝，与从兄宸植君同爨⑧，欢然相友爱。喜济人之乏，单窭者不计其偿⑨。乾隆辛未，岁大俭⑩，道馑相望，捐谷赈饥。大宪议叙阶登仕郎⑪，慨然曰："出所有以活涸辙⑫，固其分耳！"辞不受。其生平卓卓可传者如此。怀才未试，卒于乾隆丙子十一月⑬，享年二十八岁。

配黄孺人，少府君二岁。姑老⑭，遗孤呱呱在抱，牢持门户⑮，奉姑以寿终，抚孤儿孤女成立，冰蘖其操⑯，历五十年如一日。乾隆庚戌⑰，以节孝奉旨建坊⑱，乌头绰楔⑲，旌其门闾⑳。名流赋诗歌咏，哀然成集㉑。卒于嘉庆乙丑闰六月㉒，享年七十五岁。男一，龄，字梦九，由庠生入贡㉓；女一，适登仕郎郑祖涝㉔；孙七，可仪㉕，府廪生，爕㉖，邑庠生。曾孙八。嘉庆乙丑十一月，府君与黄孺人并祔葬于三圣岩之麓祖茔侧㉗。戊辰夏㉘，梦九自撰行述一通㉙，以墓上志铭相请。

余与府君同己酉生㉚，未获缔交，与宸植君壬申同游庠㉛。忆乾隆壬辰㉜，故人周君鲁玙馆深溪授经㉝。余过访，宸植君把酒镜古楼上纵谈时㉞，伤鄂铧早逝㉟。嘉庆辛酉㊱，周君以事至深溪，邀余诣其精舍㊲，与梦九信宿盘桓㊳，为序《旌节编》㊴，依依不忍别。一弹指间，宸植已观化㊵。今年春，鲁玙亦谢世。追忆曩时㊶，款款情绪，不堪回首矣！其何可辞！铭曰：

义门懿范世楷式㊷，孝友承家勤学殖。人饥人啼心恻恻，起沟中瘠无德色㊸，胡不永年共太息。厥配乎天泪沾臆㊹，保抱遗孤我卵翼㊺。松筠劲节誓皎日㊺，兀峙贞珉为妇则㊻，孙曾济济群绕膝。三圣之岩何崱屴㊽，幽宫亿载无终极㊾，厚德食报勒铭刻㊿。"

（辑自〔清〕朱兴悌《西崖文钞》卷八）

【注释】

①该文亦被收入清同治辛未年续修《深溪义门王氏宗谱》，题为《后四十五鄂铧公暨黄孺人墓志铭》，文字略异。文末署"嘉庆十三年戊辰五月"，即作于1808年。

府君：旧时对已故者的敬称。多用于碑版文字。

孺人：旧时称大夫的妻子，明清时为七品官的母亲或妻子的封号。也用于妇女的尊称。合溪黄氏与深溪王氏均为书香门第，世代通婚，互为甥舅。黄宅镇桂花明堂村贡生黄正均娶郑宅镇樟桥头村举人王家明之女，生三子，廪生黄方浔、贡生黄方远、黄方潞。郑宅镇前店村旭升堂庠生王守中，娶白马镇清塘村庠生陈大昌之女，生二子三女，子为庠生王祖源、恩贡生王祖津；三女中，次女适黄宅镇桂花明堂村贡生黄方远，幼女适同村庠生黄成章。黄方远长女适王祖源之子王志枫，黄方潞之女适王祖津之子王志棣，系合溪黄氏的堂姐妹，适深溪王氏的堂兄弟，双方原本是姑表亲。

②朱兴悌（1729—1811）：字子恺（按，《诗经·大雅·旱麓》"恺悌君子，神所劳矣"），号西崖，行桂一百二十五。浙江浦江县城西隅朴树里人。岁贡生，儒学训导。清乾隆丙申年（1776），聘修《乾隆浦江县志》。晚年主月泉书院教席。著有《易说》二卷、《春秋总论》六卷、《三国志笔录》五卷、《金华经籍志》五卷、《杂志》一卷、《随笔》一卷、《宋文宪年谱》二卷（与戴殿江合纂）、《唐人绝句诗钞》、《瓦癣小草》、《蜗庐小草》、《西崖文钞》八卷、《西崖诗钞》四卷。

③澄：王澄（1269—1341），字德辉（按，〔南朝宋〕谢庄《月赋》"升清质之悠悠，降澄辉之蔼蔼"），号善渊，行仁一。浙江浦江郑宅镇郎中村（旧址在王氏宗祠西侧，今不存）人。效法郑氏，倡导同居，孝友入乡贤祠。《明史·孝义传》："王澄，字德辉，亦浦江人。岁俭，出粟贷人，不取其息。有鬻产者，必增直以足之。慕义门郑氏风，将终，集子孙，诲之曰：'汝曹能合食同居如郑氏，吾死目瞑矣！'子孙咸拜受教。澄生三子，子觉、子麟、子伟，克承父志。子觉生应，即为郑湜所举擢参议者。子伟生勰，即与郑济并擢庶子者。义门王氏之名，遂埒〔liè〕郑氏。"《深溪义门王氏宗谱》载，王澄三子为士觉、士麟、士伟。

④子姓：泛指子孙、后辈。

七叶同居，号深溪义门：浙江浦江深溪义门王氏从南宋景定元年（1260）到明建文四年（1402），从第四世始，到第十世终，七世同居，历时142年，元明两朝受到朝廷旌表，称义门王氏或王义门，与同里郑氏媲美。详见本书〔清〕陈命禹《源六十六朱安人传》。

⑤继旦：王继旦（1651—1692），字德平，号存斋。浙江浦江深溪王氏二十世，旭升堂创始人。任乡饮宾。

⑥守中：王守中（1674—1739），字用其，庠名允中。浙江浦江郑宅镇前店村旭升堂第二世。邑庠生。介宾。

⑦祖津：王祖津（1705—1750），字跃云。浙江浦江郑宅镇前店村旭升堂第三世。恩贡生，候选儒学训导。

⑧从兄：堂兄。

宸植：王志枫（1725—1797），字宸植，号寒林。浙江浦江郑宅镇前店村旭升堂第四世。例贡生，候选儒学训导。

同爨〔cuàn〕：同灶炊食。谓同居，不分家。

⑨单窭〔jù〕：贫困。

⑩乾隆辛未：1751年。

俭：歉收。

⑪大宪：清代地方官员对总督或巡抚的称谓。

议叙：清制对考绩优异的官员，交部核议，奏请给予加级、记录等奖励。

登仕郎：文散官名。清代正九品官员概授登仕郎。

⑫涸辙：即涸辙之鱼，指干涸车辙里的鱼。典出《庄子·杂篇·外物》："（庄）周昨来，有中道而呼者。（庄）周顾视车辙，中有鲋鱼焉。"比喻处于困境、急待救助的人。

⑬乾隆丙子：1756 年。

⑭姑：妇称夫的母亲。

⑮牢持门户：即健持门户。健壮精干的妇女维持家庭生计。语出《玉台新咏·陇西行·天上何所有》："健妇持门户，亦胜一丈夫。"

⑯冰蘗［niè］：指处境清苦，如饮冰食蘗。多形容妇女苦节。

⑰乾隆庚戌：1790 年。

⑱节孝：有节操、有孝行的人。

⑲乌头绰楔：古时树于正门两旁，涂成黑色，用以表彰孝义的木柱。

⑳门闾：家门，家庭，门庭。

㉑裒［póu］然：出众貌。

成集：王龄将名流歌咏其母黄氏青年守节、抚孤成立的诗歌编为《旌节编》，由朱兴悌作序。今佚。

㉒嘉庆乙丑：1805 年。

㉓由庠生入贡：从庠生捐纳为例贡生。

㉔郑祖涝（1761—1830）：字和颖，号箕山（按，《山海经·南山经》"又东三百五十里，曰箕尾之山……涝水出焉"），别号卧云子，又名祖芳，号姬山，行传二百四十四。浙江浦江郑宅镇枣树园村人。诰封朝议大夫、户部福建司主事加三级，晋封中宪大夫。系郑遵兆之子，娶郑宅镇前店村旭升堂王志棣之女（1755—1826），生郑训栻、郑训乐、郑训楸三子。善岐黄，爱读书，耽吟咏。著有《乐清轩诗钞》二十卷、《世恩堂文稿》四卷、《乐清轩外编》十四卷、《栾栾草》一卷。

㉕可仪：王可仪（1770—1843），字羽文（按，《周易·归妹》"上九，鸿渐于陆，其羽可用为仪，吉"），号味经，行弟九。浙江浦江郑宅镇前店村旭升堂第六世。系王龄长子，娶檀溪镇潘周家村周鹏翔之女（1772—1844），生王思韩、王思干、王思朝、王思博四子。岁贡生，候选儒学训导，月泉书院山长。工古文，著有《味经斋诗文稿》十六卷，汇编《古文集》二十卷。

㉖燮：王可大（1773—1842），字功甫（按，出自成语"大功甫成"），庠名燮，字用和（按，《尚书·周书·顾命》"燮和天下，用答文武之光训"），号次轩，行弟十五。浙江浦江郑宅镇前店村旭升堂第六世。邑庠生。系王龄次子，娶黄宅镇桂花明堂村黄律元次女（1768—1806），生王思孟、王思豫二子；继娶陈氏（1787—1838），生王思鲸、王思京二子。著有《里下荒谈诗草》八卷、《诗韵通释会参》二十卷。

㉗祔葬：合葬。

三圣岩：今名三星岩，亦名山星岩。位于浙江浦江岩头镇芳地村与郑宅镇交界处，为和尚头南支脉。海拔497米。具体位置为三圣岩脚道士贯下青仙冈，位于岩头镇木勺岗脚村东里许。

祖茔：祖坟。指王志棣父亲王祖津、继母张氏的坟墓。

㉘戊辰：清嘉庆戊辰年（1808）。

㉙行述：生平概略、履历。

㉚己酉：清雍正己酉年（1729）。

㉛宸植：王志枫（1725—1797），字宸植，号寒林。浙江浦江郑宅镇前店村旭升堂第四世。例贡生，候选儒学训导。

壬申：清乾隆壬申年（1752）。

游庠：明清时，儒生经考试取入府、州、县学为生员，俗称中秀才。

㉜乾隆壬辰：1772年。

㉝周君鲁玙：周璠（1734—1803），字鲁玙，号盘洲。浙江浦江檀溪镇潘周家村人。岁贡生，海盐县学训导。

深溪：溪名。发源于浙江浦江金芙蓉山西麓，流经郑宅镇西部。王氏世居于此，称深溪王氏。详见本书《王继旦传》。

㉞镜古：意谓以古、以人、以镜为鉴，指正人心身的标准。语出《北堂书钞》卷一百三十六引〔东汉〕荀悦《申鉴》："君子有三鉴：鉴乎古，鉴乎人，鉴乎镜。"

㉟鄂韡〔wěi〕：王志棣（1729—1756），又名荣升，号鄂韡。浙江浦江郑宅镇前店村旭升堂第四世。

㊱嘉庆辛酉：1801年。

㊲精舍：学舍、书斋。

㊳梦九：王龄（1751—1819），字梦九，号埜园，又号兰庭。浙江浦江郑宅镇前店村旭升堂第五世。例贡生，候选儒学训导。

信宿：连住两夜。

㊴为序《旌节编》：〔清〕朱兴悌写的《深溪王氏〈旌节编〉序》。

㊵观化：形容死亡的婉辞。

㊶曩时：往时，以前。

㊷懿范：美好的道德风范。专用于赞美妇女的好品德。

楷式：众人效法遵行的准则。

㊸起沟中瘠：挖掘出因贫困而死于沟壑的人（予以安葬）。语出《荀子·正论篇第十八》："沟中之瘠也，则未足与及王者之制也。"瘠，腐烂的肉。

德色：因施恩于人而有自得之色。

㊹厥配乎天：上天给他选择配偶。语出《诗经·大雅·皇矣》："天立厥配，受命既固。"

㊺保抱：抚养。

卵翼：鸟用翼护卵，孵出小鸟。比喻养育或庇护。

㊻松筠劲节：像松竹一样具有坚韧不拔、岁寒不凋的坚贞节操。

誓皎日：指誓同生死，亲爱终生。语出《诗经·国风·王风·大车》："榖则异室，死则同穴。谓予不信，有如皦日。"皦日，也作"皎日"。

㊼贞珉：石刻碑铭的美称。

㊽崪屴［zè lì］：形容山峰高耸、峻险。

㊾幽宫：坟墓。

㊿食报：受报答。

王舟暨妻张氏

王舟（1751—1779），字济川，号道篷，行昆三十四。浙江浦江郑宅镇前店村旭升堂第五世。府庠生。系王志枫之子，娶县城东隅张守涓幼女（1753—1822），生一子王可嘉。曾搜得《深溪义门王氏家则》明代旧抄本，参与缮录清《乾隆浦江县志》。二十九岁去世，妻子张氏青年守节，抚孤成立。清道光二年（1822），奉旨建坊。

昆三十四府君暨张安人墓志铭

伯父讳舟，字济川，号道篷，府庠生。殁后之四十有三年①，伯母张安人殒②。其子可嘉奉柩合葬于茅岭之芝兰坪③。其侄可仪乃谨铭诸墓④。

呜呼！伯父殁时，仪尚幼，未知其详，然犹克忆其大略也。伯父秉性豪迈，善读书，作文不事浮华，而以六经子史为圭臬⑤。既游庠⑥，益奋励。无何，而伯祖母谢世⑦，擗踊哭泣⑧，几致丧身，而于伯祖前则顺变节哀⑨，盖不忍以毁折伤父心也。追服既阕⑩，因赴棘闱⑪，刻意构思，自忘劳瘁⑫。归，乃撄疾以殁⑬。时子可嘉甫生二年，女才数月，而伯母只二十七岁也，坚贞自矢，事舅孝⑭，治家严，辛勤抚子，以长以教，俾至成人，遂得选入邑庠⑮，女适布政使理问潘璧元⑯。孙男四，思兼、思胜、思奠、思永⑰，皆克奋力于学，大成可望。孙女二，长适潘，幼未字。嘉庆二十四年⑱，亲族以节孝上闻，奉旨建坊，乌头绰楔⑲，门闾且大有光矣⑳！

伯父生乾隆十六年二月十九日㉑，卒乾隆四十四年十月十八日㉒，享年二十有九。伯母生乾隆十八年六月初七日㉓，卒道光二年十月十九日㉔，享年七十岁。其卜葬则道光三年十一月廿八日寅时也㉕。

呜呼！岁日推移，音容如昨。仪常侍伯母侧，领其闺范㉖。及读伯父所遗诗文稿，言皆蔼如，未尝不想见其为人，则伯父之早逝也，其人自不没也。而伯母之克享高年且膺旌典也㉗，其芳徽自长留于百世也㉘。铭曰：

芝为王者瑞，兰为王者香。猗芝兰坪之葱郁兮㉙，实惟厚德之藏。体魄既安兮山川效祥，子孙其逢吉兮而炽而昌。墓门辟兮山之阳，述懿行兮勒铭章㉚，昭后嗣兮永弗忘。

道光三年癸未十一月　侄可仪谨撰

（辑自清同治辛未年续修《深溪义门王氏宗谱》卷十一）

【注释】

①殁［mò］：死亡。

②殒［mò］：古同"殁"，死亡。

③可嘉：王可嘉（1778—1846），字肇锡，号坪南。浙江浦江郑宅镇前店村旭升堂第

六世。邑庠生。

茅岭：今称毛岭，位于浙江浦江郑宅镇郑都村与白马镇交界处，为笔架山南支脉。海拔426米。系郑宅镇前店村旭升堂的坟山，按风水理论是发福地。王舟墓碑的碑文为"王氏先茔"，今存。

④可仪：王可仪（1770—1843），字羽文，号味经。浙江浦江郑宅镇前店村旭升堂第六世。岁贡生，候选儒学训导。

⑤六经：指《易》《诗》《书》《礼》《乐》《春秋》六种经典。

圭臬：指圭表，比喻标准、准则和法度。

⑥游庠：明清时，儒生经考试取入府、州、县学为生员，俗称中秀才。

⑦伯祖母：大祖母。指王志枫妻黄氏。

⑧擗〔pǐ〕踊：形容捶胸顿足，极度悲痛貌。语出《孝经·丧亲章》："擗踊哭泣，哀以送之。"擗，捶拍胸部。踊，以脚顿地。

⑨顺变节哀：顺应变故，节制哀伤。语出《礼记·檀弓下》："节哀，顺变也。"

⑩迨：等到。

服既阕：守丧期满除服后。

⑪棘闱：古代对考场、试院的称谓。唐、五代时试士，用荆棘围住试院，防止放榜时士子喧闹。后用来防杜夹带传递之弊。

⑫劳瘁：劳累辛苦。

⑬撄疾：患病。

⑭舅：妇称夫的父亲。

⑮邑庠：明清时期的县学。

⑯适：嫁。

布政使理问：清朝沿用明代官制，在布政使衙门中设理问官一名，掌管勘核刑名，秩从六品。

潘璧元（1781—1817）：字祖佩（按，〔南朝梁〕萧绎《乌栖曲四首（其二）》"月华似璧星如佩，流影澄明玉堂内"），行傅一百二十。今浙江浦江浦南街道花墙头村人。邑庠生。

⑰思兼：王思兼（1803—1862），字立三（按，《孟子·离娄下》"周公思兼三王，以施四事"；《左传·襄公二十四年》"太上有立德，其次有立功，其次有立言，虽久不废，此之谓三不朽"），号蔗余，行良十四。浙江浦江郑宅镇前店村旭升堂第七世。邑庠生。系王可嘉长子，娶黄宅镇桂花明堂村黄几珪长女（1804—1851），生王兴豪、王兴亮、王兴毫、王兴亭、王兴膏五子。

思胜：王思胜（1807—1860），字敬铭（按，《荀子·议兵篇》"敬胜怠者吉，怠胜敬者灭"），号逊之。浙江浦江郑宅镇前店村旭升堂第七世。系王可嘉次子，娶潘氏（1805—1841），生一子王兴嗣；继娶叶氏（1817—1862），生王兴朝、王兴邦二子。

思奠：王思奠（1809—1862），字定之（按，《尚书·夏书·禹贡》"奠高山大川"，〔西汉〕孔安国传"奠，定也"），行良廿三。浙江浦江郑宅镇前店村旭升堂第七世。邑庠生。系王可嘉第三子，娶黄宅镇桂花明堂村黄玉珑长女（1805—1836），生王兴德、王兴代二子；继娶潘氏（1831—1912），生王兴谟、王兴诰二子。

思永：王思永（1813—1834），字慎修（按，《尚书·虞书·皋陶谟》"慎厥身，修思永"），行良三十七。浙江浦江郑宅镇前店村旭升堂第七世。系王可嘉第四子，娶潘氏（1812—?）。

⑱嘉庆二十四年：1819年。

⑲乌头绰楔：古时树于正门两旁，涂成黑色，用以表彰孝义的木柱。

⑳门闾：家门，家庭，门庭。

㉑乾隆十六年：1751年。

㉒乾隆四十四年：1779年。

㉓乾隆十八年：1753年。

㉔道光二年：1822年。道光（1821—1850），清宣宗旻宁的年号。

㉕道光三年：1823年。

寅时：凌晨三时到五时。

㉖阃〔kǔn〕范：妇女的道德规范。

㉗膺〔yīng〕：接受。

旌典：表彰贞烈的匾额。

㉘芳徽：美名美德的标志或榜样。

㉙猗：叹词。常用于句首，表示赞叹，相当于"啊"。

㉚懿行：善行。

铭章：刻在器物上的文辞。多指墓志铭。

张氏前店庠生王舟妻传

张氏前店庠生王舟妻，进士张以琚孙女①。幼读书，明大义，又能诗。于归后②，孝事舅姑③。至二十七岁，夫应试，劳瘵撄疾④，归家竟不起⑤。子可嘉甫二岁⑥，女才生数月。坚贞自矢，勤抚子女，以养以教，子得游庠⑦。嘉庆二十四年题旌⑧。

（辑自清《光绪浦江县志·人物志》）

【注释】

①张以琚（1685—1750）：字次玉，号华麓，浙江浦江县城东隅人。清雍正癸卯年（1723）进士，先后任江西都昌、建昌、鄱阳、星子等县县令，转内阁中书，历任昌平州、霸州知州。著有《华麓诗稿》四卷。

②于归：女子出嫁。语出《诗经·国风·周南·桃夭》："之子于归，宜其室家。"

③舅姑：妇称夫的父母。

④撄疾：患病。

⑤不起：病不能愈。

⑥可嘉：王可嘉（1778—1846），字肇锡，号坪南。浙江浦江郑宅镇前店村旭升堂第六世。邑庠生。

⑦游庠：明清时，儒生经考试取入府、州、县学为生员，俗称中秀才。

⑧嘉庆二十四年：1819 年。

题旌：题书表彰。多用于死者。

王龄暨妻张氏

王龄（1751—1819），字梦九，号埜园，又号兰庭，行昆四十二。浙江浦江郑宅镇前店村旭升堂第五世。例贡生，候选儒学训导。系王志棣之子，娶郑宅镇孝门村张邦至之女（1747—1807），生王可仪、王可大、王可作、王可俊、王可杰、王可在、王可仔七子，繁衍为旭升堂七房。善绘画，工诗歌，著有《埜园诗钞》（又称《亦亦诗钞》）四卷，编《双桐书屋诗》二卷、《旌节编》，为业师周璠刊印《盘洲诗文集》八卷。

昆四十二府君暨张安人墓志铭

公讳龄，字梦九，号埜园，由邑庠例授贡生①。父号鄂鲜公②，涝之岳父也③。

公生六岁而孤，母夫人黄在堂④。当是时，公伯父寒林公操持家柄⑤。公与伯兄济川公同庚⑥，命同就学。公于读书外，晨昏问视，未尝一日有间也。及长，与伯兄共受业于周盘洲师⑦。师更推许，谓不愧为孝友德平公孙⑧。习举子业⑨，与江西五大家中罗文止先生近⑩，故专以矩镬⑪。年二十八，始入泮焉⑫。先是，寒林公命公自立成家。既入泮，即循例捐授贡生。家本素封⑬，而于勾稽出入⑭，常不使有余。居家则莳菊培兰，作诗与画，出则寻游山水⑮，以先人未获葬地，不惮其劳。

乾隆庚戌岁⑯，母夫人年六十，亲族以节孝上闻，奉旨建坊。公乃鸠工庀石⑰，竭力经营，迄今绰楔巍峨⑱，佥谓王氏子克尽孝矣⑲！而母夫人以嘉庆乙丑岁殁⑳。公年五十有五，孺慕之情无异少时㉑。当行殡日，道旁观者咸感而出涕。盖其自幼至老，褆躬严密㉒，接物慈祥，上承祖父之心，下启子孙之业，所以言无己过、行无怨恶者，有以知其秉性大过人也。

且于居室外营构别墅，名曰双桐书屋㉓，延师以训其子，而自外来肄业者常数十人㉔，得所成就甚多。晚乃自念生平学业尽得力于盘洲师，费数百金，梓《盘溪诗文集》行世㉕。而己之诗学画学更日以进，乞诗画者门无虚日。

不幸而卒于嘉庆二十四年九月廿三日㉖，距生于乾隆十六年十一月初三日㉗，享年六十有九。遗有《埜园诗钞》四卷㉘，藏于家。

娶宁羌州吏目张日千公长女㉙，淑慎温恭㉚，克尽妇道。生乾隆十二年十月初二日㉛，卒嘉庆十二年正月廿三日㉜，享年六十有一。子七，可仪，岁贡生㉝；可大，邑庠生㉞；可作、可俊，俱业儒㉟；可杰、可在㊱，俱九品职衔；可仔㊲，业儒。女一，适张㊳。孙十九人，孙女五，曾孙十，曾孙女三。

公卒之岁，其子奉柩合葬于十八都之金山㊴，来请予铭。余属至亲，其何以辞，故迟至今年，而为之铭曰：

深溪麟溪㊵，三里而近。外兄内弟㊶，知之最稔。克孝于亲，自幼能然。五十而慕㊷，公其有焉。生也而愉，死也可吁。青箱世业㊸，焕乎炳乎！题彼金山，锺灵磅礴。惟公之身，终焉永托。而子而孙，祖武其绳^㊹。于千百载，继继承承。

道光八年戊子正月^㊺　诰封朝议大夫内弟郑祖涝拜撰^㊻

（辑自清同治辛未年续修《深溪义门王氏宗谱》卷十一）

【注释】

①由邑庠例授贡生：从邑庠生援例捐纳成为贡生。清代贡生正途有五种：恩贡、拔贡、副贡、岁贡和优贡。还可援例捐纳成为贡生，称例贡。

②鄂辇［wěi］：王志棣（1729—1756），又名荣升，号鄂辇。浙江浦江郑宅镇前店村旭升堂第四世。

③涝：郑祖涝（1761—1830），字和颖，号箕山，别号卧云子，又名祖芳，号姬山。浙江浦江郑宅镇枣树园村人。

④母夫人黄：王龄母亲黄氏（1731—1805），浙江浦江黄宅镇桂花明堂村人，系黄方潞之女，适郑宅镇前店村旭升堂王志棣，生王龄。黄氏二十六岁时，丈夫去世，她青年守寡，抚孤成立。清乾隆五十五年（1790），奉旨建坊。

⑤寒林：王志枫（1725—1797），字宸植，号寒林。浙江浦江郑宅镇前店村旭升堂第四世。例贡生，候选儒学训导。

⑥济川：王舟（1751—1779），字济川，号道篷。浙江浦江郑宅镇前店村旭升堂第五世。府庠生。

同庚：年岁相同。

⑦周盘洲：周璠（1734—1803），字鲁玙，号盘洲。浙江浦江檀溪镇潘周家村人。岁贡生，海盐县学训导。

⑧德平：王继旦（1651—1692），字德平，号存斋。浙江浦江郑宅镇前店村旭升堂创始人。任乡饮宾。

⑨举子业：即举业，科举时代指为应考试而准备的学业，包括应试的诗文、学业、课业、文字。明清专指八股文。

⑩江西五大家：明代末年江西籍的五位学者杨以任、陈际泰、罗万藻、章世纯、艾南英。

罗文止：罗万藻（？—1647），字文止（按，《三国志·魏书·文帝纪》"文帝天资文藻，下笔成章"），江西临川人，明末古文家。所作时文囊括百家之言，坚洁深秀，切中时弊。著有《此观堂集》十二卷、《十三经类语》十四卷、《罗文止稿》、《制义》。

⑪矩镬：规矩法度。

⑫入泮：古代学宫之内有泮水，故称泮宫。童生初入学为生员，称入泮。

⑬素封：指无官爵封邑，而资财丰厚的富人。语出《史记·货殖列传》："今有无秩禄之奉，爵邑之入，而乐与之比者，命曰'素封'。"

⑭勾稽：查考核算。

⑮寻游山水：意谓爬山涉水，寻找葬坟的风水宝地。

⑯乾隆庚戌岁：1790年。

⑰鸠工庀［pǐ］石：招集工匠，准备石头。鸠，聚集。庀，准备。

⑱绰楔：古时树于正门两旁，用以表彰孝义的木柱。

⑲仝：都。

⑳嘉庆乙丑：1805 年。

殁［mò］：古同"殁"，死亡。

㉑孺慕：小孩子因找不见父母而思慕号哭。语出《礼记·檀弓下》："有子与子游立，见孺子慕者。"

㉒禔［tí］躬：犹禔身，安身，修身。

㉓双桐书屋：又称新书堂。位于浙江浦江郑宅镇前店村旭升堂东侧，埜园南侧。系王龄于清乾隆、嘉庆年间始建，因屋前有双桐，故称。

㉔肄业：修习课业。

㉕《盘溪诗文集》：应是《盘洲诗文集》，〔清〕周播著，共八卷，包括《盘洲文集》六卷、《盘洲诗集》二卷。清嘉庆十六年（1811），由王龄出资刻印。

㉖嘉庆二十四年：1819 年。

㉗乾隆十六年：1751 年。

㉘《埜园诗钞》：又称《亦亦诗钞》，〔清〕王龄著，四卷。今佚。

㉙宁羌州：明成化二十一年（1485），改宁羌卫置，清代属陕西省汉中府。辖境相当于今陕西宁强、略阳两地。

吏目：系知州的直接属官，秩从九品。主要职责为刑狱及官署内部事务。

张日千：张邦至（1727—1808），字怀德（按，《周易·系辞上》"盛德大业至矣哉"），号日千，行治二百一。浙江浦江郑宅镇孝门村人。曾任陕西省宁羌州吏目。系张守羔之子，先娶朱氏（1728—1788），再娶崔氏（1745—1794），继娶项氏（1745—？），生一子张可宗及二女，长女适郑宅镇前店村旭升堂王龄。

㉚淑慎温恭：贤淑，谨慎，温和，恭敬。

㉛乾隆十二年：1747 年。

㉜嘉庆十二年：1807 年。

㉝可仪：王可仪（1770—1843），字羽文，号味经。浙江浦江郑宅镇前店村旭升堂第六世。岁贡生，候选儒学训导。

岁贡生：科举时代贡入国子监的生员的一种。明清两代，每年或两三年从府、州、县学中选送廪生升入国子监肄业，故称。

㉞可大：王可大（1773—1842），字功甫，庠名燮，字用和，号次轩。浙江浦江郑宅镇前店村旭升堂第六世。邑庠生。

邑庠生：明清时期的县学生员。

㉟可作：王可作（1775—1829），字维新（按，《尚书·周书·康诰》"亦惟助王，宅天命，作新民"），行弟十九。浙江浦江郑宅镇前店村旭升堂第六世。系王龄第三子，先娶黄氏（1774—1779），系黄兆熊长女；继娶傅氏（1776—？），生王思濬、王思恭二子。

可俊：王可俊（1777—1828），字秀卿（按，《后汉书·党锢列传序》"天下俊秀王叔茂"），行弟廿四。浙江浦江郑宅镇前店村旭升堂第六世。系王龄第四子，娶郑氏

（1776—1808），生王思尚、王思古二子。

业儒：以儒为业。

㊱可杰：王可杰（1779—1840），字英士（按，《荀子·王制》"贤不肖不杂，则英杰至"），行弟廿四。浙江浦江郑宅镇前店村旭升堂第六世。系王龄第五子，娶周氏（1776—1815），系檀溪镇潘周家村周凤翔之女，生一女；娶侧室陈氏（1796—1856），生王思叙、王思驭、王思緅[zōu]、王思芥四子。

可在：王可在（1786—1846），字明德（按，《大学》"大学之道，在明明德，在亲民，在止于至善"），号文治，行弟四十二。浙江浦江郑宅镇前店村旭升堂第六世。系王龄第六子，娶郑氏（1787—1805），继娶锺氏（1786—1859），生王思齐、王思楚、王思深、王思溧四子。

㊲可仔：王可仔（1790—1839），字元弼（按，仔，担任。元弼，首席辅臣，指宰相。字义相顺），号竹亭，行弟六十。浙江浦江郑宅镇前店村旭升堂第六世。系王龄第七子，娶黄氏（1788—1836），生王思统、王思继二子。

㊳张：指龙溪张氏，居住在浙江浦江郑宅镇孝门村。

㊴金山：在浙江浦江岩头镇山下畈村附近，系三星岩余脉，按风水理论是发福地。

㊵深溪：溪名。发源于浙江浦江金芙蓉山西麓，流经郑宅镇西部。王氏世居于此，称深溪王氏。详见本书《王继旦传》。

麟溪：即白麟溪。源出浙江浦江郑宅镇六转村西石磨下东麓，流经六转、岭脚、火龙塔、赵郎、寺口、蔡村等村，在上新屋村北，与人工改道东流的深溪合流，称作并溪口，再经樟桥头、相连宅等村，穿过郑义门（今郑宅镇），至厚庐金村南，向东南注入浦阳江。全长10公里，流域面积16平方公里。据清《光绪浦江县志》载："源出金芙蓉山，东南流入浦阳江。义门郑氏居此。郑氏远祖名白麟，此溪所由得名也。"

㊶外兄内第：古代丈夫称妻子为内子，妻子称丈夫为外子。故外兄是丈夫的哥哥，俗称大伯；内弟是妻子的弟弟，俗称小舅子。王龄的妹妹嫁给本文作者郑祖涝，他们相互之间的关系应是大舅、妹夫，而非外兄、内弟。

㊷五十而慕：年至五十还怀念父母。语出《孟子·万章上》："大孝终身慕父母。五十而慕者，予于大舜见之矣。"

㊸青箱世业：形容代代相传的读书生活。典出《宋书·王准之传》："自是家世相传，并谙江左旧事，缄之青箱，世人谓之王氏青箱学。"

㊹祖武其绳：踏着祖先的足迹继续前进。语出《诗经·大雅·下武》："昭兹来许，绳其祖武。"绳，继承。武，足迹。

㊺道光八年戊子：1828年。

㊻朝议大夫：文散官名。清代为从四品。

王可大

王可大（1773—1842），字功甫，庠名燮，字用和，号次轩，行弟十五。浙江浦江郑宅镇前店村旭升堂第六世。邑庠生。系王龄次子，娶黄宅镇桂花明堂村黄律元次女（1768—1806），生王思孟、王思豫二子；继娶陈氏（1787—1838），生王思鲸、王思京二子。著有《里下荒谈诗草》八卷、《诗韵通释会参》二十卷。

弟十五庠士次轩府君家传①

府君姓王氏，讳可大，字功甫，号次轩，庠名燮，深溪义门塾园公之次子也②。品学醇实，不竞浮华，承累叶积荫之厚而恂恂儒雅③，褆躬静俭④，人几忘其为素封也者⑤。

游周盘溪先生之门⑥，崇尚朴学⑦，诣力沉潜⑧。嘉庆丙辰⑨，阮芸台协揆视学两浙⑩，得府君卷，击赏，拔入邑庠⑪。古艺尤典雅⑫，莫与伦比，以是知名于时。然府君意念歉然⑬，攻学益力。人有以科名相质询者，则慨然曰："人惟砥行绩学⑭，而后谓之学，科目以验学之成，而岂学之所以成哉！"闻者深韪之⑮。

尝自题其斋室曰"尘隐造诗厨"，朝夕寝馈其中⑯，手一编，无间寒暑。凡书之六体⑰，音之二合三合⑱，出入《说文》⑲，绍统诸书，阐发尽致，而尤精篆刻，得啸民、呆叔之遗⑳。兴到时，辄得句自娱，希风骚雅㉑，盖日与古人相晤对，人罕见其面者。

晚年料理家事，手定析产，仿椒山遗嘱㉒，各手书一通，召诸子一一分受，无几微身后累。诸令嗣勤敏谨恪㉓，夫非府君之家教有过人者欤！著有《里下荒谈诗草》八卷、《诗韵通释会参》二十卷㉔。

以道光壬寅年八月初一日卒㉕，距生于乾隆癸巳年八月十七日㉖，享寿七十岁。元配黄氏，继配陈氏，子四人，思孟、思豫、思鲸、思京㉗，女二，长适舍侄廉生宗锷㉘，幼适盛村陈尚教㉙，孙八人，兴楷、兴表、兴褒、兴梧、兴权、兴袁、兴襄、兴樟㉚，曾孙一人，逢春㉛。长嗣君介廉生属所以传府君者㉜，余以世谊姻戚㉝，不揣暗昧，摭其梗概而传之㉞。

於虖㉟！士先器识㊱，古之训也。府君植躬种学㊲，品学兼优，不揭揭于时㊳，而一时之所谓贤豪者卒无以尚㊴。《履》之九二曰："幽人，吉㊵"，《贲》之六五曰："丘园，吉㊶"。读《易》，可得府君之大凡矣㊷！

道光甲辰年四月望后三日㊸　例授修职佐郎、晋封文林郎、候选训导、戊戌岁贡、姻弟陈果顿首拜撰㊹

（辑自清同治辛未年续修《深溪义门王氏宗谱》卷六）

【注释】

①庠士：在学生员。明清时为秀才的别称。

②深溪义门：浙江浦江深溪义门王氏从南宋景定元年（1260）到明建文四年（1402），从第四世始，到第十世终，七世同居，历时142年，元明两朝受朝廷旌表，称义门王氏或王义门，与同里郑氏媲美。详见本书〔清〕陈命禹《源六十六朱安人传》。

埜园：王龄（1751—1819），字梦九，号埜园，又号兰庭。浙江浦江郑宅镇前店村旭升堂第五世。例贡生，候选儒学训导。

③恂恂〔xún xún〕：恭谨温顺貌。

④禔〔tí〕躬：犹禔身，安身，修身。

⑤素封：指无官爵封邑，而资财丰厚的富人。语出《史记·货殖列传》："今有无秩禄之奉，爵邑之入，而乐与之比者，命曰'素封'。"

也者：语气助词。表提示。

⑥周盘溪：周璠（1734—1803），字鲁玙，号盘洲。浙江浦江檀溪镇潘周家村人。岁贡生，海盐县学训导。村东的大元溪汇入西侧的壶源江（俗称大溪），双溪将村庄盘绕，故称。

⑦朴学：清代学者继承汉儒学风而治经的考据训诂之学。

⑧诣力：有一定造诣的学力和才力。

沉潜：思想感情深沉，不外露。

⑨嘉庆丙辰：1796年。

⑩阮芸台：阮元（1764—1849），字伯元，号芸台。江苏仪征人。清代经学家、训诂学家、金石学家。曾任浙江学政、浙江巡抚等职，官至体仁阁大学士。芸，原作"云"，形近而误。

协揆：清代指协办大学士，意谓协助百揆（指大学士）管理政务。

视学：天子亲往或派有司到国学对学子进行考试。

两浙：浙东和浙西的合称。唐肃宗时析江南东道为浙江东道和浙江西道，钱塘江以南简称浙东、以北简称浙西。

⑪邑庠：明清时期的县学。

⑫古艺：古代的学艺。

⑬歉然：不满足。

⑭砥行绩学：砥砺品行，治理学问。

⑮韪〔wěi〕：是，对。

⑯寝馈：寝食，吃住，又指时刻在其中。

⑰书之六体：指大篆、小篆、隶书、章草、楷书、草书。

⑱音之二合三合：即二合元音和三合元音。二合元音指用两个元音符号表示首音、尾音的复元音：ai、ei、ao、ou、ia、ie、ua、uo、üe。三合元音由三个元音结合而成：iao、iou、uai、uei。

⑲《说文》：即《说文解字》，〔东汉〕许慎著。我国第一部系统分析汉字字形和考究字源的字书，首次对"六书"即象形，指事、会意、形声、转注、假借六种古文字构成规则作出具体解释。

⑳啸民：指苏宣（1553—1626），字尔宣，一字啸民，号泗水、朗公，新安（今安

徽歙县）人。明代篆刻五大家之一。取法汉印，潜心文字结构，形成雄浑朴健的风格，开创泗水派篆刻。著有《苏氏印略》。民，原作"氏"，形近而误。

果〔gǎo〕叔：指汪关（1573—1631），字尹子（按，关、尹子相连，即道教祖师关尹子。字义相顺）；原名东阳，字果叔（按，《楚辞·远游》"阳杲杲其未光兮"）。安徽歙县人，住江苏娄东。明代篆刻五大家之一。追溯汉法，布局严谨，纯净典雅，刀法流畅，富有凝炼之美，主创明代篆刻娄东派。

㉑希风骚雅：仰慕风雅。风，《诗经》里的《国风》。骚，《楚辞》中的《离骚》。雅，《诗经》中的《大雅》《小雅》。

㉒椒山：杨继盛（1516—1555），字仲芳（按，〔唐〕酒肆布衣《醉吟》"阳春时节天气和，万物芳盛人如何"），号椒山。直隶容城（今属河北）人。明朝谏臣，因弹劾严嵩五奸十大罪遭诬陷，受刑前写下两份遗嘱：一份是写给夫人的《愚夫喻贤妻张贞》，一份是写给儿子的《父椒山喻应尾应箕两儿》。

㉓勤敏谨恪：勤劳，聪敏，谨敬。

㉔《里下荒谈诗草》八卷、《诗韵通释会参》二十卷：〔清〕王可大著，今佚。

㉕道光壬寅年：1842 年。

㉖乾隆癸巳年：1773 年。

㉗思孟：王思孟（1800—1862），字曜辉，号旭元（按，"孟""元"，都有第一之义；"曜""旭"，都有阳光之义），行良八。浙江浦江郑宅镇前店村旭升堂第七世。系王可大长子，娶李氏（1797—1844），生一子王兴楷。

思豫：王思豫（1803—1863），字汝立（按，《礼记·中庸》"凡事豫则立，不豫则废"），行良十五。浙江浦江郑宅镇前店村旭升堂第七世。系王可大次子，娶赵氏（1803—1828），生一子王兴裹；继娶傅氏（1805—1863），生王兴襄、王兴袤二子。

思鲸：王思鲸（1812—1862），字汝海（按，〔唐〕马戴《赠别北客》"雁关飞霰雪，鲸海落云涛"），行良三十三。浙江浦江郑宅镇前店村旭升堂第七世。系王可大第三子，娶张氏（1810—1862），生王兴梧、王兴权、王兴樟三子。

思京：王思京（1817—1840），字汝持（按，《尔雅》"京，大也"。持，掌握。意谓掌握大事。字义相顺），行良五十四。浙江浦江郑宅镇前店村旭升堂第七世。系王可大第四子，娶方氏（1812—1840），生一子王兴褒。

㉘廉生宗锷：陈宗锷（1797—1847），字英锋，又字廉生（按，〔东汉〕王符《潜夫论·德化》"投之危亡之地，纳之锋锷之间"；〔南朝梁〕刘勰《文心雕龙·封禅》"义吐光芒，辞成廉锷"），号石城，行廷四十四。浙江浦江岩头镇岩头陈村人。系陈果的族侄。

㉙陈尚教（生卒年不详）：浙江浦江岩头镇盛村人。大约生活在清嘉庆、道光年间。

㉚兴楷：王兴楷（1820—1863），字学模（按，《后汉书·卢植传》"学为儒宗，士之楷模，国之桢干也"），行孝五。浙江浦江郑宅镇前店村旭升堂第八世。系王思孟之子，娶傅氏（1817—1857），生王逢春、王逢光、王逢迎三子。

兴表：王兴表（1824—1851），字超群（按，表，表率，与超群字义相近），行孝十三。浙江浦江郑宅镇前店村旭升堂第八世。系王思豫长子，娶张氏（1825—？）。

兴襄：王兴襄（1834—1893），字厚居（按，《史记·秦本纪》"修先王功臣，襄厚亲戚"），行孝三十三。浙江浦江郑宅镇前店村旭升堂第八世。系王思豫次子，娶赵氏（1831—1855），生一子，王逢楗［chí］。

兴梧：王兴梧（1834—?），字春华（按，〔南朝宋〕王微《四气诗》"衡若首春华，梧楸当夏翳"），行孝三十四。浙江浦江郑宅镇前店村旭升堂第八世。系王思鲸长子，娶张氏（1832—1856）。

兴权：王兴权（1837—?），字家光（按，《宋书·礼志三》"边帛绝书，权光驰烛"），行孝四十六。浙江浦江郑宅镇前店村旭升堂第八世。系王思鲸次子，娶李氏（1835—?）。

兴袁：王兴袁（1840—1912），字卓才［按，仰慕清代诗人袁枚（字子才）］，行孝五十七。浙江浦江郑宅镇前店村旭升堂第八世。系王思豫幼子，娶傅氏（1837—1903），生王逢汉、王逢沾二子。

兴襃：王兴襃（1837—1864），字绣裳（按，襃，朝服垂衣。绣裳，彩色下衣，古代官员礼服。字义相近），行孝四十七。浙江浦江郑宅镇前店村旭升堂第八世。系王思京之子，娶郑氏（1836—?）。

兴樨：王兴樨（1841—?），字能佐（按，《说文解字》"樨，木可屈为杆者"；《广雅》"佐，助也"。希望能成为像樨树一样柔软坚韧、能屈能伸的辅佐之才），行孝六十二。浙江浦江郑宅镇前店村旭升堂第八世。系王思鲸幼子，娶张氏（1843—?）。

㉛逢春：王逢春（1841—1903），字树滋（按，出自回文联"风送花香红满地，雨滋春树碧连天"），行友一。浙江浦江郑宅镇前店村旭升堂第九世。系王兴楷长子，娶郑氏（1838—1862），继娶陈氏（1846—1914），生一子王正岭。

㉜长嗣君：长子，指王思孟。

介：因，凭借。

属：古同"嘱"，嘱咐，托付。

所以：用以，用来。

㉝世谊：陈王两家世代交好，尤其是王可大的堂弟王可嘉与陈果是莫逆之交。

姻戚：王可大的长女嫁给陈果的族侄陈宗锷，堂表弟黄叔午的长女嫁给陈果的儿子陈宗燠，结为姻亲。

㉞摭［zhí］：摘取。

㉟於［wū］摩：同"於乎"，呜呼。

㊱士先器识：读书人先要气量和见识。语出《旧唐书·王勃传》："（裴）行俭曰：'士之致远，先器识而后文艺。'"

㊲植躬：立身。

种学：培养学识。

㊳揭揭：疾驰貌。

㊴无以尚：无以复加。

㊵《履》之九二曰："幽人，吉"：语出《周易·履》："九二，履道坦坦，幽人贞吉。"意谓履卦九二，深思明哲的人走在平坦的道路上，吉利。

㊶《贲》之六五曰："丘园，吉"：语出《周易·贲》："六五，贲于丘园，束帛戋戋，吝，终吉。"意谓贲卦六五，文饰丘山田园，只要很少一点布帛。虽有困难，最终吉祥。

㊷读《易》，可得府君之大凡矣：原作"可读《易》，得府君之大凡矣"，错简。《易》，即《周易》，五经之一，相传系周文王姬昌所作。

㊸道光甲辰年：1844 年。

望：望日，天文学上指月亮圆的那一天。

㊹修职佐郎：清代从八品文官所授的散官名。

晋封：加封。

文林郎：清代正七品文官所授的散官名。

训导：即儒学训导。明清两朝的府学、州学、县学都设此官，职责为帮助教授、学正、教谕教诲生徒，秩从八品。

戊戌：清道光戊戌年（1838）。

岁贡：即岁贡生。科举时代贡入国子监的生员的一种。明清两代，每年或两三年从府、州、县学中选送廪生，升入国子监肄业，故称。

陈果（1790—1862）：名可果，字若侯（按，《庄子·齐物论》"若胜我，我不胜若，若果是也，我果非也邪"），号菊人，又号浦岩，行盈一百四十。浙江浦江岩头镇岩头陈村人。岁贡生。著有《易图蒙求》五卷、《金华三担录拟编》八卷、《沙城塾钞文集》十卷、《诗集》八卷、《蕉叶吟室笔记》二卷、《词》一卷、《楚汉正声补辑》。

王可嘉

王可嘉（1778—1846），字肇锡，号坪南，行弟二十五。浙江浦江郑宅镇前店村旭升堂第六世。邑庠生。系王舟之子，娶黄宅镇桂花明堂村黄兆烜［dá］之女（1780—1862），生王思兼、王思胜、王思奠、王思永四子。

弟二十五坪南公传

公讳可嘉，字肇锡，号坪南。长余年八岁①，余姊丈也。幼失怙②，稍长而祖父又卒，以养以教，至于成立，皆公母张氏力也③。而公亦天性纯笃，奉母命惟谨，视膳问安④，无忝子职⑤。

余年十六七，尝读书其家。公随事箴劝，相与以诚。诸同学或各执己见，断断不相下⑥，公独慎默，人多敬惮之。好作诗，尤长于律。尝以深溪十景各体赋诗⑦，名作林立，而公诗独冠绝一时。年二十五，入邑庠⑧，方有志于学⑨，而家务丛集，竟以名诸生老⑩。

生平与人言，讷讷如不出诸口，而谋事必要其成，财不妄费。至鸠工建坊以旌母节及为父母营葬地⑪，罄所有勿惜也⑫。王氏旧有宗祠，规制卑隘⑬，不足以妥先灵⑭。公悉心经理垂四十年，凡三修建之费逾数千金，钱谷出入，无纤介私。又为始迁之二世祖立专祀⑮，岁演剧，以尽追远之情。虽协力赞助未尝乏人，而殚厥心以成其事者⑯，要必以公称首。

今公已溘然长逝，余亦七十有奇，衰颓日甚。而数年来，每当十月初旬偕季弟竹坪至深溪⑰，询姊起居毕，即入祠观剧。回忆昔年故友渺乎无存，而瞻祠宇之森严、规条之整肃，犹恍然见公之灵爽时陟降于其间也⑱。

公生乾隆戊戌年三月廿九日⑲，卒道光丙午年十月初一日⑳。子三，思兼、思胜、思奠㉑。兼、奠俱入庠㉒，胜太学生㉓，并能继述公之志事。今其孙曾又蛰蛰矣㉔！

郡庠廪膳生姻弟黄叔午撰㉕

（辑自清同治辛未年续修《深溪义门王氏宗谱》卷六）

【注释】

①余：指黄玉佩（1786—1862），庠名叔午，字子三（按，出自词语"子午"，意谓南北），号芝山，行惠五百廿二。浙江浦江黄宅镇桂花明堂村人。例贡生。王可嘉既是黄叔午的表兄，又是姐夫。

②失怙［hù］：指死了父亲。语出《诗经·小雅·蓼莪》："无父何怙？无母何恃？"

③张氏（1753—1822）：系浙江省浦江县城张守温幼女。清乾隆四十四年（1779），丈夫王舟去世，她才二十七岁，青年守节，抚孤成立。道光二年（1822），奉旨建坊。

④视膳：子女侍奉双亲进餐的一种礼节。

⑤忝：辱，有愧于。常用作谦辞。

⑥龂龂［yín yín］：争辩貌。

⑦深溪十景：指浙江浦江深溪附近的十个景点，包括深溪晚钓、梅岭春樵、灵泉修禊、水阁迎客、双池分月、古寺疏钟、登高望塔、履下催耕、金蓉拱翠、石壁遗铭。清嘉庆十三年（1808），王可嘉与王祖珏倡首，重作《深溪十咏》，一唱众和，刻成诗集。今佚。

⑧邑庠：明清时期的县学。

⑨志于学：指十五岁。语出《论语·为政篇》："吾十有五而志于学。"

⑩诸生：明清时期称已入学的生员，包括增生、附生、廪生、例生等。

⑪鸠工：聚集工匠。

⑫罄：尽，用尽。

⑬王氏旧有宗祠：即王氏宗祠，在浙江浦江郑宅镇前店村旭升堂北半里许。由深溪王氏始迁祖王莡始建于 1229 年，历代屡有增扩，今存。

⑭妥先灵：安置祖先的灵魂。

⑮始迁之二世祖：王望之（1171—1213），字仲传（按，《论语·子张篇》"君子有三变：望之俨然，即之也温，听其言也厉"。传，希望君子之风千古流传），行千二。七岁随父母从浙江义乌凤林乡折桂里（今赤岸镇朱店村）迁居浦江灵泉乡峻岭（今岩头镇王店村沙溪庵一带）。进士，治《春秋》。未授官而卒。

⑯殚厥心：尽心。

⑰竹坪：黄几琮（1791—1862），字季亥，号竹坪，行惠六百二十四。浙江浦江黄宅镇桂花明堂村人。

深溪：溪名。发源于浙江浦江金芙蓉山西麓，流经郑宅镇西部。王氏世居于此，称深溪王氏。详见本书《王继旦传》。

⑱灵爽：指神灵，神明。

陟降：升降，上下。

⑲乾隆戊戌年：1778 年。

⑳道光丙午年：1846 年。

㉑思兼：王思兼（1803—1862），字立三，号蔗余。浙江浦江郑宅镇前店村旭升堂第七世。邑庠生。

思胜：王思胜（1807—1860），字敬铭，号逊之。浙江浦江郑宅镇前店村旭升堂第七世。

思奠：王思奠（1809—1862），字定之。浙江浦江郑宅镇前店村旭升堂第七世。邑庠生。

㉒入庠：明清时，儒生经过考试取入府、州、县学为生员。

㉓太学生：太学是古代最高学院，即国学。清代不设太学，不能中功名的童生往往花钱捐太学生头衔。

㉔蛰蛰：群居而和谐欢乐貌。

㉕郡庠：府学。

廪膳生：即廪生。指明清两代由公家提供膳食的生员。

王思兼

王思兼（1803—1862），字立三，号蔗余，行良十四。浙江浦江郑宅镇前店村旭升堂第七世。邑庠生。系王可嘉长子，娶黄宅镇桂花明堂村黄伯寅长女（1804—1851），生王兴豪、王兴亮、王兴毫、王兴亭、王兴膏五子。

良十四府君蔗余公墓志铭

良十四府君讳思兼，字立三，号蔗余，济川公之嫡孙①、坪南公之长子②、邑之增生③，即述之孟伯祖也④。

幼甚聪慧，长工诗、古文辞。秉性忠直，为人慷慨。里闬哄斗⑤，质之于公，公必力为排解，据理直斥，柔则不茹，刚亦不吐⑥。与族叔祖芸岩公同总理祠事几近二十年⑦，人以公直任之而不疑，公亦以忠勤自矢而不苟⑧。事父母也孝而慕⑨，待兄弟也友而和，御臧获也严而惠⑩，诲子侄也爱而劳。

不幸清鼎覆悚⑪，豕突狼奔⑫，被贼胁不屈⑬，愤郁而亡于同治元年十月初十日⑭，降岳嘉庆八年三月十五日⑮。后蒙恩赐恤盐运使知事衔⑯，荫一子，入监读书⑰，期满以县丞用⑱。

淑配黄氏设帨嘉庆九年四月初二日⑲，返世咸丰元年九月二十日⑳，合窆茅岭芝兰坪之方屏玉几㉑。肖嗣五㉒：长兴豪㉓，邑庠生，同配郑安人，合窆公之墓傍；次兴亮㉔，承荫监生㉕；余俱业儒㉖。令孙五，洪杨后见下者惟豪子敦、育㉗。迄今，曾玄济济㉘，蛰蛰螽斯㉙，又不待余赘矣！

予生晚，不获见公之行谊，仅得诸先人齿论㉚、遗老口述、志乘记载，以想见其为人，又以从兄育不忍大父之节沦湮㉛，墓乏志石，索予铭词。予安得以不文却，爰为之铭曰㉜：

芝为瑞物，兰为国香。玉几前拥，方屏后张。宅斯贲岑㉝，聿发厥祥㉞。公之秉性，甚正直而廉方；公之操行，不茹柔而吐刚㉟。公之殁也㊱，惨乃可伤；公之德也，异世不忘。今表休烈㊲，勒诸贞珉㊳。孙曾企慕，曷胜拜飏㊴。我登其垄㊵，不禁悽怆而彷徨！

民国八年孟夏月㊶　侄孙逢述谨志
（辑自民国己未年续修《深溪义门王氏宗谱》卷十一）

【注释】

①济川：王舟（1751—1779），字济川，号道篷。浙江浦江郑宅镇前店村旭升堂第五世。府庠生。

②坪南：王可嘉（1778—1846），字肇锡，号坪南，行弟二十五。浙江浦江郑宅镇前

店村旭升堂第六世。邑庠生。

③增生：科举制度中生员名目之一。明代生员都有月廪，并有一定名额，称廪膳生员。后又于正额之外，增加名额，称为增广生员。简称增生，无月米，地位次于廪生。

④述：指王逢述（1887—?），字光显（按，〔南朝梁〕刘勰《文心雕龙·风骨》"深乎风者，述情必显"），号绍卿。浙江浦江郑宅镇前店村旭升堂第九世。系王兴谟长子，娶黄氏（1884—1915），生一子王正大；继娶寿氏（1889—?）。王可嘉有王思兼、王思胜、王思奠、王思永四子，而王逢述系王思奠的孙子，故称王思兼为孟伯祖（大祖父）。

⑤里闬〔hàn〕：里门。

⑥柔则不茹，刚亦不吐：软弱的不吃掉，坚硬的不吐出。比喻不凌弱畏强、欺软怕硬。语出《诗经·大雅·烝民》："维仲山甫，柔亦不茹，刚亦不吐。"茹，吃。

⑦芸岩：王祖炆（1795—1863），字学济（按，《广韵》"炆，火貌"；《说文解字》"济，济水也"。字义相对），号芸岩，行启千四十五。浙江浦江郑宅镇三雅村人。举人，拣选知县（凡举人三科不中进士者，准予铨补知县，称"拣选"）。

⑧自矢：自誓，立志不移。

⑨慕：即孺慕，意谓对父母的哀悼。语出《礼记·檀弓下》："有子与子游立，见孺子慕者。"

⑩御：指上级对下级的治理。

臧获：古代对奴婢的贱称。

⑪清鼎：指清朝的国祚。

覆铼〔sù〕：倾折鼎足，美食被倾覆于地，比喻力不胜任而败事。语出《周易·鼎》："九四，鼎折足，覆公铼，其形渥，凶。"铼，鼎中的食物。

⑫豕突狼奔：形容成群的坏人乱冲乱撞，到处搔扰。

⑬贼：清朝廷对太平天国起义军的蔑称。据清《光绪浦江县志》所附《粤匪扰浦纪略》："〔咸丰十一年（1861）七月〕十四日，贼率大股至黄梅岭，分三队，一由北路沿山而下，一由南路沿溪而下，一出岭下地畈为中路。官军从中路进，贼由南北包抄，绕出官军之后，我兵遂败。"旭升堂西侧的黄梅岭，正是太平军与清军的鏖战之所。

⑭同治元年：1862 年。同治（1862—1875），清穆宗载淳的年号。

⑮降岳：亦作岳降，此处指称颂诞生或诞辰。语出《诗经·大雅·崧高》："维岳降神，生甫及申。"

嘉庆八年：1803 年。

⑯盐运使：主管盐政的官员，全称为都转盐运使司盐运使，主要设于产盐区，最早设置于元代。知事，盐运使的属官，秩从八品。

⑰监：国子监。

⑱县丞：为县令副佐，协助县令治理一县政事。秩正八品。

⑲设帨〔shuì〕：古礼，女子出生，挂佩巾于房门右。语出《礼记·内则》："子生，男子设弧于门左，女子设帨于门右。"后指女子生辰。

嘉庆九年：1804 年。

⑳返世：转世，指逝世。

咸丰元年：1851 年。咸丰（1851—1861），清文宗奕詝的年号。

㉑合窆［yào］：下葬。

茅岭芝兰坪：位于浙江浦江郑宅镇郑都村与白马镇交界处，至今仍是前店村旭升堂的坟地。

方屏玉几：坟墓背后的靠山像方屏，前面的案山像玉几。按古代风水理论，葬在这样的地方，子孙贵比王侯。

㉒肖嗣：对他人后代的尊称。

㉓兴豪：王兴豪（1825—1863），字士杰（按，《孟子·尽心上》"若夫豪杰之士，虽无文王犹兴"），行孝十五。浙江浦江郑宅镇前店村旭升堂第八世。邑庠生。系王思兼长子，娶郑氏（1824—1863），生王体仁、王敦仁、王育仁三子。

㉔兴亮：王兴亮（1827—1863），字世弼（按，亮，诸葛亮。《说文解字》"弼，辅也"。指像诸葛亮一样辅助君王），行孝十九。浙江浦江郑宅镇前店村旭升堂第八世。承荫监生。系王思兼次子，娶潘氏（1827—1863），生一子王抚仁。

㉕承荫监生：亦称荫监，即依靠父祖的官位而入监读书的子弟。

㉖业儒：以儒为业。

㉗洪杨：指太平天国农民起义军的领袖洪秀全、杨秀清。

下：留下。

豪：王兴豪。

敦：王敦仁（1851—1880），字德元（按，《逸周书·大聚》"生无乏用，死无传尸。此谓仁德"），行友七。浙江浦江郑宅镇前店村旭升堂第九世。系王兴豪次子，娶黄氏（1856—1942），生王正始、王正名、王正怡三子。

育：王育仁（1854—1928），字遂生（按，《逸周书·宝典》"既能生宝，未能生仁，恐无后亲"），行友十四。浙江浦江郑宅镇前店村旭升堂第九世。系王兴豪幼子，娶黄氏（1857—？），生王正君、王正成、王正智三子。

㉘曾玄：曾孙和玄孙。清代为避清圣祖玄烨的讳，将"玄"改作"元"，今改回。

㉙蛰蛰螽［zhōng］斯：形容子孙众多。语出《诗经·国风·周南·螽斯》："螽斯羽，薨薨兮。宜尔子孙，绳绳兮。螽斯羽，揖揖兮。宜尔子孙，蛰蛰兮。"蛰蛰，群聚而和谐欢乐貌。螽斯，一种直翅目昆虫，常称为蝈蝈。

㉚齿论：齿牙余论。微末的赞扬言辞。比喻不费力的奖励的话。

㉛育：王育仁。

大父：祖父。

㉜爰：于是。

㉝赍窀［bì xī］：有文饰的墓穴。

㉞聿发厥祥：即发祥。聿，语助词，无义。厥，不定代词，那个。

㉟茹柔而吐刚：吃下软的，吐出硬的，比喻怕硬欺软。

㊱殁［mò］：死亡。

㊲休烈：盛大的事业。

㊳贞珉：墓碑的美称。

㊴曷胜：何胜。用反问语气，表示不胜。

拜飏：飞扬，飘扬。飏，同"扬"。

㊵垄：坟墓。

㊶民国八年：1919 年。

王思渼

王思渼（1818—1876），字晴江，号梅溪（按，《集韵》"渼，水名"。渼、江、溪，字义相类），庠名朝茂，行良六十四。浙江浦江郑宅镇前店村旭升堂第七世。武庠生。系王可在第三子，娶傅氏（1827—1907），生王兴佐、王兴伦二子。

良六十四府君王梅溪先生传

呜呼！世道沦胥①，风俗颓坏，重利而轻义，瘠人而肥己②，蔑祖而忘宗，所在皆是。又或缙绅前辈博慷慨誉，冒忠厚名，行施济事，而存心险刻，以无为有，以少为多，以与为取，以私为公，其家富而厚，名大而荣，人畏而敬，气焰薰炙③，诩诩然自鸣得意④，乃不数十年，身亡家落，后嗣式微⑤，天之报之者丝毫不爽。如是，数不可以更仆⑥。吁⑦，可叹也。

己未七月初五⑧，余有事外出，道中遇吾弟内舅逢汉⑨，与二人俱。余曰："舅将何之？"曰："至汝处。"余曰："胡事？"曰："吾族叔兴佐为其父思渼叔祖请为传⑩。"余曰："吾未见其人，未闻其事，何以传？"一人曰："吾兴佐也，吾父武生，讳思渼，殁有年矣⑪！为人和易率直，轻利重义，先人后己，敬祖敦宗，族中均为许可。今岁宗祠修谱，派下若有嘉言懿行⑫，例得书名。吾不忍先父之操行湮没不彰也。"余曰："汝试为我述之。"佐曰："吾族远祖某公向有贤产祭产若干亩⑬。祭产于同治初因事荡尽⑭，嗣后停祭。吾父慨然曰：'吾身在庠，例得收管贤产。祖宗血食绝⑮，不能续，岂曰能贤！'乃属其族人而告之曰⑯：'吾祖祭产业经荡尽，贤产犹存。今我入庠⑰，例得收管，不忍吾祖之馁如若敖氏鬼⑱，请以贤产改作祭产。自今伊始，以后在庠者不得收管争论。'众皆唯唯，惟命是听。至今族人犹啧啧称道不衰。"余曰："其然，岂其然乎！吾未之前闻也。"汉舅曰⑲："是则然矣！非虚语也。"余曰："是难而贤，虽有他善，可勿问矣！且以武生而若是，虽文人学士亦万万有所不及，是宜为传。"

次日，吾适市，遇王氏族人，问以此事："信乎？否乎？"其人曰："然。"余曰："是诚重义而轻利，先人而后己，敬祖而敦宗，不可以不传。"因返而笔之，以风斯世⑳，以传诸后，俾览者有所观感而兴起焉！

公庠名朝茂，字晴江，号梅溪，生嘉庆廿三年戊寅十月十七日㉑，卒光绪丙子三月廿七日㉒。德配傅氏㉓，生道光七年丁亥二月十一日㉔，卒光绪丁未正月十六日㉕，合葬鹤塘后堃毛尤山㉖。子二，兴佐、兴伦㉗，孙六，曾孙五，济济跄跄㉘，犹未艾云。谁谓皇天无眼而报施或爽也。

民国八年己未孟秋上浣㉙　前增生元卿黄凤纪撰㉚
（辑自民国己未年续修《深溪义门王氏宗谱》卷六）

【注释】

①沦胥：沦陷，沦丧。

②瘠人而肥己：对待别人很吝啬，而自己却很贪婪。瘠，瘦，引申为悭吝；肥，胖，引申为贪婪。

③熏烝：即薰蒸，气味升腾或散发。

④诩诩然：欣然。

⑤式微：原为《诗经·国风·邶风》的篇名。借指国家或世族衰落，也泛指事物衰落。

⑥更仆：形容多，数不胜数。

⑦吁：叹词，表示惊疑。

⑧己未：即民国己未年（1919）。

⑨逢汉：王逢汉（1865—?），字允武（按，《论语·微子篇》"播鼗〔táo〕武入于汉"），号振声，行友二十二。浙江浦江郑宅镇前店村旭升堂第九世。系王兴袁长子，娶郑氏（1867—1893），生一子王正焕；继娶胡氏（1873—1919），生王正卷、王正德、王正高、王正庭四子。王逢汉的妹妹王氏（1871—1903），适黄凤纪之弟黄从经（1869—?）。

⑩兴佐：王兴佐（1849—1924），字逸才（按，《汉书·董仲舒传赞》"刘向称董仲舒有王佐之材"），行孝八十九。浙江浦江郑宅镇前店村旭升堂第八世。系王思溧长子，娶朱氏（1848—1918），生王逢治、王逢清二子。

⑪殁〔mò〕：死亡。

⑫嘉言懿行：有教育意义的好言语和好行为。

⑬吾族远祖某公：指王天爵（1568—1638），字子修（按，《孟子·告子上》"古之人修其天爵，而人爵从之"），行和十八。浙江浦江郑宅镇前店村中正堂始祖。娶朱氏（1571—1664），生王宗相、王宗藩、王宗恒、王宗完、王宗规、王宗群六子。

贤产、祭产：即贤田、祭田。旧时宗族置办共有田产，所得田租用于资助读书养贤的，称贤田；用于修葺宗祠、祭祀祖先的，称祭田。

⑭同治初因事荡尽：指清咸丰十一年（1861）至同治二年（1863），太平军占领浦江，与清兵鏖战，给旭升堂造成巨大损失。

⑮血食：鬼神享受牲牢的祭祀。

⑯属：同"嘱"，嘱咐，托付。

⑰入庠：明清时，儒生经过考试取入府、州、县学为生员。

⑱馁：饥饿。

若敖氏鬼：若敖氏的鬼因灭宗而无人祭祀。典出《左传·宣公四年》："鬼犹求食，若敖氏之鬼不其馁而?"比喻没有后代，无人祭祀。

⑲汉：指王逢汉。

⑳风：劝勉。

㉑嘉庆廿三年戊寅：1818 年。

㉒光绪丙子：1876 年。

㉓德配：旧时对他人妻子的敬称。

㉔道光七年丁亥：1827 年。

㉕光绪丁未：1907 年。

㉖鹤塘：池塘名。位于浙江浦江黄宅镇西部，尾部有两条山岗，山清水秀，藏风聚气。按古代风水理论系发福地。

后堘：浙江浦江方言，即池塘的尾部。

毛尤山：位于浙江浦江黄宅镇鹤塘西侧。

㉗兴伦：王兴伦（1858—1924），字秉彝（按，《尚书·周书·洪范》"我不知其彝伦攸叙"），行孝百十七。浙江浦江郑宅镇前店村旭升堂第八世。系王思溇幼子，娶张氏（1858—1942），生王逢栽、王逢约、王逢绰、王逢缉四子。

㉘济济跄跄：形容人多而容止有节。

㉙上浣：上旬。

㉚增生：科举制度中生员名目之一。明清生员都有月廪，并有一定名额，称廪膳生员。后又于正额之外，增加名额，称为增广生员，简称"增生"，无月米，地位次于廪生。

黄凤纪（1859—1927）：谱名从律，字轶凡（按，〔南宋〕郑樵《通志·乐略·正声序论》"凡律其辞，则谓之诗，声其诗，则谓之歌，作诗未有不歌者也"），号元卿，又号符卿，晚号颠生。浙江浦江黄宅镇桂花明堂村人。邑廪生。著有《苔芩集》一卷、《青萝唱和》二卷、《啸园诗》三十七卷等。

王思宾

王思宾（1847—1906），字利用（按，《周易·观》"六四，观国之光，利用宾于王"），号介庵，庠名赞襄，行良一百九十一。浙江浦江郑宅镇前店村旭升堂第七世。邑庠生。系王可楣长子，娶郑氏（1857—1931），生一子王兴镇。

良百九十一府君介庵公传

公讳思宾，字利用，号介庵，邑庠生，庠名赞襄。性耿介，谙世务，淡功名。游庠后①，轻举子业②，尝曰："读书为明理，非为富贵利达也③。"生平忠信明决，里人或争讼，出而劝导，事辄解。

境遇坎坷，艰于生计，爰师陶朱端木之术④，藉置恒产，然期于足给身家而止，绝不继之以贪。有暇则浏览岐黄及诸医家书⑤，以为儒者不能医国，务能活人，是以妙手回春，四方求诊者接踵，悉应之，不索谢。

娶郑氏，子一，名抚臣，原名兴镇⑥。公教以义方⑦，且不吝修金⑧，重聘宿儒为傅，本王伯厚先生"一经教子"之意⑨，嘱以《左氏春秋》相授⑩，冀明体而达用⑪。抚臣不负乃父之志，朝夕计论，学成，入全浙高等巡警校⑫，由巡按使委任邑东北乡警官⑬，地方秩序赖以维持，不至扰乱。《传》曰："子克家⑭。"公其有焉！

公生道光廿七年九月初九日⑮，卒光绪三十二年四月初四日⑯，享年六十，葬邑东梅公山⑰。卒之日，亲朋间里咸堕泪痛惜之⑱。

时民国八年己未孟秋之月⑲　麟溪子琳郑隆球谨撰⑳
（辑自民国己未年续修《深溪义门王氏宗谱》卷六）

【注释】

①游庠：明清时，儒生经考试取入府、州、县学为生员，俗称中秀才。

②举子业：即举业，科举时代指为应考试而准备的学业，包括应试的诗文、学业、课业、文字。明清专指八股文。

③富贵利达：犹言功名利禄。

④爰：于是。

陶朱：指范蠡（前536—前448），字少伯，楚国宛地三户（今河南淅川）人，春秋末政治家、军事家、经济学家。协助越王勾践灭掉吴国后，功成身退，迁到宋国陶邑（今山东菏泽定陶区），经商致富，自号陶朱公，被世人尊为"商圣"。

端木：端木赐（前520—前456），字子贡（按，《尔雅·释诂》"贡，赐也"），春秋末年卫国人。利口巧辞，善于雄辩，有经世才，办事通达。曾在曹、鲁两国经商，富致千金。

⑤岐黄：岐伯和黄帝，相传为医家之祖。借指中医。

⑥兴镇：王兴镇（1887—1951），又名抚臣，字子安（按，出自词语"安抚""镇安"），号去恶，行孝一百九十二。浙江浦江郑宅镇前店村旭升堂第八世。例贡生。全浙高等巡警学堂毕业，任浦江东北二乡警察所警官。于民国十一年（1922）在王氏宗祠创办私立中正初级小学。系王思宾长子，娶徐氏（1886—1963），生王逢尥〔yǐ〕、王逢原、王逢发、王逢机、王逢喜、王逢金六子；娶侧室沈小梅（1903—1991），生王逢义、王逢孝二子。

⑦义方：行事应遵守的规矩法度。

⑧修金：送给教师的束修、薪金。

⑨王伯厚：王应麟（1223—1296），字伯厚（按，《诗经·国风·周南·麟之趾》"麟之趾，振振公子，于嗟麟兮"；〔西汉〕毛亨传"振振，信厚也"），号深宁居士，又号厚斋，庆元府鄞县（今浙江宁波鄞州区）人。南宋学者、教育家、政治家。著有《三字经》，文中有"人遗子，金满籝。我教子，惟一经"之语。

一经教子：比喻教子有方。典出《汉书·韦贤传》："故邹鲁谚曰：'遗子黄金满籝，不如一经。'"

⑩《左氏春秋》：即《左传》。

⑪明体而达用：以儒家的纲常名教为"体"，诗书典籍为"文"，将"文"和"体"在实践中应用，就可治国安民。

⑫全浙高等巡警校：即官立浙江高等巡警学堂。1909 年创办，位于浙江杭州西大街（今武林路）铜元局。

⑬巡按使：1914 年 5 月 23 日，中华民国大总统袁世凯公布"省官制"，改各省民政长官为巡按使，主管一省民政。

⑭《传》：《周易》的组成部分。相对于《经》而言。包括《彖传》《象传》等七种十篇。但下面这句出自《经》，而非《传》。

克家：能承担家事，继承家业。语出《周易·蒙》："纳妇，吉。子克家。"

⑮道光廿七年：1847 年。

⑯光绪三十二年：1906 年。

⑰梅公山：在浙江浦江岩头镇桐店村西侧。

⑱闾里：乡里。

⑲民国八年己未：1919 年。

⑳麟溪：溪名。流经浙江浦江郑宅镇。郑氏世居于此，称麟溪郑氏。

郑隆球（1876—1920）：字祀玉，一字子琳（按，《尚书·夏书·禹贡》"厥贡惟球琳琅玕"。〔东汉〕郑玄注"美玉也"），号昆山。浙江浦江郑宅镇官房村人。邑庠生。善画兰。曾任东明高等小学校长，后投笔从戎，任援闽浙军第一师第四团第一营书记长。

王兴嗣

王兴嗣（1839—1918），字承辉，号续岗（按，《晋书·慕容超载记》"嗣承大统"。《后汉书·顺帝纪》"承续祖宗无穷之烈"），行孝五十二。浙江浦江郑宅镇前店村旭升堂第八世。系王思胜长子，娶吴氏（1834—1907），生一子王逢坤。

孝五十二续岗先生家传

世有魁奇跅弛之士①，其风采足以倾动天下而不足以矜式乡闾②，功烈足以震惊一时而不足以仪型奕世者③。有恂恂一儒士④，渠渠一老翁⑤，姓名不出乡邦，足迹不越乎陇亩⑥，无诡异之行、赫奕之功藉以脍炙人口⑦，然考厥一生行谊⑧，充其量，道德且臻乎粹美，尽其人，时世可跻于羲皇者⑨。审乎此，则我王公续岗先生有可传矣！

先生名兴嗣，字承辉，续岗其号也。生而岐嶷⑩，三岁即失所恃⑪，养于伯姊⑫，总角就傅⑬，才悟异于常儿。奉事继母⑭，先意承志⑮，十余年如一日，内外无间言⑯。未弱冠⑰，父逊之公及继母相继弃养于时⑱。

适罹洪杨之乱⑲，流离转徙，土田污莱⑳，井灶丘墟㉑。先生拮据辛苦，且耕且读，识者以为穷不失志，困不易操，于此可观人焉！逾年贼平㉒，承扰乱之后来官斯土者，每以武健严酷为理㉓，恶绅悍吏得以夤缘作奸㉔，往往择肥而噬㉕。先生诸从昆弟年皆稚弱，数濒于难。先生以一身奔走呼号，百端营救，贪暴因之神阻，卒使破巢之下尚有完卵。不惟谊笃亲亲㉖，而其内刚外柔、不畏强御、坚韧不拔之概，尤非他人之所易及者。

先生为文纯朴，似其为人，不肯作姿媚语以悦有司㉗，故数十上不能青一衿㉘，士论惜之。年近耳顺㉙，始援例入成均太学㉚，绝意进取，临风怀古，戴月荷锄，益得自乐其乐。与人交，无争无忤，见财不义不取，然家业隆隆，日以丰裕，跻八秩而考终㉛。配吴氏，先十余年而卒。子一，孙一，克守其业。是天所以报施善人者，于斯可见。而人当此道德堕落、纲常破坏之际，闻先生之风，或亦知所兴欤！

兹因族中修谱，嘱传于骊㉜。骊不文，谨纪其实。生卒葬地详诸谱，兹不赘。

时民国八年秋月㉝　前云骑尉、即选训导、历任咨议局省议会议员、姻侄孙张若骊谨撰㉞

（辑自民国己未年续修《深溪义门王氏宗谱》卷六）

【注释】

①魁奇跅〔tuò〕弛：放荡不循规矩。

②矜式：敬重效法。

乡闾：家乡，故里。

③功烈：功勋业绩。

仪型：做楷模，做典范。

奕世：累世，代代。

④恂恂［xún xún］：恭谨温顺貌。

⑤渠渠：局促不安貌。

⑥陇亩：田地。

⑦赫奕：显赫貌。

⑧厥：不定代词，那个。

⑨羲皇：即伏羲氏，和女娲、神农并称"太古三皇"。

⑩岐嶷［yí］：形容幼年聪慧。语出《诗经·大雅·生民》："诞实匍匐，克岐克嶷"。〔西汉〕毛亨传："岐，知意也。嶷，识也。"

⑪失所恃：指死了母亲。语出《诗经·小雅·蓼莪》："无父何怙，无母何恃。"

⑫伯姊：王兴嗣的大姐（1831—1862），适浙江浦江浦南街道华墙头村潘怀保（1833—1862）。

⑬总角：古时儿童束发为两结，向上分开，形状如角，故称总角。借指童年时期。

就傅：出外就学。语出《礼记·内则》："十年，出就外傅，居宿于外，学书计。"

⑭继母：系浙江浦江岩头镇荷塘村叶光芬之女（1817—1862）。

⑮先意承志：孝子不等父母开口，就能顺父母的心意去做。语出《礼记·祭义》："君子之所谓孝者，先意承志，谕父母于道。"

⑯间言：非议，异议。

⑰弱冠：古代男子二十岁行冠礼，表示已经成人，但体还未壮，所以称弱冠。语出《礼记·曲礼上》："二十曰弱，冠。"

⑱逊之：王思胜（1807—1860），字敬铭，号逊之。浙江浦江郑宅镇前店村旭升堂第七世。

弃养：指父母死亡。

⑲罹：遭遇。原作"罹"，形近而误。

洪杨之乱：清廷对洪秀全和杨秀清领导的太平天国农民起义的蔑称。

⑳污莱：田地荒废。

㉑井灶：井与灶，借指家园、故居。

丘墟：形容荒凉残破。

㉒逾年贼平：太平天国起义军从咸丰十一年（1861）七月初四日进攻浙江浦江，到同治二年（1863）正月十六日撤离，前后历时一年半。

㉓武健：勇武刚健。

㉔夤缘：比喻拉拢关系，阿上钻营。

㉕择肥而噬：比喻选择有钱的人进行敲诈勒索。噬，原作"嗜"，音近而误。

㉖亲亲：爱自己的亲友。语出《诗经·小雅·伐木序》："亲亲以睦友，友贤不弃，不遗故旧，则民德归厚矣。"

㉗有司：官吏。古代设官分职，各有专司，故称。

㉘青一衿：使一件衣衫变青，意谓中秀才。青衿是古代学子和明清秀才的常服。

㉙耳顺：指六十岁。语出《论语·为政篇》："六十而耳顺。"

㉚援例：即按例，引用成例。

成均：古代的大学。后泛称官设的最高学府。

太学：古代最高学院，即国学。清代不设太学，不能中秀才的童生往往花钱捐一个太学生的头衔。

㉛八秩：八十岁。一秩为十年。

考终：享尽天年。

㉜骃：张若骃（1878—1929），字子骏（按，骃，周穆王的八匹骏马之一，与"骏"字义相类），号青萝山人、友云山馆主人。浙江浦江郑宅镇马鞍山村人。先后当选浙江咨议局议员、省议会议员、省众议员。善诗词，工书法，兼涉山水花鸟画。著有《学海楼诗钞》二十卷、《佳社诗存》四卷、《禅榻病痕》一卷。

㉝民国八年：1919 年。

㉞云骑尉：武散官名，世袭爵位之一，清代秩五品。

即选：凡须经月选的官员，除奉旨即用人员及特用人员可不论单、双月遇缺即选外，另有一些具有某些资格或条件的候选官员，也可尽先选用。

训导：即儒学训导。明清两朝的府学、州学、县学都设此官，职责为帮助教授、学正、教谕教诲生徒。秩从八品。

咨议局：1905 年，清廷在各省筹设的地方议事机构。其职责为议论本省应兴应革事件、预算、决算、税法、公债以及应负义务等。

姻侄孙：姐妹的孙子。

王兴谟

王兴谟（1851—1916），字陈三（按，《尚书》中的《大禹谟》《皋陶谟》《益稷》合称"三谟"），号梅谷，行孝九十五。浙江浦江郑宅镇前店村旭升堂第八世。恩贡生，授直隶州州判衔。系王思奠长子，娶郑氏（1850—1922），生王逢述、王逢启二子。

孝九十五王梅谷先生传

先生讳兴谟，号梅谷，恩贡生，授职直隶州州判，思奠公之长嗣也①。质英敏，性浑厚，峥嵘头角②，迥异群儿。髫龄之时③，惟喜涉猎经传，解缀篇章④。依依膝下，思奠公尝摩先生之顶曰："吾家生有是子，书种庶可不绝矣⑤！"

咸丰辛酉秋⑥，洪杨扰浦⑦，杀戮焚毁，惨不胜言。先生年仅十一，父母挟奔入山。未几，即被流寇所掳，蹂躏数千里外，言语不通，道途多梗，人固无望其得有生还之日也。乃踰年⑧，竟潜逸逃回，出人望外。天殆以艰难险阻磨砺其幼小之精神乎⑨！抑天特为保护维持以玉成其毕生之德器乎⑩！父母见之，悲喜交集。

奈偶脱乱离之祸，旋丁失怙之忧⑪，居丧泣血，悉如成人，变卖资产，尽礼送终。经云："君子不以天下俭其亲⑫。"先生其有焉！家虽中落，敬尊母命，矢志读书，受经黄云湄、家谷堂各名宿之门⑬，日夜攻苦，砺错他山⑭，文已典赡赅博⑮，诗亦雅正清真。甫逾弱冠⑯，即赋采芹⑰。

后随应东道之聘，马帐高悬⑱，生徒远集⑲，敦师道，整学规，分次序，严课程，参透诗书之奥义，裁成制艺之宏章⑳，大以成大，小以成小，化育之功普被于后进者甚夥㉑。先生酣战棘闱㉒，雄心科试，拔列高等，补食廪饩㉓，并蜚英声于外翰㉔，授职为州别驾㉕。人多以是为先生荣，而先生不自以为荣也，惟时修脯所入以奉老母㉖，先意承志㉗，克尽其孝，以抚弟妹，男婚女嫁，必竭其诚。且宗谱之纂辑续修，劳怨不辞。

新政之颁行，选举赞襄效力㉘。借印浦江县志乘㉙，以续功败垂成之绩，助刊《深溪庵签板》㉚，以著神道设教之功㉛。不忍宗祖之馁而召集祭会㉜，思免乡邻之械斗排解纷争。其事之卓卓昭人耳目者，尤为指不胜屈。他如栽花卉春色罗满阶前，喜歌吟佳章集成卷帙，宴宾朋不辞拇战㉝，诹吉日不受人酬㉞，是第为先生闲心快意事耳㉟。

元配郑氏温柔敦厚，事姑嫜诚而且敬㊱，教儿女严而有恩，克勤克俭，相夫持家，妇德母仪两无所愧㊲。举丈夫子二㊳，长逢述㊴，次逢启㊵，姿秉卓荦㊶，克读父书。孙一，正大㊷，岐嶷之形㊸，厥声载路㊹，桂树芬芳，兰芽秀苗，壬林之庆㊺，正未有艾。此皆先生硕德之光辉，而应享祯祥之福报者也㊻。

先生晚年丧母，呼号骨立㊼，几不欲生，遂病不起㊽，卒于民国丁巳四月初七日㊾，距生于咸丰辛亥十一月十五日㊿，享寿六十有六。

先生冢君恐先生行谊埋没无闻㉛，当重修家乘之时㊷，撰状一通，持以示晖㉝，并嘱为传，镌诸谱牒⑤。窃思晖与先生本属至交，又系至戚，虽年近八秩⑤，昏耄无文⑤，而义不容辞，且略书数语，道其梗概，再俟能文者详著之⑤。

时民国八年己未五月中澣之吉⑤　义门岁贡生、铨选府经历、眷侍教生郑晖芝岩氏谨撰⑤

（辑自民国己未年续修《深溪义门王氏宗谱》卷六）

【注释】

①思奠：王思奠（1809—1862），字定之。浙江浦江郑宅镇前店村旭升堂第七世。邑庠生。

长嗣：长子。

②峥嵘头角：比喻突出显露才能和本领。后形容气概不凡，才华出众，尤指青少年。

③髫〔tiáo〕龄：指幼年。

④解：明白。

缀：组合字句篇章。

⑤庶：但愿，或许。

⑥咸丰辛酉：1861 年。

⑦洪杨：指洪秀全和杨秀清领导的太平天国农民起义。太平天国起义军于清咸丰十一年（1861）七月初四日占领浙江浦江，同治二年（1863）正月十六日撤离。

⑧逾。越过，超过。

⑨殆：大概。

⑩德器：道德修养与才识度量。

⑪旋：不久。

丁：遭逢，碰到。

失怙〔hù〕：指死了父亲。语出《诗经·小雅·蓼莪》："无父何怙？无母何恃？"

⑫君子不以天下俭其亲：才德出众的人不因为天下大事而俭省应该用在父母身上的钱财。语出《孟子·公孙丑下》。

⑬黄云湄：即黄几墰（1826—1883），字云湄（按，墰，边际；湄，水边。字义相近），浙江浦江黄宅镇小份村人。恩贡生，候选儒学教谕。署理杭州府学训导，特授处州府景宁县学教谕。生黄志恩、黄志璠、黄志琨三子。湄，原作"楣"，形近而误。

谷堂：王志镆（1831—?），字子铻（按，《庄子·内篇·大宗师》"我且必为镆铻"），号谷堂，别号筱云，后改名景曾。浙江浦江郑宅镇三埂口村人。清光绪丁丑年（1877），中贡生，授翰林院待诏。

⑭错：打磨玉石。

⑮典赡：文辞典雅富丽。

赅博：渊博。

⑯甫：才。

踰：同"逾"，超过。

弱冠：古代男子二十岁行冠礼，表示已经成人，但体还未壮，所以称弱冠。语出

《礼记·曲礼上》："二十曰弱，冠。"

⑰采芹：指中秀才成为生员。语出《诗经·鲁颂·泮水》："思乐泮水，薄采其芹。"

⑱马帐：典出《后汉书·马融传》："常坐高堂，施绛纱帐，前授生徒，后列女乐，弟子以次相传，鲜有入其室者。"指设馆授徒。

⑲生徒：学生。

⑳制艺：旧指八股文。

㉑夥［huǒ］：多。

㉒棘闱：古代对考场、试院的称谓。唐、五代时试士，用荆棘围住试院，以防止放榜时士子喧闹，后又用来防杜夹带传递之弊。

㉓廪饩［xì］：明清科举制度，生员经岁、科两试列优等者，增生可依次升廪生，谓之"补廪"或"补饩"，由朝廷供给其日常生活所需。廪，谷仓。饩，米粮。

㉔外翰：即外翰第，指有地位的文翰人家的外衔。

㉕别驾：汉置，为州刺史的佐官。后以别驾为通判的习惯称呼。王兴谟授直隶州州判衔，故称。

㉖修脯：旧时称送给老师的礼物或酬金。修，通"脩"，干肉。

㉗先意承志：不等父母表明意愿，就能事先顺应他们的心意去做。语出《礼记·祭义》："君子之所为孝者，先意承志，谕父母于道。"

㉘赞襄：辅助，协助。

㉙志乘：志书。此处指清《光绪浦江县志》。

㉚深溪庵：据清《乾隆浦江县志》，位于县东二十五里，清康熙二十一年（1682）建，今废。

㉛神道设教：利用鬼神作为教育手段。语出《周易·观》："观天之神道，而四时不忒，圣人以神道设教，而天下服矣。"

㉜馁：饥饿。

㉝拇战：猜拳。民间一种饮酒时助兴取乐的游戏。

㉞诹［zōu］：在一起商量事情，询问。按当地风俗，婚丧、嫁娶、砌灶、建房、居屋等重大事情，都要拣选吉日良辰。

㉟第：但。

㊱姑嫜：妇称丈夫的母亲和父亲，即公婆。

㊲母仪：为人母的典型轨范。

㊳丈夫子：儿子。古代子女通称子，男称丈夫子，女称女子子。语出《战国策·燕策二·陈翠合燕齐》："人主之爱子也，不如布衣之甚也；非徒不爱子也，又不爱丈夫子独甚。"

㊴逢述：王逢述（1887—？），字光显，号绍卿。浙江浦江郑宅镇前店村旭升堂第九世。

㊵逢启：王逢启（1888—1927），字光裕（按，出自成语"裕启后人"）。浙江浦江郑宅镇前店村旭升堂第九世。系王兴谟次子，娶何氏（1886—？）。

㊶卓荦：出众，超出一般。

㊷正大：王正大（1909—1978），字乾元（按，《周易·乾》"大哉乾元，万物资始，乃统天"），号尚行，行名六十三。浙江浦江郑宅镇前店村旭升堂第十世。军政干部训练班毕业，上尉连长。娶江西铅山郑金花（1923—1958），生王在减、王在饶二子。

㊸岐嶷〔yí〕：形容幼年聪慧。语出《诗经·大雅·生民》："诞实匍匐，克岐克嶷。"〔西汉〕毛亨传："岐，知意也。嶷，识也。"

㊹厥声载路：声音充满道路。语出《诗经·大雅·生民》："实覃实訏，厥声载路。"

㊺壬林：形容礼物大且多。语出《诗经·小雅·宾之初筵》："百礼既至，有壬有林。"〔南宋〕朱熹集传："壬，大也；林，盛也。言礼之盛大。"

㊻祯祥：吉祥的征兆。

㊼骨立：形容人形貌极为消瘦。

㊽不起：病不能愈。

㊾民国丁巳：1917 年。

㊿咸丰辛亥：1851 年。

51冢君：大君，对列国君主的敬称。此处引申为长子。

52家乘：又称家谱、族谱、宗谱等，是一种以表谱形式记载一个家族的世系繁衍及重要人物事迹的书。

53晖：郑兴谊（1844—1924），字奕宜（按，《说文解字》"谊，人所宜也"），号芝岩；庠名晖，号子明〔按，〔东汉〕祢衡《鹦鹉赋》"体金精之妙质兮，合火德之明辉（同'晖'）"〕。浙江浦江郑宅镇祠堂弄村人。岁贡生。家贫力学，工书法。

54谱牒：记述氏族或宗族世系的书籍。

55八秩：八十岁。一秩为十年。

56昏髦：年老昏庸。

57俟：等待。

58民国八年己未：1919 年。

中澣：中旬。

59义门：指浙江浦江郑义门（今郑宅镇）。自南宋建炎（1127—1130）初年至明天顺三年（1459），郑氏家族合族聚居十五世，共 300 多年，以孝义治家闻名于世，受到宋元明三朝旌表，故称义门郑氏或郑义门。

岁贡生：科举时代贡入国子监的生员的一种。明清两代，官府每年或每两三年从府、州、县学中选送廪生升入国子监肄业，故称。

府经历：知府的属官，主管出纳文书事。秩从八品。

眷侍教：旧时书信结尾自称谦词，表示亲戚关系并侍候承教。

第二编
旭升堂先贤往来诗文

王天爵暨妻朱氏

王天爵（1568—1638），字子修，行和十八。浙江浦江郑宅镇前店村中正堂始祖。娶朱氏（1571—1664），生王宗相、王宗藩、王宗恒、王宗完、王宗规、王宗群六子。

和十八公祭田记①

祭之说，实与田为关切，而田实与子孙相维系。慨自后世，上祖本仁孝之思，以田立祭，设规条，限时日，计非不深且远也，而承其后者或侵蚀以开争端，或訾议以紊规矩②，势占盗卖，将祖宗仁孝之思消归乌有。岂曰无田，其如子孙之不肖何③！

余祖和十八公，余派分房之祖也④。有祭田若干亩，向系收租税，春秋备祭。越雍正乙卯⑤，合房同议，以十月十四日为我祖诞辰，重隆其祭，洁笾豆⑥，陈水陆之产，演戏祝寿，斯诚追远之深心也。

但恐派衍人繁，贤否不一，数世而复难以为继。故因修辑家乘⑦，为文以记之，且列亩号土名于左⑧，使世世子孙知田祭相关之大义，则天良厚而子孙贤，子孙贤而祭田固，祭田固而祭自亘古如斯矣！

是为记。

乾隆四年己未冬月⑨　玄孙祖津谨识⑩

（辑自清同治辛未年续修《深溪义门王氏宗谱》卷十四）

【注释】

①祭田：旧时族田中用于祭祀的土地。一般租给别人耕种，所得租谷作为祭祀祖宗的开支。

②訾［zī］议：评论他人的短处。

③其如……何：把……怎么样。

④分房：家族的世系，以房划分。

⑤雍正乙卯：1735年。

⑥笾豆：笾和豆。古代祭祀及宴会时常用的两种礼器。竹制为笾，木制为豆。

⑦家乘：又称家谱、族谱、宗谱等。是一种以表谱形式，记载一个家族的世系繁衍及重要人物事迹的书。

⑧亩号：土地的号数和亩数。

土名：土地的名字。

⑨乾隆四年：1739年。

⑩玄：原作"元"。清代为避清圣祖玄烨的讳，将"玄"改为"元"，今改回。浙江浦江深溪前店村王氏第十八世到第二十二世，传承顺序为：王天爵—王宗群—王继旦—

王守中—王祖津，故王祖津系王天爵的玄孙。

祖津：王祖津（1705—1750），字跃云。浙江浦江郑宅镇前店村旭升堂第三世。恩贡生，候选儒学训导。

和十八天爵公像赞①

《书》曰："作善降之百祥②。"《易》曰："积善之家必有余庆③。"天之福善人也④，其征而有常哉！深溪天爵公⑤，明人也，迄今仅百余载，而子孙繁衍⑥，衣冠森列，实为一邑之望，是何其硕大繁昌而又速耶！间尝考其行传⑦，施恩不望报，为善不求名，所力行不息者，惟积德累仁之事。夫德以积久而愈厚，其发也必，且历久而弥盛。睹斯像也，盖诚有千载仰瞻者矣！

玄孙婿张铎拜撰⑧

（辑自清同治辛未年续修《深溪义门王氏宗谱》卷八）

【注释】

①像赞：指为人物画像或人的相貌所作的赞辞。

②作善降之百祥：做善事的人，上天会降下许多吉祥。语出《尚书·商书·伊训》："惟上帝不常，作善降之百祥，作不善降之百殃。"

③积善之家必有余庆：积德行善的人家必定会有很多福庆之事。语出《周易·坤·文言》："积善之家必有余庆，积不善之家必有余殃。"

④福：保佑。

⑤深溪：溪名。发源于浙江浦江金芙蓉山西麓，流经郑宅镇西部。王氏世居于此，称深溪王氏。详见本书《王继旦传》。

⑥子孙繁衍：从明朝末年到清朝乾隆初年的一百余年时间，王天爵家经历六代，有六个儿子，十三个孙子，二十九个曾孙，五十六个玄孙，八十八个来孙，人丁兴旺。

⑦间尝：曾经。

⑧玄：原作"元"。清代为避清圣祖玄烨的讳，将"玄"改为"元"。今改回。

张铎（1697—1748）：字圣为，号觉斋，浙江浦江县城东隅人。举人。娶郑宅镇前店村旭升堂王守中之女，即王天爵的玄孙女，故自称玄孙婿。

和十八朱安人像赞①

　　古之高士，必得内助而名益显，若梁鸿、冀缺②，其昭彰矣！天爵公元配朱氏，同邑望族女也③。传其少而贞静，有古淑女之风。迨既归我公也④，兢兢克尽妇道，故公之家政日隆，惟太母之赞助居多焉。今观其族，虽富家巨室之女，一入王氏之门，无不勤俭操持，而其女、孙之外适者⑤，亦皆能以礼自守。夫非太母之遗风，其感人者深欤！

乾隆三年戊午十月⑥　玄孙婿张铎拜撰⑦

（辑自清同治辛未年续修《深溪义门王氏宗谱》卷十三）

【注释】

　　①朱安人：朱氏（1571—1664），适浙江浦江郑宅镇前店村中正堂始祖王天爵，生王宗相、王宗藩、王宗恒、王宗完、王宗规、王宗群六子。

　　②梁鸿（生卒年不详）：字伯鸾（按，〔西汉〕扬雄《剧秦美新》"振鹭之声充庭，鸿鸾之党渐阶"）。扶风平陵（今陕西咸阳）人，约于东汉光武帝建武初年（25）至和帝永元末年（105）在世。典出《后汉书·梁鸿传》："每归，妻为具食，不敢于鸿前仰视，举案齐眉。"比喻夫妻相互尊敬。

　　冀缺（？—前597）：春秋晋国人。因其先人食采邑于郤、冀，故名冀缺，亦称郤缺。典出《左传·僖公三十三年》："初，臼季使，过冀，见冀缺耨，其妻馌〔yè〕之。敬，相待如宾。"比喻夫妻相互尊敬。

　　③同邑望族：指浦江朱氏。北宋太宗端拱元年（988），婺州通判朱照从湖州吴兴迁居婺州浦江，居县城西隅朴树里。后子孙繁衍，分成长派、次派、幼派三派，成为望族。

　　④迨：等到。

　　⑤适：女子出嫁。

　　⑥乾隆三年戊午：1738 年。

　　⑦玄：原作"元"。清代为避清世祖玄烨的讳，将"玄"改为"元"。今改回。

　　张铎（1697—1748）：字圣为，号觉斋。浙江浙江浦江县城东隅人。举人。

王志棣妻黄氏

王志棣（1729—1756），又名荣升，号鄂辂，行后四十五。浙江浦江郑宅镇前店村旭升堂第四世。系王祖津之子，娶黄宅镇桂花明堂村黄方潞之女（1731—1805），生一子王龄。二十八岁去世，妻子黄氏青年守寡，抚孤成立。清乾隆五十五年（1790），奉旨建坊。

深溪吟 为王梦九龄母氏黄太孺人赋[①]

朱兴悌[②]

沿彼深溪，溪流弥弥[③]。乌头棹楔[④]，表其宅里。丹诏自天[⑤]，聿旌母氏[⑥]。（一解）
猗嗟母德[⑦]，风化之源。凤娴姆训[⑧]，采采蘋蘩[⑨]。鸡鸣昧旦[⑩]，比翼双鸢。（二解）
北风载号，青灯不焰。执手弥留，碎心破胆。姑老谁扶[⑪]，儿饥谁啖。（三解）
堂上寝膳[⑫]，曰予之姑。怀中顾复[⑬]，曰予之孤。凄其霜雪，愁留此残躯[⑭]。（四解）
内政犷毛[⑮]，未亡人之责[⑯]。综核靡遗[⑰]，寸丝尺帛。弱女有家，遗孤有室。（五解）
青箱课学[⑱]，书味沉酣。孙曾绕膝，白发鬖鬖[⑲]。茹茶虽云苦[⑳]，苦节之甘[㉑]。（六解）
高节峨峨[㉒]，贞珉凿凿[㉓]。倬彼旌门[㉔]，干云寥廓[㉕]。台筑怀清[㉖]，以镇浮薄。（七解）
岁周四纪[㉗]，雪干冰胎[㉘]。母仪是式[㉙]，巾帼之魁。深溪演漾[㉚]，行路为徘徊。（八解）

（辑自〔清〕朱兴悌《西崖诗钞》卷四）

【注释】

①该诗亦载于清同治辛未年续修《深溪义门王氏宗谱》卷十三，诗题作《恭颂钦褒节孝王母黄太孺人诗》，共九章，每章八句。收入《西崖诗钞》时，作者做了删削修改，变成八解，每解六句，改动幅度较大。

深溪：溪名。发源于浙江浦江金芙蓉山西麓，流经郑宅镇西部。王氏世居于此，称深溪王氏。详见本书《王继旦传》。

王梦九龄：王龄（1751—1819），字梦九，号埜园，又号兰庭。浙江浦江郑宅镇前店村旭升堂第五世。例贡生，候选儒学训导。

②朱兴悌（1729—1811）：字子恺，号西崖。浙江浦江县城西隅朴树里人。岁贡生，儒学训导。

③弥弥：水满貌。

④乌头棹楔：古时立于正门两旁、涂成黑色以表彰孝义的木柱。

⑤丹诏：帝王的诏书，以朱笔书写。

⑥聿：文言助词，无义，用于句首或句中。

旌：旌表。

⑦猗嗟：叹词。表示赞叹。

⑧姆训：女师的训诫。

⑨采采蘋蘩：指能遵祭祀之仪或妇职等。《诗经·国风·召南》中有《采蘋》《采蘩》篇。《诗经·国风·召南·采蘩序》："《采蘩》，夫人不失职也。夫人可以奉祭祀，则不失职矣。"

⑩鸡鸣昧旦：意谓夫妻琴瑟和谐。语出《诗经·国风·郑风·女曰鸡鸣》："女曰：'鸡鸣。'士曰：'昧旦。'"昧旦，黎明时分。

⑪姑：妇称夫的母亲。

⑫寝膳：寝食。

⑬顾复：指父母养育。语出《诗经·小雅·蓼莪》："父兮生我，母兮鞠我。拊我畜我，长我育我。顾我复我，出入腹我。"

⑭慭［yìn］留：愿意留下。

⑮猬毛：刺猬的毛。形容众多。

⑯未亡人：旧时寡妇的自称。

⑰综核：聚总考核。

⑱青箱：形容代代相传的读书生活。典出《宋书·王准之传》："自是家世相传，并谙江左旧事，缄之青箱，世人谓之王氏青箱学。"

⑲鬖鬖［sān sān］：头发下垂貌。

⑳茹茶：吃苦菜。意谓生活清苦。

㉑苦节：俭约过甚。后指坚守节操，矢志不渝。语出《周易·节》："节，亨。苦节，不可贞。"

㉒峨峨：高耸貌。

㉓贞珉：石刻碑铭的美称。

凿凿：鲜明貌。

㉔倬［zhuō］：高大，显著。

㉕干云：高入云霄。

㉖怀清：秦始皇以巴地寡妇清为贞妇，为之筑怀清台。后比喻妇女贞洁。

㉗四纪：四十八年。岁星十二年一周天为一纪。黄氏从1756年夫亡，到1805年去世，守寡四十九年。

㉘雪干冰胎：雪做的树干，冰做的幼芽。比喻品质高洁。

㉙母仪：为人母的典型轨范。

㉚演漾：水波荡漾貌。

深溪王氏《旌节编》序①

朱兴悌②

圣人系《易》而占甘节③，删《诗》而录《柏舟》④，所以扶植纲常、表扬闺范⑤、愧彼须眉而巾帼不若者。列代史氏率本此意，列《贞节传》，经与史相表里也。呜呼！海枯石烂，寸心耿耿，不磨摛笔扬芳⑥，从而流连歌咏，有心人何能已耶！此王氏《旌节编》之所由刊布也。

《旌节编》者，合溪黄太君嫔于深溪王君鄂铧时⑦，舅已亡⑧，而姑尚在堂⑨。结褵未久⑩，鄂铧谢世，太君年方二十六岁也。以姑老、遗孤在抱，不敢相从地下，健持门户⑪，备历酸辛，事姑以礼，抚孤成立，女嫁名门，所称妇职而供子职、母道而尽父道者，太君兼之。

乾隆庚戌⑫，太君年阅六十。邑与府申文请旌，龙章褒锡⑬，表其宅里。嗣君梦九采石鸠工⑭，乌头棹楔凌云而映日焉⑮。呜呼！回忆孤鸾舞镜⑯，彼苍何酷⑰！乃膝下食诗书之报，嗣君由邑庠而明经⑱，孙七、曾孙七，食饩采芹⑲，崭然各露头角。

今寿母七旬而逾其二，斑斓满眼⑳，天之啬于前而丰于后者有如是哉！一时名流发潜阐幽，设帨祝其不老㉑，旌门叙其芳声，暨镌石镌坊、歌吟而联为佳什者，得古今体诗若干首，稽之于经，考之于史，犹是彤管扬徽遗意㉒，宁同率尔操觚者耶㉓！

梦九君萃为一编，付之梨枣㉔。工既竣，以序言属余㉕，谨屡述缘起，以弁于简㉖。

（辑自〔清〕朱兴悌《西崖文钞》卷六）

【注释】

①《旌节编》：清乾隆五十五年（1790），奉旨为浙江浦江郑宅镇前店村旭升堂第四世王志棣妻黄氏（1731—1805）在王氏宗祠南侧建旌节牌坊，五十七年（1792）竣工。嘉庆七年（1802），王志棣之子王龄将名流歌咏其母黄氏青年守节、抚孤成立的诗歌编为《旌节编》。

②朱兴悌（1729—1811）：字子恺，号西崖。浙江浦江县城西隅朴树里人。岁贡生，儒学训导。

③圣人系《易》：指周文王作《周易》。典出〔西汉〕司马迁《报任安书》："西伯（周文王）拘而演《周易》。"系，连缀。

占：占卜。

甘节：以节制为美德。语出《周易·节》："九五，甘节，吉，往有尚。"

④删《诗》：指孔子删《诗》之说。典出《史记·孔子世家》："古者《诗》三千余篇，及至孔子，去其重，取可施于礼义，上采契、后稷，中述殷、周之盛，至幽、厉之缺……三百五篇，孔子皆弦歌之，以求合韶、武、雅、颂之音。"

《柏舟》：《诗经·国风·鄘风》的篇名。《柏舟序》："柏舟，共姜自誓也。卫世子共伯蚤死，其妻守义，父母欲夺而嫁之，誓而弗许，故作是诗以绝之。"后指寡妇在夫死后矢志不嫁。

⑤阃［kǔn］范：指妇女的道德规范。

⑥摛［chī］笔：谓执笔为文，铺陈翰藻。

⑦合溪：也叫左溪、双溪。源出浙江浦江岩头镇马后山村西北八角尖东麓，流经大岭脚、刘笙、荷店、礼张、夏泉、芳地、岩头陈、洪家、三步石、毛尤、许村、黄宅镇八石塘，至魏村向南注入浦阳江。全长 17 公里，流域面积 45 平方公里。黄氏世居于此，称合溪黄氏。

嫔：对亡妻的美称。语出《礼记·曲礼》："生曰妻，死曰嫔。"此处作动词用。

深溪：溪名。发源于浙江浦江金芙蓉山西麓，流经郑宅镇西部。王氏世居于此，称深溪王氏。详见本书《王继旦传》。

王君鄂桦：王志楝（1729—1756），又名荣升，号鄂桦。浙江浦江郑宅镇前店村旭升堂第四世。

⑧舅：妇称夫的父亲。

⑨姑：妇称夫的母亲。

⑩结褵［lí］：古代女子临嫁，母亲给她结上佩巾。后指结婚。

⑪健持门户：健壮精干的妇女维持家庭生计。语出《玉台新咏·陇西行·天上何所有》："健妇持门户，亦胜一丈夫。"

⑫乾隆庚戌：1790 年。原文作"庚辰"，误。

⑬龙章：对皇帝文章的谀称。此处指圣旨。

褒锡：褒扬赏赐。

⑭嗣君：古代称别人的儿子。

梦九：王龄（1751—1819），字梦九，号埜园，又号兰庭。浙江浦江郑宅镇前店村旭升堂第五世。例贡生，候选儒学训导。

鸠工：聚集工匠。

⑮乌头棹楔：古时立于正门两旁、涂成黑色用以表彰孝义的木柱。

⑯孤鸾舞镜：指失偶的雄鸾对镜悲鸣。比喻失偶的人触物伤情，形影相吊。语出〔南朝陈〕徐陵《鸳鸯赋》："既交颈于千年，亦相随于万里；山鸡映水那相得，孤鸾照镜不成双。"

⑰彼苍：天的代称。

⑱邑庠：即邑庠生，县学生员。

明经：唐代科举以经义取士，谓之明经。明清为贡生的别称。王龄为例贡生。

⑲食饩［xì］：明清科举制度，生员经岁、科两试，成绩优秀者，增生可依次升廪生，谓之"补廪"或"补饩"。

采芹：指中秀才成为生员。语出《诗经·鲁颂·泮水》："思乐泮水，薄采其芹。"

⑳斑斓：指老莱舞衣。形容子女孝顺父母。典出《艺文类聚》卷二十引《列女传》："老莱子孝养二亲，行年七十，婴儿自娱，着五色彩衣。尝取浆上堂，跌仆，因卧地为小儿啼。"

㉑设帨［shuì］：古礼，女子出生，挂佩巾于房门右。语出《礼记·内则》："子生，

男子设弧于门左，女子设帨于门右。"后指女子生辰。

㉒彤管：古代女史用以记事的杆身漆朱的笔。

扬徽：褒扬美德。

㉓宁：岂。

率尔操觚〔gū〕：原形容文思敏捷，后指没有慎重考虑，轻率地写。率尔，不假思索。操觚，指作文。觚，方木，古人用来书写的木筒。

㉔梨枣：古代印书用的木刻板多用梨木或枣木刻成，故称雕版印刷的雕版为梨枣。

㉕属：同"嘱"。

㉖弁〔biàn〕：古时男子年满二十加冠称弁，以示成年。后引申为加冠头、放在前面，即冠于篇卷前面的弁言，也就是序文、引言。

旌节王母黄太孺人诗序（附节孝四言诗十章）①

周　璠②

余馆深溪王氏③，始终五载。盖是时，宸翁偬傥诗文④，课其子舟、侄龄⑤。黄氏二母（舟母亦黄氏）综家政⑥，樽酌净洁⑦，盘匜必检⑧。既而宸翁丧偶，龄母今节母太孺人以龄孤子，每更严谨。故余与王氏朴诚相与，重之以婚姻⑨，于今二十余年。而孺人以节孝题请奉旨建坊⑩，其不容以无所述也。

今夫风波在前，荆棘在后，自矢者靡他⑪，亦或有饮冰啖蘖、井臼躬亲、拮据以自存者⑫，君子盖胥难之⑬。若乃古井无波，起居顺适，其为节也差易。然则，同心白首，昧旦鸡鸣⑭，更为妇德无足称也矣，非笃论也⑮。

抑坤之象曰⑯："利牝马之贞⑰。"马，乾也；牝而马，则坤有乾体矣！是故，承天则顺⑱，应地则健。柔，动也；刚，乃足以亨品物⑲。不然，而颓为污泥，其何以载物而发其生机乎！

王氏兄弟各单传数世矣⑳！寿算递为荣枯㉑。盖相互抚养，以至于龄之身㉒，则受育于宸翁者㉓，其从伯也㉔。时孺人虽所天既丧㉕，而有伯氏以营其外务㉖，有长姒以商其内政㉗。情如秋肃，境若春温，冰霜之严，盖自知之，人莫得而窥也。

既而生齿渐繁㉘，躬为劳薪，则米盐琐细，田园葺杂，以健持其门户㉙。而龄犹得以读书，作字画，朋游山水，不减儒素之风㉚。入其家，琴囊印谱，班丝棻几㉛，灶婢茶童，各司其职，识者有以知其家事治也。

孙男七人㉜，且抱曾孙矣！头角崒崒㉝，气堪食牛㉞。然不为姑息之爱，闺门之内，肃以礼仪，一颦一笑，未肯漫然㉟。今长孙已食廪饩庠序㊱，余亦善读书，能文章。君子谓："王氏门闾㊲，其大启矣！"向使孺人昧行地之德㊳，寒灯无焰，不过富室一未亡人㊴，亦何足称焉！

夫妇之节，犹臣之忠也。孔子曰："臣事君以忠㊵。"又曰："进思尽忠㊶。"而乃曰："愿为良臣，不愿为忠臣㊷。"则忠良歧矣。如孺人者，甘节之亨㊸，非忠而良者哉㊹！睹斯坊也夫[45]，人而知妇道矣！

节孝四言诗前五章

维皇御宇[46]，溥宣风教[47]。励臣作忠，迪子以孝。繄妇也贞[48]，俾闾有耀。
其积碨而[49]，连嵕𡾊而[50]。镌镵削琢[51]，贞珉萃而[52]。丕德维基[53]，高坚萃之。
高坚既萃，作之观瞻。孰为琴瑟，而忘藁砧[54]。有鹿俣俣[55]，有鸟鹣鹣[56]。
茹荼则苦[57]，啖蔗则佳。桂以秋荣，兰馨晚荄[58]。馥郁纷纭，绕砌盈阶。
相彼丛兰，亦既茂只[59]。受命也正，松柏寿只。如山如阜，自天之佑。
是用作歌，以昌尔后。

节孝四言诗后五章

登高之里[60]，深溪之水[61]。有湛其流[62]，其澄彻底。松英冒之[63]，郁何垒垒[64]。
有母嫠居[65]，四十年余。抚孤脱手，孙曾是娱。惟此孙曾，椒聊衍如[66]。
风恬日熙，琴瑟静好。雨桧霜松，枝柯亦老。谁与白头，而名是宝。
匪直曰名[67]，尔子孝思。机惩纺授[68]，伊我母之慈[69]。我母之慈，永言固之。
楚楚冠裳，号称男子。愧彼后人，晦其姓氏[70]。凡百君子，尚式瞻止[71]。
缀以新诗，矜而严止。

（辑自〔清〕周璠《盘洲诗文集》卷一）

【注释】

①清同治辛未年续修《深溪义门王氏宗谱》卷十三收录此篇时，将序与诗分开，序题为《后四十五黄太孺人旌节序》，诗题为《恭颂钦褒节孝后四十五黄太孺人四言十章》。序的文末署“乾隆五十八年癸丑季秋”，即作于1793年。旌节，旌表贞节，由朝廷公开表扬奖励守节不再嫁的妇女。诗序，用诗写成的赠序。

②周璠（1734—1803）：字鲁玙，号盘洲。浙江浦江檀溪镇潘周家村人。岁贡生，海盐县学训导。

③馆：坐馆授徒，旧时指担任塾师。

深溪：溪名。发源于浙江浦江金芙蓉山西麓，流经郑宅镇西部。王氏世居于此，称深溪王氏。详见本书《王继旦传》。

④宸翁：王志枫（1725—1797），字宸植，号寒林。浙江浦江郑宅镇前店村旭升堂第四世。例贡生，候选儒学训导。

⑤子舟、侄龄：儿子王舟、侄子王龄。王舟（1751—1779），字济川，号道篷。浙江浦江郑宅镇前店村旭升堂第五世。府庠生。王龄（1751—1819），字梦九，号埜园，又号兰庭。浙江浦江郑宅镇前店村旭升堂第五世。例贡生，候选儒学训导。

⑥黄氏二母：指浙江浦江郑宅镇前店村旭升堂第五世王舟的母亲黄氏（1724—1776）、王龄的母亲黄氏（1731—1805），均系黄宅镇桂花明堂村人，是堂房姐妹。

⑦樽酌：饮酒器。

⑧盘匜［yí］：古代盥洗器皿。盘以盛水，匜以注水。

⑨重之以婚姻：王龄的长子王可仪娶浙江浦江檀溪镇潘周家村周鹏翔之女（1753—1804），第五子王可杰娶同村周凤翔之女（1776—1815）。二女均系周璠的堂孙女。故周

璠与王舟、王龄既是师生，又是亲戚。

⑩节孝：贞节和孝顺。

⑪自矢者靡他：到死没有其他，意谓寡妇在夫死后矢志不嫁。语出《诗经·国风·鄘风·柏舟》："泛彼柏舟，在彼中河。髧彼两髦，实维我仪。之死矢靡它。"

⑫饮冰啖蘖［niè］：指处境清苦，如饮冰食蘖。多形容妇女苦节。

井臼：汲水春米。泛指操持家务。

⑬胥：相。

⑭昧旦鸡鸣：意谓夫妻琴瑟和谐。语出《诗经·国风·郑风·女曰鸡鸣》："女曰：'鸡鸣。'士曰：'昧旦。'"昧旦，黎明时分。

⑮笃论：确论。

⑯彖［tuàn］：彖词，《周易》中解释卦义的文字。

⑰利牝马之贞：《周易·坤》："元，亨，利牝马之贞。"意谓元始之生，亨通之利，有利于像牝马一样守持正道。牝马，母马。贞，正。"利牝马之贞"是《周易·坤》的经文，而非解释卦义的彖词。

⑱承天则顺：承奉天道，就能顺利。语见《周易·坤》的彖词："至哉坤元，万物资生，乃顺承天。"

⑲亨品物：即品物咸亨，意谓万物都能亨通顺利。语见《周易·坤》的彖词："含弘光大，品物咸亨。"

⑳单传数世：浙江浦江郑宅镇前店村旭升堂二世王守中生长子王祖源、次子王祖津。王祖源生独子王志枫，王志枫生嫡子王舟、庶子王镐，王舟生独子王可嘉；王祖津生独子王志棣，王志棣生独子王龄。都是单传。

㉑寿算：指人的寿数。算，同"算"。

递为荣枯：王继祥三十七岁去世，其子王守观、王守先由其弟王继旦抚养。王祖源三十六岁去世，其子王志枫由其弟王祖津抚养。王志棣二十八岁去世，其子王龄由其堂兄王志枫抚养。

㉒龄：王龄（1751—1819），字梦九，号埜园，又号兰庭。浙江浦江郑宅镇前店村旭升堂第五世。例贡生，候选儒学训导。

㉓宸翁：王志枫，字宸植，故称宸翁。

㉔从伯：堂伯父。

㉕所天：旧称所依靠的人。此处指黄氏的丈夫王志棣。

㉖伯氏：指黄氏的大伯王志枫。

㉗长姒［sì］：大嫂。

㉘生齿：人口。

㉙健持其门户：健壮精干的妇女维持家庭生计。语出《玉台新咏·陇西行·天上何所有》："健妇持门户，亦胜一丈夫。"

㉚儒素：儒者的素质，谓符合儒家思想的品格德行。

㉛班丝：染以杂色的木棉布。

棐［fěi］几：用棐木做的几桌。泛指几桌。

㉜孙男七人：指王龄的儿子王可仪、王可大、王可作、王可俊、王可杰、王可在、王可仔。

㉝嶄嶄：突出。

㉞气堪食牛：比喻少年气盛。语出《尸子》卷下："虎豹之驹未成文，而有食牛之气。"

㉟漫然：随便貌。

㊱廪饩［xì］：在明清科举制度中，生员经岁、科两试列优等者，增生可依次升廪生，谓之"补廪"或"补饩"，由朝廷供给其日常生活所需。廪，谷仓。饩，米粮。

庠序：泛指学校。殷代称庠，周代称序。

㊲门闾：家门，家庭，门庭。

㊳昧：违背。

行地之德：按照大地的德化恩泽行事。

㊴未亡人：旧时寡妇的自称。

㊵臣事君以忠：语出《论语·八佾篇》："定公问：'君使臣，臣事君，如之何?'孔子对约：'君使臣以礼，臣事君以忠。'"。

㊶进思尽忠：语出《左传·宣公十二年》："林父之事君也，进思尽忠，退思补过，社稷之卫也，若之何杀之?"

㊷愿为良臣，不愿为忠臣：语出《旧唐书·魏征传》："征再拜曰：'愿陛下使臣为良臣，勿使臣为忠臣。'"

㊸甘节：以节制为美德。语出《周易·节》："九五，甘节，吉，往有尚。"

㊹"夫妇之节……非忠而良者哉"一段：清同治辛未年续修《深溪义门王氏宗谱》卷十三收录本篇时作："方孺人年六十，姻娅亲族谋所以表扬之者。孺人固不许，以守贞固妇人常德，岂藉以为名。乃已得谕旨，比建坊，龄犹不敢以闻。乃选石鸠工，敏遑竭蹶，务殚其力之所能为。而一时名人已有闻而张之者，然后跪谢告实。余又以叹世之茹荼饮蘖、辛勤抚孤而门衰祚薄不可为悦者，为可惜也。盖有美有终，坤道也。治家而家事治，不以为治不可得也；齐家而家人齐，不以为齐不可得也；守贞而安贞吉，不以为吉不可得也。甘节之亨，孺人亦安得而辞之也耶!"

㊺也夫：语气助词，表感叹。

㊻维：文言助词，用于句首或句中。

御宇：统治天下。

㊼溥：普遍。

㊽繄：文言助词，惟。原作"翳"，形近而误。

㊾硊［wéi］：高。

而：用于句末，相当于"耳"。

㊿叆叇［ài dài］：云盛貌。

(51)镌镵［chán］：雕琢。

(52)贞珉：石刻碑铭的美称。

萃：聚集。

○53丕德：大德。

○54藁砧：指丈夫。语出〔南朝梁〕徐陵《玉台新咏·古绝句》："藁砧今何在，山上复有山。何当大刀头，破镜飞上天。"藁，稻草。砧，砧板，古时行斩的刑具。古时罪人伏在铺有稻草的砧板上，以鈇（铡刀）斩杀。故言藁砧便兼言鈇，而"鈇"与"夫"同音，"藁砧"成了"夫"的隐语。诗首句隐"夫"，次句隐"出"，三句隐"环"（"还"），末句隐"月半"，谓丈夫出门，月半将还。

○55俣俣〔yǔ yǔ〕：魁伟貌。

○56鹣鹣〔jiān jiān〕：即比翼鸟。传说此鸟仅一目一翼，雌雄须并翼飞行。

○57茹荼：吃苦菜。意谓生活清苦。

○58荄〔gāi〕：草根。

○59只：语气词，用于句末，表示终结或感叹。

○60登高之里：即登高里，今称登高地。在浙江浦江郑宅镇前店村旭升堂南里许。因元末宋濂曾在此登高而得名。

○61深溪：溪名。发源于浙江浦江金芙蓉山西麓，流经郑宅镇西部。王氏世居于此，称深溪王氏。详见本书《王继旦传》。

○62湛：清澈。

○63冒：覆盖。

○64垒垒：重积貌。

○65嫠〔lí〕居：指寡居。

○66椒聊衍如：意谓子孙繁多。语出《诗经·国风·唐风·椒聊》："椒聊之实，蕃衍盈升。"椒聊，花椒。衍，繁多。

○67匪直：非直，不但，不仅。

○68机惩：即我国古代贤母的典范孟母断机教子的故事。典出〔西汉〕刘向《列女传》："孟子之少也，既学而归，孟母方绩，问曰：'学何所至矣？'孟子曰：'自若也。'孟母以刀断其织。孟子惧而问其故。孟母曰：'子之废学，若吾断斯织也。夫君子学以立名，问则广知，是以居则安宁，动则远害。今而废之，是不免于厮役，而无以离于祸患也……'孟子惧，旦夕勤学不息，师事子思，遂成天下之名儒。君子谓孟母知为人母之道矣。"

纺授：即我国古代贤母的典范陈书边夜纺、边授经的故事。陈书（1660—1736），浙江嘉兴人，清代女画家。适嘉兴望族钱纶光，丈夫早逝，留下三子。陈书勤俭持家，夜来纺纱织布，教子读经吟诗至深夜。长子钱陈群于清康熙六十年（1721）中进士，官至太子太傅。陈书教子成名，画了一幅《夜纺授经图》，描绘自己夜深人静之时一边纺纱，一边督课三子读书的场景。

○69伊：文言助词。

○70晦：隐秘。

○71式瞻：敬仰。

止：语助词。

祭王母黄太安人文

周 璠①

　　呜呼哀哉②！风严兮霜博，星沉兮月落。云軿整肃兮天衢张幕③，骖鸾凤兮驾文翟④。蟾宫兮晨启⑤，仙娥倚望兮寥廓⑥。嗟名门之淑媛兮，聿作嫔于君子⑦。调琴瑟而洵谐兮⑧，沧浪天以自矢⑨。既伟人之长夜兮，胖背膺其从死⑩。伤遗孤之未树立兮，暂托身于姊姒⑪。

　　兰渐渐其欲茂兮，桐郁郁其若抽⑫。谅天心之不弃兮⑬，瓜与瓞其有收⑭。愿积劳以生善兮，敢怀安以招尤⑮。健以持其门户兮⑯，翼厥子而孙谋⑰。果家声之大启兮，获灰炎炎以烰烰⑱。

　　相夫子兮视死犹生⑲，秉德肩纲兮绝不为名。亡人日鉴兮何虑何营，俾尔遗体兮迄用有成，早作夜思兮负担非轻。煌煌兮国典，表宅里兮风化显，令子贤孙兮竭蹶黾勉⑳。绰楔兮珉篆㉑，镂镂兮琢璩㉒。高峨峨兮天风披，白皓皓兮朝日晛㉓。过之神惊，观者涕泫。

　　悲夫！贞卜之未逢兮㉔，负罪过之不赀㉕。嗟窀穸之既归兮㉖，奚久留此人世。死同穴之有成言兮，遂挥手而长逝。启玄堂而入冥府兮㉗，践当年之信誓。讶头白之星星兮㉘，封至今其犹未替㉙。越半百之春秋兮，不见君只如隔岁。

　　仰阃范兮跪陈㉚，托丝萝兮钦淑姿㉛。清酒兮盈卮，馨香荐兮菹葵㉜。庆阴阴兮灵之旗，祥辌载道兮风披披㉝。槐阴庭兮左兰右芝，灵安留兮无忘孝思。呜呼哀哉！尚飨㉞。

（辑自〔清〕周璠《盘洲诗文集》卷六）

【注释】

①周璠（1734—1803）：字鲁玙，号盘洲。浙江浦江檀溪镇潘周家村人。岁贡生，海盐县学训导。

②呜呼哀哉：旧时祭文中常用的感叹语。常用以表示哀悼死者。

③云軿〔píng〕：神仙所乘之车，以云为之。

④骖〔cān〕：古代驾在车前两侧的马。引申为驾。

鸾凤：鸾鸟与凤凰。

翟：古同"鹤"。

⑤蟾宫：指月亮。传说中，月亮里有一只三足蟾蜍。

⑥寥廓：高远空旷。

⑦聿：文言助词，无义，用于句首或句中。

嫔：对亡妻的美称。语出《礼记·曲礼》："生曰妻，死曰嫔。"

⑧琴瑟：比喻夫妻感情和睦。语出《诗经·国风·郑风·女曰鸡鸣》："宜言饮酒，与子偕老。琴瑟在御，莫不静好。"

⑨沧浪天：犹言苍天。

自矢：犹自誓，立志不移。

⑩胖［pàn］背膺：胸和背像裂开一样。语出《楚辞·九章·惜诵》："背膺胖以交痛分，心郁结不纾轸。"胖，分裂。膺，胸口。

⑪姊姒：丈夫的嫂子。

⑫抽：长出。

⑬谅：推想。

⑭瓜与瓞［dié］：喻子孙蕃衍，相继不绝。语出《诗经·大雅·绵》："绵绵瓜瓞，民之初生，自土沮漆。"〔南宋〕朱熹集传："大曰瓜，小曰瓞。"

⑮招尤：招致他人的怪罪或怨恨。

⑯健以持其门户：健壮精干的妇女维持家庭生计。语出《玉台新咏·陇西行·天上何所有》："健妇持门户，亦胜一丈夫。"

⑰翼厥子而孙谋：为子孙后代谋划。语出《诗经·大雅·文王有声》："诒厥孙谋，以燕翼子。"翼，敬。

⑱荻灰：草木灰。

烰烰［fú fú］：热气蒸腾貌。

⑲相夫子：辅佐丈夫。

⑳竭蹷：颠仆倾跌，行步匆遽貌。

亹勉：勉励，尽力。

㉑绰楔：牌坊。

珉篆：石刻碑铭上的篆文。

㉒锼镂：雕刻。

琢璪［zhuàn］：玉器上雕刻的凸起的花纹。

㉓睍［xiàn］：明亮。

㉔贞卜：占卜，卜问。

㉕贳［shì］：赊欠。

㉖窀穸［zhūn xī］：安葬。语出《左传·襄公十三年》："惟是春秋窀穸之事。"〔西晋〕杜预注："窀，厚也；穸，夜也。厚夜犹长夜。春秋谓祭祀，长夜谓葬埋。"

㉗玄堂：指坟墓。玄，原作"元"。清代为避清圣祖玄烨的讳，改"玄"为"元"。今改回。

㉘讶：同"迓"，迎接。

㉙封：坟堆。

㉚阃［kǔn］范：指妇女的道德规范。

㉛丝萝：菟丝与女萝，均为蔓生，缠绕于草木，不易分开。常用以比喻结为婚姻。

㉜菹［zū］葵：也作葵菹，蔬菜名（冬苋菜），可腌制。古人常用作祭祀时的供品。

㉝輀［ér］：古代运棺材的车。

㉞尚飨：旧时用作祭文的结语，表示希望死者来享用祭品的意思。语出《仪礼·士虞礼》："卒辞曰：哀子某，来日某，隮［jī］祔尔于尔皇祖某甫。尚飨！"

后四十五黄太孺人节寿序

丹丘翠水①，长开不老之花②；兔窟蟾宫③，常种恒春之树④。西池王母⑤，位独冠夫银台⑥；南岳夫人⑦，名自跻乎珠阙⑧。紫云辇上⑨，首重仙姬⑩；白玉堂前⑪，尤尊寿母。是盖庆余积善⑫，定符仙篆之祥⑬；矧其节矢怀清⑭，弗衍箕畴之福⑮。

懿夫⑯！王母黄太安人，江夏名门⑰，浦阳巨族⑱。幽兰纫佩⑲，幼已奉为女宗⑳；香茗裁篇㉑，长不烦夫姆教㉒。洎乎飞凰叶吉㉓，委雁言归㉔，宜此室家㉕，相予夫子㉖。洁中厨而佐膳，烹鲤承欢；饬闺范以如宾㉘，弋凫致警㉙。方谓齐眉有日㉚，长此同心；何图结发几时，忽焉分手。藁砧何在，已非山上之山㉛；魂魄虽依，并是梦中之梦㉜。抚金徽分凄切㉝，红泪全枯；抛珠钿于尘昏㉞，白头终老。缟帷素幕㉟，系残寡燕之丝；碧海苍天㊱，填满冤禽之石㊲。坚贞自矢，井本无波；号恸未终，城将尽圮㊳。洵所谓卷施之草㊴，心缘屡摘而愈伤；而松柏之枝，节以后凋而益茂者矣㊵。

盖太安人之称未亡人也㊶，才二十六岁。其抚藐诸孤也㊷，历三十四年。母以兼师，恃而加怙㊸。金萱馥馥㊹，爱日弥敷㊺；玉树亭亭㊻，临风倍皎。遂乃剪虬龙之片甲，径欲成云；分鸳鸯之一毛㊼，便能映日。凡诸子姓㊽，矫若骅骝㊾；维彼孙曾，文如虎豹㊿。因以德门之盛，蔚为盛世之荣。霜操清寒，驰誉丹墀之上㊙；冰心皎洁，流芳青简之中㊚。表双阙以乌头㊛，人间节孝；降九重之紫诰㊜，天上褒嘉。

今以三月之辰，为安人六旬之寿。融融暖日，笼弱柳以鹅黄；片片轻风，縠微波而鸭绿㊝。花满飞琼之宅㊞，燕垒泥香；烟霏弄玉之楼㊟，蝶衣粉薄。于是筵开玳瑁㊠，捧金觞而舞斑衣㊡；酒进葡萄㊢，启璇户而悬彩帨㊣。瑶环瑜珥，黄雀衔来㊤；雪藕冰桃，青鸾捧至㊥。

涝也学惭绣虎㊦，未濡仁裕之肠㊧；才忝乘龙，谬坦右军之腹㊨。缅夫劲节㊩，固已光映螭坳㊪；卜厥高年，抑且寿征鹤算也㊫。

　　　　　　乾隆五十八年癸丑季秋月㊬　子婿郑祖涝百拜撰㊭
　　　　　　（辑自清同治辛未年续修《深溪义门王氏宗谱》卷十三）

【注释】

①丹丘翠水：传说中神仙居住的地方。

②不老之花：月季花。又称月月红、四季花、长寿花、斗雪红。

③兔窟蟾宫：指月亮。传说中，月亮里有一只捣药仙兔、一只三足蟾蜍。

④恒春之树：亦作长春树。传说其花随四时之色而更生。

⑤西池王母：即西王母、王母娘娘，传说中掌管不死药、长生的女神。

⑥银台：传说中西王母居住之处。

⑦南岳夫人：魏华存（252—334），字贤安。自幼好道，东晋成帝咸和九年（334）卒，享年八十三岁。道家谓之飞升成仙，位为紫虚元君，称南岳夫人。

⑧跻：登。

珠阙：传说中道教的仙宫。

⑨紫云辇：传说中西王母的座驾。

⑩仙姬：仙女。

⑪白玉堂：神仙的居所。比喻富贵人家的邸宅。

⑫庆余积善：指积德行善之家，恩泽及于子孙。语出《周易·坤》："积善之家必有余庆，积不善之家必有余殃。"

⑬仙箓：神仙秘籍或道教经典。

⑭矧〔shěn〕：况且。

节矢怀清：即矢节怀清，意谓矢志守节贞洁。怀清，秦始皇以巴地寡妇清为贞妇，为之筑怀清台。后比喻妇女贞洁。

⑮衍：通"延"，绵延。

箕畴之福：指《尚书·周书·洪范》中的五福，一曰寿、二曰富、三曰康宁、四曰攸好德、五曰考终命。箕畴，指《洪范》中的"九畴"，相传为箕子所述。

⑯懿：美好。

⑰江夏：指湖北江夏郡，是黄姓的郡望，有"天下黄姓出江夏"之说。

⑱浦阳：唐玄宗天宝十三年（754），置浦阳县。五代吴越天宝三年（910），改浦阳县为浦江县（今属浙江金华）。

⑲幽兰纫佩：捻缀秋兰，佩带在身。比喻对别人的德泽或教益铭感于心。语出《楚辞·离骚》："纫秋兰以为佩。"

⑳女宗：春秋时期宋国人鲍苏的妻子。典出〔西汉〕刘向《列女传》卷二："女宗者，宋鲍苏之妻也。养姑甚谨……宋公闻之，表其间，号曰'女宗'。"

㉑裁篇：指文章的构思。

㉒姆教：女师传授妇道于女子。语出《礼记·内则》："女子十年不出，姆教婉娩听从。"

㉓洎〔jì〕：到，及。

飞凰叶〔xié〕吉：飞翔的凤凰和协吉祥。语出《左传·庄公二十二年》："初，懿氏卜妻敬仲。其妻占之，曰'吉'，是谓'凤皇于飞，和鸣锵锵。有妫之后，将育于姜。五世其昌，并于正卿。八世之后，莫之与京'。"

㉔委雁：即奠雁，古代婚礼，男方献雁给女方作为初见礼。

言归：即于归，指女子出嫁。语出《诗经·国风·周南·葛覃》："言告师氏，言告言归。"古人认为该诗写后妃出嫁前的准备，赞美她的美德。

㉕宜此室家：指夫妇和顺。语出《诗经·国风·周南·桃夭》："桃之夭夭，灼灼其华。之子于归，宜其室家。"

㉖相予夫子：辅佐我的丈夫。

㉗烹鲤：孝子姜诗夫妇给母亲烹制鲤鱼的故事。典出《后汉书·列女传·姜诗妻传》："（姜）诗事母至孝，妻奉顺尤笃……姑嗜鱼鲙，又不能独食，夫妇常力作供鲙，呼邻母共之。舍侧忽有涌泉，味如江水，每旦辄出双鲤鱼，常以供二母之膳。"

㉘阃〔kǔn〕范：妇女的道德规范。

㉙弋凫：意谓用带绳子的箭射野鸭和大雁，形容夫妇之间和谐愉悦的家庭生活。语出《诗经·国风·郑风·女曰鸡鸣》："将翱将翔，弋凫与雁。"弋，用生丝做成绳，系在箭上射鸟。凫，野鸭。

㉚齐眉：即举案齐眉，形容夫妻相互尊敬。详见本书〔清〕张铎《和十八朱安人像赞》。

㉛薰砧何在，已非山上之山：意谓黄氏的丈夫王志棣已经不在人世，再也回不来了。详见本书〔清〕朱兴悌《旌节王母黄太孺人诗序》。

㉜梦中之梦：梦到自己做梦，比喻幻境。语出《庄子·内篇·齐物论》："方其梦也，不知其梦也。梦之中又占其梦焉，觉而后知其梦也。"

㉝金徽：琴上系弦之绳，借指琴。

㉞珠钿：嵌珠的花钿，多为妇女首饰。

㉟幕：原作"慕"，形近而误。

㊱碧海苍天：只能见到碧绿的大海，深蓝的天空。形容生活枯燥。

㊲冤禽之石：即精卫填海，比喻意志坚决，不畏艰难。典出《山海经·北山经》："是炎帝之少女名曰女娃。女娃游于东海，溺而不返，故为精卫，常衔西山之木石，以堙〔yīn〕于东海。"冤禽，神话中的精卫鸟。

㊳号恸未终，城将尽圮：指孟姜女哭长城的民间传说。相传秦始皇时，劳役繁重。范喜良和孟姜女新婚仅三天，他就被强征服徭役修筑长城，后因饥寒劳累而死，尸骨埋在长城下。孟姜女身穿寒衣，历尽艰辛，来到长城下，得知噩耗，哭了三天三夜，长城忽然坍塌，露出范喜良的尸骸。圮〔pǐ〕，倒塌。原文作"圯"，形近而误。

㊴洵：实在。
蓍菉：草名，即卷施。相传此草拔心不死。

㊵松柏之枝，节以后凋：意谓坚韧，耐得住困苦，不改初心。语出《论语·子罕篇》："岁寒，然后知松柏之后凋也。"

㊶未亡人：旧时寡妇的自称。

㊷藐：小，幼。

㊸恃而加怙：意谓既要做娘，又要做爹。语出《诗·小雅·蓼莪》："无父何怙，无母何恃。"怙，依靠。

㊹金萱：橘黄色的萱草。古代通常以萱草指母亲。
馥馥：香气很浓。

㊺爱日：珍惜光阴。
敷：开。

㊻玉树：比喻优秀的子弟。详见本书〔清〕周璠《祭王母黄太安人文》。

㊼虬龙之片甲、鷟鸑〔yuè zhuó〕之一毛：虬龙的一片鳞甲，凤凰的一片羽毛，都是珍贵稀有之物。语出〔南朝〕钟嵘《诗品》："季鹰黄华之唱，正叔绿之章，虽不具美，而文彩高丽，并得虬龙片甲、凤凰一毛。"虬龙，传说中一种有角的龙。鷟鸑，传说中的五凤之一。

㊽子姓：泛指子孙、后辈。

㊾骅骝：相传为周穆王的八匹骏马之一。比喻优秀的子弟。

㊿文如虎豹：语出〔西汉〕扬雄《太玄·文》："斐如邠如，虎豹文如。"

(51)丹墀：古时宫殿前的石阶，因其红色涂饰，故名。

(52)青简：用以书写的狭长竹片，借指青史、史书。

(53)双阙：宫殿、祠庙、陵墓前两边高台上的楼观。此处指为黄氏立的旌节牌坊。

乌头：乌头大门。古时立于正门两旁、涂成黑色用以表彰孝义的木柱。

(54)九重：九层，指天。借指帝王。

紫诰：指诏书。古时诏书盛以锦囊，以紫泥封口，上面盖印。

(55)鬘：皱。

(56)飞琼：传说中西王母的侍女。

(57)弄玉：相传为秦穆公之女。典出〔西汉〕刘向《列仙传》卷上："箫史者，秦穆公时人也。善吹箫，能致孔雀白鹤于庭。穆公有女，字弄玉，好之，公遂以女妻焉。日教弄玉作凤鸣，居数年，吹似凤声，凤凰来止其屋。公为作凤台，夫妇止其上，不下数年。一旦，皆随凤凰飞去。"

(58)筵开玳瑁：即开玳瑁宴，指精美、豪华的筵席。

(59)金觞：精美珍贵的酒杯。

舞斑衣：即老莱舞衣。形容子女孝顺父母。详见本书〔清〕朱兴悌《深溪王氏〈旌节编〉序》。

(60)酒进葡萄：即进葡萄酒。泛指美酒。

(61)璇户：璇室的门户。传说中仙人的居所。

悬彩帨［shuì］：即设帨。古礼，女子出生，挂佩巾于房门右。语出《礼记·内则》："子生，男子设弧于门左，女子设帨于门右。"后指女子生辰。

(62)瑶环瑜珥：美玉制作的饰品。瑶，美玉；环，玉圈；瑜（原作"玉"），美玉；珥，玉制的耳饰。

黄雀衔来：即衔环报恩的典故，形容感恩图报。典出〔东晋〕干宝《搜神记·黄鸟报恩》："汉时弘农杨宝，年九岁时，至华阴山北，见一黄雀为鸱鸮所搏，坠于树下，为蝼蚁所困。(杨)宝见，愍之，取归，置巾箱中，食以黄花。百余日，毛羽成，朝去暮还。一夕三更，(杨)宝读书未卧，有黄衣童子向(杨)宝再拜曰：'我西王母使者，使蓬莱，不慎为鸱鸮所搏。君仁爱见拯，实感盛德。'乃以白环四枚与(杨)宝，曰：'令君子孙洁白，位登三事，当如此环。'"

(63)青鸾：据《山海经》载，西王母每次出行，都先让一只青鸾报信。后人便用青鸾、青鸟借指传递书信的人。

(64)滂：郑祖滂（1761—1830），字和颖，号箕山，别号卧云子，又名祖芳，号姬山。浙江浦江郑宅镇枣树园村人。

绣虎：指擅长诗文、辞藻华丽者。语出〔宋〕曾慥《类说》卷四引《玉箱杂记》曰："曹植七步成章，号绣虎。"绣，谓词华隽美。虎，谓才气雄杰。

(65)湔仁裕之肠：比喻文思敏捷。典出《新五代史·王仁裕传》："仁裕尝梦剖其肠胃，以西江水涤之，由是文思益进，乃集其生平所作诗万余首，号《西江集》，凡百卷。"湔 [jiān]，洗。王仁裕（880—956），字德辇（按，《逸周书·大聚》"生无乏用，死无传尸，此谓仁德"），五代政治家、文学家。

○66乘龙：即乘龙快婿。旧时指才貌双全的女婿。语出《艺文类聚》卷四十引〔西晋〕张方《楚国先贤传》："时人谓桓叔元两女俱乘龙，言得婿如龙也。"

坦右军之腹：即坦腹东床，旧作女婿的美称。典出〔南朝宋〕刘义庆《世说新语·雅量》："王家诸郎，亦皆可嘉，闻来觅婿，或自矜持。唯有一郎（王羲之），在东床上坦腹卧，如不闻。"

○67劲节：坚贞的节操。

○68螭 [chī] 坳：宫殿螭阶前坳处。朝会时为殿下值班史官所站的地方。

○69鹤算：鹤寿，长寿。

○70乾隆五十八年癸丑：1793 年。

○71子婿：女婿。

外姑黄太孺人七十寿诗①

郑祖涝②

七十年余冰雪清，天章早岁表芳贞③。由来竹柏凌霜茂，自有芝兰绕砌荣④。莲幕鸡才羞半子⑤，萱堂鹤发喜同庚⑥。斑衣刚舞西池后⑦，又向东床进一舠⑧。

（辑自〔清〕郑祖涝《乐清轩诗钞》卷四）

【注释】

①外姑：岳母。

②郑祖涝（1761—1830）：字和颖，号箕山，别号卧云子，又名祖芳，号姬山。浙江浦江郑宅镇枣树园村人。

③天章：指皇帝的圣旨。清乾隆五十五年（1790），奉旨在浙江浦江深溪王氏宗祠南侧为黄氏建旌节牌坊。

④芝兰绕砌：比喻优秀的子弟。详见本书〔清〕周璠《祭王母黄太安人文》。

⑤莲幕：指大官的幕府。典出《南史·庚杲之传》："安陆侯萧缅与（王）俭书曰：'盛府元僚，实难其选。庚景行泛渌水，依芙蓉，何其丽也。'时人以入（王）俭府为莲花池，故（萧）缅书美之。"

鸡才：指具有特殊才能而被赏识的人。典出《汉书·王褒传》："后方士言益州有金马碧鸡之宝，可祭祀致也。宣帝使（王）褒往祀焉。"后世称王褒为"碧鸡才"。

半子：指女婿。

⑥萱堂：语出《诗经·国风·卫风·伯兮》："焉得谖草，言树之背。"〔西汉〕毛亨传："谖草令人忘忧；背，北堂也。"〔唐〕陆德明释文："谖，本又作萱。"意谓北堂树萱，可以令人忘忧。后因以萱堂指母亲的居室，并借以指母亲。

⑦斑衣：即老莱舞衣。形容子女孝顺父母。详见本书〔清〕朱兴悌《深溪王氏〈旌节编〉序》。

西池：相传为西王母所居瑶池的异称。

⑧东床：即坦腹东床，旧作女婿的美称。详见本书〔清〕郑祖涝《后四十五黄太孺人节寿序》。

旌节诗为王母黄太孺人作

郑祖涝①

兰蕙生空山②，劲节植涧底。无言久益芳，凌寒质逾美。母也足比德③，早岁洁滫瀡④。忽焉厄阳九⑤，狂风折连理⑥。寡鹄悲何深，所天长已矣⑦。是时抚棺恸，愁云四壁起。截发誓身殉，事亦容易耳。顾念襁褓儿，伶俜未毁齿。一身承大宗⑧，万事将谁倚。勖之勤与慎⑨，课之经与史。延师必名儒，交友必端士⑩。果然克成立，遗经继中垒⑪。朝廷旌其闾，坊表耀宅里。而母独勿欣，歉然责诸己。曰余未亡人⑫，素愿敢及此。今春设帨辰⑬，盈庭森杞梓⑭。酒泛景山鎗⑮，盘荐琴高鲤⑯。芳也忝东床⑰，夙昔知原委。每念啖蔗甘⑱，要自茹茶始⑲。他年志乘光⑳，此日中流砥㉑。巍巍怀清台㉒，愿自同仰止。

（辑自〔清〕郑祖涝《乐清轩诗钞》卷二）

【注释】

①郑祖涝（1761—1830）：字和颖，号箕山，别号卧云子，又名祖芳，号姬山。浙江浦江郑宅镇枣树园村人。

②兰蕙：兰和蕙，都是香草。比喻贤者。

③比德：谓德行、德教可与之比拟、比配。

④滫瀡〔xiǔ suǐ〕：用渐米汁浸食物，使柔滑，为一种调和食物的方法。语出《礼记·内则》："滫瀡以滑之，脂膏以膏之。"

⑤厄阳九：即阳九之厄，指灾难之年或厄运。典出《汉书·王莽传》："予遭阳九之厄，百六之会，国用不足，民人骚动。"按术数家的说法，四千六百一十七岁为元，初入元一百零六岁，外有灾岁九，称为"阳九"。

⑥连理：指两棵树的枝干合生在一起，又称相思树、夫妻树、生死树。比喻夫妻恩爱。典出〔东晋〕干宝《搜神记》卷十一《相思树》：宋康王夺舍人韩凭妻。韩凭自杀，妻子投台。王怒，"使里人埋之，冢相望也……宿昔之间，便有大梓木，生于二冢之端，旬日而大盈抱，屈体相就，根交于下，枝错于上。又有鸳鸯，雌雄各一，恒栖树上，晨夕不去，交颈悲鸣，音声感人。宋人哀之，遂号其木为'相思树'。'相思之名'，起于此也。南人谓此禽即韩凭夫妇之精魂"。

⑦所天：旧称所依靠的人。指黄氏的丈夫王志棣。

⑧大宗：大族世家。

⑨勖［xù］：勉励。

⑩端士：犹端人，正直的人。

⑪中垒：西汉有中垒校尉，为汉武帝所置京师屯兵八校之一，掌北军营垒之事。刘向曾任此职，后世称其为"刘中垒"。

⑫未亡人：旧时寡妇的自称。

⑬设帨［shuì］辰：古礼，女子出生，挂佩巾于房门右。后指女子生辰。语出《礼记·内则》："子生，男子设弧于门左，女子设帨于门右。"

⑭杞梓：杞和梓，都是良材。比喻优秀人材。语出《左传·襄公二十六年》："如杞、梓、皮革，自楚往也。虽楚有材，晋实用之。"

⑮景山鎗［chēng］：三国时期魏国人徐邈（字景山）温酒的器具，意谓嗜酒好饮。典出《南齐书·高逸传·何点传》："遗（何）点'叔夜酒杯、徐景山酒鎗'以通意。"鎗，酒器。

⑯琴高鲤：意谓游仙、登仙。典出〔西汉〕刘向《列仙传·琴高》："琴高者，赵人也……果乘赤鲤来，出坐祠中，旦有万人观之，留一月余，复入水去。"

⑰东床：即坦腹东床，旧作女婿的美称。详见本书〔清〕郑祖涝《后四十五黄太孺人节寿序》。

⑱啖：吃。

⑲茹茶：吃苦菜。意谓生活清苦。

⑳志乘：志书。

㉑中流砥：就像屹立在黄河急流中的砥柱山一样。语出《晏子春秋·内篇谏下》："吾尝从君济于河，鼋衔左骖，以入砥柱之中流。"

㉒怀清台：秦始皇以巴地寡妇清为贞妇，为之筑怀清台。后因以怀清比喻妇女贞洁。

王舟暨妻张氏

王舟（1751—1779），字济川，号道篷，行昆三十四。浙江浦江郑宅镇前店村旭升堂第五世。府庠生。系王志枫之子，娶县城东隅张守涓幼女（1753—1822），生一子王可嘉。曾搜得《深溪义门王氏家则》明代旧抄本，参与缮录清《乾隆浦江县志》。二十九岁去世，妻子张氏守节，抚孤成立。清道光二年（1822），奉旨建坊。

题《惜阴编》示王济川、梦九二子[①]
周 璠[②]

癸巳春正[③]，馆深溪[④]。王宸翁为课其子济川、从侄梦九[⑤]，以经史、古文、诗赋、时文、钞字、临帖、听讲为条目[⑥]，仿太史公表例[⑦]，四分朝、日中、昃、夜而纵书之，按时所课而横列其条。时刻实，则所课何条不屑屑，从其愿也。成诵者则自注曰熟，他日将省焉[⑧]。

例既明，乃诏二子而语之曰："'频频之党，是为鸮斯，粮食之贼也[⑨]'，二子亦知阴之可惜乎？《易》曰：'天行健，君子以自强不息[⑩]。'春秋之代序，日月之运行，浸假而寒暑昼夜，嗒焉中止[⑪]，则奈之何？人负阴阳之气以生，与寒暑昼夜相乘除，饥而食，饱而嬉，春而秋也，日而月也，若无与吾事也。肌肉日以重，神日以昏，君形不存[⑫]，则流僻邪散之气乘其间而入。是气也，力肆而横，足以偾事[⑬]，足以戕身[⑭]。何证于古，耳目之前比比矣。故课子弟者，宜约之于《诗》《书》之中。《诗》《书》者，义之府也[⑮]。游于其藩[⑯]，则出入有定时，坐立有定体，纵肆之情其奚由至哉！"

虽然，吾乃更有复也。尝试与二子乘春而游于郊，草何以碧，水何以波，鸟何以鸣，花何以放，臭腐何以神奇，无他，元气实也。元气尝充则不可使歉，元气尝周则不可使偏，元气尝运则不可使滞。天之所以行之者，曰健而已矣。人生亦有元气焉。元气固，则太和洋溢[⑰]，推而放之，不可限量。即敛之一身一家之中，盎然怵然[⑱]，既满室而满堂矣。然则，培之之道何居？亦曰健而已矣。今与二子约，凡朝之所为者，可笔而书也；凡日中、昃之所为者，可笔而书也；凡夜之所为者，可笔而书也。其无可笔而书，则愧矣；其不可笔而书，则益愧矣。则所以欲实时刻而不屑屑于课条之微意也[⑲]。经史、古文、诗赋、时文、钞字、临帖、听讲，不过蒙师之常课耳，曾足为二子愿哉[⑳]？

呜呼！生四十年矣，德不修，业不进，余则为散人，于后生为车鉴[㉑]。谈虎色变，吾言固有独切也。

（辑自〔清〕周璠《盘洲文集》卷四）

【注释】

①梦九：指王龄（1751—1819），字梦九，号埜园，又号兰庭。浙江浦江郑宅镇前店

村旭升堂第六世。例贡生，候选儒学训导。

②周璠（1734—1803）：字鲁玙，号盘洲。浙江浦江檀溪镇潘周家村人。岁贡生，海盐县学训导。

③癸巳：即清乾隆癸巳年（1773）。

④馆：坐馆授徒，旧时指担任塾师。

深溪：溪名。发源于浙江浦江金芙蓉山西麓，流经郑宅镇西部。王氏世居于此，称深溪王氏。详见本书《王继旦传》。

⑤王宸翁：王志枫（1725—1797），字宸植，号寒林。浙江浦江郑宅镇前店村旭升堂第四世。例贡生，候选儒学训导。

⑥时文：科举时代称应试的文章。

⑦太史公表：太史公司马迁所著《史记》卷十三至卷二十二为十表，用表格来简列世系、人物和史事。

⑧省：检查。

⑨频频之党，是为鸒[yù]斯，粮食之贼也：相互勾结成朋党，比乌鸦的害处还大，是一群蠹害粮食的害虫。语出〔西汉〕扬雄《扬子法言》卷一。频频，成群结队貌。鸒斯，乌鸦的一种。比喻贪利小人。贼，蠹害。

⑩天行健，君子以自强不息：宇宙不停运转，人应不断前进。语出《周易·乾》："天行健，君子以自强不息；地势坤，君子以厚德载物。"

⑪浸假：假令，假如。

嗒[tà]焉：怅然若失貌。

⑫君形：意谓统帅形貌之物，即神。

⑬偾[fèn]事：败事。

⑭戕身：伤害身体。

⑮《诗》《书》者，义之府也：语出《左传·僖公二十七年》："《诗》《书》，义之府也；礼、乐，德之则也；德、义，利之本也。"义之府，义理的府藏。

⑯藩：境域。

⑰太和：人的精神、元气。

⑱忳[zhūn]然：诚恳貌。

⑲微意：隐藏之意，精深之意。

⑳曾：表示疑问，相当于"何""怎"。

㉑车鉴：前车之鉴。

题《省习编》再示王济川、梦九二子①

周　璠②

复纵书经书、古文、诗赋、时文为四格③，厥曾口授者横列以目④，他日将省焉，颜其端曰《省习编》⑤。呜呼！君子之所以教者若是止乎？道德耶？经济耶？文章耶？三者将安取衷哉！

余曰："不然。"君子之于学也，心之，则书固言心之矣；身之，则书固言身之矣；学之，则书固言学之矣；行之，则书固言行之矣。举圣贤人之书而口授之，则并与其心之身之学之行之道而胥授之矣⑥，其师未免为乡人。然固未尝以乡人授之，不以所授为习，而习其所不授，则学者之过矣。

经书，尚矣。诗赋，则重性情、详美刺、表气骨，淫哇靡丽之什不敢陈也⑦。而于时文之择为尤甚。夫时文倚傍圣经，语无旁骛，于古来文章之体为独正，而今日之攻时文者益以靡，何哉？科举之习之有以中⑧。夫人心也，盖科举之用在时文，而时文舍科举更无所用。则其攻时文也，为科举也。于是，奉先得以为式程，而毕志以希苟得，则亦何所不苟哉？呜呼！此人心之祸也。

今既以时文为课，则不得不屏乡会墨而不录⑨，使学者目中不见有科第则见有文章，有文章则见有四书⑩，有四书则见有圣贤。借曰未见，而义利之源亦稍清矣，固非敢为乡会墨之不善而屏之也。

夫时文之道，本以发明圣贤之理蕴。国家设科举之意，亦以其能明于圣贤之理，故取而用之，而岂知因陋就简，反不得与词赋策论程实效也⑪。今录时文以人为断，有明诸贤，史传焜煌⑫，尚论其人而敬诵其文。时贤行谊，大略得之传闻，毋苟狥也⑬。而后时文之道以尊，而后时文之习以正。

呜呼，厉夜生子，遽而求火⑭。不才之所以省者，亦汲汲然恐其似已也⑮。

（辑自〔清〕周璠《盘洲文集》卷四）

【注释】

①梦九：指王龄（1751—1819），字梦九，号埜园，又号兰庭。浙江浦江郑宅镇前店村旭升堂第六世。例贡生，候选儒学训导。

②周璠（1734—1803）：字鲁玙，号盘洲。浙江浦江檀溪镇潘周家村人。岁贡生，海盐县学训导。

③时文：科举时代称应试的文章。

④厥：不定代词，那个。

⑤颜：题写。

⑥胥：相。

⑦淫哇：淫邪之声（多指乐曲诗歌）。

⑧有以：表示具有某种条件、原因等。

　⑨乡会墨：在明清科举考试的乡试和会试中，被主考和房官选中而刊印出来给考生做示范的八股文文集。

　⑩四书：指儒家的经典著作《大学》《中庸》《论语》《孟子》。

　⑪程：衡量，品评。

　⑫焜煌：明亮，辉煌。

　⑬苟狗：无原则地顺从。

　⑭厉夜生子，遽而求火：患癫病的人半夜生儿子，连忙取火来看。形容没有自信。语出《庄子·天地篇》："厉之人夜半生其子，遽取火而视之，汲汲然唯恐其似己也。"厉，同"疠"，患癫病的人。遽，急，骤然。

　⑮汲汲然：形容急切貌，急于得到。

昆三十四张太孺人七秩节寿序①

　盖闻松筠之操②，凌冰雪则弥贞；金石之寿③，经炉锤则益固。非其操与寿必挫折以成贞固也，夫惟得天厚、承天坚，而天之眷之者自不爽耳！

　如旌节王母张太孺人，深溪济川先生德配也④。秉性端静，幼读书，深明大义，能字能诗，父母深爱之。归深溪，事舅姑孝⑤，接妯娌和，御臧获宽⑥，勤勤厥职⑦，不贻夫子内顾虑⑧。故济川得专心于学，游郡庠焉⑨！夫女德即若彼，妇功又若此，其得天抑何厚耶！

　无何，慈姑见背⑩，孺人居丧三年，未尝一日或展其戚容。厥后，济川因科举过自刻励，染疾归，竟赍志以殁⑪。时孺人年才二十七也，念舅已老而遗孤甫在抱⑫，勉节哀，视冠盖衣衾，必诚必信，咸谓王氏妇知礼云⑬。顾奉舅则以妇兼子，而教子更以母兼师，世业家风赖以不堕。世人不多令嗣能奉母训⑭，而多孺人善成夫志也。其承天抑何坚耶！

　平生蔬食布衣，而以怜贫恤寡为心。一切祈福禳祸之事，概不以撄诸虑⑮，惟祭祀必亲作羹汤，极尽诚敬。其俭而能惠、严而能恭，虽古大丈夫不是过也。今已年臻七十，犹健持门户不少衰⑯。嗣君可嘉为名弟子员⑰，有令誉。孙四，器尽璠玙⑱，功深磨琢，家庆其方兴未艾矣！而且妇道母仪扬之彤管⑲，锡以乌头⑳，由苦节之亨叶甘临之吉㉑，倘所谓天之眷之者诚不爽耶！

　维夏六月，为孺人设帨之辰㉒。其外甥马械㉓，予内侄孙也，走山中，略述阃德㉔，丐余一言㉕，为奉觞之助㉖。余老矣，薄宦京都㉗，幸遂归耕。回忆五十年前，与济川同受业于周盘洲师㉘，相与讲论劝勉，恍然如昨。而乃修文召急㉙，不获延年。每一念及，深愧惜焉！兹聆械所述，知孺人之得天厚、承天坚而受天眷顾之不爽。济川有知，亦可以无憾矣！予义不容以不文辞，因谨缀缉焉㉚！有以表其操并松筠而寿同金石也。

　是为序。

道光二年壬午春三月㉛　赐进士传胪、诰封奉政大夫、日讲起居注官、实录馆纂修、文渊阁校理、尚书房供奉、翰林院编修、本衙门撰文加三级记录六次、眷姻弟戴殿泗拜撰㉜

（辑自清同治辛未年续修《深溪义门王氏宗谱》卷十三）

【注释】

①昆三十四：王舟（1751—1779），字济川，号道篷，行昆三十四。浙江浦江郑宅镇前店村旭升堂第五世。府庠生。系王志枫之子，娶县城东隅张守滑幼女（1753—1822），生一子王可嘉。

②松筠之操：比喻节操坚贞。语出《礼记·礼器》："其在人也，如竹箭之有筠也，如松柏之有心也。"松筠，松树和竹子。

③金石之寿：生命如同金石久长。

④深溪：溪名。发源于浙江浦江金芙蓉山西麓，流经郑宅镇西部。王氏世居于此，称深溪王氏。详见本书《王继旦传》。

济川：王舟的字。

德配：旧时对他人妻子的敬称。

⑤舅姑：妇称夫的父母，即公婆。

⑥臧获：对奴婢的贱称。

⑦勷：同"襄"，辅助。

⑧贻：留下。

⑨游郡庠：就读于府学。

⑩慈姑：媳妇对婆婆的称呼。语出〔西汉〕刘向《列女传》卷一《卫姑定姜》："君子谓定姜为慈姑，过而之厚。"

⑪赍〔jī〕志以殁〔mò〕：抱着未遂的志愿死去。赍，怀抱，带着。殁，死亡。

⑫舅：妇称夫的父亲。

甫：才。

⑬云：语助词，无实在意义。

⑭多：赞扬。

⑮撄：扰乱。

⑯健持门户：健壮精干的妇女维持家庭生计。语出《玉台新咏·陇西行·天上何所有》："健妇持门户，亦胜一丈夫。"

⑰嗣君：古代称别人的儿子。

可嘉：王可嘉（1778—1846），字肇锡，号坪南。浙江浦江郑宅镇前店村旭升堂第六世。邑庠生。

弟子员：明清时对府、州、县学生员的称呼。

⑱璠玙：美玉名。引申为美德贤才。

⑲彤管：古代女史用来记事的杆身漆朱的笔。

⑳锡：赏赐。

乌头：乌头大门。古时立于正门两旁、涂成黑色用以表彰孝义的木柱。

㉑苦节之亨：语出《周易·节》："亨。苦节，不可贞。"意谓节制则亨通。但过分地苦苦节制则不利。

叶[xié]：合。

甘临之吉：语出《周易·临》："六三，甘临，无攸利。既忧之，无咎。"意谓以甜美的巧言取悦人，无所得利。若已经为此感到忧虑，则无过失。

㉒设帨[shuì]之辰：古礼，女子出生，挂佩巾于房门右。后用以指女子生辰。语出《礼记·内则》："子生，男子设弧于门左，女子设帨于门右。"

㉓马械[yù]（生卒年不详）：浙江诸暨大唐镇马家坞村人，系马珗之子。浙江浦江郑宅镇前店村旭升堂第四世王志枫之女适马珗，"甫就婚而女殁"，没有生子。马械当系马珗的继室或侧室所生，为王志枫儿媳张氏的外甥。而浦江建溪（今诸暨马剑镇马剑村）人戴殿泗娶诸暨马家坞村马械的曾祖父马行远之女，故戴殿泗系马械的姑丈。该文系马械请姑丈戴殿泗为舅母张氏所作。

㉔阃[kǔn]德：妇女的德行。

㉕丏：乞求。

㉖奉觞：举杯敬酒。

㉗薄宦：卑微的官职。

㉘周盘洲：周璠（1734—1803），字鲁玙，号盘洲。浙江浦江檀溪镇潘周家村人。岁贡生，海盐县学训导。

㉙修文召：旧指有才文人早死。典出《太平御览》卷八十八引〔东晋〕王隐《晋书》："（苏）韶言天上及地下事，亦不能悉知也。颜渊、卜商今见在，为修文郎。"修文郎，指阴曹掌著作之官。

㉚缀缉：犹编辑。

㉛道光二年壬午：1822年。

㉜赐进士传胪：明清时，由皇帝在宫中主持殿试，分为三甲：一甲赐进士及第三名；二甲赐进士出身若干名；三甲赐同进士出身若干名。戴殿泗中二甲第一名，赐进士出身，也称"金殿传胪"。

奉政大夫：文散官名。清代为正五品。

日讲起居注官：清顺治十二年（1655），置日讲官。康熙九年（1670），置起居注馆，起居注官皆以日讲官兼摄。后日讲官与起居注官合而为一，由翰林院、詹事府官以原衔充任。凡皇帝御门听政、朝会宴享、大典礼、大祭祀及每年勾决重囚，皆以日讲起居注官在左右侍班，谒陵、校猎，均随扈侍。按年编次起居注，送内阁收藏。

实录馆纂修：实录馆是清朝纂修实录的临时机构。组成人员有监修总裁、总裁、副总裁、提调、纂修、收掌、满汉文翻译、满汉文誊录等官员。纂修官人数较多，是纂修实录的主力，均由内阁侍读学士、翰林院侍读学士以下的文学儒臣担任，尤以翰林院编修、检讨以上的官员为主。

文渊阁校理：清乾隆四十一年（1776）设，掌文渊阁书籍的注册、点验。以翰林院侍读、侍讲、编修、检讨，詹事府所属洗马、中允、赞善，及科甲出身之内阁侍读等官兼充。

尚书房供奉：尚书房是清朝皇族子弟上学读书的地方。一般派满汉大学士一人或二三人为尚书房总师傅，并设汉文师傅若干人，满蒙师傅若干人，师傅由品学兼优的翰林官员充任，称为"供奉"。

翰林院编修：明清在翰林院修撰之下设编修官，秩正七品。一般来说是科举考试的殿试之后，给榜眼、探花授编修。此外，二甲进士改翰林院庶吉士者，经过散馆考试以后，选拔一部分授予翰林院编修实职。

加三级记录六次：《大清会典·吏部》记载，"凡议叙之法有二：一曰纪录，其等三（计以次，有纪录一次、纪录二次、纪录三次之别）；二曰加级（计以级，有加一级、加二级、加三级之别），合之，其等十有二"。清代的议叙制度由"加级"与"记录"组成，加级一次，相当于三次记录，共有十二个等级。加三级记录六次，突破十二个等级的上限。

戴殿泗（1749—1825）：字东瞻（按，《尚书·夏书·禹贡》"导淮自桐柏，东会于泗沂，东入于海"），号东珊。浙江浦江建溪（今诸暨马剑镇马剑村）人。清嘉庆丙辰年（1796），中第四名进士，即"金殿传胪"，授翰林编修。著有《风希堂文集》四卷、《诗集》六卷。曾与旭升堂的王舟、王龄兄弟一同受业于周墦。

王　龄

　　王龄（1751—1819），字梦九，号埜园，又号兰庭，行昆四十二。浙江浦江郑宅镇前店村旭升堂第五世。例贡生，候选儒学训导。系王志棣之子，娶郑宅镇孝门村张邦至之女（1747—1807），生王可仪、王可大、王可作、王可俊、王可杰、王可在、王可仔七子，蕃衍为旭升堂七房。善绘画，工诗歌，著有《埜园诗钞》（又称《亦亦诗钞》）四卷，编《双桐书屋诗》二卷、《旌节编》，为业师周璠刊印《盘洲诗文集》八卷。

培元气说示王梦九

周　璠①

　　灯下与贤所言②，察眉睫之间，贤固弗之省也。嗟乎，是亦不可不省也。试申其说，而贤择其可否焉。

　　夫圣贤何以有功于天下？"由周公而上③，上而为君，故其道行；由孔子而下④，下而为臣，故其说长。"昌黎韩子之言也⑤。然则道行说长，而纲纪人伦，维持教化，人心赖以不死；否则，三纲沦，九法斁⑥，胥天下而为禽兽⑦。天无弃民之理，故更十百年则必生圣贤以整齐之，自古迄今未之或爽。或行道，或立教，圣贤之所以为功于天下也是矣，而未尽其蕴也。

　　尝试论之。天何以运，地何以处，水何以流，山何以峙，人何以君臣、父子、夫妻、昆弟、朋友，物何以飞、潜、动、植，无他，元气实也。耳何以听，目何以视，手足何以运动，心何以精爽至神明，身何以子，子何以孙，无他，元气实也。其妄视、妄听、妄运动、妄思虑，子若孙之妄焉者，戾气也，邪气也，非气之元。戾气邪气，亦能视听以及子孙者，非生之道而死之道也。譬诸人之疾病，或色更颒⑧，声更厉，手足更强，将以为祥乎？否耶。元气，则天地之大德曰生⑨，而即为生天生地之本，其道曰不贰，人之所以培之之道曰诚。

　　是故圣人之一呼一吸，天地之一昼一夜也；圣人之一动一静，天地之一刚一柔也；圣人之喜怒哀乐，天地之日暄雨润风散雷动也。故曰，吾之心正，则天地之心亦正；吾之气顺，则天地之气亦顺。譬之植物，圣人以其元气充揯乎其中，根荄自固，枝叶自敷，或不幸而适遇霜凝雪冻，摧残剥落之晨，则圣人之功用不能以骤彰，而根深蒂固，生理之在中，必无挫折之理也。其道行，时也；道不行，而天地之位、万物之育如故⑩。其说长，迹也；说不立，而天地之位、万物之育如故。故曰，不有圣人，人之类灭久矣⑪。

　　梦九来，吾语女⑫。人未有不爱其身者，未有不爱其家者，未有不爱其子若孙者⑬。圣人与天地合德，其气则天地之气，培其元，而万世永赖。大贤之人、豪杰之士奋力以补其不逮，捧匦以灌者也⑭，拥土以护者也，谓无功于天地，不可也。若吾辈蚩蚩蠢蠢⑮，如何可言。朝而一点，暮而一滴，所以点滴之者何物？曰恻隐之心也，羞恶之心也，辞让之心也，是非之心也⑯。点滴既微，浸润亦近，以淑吾身吾家吾子孙⑰，或庶几焉^⑱。盖吾身本天地中之一物，禀天地元气之一息以生，则点滴之落必于其处，而未尝外渗。其润之大小远近，则视乎其积耳。此亦不贰之理也，诚也。

不然，而干之剪之，蚁以蚀之，其为功也几何矣！

（辑自〔清〕周璠《盘洲诗文集》卷三）

【注释】

①周璠（1734—1803）：字鲁玙，号盘洲。浙江浦江檀溪镇潘周家村人。岁贡生，海盐县学训导。

②贤：即贤契，对弟子或朋友子侄辈的敬称。

③周公：姬姓，名旦，是周文王姬昌第四子，周武王姬发之弟，曾辅佐周武王东伐纣王，制作礼乐。因采邑在周，爵为上公，称周公。

④孔子（前551—前479）：春秋末期思想家、教育家、儒家创始人。名丘，字仲尼，鲁国陬邑（今山东曲阜）人。有弟子三千，其中身通六艺者七十二人，后世尊为"至圣先师"。

⑤昌黎韩子：韩昌黎，即韩愈，唐代文学家。这段话出自韩愈《原道》。

⑥三纲沦，九法斁〔yì〕：语出〔唐〕韩愈《与孟尚书书》。三纲，我国封建社会中谓君为臣纲、父为子纲、夫为妻纲，合称三纲。九法，周治理邦国的九种措施。语出《周礼·夏官·大司马》："大司马之职，掌建邦国之九法，以佐王平邦国。"斁，终止。

⑦胥：全，都。

⑧颋〔chēng〕：红色。

⑨天地之大德曰生：天地最大的美德就是孕育生命。语出《周易·系辞下》。

⑩天地之位、万物之育：天地都会安居正位，万物可以顺遂生长。语出《中庸》："致中和，天地位焉，万物育焉！"

⑪不有圣人，人之类灭久矣：语出〔唐〕韩愈《原道》："如古之无圣人，人之类灭久矣。"

⑫女：文言代词，你。

⑬若：与。

⑭匜〔yí〕：古代一种盛水洗手的用具。

⑮蚩蚩蠢蠢：形容愚昧无知貌。

⑯恻隐之心也，羞恶之心也，辞让之心也，是非之心也：语出《孟子·公孙丑上》："恻隐之心，仁之端也；羞恶之心，义之端也；辞让之心，礼之端也；是非之心，智之端也。"意谓同情心就是施行仁的开始；羞耻心就是施行义的开始；辞让心就是施行礼的开始；是非心就是智的开始。恻，原文作"测"，形近而误。

⑰淑：认为好而学习、取法。

⑱庶几：差不多。

兰庭记①

周　璠②

　　《家语》云③："与善人居，如入芝兰之室。"是故，兰以喻善人也。将辟室以居善人，而昧没而杂④，则入室者夥矣⑤！是不可以不辨。

　　夫自陈遁斋、止斋、吴草庐、杨升庵、李濑湖以下⑥，攻难纷然，大约皆以都梁香、孩儿菊《本草》所称兰草泽兰者⑦，当屈子之兰⑧。而朱子《释骚》亦以今之兰花不可纫佩致疑⑨。则信矣！九畹之受诬⑩，而芳名之久冒矣！

　　顾屈子之征兰也博⑪，曰石兰，曰幽兰，曰春兰，曰秋兰，而《招魂》则又以为崇兰⑫。其用兰也亦博，纫之，结之，浴之，藉之，而且燎之⑬，旌之，椷之⑭，不知屈子之滋诸畹也，其统庶类而次第布之耶？将措之饮食、衣被、宫室、器用而又具宜耶？此不可解矣！

　　泽兰生泽中，兰草生水傍，此释《本草》者之言也⑮。而又曰："山兰，即兰草之生山中者。"则不知兰草之性乐山耶？乐水耶⑯？

　　刘次庄则又言⑰："今沅澧所生⑱，花在春则黄，在秋则紫，然而春黄不若秋紫之芳馥也。"以此证屈子之博物，则又不知其一本而春秋两花耶？一花而春秋两色耶？此皆事之未易明者。

　　不知其人视其友⑲，惟善人能举其类。屈子滋兰树蕙并言⑳，故光风之转泛因之㉑。而《本草》乃云："薰草，一名蕙草。"然《山海经》言："天帝之山，其下多蕙㉒。"郭注㉓："兰属，或以为薰草者，失之。"而《广志》亦云㉔："绿叶紫花，今兰叶与花亦然。"然则黄山谷谓㉕："兰蕙丛出，莳以沙石则茂，沃以汤茗则芳。"是所同者，其有所试矣！今之兰可验也，非虚言也。

　　且夫群言淆乱，必衷诸圣。《家语》云："芝兰生于深林。"而孔子自卫返鲁，隐谷之中，见香兰独茂，喟然而叹，援琴鼓之㉖。此非泽兰之泽也，兰草之水也，其地又非都梁也㉗。隐谷深林，正屈子幽兰、石兰所托生之处。而其时之春与秋，则记者略焉。然则孔子之所深嘉屡叹者，其为今所植之兰，而非说者云云之所谓兰，明矣！

　　抑又闻之，朱子之生也，以九月之望。陈同甫寿之㉘，有云："此花开后花应少。"盖托菊以伤怀也。若春兰，吾山中自有之，而秋馥者，则以远来自闽，尤珍惜焉！朱子，闽人也。"虽无老成人，尚有典型㉙"，譬诸草木，吾臭味也㉚，而又何敢差池哉！择善而从，藉令非屈子之所谓兰㉛，而取舍固有在矣！

　　若夫逸少之兰亭㉜，有崇山，有曲水，吾不知其兰孰傍！而主人易亭以庭，则取"芝兰生阶庭"之义㉝。顾为畹者九㉞，则为亩者二百有七十，罗而致之，满室满堂矣，庭云乎哉㉟！独曼倩所谓马兰踯躅者㊱，当严非种之锄㊲，而不容以嘉名相假借耳！

（辑自〔清〕周璠《盘洲文集》卷二）

【注释】

①兰庭：位于浙江浦江郑宅镇前店村旭升堂东侧，紧靠垫园和双桐书屋，系王氏的

私家庄园。该文同时收入清同治辛未年续修《深溪义门王氏宗谱》卷五。

②周璠（1734—1803）：字鲁玙，号盘洲。浙江浦江檀溪镇潘周家村人。岁贡生，海盐县学训导。

③《家语》：即《孔子家语》。是一部记录孔子及弟子思想言行的著作。这段话出自《孔子家语·六本》。

④昧没：隐晦，不明朗貌。

⑤夥［huǒ］：多。原作"戈"，误。

⑥陈遁斋：陈正敏（生卒年不详），字遁斋（按，《诗经·小雅·白驹》"慎尔优游，勉尔遁思"。敏，勉也），北宋南剑州沙县（今福建三明沙县区）人。著有《遁斋闲览》二十四卷。〔明〕李时珍《本草纲目》："《遁斋闲览》言：'楚骚之兰，或以为都梁香，或以为泽兰，或以为猗兰，当以泽兰为正。'今人所种如麦门冬者，名幽兰，非真兰也。"

止斋：陈傅良（1137—1203），字君举（按，《孟子·告子下》"傅说举于版筑之间"），号止斋。南宋温州瑞安人。著有《止斋文集》《周礼说》《春秋后传》《左氏章指》等。〔明〕李时珍《本草纲目》："陈止斋著《盗兰说》以讥之。"

吴草庐：吴澄（1249—1333），字幼清，晚字伯清（按，《后汉书·党锢列传·范滂》"（范）滂登车揽辔，慨然有澄清天下之志"），学者称草庐先生。元抚州崇仁（今属江西）人。著有《易纂言》《仪礼逸经传》《礼记纂言》《春秋纂言》《吴文正集》等。〔明〕李时珍《本草纲目》："吴草庐有《兰说》甚详，云兰为医经上品之药，有枝有茎，草之植者也。"

杨升庵：杨慎（1488—1559），字用修（按，《尚书·虞书·皋陶谟》"慎厥身，修思永"），号升庵。明四川新都（今四川成都新都区）人。著有《升庵集》。〔明〕李时珍《本草纲目》："杨升庵云：'世以如蒲萱者为兰，九畹之受诬久矣。'"

李濒湖：李时珍（1518—1593），字东璧（按，出自成语"珍若拱璧"），晚年自号濒湖山人。湖北蕲春人。明万历十八年（1590），完成一百九十二万字的《本草纲目》，收载药物一千八百九十二种，药方一万一千余个，被尊为"药圣"。

⑦都梁香：又称佩兰、水香、大泽兰、燕尾香、白头婆。〔南朝宋〕盛弘之《荆州记》："都梁县有山，山下有水清泚，其中生兰草，名都梁香，因山为号。"

孩儿菊：兰的一种。〔元〕方回《订兰说》："古之兰，即今之千金草，俗名孩儿菊者。"

《本草》：即《本草纲目》，明代医药学家李时珍著。

兰草：生水旁或野地，根青黄，茎圆，节长，叶光润，阴小紫且多呈三裂状，花淡紫色，状如鸡苏花，开期五六月，香气浓，医用可生血调气，中医称佩兰。

泽兰：生于水泽中，根紫黑，茎方，节短，叶尖，不光润，无裂，花白色，状似薄荷花，开期七八月，微香，医用可破血通积。中医仍称泽兰。

⑧屈子：即屈原（前340—前278），诗人，政治家。芈［mǐ］姓，屈氏，名平，字原，又自名正则，字灵均（按，〔南宋〕朱熹《楚辞集注》"高平曰原，故名平而字原也"。〔清〕王夫之《楚辞通论》"平者，正之则也；原者，地之善而均平者也"）。战国

时期楚国丹阳（今湖北秭归）人。著有《离骚》《九歌》《九章》《天问》等。

⑨朱子：即朱熹（1130—1200），字元晦，又字仲晦，号晦庵，晚称晦翁（按，熹，明。晦，昏暗不明。字义相反）。生于南剑州尤溪（今属福建）。南宋理学家、思想家、哲学家、教育家、诗人，被后世尊称为朱子。著有《四书章句集注》《太极图说解》《通书解说》《周易读本》《楚辞集注》等，后人辑有《朱子大全》《朱子集语象》等。

释骚：据〔明〕卢之颐《本草乘雅半偈》："朱子《离骚辨证》云：古之香草，花叶俱香，燥湿不变。今之兰类，花萼虽香，干则腐臭，叶又不香。"朱熹把宋代的兰花误认为战国时期的兰草，致使有花香叶不香的感叹。

纫佩：谓捻缀秋兰，佩带在身。

⑩九畹：语出《楚辞·离骚》："余既滋兰之九畹兮，又树蕙之百亩。"〔东汉〕王逸注："十二亩曰畹。"一说三十亩曰畹。后以九畹代称兰花。

⑪征兰：取验于兰。

⑫丛兰：丛兰，丛生的兰草。语出《楚辞·招魂》："光风转蕙，泛崇兰些。"

⑬橑〔liáo〕：屋椽。语出《楚辞·九歌·湘夫人》："桂栋兮兰橑，辛夷楣兮药房。"

⑭枻〔yì〕：船桨。语出《楚辞·九歌·湘君》："桂棹兮兰枻，斫冰兮积雪。"

⑮释《本草》：即《本草纲目》，明代李时珍在《神农本草经》的基础上荟萃众说，考订谬误，删繁补阙，著《本草纲目》五十二卷。

⑯乐山、乐水：语出《论语·雍也篇》："知者乐水，仁者乐山。"

⑰刘次庄：字中叟（按，庄叟即庄子），晚号戏鱼翁。北宋潭州长沙（今属湖南）人。工正楷、行书、草书，最妙小楷，兼采群书，自为一家。这段话引自刘次庄《乐府集》。

⑱沅澧：指湖南省境内的沅江、澧水。

⑲不知其人视其友：不认识那人，但看看他的朋友就能他大概知道是什么样的人了。语出《孔子家语·六本》："不知其子视其父，不知其人视其友，不知其君观其所使，不知其地视其草木。"

⑳滋兰树蕙：语出《楚辞·离骚》："余既滋兰之九畹兮，又树蕙之百亩。"

㉑光风之转泛：语出《楚辞·招魂》："光风转蕙，泛崇兰些。"意谓阳光下风吹蕙草，一丛丛兰草香气弥漫。

㉒天帝之山，其下多蕙：语出《山海经·西山经》："天帝之山，多棕枬；下多菅蕙。"

㉓郭注：两晋时期郭璞为《山海经》所作注解。

㉔《广志》：郭义恭著，我国古代一部博物志书，约成书于南朝宋时期。内容包括动物、植物及其他物产资料。

㉕黄山谷：黄庭坚（1045—1105），字鲁直（按，像上古高阳氏后裔"八恺"之一庭坚那样贤良，像北宋真宗时谏臣鲁宗道那样刚直），号山谷道人。洪州分宁（今江西修水）人。北宋文学家、书法家，江西诗派开山之祖。这段话出自他的《兰说》。

㉖孔子自卫返鲁，隐谷之中，见香兰独茂，喟然而叹，援琴鼓之：语出《乐府诗

集》引〔东汉〕蔡邕《琴操》："自卫返鲁，隐谷之中，见香兰独茂，喟然叹曰：'兰当为王者香，今乃独茂，与众草为伍。'乃止车援琴鼓之，自伤不逢时，托词于香兰云。"

㉗都梁：县名。西晋太康元年（280），分武冈置都梁，属邵陵郡。隋开皇十年（590）废。

㉘陈同甫：陈亮（1143—1194），字同甫（按，亮，诸葛亮。《说文解字》"甫，男子美称也"。意谓像诸葛亮一样的男子），号龙川。南宋婺州永康（今属浙江）人。著有《龙川文集》《龙川词》。

㉙虽无老成人，尚有典刑：虽然身边没老臣，还有成法可依傍。语出《诗经·大雅·荡》。典刑，法规。刑，通"型"。

㉚臭〔xiù〕味：气味。

㉛藉令：假使。

㉜逸少：王羲之（303—361，一作321—379），字逸少。琅琊（今山东临沂）人，后迁会稽山阴（今浙江绍兴），晚年隐居剡县（今浙江嵊州）。东晋书法家，有书圣之称。代表作《兰亭集序》被誉为"天下第一行书"。

兰亭：位于浙江绍兴西南的兰渚山麓，是东晋书法家王羲之的园林住所。相传春秋时期越王勾践曾在此植兰，汉时设驿亭，故名兰亭。

㉝芝兰生阶庭：比喻优秀的子弟。详见本书〔清〕周璠《祭王母黄太安人文》。

㉞为畹者九：即九畹。

㉟云乎哉：用于句末，表示反诘。

㊱曼倩：东方朔（约前161—前93?），字曼倩，西汉平原郡厌次县（今山东德州陵城区）人。性格诙谐，言词敏捷，滑稽多智。著有《答客难》《非有先生论》等。

马兰躔踔〔chěn chuō〕：语出〔西汉〕东方朔《七谏》："蓬艾亲入御于床笫兮，马兰躔踔而日加。"意谓蓬艾受喜爱栽植床头，恶草马兰也随之繁茂婆娑。比喻小人得志。躔踔，跳跃。躔，原作"堪"，形近而误。

㊲非种：指植物的异株、劣种。

题王埜园所藏凝香阁怪松图遗墨①

周　璠②

幽阁凝香一主人，亭亭玉立净无尘。偶然染翰摹松格③，不写丰姿写性真。

（辑自〔清〕周璠《盘洲诗集》卷二）

【注释】

①凝香阁：明末清初倪仁吉（1607—1685）的阁楼名。倪仁吉，字心惠（按，《说文解字》"惠，仁也"），自号凝香子。浙江浦江通化乡龙池上金村（今浙江兰溪梅江镇倪大村）人。年十七，适义乌县缙云乡（今浙江义乌江东街道）大元村吴之艺，住香草

园中的凝香阁。博通经史诗文，兼工书画刺绣，著有《凝香阁诗稿》。

②周璠（1734—1803）：字鲁玛，号盘洲。浙江浦江檀溪镇潘周家村人。岁贡生，海盐县学训导。

③染翰：以笔蘸墨。

同周鲁玛宿王梦九深溪书舍①

朱兴悌②

三十年前访故人，篝灯复此话依因③。相逢门下康成老④，两鬓丝丝也似银。

（辑自〔清〕朱兴悌《西崖诗钞》卷四）

【注释】

①该诗参见本书〔清〕朱兴梯《王府君鄂桦暨配黄孺人墓志铭》："嘉庆辛酉（1801），周（璠）君以事至深溪，邀余诣其精舍，与梦九（王龄）信宿盘桓，为序《旌节编》，依依不忍别。"

周鲁玛：周璠（1734—1803），字鲁玛，号盘洲。浙江浦江檀溪镇潘周家村人。岁贡生，海盐县学训导。

深溪书舍：指王龄在浙江浦江郑宅镇前店村旭升堂东侧创办的双桐书屋。

②朱兴悌（1729—1811）：字子恺，号西崖。浙江浦江县城西隅朴树里人。岁贡生，考授儒学训导。系周璠的文友。

③篝灯：谓置灯于笼中。

④康成：郑玄（127—200），字康成（按，《汉书·韦贤传》"少子玄成，复以明经位历至丞相"）。北海高密（今属山东）人。东汉经学家。曾入太学受业，后从马融学古文经。游学归里，聚徒讲学，弟子多达数百千人。潜心著述，遍注群经，自成一家，为汉代经学集大成者，号称"郑学"。此处比喻周璠。

兰庭八咏①

陈耀俊②

兰　庭
别业深溪上③，兰阶瑞气融。春风香满座，期与故人同。

方　池
晚来无一事，照鉴此方池。潋滟波心月④，清光欲为谁？

菊　圃
娱老偏怜菊，丛丛玉露团。但愁英下落，忘却夕加餐⑤。

桑 园

种桑几百树，密密翠成帷。蚕月知无缺[6]，朝朝自掩扉。

黄梅岭[7]

岭头春尚早，无复见梅林。行客年年过，空留一片心。

青龙潭[8]

步向溪潭上，凛凛生疑惮。前月雷时雨，层云涌绝岸。

履安桥[9]

门对履安桥，风清水荡漾。长当夜月中，乘兴自来往。

登高里[10]

飒飒凉风吹，萧萧木叶下。怅望登高山，谁是后来者？

（辑自民国庚辰年续修《檀溪陈氏宗谱》）

【注释】

①兰庭：位于浙江浦江郑宅镇前店村旭升堂东面，紧靠埜园和双桐书屋，系王氏的私家庄园。兰庭八景，是指兰庭及其附近的八处景观，但未必都在兰庭里，如黄梅岭、履安桥在旭升堂之西，登高里在旭升堂之南。

②陈耀俊（1749—1810）：字升之，号新田（按，〔唐〕吕温《代孔侍郎蕃中贺顺宗登极表》"重光升耀，百化惟新"），行廉二百十二。浙江浦江檀溪镇寺前村人。恩贡生。曾应王龄之邀，在旭升堂兰庭设馆，课其诸子。所作诗歌名《兰庭课草》，凡十八首，《兰庭八咏》系其中八首。

③别业：别墅。

深溪：溪名。发源于浙江浦江金芙蓉山西麓，流经郑宅镇西部。王氏世居于此，称深溪王氏。详见本书《王继旦传》。

④潋滟：水波荡漾貌。

⑤餐：原作"飱"，形近而误。

⑥蚕月：农历三月，是养蚕的月份。

⑦黄梅岭：位于浙江浦江郑宅镇前店村旭升堂西侧里许。

⑧青龙潭：位于浙江浦江郑宅镇前店村旭升堂东侧里许，本是石埭源上的一个潭，后部分填成农田，称"青龙田"。

⑨履安桥：清乾隆二十九年（1764），王志枫在浙江浦江郑宅镇前店村旭升堂西侧、黄梅岭下的石埭源上建造，长五丈二尺，宽一丈三尺。

⑩登高里：在浙江浦江郑宅镇前店村旭升堂南里许，因元末宋濂曾在此登高而得名。

盘菊盛开，远胜往岁，寄王堃园先生，兼订诸子同咏
（二首）
陈耀俊①

半岁精神老此花，临轩不比旧生涯。枝枝淡惹窗前月，片片遥分谷口霞②。吟到两开曾堕泪③，暂留三径且忘家④。闲搔短发窥真相，莫叹而今更减些⑤。

大高气冷耐朝霜，老圃西风菊又黄。百尺桐阴需点缀，三秋兰畹任悠扬。懒巡檐下探新句，醉向枝头觅旧香。杯尽壶倾真好酒，家家新酿可能尝。

（辑自民国庚辰年续修《檀溪陈氏宗谱》）

【注释】

①陈耀俊（1749—1810）：字升之，号新田。浙江浦江檀溪镇寺前村人。岁贡生。曾在旭升堂兰庭设馆，著有《兰庭课草》。此系其中二首。

②谷口：典出《汉书·王吉传》："其后谷口有郑子真，蜀有严君平，皆修身自保，非其服弗服，非其食弗食。"借指隐居之所。

③吟到两开曾堕泪：典出〔唐〕杜甫《秋兴八首（其一）》："丛菊两开他日泪，孤舟一系故园心。"

④三径：指归隐者的家园。典出〔东汉〕赵岐《三辅决录·逃名》："蒋诩归乡里，荆棘塞门，舍中有三径，不出，唯求仲、羊仲从之游。"

⑤些：〔清〕汤文璐编《诗韵合璧·六麻》："些，少也。"

双桐诗为王堃园明经作①
王明爽②

桐树孤生赋景阳③，何如手植更成双。重重金碧辉初旭，叠叠圭阴送晚窗④。一本分荣仍一色，同庚愧我未同腔⑤。且须溽暑侵人日⑥，共引清风泛玉缸⑦。

（辑自〔清〕郑楸《浦阳历朝诗录》卷十九）

【注释】

①双桐：浙江浦江郑宅镇前店村旭升堂东侧双桐书屋前的两株梧桐树，为王龄手植。他曾为双桐书屋绘图征诗，一唱众和，编为《双桐书屋诗》两卷。

明经：唐代科举以经义取士，谓之明经。明清为贡生的别称。王龄系例贡生。

②王明爽（1751—1816）：字正明，号西圃，行横四百一。浙江浦江中余乡中余村人。恩贡生。

③赋景阳：指唐代李商隐曾作《景阳宫井双桐》。景阳宫井，故址在江苏南京玄武

湖畔。南朝陈后主陈叔宝听说隋兵已经攻进城来，就和宠妃张丽华、孔贵嫔躲在景阳宫井中，结果被隋军俘虏。

④圭阴：指梧桐树的阴影。

⑤同庚：同年。王明爽与王龄均生于1751年。

⑥溽〔rù〕暑：潮湿闷热。

⑦玉缸：酒瓮的美称。

阅堪舆书呈家塾园①

王学纯②

独坐小窗闲无事，偶玩《青囊经》中秘③。木华粟芽之喻似不虚④，鸡栖连伞之形慎其异⑤。封侯作相指顾间⑥，书中一一图形似。此事古今不经营，玉尺金斗著叔季⑦。我闻唐时酷虐如龙图，吉壤欲与叱二使⑧。宋时纯孝如尤袤，湖灯呵护福累世⑨。福善淫祸自昭昭，苟非其人安所企。又闻玄武藏头哭管辂，二年之后其应至⑩。五患当除语程子⑪，一抔之土亦注意。看我案上书，何日验形势？上攀青山千叠之嶙峋，下跨清溪万丈之幽邃。某丘某壑几灵封⑫，好山好水得生气。惜哉脚力微，落拓闲窗寄。因思我友生⑬，风鉴过人智⑭。胜具陟巅双屐轻⑮，东白古稠游经岁⑯。前冈眠牛卜有年⑰，龙耳之贵何时致⑱。我本与君共世系，吟诗对月心还契。归来并坐开笑颜，款款听君谈佳地⑲。

（辑自〔清〕郑楘《浦阳历朝诗录》卷十七）

【注释】

①堪舆：即风水。指住宅地基或墓地的形势，亦指相宅相墓之法。语出《淮南子·天文训》："堪，天道也；舆，地道也。"

②王学纯：王祖理（1755—1834），字惟一（按，《吕氏春秋·审分》"夫治身与治国，一理之术也"）。庠名学纯，号希文，又号东障。浙江浦江郑宅镇樟桥头村人。邑庠生。著有《东障吟集》。

③《青囊经》：秦末汉初黄石公撰，是中国历史上第一本有文字记载的风水书籍。

④木华粟芽：语出〔晋〕郭璞《葬书》："木华于春，粟芽于室，气行乎地中。"意谓树木到了春天会开花，谷子在室内会发芽，都是地中生气运动变化所致。

⑤鸡栖连伞：语出〔南朝〕青乌子《相冢书》："山望之如缺月，或如覆舟，葬之出富贵；如鸡栖，葬之灭门；如连伞，葬之出二千石。"鸡栖，鸡栖息之所，鸡窝。连伞，三重山相连，称连伞山。

⑥指顾：一指一瞥之间。形容时间短暂、迅速。

⑦玉尺：即《玉尺经》，〔唐〕杨筠松著。是继〔晋〕郭璞《葬书》后的又一部风水经典著作。

金斗：即《都峤山金斗赋》，〔宋〕赖文俊（赖布衣）著，是一篇关于风水的赋。

叔季：国家衰乱将亡的年代。

⑧唐时酷虐如龙图，吉壤欲与叱二使：典出〔明〕余象斗《正传地理统一全书》卷首："昔杨公得数代宰执之地，于处州武冈福地，欲与龙图学士李唐卿。夜梦二使云：'地仙莫错，李龙图莅政苛刻，神人共怒，不宜居此福地，不日必死于非命。'后果十日飞符取其首级，此阴德之不积故也。"李唐卿，北宋至和年间（1054—1065）任中书待诏，著有《归田录》《鸡肋集》。他是宋人，不是唐人，此处有误。

⑨宋时纯孝如尤袤，湖灯呵护福累世：典出〔明〕程登吉《幼字琼林》卷四"技艺"："道士能知吉壤，竹策丛生；闽僧善觅佳城，湖灯呵护〔《邑志》：宋尤袤父（尤）时亨，与闽僧相友善。僧精风鉴，觅一吉壤于吴塘之山，以嘱公曰：'百岁后必葬此，将发福三百余年。'及卒，子（尤）袤如僧言葬之，遂庐于墓。始葬十日，月夜忽见湖中有红灯万盏，叱声振地。公惧，隐乔松之下，闻空中语曰：'此地发福三百年，彼人子何德而卑之？速令发去！'又闻空中应曰：'尤时亨累世积德，（尤）袤又纯孝子也。'空中又曰：'世德纯孝，可当此地矣。其善护之。'湖灯应声而灭〕。"尤袤（1127—1194），字延之，小字季长，号遂初居士，晚号乐溪、木石老逸民。江苏无锡人，藏书家，"南宋四大诗人"之一。

⑩玄武藏头哭管辂，二年之后其应至：典出《三国志·魏书·管辂传》："（管）辂随军西行，过毌〔guàn〕丘俭墓下，倚树哀吟，精神不乐。人问其故，辂曰：'林木虽茂，无形可久；碑谍虽美，无后可守。玄武藏头，苍龙无足，白虎衔尸，朱雀悲哭，四危以备，法当灭族。不过二载，其应至矣。'卒如其言。"玄武藏头，神龟把头缩进壳里。意谓坟墓北方的山峰像乌龟一样把头缩了进去，对墓穴不利。玄，原作"元"，清代为避清圣祖玄烨的讳，将"玄"改为"元"。今改回。

⑪五患当除语程子：典出〔明〕徐善继、徐善述《地理人子徐知》："程子曰：'择地先须避五患，须他日不为道路，不为城郭，不为沟池，不为贵势所夺，不为耕犁所及。'"程子，即程颐（1033—1107），河南伊川人。北宋理学家和教育家。著有《程颐文集》。

⑫灵封：神仙世界。

⑬友生：师长对门生的自谦之词。

⑭风鉴：相面术。

⑮陟巅：登山。

⑯东白：东白山，位于浙江诸暨、东阳、嵊州交接之地，系道教名山。

古稠：浙江义乌西北的德胜岩。因山峦稠叠，又称稠岩。上有胡公庙。

⑰眠牛：即眠牛山，旧时堪舆家称风水宝地。典出《晋书·周光传》："初，陶侃微时，丁艰，将葬，家中忽失牛而不知所在。遇一老父，谓曰：'前岗见一牛眠山污中，其地若葬，位极人臣矣。'"

⑱龙耳：旧时堪舆家称风水宝地。典出《晋书·郭璞传》："（郭）璞尝为人葬，帝微服往观之，因问主人何以葬龙角，此法当灭族。主人曰：'郭璞云，此葬龙耳，不出三年当致天子也。'帝曰：'出天子邪？'答曰：'能致天子问耳。'"

⑲佳地：风水好的宝地。

夏日家姬山招，陪王堑园于乐清轩①

郑 鼎②

窗风摇动竹千个，呼僮揭起窗纸破。扫空一室净纤尘，手抛葵扇当窗卧。綮谁折简帘边来③，姬山招我陪客坐。有客风流住辋川④，白鹭黄鹂养几个⑤。乘凉先我到南轩，肴馔满筵特虚左。二君生性不喜饮，一杯两杯叫无奈。笑指我是老刘伶⑥，平生好酒如好货。张口一吸如长鲸，百杯倾倒无咳唾。王君能画复能诗，说诗谈画眼孔大。毫端墨走飞云烟，袖底诗成属唱和。主人固是诗中豪，击钵狂吟惊四座⑦。老饕醉倒月廊西⑧，明月诗筒补李贺⑨。

（辑自〔清〕郑楸《浦阳历朝诗录》卷十九）

【注释】

①姬山：郑祖涝（1761—1830），字和颖，号箕山，别号卧云子，又名祖芳，号姬山。浙江浦江郑宅镇枣树园村人。本诗作者郑鼎跟他是本家，故称"家姬山"。

乐清轩：位于浙江浦江郑宅镇枣树园村。系郑祖涝祖父郑若麟的别墅。

②郑鼎：郑遵鼎（1756—1825），字永立（按，《汉书·蒯通传》"三分天下，鼎足而立"），庠名鼎，字新之（按，《周易·杂》"革，去故也；鼎，取新也"），别号云泉，行孝六百七十八。浙江浦江郑宅镇后曹村人。府庠生。著有《云泉诗稿》。

③綮：文言助词。原作"瑿"，形近而误。

折简：写信。

④辋川：位于陕西蓝田以南十余里。唐初诗人宋之问的别业，后被王维购得。此处以王维比王龄，二人均能诗善画。

⑤白鹭黄鹂：语出〔唐〕杜甫《绝句》："两个黄鹂鸣翠柳，一行白鹭上青天。"

⑥刘伶（生卒年不详，一说约221—约300）：字伯伦（按，《吕氏春秋·古乐》"昔黄帝令伶伦作为律"）。沛国（今安徽淮北）人，魏晋名士，"竹林七贤"之一。嗜酒不羁，被称为"醉侯"。曾作《酒德颂》。

⑦击钵：即击钵催诗，限时成诗。比喻才思敏捷。典出《南史·王僧儒传》："竟陵王子良尝夜集学士，刻烛为诗，四韵者则刻一寸，以此为率。文琰曰：'顿烧一寸烛，而成四韵诗，何难之有？'乃与令楷、江洪等共打铜钵立韵，响灭则诗成，皆可观览。"

⑧老饕：贪吃之人。

⑨诗筒：传递诗作的竹筒。语出〔唐〕白居易《秋寄微之十二韵》："忙多对酒榼〔kē〕，兴少阅诗筒。"自注："此在杭州，两浙唱和诗赠答，于筒中递来往。"

李贺（约791—约817）：字长吉（按，寄寓祝贺永远吉祥之义）。河南福昌（今河南宜阳）人。唐代诗人，有"诗鬼"之称，著有《昌谷集》。典出〔唐〕李商隐《李贺小传》："恒从小奚奴，骑距驴，背一古破锦囊，遇有所得，即书投囊中。及暮归，太夫人使婢受囊出之，见所书多，辄曰：'是儿要当呕出心乃已尔！'"

双桐（限双字韵）①

陈　郁②

　　埜园先生今之居士庞③，衣冠古处凤敦厖④。种桑十亩绿怀野⑤，群吠不到花村尨⑥。别营雅筑闶清旷⑦，碧山人来足音跫⑧。粗桃俗李屏一切，苍翠独幂梧桐双⑨。书林佳植此其最，不数楚泽蘅兰茳⑩。峄阳挺秀千寻之峻岭⑪，龙门漱润万里之长江⑫。以彼蟠根郁结岂不贵⑬，荦荦特立毋乃危孤幢⑭。良才媲美有如此，疏影不碍书帏矓⑮。有时白花吐如乳，雪片交扑琉璃缸。有时翠汁渍如沃，云气对瀹清油幢⑯。有如疏风冻雨恒作响，大弦小弦泻出流水相玎琤⑰。四时佳景尽清淑⑱，而况潇潇洒洒对此高士之吟窗。高士喜诗画，笔可龙文扛⑲。题诗幅其叶⑳，金玉日击撞。作画席其荫，泉石对春扡㉑。长风飒飒督书课，翡翠幕下排银钆㉒。蓬莱员峤此即是㉓，寄兴宁不愁魔降。一自光阴惊驶骦㉔，春林散红栖石矼㉕。狂飙飞雹折连理㉖，五夜冲击鸣奔泷㉗。风露巢寒怅独宿，引类拊翼流哀腔㉘。寄言老凤勿凄切，蔚蔚孤枝吐秀于天杠㉙。岂有琴瑟而不长材选贮，与球琳入贡达上邦㉚。

（辑自〔清〕陈郁《雪樵诗钞》）

【注释】

　　①双桐：浙江浦江郑宅镇前店村旭升堂东侧双桐书屋前的两株梧桐树，为王龄手植。他曾为双桐书屋绘图征诗，一唱众和，编为《双桐书屋诗》两卷。

　　限双字韵：规定用双字韵作诗。在平水韵中，双字属"三江"韵。

　　②陈郁（1757—1824）：名世侯，字膺锡（按，《诗经·大雅·韩奕》"王锡韩侯，淑旗绥章，簟茀错衡，玄衮赤舄，钩膺镂锡"）；庠名郁，字惟监（按，《论语·八佾篇》"周监于二代，郁郁乎文哉！吾从周"），号雪樵。浙江浦江县城东隅人。恩贡生，候选儒学教谕。

　　③居士庞：庞蕴（生卒年不详），字道玄，又称庞居士。唐代衡阳郡（今属湖南）人。禅门居士，被誉为达摩东来开立禅宗之后"白衣居士第一人"，素有"东土维摩"之称。

　　④古处凤敦厖［máng］：邻里之间相处，向来遵从古时敦厚之道。

　　⑤种桑十亩：指恬淡闲适的田园生活。语出《诗经·国风·魏风·十亩之间》："十亩之间兮，桑者闲闲兮，行与子还兮。"

　　⑥尨［máng］：多毛的狗。

　　⑦闶［bì］：幽静。

　　⑧足音跫：即足音跫然。比喻难得的来客。典出《庄子·杂篇·徐无鬼》："夫逃虚空者，藜藋柱乎鼪鼬［shēng yòu］之径，踉位其空，闻人足音跫然而喜矣。"跫，脚步声。据〔清〕汤文璐编《诗韵合璧》，"跫"有两种读音，既归入"二冬"韵，虚空切；又归入"三江"韵，苦江切。此处指后者。

⑨幂［mì］：指遮盖东西的巾。此处作动词用，覆盖。

⑩楚泽：泛指楚地或楚地的湖泽。

蘅兰：香草名，指杜蘅、泽兰。泛指芬芳馥郁的花草。

茳［jiāng］：藻类植物。亦作江蓠。

⑪峄［yì］阳：峄山南坡，所生梧桐是制琴的上好材料，称峄阳孤桐。语出《尚书·夏书·禹贡》："厥贡惟土五色，羽畎夏翟，峄阳孤桐。"〔西汉〕孔安国传："峄山之阳，特生桐，中琴瑟。"

⑫龙门：山名，位于今山西与陕西之间。语出〔西汉〕枚乘《七发》："龙门之桐，高百尺而无枝。"

⑬蟠根：根脚盘曲深固。

⑭茕茕［qióng qióng］：孤独无依。

橦［chuáng］：古代指旗杆、桅杆等。

⑮甿［máng］：冥暗。

⑯滃［wěng］：形容云起。

幢：古称旗子一类的东西。

⑰琤淙：象声词，水流声。据〔清〕汤文璐编《诗韵合璧》，淙字既归入"二冬"韵，又归入"三江"韵。此处指后者。

⑱清淑：清和。

⑲笔可龙文扛：形容笔力雄健。语出〔唐〕韩愈《病中赠张十八》："龙文百斛鼎，笔力可独扛。"

⑳题诗幅其叶：比喻男女奇特的姻缘。典出〔唐〕孟棨《本事诗·情感第一》："顾况在洛，乘间与三诗友游于苑中，坐流水上，得大梧叶题诗上曰：'一入深宫里，年年不见春。聊题一片叶，寄与有情人。'（顾）况明日于上游，亦题叶上，放于波中，诗曰：'花落深宫莺亦悲，上阳宫女断肠时。帝城不禁东流水，叶上题诗欲寄谁？'后十余日，有人于苑中寻春，又于叶上得诗以示（顾）况。诗曰：'一叶题诗出禁城，谁人酬和独含情？自嗟不及波中叶，荡漾乘春取次行。'"幅，覆盖。

㉑舂抌［chuāng］：撞击。

㉒银釭：银白色的灯盏、烛台。

㉓蓬莱、员峤：神话传说中的两座海上神山。

㉔駹［máng］：青色的马。

㉕石矼：供人渡涉的踏脚石。

㉖连理：指两棵树的枝干合生在一起，又称相思树、夫妻树、生死树。比喻夫妻恩爱。详见本书〔清〕郑祖涝《旌节诗为王母黄太孺人作》。

㉗五夜：即五更。古代民间把夜晚分成五个时段，用鼓打更报时，所以叫作五更、五鼓或五夜。

泷：湍急的水流。据〔清〕汤文璐编《诗韵合璧》，泷字既归入"二冬"韵，又归入"三江"韵。此处指后者。

㉘拊［fǔ］翼：拍打翅膀。

㉙蔚蔚：茂盛貌。

天杠：北极星。

㉚球琳：美玉名。比喻俊美的人材，贤才。语出《尚书·夏书·禹贡》："厥贡惟球琳琅玕。"〔东汉〕郑玄注："美玉也。"

双桐诗为王埜园作（四首）①
张汝房②

旧说兰生幽谷③，新吟枫落吴江④。昨梦君家桥梓⑤，飞入梧桐影双。

圭叶剪成万片，玉声共听玎玐⑥。谁道枝高百尺⑦，却教凤翼难双。

风木余悲正切，终天有恨填腔。可到新秋时节，凄然落叶飞双。

露霞凉生四宇，月明影亘寒窗。好似竹竿有节，一编谱入无双。

（辑自〔清〕郑楳《浦阳历朝诗录》卷十九）

【注释】

①双桐：浙江浦江郑宅镇前店村旭升堂东侧双桐书屋前的两株梧桐树，为王龄手植。他曾为双桐书屋绘图征诗，一唱众和，编为《双桐书屋诗》两卷。

②张汝房（1761—?）：字次君〔按，〔西晋〕皇甫谧《高士传》"（严光）问（侯）子道曰：'君房（侯霸）素痴，今为三公，宁小瘥否'"〕，号寄轩，又号卧云山人。浙江浦江县城北隅人。拔贡，候选儒学教谕。曾在浦阳书院、东明书院任教。道光丁亥（1827）至己丑（1829），曾任东明书院山长。著有《寄轩诗稿》二十卷、《文稿》八卷。

③兰生幽谷：语出《淮南子·说山训》："兰生幽谷，不为莫服而不芳。"

④枫落吴江：借指诗文佳句。典出《新唐书·崔信明传》："扬州录事参军郑世翼者，亦鸷倨，数恌轻忤物，遇（崔）信明江中，谓曰：'闻公有"枫落吴江冷"，愿见其余。'（崔）信明欣然多出众篇，（郑）世翼览未终，曰：'所见不逮所闻。'投诸水，引舟去。"

⑤桥梓：比喻父子。典出《文选·任昉〈王文宪集序〉》李善注引《尚书大传》："南山之阳有木名桥，南山之阴有木名梓，二子盍往观焉!"

⑥玎玐：象声词，金属撞击发出的声音。〔清〕汤文璐编《诗韵合璧》："玐：仓江切。"属"三江"韵。

⑦枝高百尺：语出〔西汉〕枚乘《七发》："客曰：'龙门之桐，高百尺而无枝。'"

题王埜园小照①

郑祖涝②

有榻不为徐稚悬③，有茶且学陆羽煎④。先生本不耽长醉，亦岂独醒仿人世。凉风拂衣月满庭，科头兀坐形影清⑤。嗟我诗脾渴更久⑥，可能坐我床边否？批图恍惚欲随君，同向竹中煮白云⑦。

（辑自〔清〕郑祖涝《乐清轩诗钞》卷二）

【注释】

①小照：肖像画。

②郑祖涝（1761—1830）：字和颖，号箕山，别号卧云子，又名祖芳，号姬山。浙江浦江郑宅镇枣树园村人。

③有榻不为徐稚悬：本意是礼贤下士。此处反用其典，因为王龄与郑祖涝所在村庄，相去不过三里，不用留宿。典出《后汉书·徐稚传》："（陈）蕃在郡不接宾客，惟（徐）稚来特设一塌，去则县之。"

④陆羽（约733—约804）：字鸿渐（按，《周易·渐》"上九：鸿渐于陆，其羽可用"）。复州竟陵（今湖北天门）人。唐代茶学家，被尊为"茶圣"。曾隐居苕溪（今浙江湖州），撰《茶经》三卷，为世界上第一部茶叶专著。

⑤科头：谓不戴冠帽，裸露头髻。

兀坐：危坐，端坐。

⑥诗脾：诗思。

⑦煮白云：比喻隐士高洁的生活。语出〔元〕赵孟頫《白云吟》："饥则煮白云为食，寒则裁白云为裳。"

题王埜园山水图

郑祖涝①

剩水残山一扫成，家风泼墨早知名。满胸丘壑呼疑出，挥手烟云淡欲行。岚气半帘开岛屿，波光泻壁走蓬瀛②。自来疏懒抛游展③，卧听森梢风雨声。

（辑自〔清〕郑祖涝《乐清轩诗钞》卷三）

【注释】

①郑祖涝（1761—1830）：字和颖，号箕山，别号卧云子，又名祖芳，号姬山。浙江浦江郑宅镇枣树园村人。

②蓬瀛：蓬莱、瀛洲。传说中东海上的两座仙山。

③游屐：出游时穿的木屐。典出《宋书·谢灵运传》："登蹑常著木屐，上山则去前齿，下山去其后齿。"后指游玩山水。

寄王埜园叠前韵

郑祖涝①

筑得词坛好品题，纷纷名士乐攀跻。虎头画圣君曾悟②，鹅腿诗魔我尚迷③。笔到荆关才是老④，句非汉魏总嫌低。若教青眼频相顾⑤，愿把奚囊日夕携⑥。

（辑自〔清〕郑祖涝《乐清轩诗钞》卷三）

【注释】

①郑祖涝（1761—1830）：字和颖，号箕山，别号卧云子，又名祖芳，号姬山。浙江浦江郑宅镇枣树园人。

②虎头画圣：东晋画家顾恺之（348—409），字长康（按，《说文解字》"恺，康也"），小字虎头。晋陵无锡（今属江苏）人。工诗赋、书法，尤擅绘画，尝有"才绝、画绝、痴绝"之称。代表作有《洛神赋图》《女史箴图》等。

③鹅腿诗魔：指唐代诗人白居易。其平生酷爱诗歌，自嘲"酒狂又引诗魔发，日午悲吟到日西"，故称"诗魔"。曾作《鹅赠鹤》《鹤答鹅》，把自己比喻成鹅。

④荆关：五代画家荆浩、关仝师徒以擅画山水齐名，故并称荆关。

⑤青眼：黑色的眼珠在眼眶中间，青眼看人，表示对人的喜爱或重视、尊重。典出《晋书·阮籍传》："（阮）籍又能为青白眼，见礼俗之士，以白眼对之。及嵇喜来吊，（阮）籍作白眼，（嵇）喜不怿而退。（嵇）喜弟（嵇）康闻之，乃赍酒挟琴造焉。（阮）籍大悦，乃见青眼。"

⑥奚囊：借指诗囊。典出〔唐〕李商隐《李长吉小传》："每旦日出，与诸公游，恒从小奚奴，骑距驴，背一古破锦囊，遇有所得，即书投囊中。"

兰庭八景 （和王埜园作）①

郑祖涝②

兰庭

国香最喜一丛丛，气入芳庭尊酒中③。曲水流觞千古意④，兰亭原是旧家风⑤。

柳塘

濯濯丰姿最可怜⑥，方塘绿柳锁春烟。猬毛君已髯如戟⑦，也爱风流鹤氅仙⑧。

菊圃

菊圃周遭七尺墙，欲将佳趣比柴桑⑨。逸人逸品两相会，昨夜商量傲晚霜。

桑园

埜园桑植几多年[10]，翠叶阴阴渐作团。屈指明春君五十，倘因衣帛念单寒[11]。

履安桥[12]

绿杨汀外折虹腰，下有沧波映沈潦[13]。借问劳□□肆辈，芒鞋到否履安桥[14]。

登高里[15]

里号登高孰品题，风流每忆宋潜溪[16]。一樽桑落重阳酒[17]，红叶西风自杖藜[18]。

黄梅岭[19]

一半犁锄一半樵，岭头梅雨晚潇潇。与君同有诗脾渴[20]，安得都从望里消。

青龙潭[21]

谁把灵潭向此开，溪边草木护云雷。浪花飞落青苔堰，疑有苍龙喷雨来。

（辑自〔清〕郑祖涝《乐清轩诗钞》卷三）

【注释】

①兰庭：位于浙江浦江郑宅镇前店村旭升堂东面，紧靠埜园和双桐书屋，系王氏的私家庄园。兰庭八景，是指兰庭附近的八处景观，但未必都在兰庭里，如黄梅岭、履安桥在旭升堂之西，登高里在旭升堂之南。

②郑祖涝（1761—1830）：字和颖，号箕山，别号卧云子，又名祖芳，号姬山。浙江浦江郑宅镇枣树园村人。

③尊酒：杯酒。

④曲水流觞：古代民俗，每年农历三月初三，人们在弯曲的水流旁设酒杯，流到谁面前，谁就取来喝，可除去不祥。东晋永和九年（353）三月初三上巳日，会稽内史王羲之偕亲朋谢安、孙绰等，在绍兴兰亭修禊后，举行饮酒赋诗的曲水流觞，写下千古名篇《兰亭集序》。

⑤兰亭：位于绍兴西南的兰渚山麓，是东晋书法家王羲之的园林住所。相传春秋时期越王勾践曾在此植兰，汉时设驿亭，故名兰亭。

⑥濯濯：清新，明净。

⑦猬毛：刺猬的毛。形容众多。

髯如戟：两腮上的胡子像长戟。形容男子相貌威猛。

⑧鹤氅：鸟羽制成的裘，是道士的服装。典出〔南朝宋〕刘义庆《世说新语·企羡》：" 尝见王恭乘高舆，被鹤氅裘。子时微雪，（孟）昶于篱间窥之，叹曰：'此真神仙中人。'"形容仪态服饰美好。

⑨柴桑：古柴桑县城，在今江西九江，是东晋田园诗人陶潜的故里。

⑩埜园：位于浙江浦江郑宅镇前店村旭升堂之东，双桐书屋之北。

⑪屈指明春君五十，倘因衣帛念单寒：语出《孟子·梁惠王上》："五亩之宅，树之以桑，五十者可以衣帛矣。"

⑫履安桥：清乾隆二十九年（1764），王志枫在浙江浦江郑宅镇前店村旭升堂西侧、黄梅岭下的石埭源上建造，长五丈二尺，宽一丈三尺。

⑬沈潦［xuè liáo］：空旷清朗。

⑭芒鞋：用芒茎外皮编织成的鞋。泛指草鞋。

⑮登高里：位于浙江浦江郑宅镇前店村旭升堂南里许，因元末宋濂曾在此登高而得名。

⑯宋潜溪：宋濂（1310—1381），字景濂，号潜溪。浙江金华孝善里潜溪（今浙江金华金东区傅村镇上柳家村）人。元末明初政治家、文学家、史学家、思想家。著有《宋学士全集》七十五卷。

⑰桑落：名酒之一。因用山西永济桑落泉的泉水酿制，味道独特。

⑱杖藜：谓拄着手杖行走。藜，野生植物，茎坚韧，可为杖。

⑲黄梅岭：位于浙江浦江郑宅镇前店村旭升堂西里许。

⑳诗脾：诗思。

㉑青龙潭：位于浙江浦江郑宅镇前店村旭升堂东里许，本是石埠源上的一个深潭。后部分填成农田，称青龙田。

赠王埜园五十

郑祖涝①

鹤群鸥侣两忘机②，步屟西郊每款扉③。笑我即今犹见恶④，羡君早岁已知非⑤。风前酒酿梨花熟，雨后苗分菊本肥。况是北堂悬帨候⑥，定应制好老莱衣⑦。

（辑自〔清〕郑祖涝《乐清轩诗钞》卷四）

【注释】

①郑祖涝（1761—1830）：字和颖，号箕山，别号卧云子，又名祖芳，号姬山。浙江浦江郑宅镇枣树园村人。

②鸥侣：典出《列子·黄帝》："海上之人有好鸥鸟者，每旦之海上，从鸥鸟游，鸥鸟之至者百数而不止。其父曰：'吾闻鸥鸟皆从汝游，汝取来，吾玩之。'明日之海上，鸥鸟舞而不下也。"原意是人有机心。此处反用典故，谓没有机心。

③步屟〔xiè〕：行走，漫步。

款扉：敲门。

④见恶：指四十岁。语出《论语·阳货篇》："子曰：'年四十而见恶焉，其终也已。'"

⑤知非：指五十岁。语出《淮南子·原道训》："（遽）伯玉年五十，而有四十九年非。"

⑥北堂：古指居室东房的后部，为妇女洗涤之所。代指母亲。

悬帨〔shuì〕：也称设帨。古礼，女子出生，挂佩巾于房门右。《礼记·内则》："子生，男子设弧于门左，女子设帨于门右。"后指女子生辰。

⑦老莱衣：即老莱舞衣。形容子女孝顺父母。详见本书〔清〕朱兴悌《深溪王氏〈旌节编〉序》。

寄怀王垫园三十韵

郑祖涝[①]

寒云生远岫[②]，秋月照梧桐。每值凄凉夜，频思矍铄翁[③]。兰亭香自逸[④]，谷口路相通[⑤]。雅好王筠宅[⑥]，时招郑五骢[⑦]。蒹葭长笑我，玉树每惭公[⑧]。赏菊时联袂[⑨]，分题晓寄筒[⑩]。淡交原似水，直道可如弓。苦忆原鸰戚[⑪]，伤哉集蓼莪[⑫]。网罗四面阔，家计一囊空。急难交游弃，亲知臭味同。曾烦安慰语，来唁却尘蒙。汝士胸何坦[⑬]，营丘画最工[⑭]。烟波清嶂外，花鸟绿阴中。今世应摩诘[⑮]，前生定戴嵩[⑯]。歌还谐凤啸[⑰]，书或换鹅笼[⑱]。况乃儿如骥，欣占梦兆熊[⑲]。七枝森挺秀[⑳]，万里卜骞翀[㉑]。共享天伦乐，斋羞馈膳丰[㉒]。翩翩娱彩服[㉓]，蛰蛰庆斯螽[㉔]。熊胆当年苦[㉕]，乌头此日隆[㉖]。陶婴人尽仰[㉗]，孟母望弥崇[㉘]。岂料萱摧雪[㉙]，偏惊竹陨风。欧阳剩残荻[㉚]，陆绩泣春葱[㉛]。枕块君无弟[㉜]，闻声仆怆衷[㉝]。丈人峰久失，半子痛何穷[㉞]。真觉头俱白，相看泪并红。别来情脉脉，又逼岁匆匆。两世朱陈谊[㉟]，他山玉石攻[㊱]。孤踪怀旧雨[㊲]，衰鬓各飞蓬[㊳]。为念居庐瘁[㊴]，殷勤托便鸿[㊵]。

（辑自〔清〕郑祖涝《乐清轩诗钞》卷五）

【注释】

①郑祖涝（1761—1830）：字和颖，号箕山，别号卧云子，又名祖芳，号姬山。浙江浦江郑宅镇枣树园村人。

②远岫：远处的峰峦。

③矍铄翁：形容老人目光炯炯，精神健旺，老而强健。典出《后汉书·马援传》："（马）援据鞍顾眄，以示可用。帝笑曰：'矍铄哉！是翁也。'"马援（前14—49），字文渊。扶风郡茂陵县（今陕西咸阳）人。东汉建立后，马援年迈，仍请缨东征西讨，官至伏波将军，世称"马伏波"。

④兰亭：位于浙江绍兴西南的兰渚山麓，是东晋书法家王羲之的园林住所。相传春秋时期越王勾践在此植兰，汉时设驿亭，故名兰亭。

⑤谷口：典出《汉书·王吉传》："其后谷口有郑子真，蜀有严君平，皆修身自保，非其服弗服，非其食弗食。"指隐居之所。

⑥王筠（481—549）：字元礼，一字德柔。祖籍琅琊（今山东临沂）。南朝梁文学家。少负才名，受沈约赏识。典出《梁书·王筠传》："尚书令沈约，当世辞宗，每见（王）筠文，咨嗟吟咏，以为不逮也。（王）筠为文能压强韵，每公宴并作，辞必妍美。（沈）约常从容启高祖曰：'晚来名家，唯见王筠独步。'"此处以王筠比喻王龄富有才华。

⑦五骢：五匹马。汉代太守所乘的车用五马驾辕，故以此代称太守，也称使君。〔唐〕白居易《醉中戏赠郑使君》："密座移红毯，酡[tuó]颜照绿杯。双娥留且住，五马任先回。醉耳歌催醒，愁眉笑引开。平生少年兴，临老暂重来。"郑祖涝诰封朝议大夫

（从四品）、户部福建司主事加三级，晋封中宪大夫（正四品），与太守的品级相同。故以"郑五牎"（"郑使君"）比喻郑祖涝。意谓王龄经常招郑祖涝饮酒。

⑧蒹葭长笑我，玉树每惭公：即蒹葭倚玉树，典出〔南朝宋〕刘义庆《世说新语·容止》："魏明帝使后弟毛曾与夏侯玄共坐，时人谓'蒹葭倚玉树'。"比喻一美一丑不能相比。

⑨联袂：携手并肩。

⑩分题：旧时作诗方式之一。若干人相聚，分找题目赋诗，称分题，亦称探题。

⑪原鸰：比喻兄弟友爱，急难相助。语出《诗经·小雅·常棣》："脊令在原，兄弟急难。"

⑫集蓼［liǎo］：谓遭遇苦难。语出《诗经·周颂·小毖》："未堪家多难，予又集于蓼。"〔西汉〕毛亨传："我又集于蓼，言辛苦也。"

⑬汝士：杨汝士（生卒年不详），字慕巢（按，慕巢，美慕尧时隐士巢父），虢州弘农（今河南灵宝）人。唐元和四年（809），登进士第，官至刑部尚书。〔五代〕王定保《唐摭言》卷三《慈恩寺题名游赏赋咏杂记》："时元白俱在，皆赋诗于席上。唯刑部杨汝士侍郎后成。元、白览之失色。……汝士其日大醉，归谓子弟曰：'我今日压倒元白。'"此处比喻郑祖涝喜爱饮酒。

胸何坦：即坦腹东床，旧作女婿的美称。详见本书〔清〕郑祖涝《后四十五黄太孺人节寿序》。

⑭营丘：李成（919—967），字咸熙（按，《汉书·礼乐制》"忽乘青玄，熙事备成"），号营丘。京兆长安（今陕西西安）人。五代北宋初画家，与董源、范宽并称"北宋三大家"。擅长山水画。此处比喻王龄擅长作画。

⑮摩诘：王维（701—761，一说699—761），字摩诘，号摩诘居士（按，维摩诘，早期著名佛教居士）。河东蒲州（今山西运城）人。唐朝诗人、画家。

⑯戴嵩（生卒年不详）：唐代画家，画水牛尤为著名。与韩干之画马，并称"韩马戴牛"。传世作品有《斗牛图》。

⑰凤啸：典出《晋书·阮籍传》："（阮）籍尝于苏门山遇孙登，与商略终古及栖神导气之术，（孙）登皆不应，（阮）籍因长啸而退。至半岭，闻有声若鸾凤之音，响乎岩谷，乃（孙）登之啸也。"此处表示王龄旷达不羁、啸傲山林的情怀。

⑱书或换鹅笼：典出《晋书·王羲之传》："又山阴有一道士，养好鹅，（王）羲之往观焉，意甚悦，固求市之。道士云：'为写《道德经》，当举群相赠耳。'（王）羲之欣然写毕，笼鹅而归，甚以为乐。"此处形容王龄的书法艺术精湛。

⑲梦兆熊：即梦兆熊罴，意谓生男孩之象。语出《诗经·小雅·斯干》："吉梦维何？维熊维罴，维虺维蛇……大人占之：维熊维罴，男子之祥。"

⑳七枝：指王龄的七个儿子。

㉑骞翀［chōng］：高举，飞起。

㉒斋羞：素食。

馈膳：烹调膳食。

㉓娱彩服：即老莱舞衣。形容子女孝顺父母。详见本书〔清〕朱兴悌《深溪王氏

〈旌节编〉序》。

㉔蛰蛰庆斯螽：形容子孙众多。详见本书王逢述《良十四府君蔗余公墓志铭》。

㉕熊胆：以熊胆制成的药丸。形容贤母教子。典出《新唐书·柳仲郢传》："母韩，即皋女也，善训子，故（柳）仲郢幼嗜学，尝和熊胆丸，使夜咀咽以助勤。"

㉖乌头：乌头大门。古时立于正门两旁、涂成黑色用以表彰孝义的木柱。

㉗陶婴：古代贞节妇女的典型。典出〔西汉〕刘向《列女传·鲁寡陶婴》："少寡，养幼孤，无强昆弟，纺绩为产。鲁人或闻其义，将求焉。（陶）婴闻之，恐不得免，作歌明己之不更贰也……鲁人闻之曰：'斯女不可得已。'遂不敢复求。（陶）婴寡，终身不改。"

㉘孟母：孟子之母，以教子有方而闻名。详见本书〔清〕周璠《旌节王母黄太孺人诗序（附节孝四言诗十章)》。

㉙萱摧雪：萱草被雪摧毁，比喻母亲已亡。萱，萱堂，指母亲的居室，借指母亲。

㉚欧阳剩残获：比喻自幼抚养教育王龄的母亲黄氏已亡。典出〔北宋〕欧阳修《欧阳公事迹》："欧阳公四岁而孤，家贫无资。太夫人以荻画地，教以书字。"欧阳修（1007—1072），字永叔（按，《尚书·虞书·皋陶谟》"慎厥身，修思永"），号醉翁、六一居士。吉州永丰（今属江西）人。北宋政治家、文学家。

㉛陆绩（189—220）：字公纪（按，《尚书·周书·君牙》"厥有成绩，纪于太常"）。三国东吴吴郡吴县（今江苏苏州）人。典出《三国志·吴志·陆绩传》："（陆）绩年六，于九江见袁术。（袁）术令人出橘食之。（陆）绩怀三枚，临行拜辞（袁）术，而橘坠地。（袁）术笑曰：'陆郎作客而怀橘，何为耶？'（陆）绩跪下对曰：'是橘甘，欲怀而遗母。'"此处用陆绩比喻王龄，言其孝顺。

春葱：春天的嫩葱，比喻手指。借指王龄亲手书写悼念亡母黄氏的诗文。

㉜枕块：古代居父母之丧，子女要头枕土块、身卧草垫，以示哀痛。语出《仪礼·既夕礼》："居倚庐，寝苫枕块，不说（脱）绖〔dié〕带，哭昼夜无时，非丧事不言。"

㉝仆：我。

㉞半子：指女婿。

㉟朱陈谊：互结婚姻之好。语出〔唐〕白居易《朱陈村》："徐州古丰县，有村曰朱陈……一村惟两姓，世世为婚姻。亲疏居有族，少长游有群。黄鸡与白酒，欢会不隔旬。生者不远别，嫁娶先近邻。"

㊱他山玉石攻：既比喻别国的贤才可为本国效力，也比喻能帮助自己改正缺点的人或意见。语出《诗经·小雅·鹤鸣》："他山之石，可以攻玉。"

㊲旧雨：老友的代称。

㊳飞蓬：随风飘荡的蓬草。形容蓬乱。语出《诗经·国风·卫风·伯兮》："自伯之东，首如飞蓬"。

㊴居庐：住草棚，古代守父母之丧的礼节。

㊵便鸿：托人便中带的书信。

双桐诗为王垫园作（限双字）（四首）①

郑祖涝②

浓阴如盖亦如幢③，秀色摩空两不降。却想古琴弹处合，翻疑斑管下来双④。夜邀明月成三友⑤，晓引清风共一窗。知否主人胸有癖⑥，对君已似隐桐江⑦。

记得移根傍绮窗，登堂几度赋兰茳⑧。每当暝色连三径⑨，便尔秋声满一腔。卧向重阴云绕枕，暑消六月酒满缸。就中我最婆娑久⑩，那怪星星雪鬓双。

巢禽忽拆翼双飞，一曲离鸾只自悚⑪。骑省床空风落叶⑫，香山院静月横窗⑬。不堪连理成春梦⑭，聊托孤吟剔夜釭⑮。裁得新篇心似锦，词坛真足建麾幢⑯。

只我樗材泪眼双⑰，愁城对尔讵能降。变生荆树心犹悸⑱，话到兰陔愧满腔⑲。四座分题争剪叶⑳，孑身顾影凭独窗。临风也欲搜佳句，五色何由笔梦江㉑。

（辑自〔清〕郑祖涝《乐清轩诗钞》卷六）

【注释】

①双桐：浙江浦江郑宅镇前店村旭升堂东侧双桐书屋前的两株梧桐树，为王龄手植。他曾为双桐书屋绘图征诗，一唱众和，编为《双桐书屋诗》两卷。

限双字：即限双字韵，也就是平水韵中的"三江"韵。

②郑祖涝（1761—1830）：字和颖，号箕山，别号卧云子，又名祖芳，号姬山。浙江浦江郑宅镇枣树园村人。

③幢：古称旗子一类的东西。

④斑管：毛笔。以斑竹为杆，故称。

⑤夜邀明月成三友：语出〔唐〕李白《月下独酌》："举杯邀明月，对影成三人。"

⑥胸有癖：这里指爱好山水成癖。典出《旧唐书·隐逸传·田游岩》："臣泉石膏肓，烟霞痼疾，既逢圣代，幸得逍遥。"

⑦隐桐江：指严子陵隐居富春江的典故。严光（前39—41），字子陵。会稽余姚（今属浙江）人。东汉光武帝刘秀即位后，多次延聘，但他隐姓埋名，退居富春山。桐江，即富春江浙江桐庐段。

⑧茳〔jiāng〕：茳蓠，亦作江蓠。〔南朝梁〕顾野王《玉篇》："茳蓠，香草。"楚辞中以香草比喻贤者。

⑨三径：指归隐者的家园。典出〔东汉〕赵岐《三辅决录·逃名》："蒋诩归乡里，荆棘塞门，舍中有三径，不出，唯求仲、羊仲从之游。"

⑩婆娑：醉态蹒跚貌。

⑪悚：《说文解字》："悚，惧也。本作慄。从心，双省声。"故押韵。

⑫骑省：指西晋文学家潘岳。语出〔西晋〕潘岳《秋兴赋序》："寓直于散骑之省。"潘岳为了悼念亡妻杨氏，写过三首《悼亡诗》，有"展转眄枕席，长簟竟床空""落叶委埏侧，枯荄带坟隅"之句。时值王龄丧偶，故有此喻。

⑬香山：指唐代诗人白居易，号香山居士，著有《为薛台悼亡》："半死梧桐老病身，重泉一念一伤神。手携稚子夜归院，月冷空房不见人。"

⑭连理：指两棵树的枝干合生在一起，又称相思树、夫妻树、生死树。比喻夫妻恩爱。详见本书〔清〕郑祖涝《旌节诗为王母黄太孺人作》。

⑮釭〔gāng〕：油灯。

⑯麾幢：官员出行时仪仗中的旗帜。

⑰樗〔chū〕材：比喻无用之材。多用作谦词。典出《庄子·内篇·逍遥游》："惠子谓庄子曰：'吾有大树，人谓之樗，其大本拥肿而不中绳墨，其小枝卷曲而不中规矩，立之涂，匠人不顾。'"

⑱变生荆树：指兄弟不睦。典出〔南朝梁〕吴均《续齐谐记·紫荆树》："京兆田真兄弟三人共议分财，生资皆平均，惟堂前一株紫荆树，共议欲破三片，明日就截之。其树即枯死，状如火然。真往见之大惊，谓诸弟曰：'树本同株，闻将分斫，所以憔悴，是人不如木也。'因悲不自胜，不复解树，树应声荣茂。"据〔清〕张汝房《中宪大夫姬山郑（祖涝）君行述》："乾隆己亥（1779），君年十九，遘乃兄非常之变，株连留系逾年，始得释。"

⑲兰陔〔gāi〕：典出《诗经·小雅·南陔序》："《南陔》，孝子相戒以养也……有其义而亡其辞。"〔西晋〕束皙作《补亡》诗："循彼南陔，言采其兰；眷恋庭闱，心不遑安。"后以"兰陔"比喻孝养父母。

⑳分题：旧时作诗方式之一。若干人相聚，分找题目赋诗，称分题，亦称探题。

㉑五色何由笔梦江：典出〔南朝〕钟嵘《诗品》："初，（江）淹罢宣城郡，遂宿冶亭，梦一美丈夫，自称郭璞，谓（江）淹曰：'我有笔在卿处多年矣，可以见还。'（江）淹探怀中，得五色笔以授之。尔后为诗，不复成语，故世传江郎才尽。"江淹少有文名，晚年诗文无佳句。比喻才情减退。

夏日病起，曹山长偕王埜园家云泉过访，喜而赋此①

郑祖涝②

支离卧榻似蚕僵③，辟谷无端学子房④。三益重逢惊入梦⑤，一樽对酌喜成狂。谭因知己身忘倦⑥，病到贫家住不长。陡觉天清云雾散，息心真个是良方⑦。

（辑自〔清〕郑祖涝《乐清轩诗钞》卷七）

【注释】

①曹山长：曹开泰（1750—1819），名文鸾，字佩弦（按，〔南朝陈〕陆瑜《独酌谣》"忽逢凤楼下，非待鸾弦招"），号珩圃。浙江金华坦溪人。贡生，候选儒学训导。

曾任浙江浦江郑宅镇东明书院山长。

云泉：郑遵鼎（1756—1825），字永立，庠名鼎，字新之，别号云泉。浙江浦江郑宅镇后曹村人。府庠生。著有《云泉诗稿》。

②郑祖涝（1761—1830）：字和颖，号箕山，别号卧云子，又名祖芳，号姬山。浙江浦江郑宅镇枣树园村人。

③支离：瘦弱，衰弱。

蚕僵：是蚕的一种病，包括白僵病、黄僵病、绿僵病等。

④辟谷无端学子房：意谓功成身退，求仙问道。典出《史记·留侯世家》："留侯乃称曰：'愿弃人间事，欲从赤松子游耳。'乃学辟谷，道引轻身。"子房，西汉开国功臣张良的字，在秦末农民战争中为刘邦重要谋士；汉朝建立，封留侯。

⑤三益：三种有益的朋友。典出《论语·季氏篇》："孔子曰：'益者三友，损者三友。友直，友谅（信实），友多闻，益矣。'"

⑥谭：同"谈"。

⑦息心：排除俗念。

寿王堑园六十（二首）

郑祖涝①

芒鞋踏破万重烟②，水必穷源山必巅。收拾林峦归画本③，安排丘壑把吟笺④。桐阴暑退眠琴候⑤，菊圃秋深抱瓮天⑥。长我十年兄事久，输君行乐抵神仙。

壮年意气九秋横，五十无闻愧此生。霜雪早知欺短鬓，诗书悔未对长檠⑦。入山采药韩康意⑧，绕径栽菘蒋翊情⑨。愿到百年还共健，寒梅花下酒频倾。

（辑自〔清〕郑祖涝《乐清轩诗钞》卷七）

【注释】

①郑祖涝（1761—1830）：字和颖，号箕山，别号卧云子，又名祖芳，号姬山。浙江浦江郑宅镇枣树园村人。

②芒鞋：用芒茎外皮编织成的鞋。泛指草鞋。

③画本：绘画的范本。

④吟笺：指诗稿。

⑤眠琴：横琴演奏。比喻生活闲适。语出〔唐〕司空图《诗品·典雅》："眠琴绿阴，上有飞瀑，落花无言，人淡如菊。"

⑥抱瓮：比喻安于拙陋的淳朴生活。典出《庄子·外篇·天地》："子贡南游于楚，反于晋，过汉阴，见一丈人方将为圃畦，凿隧而入井，抱瓮而出灌，搰〔hú〕搰然用力甚多而见功寡。"

⑦长檠：长灯架。

⑧韩康（生卒年不详）：字伯休（按，休，吉庆、美善、福禄，与"康"字义相类）。东汉人士。典出〔西晋〕皇甫谧《高士传》卷下："常游名山采药，卖于长安市，口不二价者三十余年。时有女子买于（韩）康，怒（韩）康守价，乃曰：'公是韩伯休邪？乃不二价乎？'（韩）康叹曰：'我欲避名，今区区女子皆知有我，何用药为？'遂遁入霸陵山中。"比喻隐逸高士。

⑨蒋诩（生卒年不详）：东汉杜陵（今陕西西安）人，以廉直著称。王莽执政，告病返乡。典出〔东汉〕赵岐《三辅决录·逃名》："蒋诩归乡里，荆棘塞门，舍中有三径，不出，唯求仲、羊仲从之游。"比喻隐逸高士。

题深溪埜园①

郑祖涝②

小筑芳园傍水滨，眼前佳趣别成春。门迎怪石真奇友，座供名花当美人。梓泽繁华都歇绝③，辋川风雅未沉沦④。东皇劝尽杯中物⑤，每到良辰速客频⑥。

（辑自〔清〕郑祖涝《乐清轩诗钞》卷七）

【注释】

①深溪：溪名。发源于浙江浦江金芙蓉山西麓，流经郑宅镇西部。王氏世居于此，称深溪王氏。详见本书《王继旦传》。

埜园：位于浙江浦江郑宅镇前店村旭升堂之东，双桐书屋之北。

②郑祖涝（1761—1830）：字和颖，号箕山，别号卧云子，又名祖芳，号姬山。浙江浦江郑宅镇枣树园村人。

③梓泽：西晋时期富豪石崇别墅金谷园的别称，故址在今河南孟县境。泛指名园。

④辋川：位于陕西蓝田以南十余里。唐初诗人宋之问的别业，后被王维购得，植花木，堆奇石，筑造亭台阁榭，建起孟城坳、华子冈、竹里馆、鹿柴寨等二十处景观。

⑤东皇：东皇太一，古代传说中的天神名。语出〔战国楚〕屈原《九歌·东皇太一》："蕙肴蒸兮兰藉，奠桂酒兮琼浆。"用酒来祭奠东皇太一。

杯中物：指酒。

⑥速：邀请。

次王埜园明经龄暮春秋菊盛开元韵①

郑祖涝②

晚香早吐为谁催，应是先生着意培。曾惜枝头随腊去，忽偕婪尾殿春回③。金英不冒重阳雨，清赏还飞上巳杯④。若得渊明分此种，一年两度白衣来⑤。

（辑自〔清〕郑祖涝《乐清轩诗钞》卷一）

【注释】

①明经：唐代科举以经义取士，谓之明经。明清时期成为贡生的别称。王龄系例贡生。

次……元韵：用所和原诗中的韵作诗。也称"步韵"。

②郑祖涝（1761—1830）：字和颖，号箕山，别号卧云子，又名祖芳，号姬山。浙江浦江郑宅镇枣树园村人。

③䔄尾：芍药的别名。

殿春：春季的末尾。

④上巳杯：旧时农历三月初三上巳日，人们举行祓禊仪式后，大家坐在河渠两旁，做曲水流觞的游戏，即在上游放置酒杯，顺流而下，停在谁的面前，谁就取杯饮酒，意为除去灾祸与不吉。后成为文人墨客诗酒唱酬的雅事。

⑤渊明（352 或 365—427）：姓陶，字元亮，晚年更名潜，字渊明（按，《周易·乾》"龙在潜渊"），别号五柳先生，私谥靖节，世称靖节先生。浔阳柴桑（今江西九江）人。东晋田园诗人，著有《陶渊明集》。

白衣：即白衣送酒的典故。典出〔南朝宋〕檀道鸾《续晋阳秋》："陶潜尝九月九日无酒，宅边菊丛中，摘菊盈把，坐其侧久，望见白衣（指官府给役小吏）至，乃王弘送酒也，即便就酌，醉而后归。"

病中寄怀①

郑祖涝②

岂作蒹葭倚③，真同手足看。半生甘苦共，两鬓雪霜残。病榻时相讯，吟鞋不畏寒④。况君年长我，那得此心安。（王埜园）

（辑自〔清〕郑祖涝《乐清轩诗钞》卷八）

【注释】

①《病中寄怀》本系组诗，共五首。此处选取其中寄怀王龄的一首。

②郑祖涝（1761—1830）：字和颖，号箕山，别号卧云子，又名祖芳，号姬山。浙江浦江郑宅镇枣树园村人。

③蒹葭倚：即蒹葭倚玉树，比喻表示地位低的人依附地位高的人。详见本书〔清〕郑祖涝《寄怀王埜园三十韵》。

④吟鞋：吟咏的足迹。

王埜园病目未逾作此戏赠①

郑祖涝②

深溪麟水接烟汀③，走问微疴药颇灵。独怪仓公头已白④，难医阮籍眼垂青⑤。浮云不分偏遮月，薄雾何妨偶掩星。若论家翁瞽尤好⑥，耳聪还要作聋听。

（辑自〔清〕郑祖涝《乐清轩诗钞》卷八）

【注释】

①逾：通"愈"。

②郑祖涝（1761—1830）：字和颖，号箕山，别号卧云子，又名祖芳，号姬山。浙江浦江郑宅镇枣树园村人。

③深溪：溪名。发源于浙江浦江金芙蓉山西麓，流经郑宅镇西部。王氏世居于此，称深溪王氏。详见本书《王继旦传》。

麟水：即白麟溪。流经浙江浦江郑宅镇。郑氏世居于此，称麟溪郑氏。

烟汀：烟雾笼罩的水边平地。

④仓公：淳于意（约前215—?），西汉名医。齐临苗（今属山东）人。因任齐太仓长之职，故称仓公或太仓公。

⑤阮籍眼垂青：原意是指对人喜爱或器重。详见本书〔清〕郑祖涝《寄王埜园叠前韵》。此处戏说王龄患了青光眼。青光眼是一种眼病，眼压升高，导致视野缺损及视神经损伤，使患者视力逐渐下降。

⑥家翁：称自己的父亲。

瞽：盲人。

哭王埜园（三首）

郑祖涝①

矍铄精神比少年②，谁知一病竟难痊。兰庭八咏追前日③，芸馆双桐锁暮烟④。与我真成交似水，思君那禁泪如泉。芒鞋几踏青山遍⑤，未卜牛眠更怆然⑥。

种得黄花记昔时，清樽浩兴满东篱⑦。诗宗韦柳音原古⑧，画本倪黄格最奇⑨。中岁襟怀真自旷，残年心事更谁知。音尘回首犹如昨，一恸西风永别离。

弹指明春已七旬，忽悲风烛太无因。十年以长兄兼友，三里而遥戚亦邻⑩。残笛一声惊人耳⑪，旧垆重过益伤神⑫。迩来屡苦诸知己，不料君为第五人（岳秋塘明府、王蒋岩、朱鹤皋、家稽轩今年俱已物故⑬）。

（辑自〔清〕郑祖涝《乐清轩诗钞》卷十一）

【注释】

①郑祖涝（1761—1830）：字和颖，号箕山，别号卧云子，又名祖芳，号姬山。浙江浦江郑宅镇枣树园村人。

②矍铄：形容老人目光炯炯，精神健旺，老而强健。详见本书〔清〕郑祖涝《寄怀王埜园三十韵》。

③兰庭八咏：〔清〕郑祖涝曾作《兰庭八景（和王埜园作）》，系咏兰庭、柳塘、菊圃、桑园、履安桥、登高里、黄梅岭、青龙潭的八首诗。

④芸馆：书斋。

双桐：浙江浦江郑宅镇前店村旭升堂东侧双桐书屋前的两株梧桐树，为王龄手植。他曾为双桐书屋绘图征诗，一唱众和，编为《双桐书屋诗》两卷。

⑤芒鞋：用芒茎外皮编织成的鞋。泛指草鞋。

⑥牛眠：牛眠山，指风水宝地。详见本书〔清〕王学纯《阅堪舆书呈家埜园》。

⑦东篱：语出〔东晋〕陶潜《饮酒》："采菊东篱下，悠然见南山。"后人多用以代指菊圃。

⑧韦柳：中唐诗人韦应物、柳宗元的并称。两人诗格相近，皆受陶渊明、谢灵运诗歌的影响。

⑨倪黄：指"元四家"中的倪瓒、黄公望。二人是元代山水画的代表，以书法入画，强调笔情墨趣的形式感。

⑩三里而遥：从郑宅镇枣树园村玄鹿山房到前店村旭升堂，相去三里。

⑪残笛：比喻悼念、怀念故友。典出〔三国〕向秀《思旧赋·序》："余与嵇康、吕安居止接近，其人并有不羁之才。嵇意远而疏，吕心旷而放，其后并以事见法。嵇博综伎艺，于丝竹特妙，临当就命，顾视日影，索琴而弹之。逝将西迈，经其旧庐。于时日薄虞泉，寒冰凄然。邻人有吹笛者，发声寥亮。追想曩昔游宴之好，感音而叹，故作赋。"

⑫旧垆重过：典出〔南朝宋〕刘义庆《世说新语·伤逝》："王濬冲为尚书令，著公服，乘轺车，经黄公酒垆下过。顾谓后车客：'吾昔与嵇叔夜、阮嗣宗共酣饮于此垆。竹林之游，亦预其末。自嵇生夭、阮公亡以来，便为时所羁绁。今日视此虽近，邈若山河。'"比喻物是人非，怀念故人。

⑬岳秋堂：岳炳（生卒年不详），字秋塘，号锦江。四川中江人。拔贡。清嘉庆十二年（1807），任浙江浦江知县。

明府：又称明府君。汉魏以来对郡守牧尹的尊称。唐后多称县令。

王蒋岩：王祖焯（1784—1819），字学明（按，《说文解字》"焯，明也"），又字子公，号蒋岩，行启八百九十七。浙江浦江郑宅镇三雅村人。清嘉庆丁丑年（1817），中进士，考授咸安宫教习。著有《三传测义》《锦囊史录》《汲古楼诗草》及《读书日记》四十八册等。

朱鹤皋：朱檀（1763—1819），谱名家佽，字宁园（按，《说文解字》"佽，安也"。"安""宁"字义相近），号鹤皋，行炳一百三十三。浙江浦江县城西隅朴树里人。副贡生。著有《四书经注》《乡党注解》《抱膝轩秋吟》及《周易阐义》四卷。

稽轩：郑祖尧（1777—1819），字和勋（按，《尚书·虞书·尧典》"帝尧曰放勋"），号稽轩，又号汉臣，行传五百四十二。浙江浦江郑宅镇后曹村人。府庠生。

双桐诗限双字为王埜园作①

贾应鸿②

不产桐坞生桐江，不似峄阳孤影立崆峣③。干拟龙门百尺耸④，根分玉井千人扛。膏埜园之沃土⑤，润深溪之流淙⑥。翠压兰庭之精舍⑦，阴生梅岭之书窗⑧。问君何年得此种，养得扶疏茂密如幡幢⑨。炎夏卧云听疏雨，凉秋倚月吟残釭⑩。风生似弹引凤曲⑪，客至忍为系马桩。楼头长笛吹新腔，主人酒醒莲花蹿⑫。孙枝不教凡鸟集⑬，七松五柳俱心降⑭。晨夕况有题诗客，琴筑击石相击撞⑮。不材枯朽置爨下，谁其倾听终愚恧⑯。会需借榻憩交荫，清言羡子声玲玜⑰。种树十年有如此，复何慕乎苍圭七寸白璧一双⑱。

（辑自〔清〕贾应鸿《锦香楼诗稿》卷五）

【注释】

①双桐：浙江浦江郑宅镇前店村旭升堂东侧双桐书屋前的两株梧桐树，为王龄手植。他曾为双桐书屋绘图征诗，一唱众和，编为《双桐书屋诗》两卷。

限双字：规定只能押双字所在的"三江"韵。

②贾应鸿（1762—1832）：字志飞（按，《礼记·曲礼上》"前有车骑，则载飞鸿"），号貂山，又号雕珊，别号扫眉山樵，行忠三百九十二。浙江浦江白马镇旌坞村人。邑庠生。著有《锦香楼诗稿》十二卷、《拓轩乐余诗稿》十卷，汇编《百朋集》。

③峄阳：峄山南坡。所生梧桐是制琴的上好材料，称峄阳孤桐。语出《尚书·夏书·禹贡》："厥贡惟土五色，羽畎夏翟，峄阳孤桐。"

崆峣 [yáng]：山峻貌。

④龙门百尺：语出〔西汉〕枚乘《七发》："客曰：'龙门之桐，高百尺而无枝。'"

⑤埜园：位于浙江浦江郑宅镇前店村旭升堂之东，双桐书屋之北。

⑥深溪：溪名。发源于浙江浦江金芙蓉山西麓，流经郑宅镇西部。王氏世居于此，称深溪王氏。详见本书《王继旦传》。

淙：〔清〕汤文璐编《诗韵合璧》，属"三江"韵。故押韵。

⑦兰庭：位于浙江浦江郑宅镇前店村旭升堂东面，紧靠埜园和双桐书屋，系王氏的私家庄园。

精舍：学舍、书斋。此处指双桐书屋。

⑧梅岭：即黄梅岭，位于浙江浦江郑宅镇前店村旭升堂西侧里许。

⑨幡幢：指帐幕、伞盖、旌旗。

⑩釭 [gāng]：灯。

⑪引凤曲：形容琴声优美动听。典出〔西汉〕刘向《列仙传》卷上："萧史者，秦穆公时人也。善吹箫，能致孔雀白鹤于庭。穆公有女，字弄玉，好之，公遂以女妻焉。日教

弄玉作凤鸣，居数年，吹似凤声，凤凰来止其屋。公为作凤台，夫妇止其上，不下数年。一旦，皆随凤凰飞去。"

⑫蹲：并足而立。

⑬孙枝：从树干上长出的新枝。参见〔明〕杨升庵《丹铅总录·花木》："凡木本实而末虚，惟桐反之。试取其小枝削之，皆坚实如蜡，而其本皆虚。故世所以贵孙枝者，贵其实也。"

⑭七松五柳：指隐者宅中的树木。七松，典出《新唐书·郑薰传》："（郑薰）既老，号所居为隐岩，莳松于庭，号'七松居士'云。"五柳，典出〔东晋〕陶潜《五柳居士传》："宅边有五柳树，因以为号焉。"

⑮琴筑：古代的一种弦乐器，像琴，有十三根弦，用竹尺敲打。

击石：敲击石磬。语出《尚书·虞书·益稷》："予击石拊石，百兽率舞。"

⑯爨〔cuàn〕下：灶下。

⑰惷：同"蠢"。据〔清〕汤文璐编《诗韵合璧》，惷属"三江"韵，丑江切。故押韵。

⑱玎玱：象声词，为金属撞击发出的声音。据〔清〕汤文璐编《诗韵合璧》，玱属三江韵，仓江切，故押韵。

⑲苍圭：上尖下方的黑色玉器，为古代帝王诸侯在举行典礼时手持。比喻荣华富贵。

白璧：平圆形而中有孔的白玉。典出《史记·项羽本纪》："我持白璧一双，欲献项王，玉斗一双，欲与亚父。"意谓贵重的器物。

双桐诗①

黄绣裳②

嘉树生高馆，青阴满绮窗。月明人对坐，双影又添双。春雨诗情好，炎风玉韵玱③。秋深还剪烛④，一叶下银钉⑤。忆君初手植，抱瓮近雕窗⑥。拱把今如此⑦，惭予亦老庞⑧。金井悲先落⑨，龙门未肯降⑩。何如佳弟子，陆海又潘江⑪。

（辑自〔清〕郑楳《浦阳历朝诗录》卷十九）

【注释】

①双桐：浙江浦江郑宅镇前店村旭升堂东侧双桐书屋前的两株梧桐树，为王龄手植。他曾为双桐书屋绘图征诗，一唱众和，编为《双桐书屋诗》两卷。

②黄绣裳：黄兆成（1764—1839），字琢轩（按，《礼记·学记》"玉不琢，不成器"），庠名绣裳，字卿服（按，绣裳，彩色下衣，古代官员礼服，与卿服字义相近），号锦堂，行和七百八。浙江浦江黄宅镇桂花明堂村人。恩贡生。

③玱：玉佩相击的声音。据〔清〕汤文璐编《诗韵合璧》，玱属"三江"韵，仓江切。故押韵。

④剪烛：形容促膝夜谈。语出〔唐〕李商隐《夜雨寄北》："何当共剪西窗烛，却话巴

山夜雨时。"

⑤银釭 [gāng]：银白色的灯盏、烛台。

⑥抱瓮：比喻安于拙陋的淳朴生活。详见本书〔清〕郑祖涝《寿王埜园六十（二首）》。

⑦拱把：指径围大如两手合围。

⑧老庬：年纪老迈，眉毛黑白杂色。

⑨金井悲先落：语出〔唐〕王昌龄《长信秋词》："金井梧桐落叶黄。"

⑩龙门：山名，位于山西与陕西之间。语出〔西汉〕枚乘《七发》："龙门之桐，高百尺而无枝。"

⑪陆海又潘江：比喻学识渊博，才华横溢。语出〔南朝〕锺嵘《诗品》卷上："余常言：'陆才如海，潘才如江。'"

陆：陆机（261—303），字士衡。吴郡吴县（今江苏苏州）人。西晋文学家、书法家。

潘：潘岳（？—300），字安仁。西晋中牟（今属河南）人。为文词藻绝丽，尤长于哀诔，有悼亡诗，为世传诵。

赠王埜园明经①

郑训宇②

迁倪为写梅③，道是云中巧。渊明种菊花④，道是霜中老。埜园二者兼，雪花满头好。今年甲子周⑤，刚值阳春小⑥。菊花开正迟，梅花开正早。

（辑自〔清〕郑栿《浦阳历朝诗录》卷二十）

【注释】

①明经：唐代科举以经义取士，谓之明经。明清为贡生的别称。王龄系例贡生。

②郑训宇（1766—1835）：字辑启，一字倬元（按，《诗经·鲁颂·閟宫》"大启尔宇，为周室辅"。宇，天地；元，天。"宇""元"字义相近），号萝亭，行芳四十九。浙江浦江郑宅镇冷水塘沿村人。邑增生。著有《萝亭诗草》四卷。精儿科痘疹。一女，适郑宅镇前店村旭升堂王可在。

③迁倪：倪瓒（1301—1374），字泰宇，别字元镇（按，《周礼·大宗伯》"王执镇圭"。镇圭即天子镇抚天下之圭。〔南唐〕徐锴《说文解字系传》"瓒，亦圭也"。泰宇，天下），号云林子、荆蛮民、幻霞子。江苏无锡人。元末明初画家、诗人，"元四家"之一，工于画梅。从小家境富裕，不问政治，不事经营，自称"懒瓒"，亦号"倪迂"。

④渊明种菊花：语出〔东晋〕陶潜《饮酒》："采菊东篱下，悠然见南山。"

⑤甲子周：指六十岁。

⑥阳春小：即小阳春，农历十月。

山雨图歌为王埜园先生赋

郑训宪[①]

埜园先生住深溪[②]，溪头风月清诗脾[③]。课儿小筑芝兰室[④]，爱客新开桃李蹊[⑤]。草书落落似吴郡[⑥]，公孙剑器何浏漓[⑦]。况兼泼墨意惨淡，力追颠米扳迂倪[⑧]。赠我山雨图，磨痕晚犹湿。想见下笔时，山灵入帷泣[⑨]。愁云压谷天蒙蒙，深林百里人断踪。极目幽岩半明灭，猿啼瑟瑟回凉风。下有江水之浩淼，上有涯石之巃嵷[⑩]。苍苔古木气惨戚，怵惕魑魅愁蛟龙[⑪]。好手丹青世无数，先生水墨独奇趣。叹余癖性耽寻幽，筇竹未到心冥搜[⑫]。灵山异水道阻修，安得先生笔力遒。为写壶峤与蓬邱[⑬]，悬挂万松之层楼，扫榻朝朝恣卧游[⑭]。

（辑自〔清〕郑楳《浦阳历朝诗录》卷二十一）

【注释】

①郑训宪（1770—1803）：字辑章（按，《礼记·中庸》"仲尼祖述尧舜，宪章文武"），号景山，又号约斋，行芳七十六。浙江浦江郑宅镇冷水塘沿村人。邑廪生。著有《约斋诗稿》八卷、《义门古迹诗》。

②深溪：溪名。发源于浙江浦江金芙蓉山西麓，流经郑宅镇西部。王氏世居于此，称深溪王氏。详见本书《王继旦传》。

③诗脾：诗思。

④课儿：教育督促儿子读书。

芝兰室：语出《孔子家语·六本》："与善人居，如入芝兰室，久闻不知其香，即与之化矣。"比喻贤士所居。

⑤桃李蹊：比喻吸引众人奔趋的地方。语出《史记·李将军列传》："谚曰：'桃李不言，下自成蹊。'此言虽小，可以谕大也。"

⑥吴郡：东汉永建四年（129）始置，治所在吴县（今江苏苏州姑苏区）。这里指唐代吴县书法家张旭（约685—约759），字伯高，一字季明，擅长草书，喜欢饮酒，世称"张颠"。

⑦公孙剑器何浏漓：语出〔唐〕杜甫《观公孙大娘弟子舞剑器行·并序》："开元三载（715），余尚童稚，记于郾城观公孙氏，舞剑器浑脱，浏漓顿挫，独出冠时。"浏漓，流利飘逸貌。此处比喻王龄的书法风格飘逸。

⑧颠米：米芾（1051—1107），本名黻〔fú〕，字元章（按，《礼记·月令》"黼黻文章必以法故，无或差贷"）。湖北襄阳人。北宋徽宗诏为书画学博士，爱石成癖，行止违世脱俗，偶傥不羁，世称"米颠"。又称米襄阳、米南宫。

迂倪：倪瓒（1301—1374），字泰宇，别字元镇，号云林子、荆蛮民、幻霞子。江苏无锡人。元末明初画家、诗人，"元四家"之一，工于画梅。从小家境富裕，不事经营，自称"懒瓒"，亦号"倪迂"。

⑨山灵入帷泣：化用〔唐〕杜甫《寄李十二白二十韵》："笔落惊风雨，诗成泣鬼神。"

比喻诗文具有强烈的感染力。

⑩巃嵸〔lóng sǒng〕：峻拔高耸。

⑪怵惕：恐惧警惕。

魑魅〔chī mèi〕：古代神话传说中的山神，也指山村中害人的鬼怪。

⑫筇竹：用筇竹所制的手杖。

⑬壶峤〔qiáo〕：蓬壶、员峤，为传说中的东海仙山。

蓬邛〔qióng〕：蓬莱、邛崃。蓬莱为传说中的东海仙山；邛崃为山名，在今四川荥经，亦有仙山之称。

⑭扫榻：打扫床榻，迎接客人。典出《后汉书·徐稚传》："（陈）蕃在郡不接宾客，惟（徐）稚来特设一榻，去则县之。"

卧游：指以欣赏山水画、游记、图片等方式代替游览。典出《宋书·宗炳传》："（宗炳）有疾还江陵，叹曰：'老疾俱至，名山恐难遍睹，唯当澄怀观道，卧以游之。'凡所游履，皆图之于室。"

王埜园先生龄六十寿诗三十六韵

张可宇①

薄俗夸浮靡，群情竞险巇②。有人尘不染，古道力能追。胸旷闲愁释，神清乐事宜。辋川工作画③，逸少妙裁诗④。逸格希陶令⑤，芳踪慕戴逵⑥。春花何旖旎⑦，秋色爱离披⑧。煮得青精饭⑨，欹来白接䍦⑩。锦树分题日⑪，黄花醉酒时⑫。兰庭幽径辟⑬，桐砌绿阴移。不才膺痼疾⑭，未获拜书帷⑮。

忆昔莱衣著⑯，常依孟母慈⑰。柏舟标劲节⑱，雪竹挺芳姿。百尺贞珉勒⑲，孤心魏阙知⑳。无端萱草悴㉑，怆甚蓼莪悲㉒。崔九初营葬㉓，皋鱼始脱衰㉔。忽成炊臼梦，忍效鼓盆痴㉖。夜雨衾如铁，秋风镜网丝。鸾胶今再续㉗，鸳翼正连枝。挹露朝锄韭，看云暮蓻葵。近闻折腰脊㉘，只喜断须髭㉙。韦柳真吾友㉚，荆关讵足师㉛。

为逢佳岁月，转溯旧交期。早岁金兰契㉜，先人骖靳随㉝。芹宫曾把袂㉞，蟾窟代拈著㉟。往往来崖畔，年年卧水湄㊱。虎头齐建垒㊲，蚕尾屈降旗㊳。珠玉飞缄赠，丹青遗仆贻。至今存墨迹，犹自宝山陲。

太息沧桑变，徒增涕泪滋。形骸君矍铄㊴，筋力我衰羸。幸托葭莩谊㊵，频劳寤寐思㊶。凫鸥方淡宕㊷，骐骥况权奇㊸。云际腾双凤，林间咏七鸤㊹。

今年周甲子㊺，健在见须眉。柳冻舒芽早，梅寒放蕊迟。深溪波浙沥㊻，萝岫树参差㊼。应有新吟就，全凭秃管驰㊽。冰桃分座客㊾，玉醴荐蓬池㊿。郢客阳春奏，巴词牧笛吹㉛。一言还许否？愿乞九光芝㉜。

（辑自〔清〕张可宇《琴轩鼠璞》）

【注释】

①张可宇（1770—1824）：字君有（按，《旧唐书·长孙无忌传》"遂得廓清宇内，君

临天下"），号蔼堂，行新三百五十。浙江浦江郑宅镇马鞍山村人。例贡生。在青萝山下筑四层楼过云楼，以诗会友，吟咏不辍。著有《琴轩鼠璞》四卷、《琴轩外编》四卷。

②险巇［xī］：形容山路危险。

③辋川：位于陕西蓝田以南十余里。唐初诗人宋之问的别业，后被王维购得。此处代指王维，他系文人画的先驱。

④逸少：王羲之（303—361，一作321—379），字逸少。琅琊（今山东临沂）人，后迁会稽山阴（今浙江绍兴），晚年隐居剡县（今浙江嵊州）。东晋书法家，有书圣之称。东晋永和九年（353）三月初三上巳日，偕亲朋谢安、孙绰等，在绍兴兰亭修禊后，举行饮酒赋诗的曲水流觞，写下千古名篇《兰亭集序》。

⑤陶令：指东晋田园诗人陶潜，曾任彭泽令，故称。

⑥戴逵（326—396）：字安道（按，〔北魏〕于子建《武德郡建沁水石桥记》"颇是一都之要害，实为三魏之逵道"）。谯郡铚县（今安徽濉溪）人。东晋隐士。博学多才，善于鼓琴，工绘画。典出〔南朝宋〕刘义庆《世说新语·任诞》："王子猷居山阴，夜大雪……忽忆戴安道。时戴在剡，即便夜乘小舟就之。经宿方至，造门不前而返。人问其故，王曰：'吾本乘兴而行，兴尽而返，何必见戴！'"

⑦猗旎：柔和美丽。

⑧离披：盛貌；多貌。

⑨青精饭：即立夏吃的乌米饭。相传为道家太极真人所制，吃了可延年益寿。

⑩欹［qī］来白接䍦［lí］：以白鹭羽装饰的帽子歪向一边。形容醉酒或醉态。典出〔南朝宋〕刘义庆《世说新语·任诞》："山季伦为荆州，时出酣畅，人为之歌曰：'……复能乘骏马，倒著白接䍦。'"欹，同"敧"，倾斜。接䍦，插着白鹭羽毛的帽子。

⑪锦树：唐代杜甫所作的《锦树行》，开头四句是"今日苦短昨日休，岁云暮矣增离忧。霜凋碧树待锦树，万壑东逝无停留"，感叹人生苦短，充满离愁别绪。

分题：旧时作诗方式之一。若干人相聚，分拈题目赋诗，称分题，亦称探题。

⑫黄花醉酒：即白衣送酒的典故。借以咏菊花、饮酒等。详见本书〔清〕郑祖涝《次王埜园明经龄暮春秋菊盛开元韵》。

⑬兰庭：位于浙江浦江郑宅镇前店村旭升堂东面，紧靠埜园和双桐书屋，系王氏的私家庄园。

⑭膺：接受，此处指患病。

痼疾：久治不愈的病。这里指爱好山水成癖。典出《旧唐书·隐逸传·田游岩》："臣泉石膏肓，烟霞痼疾，既逢圣代，幸得逍遥。"

⑮书帏：书斋的帏帐。借指书斋。

⑯莱衣：即老莱舞衣。形容子女孝顺父母。详见本书〔清〕朱兴悌《深溪王氏〈旌节编〉序》。

⑰孟母：孟子之母，以教子有方而闻名。详见本书〔清〕周璠《旌节王母黄太孺人诗序（附节孝四言诗十章）》。

⑱柏舟：意谓夫死矢志不嫁。详见本书〔清〕朱兴悌《深溪王氏〈旌节编〉序》。

⑲贞珉：石刻碑铭的美称。

勒：刻。

⑳魏阙：宫门上巍然的观楼，其下常悬挂法令，后用作朝廷的代称。此处指王龄母亲黄氏受到朝廷旌表。

㉑萱草：指母亲的居室，喻指母亲。

㉒蓼莪：系《诗经·小雅》的一篇。"蓼蓼者莪，匪莪伊蒿。哀哀父母，生我劬劳"，抒发不能终养父母的哀痛之情。蓼蓼，长又大的样子。莪，一种草，即莪蒿。

㉓崔九：典出《北史·崔逞传》："崔九作孝，内吹即倒。"崔九即北魏时期崔子约，其为母亲守孝，哀毁骨立。此处指王龄对亡母黄氏的哀痛。

㉔皋鱼：比喻人子不及养亲。典出〔西汉〕韩婴《韩诗外传》卷九："孔子行，见皋鱼哭于道旁，辟车与之言曰：'子非有丧，何哭之悲也?'皋鱼曰：'……树欲静而风不止，子欲养而亲不待也。往而不可追者，年也；去而不可见者，亲也。吾请从此辞矣。'立槁而死。"

脱衰〔cuī〕：脱下丧服。

㉕炊臼梦：梦见在石臼里做饭。形容夫妻死别。典出〔唐〕段成式《酉阳杂俎·梦》："贾客张瞻将归，梦炊于臼中，问王生。生曰：'君归，不见妻矣。臼中炊，固无釜（"无釜"谐音"无妇"）也。'贾客至家，妻果卒已数月。"

㉖鼓盆痴：敲瓦罐子的痴人。后指丧妻。典出《庄子·外篇·至乐》："庄子妻死，惠子吊之，庄子则方箕踞鼓盆而歌。"

㉗鸾胶：传说中的一种胶，能把弓弦断处粘在一起。比喻续娶后妻。典出《汉武外传》："西海献鸾胶，武帝弦断，以胶续之，弦两头遂两著。终日射，不断。"

㉘折腰脊〔lǚ〕：即折腰体。一首诗中，绝句的第三句，律诗的第三句及第五句，都是腰，如果上联的对句与下联的出句平仄失黏，使上下两联如同中腰折断，故名折腰体。

㉙断须髭：即拈断髭须。形容写诗时反复推敲的情态。

㉚韦柳：中唐诗人韦应物、柳宗元的并称。两人诗格相近，皆受到陶渊明、谢灵运诗歌的影响。

㉛荆关：五代画家荆浩、关仝的并称。两人属北方画派，作品沉郁雄浑，气势宏大，尽显北方山河的雄奇。

㉜金兰契：形容友情深厚，相互契合。语出《周易·系辞上》："二人同心，其利断金。同心之言，其臭如兰。"

㉝骖靳〔cān jìn〕：比喻前后相随。语出《左传·定公九年》："（王）猛笑曰：'吾从子如骖之靳。'"〔西晋〕杜预注："靳，车中马也。（王）猛不敢与（东郭）书争，言己从（东郭）书如骖马之随靳也。"靳，驾辕的服马。

㉞芹宫：指学宫、学校。语出《诗经·鲁颂·泮水》："思乐泮水，薄采其芹。"

把袂：拉住衣袖，表示亲昵。

㉟蟾窟：犹蟾宫。

拈蓍：用蓍草占卜。

㊱水湄：水边、水岸、水跟岸之间亦水亦岸亦草之地。

㊲虎头齐建垒，虿尾屈降旗：形容雄健的块面，排列成垒状，遒劲的线条，其势横扫

军旗。虎头，形容笔势雄健。虿［chài］尾，蝎子的尾巴。形容行书笔势劲挺。语出北宋时期的《宣和书谱》卷十二："作字尤善行书，如银钩虿尾，脱去妩媚。"

㊳珠玉：比喻美好的诗文。

㊴矍铄：形容老人目光炯炯，精神健旺，老而强健。详见本书〔清〕郑祖涝《寄怀王埜园三十韵》。

㊵葭莩谊：比喻关系疏远。葭莩，芦苇杆内壁的薄膜。作者张可宇与王龄的妻子，同属龙溪张氏八甲派。

㊶寤寐思：白天黑夜总是思念。语出《诗经·国风·周南·关雎》："求之不得，寤寐思服。"寤，醒觉。寐，入睡。

㊷兔鸥：典出《列子·黄帝》："海上之人有好鸥鸟者，每旦之海上，从鸥鸟游，鸥鸟之至者百数而不止。其父曰：'吾闻鸥鸟皆从汝游，汝取来，吾玩之。'明日之海上，鸥鸟舞而不下也。"比喻人有机心。此处反用典故，指没有机心。

淡宕：散淡，悠闲自在。

㊸骐骥况权奇：比喻人才出众。语出〔北宋〕陈襄《病骥》："骐骥出大野，天姿非权奇。"骐骥，千里马的别称。权奇，良马善行。

㊹七鸤［shī］：比喻王龄的七个儿子。语出《诗经·国风·曹风·鸤鸠》："鸤鸠在桑，其子七兮。"鸤鸠，布谷鸟。旧说布谷鸟有七子，早晨喂食从头到尾，下午喂食从尾到头，均平如一。

㊺周甲子：一个甲子，指六十岁。

㊻深溪：溪名。发源于浙江浦江金芙蓉山西麓，流经郑宅镇西部。王氏世居于此，称深溪王氏。详见本书《王继旦传》。

淅沥：象声词，形容轻微的风雨声、落叶声等。

㊼萝岫：即青萝山。位于浙江浦江郑宅镇马鞍山村北侧。海拔134米。元末宋濂曾在青萝山南麓建青萝山房，遗址尚存。张可宇是马鞍山村人。

㊽秃管：犹秃笔。

㊾冰桃：传说西王母曾多次降临人间，给西汉武帝带来许多礼物，其中就有冰桃。

㊿玉醴：甘泉。传说中的美酒。

蓬池：即蓬莱池。

51郢客阳春奏，巴词牧笛吹：比喻高深的文学艺术和通俗的文学艺术。典出〔战国楚〕宋玉《对楚王问》："客有歌于郢中者，其始曰《下里》《巴人》，国中属而和者数千人……其为《阳春》《白雪》，国中有属而和者不过数十人。"

52九光芝：仙药名。语出〔东晋〕葛洪《抱朴子内篇·仙药》："七明九光芝……有七孔者，名七明，九孔者名九光。光皆如星，百余步内，夜皆望见其光。其光自别，可散不可合也。"

兰庭双桐应王埜园嘱①

张可宇②

天然书屋远纷庞③，况有梧桐翠作幢④。疏雨晓来烟漠漠，空庭夜到影双双。高风好继槐三树⑤，秋色香分菊一窗。病起闻君弹绿绮⑥，挥弦欲和未成腔。

（辑自〔清〕张可宇《琴轩鼠璞》）

【注释】

①兰庭：位于在浙江浦江郑宅镇前店村旭升堂东面，紧靠埜园和双桐书屋，系王氏的私家庄园。

双桐：浙江浦江郑宅镇前店村旭升堂东侧双桐书屋前的两株梧桐树，为王龄手植。他曾为双桐书屋绘图征诗，一唱众和，编为《双桐书屋诗》两卷。

②张可宇（1770—1824）：字君有，号蔼堂。浙江浦江郑宅镇马鞍山村人。例贡生。

③纷庞：众多，杂乱。

④幢：古代旗帜一类的东西。

⑤槐三树：即三槐。语出《周礼·秋官·朝士》：“面三槐，三公位焉。”后比喻三公。据《宋史·王旦传》：“（王）祐手植三槐于庭，曰：‘吾之后世，必有为三公者，此其所以志也。’”因以“三槐”为王氏的代称。

⑥绿绮：古琴样式，一说为古琴别称。传闻西汉司马相如得“绿绮”，名噪一时，遂成古琴的别称。

题双桐书屋诗呈家埜园先生①

王祖逢②

一院桐阴拥翠幢③，兰庭对植远纷咙④。明知老干材无偶，偏苗孙枝美获双⑤。宿凤云中分玉砌⑥，谈鸡月下共雕窗⑦。两株好入先生画（先生工画山水兼精松竹），妙景都凭笔力扛⑧。

（辑自〔清〕郑楸《浦阳历朝诗录》卷二十一）

【注释】

①双桐书屋：浙江浦江郑宅镇前店村旭升堂东侧双桐书屋前的两株梧桐树，为王龄手植。他曾为双桐书屋绘图征诗，一唱众和，编为《双桐书屋诗》两卷。

②王祖逢（1777—1836）：字维舟，号春江（按，〔唐〕李中《维舟秋浦，逢故人张矩同泊》“卸帆清夜碧江滨，冉冉凉风动白苹”），行启七百七十五。浙江浦江郑宅镇樟桥头村人。邑庠生，著有诗稿。

③幢：古代旗帜一类的东西。

④兰庭：位于浙江浦江郑宅镇前店村旭升堂东面，紧靠埜园和双桐书屋，系王氏的私家庄园。

纷哤〔máng〕：语言杂乱。

⑤孙枝：从树干上长出的新枝。语出〔明〕杨升庵《丹铅总录·花木》："凡木本实而末虚，惟桐反之。试取其小枝削之，皆坚实如蜡，而其本皆虚。故世所以贵孙枝者，贵其实也。"此处指王龄的子孙成才。

⑥玉砌：用玉石砌的台阶。

⑦谈鸡：意谓善于言谈。典出〔南朝宋〕刘义庆《幽明录》："晋兖州刺史沛国宋处宗，尝买得一长鸣鸡，爱养甚至，恒笼著窗间；鸡遂作人语，与处宗谈论，极有言致，终日不辍。处宗因此言功大进。"

⑧笔力扛：形容笔力雄健。语出〔唐〕韩愈《病中赠张十八》："龙文百斛鼎，笔力可独扛。"

双桐诗为王埜园先生作 (二首)①
张可煦②

梧桐竞秀翠如幢③，分得槐阴罩绿窗。爱尔交柯横玉砌④，有人独坐对银釭⑤。十年风月心相契，百尺云霄势未降。尽有高枝召凤集，看他翙羽亦双双⑥。

龙门移植倚高庞⑦，空井吟余此亦双。散却云阴连一榻，谱来琴曲自同腔。清风交引通虚阁，秋信谁先报晓窗。剪叶分题高会在⑧，寻盟曹桧愧非邦⑨。

（辑自〔清〕郑楳《浦阳历朝诗录》卷二十）

【注释】

①双桐：浙江浦江郑宅镇前店村旭升堂东侧双桐书屋前的两株梧桐树，为王龄手植。他曾为双桐书屋绘图征诗，一唱众和，编为《双桐书屋诗》两卷。

②张可煦（生卒年不详）：字承育（按，〔唐〕方干《除夜》"煦育诚非远，阳和又欲升"），号春圃。浙江浦江人。邑庠生。大约生活于清乾隆、嘉庆年间。

③幢：古代旗帜一类的东西。

④交柯：交错的树枝。

⑤银釭〔gāng〕：银白色的灯盏、烛台。

⑥翙〔huì〕：鸟飞的声音。

⑦龙门：山名，位于今山西与陕西之间。语出〔西汉〕枚乘《七发》："龙门之桐，高百尺而无枝。"

高庞：高屋大厦。

⑧分题：旧时作诗方式之一。若干人相聚，分找题目赋诗，称分题，亦称探题。

⑨曹桧愧非邦：比喻不成气候。语出〔北宋〕黄庭坚《子瞻诗句妙一世，乃云效庭坚体，盖退之戏效孟郊、樊宗师之比，以文滑稽耳。恐后生不解，故以韵道之》："我诗如曹桧，浅陋不成邦。"周代曹国、桧国属小诸侯国，因此《诗经·国风》只分别收录曹风、桧风各四篇。

跋梦九家藏王成广先生手卷后①

昔李叔詹尝识一范阳山人②，停于私第。一日，请后厅上掘地为方丈③，深尺余，泥以麻灰④，日汲水满之。候水不耗，具丹青墨砚，先援笔叩齿良久⑤，乃纵毫水上，就视，但水色浑浑。经日，拓以致绢四幅⑥。食顷，举观之，古石、松竹、人物、屋木，无不备。此水画也⑦。

今阅斯卷，则古木、怪石、深岩、远岫、溪亭、桥舫⑧，布置森列，一一皆意在笔先，神余墨外，使木石有灵，岩宿雾，岫兴云，一日间恍闻玉女捣衣、孙郎长啸⑨，其气韵生动，不啻范山之水画也⑩。

想成广氏亦扣齿良久，然后纵毫乃尔⑪。王摩诘自许为前身老画师⑫，吾请为子信。有此卷者，亦成广之叔詹也。

桐庐　陆晖山⑬

学画数年，风云入梦，有会斯作，真山水佳耶？画山水佳耶？自笑此有情痴，无由解脱。年来跋涉风尘，山川映发，历历在目。归家后，犹作卧游清溪白石间。必偕二三旧友，衔杯赋诗，兴到，泼墨淋漓，所谓"自适其适，而非适人之适"者也⑭。深溪王先生⑮，其以画为乐耶？抑别有会心而寄也。展阅之余，为之神往。因题数语，结他年翰墨缘，不知先生其许我否。

重重水墨戏青山，山外人家云水湾。自是胸中有佳趣，不教闲事到柴关⑯。

东涧书声西涧琴，声声相得有知音。而今悟到无声处，流水村桥写远心。

东安　陆介眉⑰

（辑自清同治辛未年续修《深溪义门王氏宗谱》卷九）

【注释】

①王成广：王守昞（1727—1801），字成广，号舟田（按，《集韵》"田十亩曰昞"，故称广。"昞"字拆分为"舟""田"二字），行芳四百四十七。浙江浦江郑宅镇寺口村人。府增生，治《诗经》，擅绘画，工山水。清乾隆四十一年（1776），时任浙江学政的陕西韩城人王杰称赞他的字画"得虎头（东晋画家顾恺之的小字）元章（北宋书画家米芾的字）三昧"。曾为清《乾隆浦江县志》绘图，线条流畅，气韵生动。

手卷：国画装裱中横幅的一种体式。以能握在手中顺序展开阅览得名。因幅度特点为长，故又称长卷。

②范阳山人：典出〔唐〕段成式《酉阳杂俎·艺绝》："李叔詹尝识一范阳山人，停于私第……止半年，（范阳山人）忽谓李曰：'某有一艺，将去，欲以为别，所谓水画也。'乃请后厅上掘地为池，方丈，深尺余，泥以麻灰，日汲水满之。候水不耗，具丹青墨砚，先援笔叩齿，良久，乃纵笔水上，就视，但见水色浑浑耳。经二日，拓以致绢四幅。食顷，举出观之，古松、怪石、人物、屋木，无不备也。"

③方丈：一丈见方的水池。

④泥：涂。

⑤叩齿：即上下牙相击。

⑥致绢：细绢。

⑦水画：也称为水拓画、拓墨画、无笔画。就是用容器装满水，对水进行处理后，在水上点滴墨色，利用水的张力，使其颜料在水面上形成画面，将其有吸水性的画纸铺于水面，水面墨色被吸收的一种画法。

⑧岫：山。

⑨玉女捣衣：典出〔南朝梁〕任昉《述异记》："捣衣山，一名灵山，在琅琊郡。山南绝险，岩有方石，昔有神女于此捣衣，其石明莹，谓之玉女捣练碪。"

孙郎长啸：晋代隐士孙登长啸事。后用为游逸山林、长啸放情的典故。详见本书〔清〕郑祖涝《寄怀王埜园三十韵》。

⑩不啻：不止。

范山：范阳山人。

⑪乃尔：如此。

⑫王摩诘：王维（701—761，一说699—761），字摩诘，号摩诘居士。河东蒲州（今山西运城）人。唐朝诗人、画家。晚年隐居辋川，写《偶然作（六首）》："宿世谬词客，前身应画师。"

⑬陆晖山（生卒年不详）：浙江桐庐人。大约生活于清乾隆、嘉庆年间。

⑭自适其适，而非适人之适：意谓做人要追求自我舒适，而不是为了人家的舒适。语出《庄子·骈拇》："夫适人之适，而不自适其适，虽盗跖与伯夷，是同为淫僻也。"

⑮深溪：溪名。发源于浙江浦江金芙蓉山西麓，流经郑宅镇西部。王氏世居于此，称深溪王氏。详见本书《王继旦传》。

王先生：指王龄。

⑯柴关：柴门，犹寒舍。

⑰东安：新登县（民国初年由新城县更名，今浙江杭州富阳区新登镇）古称东安，寓意祈使东吴地区平安。

陆介眉（生卒年不详）：字远山（按，〔西汉〕刘歆《西京杂记》"（卓）文君姣好，眉色如望远山"）。浙江新城（今杭州富阳区新登镇）胥口鲁家村人。恩贡生。大约生活于清乾隆、嘉庆年间。工诗歌，善画山水。

王镐妻张氏、黄氏

王镐（1788—1845），字仲有，号维京，行昆二百廿四。浙江浦江郑宅镇前店村旭升堂第五世。系王志枫庶子，娶浦阳街道石马村张一蠢幼女（1786—1810），生二女；继娶黄氏（1787—1838），生王可超、王可枢、王可楣、王可槐四子，六女；再娶应氏（1814—1854）。

昆二百廿四张氏黄氏安人合墓图①

右石塯源寺后山风水图②。龙自淡竹岭来③，行二十余里，起一主星④，未过中顶，从肩臂出。脉两旁分出护带⑤，顶下胸腹间泡突起伏⑥，皆有暗翼贴体⑦。复起一禄存土星⑧，跌断⑨，甲字过峡⑩，峡旁夹护，作左右关城。起贪狼⑪，少祖微矬微平⑫，落脉从隐八字又口出⑬。行半里许，起武曲星⑭，跌断，辰字过峡。再行半里许，又起巨门星⑮，复跌断，辰字过峡，转折变化。一里许，又起武曲星，复跌断，丙字过峡。又行半里许，特起武曲，穴山西边自分龙虎垂头矬⑯，下纯阳大面矬，前泛起球檐⑰，结正窝穴⑱，穴前贴身两砂向内紧抱⑲，元辰水出庚方⑳，以石母岭作关锁㉑。

道光十年三月十一日未时㉒，作甲山庚向㉓，葬予先妻张氏。道光十八年九月初八日午时㉔，继娶黄氏合葬于是。

今值修辑宗谱，因刻图，并作弁言以记之㉕。

道光二十四年甲辰仲夏月㉖　仲有自识㉗
（辑自清同治辛未年续修《深溪义门王氏宗谱》卷十四）

【注释】

①昆二百廿四：王镐的行第。

②右：清同治辛未年续修《深溪义门王氏宗谱》繁体竖排，文字说明的右边原有墓图，故称"右"。

石塯源：又名厚大溪。发源于浙江浦江郑宅镇淡竹岭南麓，流经蒙山、陈山、东畈、堂头、横溪、地畈、上新屋、前店、秧田、上郑、黄宅镇达塘、前陈等村，至下宦村东北注入浦阳江。全长16.8公里，流域面积22.75平方公里。

寺后山：位于浙江浦江郑宅镇铁炉下村北侧。

③龙：风水学上指连绵不断、起伏盘旋的山峦、峰岭。

淡竹岭：位于浙江浦江中余乡坪上村与郑宅镇交界处。海拔444米。

④主星：唐代风水宗师杨筠松认为，天星下照，地上成形。与天上主星相对应的是地上的主山，也称穴星山，即墓穴后面的靠山。

⑤护带：由少祖山、父母山垂下来朝真龙出脉的明砂。

⑥泡突：又名泡穴。风水学术语。指穴里顶上微微突起之穴，高山茅地皆生，而以平地为多。

⑦暗翼：在穴场之下，两旁肩肋上生微茫小砂，轻薄贴身如蝉翼。

⑧禄存土星：即禄存星，五行属土，故称。系北斗第三星，与之相对应的山峰顶圆体方而多枝脚。

⑨跌断：指龙脉落至最低处。

⑩过峡：指两山相夹（交接），从间经过。风水师手捧罗盘，站在过峡的最窄处，面向穴场，测定过峡的方位。罗盘指向甲字，即为"甲字过峡"。下文的"丙字过峡""辰字过峡"亦然。

⑪贪狼：北斗第一星，与之相对应的山峰形状如出土之笋。

⑫少祖：即少祖山。是太祖山发脉之后，再冲起的高山，介于太祖山与穴山之间。少，原作"小"，误。

矬［cuó］：矮小。

平：原作"坪"，误。

⑬落脉：绵延的山脉延续到尽头后，山势降落，开始结穴。

八字：星辰结穴，岭上第一分水是大八字，入手再分，名小八字。

叉：原作"乂"，形近而误。

⑭武曲星：北斗第六星，与之相对应的山峰形如大钟覆地，圆中微方，高大端正，上下一体，无枝脚。

⑮巨门星：北斗第三星，与之相对应的山峰高大方正，无枝脚，少关峡，但周遭护卫甚多。

⑯穴山：葬坟的山。

龙虎垂头：指墓穴左右的青龙、白虎两座山峰，低头俯伏，山势渐向穴场下垂，迎受墓穴。

⑰球檐：化生脑（主山山顶前之微突连于山顶者）的边唇。因化生脑圆似球，其边唇故名球檐。

⑱窝穴：指龙脉风水局中，穴场中心圆晕处，有稍微的凹窝。

⑲砂：墓穴前后左右环抱的峰峦。

⑳元辰水：指龙虎砂之内，穴前合襟处之水。辰，原作"神"，浙江浦江方言中同音。

庚方：正西偏南方向。

㉑石母岭：位于浙江浦江郑宅镇铁炉下村东。

㉒道光十年：1830 年。

未时：对应现代时间的 13 时至 15 时。

㉓甲山庚向：坐正东偏北，向正西偏南。据风水理论，葬甲山庚向的坟墓，右水到左，水出庚方，左水细小，主大富贵，人丁兴旺。

㉔道光十八年：1838 年。

午时：对应现代时间的 11 时至 13 时。

㉕弁［biàn］言：前言，引言。因冠于篇卷的前面，故称弁言。弁，古代男子戴的一种帽子。引申为加冠头，放在前面。

㉖道光二十四年甲辰：1844 年。

㉗仲有：王镐的字。

王可仪暨妻周氏

王可仪（1770—1843），字羽文，号味经，行弟九。浙江浦江郑宅镇前店村旭升堂第六世。系王龄长子，娶檀溪镇潘周家村周鹏翔之女（1772—1844），生思韩、王思干、王思朝、王思博四子。岁贡生，候选儒学训导，月泉书院山长。工古文，著有《味经斋诗文稿》十六卷，汇编《古文集》二十卷。

味经先生大人暨王母周太孺人七十双寿序

盖闻二首六身，岁临亥而年疑绛县①；翼昏婺旦②，月建巳而礼尚朱衣③。几瓣榴花，色映红泥之饭④；一瓢桐乳⑤，阴浮碧玉之浆。当化日之初长⑥，拂光风而益健⑦。于时绿野则参差引去，青山则偃蹇招来⑧。拓万景之图书，无非眼福；集一时之綦履⑨，都是肺交⑩。则吹竹斠蕉⑪，好醉玉山之客⑫；岂唊梨吞枣⑬，始称琼岛之仙耶。

惟我味经先生，学继青箱⑭，族分乌巷⑮；碑当弱岁，知刻瓦鸡⑯；赋览郊居，能辨雌蜺⑰；读深三壁⑱，名隽一黉⑲。由是孔珪勿惜齿牙⑳，蔡邕许传典籍㉑。春风坐处，即见庚星㉒；化雨沾余，便教坦腹㉓。以为鹄袍不烦久立㉔，龙门尽可遄登㉕。谁知席帽难离㉖，未了槐忙之愿㉗；麻衣再著，仍来棘护之场㉙。

壬午㉚，恭遇天子覃恩㉛，以明经试入成均㉜，未满志也。然玉以折磨而愈润，铁则经炼而尤坚。但见焠掌寒灯㉝，埋头古制。奋虎儿之骏猛㉞，撷螺子之菁华㉟。词源泻下水之船㊱，笔势走注坡之轴㊲。唾弃粘皮藻绘㊳，不是泥龙㊴；揣摩脱骨神奇，有如铜马㊵。而且倾豹囊之元液㊶，握麟管而翠腴㊷。凛心正笔正之箴㊸，辨二分八分之体㊹。筋惟仿柳㊺，格不簪花㊻。鹆眼频磨㊼，垦砚田而膴膴㊽；鼠须屡秃㊾，增笔冢以累累㊿。摹季海之双毫，几同渴骥；剪房村之二字，足换蹲鸥㊬。拟其书，则韩陵之石堪与语；论其文，则江水之神欲借观。两美汇为一编，半世已足千古。他如祖庙颓垣，恐豚肩之莫荐；先灵浮槽，慨马踏之未逢。执丹腰以肯堂，负黄人而问穴。事不胜书，无能赘焉。

今四月二十一日，为先生揽揆之辰㊀。时当献茧㊁，节届悬弧㊂。值齯齿之年㊃，兼齐眉之庆㊄。盖周夫人善心为窈，时挥同调之弦；而先生佳耦如仙，永佩连环之玉㊅。刘家兄弟，七业俱兴㊆；韩氏男儿，四丝并美㊇。天伦可乐，人世难逢。较胜科名，足酬素愿矣。然齿发将童，性情未雏。钱凤之精神满腹㊈，崔儦之卷帙充肠㊉。惯说蛮鱼㊊，杂诙谐而最趣；偶鸣野鹿㊋，思角逐而尤浓。王粲叶词，原同宿构；曹松合榜，岂少大年㊌。当兹七数调音㊍，先侑鹤觞之饮㊎；待到三秋协律㊏，试看雁塔之题㊐。

时龙飞大清道光十九年岁次己亥清和月上瀚之吉㊑　癸酉科选拔直隶州州判愚弟董学丰拜撰㊒

（辑自清同治辛未年续修《深溪义门王氏宗谱》卷十）

【注释】

①盖：发语词。

二首六身，岁临亥而年疑绛县：七十三岁的隐语，比喻高寿。典出《左传·襄公三十年》，春秋时晋国绛县老人"曰：'臣，小人也，不知纪年。臣生之岁，正月甲子朔，四百有四十五甲子矣。其季于今三之一也。'吏走问诸朝。师旷曰：'……七十三年矣。'史赵曰：'亥有二首六身，下二如身，是其日数也。'士文伯曰：'然则二万六千六百有旬也。'""亥"字的小篆，上二横为首，以像二万，下三"人"字，形同六字，以像六千六百六十，合计二万六千六百六十，即为七十三岁的日数。

②翼昏婺旦：指四月。语出《礼记·月令》："孟夏之月，日在毕，昏翼中，旦婺女中。"四月，太阳的位置在毕宿，黄昏，翼宿在中天；拂晓，女宿在中天。原作"婺昏翼旦"，错简。

③月建巳：指四月。古人将十二地支和十二月份相配，用以纪月。以冬至所在的十一月配子，称建子，十二月建丑，正月建寅，二月建卯，三月建辰，四月建巳，依次类推。

④红泥之饭：参见〔唐〕白居易《宿杜曲花下》："斑竹盛茶柜，红泥罨饭炉。"

⑤一瓢桐乳：桐子状如乳形，可做成瓢，用来舀水浆。

⑥化日：太阳光，借指白昼。

⑦光风：雨后初晴时的风。

⑧偃蹇：高耸。

⑨蓁履：履迹，脚印。

⑩肺交：肺腑之交，推心置腹的交谊。

⑪吹竹：吹奏笙箫等管乐器。

斟蕉：用蕉叶当杯斟酒。

⑫玉山：形容伟男的佳姿。典出〔南朝宋〕刘义庆《世说新语·容止》："山（涛）公曰：'嵇叔夜（康）之为人也，岩岩若孤松之独立；其醉也，傀俄（巍峨）若玉山之将崩。'"

⑬啖梨吞枣：吃交梨，吞火枣。二物均系道教典籍中的"仙果"。语出〔南朝梁〕陶弘景《真诰·运象篇第二》："玉醴金浆，交梨火枣，此则腾飞之药，不比于金丹也。"

⑭青箱：即青箱世业。形容代代相传的读书生活。典出《宋书·王准之传》："自是家世相传，并谙江左旧事，缄之青箱，世人谓之王氏青箱学。"

⑮乌巷：即乌衣巷，在江苏南京，是东晋士族的居住地。

⑯碑当弱岁，知刻瓦鸡：形容多才多艺。典出《晋书·戴逵传》："总角时，以鸡卵汁溲白瓦屑作《郑玄碑》，又为文而自镌之，词丽器妙，时人莫不惊叹。"

⑰赋览郊居，能辨雌蜺：形容精研声律。典出〔南朝宋〕王楙《野客丛书》卷十五："沈约制《郊居赋》，其间曰：'驾雌蜺之连蜷，泛大江之悠永。'出示王筠。（王）筠读雌蜺为雌鶂。（沈）约喜谓曰：'蜺字惟恐人读作平声。'司马温公谓非蜺字不可读为平声也，盖（沈）约赋协侧声故尔。"雌蜺，即雌霓。虹有二环，内环色彩鲜盛为雄，

名虹；外环色彩暗淡为雌，名蜺，即霓。

⑱三壁：形容图书之多。

⑲黉［hóng］：古代指学校。

⑳孔珪勿惜齿牙：比喻热心奖掖人才，提携后进。典出《南史·谢朓传》："（谢）朓好奖人才。会稽孔觊粗有才笔，未为时知。孔珪尝令草让表以示（谢）朓。（谢）朓嗟吟良久，手自折简写之，谓（孔）珪曰：'士子声名未立，应共奖成，无惜齿牙余论。'"孔珪，一作孔稚珪（447—501），字德璋，会稽山阴（今浙江绍兴）人。南朝齐骈文家。

㉑蔡邕许传典籍：比喻爱惜人才，以书相赠。典出《三国志·魏书·王粲传》："（汉）献帝西迁，（王）粲徙长安，左中郎将蔡邕见而奇之。时（蔡）邕才学显著，贵重朝廷，常车骑填巷，宾客盈坐。闻（王）粲在门，倒屣迎之。（王）粲至，年既幼弱，容状短小，一坐尽惊。（蔡）邕曰：'此王公孙也，有异才，吾不如也。吾家书籍文章，尽当与之。'"蔡邕（133—192），字伯喈（按，《诗经·大雅·卷阿》"菶菶萋萋，雝雝喈喈"。雝，通"邕"）。陈留郡圉县（今河南开封）人。东汉文学家、书法家。

㉒庚星：即长庚星。传说唐代诗人李白出生时，有长庚星入其母梦中。后用来颂扬才子降生。"星"原作"心"，音近而误。

㉓坦腹：即坦腹东床，旧作女婿的美称。详见本书〔清〕郑祖涝《后四十五黄太孺人节寿序》。

㉔鹄袍：白袍，古代应试士子所穿。

㉕龙门尽可遝登：比喻得到有名望、有权势者的援引，身价大增。也指科举时代会试得中。典出《后汉书·党锢列传·李膺传》："（李）膺独持风裁，以声名自高。士有被其容接者，名为登龙门。"〔唐〕李贤注："龙门，河水所下之口，在今绛州龙门县。辛氏《三秦记》曰：'河津一名龙门，水险不通，鱼鳖之属莫能上，江海大鱼薄集龙门下数千，不得上，上则为龙也。'"

㉖席帽：以藤席为骨架的帽子，形似毡笠，四缘垂下。语出〔北宋〕吴处厚《青箱杂记》卷二："盖国初犹袭唐风，士子皆曳袍重戴，出则以席帽自随。"

㉗槐忙：即"槐花黄，举子忙"的缩写。指科举不第。典出〔唐〕李淖《秦中岁时记》："进士下第，当年七月复献新文，求拔解，曰'槐花黄，举子忙'。"

㉘麻衣：旧时举子所穿的麻织物衣服。

㉙棘护之场：即棘闱，古代对考场、试院的称谓。唐、五代时试士，用荆棘围住试院，以防止放榜时士子喧嚣。后又用来防杜夹带传递之弊。

㉚壬午：即清道光壬午年（1822）。

㉛覃［qín］恩：广施恩泽。

㉜明经：唐代科举以经义取士，谓之明经。明清为贡生的别称。

成均：古代的大学。后泛称官设的最高学府。

㉝焠［cuì］掌：苦学者自灼其掌，以警因睡而废读。语出《荀子·解弊》："有子恶卧而焠掌，可谓能自忍矣。"

㉞虎儿之骏猛：语出〔北宋〕苏轼《虎儿》诗："於菟（老虎）骏猛不类渠，指挥

黄熊驾黑貙。”

㉟螺子：古代妇女用来画眉的一种青黑色矿物。此处指绘画的颜料。

㊱下水之船：顺流而下的船只，比喻文思敏捷。典出〔五代〕王定保《唐摭言》卷十三：“古裴廷裕，乾宁中在内庭，文书敏捷，号为‘下水船’。”

㊲注坡之轴：从斜坡上急驰而下的车轴，比喻文思敏捷。语出〔元〕刘埙《隐居通议》卷六：“杜牧之如铜丸走阪，骏马注坡。”

㊳藻绘：彩色的绣纹，错杂华丽的色彩。

㊴泥龙：泥塑龙像，古人用以祈雨，比喻无用之物。语出〔南朝梁〕庾肩吾《为南康王让丹阳尹表》：“是知策彼泥龙，不能令其逐日；乘斯流马，安可使其奔电。”

㊵铜马：青铜制成的马，比喻文风脱骨神奇。典出《后汉书·马援传》：“（马）援好骑，善别名马。于交阯得骆越铜鼓，乃铸为马式，还上之。”

㊶豹囊：豹皮做的袋子，用以藏墨，可防潮湿。语出〔唐〕冯贽《云仙杂记》卷一：“养墨，以豹皮囊，贵乎远湿。”

㊷麟管：即麟笔。孔子作《春秋》，绝笔于获麟，故称史官之笔为麟笔。

㊸凛：敬畏。

心正笔正之箴：意谓只有心正，用笔才正。语出《新唐书·柳公权传》：“帝问公权用笔法，对曰：‘心正则笔正，笔正乃可法矣。’”

㊹二分八分之体：隶书有两种形态，一种是汉隶，一种是八分体。八分体是将秦小篆割掉二分取八分，把隶书割掉八分取二分，故有二分八分之说。

㊺筋惟仿柳：形容书法挺劲有力。语出〔北宋〕范仲淹《祭石学士文》：“曼卿之笔，颜筋柳骨。”颜指颜真卿，柳指柳公权，都是唐代书法家。

㊻格不簪花：写字不用簪花格。典出〔南朝梁〕袁昂《古今书评》：“卫恒书如插花美女，舞笑镜台。”后人称书法娟秀工整者为簪花格。

㊼鸲［yù］眼：砚台上的鸲鹆眼。

㊽砚田：指砚台。文人以文墨为生，故称。

膴膴［wǔ wǔ］：膏腴，肥沃。

㊾鼠须：以老鼠胡须制作的毛笔。

㊿笔冢：书法家埋藏废笔的处所。典出〔唐〕李肇《国史补》卷中：“长沙僧怀素好草书，自言得草圣三昧，弃笔堆积，埋于山下，号曰‘笔冢’。”

(51)摹季海之双毫，几同渴骥：比喻书法笔力奔放遒劲，势不可挡。典出《新唐书·徐浩传》：“尝书四十二幅屏，八体皆备，草隶尤工，世状其法曰：‘怒猊抉石，渴骥奔泉。’”徐浩（703—782），字季海（按，出自成语“浩如烟海”），越州会稽（今浙江绍兴）人。唐代书法家。

(52)剪房村之二字，足换蹲鸱：形容书法造诣高，价格高。典出〔唐〕冯挚《仙杂记》卷三：“有人收得虞永兴与圆机书一纸，剪开字字卖之。‘砚卿’一字得麻一斗，‘鹤口’一字得铜砚一枚，‘房村’一字得芋头千头，随人好之浅深。”〔唐〕朱揆《谐噱录》：“张九龄知萧炅不学，故相调谑。一日送芋，书称‘蹲鸱’。萧（炅）答云：‘损芋拜嘉，惟蹲鸱未至耳。’”蹲鸱，大芋，因状如蹲伏的鸱，故称。

(53)韩陵之石堪与语：指好文章。典出〔唐〕张鷟［zhuó］《朝野佥载》卷六：“梁庾信从南朝初至北方，文士多轻之。（庾）信将《枯树赋》以示之，于后无敢言者。时温子升作《韩陵山寺碑》，（庾）信读而写其本。南人问（庾）信曰：‘北方文士何如?’（庾）信曰：‘唯有韩陵山一片石堪共语。’”

(54)江水之神欲借观：形容文采和书法并美。典出〔北宋〕释惠洪《冷斋夜话》卷一《江神嗜黄鲁直书韦诗》：“王荣老尝官于观州，欲渡观江，七日风作，不得济。父老曰：‘公箧中必蓄宝物，此江神极灵，当献之，得济。’（王）荣老顾无所有，惟玉麈尾，即以献之，风如故。又以端砚献之，风愈作。又以宣包虎帐献之，皆不验。夜卧念曰：‘有鲁直（黄庭坚）草书扇头，题韦应物诗曰：“独怜幽草涧边生，上有黄鹂深树鸣。春潮带雨晚来急，野渡无人舟自横。”’即取视之，惝恍之际，曰：‘我犹不识，鬼宁识之乎?’持以献之，香火未收，天水相照，如两镜展对，南风徐来，张帆一饷而济。”

(55)豚肩：猪腿。语出《礼记·礼器》：“晏平仲祀其先人，豚肩不揜（通‘掩’）豆，澣（通‘浣’）衣濯冠以朝，君子以为隘矣。”

荐：进献，祭献。

(56)浮槥［huì］：浮棺，没有安葬的棺材。

(57)马踣［bó］：比喻坟墓。据《史记·樊郦滕灌列传》：“赐爵封转为滕公……八岁卒，谥为文侯。”〔唐〕司马贞《史记索隐》引姚氏云：“《三辅故事》曰：‘滕文公墓在饮马桥东大道南，俗谓之马冢。’《博物志》曰：‘公卿送婴葬，至东都门外，马不行，踣地悲鸣，得石椁，有铭曰：“佳城郁郁，三千年见白日。吁嗟，滕公居此室。”乃葬之。’”传说西汉高祖近臣夏侯婴封滕公，死后下葬于勒铭石椁。

(58)丹雘［huò］：可供涂饰的红色颜料。语出《尚书·周书·梓材》：“若作梓材，既勤朴斫，惟其涂丹雘。”

肯堂：比喻儿子能继承父亲的事业。详见本书〔清〕张以琣《承百十三存斋公传》。

(59)黄人：上古黄帝时人宁封子。典出〔西汉〕刘向《列仙传》：“宁封子者，黄帝时人也，世传为黄帝陶正。有人过之，为其掌火，能出五色烟，久则以教封子。封子积火自烧，随烟气上下，视其灰烬，犹有其骨。”此处指先人骨殖。

问穴：寻访风水好的墓穴。

(60)揽揆之辰：生日的代称。“揽”同“览”。语出〔战国楚〕屈原《离骚》：“皇览揆余初度兮，肇锡余以嘉名。”意谓父亲观看审度我出生的日月，赐我以美名。

(61)献茧：宫中世妇蚕事结束，向后夫人行献茧礼。语出《礼记·祭义》：“岁既单矣，世妇卒蚕，奉蚕以示于君，遂献茧于夫人。”

(62)悬弧：古代风俗尚武，家中生男，则于门口挂弓一张，后因称生男为悬弧。语出《礼记·内则》：“子生，男子设弧于门左，女子设帨于门右。”

(63)齯［ní］齿：老人齿落后复生的细齿。借指老人。

(64)齐眉：即举案齐眉，形容夫妻互相尊敬。详见本书〔清〕张铎《和十八朱安人像赞》。

(65)连环之玉：典出《战国策·齐策六》：“秦始皇尝使使者遗君王后玉连环，曰：‘齐多知，而解此环不?’君王后以示群臣，群臣不知解。君王后引椎椎破之，谢秦使曰：'谨以解矣。'"比喻夫妻爱情坚固长久。

⑥刘家兄弟，七业俱兴：比喻兄弟成才。典出《晋书·刘殷传》："有七子，五子各授一经，一子授《太史公》，一子授《汉书》，一门之内，七业俱兴，北周之学，殷门为盛。"

⑥韩氏男儿，四丝并美：比喻教育有方，子女成才。典出《宋史·韩亿传》："亿性方重，治家严饬，未尝有惰容……八子，纲、综、绛、绎、维、缜、纬、缅。"韩亿的八个儿子都中进士，其中四个成为朝廷栋梁，第三子韩绛、第六子韩缜官至宰相，第五子韩维官至副宰相，第二子韩综官至知制诰。

⑥钱凤之精神满腹：比喻满腹才学。典出《晋书·温峤传》："深结钱凤，为之声誉，每曰：'钱世仪精神满腹。'（温）峤素有知人之称，（钱）凤闻而悦之，深结好于（温）峤。"钱凤（？—324），字世仪（按，《尚书·虞书·益稷》"箫韶九成，凤皇来仪"）。东晋人。助王敦叛乱，后被杀。

⑥崔儦［biāo］之卷帙充肠：比喻满腹经纶。典出《隋书·崔儦传》："每以读书为务，负恃才地。大署其户曰：'不读五千卷书者，无得入此室。'"崔儦（生卒年不详）字岐叔。清河东武城（今河北故城）人。隋易州刺史。"儦"原作"廳"，形近而误。

⑦惯说蛮鱼：常说诙谐的故事。典出〔南朝宋〕刘义庆《世说新语·排调》："郝隆为桓公南蛮参军。三月三日会，作诗，不能者罚酒三升。（郝）隆初以不能受罚，既饮，揽笔便作一句云：'娵隅跃清池。'桓（公）问：'娵隅是何物？'答曰：'蛮名鱼为娵隅。'桓公曰：'作诗何以作蛮语？'（郝）隆曰：'千里投公，始得蛮府参军，那得不作蛮语也？'"

⑦偶鸣野鹿：指鹿鸣筵。典出《新唐书·选举志上》："每岁仲冬……试已，长吏以乡饮酒礼，会僚属，设宾主，陈俎豆，牲用少牢，歌《鹿鸣》之诗，因与耆艾叙长少焉。"

⑦王粲叶［xié］词，原同宿构：比喻落笔一气呵成，好像预先构思的。典出《三国志·魏书·王粲传》："善属文，举笔便成，无所改定，时人常以为宿构。"王粲（177—217），字仲宣（按，《广韵》"粲，明也"；〔清〕段玉裁《说文解字注》"宣，明也"）。山阳高平（今山东微山）人。东汉末年文学家，"建安七子"之一。叶，和洽。宿构，预先构思、草拟，多指诗文。

⑦曹松合榜，岂少大年：比喻老年中举，大器晚成。典出〔五代〕王定保《唐摭言·放老》："天复元年，杜德祥榜，放曹松、王希羽、刘象、柯崇、郑希颜等及第……（曹）松、（王）希羽甲子皆七十余。（刘）象，京兆人；（柯）崇、（郑）希颜，闽中人，皆以诗卷及第，亦皆年逾耳顺矣。时谓'五老榜'。"曹松（生卒年不详），字梦征（按，《三国志·吴书·孙皓传》"初，（丁）固为尚书，梦松树生其腹上，谓人曰：'松字十八公也，后十八岁吾其为公乎！'卒如梦焉"）。舒州桐城（今属安徽）人，晚唐诗人。多次参加科举应试，直到唐昭宗天复元年（901）才以七十一岁高龄中进士。大年，高年，年纪大。清道光二年（1822），王可仪中岁贡生时，已届五十三岁。

⑦七数调音：中国古代的七音分别是宫、商、角、徵、羽、变宫、变徵。

⑦鹤觞：精美的酒杯。泛指美酒。

⑦协律：调和音乐律吕，使之和谐。

⑦雁塔之题：指中进士。典出〔五代〕王定保《唐摭言》卷三："进士题名，自神龙之后，过关宴后，率皆期集于慈恩塔（大雁塔）下题名。"

⑦龙飞：语出《周易·乾》："飞龙在天，利见大人。"〔唐〕孔颖达疏："若圣人有龙德，飞腾而居天位。"意谓帝王的兴起或即位。

道光十九年岁次乙亥：1839年。

清和月：农历四月。

上浣：上旬。

⑦癸酉：清嘉庆癸酉年（1813）。

直隶州：明清时直属于布政使的州，与一般隶属于府的州不同。

州判：清代知州的佐官，秩从七品。

董学丰（生卒年不详）：字秋都（按，丰，即丰京，与镐京并称"丰镐"，是西周的国都）。浙江金华人。贡生，候选直隶州州判。曾于清道光十五年至十九年（1835—1839），任浙江浦江郑宅镇东明书院山长。著有《秋都诗文集》二十六卷。

弟九味经先生七旬寿序

道光十九年正月中①，王味经先生见访三余草堂②。应喜先生至③，询其杖履与近来著述④，并道及今届七旬，将何以为先生寿。先生曰："余生辰在四月，恐亲友之届期索寿觞也⑤，及春正⑥，已觞之矣。至笔砚之事，无可为己告者，惟去冬为亲中作寿文一篇，颇切实。君曷视之⑦。"应曰："先生七旬矣。窃维应以舞勺之年⑧，初谒先生于郡城⑨，甚敬畏之。而先生因尊翁与应家大人同年入泮⑩，辄引为忘年交。恐人之索寿觞者知先生之寿，而未知先生致寿之由。请从切实二字质言之。"

先生初从盘洲老人游⑪，受诗文古文辞之学，以俊杰廉悍之才⑫，善读古人书，又善于汉篆⑬，为人性峭直，不肯随人俯仰，而自奉俭约，无取华靡。其平日宗族戚友间，无不推赤心置人腹中。此人人能道之。

而应则由以见其深者。盖善读书矣，惟尚友古人，而不慕荣利，故省门屡踏⑭，未尝以得失介怀，而知先生者未尝不为之介诸怀也。性峭直矣，善者亲之，不善者辄远避之，未尝与人忤，而人亦无从忤之也。饮食服御俭素矣⑮，一出于性之自然，未尝见人之纷华而慕之，亦未尝见人之纷华而鄙之也。于宗族亲友，是非可否，知无不言，言无不尽，而心则无他，无一毫沽名市誉心，而名誉亦未尝或失也。以为浮华之士逊其诚，朴实之士逊其淡，而淳厚直谅之中一段天真⑯，初无雕琢⑰，此真致寿之由也。

顾吾思人生寿筭长不过百年而止⑱，则耄耋期颐不足为先生祝⑲，惟是今正相见之言，曰："吾将汇平生所作钞成卷帙，以贻子孙。后日子孙有能笑我之拙，是吾所厚望也。"然则先生之志岂在于常人之寿也哉！其间诗酒之会可概置勿道。窃窥先生之不我遐弃者⑳，自以真性情之契。嗣后，或旷年一见，或隔数年不得见，见则不作寒暄一语，相视而笑，莫逆于心，具有学问气谊之意，于此惟两人知之，邑中人且不解两人之何以相契若是也。以性情相契之人而不索寿觥，可也；而无以介寿㉑，不可也。未审有知之而能言之、有言之而能切实若是者乎？先生试酌寿觥，阅之，其亦笑，谓应能言人之所不能言矣乎！

是为叙。

道光十九年春月吉旦　候选训导同学弟楼鸿应拜撰㉒

（辑自清同治辛未年续修《深溪义门王氏宗谱》卷十）

【注释】

①道光十九年：1839 年。

②三余：泛指空闲时间。语出〔三国魏〕鱼豢《魏略·儒宗传·董遇》："冬者，岁之余；夜者，日之余；阴雨者，时之余也。"

③应：指楼鸿应（1784—1849），字翔莱（按，〔南朝梁〕刘孝标《与宋玉山元思书》"窃观先生未能鸿翔鸢起，腾霞跻汉"），号陔农。浙江浦江县城人。岁贡生，候选儒学训导。清道光戊申年（1848），主浦江月泉书院讲席。曾应郑训楸之邀，与王可仪等参与编辑《浦阳历朝诗录》。著有《陔农诗草》二卷、《评辑汉唐文集》八卷。

④杖履：手杖和鞋子，都是出行时的用具，引申为足迹。

⑤寿觥：祝寿的酒杯。

⑥春正：正月。

⑦曷：何不。

⑧窃维：我以为。

应：楼鸿应自称。

舞勺之年：指男子十三至十五岁期间学习勺舞。语出《礼记·内则》："十有三年，学乐、诵诗、舞《勺》。"后指幼年。

⑨郡城：府城。指金华府城。

⑩入泮：古代学宫之内有泮水，故学宫又称泮宫。童生初入学为生员，为入泮。

⑪盘洲：周璠（1734—1803），字鲁玙，号盘洲。浙江浦江檀溪镇潘周家村人。岁贡生，海盐县学训导。

⑫廉悍：俊俏精悍。

⑬汉篆：汉代风格的篆书。

⑭省门屡踏：屡次到省里参加乡试。

⑮服御：指服饰车马器用之类。

⑯直谅：直爽、信实。语出《论语·季氏篇》："孔子曰：'益者三友，损者三友。友直，友谅，友多闻，益矣。'"

⑰初：全。

⑱寿算：寿数，年寿。算，古同"算"。

⑲耄耋：一般指八九十岁的老人。语出《礼记·曲礼上》："八十、九十曰耄。"

期颐：百岁老人。语出《礼记·曲礼上》："百年曰期，颐。"期，原作"斯"，形近而误。

⑳遐弃：远相离弃。

㉑介寿：祝寿。

㉒候选：清制，内自郎中，外自道员以下官员，凡初由考试或捐纳出身，及原官因故开缺依例起复，皆须赴吏部报到，开具履历，呈送保结。吏部查验属实，允许登记后，听候依法选用，称候选。

训导：即儒学训导。明清两朝的府学、州学、县学都设此官，职责为协助教授、学正、教谕教诲生徒。秩从八品。

灯下寄王羽文（可仪时丁内艰）①

郑祖涝②

风凄雨急夜漫漫，泪眼知君拭不干。门外犹疑闻鹤吊③，灯前何处觅熊丸④。三春草色悲黄壤⑤，一夕莱衣易素冠⑥。辟踊尚期哀要节⑦，阿翁堂上正辛酸⑧。

（辑自〔清〕郑祖涝《乐清轩诗钞》卷六）

【注释】

①丁内艰：指子遭母丧或承重孙遭祖母丧。此处指王可仪之母张氏去世。

②郑祖涝（1761—1830）：字和颖，号箕山，别号卧云子，又名祖芳，号姬山。浙江浦江郑宅镇枣树园村人。

③鹤吊：指吊丧。典出《晋书·陶侃传》："后以母忧去职。尝有二客来吊，不哭而退，化为双鹤，冲天而去，时人异之。"

④熊丸：以熊胆制成的药丸。形容贤母教子。典出《新唐书·柳仲郢传》："母韩，即皋女也，善训子，故（柳）仲郢幼嗜学，尝和熊胆丸，使夜咀咽以助勤。"

⑤黄壤：犹黄泉。

⑥莱衣：即老莱舞衣。形容子女孝顺父母。详见本书〔清〕朱兴悌《深溪王氏〈旌节编〉序》。

⑦辟踊：捶胸顿足，形容哀痛至极。语出《礼记·檀弓下》："辟踊，哀之至也。"〔唐〕孔颖达疏："拊心为辟，跳跃为踊。"

⑧阿翁：指父亲。

寿王羽文六十（二首）

郑祖涝①

壮年槐市羡蜚声②，绛帐青毡老此生③。腕底云烟谁领略，胸中锦绣自裁成。已周甲子神尤健④，不守庚申梦亦清⑤。努力名山应寿世⑥，何须仙鸟问蓬瀛⑦。

知非回忆锦弧悬[8]，瓮底风光又十年[9]。六秩星霜甜鹤算[10]，九天雨露待鸾笺[11]。他时桂树应推窦[12]，此日荆花岂让田[13]。况复兰孙香满砌，彩衣争舞画堂前[14]。

（辑自〔清〕郑祖涝《乐清轩诗钞》卷十八）

【注释】

①郑祖涝（1761—1830）：字和颖，号箕山，别号卧云子，又名祖芳，号姬山。浙江浦江郑宅镇枣树园村人。

②槐市：汉代长安读书人聚会、贸易之市。后借指学宫、学舍。典出东汉《三辅黄图》："去城七里，东为常满仓，仓之北为槐市，列槐树数百行为队，无墙屋。诸生朔望会此市，各持其郡所出货物及经传书记、笙磬乐器，相与买卖。"

③绛帐：指设馆授徒。详见本书〔清〕王兴谟《孝九十五王梅谷先生传》。

青毡：指清寒贫困的生活。

④周甲子：指六十岁。

⑤守庚申：道教说人身皆有三尸虫，能记人过失，每逢庚申日，乘人睡时，将人之过恶禀奏上帝。故此日之夜晚应不睡，以守候之。王可仪作为不语"怪力乱神"的儒生，曾撰文批评佛道，故有"不守庚申"之说。

⑥名山：指可以传之不朽的藏书之所。语出《史记·太史公自序》："以拾遗补艺，成一家之言……藏之名山，副在京师，俟后世圣人君子。"王可仪著有《味经斋诗文稿》十六卷，汇编《古文集》二十卷。

⑦仙鸟问蓬瀛：典出〔唐〕李商隐《无题》："蓬山此去无多路，青鸟殷勤为探看。"蓬瀛，蓬莱和瀛洲，东海神山名。

⑧知非：指五十岁。语出《淮南子·原道训》："（遽）伯玉年五十，而有四十九年非。"

弧悬：即悬弧。古代风俗尚武，家中生男，则于门左挂弓一张，后因称生男为悬弧。语出《礼记·内则》："子生，男子设弧于门左，女子设帨于门右。"

⑨瓮底：形容醉酒。典出《晋书·毕卓传》："太兴末，为吏部郎，常饮酒废职。比舍郎酿酒熟，（毕）卓因醉，夜至其瓮间盗饮之，为掌酒者所缚，明旦视之，乃毕吏部也，遽释其缚。"

⑩鹤算：鹤寿，长寿。

⑪鸾笺：彩笺。

⑫桂树应推窦：五代后周蓟州渔阳（今天津蓟州区）人窦禹钧的五个儿子相继登科。比喻子孙都成才。典出《宋史·窦仪传》："（窦）仪学问优博，风度峻整。弟严、侃、偁、僖，皆相继登科。冯道与（窦）禹钧有旧，尝赠诗，有'灵椿一株老，丹桂五枝芳'之句，缙绅多讽诵之，当时号为'窦氏五龙'。"

⑬此日荆花岂让田：即田家荆树。比喻兄弟和好如初。详见本书〔清〕郑祖涝《双桐诗为王塾园作（限双字）》。

⑭彩衣争舞：即老莱舞衣。形容子女孝顺父母。详见本书〔清〕朱兴悌《深溪王氏〈旌节编〉序》。

王可大

王可大（1773—1842），字功甫，庠名燮，字用和，号次轩，行弟十五。浙江浦江郑宅镇前店村旭升堂第六世。邑庠生。系王龄次子，娶黄宅镇桂花明堂村黄律元次女（1768—1806），生王思孟、王思豫二子；继娶陈氏（1787—1838），生王思鲸、王思京二子。著有《里下荒谈诗草》八卷、《诗韵通释会参》二十卷。

弟十五庠生王次轩府君像赞

赞曰：赀雄于乡^①，恒情齿艳^②，而君淡然兮！文鸣于时，才人意炫，而君暗然兮！潜德弗耀^③，葆如返真，中怀肫然兮^④！抱朴不散^⑤，挽漓远淳^⑥，神容温然兮！文校同异，声谐盏柄^⑦，撰著炳然兮！天器克全^⑧，文种无泯^⑨，家箴凛然兮！於虖末俗^⑩，吉人如君，清风洒然兮！於虖望族，吉人如君，遗风蔼然兮！

道光廿四年佳辰四月望后三日^⑪　例授修职佐郎、晋封文林郎、候选训导、戊戌岁贡、姻弟陈果顿首^⑫

（辑自清同治辛未年续修《深溪义门王氏宗谱》卷八）

【注释】

①赀：同"资"。

②恒情：常情。

齿：齿及，谈到，提到。

艳：艳美，美慕。

③潜德：隐藏不为人知的美德。

④肫［zhūn］然：惇厚一致貌。

⑤抱朴：保持本有的纯真，不为外物所诱惑。语出《老子·十九章》："见素抱朴，少私寡欲。"

⑥漓：浇薄。

⑦声谐：即谐声，指汉字六书之一的形声字。

盏：系形声字。从皿，戋［jiān］声。从皿，表示与器皿有关。本义是浅而小的杯子。

柄：系形声字。从木，丙声。本义是器物的把。

⑧天器：天性。

⑨文种：犹言读书种子。

⑩於［wū］虖：同"於乎"，呜呼。

⑪道光廿四年：1844年。

望：望日，指月亮圆的那一天，通常是农历每月十五日。

⑫修职佐郎：清代从八品文官所授的散官名。

文林郎：清代正七品文官所授的散官名。

训导：即儒学训导。明清两朝的府学、州学、县学都设此官，职责为协助教授、学正、教谕教诲生徒。秩从八品。

戊戌：清道光戊戌年（1838）。

岁贡：即岁贡生。科举时代贡入国子监的生员的一种。明清两代，官府每年或每两三年从府、州、县学中选送廪生，升入国子监肄业，故称。

陈果（1790—1862）：名可果，字若侯，号菊人，又号浦岩，行盈一百四十。浙江浦江岩头镇岩头陈村人。岁贡生。详见本书〔清〕陈果《弟十五庠士次轩府君家传》。

王可嘉

王可嘉（1778—1846），字肇锡，号坪南，行弟廿五。浙江浦江郑宅镇前店村旭升堂第六世。邑庠生。系王舟之子，娶黄宅镇桂花明堂村黄兆炟［dá］之女（1780—1862），生王思兼、王思胜、王思奠、王思永四子。

弟二十五坪南公墓图

右坪南公佳城一所①，坐落诸邑二十二都下宣店后坞底前堂山②，其地号为鹤屏者是也③，鳞编诚字八百五十号④，计山二分五厘，四至俱有界石⑤。又坟前塘一口，计一厘。四面环山，前临大江⑥。穴坐亥山巳向⑦，茔前塘水澄泓，清澈可鉴，五指森列开朝⑧，真秀穴也⑨。厝于道光丁未年月日⑩，葬后丁口繁盛，诸孙蜚声庠序⑪，克绍家传，曾玄继起⑫，历有五世。迄今癸未修谱⑬，才三十有七年耳。令孙兴嗣等念祖坟远在邻封⑭，窃恐年久失考，命工绘图镌谱，而谟又在局校正⑮，因嘱曾记其疆界字号⑯，以垂永久，并为之铭曰：

肇锡王公⑰，卓起浦东⑱。才优学富，德性弥崇。全归体魄，永奠幽宫⑲。山环水抱，营窀其中⑳。千秋奕祀㉑，灵享无穷。

光绪九年岁次癸未夏月㉒　钦授翰林院待诏、补用府经、五品衔加一级、优增贡生谷堂景曾识㉓

（辑自清光绪癸未年续修《深溪义门王氏宗谱》卷十四）

【注释】

①右：清光绪癸未年续修《深溪义门王氏宗谱》繁体竖排，文字说明的右边原有墓图，故称"右"。

佳城：墓地。

②诸邑：诸暨县，位于浦江县的东北方。清代属浙江省绍兴府管辖。

下宣店：村名，位于浙江诸暨同山镇上宣（店）村北侧。其地与浦江白马镇塘里村相邻。

后坞：山坞名，在下宣店村西侧。

前堂山：山名，在下宣店村西侧。

③地号：土地编号。

④鳞编：即鱼鳞图册的编号。旧时为官府征派赋役和保护封建土地所有权所编造的土地登记簿册，因所绘田亩挨次排列，状如鱼鳞，故名。

诚字：即第二百九十一号。古人采用《千字文》编号，共有一千个字（有一个字重复，故有九百九十九个不同的字），诚字排在第二百九十一个。

⑤四至：旧指田地、住宅等四周的界限。

⑥大江：指浦阳江。发源于浙江浦江西部山区，穿过浦江盆地，向东北流经诸暨、萧山，汇入钱塘江。全长150公里，流域面积3452平方公里。

⑦亥山巳向：风水罗盘分为二十四山，亥代表西北方偏北，巳代表东南方偏南，故是坐西北偏北向东南偏南。按风水学理论，亥山巳向系旺山旺向，坟前有清纯之水（浦阳江）、高秀之峰（五指山），主出豪杰，财源大发，立成富翁；坐山有来龙山，主人丁兴旺，且多勇士。

⑧五指：山名。位于今浙江诸暨安华镇。据清《光绪诸暨县志》卷五载："五指山，山形如指者五。"

⑨秀穴：好墓穴。

⑩厝［cuò］：把棺材停放待葬，或浅埋以待改葬。

道光丁未年：1847年。

⑪庠序：商代叫序，周代叫庠。泛指学校。

⑫曾玄：曾孙和玄孙。玄，原作"元"。为避清圣祖玄烨的讳，将"玄"改作"元"。今改回。

⑬癸未：清光绪癸未年（1883）。

⑭兴嗣：王兴嗣（1839—1918），字承辉，号续岗，行孝五十二。浙江浦江郑宅镇前店村旭升堂第八世。

邻封：本为相邻的封地。此处指邻县。

⑮谟：王兴谟（1851—1916），字陈三，号梅谷。浙江浦江郑宅镇前店村旭升堂第八世。恩贡生，授直隶州州判衔。

局：谱局，修谱的机构。

⑯曾：王景曾（1831—?），谱名王志镆，字子锣，号谷堂，别号筱云，后改名景曾，行后千廿七。浙江浦江郑宅镇三埂口村人。贡生，授翰林院待诏。

⑰肇锡：王可嘉的字。

⑱浦东：浙江浦江的东部地区。

⑲幽宫：坟墓。

⑳窆［biǎn］：埋葬。

㉑奕祀：世代。

㉒光绪九年岁次癸未：1883年。

㉓翰林院待诏：翰林院中掌管校对章疏、缮写史书的官员。秩从九品。

府经：府经历。为知府官署的首领官，直接管辖内部事务，亦备差遣。秩正八品。

优增贡生：以优增生的资格考中贡生。优增生，即优先增广生员。明清称由公家供给膳食的生员"廪膳生"，有定额，额外待补者称"增广生员"，简称"增生"。因待补人多，优增生有成为"廪膳生"的优先权。贡生，科举时代，官府挑选府、州、县学生员中成绩或资格优异者，升入京师的国子监读书，称为贡生。

谷堂：王志镆的号。

景曾：王志镆后改的名。

识［zhì］：标志。

王思韩

　　王思韩（1792—1862），字昌期，号冠唐（按，韩愈，世称韩昌黎，被尊为"唐宋八大家"之冠），庠名鹿鸣，行良一。浙江浦江郑宅镇前店村旭升堂第七世。系王可仪长子，娶张氏（1790—1813），生一子王兴讷；继娶骆氏（1796—1861），生一子王兴诗。

柬寄王鹿鸣（二首）①
郑祖涝②

　　白麟溪水接深溪③，半榻春风三载披。似此先生真有道，其如小子竟无知。归欤差喜频来往，走也何须怨别离。况复兰庭芝更苗④，一灯亲课两佳儿⑤。

　　白驹难絷竟如何⑥？乌兔双丸一掷梭⑦。交到可人谰语少⑧，诗投知己谠言多⑨。金如铸剑钢须炼，杵欲成针铁要磨⑩。诗礼家风应未坠，莫将壮志付蹉跎。

（辑自〔清〕郑祖涝《乐清轩诗钞》卷十五）

【注释】

　　①柬：信札。

　　②郑祖涝（1761—1830）：字和颖，号箕山，别号卧云子，又名祖芳，号姬山。浙江浦江郑宅镇枣树园村人。

　　③白麟溪：溪名，流经浙江浦江郑宅镇。郑氏世居于此，称麟溪郑氏。

　　深溪：溪名。发源于浙江浦江金芙蓉山西麓，流经郑宅镇西部。王氏世居于此，称深溪王氏。详见本书《王继旦传》。

　　④兰庭：位于浙江浦江郑宅镇前店村旭升堂东侧，紧靠垫园和双桐书屋，系王氏的私家庄园。

　　⑤两佳儿：指王思韩的两个儿子王兴讷和王兴诗。

　　⑥絷［zhí］：拴，捆。

　　⑦乌兔：指日月。神话谓日中有乌，月中有兔。

　　双丸：指日月。

　　⑧谰语：妄语，没有根据的话。

　　⑨谠言：直言。

　　⑩杵欲成针铁要磨：比喻只要有恒心，肯努力，做任何事情都能成功。典出〔南宋〕祝穆《方舆胜览·眉州·磨针溪》："在象耳山下，世传李太白读书山中，未成弃去，过是溪，逢老媪方磨铁杵，问之，曰：'欲作针。'太白感其意，还，卒业。"

第三编

旭升堂先贤著述

王龄

王龄（1751—1819），字梦九，号埜园，又号兰庭，行昆四十二。浙江浦江郑宅镇前店村旭升堂第五世。例贡生，候选儒学训导。系王志棣之子，娶郑宅镇孝门村张邦至之女（1747—1807），生王可仪、王可大、王可作、王可俊、王可杰、王可在、王可仔七子，繁衍为旭升堂七房。善绘画，工诗歌，著有《埜园诗钞》（又称《亦亦诗钞》）四卷，编《双桐书屋诗》二卷、《旌节编》，为业师周璠刊印《盘洲诗文集》八卷。

承八百十五府君传①

公讳继瑞，字灵芝，源五百十一府君之幼子也②。少嗜学，能文章，以辅理家政，不能潜心举业③，于乾隆九年例入太学④。

初，宗祠中榱桷崩坏⑤，理事者以缺乏告公。公扣之⑥，即出十余金以豫费⑦，旋以住址狭窄卑污而展拓涂塈之⑧，复以不足延师集益，于离家半里许卜筑恢宏之⑨。

丈夫子三⑩，次守廊早世⑪，长守楠与龄同庚共学⑫，故龄亦尝侍公侧。而公悯龄少孤，亦尝举龄大父之为人⑬，谆谆告语也。呜呼！公之器识，亦概可见矣。

夫当公之祖及父家业渐隆，未臻饶裕，所务力稿服田⑭。而公聪慧过人，学成名立，而且十数年中绍前启后，尊师重儒。则公之器识，亦概可见矣。

嘉庆七年岁次壬戌⑮，重辑家乘⑯。公之幼子守廲参知祠事⑰，悉心秉公。龄敢托十年以长而述乃父之所以语龄者，转相告语也，而为之传。

从侄孙龄拜撰

（辑自清同治辛未续修《深溪义门王氏宗谱》卷六）

【注释】

①承八百十五：王继瑞（1720—1791），字灵芝（按，灵芝系瑞草），行承八百十五。浙江浦江郑宅镇前店村人。

②源五百十一：王宗禄（1665—1746），字叔钟（按，〔汉〕郦炎《见志诗二首》"终居天下宰，食此万钟禄"），行源五百十一。浙江浦江郑宅镇前店村人。

③举业：科举时代指为应考试而准备的学业，包括应试的诗文、学业、课业、文字。明清专指八股文。

④乾隆九年：1744年。

例入太学：援例进入太学，实为捐纳太学生。

⑤榱桷：屋椽。

⑥扣：扣问。

⑦豫：同"预"。

⑧展拓：开拓，扩充。

涂艧〔huò〕：涂饰颜料。

⑨卜筑：择地建筑住宅。

⑩丈夫子：儿子。详见本书〔清〕王兴谟《孝九十五王梅谷先生传》。

⑪守廊：王守廊（1761—1791），字高闬（按，《说文解字》"闬，门也"。"闬"与"廊"均系建筑，字义相类），行芳九百二十八。浙江浦江郑宅镇前店村人。

⑫守楠：王守楠（1751—1805），字豫章（按，《墨子·公输》"荆有长松文梓楩楠豫章"），行芳七百八十八。浙江浦江郑宅镇前店村人。

⑬大父：祖父。

⑭力穑服田：努力从事农业生产。语出《尚书·商书·盘庚上》："若农服田力穑，乃亦有秋。"穑，收获谷物。服，从事。

⑮嘉庆七年岁次壬戌：1802 年。

⑯家乘：又称家谱、族谱、宗谱等。是一种以表谱形式，记载一个家族的世系繁衍及重要人物事迹的书。

⑰守廱：王守廱（1763—1806），字殿临（按，廱，即辟廱，系四周环水的圆形建筑物。"廱"与"殿"均为建筑，字义相类），庠名汝楫，行芳九百六十。浙江浦江郑宅镇前店村人。

参知祠事：参与主持祠堂的事务。

回龙庵记①

相阴阳以立宅②，每于山环水抱之地，或造亭阁、建庙宇以镇。宇既建，必立神像，各随其乡人所敬仰者以供奉之，祈休祀□有感③。至上雨旁风，虫蚀蠹生，则又必修葺而俾弗坏。

其积顺堂之东④，旧有回龙庵，亦为永□建也。中观音大士，左文昌⑤。昔族叔祖仙居公之女⑥，自幼为父母祈祥瑞，屡叩□□孝安人，思惟本原⑦，或庭木秃缺，梁桷赤白⑧，漫漶□□，征工修葺门廊，辟以居室。而安人年逾八十，率其孙曾处修□事□□然⑨。□思昔我父母，尝获神庇，得享耆年⑩，今我亦垂老矣，□获神佑，方捐良田若干亩，供香火赀⑪，且作后日长久计焉。

无常享，享于克诚⑫。以安人之德，惟考妣敬奉神灵⑬，其保本追思，且起吾族子姓之孝思也⑭。

是为记。

嘉庆十四年岁次己巳仲□⑮　埜园王龄撰⑯
（辑自江东放、锺声《浦江历代碑刻拾遗》）

【注释】

①回龙庵：位于浙江浦江郑宅镇樟桥头村东，供奉观音菩萨和文昌帝君。清康熙三

十八年（1699）建。1988年，回龙庵倒塌后，镌有《回龙庵记》的石碑被砌在村东北白麟溪石八堰，作为踏步，部分字迹已漫漶不清。2021年，石碑已运回樟桥头村，存放于积顺堂。

②阴阳：阴指的是坟地，阳指的是房宅。

③休祀：祭祀。

④积顺堂：位于浙江浦江郑宅镇樟桥头村。明太祖洪武年间（1368—1398），深溪义门王氏七世同居，族人在此会商大事。家长王士觉曾请楚王府长史、浙江义乌人朱廉撰写《积顺堂记》。

⑤文昌：即文昌帝君，为民间和道教尊奉的掌管士人功名禄位之神。文昌本星名，亦称文曲星或文星，古时认为是主持文运功名的星宿。

⑥仙居：王继登（1686—1767），字尧庸（按，《尚书·虞书·尧典》"畴，咨，若时登庸"），号仙居。浙江浦江郑宅镇樟桥头村人。任乡饮宾。其女（1723—1808）适郑宅镇孝门村张亚居幼子张守照（1725—1779）。

⑦思惟：思量。

⑧梁桷：泛指房屋的梁与椽。

⑨孙曾：孙子与曾孙，泛指后代。

⑩耆年：高年。

⑪赀：同"资"。

⑫无常享，享于克诚：鬼神不能经常享受供奉的祭品，只能享受虔诚信徒的供奉。语出《尚书·商书·太甲下》。

⑬考妣：已死的父母。语出《礼记·曲礼下》："生曰父，曰母，曰妻；死曰考，曰妣，曰嫔。"

⑭子姓：泛指子孙、后辈。

⑮嘉庆十四年岁次己巳：1809年。

⑯埜园：王龄的字。

蔡氏续修宗谱序

香溪蔡氏修辑宗谱告竣①，而来命余作序。余本不善为古文辞者，独于蔡氏愿有述焉。

夫蔡氏始祖贵九公自至正间迁居浦阳②，由人才荐入华亭县知县③。嗣后，缙绅不绝。至本朝乾隆间，亦简有习举子业④，曾不得一博士弟子员⑤。呜呼！昔隆今替，何相远如斯耶！而拟知不然。

余生平寡交与，而往来者独蔡姓人居多。或谓十九都地而惟蔡姓人难与交⑥，是未得蔡姓人之性情也。人无刚性不立，蔡姓人虽未知学，而天生刚性自在也。其于父子昆弟也，而恩而爱，无失焉；其于农桑家计也，而勤而俭，各勉焉；其交游而素相信也，而身而家，不已有焉；其遇人而不相得也，而诤而辩，不少逊焉。盖其人朴其俗，重气谊，以礼义接之，则咸若以礼义⑦；而以权势胁之，则共激以权势也。以视世之雕琢其性情、修饰其体貌、假附于文人学士者，其真伪为何如也。

故于会修宗谱，其世系之远近，生数之繁衍，纪载之详略，其见于前人之叙述，不复赘。而惟乐道余与蔡姓人相交之意，而蔡姓人之敦宗睦族，重义轻财，尽书之于编，以俟读书知大体者，比谓余知蔡姓人独深⑧，而其后必能大启其门闾⑨，以与贵九公之后先辉映也。

是为序。

时嘉庆十二年岁次丁卯三月⑩　贡元垫园王龄撰⑪

（辑自民国戊子年续修《香溪蔡氏宗谱》）

【注释】

①香溪：即香岩溪，因流经浙江浦江香岩山（也称蒋山、金芙蓉山）东麓，故名。源出郑宅镇六转村西石磨下东麓，流经六转、岭脚、火龙塔、赵郎、寺口、蔡村、樟桥头、相连宅等村，穿过郑宅镇，至厚庐金村南，注入浦阳江。全长10公里，流域面积16平方公里。郑氏族人世居于此，因先祖名白麟，也称白麟溪。

②贵九：蔡英贵，字宏才（按，〔东汉〕陈琳《为袁绍檄豫州》"故九江太守边让，英才俊伟，天下知名"），行贵九。浙江天台天宁寺后人。元至正年间（1341—1368），由东阳迁居浦江郑宅镇蔡村。明洪武年间（1368—1398），曾任松江府华亭县（今上海松江区）知县。

浦阳：唐玄宗天宝十三载（754），始置浦阳县。五代吴越天宝三年（910），改为浦江县。

③华亭县：唐天宝十载（751）始置。元至元十四年（1277），升为华亭府，次年改为松江府。

④简：挑选。

举子业：即举业，科举时代指为应考试而准备的学业，包括应试的诗文、学业、课业、文字。明清专指八股文。

⑤曾：竟。

博士弟子员：明清时对府、州、县学生员的称呼。

⑥十九都：在今浙江浦江郑宅镇西部。

⑦咸：全，都。

若：顺。

⑧比：都，皆。

⑨门闾：家门，家庭，门庭。

⑩嘉庆十二年岁次丁卯：1807年。

⑪贡元：对贡生的尊称。作者王龄系例贡生。

仁三十祖丸翁六旬寿序①

世之善信阴骘者②，每日鸡鸣而起，盥手焚香，跪诵《文昌帝君阴骘文》一周③，以为行善保生之术。或于坊间印数十本，多至数百本，以施于人，为能劝人为善，以祈福祥之报。及考其生平行事，甚至无所不为，而其心犹自恃为能广施阴骘文，神必保佑，名耶？实耶？欺己耶？欺人耶？拟欺神耶？不务实而务名，于己为可愧，于人为可讥，于神必有谴责之，加恶积而不知，罪深而莫解，甚矣其惑也！

惟蔡翁讳兆熊者，少已知学，应童子试④，屡不售⑤，乃弃而事于农。有子六人，幼命从师，教以义方⑥，长亦尽归于农，艺黍稷⑦，树桑麻，用孝养厥父母⑧。入⑨，父慈子孝，兄友弟恭，雍雍如也⑩。其何阴骘之善而能获福如斯耶！余自小而与交，听其言，未尝有口过于人，观其行，未尝有怨恶于人，遇顽愚则开导之，遇豪侠则规避之，犯之而不较⑪，德之而必报。

今以嘉庆丙寅七月初三日为六旬大寿⑫，邑侯乃延而为乡饮宾⑬，邻里亲朋皆持觞上祝。而其子若孙盛衣冠⑭，以为乃父乃祖庆，田家之乐胜于宦家之荣。凡与斯席者，莫不欣羡之，以为其何阴骘之善而能获福如斯也！然而，蔡翁者未尝日诵阴骘文，印其书以广施于人，而得福独专若是，是知"阴骘固在心行，不在外貌"之云为可致也。

余自祖父于每年二月初三日同谒文昌帝君祠⑮，至于今不废。故于其六旬诞日，愿申言阴骘，以为善颂善祷云⑯。

时嘉庆十一年岁次丙寅七月⑰　贡元埜园弟王龄拜撰⑱

（辑自民国戊子年续修《香溪蔡氏宗谱》）

【注释】

①仁三十祖丸：蔡兆熊（1747—1819），字祖丸（按，《新唐书·柳仲郢传》"故（柳）仲郢幼嗜学，尝和熊胆丸，使夜咀咽以助勤"），行仁三十。浙江浦江郑宅镇蔡村人。

②阴骘：默默地使安定。语出《尚书·周书·洪范》："惟天阴骘下民，相协厥居，我不知其彝伦攸叙。"

③《文昌帝君阴骘文》：是道教的劝善书，劝人行善积阴德，必将得到神灵赐福。

④童子试：亦称童试，即科举时代士子参加科考的资格考试，包括县试、府试和院试，合格者始为生员。

⑤售：考试得中。

⑥义方：行事应遵守的规矩法度。

⑦艺：种植。

黍稷：黍和稷，为古代主要农作物。泛指五谷。

⑧用：以。

厥：不定代词，那个。

⑨入：原作"人"，形近而误。

⑩雍雍：犹雍容，从容大方。

⑪较：原作"校"，形近而误。

⑫嘉庆丙寅：1806 年。

⑬邑侯：县令。

乡饮宾：乡饮酒礼的宾介。古代选德高望重的长者为乡饮宾，与当地官吏一起主持庆祝丰收、尊老敬老的宴乐活动。

⑭若：与。

⑮文昌帝君祠：位于浙江浦江县城浦阳书院内。

⑯云：语助词，无实在意义。

⑰嘉庆十一年岁次丙寅：1806 年。

⑱贡元：对贡生的尊称。本文作者王龄系例贡生。

《盘洲先生诗文集》跋①

右《盘洲先生诗文集》共八卷②。先生自有定本，复经朱西崖、戴东珊两先生订正③，所谓醇乎其醇者也。

岁辛未④，谋付之梓⑤，始于夏五，越秋九而告竣。襄其事者，先生堂兄周翁文采玢⑥，及门戴翁东珊殿泗、薇轩聪、声度镛、陈君锡九宗叙、桐庐锺君秉衡绳武、义乌杨君佩清光洁⑦。

以余闲暇无事，督工之责因自任焉。故原本副本及全副镂板悉藏王氏兰庭⑧，以备后日稽考云⑨。

嘉庆十有六年秋九月⑩　门人王龄谨跋

（辑自〔清〕周璠《盘洲诗文集》）

【注释】

①《盘洲先生诗文集》：清代周璠著，共八卷，包括《盘洲文集》六卷、《盘洲诗集》二卷。清嘉庆十六年（1811）五月到九月，由他的学生王龄出资刻印。

跋：文章或书籍正文后面的短文，说明写作经过、资料来源等与成书有关的情况。

②右：线装古籍的文字竖排，从右到左。前面的文字排在右边。

③朱西崖：朱兴悌（1729—1811），字子恺，号西崖。浙江浦江县城西隅朴树里人。岁贡生，考授儒学训导。系周璠的文友。

戴东珊：戴殿泗（1749—1825），字东瞻，号东珊。浙江浦江建溪（今诸暨马剑镇马剑村）人。金殿传胪，授翰林编修。系周璠的学生。

④辛未：清嘉庆辛未年（1811）。

⑤付之梓：即付梓，书稿雕版印行。

⑥周翁文采玢：周元玢（1721—1814），字文采（按，《集韵》"玢，玉文理貌"），浙江浦江檀溪镇潘周家村人。介宾。

⑦及门：正式登门拜师受业的学生。

薇轩聪：戴聪（1760—1843），字薇轩（按，戴氏宗谱中作"惟宪"。《说文解字》"宪，敏也"。"敏"与"聪"字义相近），号春塘，又号退庵。浙江浦江建溪（今诸暨马剑镇马剑村）人。进士，官至山西布政使。著有《农曹随笔》六卷、《通济库会稽簿》二卷、《政学堂诗文钞》六卷、《星轺［yáo］日记》二卷、《陪京纪行》一卷、《建溪集前编》四卷、《后集》二卷。

声度镛：戴镛（1764—1829），一名莹佩，字声度（按，戴氏宗谱中作"笙度"。《尚书·虞书·益稷》"笙镛以间，鸟兽跄跄"），号蕉园，行明廿五。浙江浦江建溪（今诸暨马剑镇马剑村）人。副贡生。

陈君锡九宗叙：陈宗叙（1763—1815），字锡九（按，《尚书·虞书·大禹谟》"九功惟叙，九叙惟歌"），号松园，行延五十七。浙江浦江檀溪镇寺前村人。贡生。

锺君秉衡绳武：锺士衡（生卒年不详），字秉衡，庠名绳武。浙江桐庐水滨乡人。清乾隆、嘉庆年间，由附生援例捐为贡生。

杨君佩清光洁：杨光洁（生卒年不详），字佩清（按，《韩非子·外储说左下》"辩察于辞，清洁于货"）。浙江义乌人。大约生活在清乾隆、嘉庆年间。

⑧王氏兰庭：位于浙江浦江郑宅镇前店村旭升堂东面，紧靠垫园和双桐书屋，系王氏的私家庄园。

⑨云：语助词，无实在意义。

⑩嘉庆十有六年：1811年。

芳六百三十三尚周府君像赞①

地以人灵，才不世出。猗梧倾鸾②，寒谷暖律③。粤稽我姓④，凤称故家⑤。岭云成锦，溪浪生花。古人有言，极盛难继。惟翁懋德⑥，不愧苗裔。朴诚笃实，孝友力田⑦。敢有不职，綮负荷之愆⑧。肫肫如翁⑨，素豫家政⑩。薄奉厚施，化漓养正⑪。讵惟笃类⑫，先及刑于⑬。无有远迩⑭，罔不交孚⑮。忆昔因依⑯，习闻训教。今肃观瞻，金相玉貌⑰。年其逮耇⑱，荣宠频临。曷云其逝⑲，不遏德音⑳。

时嘉庆廿四年己卯上元㉑　族侄孙龄拜述

（辑自清同治辛未年续修《深溪义门王氏宗谱》卷八）

【注释】

①芳六百三十三尚周：王守骈（1740—1818），字君赤，号尚周（按，《礼记·郊特牲》"牲用骈，尚赤也"），行芳六百三十三。浙江浦江郑宅镇樟桥头村人。任乡饮宾。

②猗梧倾鸾：美好的梧桐让凤凰倾心。猗，美好盛大貌。

③寒谷暖律：语出〔南宋〕姚勉《新婚致语》："律底春回寒谷暖。"律，自然节律，包括季节和气候。

④粤稽："粤若稽古"的简称，意谓顺考古代的道理。

⑤故家：世家大族。

⑥懋德：勉行大德。

⑦孝友力田：指孝顺父母，尊敬兄长，努力务农。语出《汉书·文帝纪》："以户口率置三老、孝悌、力田常员。"

⑧繄：文言助词，惟。原作"翳"，形近而误。

愆：罪过，过失。

⑨肫肫［zhūn zhūn］：诚恳，真挚。

⑩豫：同"预"。

⑪漓：浅薄，浇薄。

⑫讵：岂。

笃类：谓笃厚于兄弟。语出〔三国魏〕曹植《责躬诗》："明明天子，时惟笃类。"〔唐〕李周翰注："笃，厚也；类，谓兄弟也。"

⑬刑于：指夫妻和睦。语出《诗经·大雅·思齐》："刑于寡妻，至于兄弟，以御于家邦。"〔东汉〕郑玄笺："文王以礼法接待其妻。"刑，通"型"。法式，典范，榜样。

⑭远迩：远近。

⑮罔不：无不。

交孚：互相信任。语出《周易·睽》："九四，睽孤，遇元夫，交孚，厉无咎。"〔三国魏〕王弼注："同志相得而无疑焉，故曰交孚也。"

⑯因依：倚傍，依托。

⑰金相玉貌：形容人相貌端美。

⑱年其逮耇［gǒu］：到了老年。语出〔西汉〕韦孟《讽谏诗》。逮，到。原作"迨"，音近而误。耇，年老，长寿。

⑲曷：何，什么。

⑳遐：远。

德音：好名声。

㉑嘉庆廿四年己卯：1819 年。

上元：元宵。

芳六百三十三蔡安人像赞①

国重后德②，家尚母仪③。克勤克俭，百行之基。猗欤太母④，蔡氏名门。肃睦姻旧⑤，约饬子孙⑥。以劳成爱，惟义是敦。宜尔家室⑦，硕大滋繁。仰瞻遗容，缅思淑德。不出户庭，内外作则。谨述所传，竭诚尽臆⑧。流以源是，尺由寸累。猗欤太母，永锡福祉⑨。

嘉庆廿四年己卯正月⑩　族侄孙龄拜述

（辑自清同治辛未年续修《深溪义门王氏宗谱》卷十三）

【注释】

①芳六百三十三：王守骍（1740—1818），字君赤，号尚周，行芳六百三十三。浙江浦江郑宅镇樟桥头村人。乡饮宾。

②后德：皇后之德。

③母仪：为人母的典型轨范。

④猗：美好盛大貌。原作"狩"，形近而误。

太母：即祖母。

⑤肃睦：安宁和睦。

⑥约饬：约束诫饬。

⑦宜尔家室：即宜尔室家。指全家和睦相处。语出《诗经·小雅·常棣》："宜尔室家，乐尔妻孥。"

⑧尽臆：尽心。

⑨锡：赏赐。

⑩嘉庆廿四年己卯：1819 年。

启四百五辉山公像赞①

仰瞻公貌，聿白公心②。曰耕曰读，有此微忱③。繄此微忱④，内省不疚。孰是人斯⑤，而不化贸⑥。峻岭之侧⑦，深溪之滨⑧。秉经负耒⑨，亹亹斷斷⑩。忝与同庚⑪，曾不予弃⑫。回首平生，卒劳梦寐。而弟而季，而子而孙。思心存目⑬，征予斯言⑭。

嘉庆十年岁次乙丑正月⑮　族侄孙龄谨撰

（辑自清同治辛未年续修《深溪义门王氏宗谱》卷八）

【注释】

①启四百五辉山：王祖瑑（1751—1804），字光玉（按，《集韵》"瑑，玉名"），号

辉山，行启四百五。浙江浦江郑宅镇樟桥头村人。邑庠生。

②聿：文言助词，无实在意义，用于句首或句中。

③微忱：微薄的心意。

④繄：文言助词，惟。原作"翳"，形近而误。

⑤孰是人斯：此人是谁。语出《国语·晋语三·惠公改葬共世子》："孰是人斯，而有是臭也？"

⑥化贸：变易。

⑦峻岭：位于浙江浦江岩头镇王店村沙溪庵一带。系深溪王氏的祖居地。

⑧深溪：溪名。发源于浙江浦江金芙蓉山西麓，流经郑宅镇西部。王氏世居于此，称深溪王氏。详见本书《王继旦传》。

⑨秉经负耒：拿着经书，背着农具，意谓勤学不倦，耕作不断。

⑩亹亹[wěi wěi]：勤勉不倦貌。

誾誾[yín yín]：和悦而能尽言貌。

⑪忝：辱，有愧于，常用作谦辞。

⑫曾：竟。

⑬思心存目：用心思索，凝目注视。

⑭征：证验。

⑮嘉庆十年岁次乙丑：1805年。

挽华峰叔祖①

曾怜发白已多年，今日思君倍黯然。骨相嶙峋如竹瘦，指挥烦剧似珠圆②。黄花有约埋三径③，落叶无心委九泉。屈指座中谁第一，不堪回首涕涟涟。

（辑自清同治辛未年续修《深溪义门王氏宗谱》卷九）

【注释】

①华峰：王守埙（1749—1794），字伯吹（按，《诗经·小雅·何人斯》"伯氏吹埙，仲氏吹篪"），号华峰，行芳七百六十七。浙江浦江郑宅镇三雅村人。邑庠生，治《诗经》。

②烦剧：繁重的事务。

③黄花：菊花。

三径：指归隐者的家园。典出〔东汉〕赵岐《三辅决录·逃名》："蒋诩归乡里，荆棘塞门，舍中有三径，不出，唯求仲、羊仲从之游。"径，原作"经"，形近而误。

孝感泉①

　　至诚能感神，应如形与响。孝为德之基，天人理不爽。大旱热烁金，流波成槁壤②。母渴剧于饥，子心郁以怏。为念乳哺时，三年未脱襁。母乳即母血，母血泉水仿。泣血血如泉，血枯泉水长。芳踪抚及今，至德念畴曩③。筑室护残碑，千秋此题榜④。

　　　　　　　　　　　　　　　　　　（辑自〔清〕潘衍桐《两浙辅轩续录》卷三十八）

【注释】

　　①孝感泉：位于浙江浦江郑宅镇冷水塘沿村，地处白麟溪南侧。井上有亭，内立石碑，上书"孝感泉"，为明代蜀献王所书。相传，郑氏同居始祖郑绮是个孝子，其母张氏嗜好溪泉。时天旱溪水干枯，郑绮疏浚再三，未见泉水，于是恸哭三日，结果感动上天，泉水涌出。

　　②槁壤：干土。

　　③畴曩〔nǎng〕：往日，旧时。

　　④题榜：指所题写的匾额。

拟古（二首）

　　有恩可图报，虽恩未云深。有痛任呼号，虽痛未伤心。今君抱何疾，涕泗横沾襟。集枯与集菀①，斯理难追寻。春风正骀荡②，春鸟载好音③。何不日行乐，郁郁长悲吟。

　　人心果如面，对面可相识。我面非人面，何况在胸臆。胸臆不可知，鸿鹄飞来时。鸿鹄游四海，浩淼无津涯④。肺腑谁为亲，肝胆谁为披？但愿心如面，无事深猜疑。

　　　　　　　　　　　　　　　　　　（辑自〔清〕潘衍桐《两浙辅轩续录》卷三十八）

【注释】

　　①集枯与集菀（也作"苑"）：鸟停在枯木上，比喻遭受冷遇；停在茂林上，比喻趋炎附势。语出《国语·晋语二·骊姬谮言杀太子申生》："人皆集于苑，己独集于枯。"

　　②骀荡：使人舒畅。

　　③春鸟载好音：语出《诗经·国风·邶风·凯风》："睍睆黄鸟，载好其音。"载，乃。

　　④津涯：岸，水边。

题郑素园《柳岸垂钓图》①

先生乐如何？在钓不在鱼。人间万事轻如丝，先生之乐乐有余。

（辑自〔清〕郑楀《浦阳历朝诗录》卷十八）

【注释】

①郑素园：郑遵沆（1738—1804），字永靖（按，沆，水大；靖安定。使大水安定，字义相延），号素园；乳名艮，别号兼山（按，《周易·说》"艮为山"）；庠名沆别，字露文（按，沆，沆瀣，露气），行孝三百五十七。浙江浦江郑宅镇东庄村人。邑庠生。著有《地理要诀》《止止斋诗稿》《素园杂著》。

寄怀周盘洲师（讳璠，时在海盐训导)①

结庐喜在万山深，方寸宁容半点侵。风月襟怀老梦想，松篁高节自清音②。从知健翮终遥举③，那计秋虫只苦吟。遥忆人文高会地，依然杖履共追寻（乡试送考在省）④。

（辑自〔清〕郑楀《浦阳历朝诗录》卷十八）

【注释】

①周盘洲：周璠（1734—1803），字鲁玛，号盘洲。浙江浦江檀溪镇潘周家村人。岁贡生，海盐县学训导。
②松篁：指竹与松，比喻坚贞的节操。
③从：同"纵"。
健翮：矫健的翅膀。比喻有才能的人。
④杖履共追寻：手里拿着老人的手杖和鞋子，追随左右。
乡试：明清两代在省城举行每三年一次的考试，考中者称举人。

《萱堂罔极图》为天台徐敬亭明府作①

杖履山川异②，天涯罔极同③。萱堂无限思④，怅望白云中⑤。

（辑自〔清〕郑楀《浦阳历朝诗录》卷十八）

【注释】

①徐敬亭（生卒年不详）：徐秉文，字敬亭（按，《荀子·劝学》"《礼》之敬文也"），浙江天台人。进士，曾任广西庆远府思恩县知县。清乾隆甲寅年（1794），任浙江浦江郑宅镇东明书院山长。

明府：明府君的简称，汉代作为对太守的尊称。唐代以后，多用以称县令。

②杖履：意谓拄杖漫步。

③罔极：指人子对于父母的无穷哀思。语出《诗经·小雅·蓼莪》："欲报之德，昊天罔极。"

④萱堂：母亲的居室，并借以指母亲。

⑤望白云：指古代"二十四孝"故事之一唐代狄仁杰望云思亲。典出《旧唐书·狄仁杰传》："其亲在河阳别业。（狄）仁杰赴并州，登太行山，南望见白云孤飞，谓左右曰：'吾亲所居，在此云下。'瞻望伫立久之，云移乃行。"

晓山图

宿雾犹笼树半腰，溟蒙未肯向空消①。老来点笔空形似，不费功夫子细描②。

（辑自〔清〕郑楷《浦阳历朝诗录》卷十八）

【注释】

①溟蒙：形容烟雾弥漫，景色模糊。

②子细：认真，细致，细心。

游东阳延寿寺，赠悟明长老，示诸僧众，质同游①

人生不满百，天地无终穷。圆厦广覆帱②，彭殇出其中③。胡以实难生，不善保厥终。日入群动息，杂沓正匆匆。饥火嗜啖啖④，炎热任内攻。机械矜智巧，乖气摩苍穹。阴翳当昼晦，差误各西东。梦想多颠倒，平旦尤昏梦。总然大号叫，掉臂双耳聋⑤。华堂方笑语，白杨来悲风⑥。古刹曰延寿，能夺造化功。悟明无老死，寿算齐华嵩⑦。额字大逾斗，兼以觉世懵。畴克守衣钵，而能泯色空。法筵自圆满⑧，体胖由中充。鉴兹真慄慄⑨，抚己诚忡忡⑩。一身徒骨立，两鬓如飞蓬⑪。毛血日就衰，志气何能雄。从今持愿力⑫，决计脱藩笼。优游以卒岁⑬，逍遥商山翁⑭。

（辑自〔清〕郑楷《浦阳历朝诗录》卷十八）

【注释】

①东阳：县名。东汉献帝兴平二年（195）始置。明清时期，与浦江同属浙江省金华府管辖。

延寿寺：在浙江东阳，具体地址待考。

悟明长老：浙江东阳延寿寺僧，具体生平待考。

质：问。

②覆帱 [dào]：覆被。

③彭殇：犹言寿夭。彭，彭祖，指高寿；殇，未成年而死。语出《庄子·内篇·齐物论》："莫寿于殇子，而彭祖为夭。"

④啖 [dàn]：吃。

⑤掉臂：甩动胳膊走开。

⑥白杨来悲风：语出《古诗十九首·去者日以疏》："白杨多悲风，萧萧愁杀人。"

⑦寿算：寿数，年寿。

华嵩：华山和嵩山，比喻高大。

⑧法筵：指讲经说法者的座席。

⑨慄慄：畏惧貌。

⑩忡忡：忧虑不安貌。

⑪飞蓬：随风飘荡的蓬草，形容蓬乱。语出《诗经·国风·卫风·伯兮》："自伯之东，首如飞蓬。"

⑫愿力：泛指意愿之力。

⑬卒岁：终年。

⑭商山翁：即商山四皓。秦时隐士，汉代逸民，居住在陕西商山深处。典出《汉书·王贡两龚鲍传》："汉兴，有园公、绮里季、夏黄公、甪里先生，此四人者，当秦之世，避而入商洛深山，以待天下之定也。"

题《大海扬帆图》

写山不在山，画树不在树。请君白处看，便与鸿蒙遇①。

（辑自〔清〕郑楳《浦阳历朝诗录》卷十八）

【注释】

①鸿蒙：迷漫广大貌。

登山杖铭

出必随行，坐则侍侧。犹子若孙①，曰惟汝翼②。遇险而夷，汝之职欤？遇颠而扶，汝之力欤？可劳而劳，有德不德③。惟我与汝，久交靡忒④。

（辑自〔清〕郑楳《浦阳历朝诗录》卷十八）

【注释】

①若：与。

②翼：辅佐。

③不德：不感激。

④靡忒：也作"靡慝"，不变更。语出《诗经·国风·鄘风·柏舟》："之死矢靡慝。"

五月十三栽竹

卯酒既苏罢午睡①，我醒却好乘君醉。黄梅细雨协天时，白柄长镵因地利②。娟娟绿净粉初消，冉冉枝新箨犹坠③。翻动蛰龙了不惊，迁移翠翘忽添媚④。空堂久矣绝清芬，转瞬依然有此君。忽忆当年幽馆里⑤，满林蓊蔚拂青云⑥。今日和依遇故友，清风披拂徘徊久。从兹戢戢长龙孙⑦，虚心劲节约无负。

（辑自〔清〕郑楳《浦阳历朝诗录》卷十八）

【注释】

①卯酒：早晨喝的酒。

②长镵〔chán〕：亦作"长攙"，古代踏田农具。语出〔唐〕杜甫《乾元中寓居同谷县作歌》之二："长镵长镵白木柄，我生托子以为命。"

③箨：竹笋上一片一片的壳。

④翠翘：翠鸟尾上的长羽。

⑤幽馆：指〔唐〕王维《竹里馆》："独坐幽篁里，弹琴复长啸。深林人不知，明月来相照。"

⑥蓊蔚：草木茂盛貌。

⑦戢戢〔jí jí〕：密集貌。

龙孙：笋的别称。

和曹珩圃山长开泰游叠石山房诗并寄郑姬山封君祖芳①

力可移山山可假，张君有山面庐舍②。曹翁才笔回绝伦，镌镵幽异能逼真③。而我平生足力健，每逢胜境好留玩。习闻叠石作山房，欲往从之恒违愿。我未见山但见诗，诗工窃恐山逊之。为闻姬山有卓识，平章二美谁高卑④。

（辑自〔清〕郑梿《浦阳历朝诗录》卷十八）

【注释】

①曹珩圃山长开泰：曹开泰（1750—1819），谱名文鸾，字佩弦，号珩圃，浙江金华坦溪人。贡生，候选儒学训导。著有《宜弦堂诗钞》十六卷、《文集》八卷。清嘉庆十年至二十四年（1805—1819），任浙江浦江郑宅镇东明书院山长。山长，唐、五代时对山居讲学者的敬称。

叠石山房：位于浙江浦江郑宅镇孝门村，系岁贡生张时泰所建。

郑姬山封君祖芳：郑祖泫（1761—1830），字和颖，号箕山，别号卧云子，又名祖芳，号姬山。浙江浦江郑宅镇枣树园村人。封君，泛指拥有爵位和封地的人。郑祖泫诰封朝议大夫、户部福建司主事加三级，晋封中宪大夫。

②张君：张时泰（1810—?），字宗世（按，〔东汉〕蔡邕《独断》"天子之宗社曰泰社"），号春渚，行陈一百三十五。浙江浦江郑宅镇孝门村人。岁贡生。建有叠石山房，位于青萝山对面。著有诗稿，并有《叠石山房外编》。

③镌镵〔chán〕：刻画，描写。

④平章：品评。

写四景山水诗为郑甥竹岩题（四首）①

不施脂粉作芳林，不染铅丹缀远岑②。漫说笑容如可掬，颦眉益觉感飞沉（春）③。

素缣一幅淡无文④，墨沈云容浑未分⑤。静里仰看云似墨，兴来俯对墨如云（夏）。

由来高士乐清贫，洗出庐山面目真⑥。漫说西风木叶落，就中相赏倍精神（秋）。

磷磷山骨涓涓水，惨惨云容淡淡烟。非是笔尖无墨汁，要从太素悟先天（冬）⑦。

（辑自〔清〕郑梿《浦阳历朝诗录》卷十八）

【注释】

①郑甥竹岩：外甥郑训楸（1794—1861），一名楸，字辑时（按，《尚书·虞书·尧典》"汝平水土，惟时懋哉"。懋，同"楸"），号竹岩，又号兰室居士，别号玄鹿山人，行芳三百六十五。浙江浦江郑宅镇枣树园村人。授登仕郎，候选按察司照磨。工行草，精篆隶。晚年汇刊《浦阳历朝诗录》《义门奕叶吟集》《乐清轩诗钞》《霁亭诗钞》《醉墨轩别编》等百数十卷，著有《墨轩诗稿》十余卷。

②铅丹：一种不透明的橙红色颜料。

远岑：远处的山。

③飞沉：飞升和沉落。

④素缣：白色的绢帛。

⑤墨渖［shěn］：墨迹。

⑥庐山面目真：语出〔北宋〕苏轼《题西林壁》："不识庐山真面目，只缘身在此山中。"

⑦太素：朴素，质朴。

元旦咏怀

灯花开灿烂①，达旦意如何？喜见儿孙集，莫虚岁月过。铅刀须善试②，尘镜贵新磨。况复乔林上，嘤鸣作好歌③。

（辑自〔清〕郑楸《浦阳历朝诗录》卷十八）

【注释】

①灯花：灯芯燃烧时结成的花状物，以为喜兆，民间有"灯花爆，喜事到"的谚语。

②铅刀：铅制的刀，不锐利。

③嘤鸣：鸟相和鸣。

书友人作双桐诗后 （二首）①

栖迟野园侧②，摩挲碧玉姿。有此适意外，问余余不知。庸夫或以诧，达士弗见嗤。开缄红押尾③，寄写双桐诗。

双桐今数围，手植仅满把。生意无已时④，有二不谓寡。侈言巢凤凰，雄词倾心写。朗朗风中吟，清音翻屋瓦。

（辑自〔清〕郑楸《浦阳历朝诗录》卷十八）

【注释】

①双桐：浙江浦江郑宅镇前店村旭升堂东侧双桐书屋前的两株梧桐树，为王龄手植。他曾为双桐书屋绘图征诗，一唱众和，编为《双桐书屋诗》两卷。

②栖迟：游玩休憩。

野园：也作墅园。位于浙江浦江郑宅镇前店村旭升堂之东，双桐书屋之北。

③押尾：在书信的末尾画押。

④生意：生机。

春日独坐书感 (二首)

少壮无能为，何况今老矣。坐卧茅檐下，长叹不能已。耿耿怀故人，半为及老死。或有寥落存，困顿饥寒里。虽生亦无聊，见人先自鄙。不如笼中鸟，得食乃窃喜。

物衰有盛日，人逝无返期。亦知空记念，无能或置之。春风澹荡来①，桃李初开时。少年好征逐②，追琢琼瑶词。十千沽美酒③，为乐不可支。亹亹终日夕④，安知我所思。

（辑自〔清〕郑楶《浦阳历朝诗录》卷十八）

【注释】

①澹荡：犹骀荡。谓使人和畅。

②征逐：指朋友频繁交往、相互宴请。

③十千：一万，即万钱。参见〔唐〕李白《行路难》："金樽清酒斗十千，玉盘珍羞直万钱。"

④亹亹〔wěi wěi〕：勤勉不倦貌。

画　松

磨罢松烟便画松，云头半出半云封。闲中点笔窥形似，老子前生故是龙①。

（辑自〔清〕郑楶《浦阳历朝诗录》卷十八）

【注释】

①老子前生故是龙：意谓老子之道高深奇妙，如龙那样变化莫测。语出《史记·老子韩非列传》："吾今日见老子，其犹龙邪！"

寻山诗①

皇过度原隰②，涧瀍卜西东③。堪舆非茫茫④，证之诗书中。卓哉青乌术⑤，景纯专其雄⑥。谁欤后起者，布衣有赖公⑦。其余著书家，亦各互蔽通。载籍贵极博，玉石岂兼攻？而我秉微尚⑧，跋陟自儿童⑨。识字既有数，见或野人同。蒙昧无授受，敢云操术工。今日殊了了，明旦转梦梦⑩。山川不能语，此理伊谁穷？哀哉复哀哉，劳劳枉费功。

（辑自〔清〕郑樵《浦阳历朝诗录》卷十八）

【注释】

①寻山：指寻找葬坟的龙脉。

②皇过：语出《诗经·大雅·公刘》："夹其皇涧，溯其过涧。"即皇涧和过涧，都是豳地的涧名。

原隰［xí］：语出《诗经·小雅·皇皇者华》："皇皇者华，于彼原隰。"高平曰原，低湿曰隰。

③涧瀍：二水名。均流经今河南洛阳境，注入洛水。语出《尚书·周书·洛诰》："我乃卜涧水东，瀍水西，惟洛食。"

④堪舆：即风水，指住宅基地或墓地的形势，亦指相宅相墓之法。语出《淮南子·天文训》："堪，天道也；舆，地道也。"

⑤青乌术：又称堪舆术。即《葬经》，晋代郭璞著。

⑥景纯：郭璞（276—324），字景纯。河东闻喜（今属山西）人。晋代文学家、训诂学家、风水学者，著有《葬经》等。

⑦布衣有赖公：即赖布衣。原名赖风冈，字文俊（按，《汉武帝内传》"（王母）戴太真晨婴之冠，履玄璃凤文之舄"），道号布衣子。江西定南人。生于北宋徽宗年间（1101—1126）。曾任国师，后受奸臣秦桧陷害，流落民间，以善风水术闻名。

⑧微尚：微小的志趣、意愿或志向。

⑨跋陟：攀登，行走。

⑩梦梦：混乱，不明。

有女儿来乞余画者述此诗①

一丘复一壑，高士情所适。玩月水琮琤②，看云山崒崒③。非不供见闻，何如耽泼墨。有女特来前，举止颇闲逸。巧笑媚语言，窈窕和颜色。手持好楝绢④，请为一挥笔。移置几席傍，索取无虚日。伊我非画师，敢道王摩诘⑤。偶尔弄柔翰⑥，六法未能一⑦。而子意勤勤，愧赧终何极。画成漫携去，清诗聊自述。一笑锺子期⑧，今日在巾栉⑨。

（辑自〔清〕郑楶《浦阳历朝诗录》卷十八）

【注释】

①女儿：王龄生有一女，生卒年不详，适浙江浦江郑宅镇孝门村张氏。

②琮琤［cóng chēng］：象声词，形容流水的声音。

③崒崒［lù zú］：高耸貌。

④束绢：整匹的绢帛。

⑤王摩诘：王维（701—761，一说699—761），字摩诘，号摩诘居士。河东蒲州（今山西运城）人。唐朝诗人、画家。

⑥柔翰：指毛笔。

⑦六法：南朝齐梁时期画家、绘画理论家谢赫（479—502）在《古画品录》里提出的六条品评标准：气韵生动、骨法用笔、应物象形、随类赋彩、经营位置、传移模写。

⑧锺子期（前413—前354）：名徽，字子期。春秋楚国汉阳（今湖北武汉蔡甸区）人。典出《列子·汤问》："伯牙鼓琴，志在高山，锺子期曰：'善哉，峨峨兮若泰山！'志在流水，锺子期曰：'善哉，洋洋兮若江河。'"比喻遇见知音。

⑨巾栉：手巾梳篦。引申为女性。

题锁月楼①

日车翻出朱轮朱②，华曜闪烁麟溪墟③。溪水潆洄绕襟带，汇入浦汭从东趋④。其间甍巢天神阁⑤，万户墉栉扶一区⑥。拾级登顿雄且壮⑦，恨不更上凌清虚。此楼突兀笼万家，冠缨索绝凝望初⑧。雕甍刻桷羽鳞集⑨，网户珠缀金碧涂⑩。

我乔丝萝附乔木⑪，乐清轩下追欢愉⑫。每到盘桓苦不足，烟梢打起归栖乌⑬。清光一片凉似水，写出荇藻交纷敷⑭。中央一层富胪列，天人今古穷精粗。湘帙牙签拥棐几⑮，铜绿笔架银蟾蜍⑯。大者彝鼎小者炉⑰，酒铛茗碗供所需⑱。碧纱窗里绝尘壒⑲，坐觉凝静空冰壶⑳。我辈敢道人如玉，谓之韫椟良非迂㉑。磨盘更作旋蚁上㉒，亚卍曲折栏杆殊㉓。

推窗东望致清赏，屏以翠霞（山名）帘蕊珠（山名）㉔。云中神物呼欲出，鸡冠（山名）昂首来天衢㉕。凤箫遥集九成（山名）奏㉖，嘉名早锡齐姚虞㉗。不羡岩穴申结构㉘，洪炉香火康侯居㉙。龙旗（山名）未许为汝导㉚，有其主者作前驱。回身转臂挹爽气，三星（山名）对面张画图㉛。忆昔振衣立千仞㉜，下视台榭登豆如㉝。今我凭栏相揖让，道篷（山名）云帐（山名）堪招呼㉞。南面朱云（山名）忽高起㉟，磷磷白石（山名）堆璠瑜㊱。长空一色映秋水（前见浦阳江水），约略指点乌鲤鱼（山名）㊲。犁壁（山名）

之尖谁所铸⑧，百药（山名）定死仙人锄㊴。个中现出种种相，悔昔芒屦穷崎岖㊵。忽返游目杳无地，鸳鸯瓦上磨砖铺㊶。延衰计一小方丈㊷，步出门外心神舒。却忘此身在楼上，闲处当树桂与榆㊸。

周流览观兴正剧，长绳不系白日晡㊹。苍然暮色逼人起，清风飒飒来衣裾。主人自是有仙骨，供养吕祖黄金躯（楼中有吕仙铜像）㊺。莹莹明镜出宝匣，有掌管钥司天枢㊻。相对圆灵快剧饮㊼，醉抛青春飞青蚨㊽。

（摘自〔清〕郑祖涝《乐清轩外编》卷三）

【注释】

①锁月楼：位于浙江浦江郑宅镇枣树园村。清嘉庆辛未年（1811），作者王龄的妹夫郑祖涝在乐清轩后建三层楼，称锁月楼。

②日车：太阳。亦指神话中太阳所乘的六龙驾的车。

③华曜：即华耀，光华辉耀。

麟溪：即白麟溪，流经浙江浦江郑宅镇。郑氏世居于此，称麟溪郑氏。

④浦汭〔ruì〕：指浦阳江。白麟溪穿过浙江浦江郑宅镇，向东流经下金、厚庐金村，汇入浦阳江。

⑤巢嶪〔jí yè〕：高峻貌。

天神阁：又称天将台，位于浙江浦江郑宅镇冷水塘沿村，距锁月楼一里许。相传元末群雄并起，有一股割据称雄者兵败后，投奔义门郑氏，其头领伪称天神天将。他们常驻京城，探听动静。朝廷每次派人查抄郑家，都得天神天将预先通报，化险为夷。为感谢天神天将的恩情，郑义门特建天神阁。

⑥墉栉：语出《诗经·周颂·良耜》："其崇如墉，其比如栉。"像墙一样高，像梳一样密。

⑦登顿：上下。

⑧冠缨索绝：系帽子的带子断了。形容人笑得非常厉害。典出《史记·滑稽列传》："淳于髡（kūn）仰天大笑，冠缨索绝。"

⑨雕甍：雕镂文采的殿亭屋脊。

刻桷：有绘饰的方椽。

羽鳞：鸟类和鱼类。

⑩网户：纱窗或纱门。

珠缀：以珍珠缀联。

⑪丝萝：一种草本植物，非依托在乔木上不能生长。王龄的妹妹嫁给郑祖涝，自谦高攀。

⑫乐清轩：位于浙江浦江郑宅镇枣树园村，系郑祖涝祖父郑若麟的别墅。郑若麟（1700—1747），字家祥，号乐清。贡生。

⑬栖乌：晚宿的归鸦。

⑭写：描绘。

荇藻：多年生草本植物，外观叶子略呈圆形，叶子浮在水面，根生在水底，花黄色，蓏果椭圆形。

纷敷：犹纷披。

⑮湘帙：黄色书囊，代指书籍。

牙签：系在书卷上作为标识，以便翻检的牙骨等制成的签牌。

棐［fěi］几：用棐木做的几桌。

⑯铜绿笔架银蟾蜍：用银色蟾蜍作为底座的铜笔架。

⑰彝鼎：泛指古代用于祭祀或摆设的鼎、尊等礼器。

⑱酒铛：旧时三足温酒器具。

⑲尘壒［ài］：飞扬的尘土。

⑳冰壶：借指月亮或月光。

㉑韫椟：藏在柜子里，比喻怀才不遇。语出《论语·子罕篇》："有美玉于斯，韫椟而藏诸？求善贾而沽诸？"韫，收藏。椟，柜子。

㉒磨盘更作旋蚁上：比喻芸芸众生不能左右自己的命运，与世浮沉。典出《晋书·天文志》："天旁转如推磨而左行，日月右行，随天左转……譬之于蚁行磨石之上，磨左旋而蚁右去，磨疾而蚁迟，故不得不随磨以左回焉。"

㉓亚卍：即"亚""卍"形的文字纹。

㉔翠霞：小山名，即翠霞屏。系浙江浦江郑宅镇玄鹿八景之一。在锁月楼北面。

蕊珠：小山名，即蕊珠岩。系浙江浦江郑宅镇玄鹿八景之一。在锁月楼北面。

㉕鸡冠：山名。以山体南北长、东西狭，状如鸡冠，故名。位于浙江浦江白马镇瓦坞村北，为笔架山东南支脉。海拔725米，为浦江东部最高峰。在锁月楼北面。

天衢：天街。

㉖凤箫：小山名，即凤箫台。系浙江浦江郑宅镇玄鹿八景之一。在锁月楼北面。

九成：山名。又名勾乘山、九乘山、九层山。属会稽山余脉，位于浙江义乌、诸暨交界处，在锁月楼的东北方。〔北宋〕施宿《嘉泰会稽志·山》载："勾乘山在（诸暨）县南五十里。李宗谔《旧经》云：'勾践所都也。'《国语》云：'越臣于吴，吴更封越，南至勾乘。'即此地。其山九层，亦名'九乘山'。"

㉗锡：赏赐。

姚虞：即舜，黄帝八世孙，上古五帝之一。

㉘岩穴：山洞。

结构：连结构架，以成屋舍。

㉙康侯：山名，相传因大禹治水时派臣子康侯治理浦阳江而得名。今名官岩山，山上曾有官岩教寺。位于浙江浦江黄宅镇新宅村东面。海拔391米，岩石赤黑色，属丹霞地貌。在锁月楼东南面。

㉚龙旗：山名，今作龙祈山。位于浙江义乌苏溪镇，在锁月楼东面。

㉛三星：山名，又名三圣岩。位于浙江浦江岩头镇芳地村东北与郑宅镇交界处，为和尚头南支脉。海拔497米。在锁月楼西面。

㉜振衣：抖衣去尘，整衣。

㉝登豆：泛指祭器和食器。

㉞道篷：山名，又作稻蓬尖。位于浙江浦江郑宅镇东畈村东北面。在锁月楼西面。

云帐：山名，又名云掌岩，以陡壁如掌直入云间得名。位于浙江浦江岩头镇岩头陈村北，为登高山东南支脉。海拔521米。在锁月楼西面。

㉟朱云：山名，又名朱云尖，以山顶常有云雾缭绕而得名。位于浙江浦江浦南街道寺口村南，为大坎岭东支脉。海拔486米。在锁月楼南面。

㊱白石：山名，位于浙江浦江盆地南侧。山上有白石山房，系明初张孟兼读书处；山下有水，称白石湾。在锁月楼西南面。

璠瑜：美玉。

㊲乌鲤鱼：山名，称鲤鱼山。位于浙江浦江白石湾风景区西南，浦江与义乌交界处。在锁月楼西南面。

㊳犁壁：山名。位于浙江浦江浦南街道郑横塘村南雷公尖下，在锁月楼西南面。

㊴百药：山名，又称百药尖。位于浙江浦江浦南街道大坞口村南与义乌交界处，为奇鸡岭东支脉。海拔762米。在锁月楼西南面。

㊵芒屦〔jù〕：芒鞋。

㊶鸳鸯瓦：指传统屋瓦形式，一俯一仰，形同鸳鸯依偎交合。

㊷延袤：长度和广度，引申指面积。

方丈：一丈四方之室。

㊸桂与榆：房前屋后种植桂树和榆树。桂谐音贵，榆谐音余，合起来富贵有余。

㊹晡：即申时，对应现代时间的15时至17时。

㊺吕祖：即吕洞宾，道教主流全真派祖师。名喦，字洞宾（按，《说文解字》"喦，山岩也"。"岩""洞"字义相顺），道号纯阳子，自称回道人。河东蒲州河中府（今山西芮城）人。

㊻管钥：锁匙。

天枢：星名。北斗第一星。

㊼圆灵：天。

㊽青蚨：虫名。典出〔东晋〕干宝《搜神记》卷十三《青蚨还钱》："南方有虫……又名青蚨。生子必依草叶，大如蚕子，取其子，母即飞来，不以远近。虽潜取其子，母必知处。以母血涂八十一文钱，以子血涂钱八十一文，每市物，或先用母钱，或先用子钱，皆复飞归，轮转无已。"后指钱。

《栾栾草》题辞①

天昏地黑蛟龙移，凄风苦雨霓云垂②。宝炬焰不发，林鸟鸣声悲。我今何为者，读罢郑君《栾栾诗草》常吁嚱③。忆君少长日，正当繁华时。椿萱方并茂④，荆树扬高枝⑤。枝高易倾折，雷风震怒之。满苑芬菲委泥土，游蜂舞蝶来奔驰。况复虫来啮桃树，李树代桃桃何知⑥。道旁过者尽叹息，杜鹃啼血阴云迷⑦。是时天门开荡荡，顿有神物来扶持。鹪鹏讵入罗者手⑧，波平浪静方愉怡。岂知乔木一朝折⑨，不恨破镜当恨谁。想当独立孤灯下，泪珠盈睫涕交颐。沥血和墨成此咏，觊缕纤悉无或遗⑩。渗入心脾冷彻骨，有如汲我孝感泉水饮百卮⑪。

（辑自〔清〕郑祖涝《栾栾草》）

【注释】

①《栾栾草》：郑祖涝于清乾隆庚戌年（1790）为悼念亡父郑遵兆而作，共三十首诗歌。

②霃〔chén〕云：阴云。

③吁嚱〔xī〕：表示惊异或慨叹。

④椿萱方并茂：椿树和萱草都茂盛，比喻父母健康。

⑤荆树：比喻兄弟和好。详见本书〔清〕郑祖涝《双桐诗为王埜园作（限双字）》。

⑥李树代桃：原比喻兄弟互相爱护，互相帮助，后比喻以此代彼或代人受过。语出〔北宋〕郭茂倩《乐府诗集·鸡鸣》："桃在露井上，李树在桃旁。虫来啮桃根，李树代桃僵。树木身相代，兄弟还相忘！"据〔清〕张汝房《中宪大夫姬山郑君行述》："乾隆己亥（1779），君年十九，遘乃兄非常之变，株连留系，逾年始得释。"郑祖涝年轻时曾遭遇兄弟之变，受到株连，入狱多年。

⑦杜鹃啼血：传说杜鹃昼夜悲鸣，啼至出血乃至。形容哀痛至极。

⑧鹪鹏：以鹪鹩与大鹏对比为喻，说明大小有别，各有所求之理。典出《庄子·内篇·逍遥游》："有鸟焉，其名为鹏，背若太山，翼若垂天之云，抟扶摇羊角而上者九万里，绝云气，负青天，然后图南，且适南冥也。斥鷃笑之曰：'彼且奚适也？我腾跃而上，不过数仞而下，翱翔蓬蒿之间，此亦飞之至也，而彼且奚适也？'此小大之辩也。""鹪鹩巢于深林，不过一枝。"

讵：岂。

⑨乔木一朝折：此处比喻郑祖涝之父郑遵兆于清乾隆己酉年（1789）去世。

⑩觊〔luó〕缕：指事情的原委。

⑪孝感泉：位于浙江浦江郑宅镇冷水塘沿村，地处白麟溪南侧。

卮〔zhī〕：古代盛酒的器皿。

王镐

王镐（1788—1845），字仲有，号维京，行昆二百廿四。浙江浦江郑宅镇前店村旭升堂第五世。系王志枫庶子，娶浦阳街道石马村张一蠡幼女（1786—1810），生二女；继娶黄氏（1787—1838），生王可超、王可枢、王可楣、王可槐四子，六女；再娶应氏（1814—1854）。

雁　字

浅水平沙是昔游，临池也学晋风流①。谁将一抹青烟黛，扫破长空白练秋。直透朔风挥铁画，斜拖陇月当银钩②。醉来欲掣如椽笔③，试写凌云百尺楼④。

（辑自〔清〕郑楸《浦阳历朝诗录》卷二十三）

【注释】

①临池也学晋风流：比喻刻苦学习书法。典出《晋书·卫恒传》："汉兴而有草书……弘农张伯英者，因而转精甚巧。凡家之衣帛，必书而后练之。临池学书，池水尽墨。"

②铁画、银钩：形容书法刚健、柔美。语出〔唐〕欧阳询《用笔论》："徘徊俯仰，容与风流，刚则铁画，媚若银钩。"钩，原作"勾"，误。今改回。

陇月：明月。

③如椽笔：像椽子一般粗大的笔。比喻记录大事的手笔，也比喻笔力雄健的文词。典出《晋书·王珣传》："（王）珣梦人以大笔如椽与之，既觉，语人曰：'此当有大手笔事。'俄而帝崩，哀册谥议，皆（王）珣所草。"

④百尺楼：泛指高楼。典出《三国志·魏书·陈登传》："（许）汜曰：'昔遭乱过下邳，见（陈）元龙。（陈）元龙无客主之意，久不相与语，自上大床卧，使客卧下床。'（刘）备曰：'……君求田问舍，言无可采，是（陈）元龙所讳也。何缘当与君语？如小人，欲卧百尺楼上，卧君于地，何但上下床之间邪？'"

游山偶作

草绿裙腰一带斜①，东风催放小桃花。年来添得清狂甚，也逐香车蹋白沙②。

（辑自〔清〕郑楸《浦阳历朝诗录》卷二十三）

【注释】

①草绿裙腰一带斜：语出〔唐〕白居易《杭州春望》："谁开湖寺西南路，草绿裙腰一道斜。"

②蹋：踏。

白沙：指西湖的白堤，又称白沙堤或断桥堤。位于浙江杭州西湖断桥与孤山之间。

王可仪

王可仪（1770—1843），字羽文，号味经，行弟九。浙江浦江郑宅镇前店村旭升堂第六世。系王龄长子，娶檀溪镇潘周家村周鹏翔之女（1772—1844），生王思韩、王思干、王思朝、王思博四子。岁贡生，候选儒学训导，月泉书院山长。工古文，著有《味经斋诗文稿》十六卷，汇编《古文集》二十卷。

《味经斋诗文稿》序①

天下事大抵有所激而成也。激则感，感则发，发则能为人所能为，亦能为人所不能为。此《味经诗文稿》所由作也。

夫味经诗文多作于四十岁以后。自吾浦周盘洲先生殁②，其尊翁埜园先生慨然太息③，以为周先生殁，吾浦之古文恐继起无人矣。由是，味经先生闻父言，遂感激奋发，从事于其中，作《佛说》《莲轩公传》《新建王氏家塾记》等篇④。时金华曹珩圃先生主郑氏东明书院教席⑤，手钞诗文以就正。曹先生深推许之，以为古文一道，君可自成家，不必论唐宋元明清诸大家之相似与否也，至于诗，不必多作，盖欲其专于古文以成名矣。而味经于诗，亦激发为之。迄今数十年间，积成卷帙，远近诗人亦推焉。此其所著皆卓然犹可观矣。

今年七十有三矣，乃自钞其诗文稿若干卷，唯有切于人情世务者存之，余则俱付之火。自后有作，合者可更增之。曰：“吾诗文不足以示人，但后日子孙有能读吾诗文，将拭目俟矣。”此自钞集之意也。

余縻于深溪家塾已将三载⑥，与味经居甚迩⑦，且订交甚密，因得尽览其诗文，并得道其所以为诗文者其来有自⑧。噫！夫人惟不能自激其意气，故毕生汩没于举子业⑨，而于脆骨柔筋、妃青媲白之时文⑩，尽力为之，而与言古文，则河汉布之⑪。不则⑫，目笑存之⑬，谓为无用之物。是可怪也。

吾观味经斯集，其关切于人情世务不必言，一则善其能承父志，又善其能绍师传。然则其所感发，夫岂微哉！而后人之为所发，谅亦必能继其志矣。

钞既竣，因不揣固漏，为叙其缘起如此。

道光二十二年岁次壬寅荷月上浣之吉⑭　同学弟朱寓千寻氏⑮

（辑自〔清〕王可仪《味经斋诗文稿》）

【注释】

①《味经斋诗文稿》：〔清〕王可仪著。共十六卷，系手抄本。今存残本，共二十五篇，从《佛说》始，至《修造宗祠献厅捐簿序》止，系《浦江文献集成》（学林出版社2020年版）根据清光绪年间浙江浦江名儒虞善扬手抄本影印。

②盘洲：周璠（1734—1803），字鲁玙，号盘洲。浙江浦江檀溪镇潘周家村人。岁贡生，海盐县学训导。

殁［mò］：死亡。

③尊翁：称人之父。

垫园：王龄（1751—1819），字梦九，号垫园，又号兰庭。浙江浦江郑宅镇前店村旭升堂第五世。例贡生，候选儒学训导。

④《莲轩公传》《新建王氏家塾记》：收入清同治辛未年续修《深溪义门王氏宗谱》，分别题作《芳九百五十一莲轩公传》《家塾记》。

⑤曹珩圃：曹开泰（1750—1819），名文鸢，字佩弦，号珩圃。浙江金华坦溪人。贡生，候选儒学训导。1805—1819年，任浙江浦江郑宅镇东明书院山长。

东明书院：原名东明精舍，位于浙江浦江郑宅镇郑氏宗祠东里许的东明山，由同居第五世郑德璋于元朝初年创办，其子郑大和修缮、扩建。清乾隆二十七年（1762），在原址南易地重建，更名为东明书院。先后聘请吴莱、宋濂等名师任教。

山长：唐、五代时对山居讲学者的敬称。

⑥縻：束缚。

深溪家塾：清乾隆三十年（1765），由浙江浦江郑宅镇三雅村人王继廉创办。嘉庆十四年（1809），由王继廉次子王守坊扩建。位于王氏宗祠右偏半里许，学舍数间，可供数十人就学。

⑦迩：近。

⑧其来有自：指事情的发生、发展有其来由，并非偶然。语出《孔子家语·冠颂》："诸侯之有冠礼也，有自来矣。"自，从……出来的地方。

⑨汩没：埋没。

举子业：即举业，科举时代指为应考试而准备的学业，包括应试的诗文、学业、课业、文字。明清专指八股文。

⑩脆骨柔筋：柔软的筋骨。比喻文章疲软无力。

妃青媲白：用青配白。比喻文句对偶工整。妃：同"配"。媲，原作"婢"，形近而误。

时文：科举时代称应试的文章。

⑪河汉：即楚河汉界。典出《史记·项羽本纪》："汉王复使侯公往说项王，项王乃与汉约，割鸿沟以西者为汉，鸿沟而东者为楚。"后泛指争斗双方之间的分界线。

⑫不则：同"否则"。

⑬目笑：目视而窃笑。

⑭道光二十二年岁次壬寅：1842年。

荷月：农历六月，荷花盛开，故称。

上浣：上旬。

⑮朱寯千寻：朱能寯（1798—1861），庠名寯，字千人（按，寯，同"俊"。《文子·上礼》"智过万人者谓之英，千人者谓之俊"），或作千寻（千寻与千人在浙江浦江方言中同音），号东轩，又号退庵，行增一百四十八。浙江浦江县城西隅朴树里人。恩贡生，候选儒学训导。著有《自怡轩诗文钞》。

佛 说

佛可以治天下乎？曰不可；佛不可以治天下乎？曰可。佛不可以治天下之君子，而可以治天下之小人也。君子明礼义，重廉耻，大而君臣父子，小而文武事为①，莫不遵圣人之教；小人不然，则有礼义廉耻所不能闲②，桁杨刀锯所不能移者③，纵之则肆其毒，殄之则不可胜诛④，而佛因起，以死生祸福治之。

辩者曰："佛所崇尚者，其所言死生祸福，杳冥难必之事也⑤。将何以治之？"曰："正以虚无治之也。夫死生祸福，人情之大欲恶也，不语以礼义廉耻，不威以桁杨刀锯，惟隐隐动以如是则死，如是则生，如是则福，如是则祸，使其人疑，疑极则信生，信生则神夺，自然之势也。小人者，其能灼见夫死生祸福之机如君子哉？惟以此动之，则犹可以治。"

辩者又曰："佛以虚无治小人，将何以取信哉？"曰："佛亦以其身取信也。以小人之食必粱肉、饮必醇酒也，故茹素；以小人之敛必美棺、衣必文绣也⑥，故火化；以小人之窥伺良家、胁求美女也，故不娶；且以小人之专据朝市也，居必择山林幽僻之处焉；以小人之专图富厚也，用不出补衲盂钵之物焉⑦，淡然无欲，漠然无求。"语曰："以身教者从⑧。"其亦得是道也。是故君子信佛，则背圣人，不得为君子；小人不信佛，则既不畏圣人，终无以惧小人。小人信佛，或者犹有悔祸之心也。吾故曰："佛不可以治天下之君子，而可以治天下之小人也。"

辩者又曰："天下有君子，有小人，圣与佛可并行乎？"曰："不然。小人之在天壤，如豺狼蛇蝎然，不驱而杀之，终为害于天下。圣天子在上，放之流之，窜之殛之⑨，其余可善可恶者，皆革面革心，化为君子，而天下无小人。而佛之治小人者穷，而佛法亦自此灭息矣。韩昌黎欲以辞辟之⑩，安用此哓哓为哉⑪！"

辟佛乎⑫？佞佛乎⑬？吾知其意不在佛，所以警小人而勉君子。（何小山老师⑭）

"佞佛者愚，辟佛者迂"⑮，此论出，而辟佛者可息喙⑯。佞佛者不甘自居于小人，而佛之焰亦熄矣。较袁简斋《答汪大绅书》更进一层⑰。（戴春塘先生⑱）

佛之所以不能与圣人抗衡，在此；佛之所以不能灭绝，亦在此。远如天，近如地，此论出，压倒古今。其笔之灵变超卓，在八家⑲，得之韩欧⑳。（朱千寻先生㉑）

（辑自〔清〕王可仪《味经斋诗文稿》）

【注释】

①事为：作为，行为。

②闲：限制，约束。

③桁杨：古代套在囚犯脚或颈上的一种枷。

④殄：尽，绝。

⑤杳冥：奥秘莫测。

必：一定。

⑥敛：入殓。

⑦补衲：指破旧的僧衣。

盂钵：僧人用于乞食装饭用的器具。

⑧以身教者从：身体力行，别人就会听从。语出《后汉书·第五伦传》："以身教者从，以言教者讼。"

⑨殪：杀死。

⑩韩昌黎：韩愈（768—824），字退之（按，愈，同"逾"，越过，与"退"字义相反）。河阳（今河南孟州）人。郡望昌黎，世称韩昌黎。倡导古文，被尊为唐宋八大家之首，著有《韩昌黎集》等。唐元和十四年（819），上《论佛骨表》，反对唐宪宗供奉佛骨，被贬为潮州刺史。

辟：驳斥。

⑪哓哓〔xiāo xiāo〕：吵嚷，唠叨。

⑫辟佛：斥佛教，驳佛理。

⑬佞佛：谄媚讨好佛教。

⑭何小山：何纶锦（生卒年不详），字小襄（按，出自成语"赞襄纶阁"，意谓在中书省协助皇帝处理政务），号小山，山阴（今浙江绍兴）人。举人。曾任金华县学教谕。著有《巢云阁诗续钞》一卷、《古三疾斋论语直旨》四卷、《古三疾斋杂著》六卷。

王可仪《佛说》等21篇文章，正文后附有名家评论，在此一并录上，并以楷体字与正文相区分。

⑮佞佛者愚，辟佛者迂：语出〔清〕袁枚《答汪大绅书》。

⑯息喙：停止议论。

⑰袁简斋：袁枚（1716—1798），字子才（按，《说文解字》"枚，干也"。枚才，即干才），号简斋，晚年自号仓山居士、随园主人、随园老人。钱塘（今浙江杭州）人。清朝诗人、散文家、文学批评家和美食家。他曾以《答汪大绅书》一文批驳佞佛理论。

汪大绅：汪缙（1725—1792），字大绅（按，《汉书·郊祀志上》"其语不经见，缙绅者弗道"），号爱庐。苏州吴县人。贡生。工古文，笃信佛教。著有《二耕草堂集》《汪子文录》等。

⑱戴春塘：戴聪（1760—1843），字惟宪，号春塘，又号退庵。浙江浦江建溪（今诸暨马剑镇马剑村）人。进士，官至山西布政使。

⑲八家：即唐宋两代的八位著名散文作家，包括唐代的韩愈、柳宗元，北宋的欧阳修、苏洵、苏轼、苏辙、王安石、曾巩，合称唐代八大家。

⑳韩欧：韩愈、欧阳修。

㉑朱千寻：朱寯（1798—1861），字千人（或作千寻），号东轩，又号退庵。浙江浦江县城西隅朴树里人。恩贡生。

上方岩求福说

永康方岩距吾浦百数十里①，上有赫灵侯胡公庙②。每秋仲，吾浦之求福者络绎道途，不避风雨。去之前三日，沐浴茹素，别室以居，鸡鸣上道，其诚也如此。俗言道路间或出谴言、愆举止③，即抱奇疾不得去，其显也如此④。顾吾见有抱疾而还者⑤，未见有抱福而归者，则是福未至而祸辄随之，抑又何也？

解之曰："事神以治身，非以求福也。"身治而福不必求。《诗》曰："自求多福⑥。"《书》曰："自作孽⑦。"福孽由自，神何以与乎？昔虢公于神之降也，赐之土田⑧；陈守元传宝皇神语，王鏻信奉之⑨，以据一方；高骈神吕用之术而有求必遂⑩，似不得谓于神无与也，然其后卒至败亡灭绝而不可救，则诚转福而为祸矣。呜呼，假令此数人克自治其身，而不以神为可祀以自恃，岂至此哉！

盖人有正有邪，神亦有正而有邪。胡公，正神也。谒胡公者，未必皆正人，而斋戒以往，则此数日不敢不出于正。故以灵爽觉察夫出虐言、愆举止者⑪，而降之罚明示，以此数日犹不能正，其余日无望矣。岂妄加祸于人乎，盖身治即其福临也。

今夫父兄之于子弟，身不克治，则面谕至，则谴责之，则鞭棰之。谒胡公者出谴言、愆举止，即抱奇疾不得去，有类于父兄警戒之为。然则身可不治哉？然则福何必外求哉？

神道设教⑫，不可尽非，引而归之于正，乃觉世名言。（张寄轩⑬）

李固云："气之清者为神，人之清者为贤⑭。"是神即人也。《礼》云："清明在躬，气志如神⑮。"是神即人也。神以治人，确不可易，后二段胡公即父兄师保矣⑯。人之近违父兄师保而远求神者，其知之否？（朱千寻⑰）

（辑自〔清〕王可仪《味经斋诗文稿》）

【注释】

①方岩：位于浙江永康县城东面五十里处，海拔384米。山体平地拔起，四面如削，直耸云天，远望如城堡方山，故名。

浦：即浦江县。

②赫灵侯胡公庙：位于浙江永康方岩之巅。胡公，即胡则（963—1039），字子正（按，〔战国楚〕屈原《离骚》"名余曰正则兮，字余曰灵均"）。婺州永康（今属浙江金华）胡库村人。北宋明道元年（1032），上疏朝廷，许永免衢、婺两州身丁钱。百姓立祠祭祀，以永康方岩胡公庙为著。南宋绍兴三十二年（1162），高宗赵构特赐"赫灵"二字，作为庙额。

③愆：罪过，过失。

④显：显灵。

⑤顾：但。

⑥自求多福：求助自己比求助他人会得到更多的幸福。语出《诗经·大雅·文王》。

⑦自作孽：自己造成的罪孽和灾殃。语出《尚书·商书·太甲中》："天作孽，犹可违；自作孽，不可逭［huàn］。"

⑧虢［guó］公于神之降也，赐之土田：典出《左传·庄公三十二年》："神居莘六月。虢公使祝应、宗区、史嚚［yín］享焉。神赐之土田。史嚚曰：'虢其亡乎！吾闻之：国将兴，听于民；将亡，听于神。神，聪明正直而壹者也，依人而行。虢多凉德，其何土之能得！'"虢公，即虢公丑，春秋时虢国国君。

⑨陈守元传宝皇神语，王鏻信奉之：典出《新五代史·闽世家第八》："（王）鏻好鬼神、道家之说，道士陈守元以左道见信，建宝皇宫以居之。（陈）守元谓（王）鏻曰：'宝皇命王少避其位，后当为六十年天子。'（王）鏻欣然逊位，命其子（王）继鹏权主府事。既而复位，遣（陈）守元问宝皇：'六十年后将安归？'（陈）守元传宝皇曰：'六十年后，当为大罗仙人。'（王）鏻乃即皇帝位，受册于宝皇，改元为龙启，国号闽。"陈守元（？—939），五代闽县（今福建福州）人，道士。受宠于闽惠宗王鏻，政无大小，皆谬传宝皇命。后因兵变被杀。王鏻，即王延钧（？—935），五代时期闽国第三位君主闽惠宗，继位后更名王鏻。

⑩高骈神吕用之术：典出《新唐书·叛臣传下》："（吕）用之自谓与仙真通，对（高）骈叱咤风雨，或望空顾揖再拜，语言俚近，左右或窃议，辄杀之，后无敢出口者。"高骈（821—887），字千里（按，《说文解字》"骈，驾二马也"。意谓千里马，字义相顺）。幽州（今北京）人。唐末将领、诗人。晚年嗜好装神弄鬼，重用术士吕用之等，终被部将毕师铎所囚杀。骈，原作"骭"，形近而误。

⑪灵爽：神灵。

⑫神道设教：利用鬼神作为教育手段。语出《周易·观》："观天之神道，而四时不忒，圣人以神道设教，而天下服矣。"

⑬张寄轩：张汝房（1761—？），字次君，号寄轩，又号卧云山人。浙江浦江县城北隅人。拔贡，候选儒学教谕。

⑭气之清者为神，人之清者为贤：语出《后汉书·李固传》。

⑮清明在躬，气志如神：自身德行清明，气志微妙如神。语出《礼记·孔子闲居》。

⑯师保：古代辅佐帝王和教导王室弟子的官员，有师有保，通称师保。泛指老师。

⑰朱千寻：朱寯（1798—1861），字千人（或作千寻），号东轩，又号退庵。浙江浦江县城西隅朴树里人。恩贡生。

风水说为六弟一升作①

"骨肉归复于土"②，吴季子之言也③。信是言，知人之生也，侨寄于土之上；死也，归复于土之下，有土即可安骨肉也。自后世风水之说出，谓人之死必求风水以葬，而所谓归复之义，无有知之者。

吾六弟一升自谓知风水，乃于鹤塘之上买一地④，得意者久之，欲择吉日造寿圹而立石焉⑤！朱越山先生者⑥，姻亲也，亦自谓知风水，且讲三元九宫之理⑦，尝走杭嘉湖绍等处⑧，偶来于此，往视之，曰无，而一升曰有，争之不已，来使予断之。

吁！予将何以断之哉！使一自谓知，一自谓不知，吾可从二子之意断焉！不然，使吾信此为知，信此为不知，又可从吾之信而断焉。即不然，旁人有谓此为知，谓此为不知，亦可从旁人之言而断焉！数者无一可，予将何以断之哉！

总之，风水之事可使人得，不可使人知，必知而能得，而不知者必无有得之者矣！必不知而不得，何知者反不若不知者之有得之者耶？我且断之曰："事必行乎己所安，生而安乎此，死岂不安乎此？生而有不忘乎死之途，死岂肯有忘乎生之图！"鹤塘之地非无土也，风水不可断，土其可断也！然则土可断，安知风水之不可断也！乃哓哓自谓知风水⑨，一曰有，一曰无，甚无谓也。

骨肉归复于土，请二子深味季子之言。

众生归土，从古云然。或吉或凶，总由惠逆⑩，足破地说俗说、信地师者俗见⑪。（张寄轩先生⑫）

断之于土，即谚所云耜头先生也⑬。前幅令人解颐⑭，确中令入膏肓⑮，中后真是至理名言，尤似南华妙笔⑯。（朱千寻先生⑰）

（辑自〔清〕王可仪《味经斋诗文稿》）

【注释】

①此文亦收入清同治辛未年续修《深溪义门王氏宗谱》卷十四，标题为《风水说为六弟可在作》，作于道光二十三年（1843）。

一升：王可在（1786—1846），字明德，号文治，行弟四十二。浙江浦江郑宅镇前店村旭升堂第六世。系王龄第六子，娶郑氏（1787—1805），继娶锺氏（1786—1859），生王思齐、王思楚、王思深、王思溪四子。

②骨肉归复于土：骨肉又回到大地。语出《礼记·檀弓下》。

③吴季子：即季札（前576—前484），姬姓，寿氏，名札，又称公子札、延陵季子、季子，春秋时吴王寿梦第四子，封于延陵（今江苏常州）。相传为避王位，"弃其室而耕"于常州天宁焦溪的舜过山下。

④鹤塘：池塘名。位于浙江浦江黄宅镇西部，尾部有两条山岗，山清水秀，藏风聚气。按风水理论，系发福地。

⑤寿圹〔kuàng〕：寿穴。

⑥朱越山：朱其模（1775—1843），字世楷（按，《后汉书·卢植传》"士之楷模，国之桢干也"），号越山，行芳三十八。浙江浦江虞宅乡廿五都朱宅村人。例贡生。系富商灵岩公朱可宾之孙。

⑦三元：上元、中元、下元。

九宫：一白坎、二黑坤、三碧震、四绿巽、五黄坤、六白乾、七赤兑、八白艮、九紫离。后人依这个基本结构，排出年命，分四吉四凶，用于合命、合婚、用人、合伙等。

⑧杭嘉湖绍：杭州、嘉兴、湖州、绍兴。

⑨哓哓［xiāo xiāo］：吵嚷，唠叨。

⑩惠逆：顺利与不顺利。

⑪地师：指旧时看风水的人。

⑫张寄轩：张汝房（1761—?），字次君，号寄轩，又号卧云山人。浙江浦江县城北隅人。拔贡，候选儒学教谕。

⑬耜［sì］头先生：即用锄头种田地的人。耜头，浙江浦江方言，即锄头。

⑭解颐：开颜欢笑。

⑮入：原作"人"，形近而误。

膏肓：比喻事物的要害或关键。

⑯南华：庄子（约前369—前286）。姓庄，名周，宋国蒙（今安徽蒙城）人。战国思想家、哲学家和文学家，道家学说的主要创始人。据传，曾隐居南华山。唐玄宗诏封庄子为南华真人，称其著作《庄子》为《南华真经》。

⑰朱千寻：朱寯（1798—1861），字千人（或作千寻），号东轩，又号退庵。浙江浦江县城西隅朴树里人。恩贡生。

说　动

友有陈痼者①，攒眉蹙额②，问医于予。予曰："子之病，非巫咸扁鹊之所能治③，非参苓芝术之所能济也④。"吾有说以祛之，曰动。

解之《象》曰："天地解而雷雨作，雷雨作而百果草木皆甲坼⑤。"说者曰："雷雨之作，则困厄者亨⑥，否结者散⑦，故百果草木皆甲坼。"夫雷雨，动物者也，植物而得动，始可以发其生机。不然，遇险而不动，则难无由解，困厄否结，其何以得亨散乎？是故物莫贵乎动，户枢以动而不蝼，流水以动而不腐⑧，轮动可以致远，橹动可以济川⑨。凡物之适人用者，未有不动而有功者也。

昔董子云⑩，天以终岁之数成人身，小节三百六十六，数副日⑪；大节十二分，数副月；内五脏，副五行；外四肢，副四时；视瞑哀乐⑫，副昼夜阴阳。变动不居，周流六虚⑬，天道也。而人以天为身，独不闻"天行健，君子以自强不息"乎⑭！

故夫洞房清宫⑮，广厦细旃⑯，皆人所居而安之也。以田父处之⑰，未有不心痟体烦⑱，内热生疾，何也？田父惯习于勤，一旦而使之以逸，则阴血周作，张脉偾兴⑲，病不召而自至，所谓田父可坐杀也。

故敬姜有言："明而动，晦而休⑳。""自上以下，谁敢淫心舍力㉑。"陶侃当无事时，必朝暮运甓㉒，曰："过尔优逸，恐不堪事。"盖人心不动则神不出，形不动则精不流，神不出则气塞，精不流则气郁。气塞而郁，虽日需药物以调治，而欲其无疾病也，犹树木者根拳本曲，日灌以灤水，畴以肥壤㉓，冀有余蘖，难矣！

吾观子食而食，寝而寝，兀如槁木，冷如死灰，自以为养生之道得矣。乃日见肤色靡曼㉔，四支委随㉕，病将中膏肓，徒咎二竖作祟㉖，何哉？子其观天道之流行，顺气机之鼓荡㉗，凛古昔暇逸之戒㉘，穷精神厄塞之由，动惟厥时㉙，则身之痼疾不觉消归何有矣。曷不尝试之㉚！

（辑自〔清〕王可仪《味经斋诗文稿》）

【注释】

①陈痼：老毛病。

②攒眉蹙额：皱眉头，愁苦貌。

③巫咸：相传为唐尧时人，以作筮著称，能祝延人的福疾，知晓人的生死，论断如神。尧敬之为神巫，封为良相。

扁鹊（前407—前310），姬姓，秦氏，名缓，字越人，又号卢医，春秋战国时期名医。渤海郡鄚［mào］（今河北任丘）人。医术高超，时人借用黄帝时神医"扁鹊"的名号来称呼他。

④参苓芝术：人参、茯苓、灵芝、白术，均有滋补作用。

⑤解之《象》：《周易》解卦的《象》词。

甲坼：草木发芽时种子外皮裂开。甲，十二天干之一，象征草木破土而萌。坼，裂开。

⑥亨：顺利。

⑦否结：阻滞，郁结。

⑧户枢以动而不蝼，流水以动而不腐：即户枢不蠹，流水不腐。比喻经常运动的东西不易受侵蚀。

⑨济川：渡河。

⑩董子：即董仲舒（前179—前104），广川（今河北景县）人，西汉思想家、哲学家。提出天人感应、大一统学说和罢黜百家、独尊儒术的主张。下面这段话出自他的著作《春秋繁露·人副天数》，与原文略异。

⑪副：相配，相称。

⑫视瞑：睁眼、闭眼。

⑬变动不居，周流六虚：指事物不断变化，没有固定的形态。语出《周易·系辞下》。六虚，指八卦的六爻。

⑭天行健，君子以自强不息：天的运行康泰良好，君子应该效仿天而不断自强。语出《周易·乾》。

⑮洞房清宫：幽深的住宅，清凉的宫室。

⑯广厦细旃［zhān］：高大的房屋，精致的毡毯。语出《汉书·王吉传》："广夏之下，细旃之上，明师居前，劝诵在后。"

⑰田父：老农。

⑱痌［yuān］：忧郁。

⑲阴血周作，张脉偾［fèn］兴：谓阴血全身流动，血管膨胀，青脉突起。语出《左传·僖公十五年》。

敬姜（生卒年不详）：姜姓，名戴己，齐国莒县（今属山东省）人。春秋时期的女性历史人物，齐侯庶出之女。

⑳明而动，晦而休：即日出而作，日入而息。语出《国语·鲁语下·公父文伯之母论劳逸》。

㉑自上以下，谁敢淫心舍力：从上到下，谁敢挖空心思偷懒。语出《国语·鲁语下·公父文伯之母论劳逸》。

㉒陶侃当无事时，必朝暮运甓〔pì〕：比喻勤奋不懈，不惧往返重复。典出《晋书·陶侃传》："（陶）侃在州无事，辄朝运百甓于斋外，暮运于斋内。人问其故，答曰：'吾方致力中原，过尔优逸，恐不堪事，故自劳耳。'"

㉓灌以潘〔fán〕水，畴以肥壤：灌上足够的水，培上肥沃的土壤。语出《淮南子·俶真训》。

㉔靡曼：纤弱。

㉕委随：萎弱。

㉖病将中膏肓，徒咎二竖作祟：形容病情十分严重，无法医治。典出《左传·成公十年》："未至，公梦疾为二竖子，曰：'彼，良医也。惧伤我，焉逃之？'其一曰：'居肓之上，膏之下，若我何？'"二竖，指病魔。

㉗气机：人体内气的正常运行机制，包括脏腑经络等的功能活动。

㉘凛：畏惧。

㉙动惟厥时：在适合的时机行动。语出《尚书·商书·说命中》。

㉚曷：何，什么。

谢文节琴辨①

新安吴素江先生购得宋谢文节琴②，可有铭词，署曰号钟③，下曰叠山④，为之图记，而太平戚鹤泉先生且为序⑤。余得而读之，始知谢文节之琴有所谓号钟者，顾戚序中有曰⑥："闻齐桓公琴曰号钟⑦。今铭额有此二字，意本古物，而公宝之，抑公仿古之作，而存其旧名。要其下刻叠山二字，则断为公物无疑。"读至此，窃有疑焉。

古人假物明志，命名必有所托，非苟而已也。以文节之忠烈，当信州失守⑧，变姓名入唐石山⑨，既而卖卜建阳市⑩，及魏天佑强使北⑪，居悯忠寺⑫，不食死。其生平志节，岂必慕及齐桓而仿其所作、存其旧名、下更刻叠山二字以寄景仰乎？且齐桓之琴不一，曰鸣廉，曰篮胁，曰自鸣，曰空中，曰修况，皆与号钟并传。即使文节尽得此古物，亦不过偶一存之，等诸玩器而已，而何宝之有哉！

夫此琴果为文节琴，是转居茶坂⑬，日麻衣蹑履东向哭⑭，寄禾黍之悲⑮，写蓼莪之恸者⑯，此琴也；其入悯忠寺也，歌薇蕨于西山⑰，叹饿殍于北郭⑱，亦此琴也。吾闻苏长公有琴十二⑲，松风、归鹤、玉磬、渔榔外，亦有号钟之目。忆长公谪居琼州儋耳⑳，挑菜营生，而此心耿耿，不忘朝廷，至困苦颠连，无一毫顾虑。或者为长公之物，文节得之，下更刻叠山二字，以寓知音之意欤？慕长公之人，仿长公之制，故铭曰："东山之桐，西山之梓，合而为一，垂千万古。"将自写其羁旅抑郁与长公合而为一欤？而齐桓非其伦矣。

吾不敢妄为附和。故辨之，以质吴、戚二先生焉[21]。

辨得典核[22]。齐桓与文节是各不相同者，自不必因琴名牵合。（张寄轩先生[23]）

（辑自〔清〕王可仪《味经斋诗文稿》）

【注释】

①谢文节：谢枋得（1226—1289），字君直（按，枋，通"柄"，权柄。期望操权柄者是正直君子），号叠山，别号依斋，谥文节。信州弋阳（今属江西）人。南宋诗人。带领义军在江东抗元，被俘不屈，在大都（今北京）殉国。著有《叠山集》十六卷。

②新安：即新安郡，古徽州和严州的一部分，地处钱塘江上游的新安江流域。

吴素江：吴景潮（生卒年不详），字宪文（按，〔西汉〕桓宽《盐铁论·救匮》"文景之际，建元之始，大臣尚有争引守正之义"），号素江。安徽歙县人。贡生。据郑祖涝《乐清轩诗钞》卷十《谢文节公琴诗为吴素江明经（景潮）作（安徽人）》："琴长三尺四寸五分，额广五寸，腰狭三寸。嘉庆初，有人得之京师荒圃中，流转至江南，积土坚凝如石。乙亥（1815）春，（吴）素江见而购之，铲磨三日，始露其铭词曰'东山之桐，西山之梓，合而为一，垂千万古'，上署之曰'号钟'，下曰'叠山'，凡二十字，皆分隶书，乃知其为谢文节公物也。（吴）素江作图记之，且以征诗。"辑为《谢琴诗文钞》（其中《文钞》一卷、《诗钞》八卷、《联吟》一卷），于清嘉庆二十二年（1817）由松风堂刊印。

③号钟：周代名琴。琴音宏亮，犹如钟声激荡，号角长鸣，震耳欲聋。传说伯牙曾弹奏过号钟琴，后传至齐桓公。

④叠山：谢枋得的号。

⑤太平：古县名。明成化五年（1469）建县，因境内有太平山，故名。民国三年（1914），改名温岭，今属浙江台州。

戚鹤泉：戚学标（1742—1824），字翰芳（按，出自成语"名标外翰，万古流芳"），号鹤泉。浙江温岭人。进士。历任河南涉县知县、宁波府学教授，曾主杭州紫阳书院、崇文书院讲席。著有《汉学谐声》《鹤泉文钞》等。泉，原文作"山"，误。《谢琴诗文钞》有《谢叠山遗琴序》，署名"太平鹤泉戚学标"。

⑥顾：但。

⑦齐桓公（？—前643）：姜姓，吕氏，名小白，春秋五霸之首。通晓音律，收藏号钟、自鸣、空中、鸣廉、修况、蓝胁等名琴。齐桓公曾弹奏号钟，宁戚敲击牛角，唱歌助乐，与之呼应。

⑧信州：今江西上饶信州区。南宋德祐元年（1275），谢枋得任信州知州，次年兵败。

⑨唐石山：在今福建建阳西北境。《方舆纪要》建阳"太平山"条下："县西有唐石山，一名大林谷。……宋末，谢枋得自信州败走，入唐石山。"

⑩卖卜：以占卜谋生。

建阳市：今福建南平建阳区。南宋亡，谢枋得流寓建阳，以卖卜教书度日。《宋史·谢枋得传》载："（谢枋得）卖卜建阳市中，有来卜者，惟取米屦［jù］而已。"

⑪魏天佑（生卒年不详）：元朝福建行省参政。元世祖至元二十五年（1288）冬，奉元帝之命，强迫谢枋得北上大都。

⑫悯忠寺：今北京法源寺。谢枋得曾在这里绝食五天，为国尽节，至死未降。

⑬茶坂：茶山之坡，即茶园。

⑭蹑履：穿鞋。

⑮禾黍之悲：对故国破败的哀伤。典出《诗经·国风·王风·黍离序》："《黍离》，闵宗周也。周大夫行役至于宗周，过故宗庙宫室，尽为禾黍。"

⑯蓼莪之恸：对不能终养父母的悲痛。《诗经·小雅·蓼莪》："蓼蓼者莪，匪莪伊蒿。哀哀父母，生我劬劳。"蓼蓼，长又大的样子。莪，一种草，即莪蒿。

⑰歌薇蕨于西山：形容清白守节。典出《史记·伯夷列传》："（周）武王已平殷乱，天下宗周，而伯夷、叔齐耻之，义不食周粟，隐于首阳山，采薇而食之。及饿且死，作歌，其辞曰：'登彼西山兮，采其薇矣……'遂饿死于首阳山。"

⑱饿莩［piǎo］：饿死的人。语出《孟子·梁惠王上》："庖有肥肉，厩有肥马，民有饥色，野有饿莩（莩），此率兽而食人也。"

⑲苏长公：苏轼（1037—1101），字子瞻（按，瞻，仰望。出自《左传·庄公十年》"下视其辙，登轼而望之"），号东坡居士，世称苏东坡、苏仙，眉州眉山（今属四川）人。北宋文学家、书法家、画家。著有《东坡七集》《东坡易传》《东坡乐府》等。诗文雄视百代，时人尊为苏长公。著有《十二琴铭》，一说为黄庭坚作。

⑳琼州儋耳：今海南儋州。汉置儋耳郡，唐改为儋州。

㉑质：询问。

吴、戚：指吴景潮、戚学标。

㉒典核：确实而有根据。

㉓张寄轩：张汝房（1761—？），字次君，号寄轩，又号卧云山人。浙江浦江县城北隅人。拔贡，候选儒学教谕。

仙　说

天下果有神仙乎？秦皇、汉武何以求之而不得也①？天下果无神仙乎？安期、羡门、壶公、桂父何自而称也②？然则方壶、员峤，神仙之居③，云芝、瑶笋，神仙之食④，不得谓神仙无有也。

尝试论之。神仙亦人也。天之生人，与天之生神仙无以异。生而为人，皆可以为神仙，惟在人之以神仙自为而已。

尝试论之。神仙不过无求于世耳。《传》曰⑤："赤松子者⑥，神农时雨师也⑦。服冰玉散⑧，以教神农，能入水不濡、入火不烧⑨。"冰玉散何物也？谓其心清如冰玉也；入水不濡、入火不烧何事也？谓入于炎凉之境而不濡不烧也。

尝试论之。人生世上，不以得失累其心，则功名富贵中有神仙；不以嗜欲累其心，则声色货利中有神仙。若夫饥寒逼迫者，不视居恒饱煖者为神仙乎⑩？劳苦困顿者，不视体常舒泰者为神仙乎？疲癃残疾者⑪，不视身其康强者为神仙乎？累囚桎梏者，不视躬无系累者为神仙乎？盖为善可乐，乐则神仙；无欲而静，静则神仙；知足不辱，知止不殆⑫，不辱不殆即神仙。善夫！广成子之言："毋劳尔形，毋摇尔精，毋俾尔思虑营营⑬。"此之谓真神仙。若夫入山求道，炼汞还丹，欲求劳神苦形，欲求久视长生⑭，先自不神仙矣。

吾固曰："人皆可以为神仙，惟在能以神仙自为也。"

（辑自〔清〕王可仪《味经斋诗文稿》）

【注释】

①秦皇、汉武：秦始皇和汉武帝，两人都曾派人求取长生不老之药。

②安期：安期生，人称千岁翁、安丘先生。琅琊（今山东临沂）人。师从河上公，系黄老道家哲学传人、方仙道的创始人。

羡门：传说中的神仙。

壶公：传说中的神仙。典出〔北魏〕郦道元《水经注·汝水》："昔费长房为市吏，见王壶公悬壶于市，长房从之，因而自远，同入此壶，隐沦仙路。"公，原作"父"，形近而误。

桂父：传说中的神仙。典出〔西汉〕刘向《列仙传·桂父》："桂父者，象林人也。色黑，而时白、时黄、时赤。南海人见而尊事之。常服桂及葵。"

③方壶、员峤：传说中海上五座神山中的两座。

④云芝瑶笋：灵芝和竹笋。相传是神仙爱吃的食物。

⑤《传》：即〔东晋〕干宝《搜神记》。其云："赤松子者，神农时雨师也。服冰玉散，以教神农，能入火不烧。"原文与作者引文略异。

⑥赤松子：又名赤诵子。传说中的上古仙人。

⑦神农：传说中的人物。相传他教人从事农业生产，又亲尝百草，发明医药。

雨师：传说中司雨的神。

⑧冰玉散：道教传说中的长生不老药。

⑨入水不濡、入火不烧：语出《庄子·内篇·大宗师》。濡，沾湿。

⑩煖：通"暖"。

⑪疲癃：指曲腰高背之疾。

⑫知足不辱，知止不殆：知道满足就不会遭受耻辱，知道适可而止就不会遭到危险。语出《老子》四十四章。

⑬广成子：传说中上古道家人物。黄帝拜他为师，问治国之术。

毋劳尔形，毋摇尔精，毋俾尔思虑营营：不要使你的身体过度劳累，不要使你的精神轻易动摇，不要使你自己思虑过度。

⑭久视长生：指长寿，长久活下去。语出《老子》五十九章："有国之母，可以长久，是谓深根固柢、长生久视之道。"

答友问

友有问余曰："今人欲学古文，将焉学？"余曰："嘻，今人能作古文乎哉？而又何学哉？"必言所学，则近盗乎！盖文成而不似古人者非，文成而貌似古人者尤非。古人有古人之文，今人有今人之文，不敢以子面为吾面，此其证也。顾曷为近盗而不知盗①，自有辩。

尝读《列子》②，齐国氏大富，宋向氏大贫，自宋之齐请其术。国氏曰："余善为盗，盖盗天地之时利，以生殖乐稼，筑垣建舍。"向氏未谕其旨，逾垣凿壁，探人财物，未几，以赃获罪。今人之作古文，亦犹是乎！

夫古文，大抵非无所为而作也，大抵不可轶乎古人圭臬之外也③。是故盗古人之意，不盗古人之辞，谓之善盗；盗古人之辞，不盗古人之意，谓之不善盗。盗古人之意，以吾所居之世宙、所阅之人情，本之古人，以抒吾议论，犹国氏之盗天地之时利也。盗古人之辞，剿说雷同④，无有见地，只袭语言，犹向氏盗人财物也。盗同，而所以盗不同；则文同，而所以为文不同。庄子曰："儒以《诗》《礼》发冢⑤。"昌黎曰⑥："窥陈编以盗窃⑦。"又曰："自古于辞必己出，降而不能为剽贼⑧。"柳州言作文⑨，曰参之，曰本之，曰旁推交通⑩，正如国氏之善盗也。倘徒掇拾古人牙慧以夸耀不学之人，盖今人生古人后，古人所已言，今人可不必言，乃举残膏剩馥⑪，刺刺不休⑫，其不为有识所笑，如向氏之以赃获非也⑬，几希矣。

虽然，愿有复焉。物之生也，若骤若驰，无时而不变，无动而不移。人各有一喙，人各有一心，吾目则目，吾耳则耳，自道所得，何知今古。无似之见存，亦无不似之见存。不盗而盗，盗而不盗，庶几与道大适乎⑭。

友唯唯而退。遂次其语，以为《答友问》。

喻意奇辟，行文一笔挥洒，莫名其空濛之气。（芎岩族祖⑮）

（辑自〔清〕王可仪《味经斋诗文稿》）

【注释】

①顾：但。

曷：何，什么。

②列子（约前450—前375）：名寇，又名御寇，郑国圃田（今河南郑州）人。国氏善为盗的典故，出自《列子·汤问》。

③圭臬：指圭表。比喻准则或法度。

④剿说雷同：抄袭别人的言论，随声附和。语出《礼记·曲礼上》："正尔容，听必恭，毋剿说，毋雷同。"

⑤儒以《诗》《礼》发冢：儒生以《诗经》《礼记》为依据来盗掘坟墓。语出《庄子·杂篇·外物》。

⑥昌黎：唐代文学家韩愈世居颍川（今属河南），常据先世郡望，自称昌黎（今属河北）。北宋熙宁七年（1074），诏封昌黎伯。

⑦窥陈编以盗窃：在旧书里盗窃陈言。语出〔唐〕韩愈《进学解》。

⑧自古于辞必己出，降而不能为剽贼：古人所用的文辞都是自己创造出来的，后来的人做不到便进行剽窃。语出〔唐〕韩愈《南阳樊绍述墓志铭》："惟古于词必己出，降而不能乃剽贼。"

⑨柳州：柳宗元（773—819），字子厚（按，《周易·坤》"至哉坤元，万物资生，乃顺承天，坤厚载物，德合无疆"）。河东（今山西运城）人。唐宋八大家之一。卒于柳州刺史任上，又称柳柳州。著有《柳河东集》。

⑩旁推交通：广泛吸收各类知识、经验及写作技巧，加以融会贯通。语出〔唐〕柳宗元《答韦中立论师道书》："此吾所以旁推交通而以为之文也。"

⑪残膏剩馥：剩下来的油脂香气。

⑫刺刺不休：形容说话唠叨，没完没了。

⑬获非：受到非议。

⑭庶几：或许，也许。

⑮芗岩：王祖煊（1786—1839），字学和（按，《说文解字》"煊，温也"。"温""和"字义相近），号芗岩，行启九百三十四。浙江浦江郑宅镇三雅村人。举人。

读《乐清轩诗集》书后①

余姑夫姬山先生自少至老②，惟以诗自娱。年六十时，刊《乐清轩诗初集》十二卷；积十年，又得诗八卷。今捧而读之，窃有感也。

夫世之读《乐清轩诗》者，皆言其诗可以寿世③，而未言其人之不可不寿于世。顾诗可寿世，古今诗人未必皆有寿，而其人亦未必皆可寿。惟其人不可不寿于世，而其人其诗应得以寿而无疑，何也？人之处世间也，寿而无益于人，何必诗；寿而有益于人，亦何必诗。如第以诗，唐之杜工部、韩昌黎④，其人皆不朽，何后人论诗者曰工部《北征》诗不可无、昌黎《南山》诗虽不作何害乎⑤？

姑夫寿而有益于人者也，盖孝也，悌也，忠信也，四者人之大本，作诗之宗旨也。试即其诗读之。怀二亲，悲罔极⑥，著《栾栾草》⑦，有益于人之孝；敦宗族，敬耆硕⑧，续《奕叶吟》⑨，有益于人之悌；念故旧，固知交，汇《乐清轩外编》⑩，有益于人之忠信。纵平时涉笔多吟风啸月、品松论桂之作，要不外乎孝悌忠信四者以成其诗。则诗之有益于人，亦如其有益于人也，而第言其诗可寿世哉！

尝观通都大邑，聚族数百家，天必笃生硕德⑪，赐以高年，可为人矜式⑫；而不第生骚人墨客，雕绘浮华，使后生小子无所范模，以致风俗之沦胥也⑬。非然者，能诗不必能寿，非其人何必言其诗。第谓其诗可寿世，而不谓其人之不可不寿于世，而其诗亦无为贵，知矣！

今其人已往，而所存者诗而已。呜呼，九原不作⑭，诗其人哉！

愈唱愈高，不唯其诗，唯其人见所重者，在彼不在此，总是君子务本之旨。（朱千寻先生⑮）

（辑自〔清〕王可仪《味经斋诗文稿》）

【注释】

①《乐清轩诗集》：即《乐清轩诗钞》，清代郑祖涝著。共20卷，收录1247首诗歌。清嘉庆庚辰年（1820）初刊，12卷，收录作者50到60岁之间所作的739首诗；道光十一年（1831）续刊，8卷，收录60到70岁之间所作的508首诗。

书后：文体之一。写在他人著作后面，有所说明和评论。

郑祖涝的《乐清轩外编》卷七收录王可仪写的《封翁姑父大人七旬荣寿序》一文，正文与本文大致相同，不再重复收录，只是添头："姑父大人今岁七旬矣！名人硕士各于去冬撝藻扬华，预申晋祝。而仪于五十时既谨序所履历，将何以为言？且晋祝者亦已盛称，今日视履之考详、孙子之美盛、封秩之尊崇，又将何以为言？而不知正有急急欲言者。"加尾："仪也年亦逾六十，尝得学诗于姑父，然早知欲学其诗，必先学其人。嗣是日耄（耋）日期（颐），俾得学之不已，幸甚！乃于晋爵之日谨献言，以置诸名人之后。岁贡生候选儒学训导内侄王可仪顿首拜撰并书。"

②姬山：郑祖涝（1761—1830），字和颖，号箕山，别号卧云子，又名祖芳，号姬山。浙江浦江郑宅镇枣树园村人。

③寿世：造福世人。

④杜工部：即唐代诗人杜甫（712—770），曾任检校工部员外郎，故称。

韩昌黎：即唐代文学家韩愈（768—824），郡望昌黎，故称。

⑤工部《北征》诗不可无，昌黎《南山》诗虽不作何害乎：典出〔北宋〕范温《潜溪诗眼·山谷论诗文优劣》："时山谷尚少，乃曰：'若论工巧，则《北征》不及《南山》；若书一代之事，以与《国风》《雅》《颂》相表里，则《北征》不可无，而《南山》虽不作未害也。'二公之论遂定。"《北征》是杜甫写的一首长篇叙事诗，向唐肃宗汇报探亲路上所见所闻。《南山》是韩愈写的一首五言古诗，融合汉赋铺张雕绘的工整，效法杜甫五言长篇的体制。

⑥罔极：指人子对父母的无穷哀思。语出《诗经·小雅·蓼莪》："欲报之德，昊天罔极。"

⑦《栾栾草》：郑祖涝于清乾隆庚戌年（1790）为悼念亡父郑遵兆而作，共收录三十首诗歌。

⑧耆硕：高年硕德。

⑨《奕叶吟》：明永乐十六年（1418），浙江浦江郑宅镇郑属辑先世之诗三卷。清康熙年间，郑尔垣又续编四卷，成为《义门郑氏奕叶吟集》，共七卷。后又得遗文十五种，

编为《义门郑氏奕叶文集》，共十卷。后郑祖涝又续编《奕叶吟》。

⑩《乐清轩外编》：郑祖涝编，共十四卷。清道光庚寅年（1830），郑祖涝七十初度，四方名流赠送寿诗寿序，之后连同五十、六十寿诗寿序及题撰诗文，合编为《乐清轩外编》。

⑪笃生：生而得天独厚。

⑫矜式：敬重效法。

⑬沦胥：相率牵连。泛指沦陷，沦丧。

⑭九原不作：意谓人不可死而复生。九原，山名，位于今山西新绛以北。相传春秋时，成为晋国卿大夫的墓地。作，起，死而复活。

⑮朱千寻：朱寯（1798—1861），字千人（或作千寻），号东轩，又号退庵。浙江浦江县城西隅朴树里人。恩贡生。

书《垂帘堂诗钞》卷后①

右《垂帘堂诗》若干卷，吾浦雪樵陈先生所著也②。其子欲出付梓③，曾嘱余作序言。余既序之矣④，而其人之梗概有未尽焉。

窃以诗文字画，学者固欲求工，而品不立，虽工何益。古之作者惟其行谊卓卓，超迈流俗，故流传于后，即年湮代远，去数千百载，观其所作，未尝不想见其人，况于亲灸而目见之者哉⑤。

雪樵先生能画能文能诗之名播于一时，洵乎人之所共知也⑥，然莫若余知之为深。昔王摩诘诗中有画，画中有诗⑦，然则善诗者必善画欤？拟或画与诗有不必兼者欤？先生始学画，即得谢公六法⑧，乃自叹曰："画之气韵，必在生知⑨。"学而能得其神者寡，故每每兴至为之，生平亦不多作。其文章古淡渊雅，不减云林逸品⑩，以屡困棘闱⑪，故人虽慕之，而诵之者罕。唯诗则无论远近，踵门乞教者无虚日⑫。而先生亦自以其夙抱，乐于诗而发之。故一生所作，唯诗尤多。

余尝闻沈确士论诗⑬，有曰："诗可以觇人福泽⑭。"若夫福泽，非可以强为也。盖翡翠兰苕争妍而竞媚者⑮，福泽浅也；披风抹月惝恍而迷离者⑯，福泽薄也。他如岛瘦郊寒、元轻白俗⑰，诚有如昔人所讥，而于福泽自不必言矣。

今读先生画，画中有诗；读先生文，文中有诗；读先生诗，而温厚和平之气溢于楮墨⑱。此固非人所得为也，亦非呫哔于汉魏六朝唐宋元明诸大家所致也⑲，盖天畀福泽⑳，笔墨间自然流露不自知，其然而然也。

先生居城东隅，自名读书所曰"垂帘堂"，盖取董子下帷之义㉑。余尝诣其堂，谈诗品画论文，此外绝不齿及。此其心为何如，品为何如，而即其著作所垂，则知其福泽之长不有过于寻常万万哉！

（辑自〔清〕王可仪《味经斋诗文稿》）

【注释】

①《垂帘堂诗钞》：据清代潘衍桐编《两浙輶轩续录》、郑樵编《浦阳历朝诗录》，陈郁著有《雪樵诗钞》六卷，多为感时之作，或即《垂帘堂诗钞》。

据浙江浦江《龙山陈氏宗谱》载，王可仪作有《恭祝雪樵陈老先生六旬寿序》一文，与本文首尾略异。该文第一段改为："可以质疑而问难，皆师也。余于一邑之耆老宿儒，莫不勤求咨访，以稽考乎异同。故文字一途，虽未窥其奥窔［yào］，而大略亦心知之。"文尾加一段："丙子六月，为先生六旬寿，瑶章玉轴满堂。而余喜得常有质问之益，因不揣浅陋，为序以祝焉。时大清嘉庆丙子季夏之吉　深溪岁贡生眷侄王可仪顿首拜撰"。可见作于嘉庆丙子年（1816）。

②雪樵：陈郁（1757—1824），谱名世侯，字膺锡，庠名郁，字惟监，号雪樵。浙江浦江县城东隅人。恩贡生，候选儒学教谕。

③其子：指陈郁的儿子陈光泽、陈光滋。

付梓：指书稿雕版印行。

④序：王可仪曾作《陈雪樵先生诗集序》，可参见。

⑤亲炙：亲身受到教益。语出《孟子·尽心下》："而况于亲炙之者乎？"

⑥洵：实在。

⑦王摩诘诗中有画，画中有诗：语出〔北宋〕苏轼《东坡题跋》下卷《书摩诘蓝田烟雨图》："味摩诘之诗，诗中有画；观摩诘之画，画中有诗。"王摩诘，王维（一说701—761，一说699—761），字摩诘，号摩诘居士，唐代诗人、画家。

⑧谢公六法：南朝齐梁时期画家、绘画理论家谢赫（479—502）在《古画品录》里提出的六条品评标准——气韵生动、骨法用笔、应物象形、随类赋彩、经营位置、传移模写。

⑨生知：不待学而知之。语出《论语·季氏篇》："生而知之者上也。"

⑩云林：倪瓒（1301—1374），字泰宇，别字元镇，号云林子、荆蛮民、幻霞子。江苏无锡人。元末明初画家、诗人，与黄公望、王蒙、吴镇合称"元四家"。

⑪棘闱：古代对考场、试院的称谓。唐、五代时试士，用荆棘围住试院，以防止放榜时士子喧闹，后又用来防杜夹带传递之弊。

⑫踵门：亲自上门。

⑬沈碻［què］士：沈德潜（1673—1769），字碻士（按，《周易·乾》"乐则行之，忧则违之，确乎其不可拔，潜龙也"。碻，同"确"），号归愚，长洲（今江苏苏州）人。清代诗人、学者。论诗主格调，提倡温柔敦厚。著有《沈归愚诗文全集》。选编《古诗源》《唐诗别裁》《明诗别裁》《清诗别裁》等。

⑭觇［chān］：偷偷地察看。

⑮兰苕：兰花。

⑯惝恍而迷离：茫然若失而模糊不清貌。

⑰岛瘦郊寒、元轻白俗：唐代诗人贾岛和孟郊的诗清峭瘦硬，元稹的诗轻佻，白居易的诗俚俗。语出〔北宋〕苏轼《祭柳子玉文》。

⑱楮墨：纸与墨。借指诗文或书画。

⑲呫哔 [tiè bì]：诵读。

⑳畀 [bì]：给予。

㉑董子下帷：董仲舒放下悬挂的帷幕讲授诵读。借指专心读书或写作。典出《汉书·董仲舒传》："下帷讲诵，弟子传，以久次相授业，或莫见其面。盖三年不窥园，其精如此。"

钞东坡策论书后①

谈天衍，雕龙奭②，利口也③。其文不为世用，以多背理而他驰也。韩昌黎曰："文惟其是耳④。"是者何？理也；理者何？合人情、通世务也。故作文难，而策论尤难。尝观古之所著，纵横捭阖之流，取其文而难绳以理。如汉之贾谊、董仲舒、晁错、匡衡⑤，以及唐宋名人，无不卓然可采、蔚乎可观，而其中合人情、通世务者，唯苏长公为尤⑥。

盖苏长公以绝世之才，上下古今情事旁通曲畅而又罕譬而善为喻⑦。盖由磨炼于人情世务者久，故一涉笔，汩汩而来，不觉其曲中矣⑧。仁宗得其对策⑨，退朝，色喜曰："为子孙得贤宰相。"非喜其文，喜其合人情、通世务、见而知为经国理民之器也。

呜呼！人情世务达则为经国理民之具，穷则为持身处世之资。乃士人多置而不顾，而手执一卷，曰"穷理穷理"，吾不知其所谓理者何在也。舍此实而可据者不之求，而入杳冥之途、昏黑之境，且以读书人不涉世务自解。夫所读何书，岂读而反昧欤！拟少阅历以致然欤！有以知其必不然也。

读苏长公策论，可以反自思矣。今钞就一编，更附钞其书状若干首⑩，置之案头，日夜洛诵⑪，或于人情世务不至耗眊窒惑、盲然无所知焉⑫。

持是以衡策论，其可存者少矣。此事自应推东坡为独步。（朱千寻先生⑬）

（辑自〔清〕王可仪《味经斋诗文稿》）

【注释】

①东坡策论：苏轼写的策论气势雄放，联想丰富，自然恣肆，语言平易。后人为他编有《苏文忠公策论》一卷、《苏文忠公策论选》十二卷、《三苏策论文选》六卷等书。

书后：文体之一。写在他人著作后面，有所说明或评论。

②谈天衍，雕龙奭 [shì]：战国时齐国人邹衍喜言天事而善辩，驺奭写文章像雕镂龙文一样长于修饰，比喻健谈善辩，长于文辞。语出《史记·孟子荀卿列传》："驺衍之术迂大而闳辩；奭也文具难施；淳于髡 [kūn] 久与处，时有得善言。故齐人颂曰：'谈天衍，雕龙奭，炙毂过髡。'"

③利口：口齿伶俐，能言善辩。

④韩昌黎：韩愈（768—824），字退之，河南河阳（今河南孟州）人。郡望昌黎，

世称韩昌黎。唐代文学家、思想家、哲学家。

惟其是：只要实事求是。语出〔唐〕韩愈《答刘正夫书》。

⑤贾谊（前200—前168）：洛阳人，西汉政论家、文学家。所作政论文风格朴实峻拔，议论酣畅。代表作有《过秦论》《论积贮疏》《陈政事疏》等。

董仲舒（前179—前104）：广川（今河北景县）人，西汉思想家、哲学家。系统提出天人感应、大一统学说和罢黜百家、独尊儒术的主张。

晁错（前200—前154）：颍川（今河南禹州）人，西汉政治家、文学家。所作政论文疏直激切，尽所欲言。代表作有《言兵事疏》《守边劝农疏》《论贵粟疏》《贤良对策》等。

匡衡（生卒年不详）：字稚圭（按，出自成语"衡门圭窦"）。东海郡承县（今山东枣庄峄城区）人。西汉经学家。所作政论文善于引经据典。

⑥苏长公：北宋苏轼的诗文雄视百代，被尊为苏长公。

⑦旁通曲畅：普遍通达。

罕譬而善为喻：即罕譬而喻，用不着多比方，都能听懂。语出《礼记·学记》："其言也约而达，微而臧，罕譬而喻，可谓继志矣。"

⑧曲中：完全击中。

⑨仁宗：赵祯（1010—1063）。北宋真宗赵恒第六子，1022—1063年在位，为宋朝在位时间最长的皇帝。

⑩书状：信札。

⑪洛诵：反复诵读。

⑫耄眊〔mào〕：衰老昏聩。

盲然：犹茫然。

⑬朱千寻：朱寯（1798—1861），字千人（或作千寻），号东轩，又号退庵。浙江浦江县城西隅朴树里人。恩贡生。

书老泉《衡论·田制》篇后①

读老泉《田制》篇，窃以为非上策也。盖因井田不可复行②，欲用董生限民名田之制③，曰："吾欲少为之限，而不禁其田尝已过吾限者，但使后之人不敢多占田以过吾限。"意以富民所占之多，贫民不得取以为业，而耕富民之田者执役如奴仆，输租于富民，不得各食其地之全利也。

呜呼！贫民不得各食其地之全利，田固为富民所占，盍巡行乡邑④，察民情事，而知不必抑富民以济贫乎。天之生人，命运不能使之相齐，心术不能使之相若，贫民之宜贫，犹富民之宜富也。假令贫民而予以富民之业，亦未必能保其富。吾恐不特富民坐而饱且嬉，而贫民则相引而入于侈。即不然，而水火疾病亦或接踵而相随，谷食粟米不分于富民，而仍不免于饥。况贫民耕富民之田，虽以半入田主，而其半之余并不以供县官之租税，亦足以养父母、蓄妻子，苟知节俭，尚不至于穷饿无告也。

且富民所占之田，其强夺之乎？其立券交钱以相授受乎？非强夺焉，则富民予贫民以钱而得田以收租，贫民受富民之钱而耕田以输租，此亦有无相通之义。若谓富民输租于县官，不免怨叹嗟愤，而贫民得余地而耕，岂不使输租。而仍使输租，能保其不怨叹嗟愤乎？抑或驽弱贫民无力以耕余地，而富民一遇灾疾，而富民所入有限，不得相通，则此等贫民不复穷饿无告乎！

乃曰："可使贫民不为人所役属。"夫人有智愚，愚者必就智者而听命焉；有能拙，拙者必就能者而听命焉，而后事不至于相失，功不至于无成。役属之事，在智愚能拙而不在贫富。至于佃人之田而羞为其役属，将食人之食可以不忠人之事。而富民输租于县官，亦将自羞为所役属矣。

夫立法必思其可行，作事必期于尽善。井田既不可复，而限田必不可行。惟从时制，各听其命运之不齐，或坐分其入，或输纳其租，而为长吏者禁其侈靡游惰，使之各入于善，则贫富共安其业，而天下享无事之福矣。老泉此论，非良策也。

北魏均田之法⑤，大略相同。然当大乱之后，土广人稀，故可暂行耳。若承平数十年，则势穷矣。书生泥古而民受其害者，惟不识时务也。安得此通达治体之论。（戴春塘先生⑥）

明钱士升云⑦："富民者，贫民衣食之源也。"何嫌役属。且范文正公救荒兴作⑧，亦为此耳。老泉此论，未准情酌理而出之，驳之是矣。（朱千寻先生⑨）

（辑自〔清〕王可仪《味经斋诗文稿》）

【注释】

①老泉：苏洵（1009—1066），字明允（按，古文中"洵哉""允矣"对应，词义相近），自号老泉。眉州眉山（今属四川）人。北宋文学家，与其子苏轼、苏辙并以文学著称，世称"三苏"。著有《嘉祐集》二十卷、《谥法》三卷。

《田制》：该文收入苏洵《嘉祐集·衡论下》。

②井田：周代授田之法。以地一方里画成九区，由八家各占百亩，称为私田，中间百亩为公田，因形如井字，故称为"井田"。

③董生：董仲舒（前179—前104），广川（今河北景县）人，西汉思想家、哲学家，系统地提出天人感应、大一统学说和罢黜百家、独尊儒术的主张。

名田：以名占田，西汉初期实行的对土地占有放任自流的政策。汉高祖初年，允许战乱中逃往山泽的人只要回到乡里，成为政府编户，就可恢复旧日的土地和爵级。到了汉武帝时，土地兼并严重，董仲舒提出限田主张："井田虽难卒行，宜少近古，限民名田以赡不足。"

④盍：何不。

⑤北魏均田之法：是一种按人口分配土地的制度，部分土地在耕作一定年限后归其所有，部分土地在死后归还官府。

⑥戴春塘：戴聪（1760—1843），字惟宪，号春塘，又号退庵。浙江浦江建溪（今

诸暨马剑镇马剑村）人。进士，官至山西布政使。

⑦钱士升（1574—1652）：字抑之（按，"升""抑"字义相反），号御冷，晚号塞庵，浙江嘉善人。明崇祯年间（1628—1644），累官礼部尚书兼东阁大学士。《明史·钱士升传》："郡邑有富家，固贫民衣食之源也。"

⑧范文正公救荒兴作：典出〔北宋〕沈括《梦溪笔谈·官政一·范文正浙西救灾》："皇祐二年（1050），吴中大饥，殍殣枕路。是时范文正领浙西，发粟及募民存饷，为术甚备。"范文正，即范仲淹（989—1052），字希文，苏州吴县人，北宋思想家、政治家、文学家，世称范文正公，著有《范文正公文集》。兴作，着手进行。原作"兴工作"，"工"字系衍文。

⑨朱千寻：朱㝢（1798—1861），字千人（或作千寻），号东轩，又号退庵。浙江浦江县城西隅朴树里人。恩贡生。

《藏书目录》序

富而能藏书者，昔人有焉，桓谭是也①；贫而能藏书者，昔人有焉，任昉是也②。二人皆名著当时，声施后世，岂第以其能藏书哉③！亦贵其能读耳。边韶之为五经笥④，许懋之号经史笥⑤，盖以腹为笥，非以笥为笥也。

余家有书数千卷，自经及诸子百家虽不能备，而目前取用亦稍具焉。余闻李谧弃产营书⑥，手自删削，不易南面百城之乐⑦。今余不必购求而实获所好，岂如非意之事乎⑧！俯而思之，有不快意者。

余质钝，日不能记数行，记不能留一宿，聪明不及于人，功力常缺于己。而欲读数千卷之书，有以知其不能也，则亦藏之而已矣。虽然，不能记数行，比数行无可记者差胜矣；不能留一宿，比一宿无可留者差胜矣。因自忖曰："苟无藏，孰可读。即质为天所限，不能限我以读也。"乃取经史子集分为四帙，各列牙签⑨，目而录之，便抽绎焉⑩。

用意真切，可谓积书不能读者针砭。（张寄轩先生⑪）

孟子曰："夫人岂以不胜为患哉，弗为耳⑫。"此即中庸。果能此道，虽愚柔必明强之意⑬。落落数行，以少许胜多许，笔墨极洁净。（朱千寻先生⑭）

（辑自〔清〕王可仪《味经斋诗文稿》）

【注释】

①桓谭（约前23—56）：字君山。沛国相（今安徽淮北相山区）人。东汉哲学家、经学家、琴师、天文学家，著有《新论》二十九篇。早年曾向班嗣借书，被拒绝，于是刻意蓄书，辟藏书室，后称为桓君山藏书室。

②任昉（460—508）：字彦升（按，昉，太阳初升）。乐安郡博昌（今山东寿光）人。南朝文学家、方志学家、藏书家，"竟陵八友"之一。家虽贫穷，藏书上万卷，是

梁代三大藏书家之一。

③第：但。

④边韶之为五经笥：比喻学识渊博。典出《后汉书·文苑列传》："（边）韶口辩，曾昼日假卧。弟子私嘲之曰：'边孝先，腹便便。懒读书，但欲眠。'（边）韶潜闻之，应时对曰：'边为姓，孝为字。腹便便，五经笥。'"边韶（生卒年不详），字孝先，东汉陈留浚仪（今河南开封）人。汉桓帝时官至尚书令，以文章知名。五经笥，装五经的箱子。

⑤许懋之号经史笥：比喻学识渊博。典出《梁书·许懋传》："与司马褧［jiǒng］同志友善，仆射江祏［shí］甚推重之，号为'经史笥'。"许懋（464—532），字昭哲（按，《尚书·商书·仲虺之诰》"王懋昭大德，建中于民"）。南朝梁高阳新城（今河北保定徐水区）人。撰有《风雅比兴义》十五卷、《述行记》四卷、文集十五卷。经史笥，装经籍、史书的箱子。

⑥李谧（484—515）：字永和（按，《说文解字》"谧，静语也"。和，平静。"谧""和"字义相近）。赵州平棘（今河北赵县）人。北魏藏书家。因书籍不足，绝交下帷，杜门却扫，弃产营书，对重复讹误之书，手自削删校雠，所藏书"无重复者，四千卷有余"。

⑦南面百城之乐：典出《北史·李谧传》："（李谧）每曰：'丈夫拥书万卷，何假南面百城。'"意谓男子汉拥有大量的图书，胜过做拥有百座城池的君主。比喻王侯之乐。

⑧非意：出乎意外。

⑨牙签：系在书卷上作为标识以便翻检的签牌，用牙骨等制成。

⑩抽绎：理其端绪，阐述。

⑪张寄轩：张汝房（1761—?），字次君，号寄轩，又号卧云山人。浙江浦江县城北隅人。拔贡，候选儒学教谕。

⑫夫人岂以不胜为患哉，弗为耳：人们难道因为不能胜任就忧虑吗？只怕不做罢了。语出《孟子·告子下》。

⑬虽愚柔必明强之意：即使是愚蠢的人也一定会明白道理，即使是柔弱的人也一定有刚强的一面。语出《礼记·中庸》："果能此道矣，虽愚必明，虽柔必强。"

⑭朱千寻：朱寯（1798—1861），字千人（或作千寻），号东轩，又号退庵。浙江浦江县城西隅朴树里人。恩贡生。

《出入总登簿》序

出入之必记，何也？所以严义利之辨也。财以义而入，亦以义而出。义者，宜也。宜入而不入，不宜出而出，皆非宜也。夫宜入而不入，与不宜出而出，不谓之轻财重义乎？曷谓非义①？以无辨也。

天下莫患乎无辨，不辨夫有无多寡，则蒙混而财匮；不辨夫轻重缓急，则颠倒而财亦匮。故善理财者量其生息，而审其出入。其入也，可以为出之地；其出也，不逾其入之数，盈虚必斟酌，调度必分明，未有听其或出或入而不辨者也。吝啬者无论矣。

尝见喜交游，好施与，借先人之业，博慷慨之名，行之数年，施与竭，交际失，仰无事，俯无蓄②。于斯时也，其能以义而入乎？其能以义而出乎？宜入而不入，后必至不宜入而入也矣；不宜出而出，后必至宜出而不出矣。无辨之弊，必至于此。

夫财者，天地生之以予人为人者也。故飞者衣以羽，走者衣以毛，跂而行或喘而息者所营惟食③。至于人，衣必丝麻，食必黍稷④，又必经织裁缝，水濡火化，而又有婚姻洽比、贺庆吊丧之礼⑤，祭祀宾客之文。苟无财，岂可以为役！而不善理其财，必不足以供其役。

故知入而不知出，谓之钱奴；知出而不知入，谓之浪子。二者其失均，总由于义利之辨未明、出入之宜不审也。凡事未有不辨于义而能不入于非者也。用财之道，其一端也。

故余时有所入，必悉记之，揆之于义而不合⑥，不敢入也；时有所出，亦悉记之，揆之于义而不合，不敢出也。名其簿曰出入总登，庶几有以严于义利之辨乎⑦。

太史酒肉簿必有可观⑧。以此为国家理财，则恒足矣。（张寄轩⑨）

于义字看得精。自从孟子一毫不取⑩，与意得来，而并融会。得《周官》理财大意⑪，乃得言之如许精透。（蒋岩族祖⑫）

从子华使齐一章来验之人情⑬，又如烛照数计龟卜⑭。小小结构，具有狮子搏兔力量⑮，于此见大儒经济。（朱千寻先生⑯）

（辑自〔清〕王可仪《味经斋诗文稿》）

【注释】

①曷：何，什么。

②仰无事，俯无蓄：上不能侍奉父母，下不能养活妻儿。语出《孟子·梁惠王上》："是故明君制民之产，必使仰足以事父母，俯足以畜（同'蓄'）妻子。"

③跂〔qǐ〕：古通"企"，踮起。

④黍稷：黍和稷。泛指五谷。

⑤洽比：融洽，亲近。

⑥揆：揣测。

⑦庶几：或许，也许。

⑧太史酒肉簿：指西汉太史公司马迁所著《史记》中的《货殖列传》，其记录从春秋末到西汉初著名的富商大贾，内容都与理财有关。酒肉簿，卖酒、杀猪人家记的账簿。

⑨张寄轩：张汝房（1761—？），字次君，号寄轩，又号卧云山人。浙江浦江县城北隅人。拔贡，候选儒学教谕。

⑩一毫不取：连一根毫毛也不拿人家的。语出《孟子·尽心上》："孟子曰：'杨子取为我，拔一毛而利天下，不为也。'"

⑪《周官》：又名《周礼》，是中国古代最早的制度专著，财政制度是其中主要的内容。〔北宋〕王安石在《答曹公立书》里说："一部《周礼》，理财居其半。"

⑫蒋岩：王祖焞（1784—1819），字学明，又字子公，号蒋岩。浙江浦江郑宅镇三雅村人。清嘉庆丁丑年（1817），中进士，考授咸安宫教习。

⑬子华使齐一章：意谓君子给穷人救急，不为富人增富。典出《论语·雍也篇》："子华使于齐，冉子为其母请粟。子曰：'与之釜（六斗四升）。'请益。曰：'与之庾（二斗四升）。'冉子与之粟五秉（八百斗）。子曰：'赤之适齐也，乘肥马，衣轻裘。吾闻之也，君子周急不继富。'"

⑭烛照数计龟卜：意谓用烛照着，按数计算，用龟占卜。比喻料事准确。语出〔唐〕韩愈《送石处士序》："若烛照数计而龟卜也。"

⑮狮子搏兔：狮子扑上去抓一只兔子。比喻对小事情也非常重视，使出全部力量来完成。

⑯朱千寻：朱㝢（1798—1861），字千人（或作千寻），号东轩，又号退庵。浙江浦江县城西隅朴树里人。恩贡生。

《家中实物记》序

有办而常用者，有办而不常用者，有不用而豫办者①，有随用而随办者，有办而一生可用者，有用而旷年必办者②。用而期于办，办而不能足，洵乎物力之维艰矣③。

余生产不过数十亩，居室不逾七八楹，业薄而用繁，生寡而食众，又不谙奇赢子母之权④，以士为名而不得士之实，以学为业而不纯学之功，"频频之党，甚于鸒斯，徒贼夫粮食而已⑤"。

夫象犀珠玉，富者之物也；钱镈铚艾⑥，贫者之资也。富而失富者之物，仍不害其富；贫而失贫者之资，则日趋于贫。故一物而购之千金，人贵而重之；一物而鬻之数钱⑦，人贱而轻之。不知千金之宝，恒不敌数钱者之适用也。不惟适用，致千金者有力而甚易，求数钱者无力而实难也。

尝读吾五世祖复之公所著《家则》⑧，于家中什物之细亦无不置之有条而用之有纪，岂纤啬哉⑨！家虽小器用必需，物虽微检点必至。其常用者，不因常用而不记也，颔下之珠，难保骊龙之无睡也⑩。其不常用者，又以不常用而记也，胠箧之藏，难必缄縢扃鐍之已固也⑪。不用而豫办，易致楚材为晋用⑫；随用随办，多如亡羊而补牢⑬。至若一生可用，旷年必办，则燥湿之不时，蠹蚀之必至，非汇而记之，又安知其楝中之不毁、室内之善藏也哉⑭！

余见富室大家，其祖宗拮据以经营，其子孙漫易而弃置⑮。漫之甚者，不数年而替矣，其未甚，不数十年而亦替矣。《书》曰："不贵异物贱用物，民乃足⑯。"又曰："惟土物爱，厥心臧⑰。"一物之爱微，由于心之臧，岂不大可惧哉！故凡家中器用之存，悉以记诸簿，庶可随时稽考焉⑱。倘遇大度者为诵《葛屦》之末言⑲，予亦知难免矣。

此与《〈总登簿〉序》，皆布帛菽粟之文。（戴春塘先生⑳）

即寻常器物见盈虚消长之理，笔亦矫健。（张寄轩先生㉑）

画虎豹狮象易工，不数见也，画牛羊犬豕难工，常见也，故为文莫难于家常。此为庸言文㉒，纤悉周到，如数家珍，而更出之以典雅。真才人之笔结，悠扬不尽，则韩欧之胜境也㉓。

（辑自〔清〕王可仪《味经斋诗文稿》）

【注释】

①豫：同"预"。

②旷年：多年，长年。

③洵：实在。

④奇赢：指商人所获的赢利。

子母：犹言本利。子，利息；母，本金。

⑤频频之党，甚于鹬〔yù〕斯，徒贼夫粮食而已：相互勾结成朋党，比鹬斯的害处还大，只是一群蠹害粮食的害虫。详见本书〔清〕周璠《题〈惜阴编〉示王济川、梦九二子》。

⑥钱镈铚艾〔qián bó zhì yì〕：泛指各种农具。语出《诗经·周颂·臣工》："庤〔zhì〕乃钱镈，奄观铚艾。"钱，铲子类的农具。镈，锄类农具。铚艾，两种镰刀。

⑦鬻：卖。

⑧复之：王士觉（1309—1382），字复之（按，〔隋〕慧远《大乘义章》"既能自觉，复能觉他，觉行圆满，故名为佛"），号太朴处士，行儒六。浙江浦江郑宅镇郎中村（旧址在王氏宗祠西侧，今不存）人。曾任族长，率领合族子弟同居共爨，制定184条《深溪义门王氏家则》，始修《深溪义门王氏宗谱》。身后赠朝请大夫、中宪大夫。

⑨纤啬：计较细微，悭吝。

⑩颔下之珠，难保骊龙之无睡：要取骊龙下巴下面的珍珠，不一定是在它没有睡觉的时候。典出《庄子·杂篇·列御寇》："夫千金之珠，必在九重之渊而骊龙颔下。子能得珠者，必遭其睡也。"比喻家里常用的实物，难保被随时取用。

⑪胠〔qū〕箧之藏，难必缄縢扃鐍〔jiōng jué〕之已固：为了防范箱子被撬，不一定是绳结已经收紧、插闩和锁钥已经加固。典出《庄子·外篇·胠箧》："将为胠箧、探囊、发匮之盗而为守备，则必摄缄縢、固扃鐍。"比喻家中不常用的实物，未必保管得很牢靠。

⑫楚材为晋用：楚国的人才为晋国所用。语出《左传·襄公二十六年》："虽楚有才，晋实用之。"比喻家中预办而不用的实物，反被人家所用。

⑬亡羊而补牢：羊逃跑了再去修补羊圈，还不算晚。典出《战国策·楚策四·庄辛谓楚襄王》："见兔而顾犬，未为晚也；亡羊而补牢，未为迟也。"比喻家中随用随办的实物，用了再去办，还不算晚。

⑭椟：柜子，匣子。

⑮漫易：因为简单而随意。

⑯不贵异物贱用物，民乃足：不珍惜珍奇异物而轻贱日常用品，民用就会富足。语

出《尚书·周书·旅獒》。

⑰惟土物爱，厥心臧：想到爱惜土地上长出的庄稼，心地才会善良。语出《尚书·周书·酒诰》。厥，不定代词，那个。臧，善。

⑱庶：也许，或许。

⑲《葛屦〔jù〕》之末言：《诗经·国风·魏风·葛屦》最后的两句话是"维是褊心，是以为刺"，讽刺吝啬褊急之人。

⑳戴春塘：戴聪（1760—1843），字惟宪，号春塘，又号退庵。浙江浦江建溪（今诸暨市马剑镇马剑村）人。进士，官至山西布政使。

㉑张寄轩：张汝房（1761—?），字次君，号寄轩，又号卧云山人。浙江浦江县城北隅人。拔贡，候选儒学教谕。

㉒庸言：平常的语言。

㉓韩欧：韩愈与欧阳修，"唐宋八大家"中的两个代表性人物。

自适轩序

余馆盘溪①，主人岐山翁新作别墅成②，请颜其额③。因取适己之适、非适人之适之义④，而名之曰自适轩。

乃进而言曰，今人不能自适者多矣。欧阳子有言："百忧感其心，万事劳其形⑤。"又况思其智之所不及，忧其力所不能，安在其能自适也哉！顾天下之性情各异，而人之适不同。富贵功名之士适于靡丽之场，山林泉石之流适于幽僻之处。观其所适，可以得其人之性情矣。

翁，闲逸人也。距家数十武而构此轩⑥，将设莞簟⑦，进肥酦⑧，以为靡丽之适乎？抑挟琴书，乐疏水，以同幽僻之适乎？皆可随己之适而适之。第恐适人之适而我之适非适⑨，即人之适亦未必适矣。

轩，爽以垲⑩，静以幽，外则环山带水，复嶂烟回，横溪雾错；内则明窗静几，可以观书，可以读画，有炉香之爇⑪，有茗鼎之陈。适哉斯轩！

吾知翁之适不在彼而在此也。然则，可与翁同其适乎？翁曰："可移馆以适汝。"既而思之，此不免于适人之适也。适人之适终非适几之适，而吾固有自适，为翁名轩曰自适，则让翁以自适耳矣。

潇洒出尘，构轩者未知自适与否。名轩者，自适其适矣！（张寄轩先生⑫）

（辑自〔清〕王可仪《味经斋诗文稿》）

【注释】

①馆：坐馆授徒，旧时指担任塾师。

盘溪：浙江浦江檀溪镇潘周家村东侧的大元溪，汇入西侧的壶源江（俗称大溪），双溪将村庄盘绕，故称。

②岐山：潘善追（1774—1846），字继远（按，《论语·学而篇》"慎终追远，民德归厚矣"），庠名凤鸣，号岐山（按，《国语·周语上·内史过论神》"周之兴也，鸑鷟（凤凰）鸣于岐山"），行善二百一。浙江浦江檀溪镇潘周家村人。举人。

③颜其额：题写匾额。

④适己之适，非适人之适：意谓让自己舒适，不是让别人舒适。语出《庄子·内篇·大宗师》："适人之适，而不自适其适者也。"

⑤百忧感其心，万事劳其形：语出〔北宋〕欧阳修《秋声赋》。

⑥武：步。

⑦莞簟［diàn］：蒲席与竹席。语出《诗经·小雅·斯干》："下莞上簟，乃安斯寝。"莞，原作"筦"，形近而误。

⑧肥醲［nóng］：厚味，美味。

⑨第：但。

⑩垲［kǎi］：地势高且干燥。

⑪爇［ruò］：烧。

⑫张寄轩：张汝房（1761—?），字次君，号寄轩，又号卧云山人。浙江浦江县城北隅人。拔贡，候选儒学教谕。

钞《天崇四大家文稿》序①

今人之读时文②，为作时文也；读古文，亦为作时文也。然则时文古文同乎？而人则以为异。非时文与古文异，而作时文者之自异于古文也。

壬寅春③，治时文，取世人所推金、陈、章、罗者选择焉④，得若干首。夫四家者，皆以古文为时文者也。顾自有明一代以及本朝名公巨手，莫不以古文为时文，而沾沾于四家，不犹井蛙之拘于墟乎⑤？然人于五味，甘苦酸辛，各有所嗜。投以非嗜，不顾而去耳。时文亦然，各随其性之所嗜而已。

金文，在秦汉间取精诸子，而一段忠义之气犹不可及。陈则驾左史以走班范⑥，驭韩柳以驱苏王⑦。章则经义肃括⑧，矫健处直自成一子。罗于三家才力似不逮，而洗刷沃灌之功极其深刻⑨。习举子业者⑩，金或借道而行，陈则稍稍绝经路矣，至章罗两家，谓取径幽邃，不可时施⑪，裹足不往，然功令一，以清真雅正为宗。其局度之安详莫逾于罗，笔力之英俊莫逾于金，而雄杰之气非陈不生，典核之辞如章始确。乃苟为炳炳烺烺⑫，用僻书，矜宏博，非不可以逢时，而较之四家，蔑如也⑬，果所谓清真雅正否也。

风雨经旬，杜门不出，取四家文洛诵一过⑭，若有心得焉。笑之者曰："子读四家文，其能为四家文乎？"予曰："非也。不读四家文之不能为四家文，与读四家文之不能为四家文，固无以异也。读古文者之不能为古文，与读时文者之仍不能为时文，亦无以异也。《左》《国》《庄》《骚》⑮，古文也；秦汉，古文也；唐宋，古文之时文也。四家之文，时文之古文也。作古文，可不读时文；作时文，不可不读古文。读古文，未必能作古文；作时文，不可不读时文之古文。乘舟而惑者，不知东西，见斗极则寤矣⑯。吾姑以四家为斗极。

（辑自〔清〕王可仪《味经斋诗文稿》）

【注释】

①天崇四大家：指明末天启（1621—1627）、崇祯（1628—1644）年间写八股文的四位名家金声、陈际泰、章世纯、罗万藻。

金声（1589—1645）：一名子骏，字正希（按，《诗经·大雅·文王有声》"文王有声，遹骏有声"；《老子·四十一章》"大音希声，大象无形"），号赤壁。徽州休宁（今属安徽）人。明末清初抗清义军首领。治学严谨，道德文章备受后人推崇。著有《金太史文章》《尚志堂集》等。

陈际泰（1567—1641）：字大士（按，《说文解字》"泰，大也"），号方城。江西临川人。明末古文家。将经史古籍融会贯通，自辟门径，驰骋才思，抒发己见。著有《太乙山房集》《明史·艺文志》《易经说意》《周易翼简捷解》《五经读》《四书读》。

章世纯（1575—1644）：字大力（按，《诗经·大雅·卷阿》"纯嘏尔常矣"，〔东汉〕郑玄笺"纯，大也"）。江西临川箭港（今江西丰城）人。明末古文家。文章融会经史，阐述己见，将深奥的先贤哲理解释清楚。著有《留书》《券易苞》《章柳州集》《章大力集》等。

罗万藻（？—1647）：字文正。江西临川人。明末古文家。时文坚洁深秀，囊括百家之言，引人入胜，切中时弊。著有《此观堂集》《十三经类语》《罗文止稿》《制义》专集。

②时文：科举时代称应试的文章。

③壬寅：清道光壬寅年（1842）。

④金、陈、章、罗：金声、陈际泰、章世纯、罗万藻。

⑤井蛙之拘于墟：比喻孤处一隅，见闻狭隘。语出《庄子·外篇·秋水》："井蛙不可以语于海者，拘于虚也。"虚，同"墟"，场所。

⑥左史：左丘明（约前502—约前422），姓丘，名明。因其父任左史官，故称左丘明。春秋末期鲁国都君庄（今山东肥城）人。曾任鲁国史官，为解析《春秋》而作《左传》，又作《国语》。

班范：班超和范晔。班超著《汉书》，范晔著《后汉书》，故常并举。

⑦韩柳：唐代文学家韩愈与柳宗元。

苏王：宋代文学家苏轼与王安石。

⑧肃括：恭敬而有法度。

⑨沃灌：涤荡，洗濯。

⑩举子业：即举业，科举时代指为应考试而准备的学业，包括应试的诗文、学业、课业、文字。明清时期，专指八股文。

⑪时施：在当时实施。

⑫炳炳烺烺 [lǎng lǎng]：形容文章辞采声韵之美。

⑬蔑如：不如，不及。

⑭洛诵：反复诵读。

⑮《左》《国》《庄》《骚》：指《左传》《国语》《庄子》《离骚》。

⑯斗极：北斗星与北极星。比喻为天下所敬仰的人或事。

寤：同"悟"，醒悟。

《浦阳历朝诗录》序①

浦阳无诗人②，前哲有言矣。非无诗人也，自朱吕讲学月泉书院③，士皆从事身心性命之学④，而于雕音饰声、吟风咏月之事⑤，若在所后，故前哲不以诗为重，而曰无诗人也。

虽然，吾闻昔人说诗之言曰："诗，之也，志之所之也⑥。""言其志，谓之诗⑦。"又曰："诗者，人心之操也⑧。"又曰："诗，持也，自持其心也⑨。"又曰："诗，性之符也⑩。"情动于中，不容已于言，而发为诗，即愚夫愚妇，各有不可磨灭之句，而为文人学士之所不能及。然则，浦之人物笃生⑪，历代不乏，各操持其心性之所得，以流露于一吟一咏之间，岂无可以上追风雅者乎⑫！

尝读《金华诗录》⑬，自唐宋以迄本朝，所采入者不过数人，人不过数篇。而朱笠亭先生序云⑭："金华之诗，盛于浦阳。"盖非以其能诗者之多为盛，而盛在于其诗之不徒雕音饰声、吟风咏月为也。

意《金华诗录》刊于乾隆癸巳⑮，迄今六十余年。浦之作诗者甚多，而发乎情，止乎礼义，皆期有合乎古人之诗教。苟无人梓以传，其弃掷埋没者正是不少。

今吾中表竹岩广为搜罗⑯，欲付刊劂⑰，则其有功于吾浦之人文不独在诗，而诗亦不失为吾浦之盛矣。览是录者，下采浦阳风俗之醇，以上追朱吕讲学之旧。则以为无诗人也可，而以为有诗人也可。

提出讲学，则作诗是支流余裔。篇中言吾浦之诗，胥从实行而来⑱，则此录可做浦阳□□□□□□□□□

（辑自〔清〕王可仪《味经斋诗文稿》）

【注释】

①该文原载《浦阳历朝诗录》，作于清道光二十三年（1843），收入《味经斋诗文稿》时，文字略有修改。

《浦阳历朝诗录》：浙江浦江的地方诗歌总集。共四册，二十二卷，续编一卷，收录自宋迄清八百年间三百三十九名浦江籍诗人的诗作一千一百十二首。始辑于清道光癸巳年（1833），刻成于咸丰戊午年（1858），由浙江浦江郑宅镇枣树园村人郑楸历时二十五年收录汇编刊刻而成。

②浦阳：唐玄宗天宝十三载（754），置浦阳县。五代吴越天宝三年（910），改浦阳县为浦江县。

③朱吕：朱熹与吕祖谦。

朱熹（1130—1200）：字元晦，又字仲晦，号晦庵，晚称晦翁。生于南剑州尤溪（今属福建）。南宋理学家、思想家、哲学家、教育家、诗人，被后世尊称为朱子。

吕祖谦（1137—1181）：字伯恭（按，《汉书·于定国传》"为人谦恭"）。婺州（今浙江金华）人。南宋理学家、文学家。著有《东莱集》《历代制度详说》《东莱博议》等。

月泉书院：位于浙江浦江县城北隅。始建于南宋咸淳三年（1267），名月泉书堂，立朱熹、吕祖谦二先生祠。元初，升为月泉书院。

据明《嘉靖浦江志略》载："以是州东莱先生成公讲道丽泽，紫阳先生朱文公尝提举浙东常平，行部过此，且与成公友善，遂于此地阐明正学。乃祠二先生于月泉精舍，使学者瞻仰兴慕，肄业其中。"吕祖谦讲学金华丽泽书院，朱熹路过金华，相与讲学。后人仰慕他们的文名，故而在婺州下属的浦江县月泉精舍立祠纪念，并非朱熹、吕祖谦在月泉精舍讲过学，跟建文庙纪念孔子、建关公庙纪念关公同理。且月泉精舍始建时，朱熹已去世六十七年，吕祖谦已去世八十六年。

朱熹、吕祖谦讲学月泉书院一说，始于明朝浙江浦江知县吴应台于崇祯六年（1633）写的《作忠堂记》："宋儒朱元晦（朱熹的字）、吕伯恭（吕祖谦的字）讲学其上，自是渊源不绝。"崇祯九年（1636），张溥在《重建月泉书院碑记》里称："宋考亭（朱熹的别名）、东莱（吕祖谦的别名）两夫子尝讲学泉上。"自此以讹传讹，相沿成习，几成定谳。

④身心性命之学：指理学。

⑤雕音饰声：指讲求音韵格律。

⑥志之所之也：语出《毛诗序》。

⑦言其志，谓之诗：语出〔西晋〕挚虞《文章流别论》。

⑧人心之操也：语出〔汉〕无名氏《春秋纬·说题辞》。

⑨自持其心也：语出〔汉〕无名氏《诗纬》。

⑩性之符也：语出〔西汉〕刘歆《七略》。

⑪笃生：意谓生而得天独厚。

⑫风雅：《诗经》中有《国风》《大雅》《小雅》等部分。泛指诗文方面的事。

⑬《金华诗录》：金华地方诗歌总集，清代朱琰编纂。正集六十卷，外集六卷，别集四卷。正集共收历代作者七百二十二人，诗三千三百六十首。于乾隆五十一年（1786）刊行。

⑭朱笠亭：朱琰（生卒年不详），字桐川，别号笠亭。浙江海盐人。进士。工诗擅文，著有《金华诗录》《明人诗钞》《唐诗律笺》《笠亭诗钞》《金粟山人遗事》等。

⑮乾隆癸巳：1773 年。

⑯中表：古代称父亲的姐妹所生子女为外兄弟姐妹，母亲的姐妹所生子女为内兄弟姐妹。外为表，内为中，合称中表。

竹岩：郑训楸（1794—1861），一名楸，字辑时，号竹岩，又号三宝居士，别号玄鹿山人。浙江浦江郑宅镇枣树园村人。

⑰刊劂〔jué〕：刊刻。

⑱胥：全，都。

政学堂序

春塘戴公以郎中乞归养①。之明年，治其居室，名曰政学堂。夫政可以为学，昔王阳明《书朱子礼卷》言之②。而公取以名其室，盖有得于政学之要，而明其以政为学也。

公，政事才也。由翰林迁户部主事③，兼理军机务④，再迁员外郎⑤，典四川乡试⑥，又以郎中出治通州漕粮⑦，无不修其职以获美名。乃乞归养，朝夕视亲左右。《书》曰："惟孝，友于兄弟，克施有政⑧。"而自视歉然⑨，勤勤以政为学。

然则公之治斯堂也，不惟其奥如也⑩，旷如也⑪，亦不惟其美哉轮美哉奂也⑫。于时言言⑬，于时语语⑭，即以国之政修其家之政，家之政修其身之学，月考夕究，用心初无已时，则公之以政学也，其勤矣哉！

夫由俗而革者⑮，时势异也，怠忽而荒者，爵禄縻也⑯。故古之人虽身当伏处⑰，深究天人民物之数、古今理乱之由，一旦得志，不出草茅而坐论数语。然而事机之在仓猝，审处之在临时，宜于古不必宜于今，行于彼不必行于此，因时之变以措之，竭己之力以考之，其推行尽利，必政之得也，其窒碍难施，必政之失也。如此者，未有不在于学然后知其意，知其意然后合其宜，治人即所以治也。国计民生，悉心揣度⑱，则君子以政为学，乌可以已也⑲。

今公之政已施于国，乃居于家，得以休其暇日，而犹惓惓不忘⑳，以政学名其堂。在国则以国政学，在家则以家政学，所谓国之本在家，家之本在身。为政必探其本，而一身得力全在学之一途，其深有合于阳明子政可以为学之说乎。登是堂者，得毋有所感悟乎！

议论极正当，但仆非其人耳㉑。（戴春塘先生）

切实发挥，极警策。此真文以明道，非苟为炳炳烺烺者㉒。（朱千寻先生㉓）

（辑自〔清〕王可仪《味经斋诗文稿》）

【注释】

①春塘戴公：戴聪（1760—1843），字惟宪，号春塘，又号退庵。浙江浦江建溪（今诸暨马剑镇马剑村）人。进士，官至山西布政使。

郎中：清朝六部以下设司，司设长官郎中，秩正五品。戴聪曾任户部云南司郎中，"掌其分省民赋，及八旗诸司廪禄，军士饷糈，各仓，课本，钞关，杂税"（《清史稿·职官志一》）。

②王阳明：王守仁（1472—1529），字伯安（按，《论语·里仁篇》"仁者安仁，知

者利仁"），别号阳明。浙江余姚人。明代思想家、哲学家、书法家、军事家、教育家，心学集大成者。著有《王文成公全书》。在《书朱子礼卷》中，王守仁提出"政可以为学"的观点。

③翰林：皇帝的文学侍从官。唐后始设，明清改从进士中选拔。

户部：掌管户籍财经的机关，六部之一。

主事：六部下属各司的普通司员，执掌文案章奏，秩正六品。

④军机务：军机处的事务。军机处系清代管军政大权的御前官署，清雍正十年（1732）始设军机房，后改为军机处，"掌军国大政，以赞机务"（《清史稿·职官志》）。

⑤员外郎：六部下属各司的副职，为郎中的属官，秩从五品。

⑥典：主持，主管。

乡试：明清两代在省城举办的考试。每三年举行一次，逢子、卯、午、酉年举行，又叫乡闱。考期在秋季八月，故又称秋闱。凡本省生员与监生、荫生、官生、贡生，经科考、岁科、录遗合格者，均可应试。各省主考官由皇帝钦派。中式者称为举人，可参加次年在京师举行的会试。

⑦通州：位于北京东南部，京杭大运河的北端。

漕粮：通过河运或海运，由东南地区漕运至北京的税粮。清朝每年都有几百万石的漕粮汇集通州，沿通惠河转运京师粮仓。

⑧惟孝，友于兄弟，克施有政：孝顺父母，友爱兄弟，再推广到政治上去。语出《尚书·周书·君陈》。克施，原作"施于"，据《尚书》改。

⑨自视欿[kǎn]然：不自满，有所欠缺貌。语出《孟子·尽心上》："附之以韩、魏之家，如其自视欿然，则过人远矣。"

⑩奥如：幽深貌。

⑪旷如：开阔貌。

⑫美哉轮美哉奂：即美轮美奂，形容建筑物雄伟壮观、富丽堂皇。语出《礼记·檀弓下》："美哉轮焉，美哉奂焉。"轮，高大貌。奂，原作"焕"，指有文饰且明亮。

⑬言言：欢言。

⑭语语：笑语。

⑮由俗而革：意谓治国理政，要从改革陋俗开始。语出《尚书·周书·毕命》："道有升降，政由俗革。"

⑯縻：捆，拴。

⑰伏处：隐居。

⑱揆度：揣度，估量。

⑲乌：何。

⑳惓惓[quán quán]：深切思念，念念不忘。

㉑仆：我。

㉒炳炳烺烺[lǎng lǎng]：形容文章辞采声韵之美。

㉓朱千寻：朱寯（1798—1861），字千人（或作千寻），号东轩，又号退庵。浙江浦江县城西隅朴树里人。恩贡生。

黄素庵舅公诗集序①

人情应物斯感，感物言志②，因而有诗。故"乐心感者，其声啴以缓；喜心感者，其声发以散③"，自然之则也。而论诗者，多胶于穷而益工之语④，岂古之所传诗歌尽出于穷人之辞哉！吟风月，咏池苑，述恩荣，叙酬宴，其诗自炳耀千古。若必穷者能工，则岛之瘦、郊之寒⑤，又曷以讥焉⑥。

素庵舅公雅耽吟咏，与人酬答，恒以诗代柬。盖公本素封⑦，履常处顺⑧，凡有感发，皆乐事居多，固非幽郁烦怨托于虫鱼物类以写其无聊之况者。古人有言，欢愉之辞难工⑨。而如公者，其欢愉之辞否欤？其工欤否欤？吾于古语犹未之信。

公今已七十余矣，有子克家⑩，孙曾崭然露头角。常于酒酣耳热后，拄杖檐下，听书声朗朗，掀髯一笑，即事成诗，欢乐之情不自知其流露也。

顾人有为公歉者，所遇止由恩荐⑪，以司训候铨⑫，使得大显于时，与名公巨卿铺张洪庥⑬，扬厉伟绩⑭，不更自鸣得意欤！然洪范五福不及高位⑮，能备膺者在攸好德⑯。好德者，自乐其道也。公时存乐道之心，正如乃祖田居子⑰，面场圃，话桑麻⑱，朝吟夕咏，不知老之将至。此其得天为甚优，而其诗自迥异乎穷人家书者乎！

嘉庆辛未秋⑲，余家大人劝公付梓⑳，再三订正，得古近体若干首，命仪谨序之。

情意周匝，笔更恣态横生。余嘉其不着一褒贬语，尤为得体。（素庵舅公）

（辑自〔清〕王可仪《味经斋诗文稿》）

【注释】

①黄素庵：黄以桂（1740—1814），字重美，庠名汝听，字审三（按，《尚书·周书·蔡仲之命》"详乃视听"，〔西汉〕孔安国传"详，审汝视听"），号素庵，行淳六百七十五。浙江浦江黄宅镇桂花明堂村人。恩贡生，候选儒学教谕。著有《素庵诗钞》二卷。系王可仪堂房舅公。

②应物斯感，感物言志：接受外在事物而有所感受，通过对外在事物的描绘述志抒怀。语出〔南朝梁〕刘勰《文心雕龙·明诗第六》："人禀七情，应物斯感，感悟吟志，莫非自然。"

③乐心感者，其声啴〔chǎn〕以缓；喜心感者，其声发以散：当欢乐的心情被感应时，发出的声音是宽绰而舒缓的；当喜悦的被感应时，发出的声音是开朗而畅达的。语出《礼记·乐记第十九》。啴，和缓。

④穷而益工：处于困境，诗文写得更加工整。语出〔北宋〕欧阳修《梅圣俞诗集序》："盖愈穷则愈工。然则非诗之能穷人，殆穷者而后工也。"

⑤岛之瘦，郊之寒：即岛瘦郊寒。指唐代诗人孟郊、贾岛简啬孤峭的诗歌风格。

⑥曷：怎么。

⑦素封：指无官爵封邑，而资财丰厚的富人。语出《史记·货殖列传》："今有无秩禄之奉，爵邑之入，而乐与之比者，命曰'素封'。"

⑧履常处顺：过着平稳的日子，处于顺利的境遇。

⑨欢愉之辞难工：写欢乐的诗词文章很难动人。语出〔唐〕韩愈《荆潭唱和诗序》。

⑩子克家：儿子能承担家事，继承家业。语出《周易·蒙》："纳妇，吉。子克家。"

⑪恩荐：恩贡。

⑫司训：明清时对县学教谕的别称。

候铨：候选。

⑬洪庥〔xiū〕：犹洪庇，洪福庇护。

⑭扬厉：意气风发，引申为发扬光大。

⑮洪范五福：《尚书·周书·洪范》记载的五福，一曰寿，二曰富，三曰康宁，四曰攸好德，五曰考终命。

⑯备膺：全面接受。

攸：所。

⑰田居子：黄景昌（1261—1336），字清远，一字明远（按，〔三国魏〕曹植《公宴》"明月澄清景，列宿正参差"），号槐窗居士，又号田居子，行恺一。浙江浦江黄宅镇上宅村人。著有《春秋举传论》《周正如传考》《蔡氏传正误》等。

⑱面场圃，话桑麻：语出〔唐〕孟浩然《过故人庄》："开轩面场圃，把酒话桑麻。"

⑲嘉庆辛未：1811 年。

⑳家大人：指王龄（1751—1819），字梦九，号埜园，又号兰庭。浙江浦江郑宅镇前店村旭升堂第五世。例贡生，候选儒学训导。

佑启园诗序①

事必期于有继，而读书为更甚。尝见先人志在读书，营构书塾，为子孙肄业所②。一无继者，不数十年而先人之业堕矣！

吾族仙居公曾买楼屋于积顺堂之后③，颜之曰桂尊楼④，遗命世作书室，以课子孙，其志于读书也笃矣！数传后，绅士不绝，而丁口日繁，烟居稠密，未免有湫隘嚣尘之叹⑤！不惟课读者难以适其意，而肄业者亦难以静其心。于是，东障、松峰、春江、环中诸裔⑥，因即后有余址，筑以为园，莳药培兰⑦，植梅种竹，清幽之趣自生几席，名之曰佑启园，谓先人之佑启我后人也。顾由今而言，实先人之佑而启之；而自后而论，则正今日之所以佑而启之矣！

窃尝观昔之名园者，曰离垢，曰辟疆，曰独乐⑧，以至华林修竹，苜蓿蒲萄⑨，皆有高人逸士居游吟咏其间。而年湮世远，废址荒蹊不无动后人之凭吊，岂昔之人无佑启之心乎！亦其继之者寡也。

而吾且幸见斯园也，上承先人读书之志，下开子孙好学之心，而坐我春风，挹兹化雨⑩，不须飞盖相随⑪，自得日涉成趣，课读者意可以适，肄业者心可以静，则先人之以桂萼名楼，芳流奕祀⑫，其佑启正未艾也。

落成后，能诗者各赋以见志，而命仪为之序。

从佑启着笔，得策励后人意。（张寄轩先生⑬）

（辑自〔清〕王可仪《味经斋诗文稿》）

【注释】

①该文亦被收入清同治辛未年续修的《深溪义门王氏宗谱》，文后署"道光十一年岁次辛卯春月"，即作于 1831 年。

佑启园：位于浙江浦江郑宅镇樟桥头村。

②肄业：修习课业。

③仙居：王继登（1686—1767），字尧庸，号仙居。浙江浦江郑宅镇樟桥头村人。任乡饮宾。

积顺堂：位于浙江浦江郑宅镇樟桥头村。

④颜：题额。

桂萼楼：楼名。位于浙江浦江郑宅镇樟桥头村。

⑤湫隘：低洼狭小。

嚣尘：喧闹扬尘。

⑥东障：王祖理（1755—1834），字惟一，庠名学纯，号希文，又号东障，行启四百四十。浙江浦江郑宅镇樟桥头村人。邑庠生。精堪舆，著有《东障诗草》。

松峰：王祖珏（1774—1861），庠名玉兼，字人如（按，《诗经·小雅·白驹》"生刍一束，其人如玉"；《说文解字》"珏，二玉相合为一珏"），号松峰，行启七百廿六。浙江浦江郑宅镇樟桥头村人。任介宾。

春江：王祖逢（1777—1836），字维舟，号春江。浙江浦江郑宅镇樟桥头村人。邑庠生，著有诗稿。

环中：王志拱（1778—1850），字环中（按，拱，环绕。"拱""环"字义相近），号鸿轩，行后三百二十九。浙江浦江郑宅镇樟桥头村人。邑庠生。

⑦莳药：种植药材。

⑧离垢：南朝梁刘慧斐的名园。曾经隐居庐山东林寺，在山北构园一所，名离垢园。

辟疆：东晋时期顾辟疆的名园。故址在今江苏苏州姑苏区。

独乐：北宋司马光的名园。北宋熙宁四年（1071），司马光退居西京洛阳，在郊外买二十亩地，辟为园林，名独乐园。故址在今河南洛阳南郊。

⑨蒲萄：今作葡萄。

⑩坐我春风，把兹化雨：即春风化雨，指适宜于草木生长的风雨。比喻良好的熏陶和教育。

⑪飞盖：驰车，驱车。

⑫奕祀：世代。

⑬张寄轩：张汝房（1761—?），字次君，号寄轩，又号卧云山人。浙江浦江县城北隅人。拔贡，候选儒学教谕。

陈雪樵先生诗集序①

雪樵先生之诗可与古人并传乎？吾不得而知也。然尝读古人诗，往往于诗见人；读今人诗，不可以人论诗乎？夫人之有诗也，如植物然，各视其根株，而枝叶因之。五谷则生五谷之枝叶，花实而可食；稊稗则生稊稗之枝叶②，花实而不可食。此不能强同者也。

昔唐荆川与茅鹿门书曰③："陶彭泽未尝较声律、雕句文④，但信手写出，便是宇宙间第一种好诗。"自有诗以来，用心最苦而立说最严者无如沈约⑤，使人读之，只见捆缚醒龊⑥，不曾道出一句好话。何则？陶之根株五谷也，沈之根株稊稗也，而枝叶华实有不大相径庭哉！

先生生长城市，居湫隘嚣尘之地⑦，无委琐竞逐之心，其性情之厚、学术之醇，自有过人者。故或评论古人，或指陈时事，或与人酬答，揽山川草木鸟兽禽鱼之殊致，莫不本诸性情，发为诗歌，一任论甘忌辛、好丹非素之流⑧，无庸置喙也。

今先生往矣。犹忆三十年前，吾父喜种菊，闲来共赏，谓曰："渊明爱菊，不慕荣利，好读书。君其渊明后生乎！"因写渊明"卓为霜下杰"之句以赠⑨。又忆与先生寓婺城⑩，登八咏楼⑪，诵秋月春风之句、落桐衰草之章⑫，指以示曰："诗固佳矣，但沈侯晚节昧荣利⑬、竞浮名，论者方之山涛⑭。"由此，以是先生亦以人论诗，苟非其人而徒工声律，不足当其一喙也⑮。吁，以人论诗，传者鲜矣！然非以人论诗，则诗之得传者滥矣！夫以先生之为人，即先生之诗再三读之，不同于五谷之华实，可与古人并传以食后人哉⑯！

道光丙申⑰，其子光泽、光滋汇古今体若干卷⑱，欲付剞劂⑲，问序于余。余非知诗者，惟知先生之为人，故谨序之。

以人论诗，命意超卓，中间陶沈二段自是证据⑳。文章波澜，色色精到。（楼陔农先生㉑）

（辑自〔清〕王可仪《味经斋诗文稿》）

【注释】

①陈雪樵先生诗集：即《垂帘堂诗钞》，共六卷。据王可仪《书〈垂帘堂诗钞〉卷后》，其先为陈雪樵先生的诗集作序，即本文《陈雪樵先生诗集序》，意犹未尽，又写了一篇《书〈垂帘堂诗钞〉卷后》。

陈雪樵：陈郁（1757—1824），名世侯，字膺锡，庠名郁，字惟监，号雪樵。浙江浦江县城东隅人。恩贡生，候选儒学教谕。

②稊稗［tí bài］：一种形似谷的草。

③唐荆川：唐顺之（1507—1560），字应德，一字义修（按，《周易·升》"君子以顺德，积小以高大"；《左传·庄公八年》"姑务修德，以待时乎"），号荆川。江苏武进人。明代儒学大师、军事家、散文家、数学家。曾作《答茅鹿门知县书》。

茅鹿门：茅坤（1512—1601），字顺甫（按，《周易·坤》"坤道其顺乎，承天而时行"），号鹿门。湖州归安（今浙江湖州吴兴区）人。明代散文家、藏书家。曾任青阳、丹徒两县知县。善古文，心折唐顺之。

④陶彭泽：陶潜（352或365—427），字元亮，晚年更名潜，字渊明，别号五柳先生，私谥靖节。浔阳柴桑（今江西九江）人。曾任彭泽县令，故称陶彭泽。东晋田园诗人，著有《陶渊明集》。

⑤沈约（441—513）：字休文（按，《史记·屈原贾生列传》"其文约，其辞微，其志洁，其行廉"）。吴兴武康（今浙江德清）人。南朝梁政治家、文学家、史学家。学问渊博，精通音律，与周颙等创"四声八病"之说，要求以平、上、去、入四声相互调节的方法用于诗文，避免八病，注重声律、对仗，时称"永明体"。

⑥龌龊：过分谨慎，拘于小节。

⑦湫隘：低洼狭小。

嚣尘：喧闹扬尘。

⑧一任：听凭。

论甘忌辛，好丹非素：说到甘甜的，就忌讳辛辣的；爱好红色，反对白色。语出〔南朝梁〕江淹《杂体诗序》："至于世之诸贤，各滞所迷，莫不论甘而忌辛，好丹则非素。"比喻对事物有所偏执。

⑨卓为霜下杰：语出〔东晋〕陶潜《和郭主簿》（其二）。

⑩婺城：婺州城，浙江金华的别称。

⑪八咏楼：位于浙江金华，创建于南朝。历代文人题咏颇多，譬如南朝诗人沈约曾作《八咏诗》，南宋词人李清照曾作《题八咏楼》。

⑫秋月春风之句、落桐衰草之章：沈约作的《八咏诗》，共八首，包括《会圃临春风》《登台望秋月》《霜来悲落桐》《岁暮悯衰草》等。

⑬沈侯：沈约死后，谥曰隐，故人称沈隐侯，也称沈侯。

⑭山涛（205—283）：字巨源（按，"涛""源"皆与水有关，字义相类）。河内郡怀（今河南武陟）人。三国至西晋名士，"竹林七贤"之一。语出《梁书·沈约传》："自负高才，昧于荣利，乘时藉势，颇累清谈……论者方之山涛。"

⑮噱：大笑。

⑯食［sì］：拿东西给人吃。

⑰道光丙申：1836年。

⑱光泽：陈光泽（1801—1863），字文成（按，〔南朝梁〕刘勰《文心雕龙·铭箴》"至于始皇勒岳，政暴而文泽"），号春帆，行颖一百廿八。浙江浦江县城北隅人。

光滋：陈光觐（1798—1862），字大耿（按《尚书·周书·立政》"以觐文王之耿光，以扬武王之大烈"），庠名光滋，字润之（按，〔东汉〕王充《论衡·是应》"土地滋润，流湿万物，洽沾濡溥"），号鞠篱，行颖一百廿一。浙江浦江县城北隅人。副贡生。

⑲剞劂［jué］：雕版，刻印。

⑳陶沈：陶潜和沈约。

㉑楼陔农：楼鸿应（1784—1849），字翔莱，号陔农。浙江浦江县城人。贡生，候选儒学训导。

盘溪周氏续修宗谱序①

盘溪周氏谱首之舛误，盘洲先生论之详矣②。而戴东珊先生序曰③："取其近，则以康熙壬戌谱为得其正④。"又曰："非不能异，异之而无能异，则以明嘉靖癸丑谱为得其承⑤。"皆疑以传疑，无从改革之意也。

至嘉庆二十五年⑥，杭城周凯等修葺濂溪公祠⑦，考子孙之迁居他郡者，有八世孙讳昭、立、芳、敬四人⑧，迁居金华浦邑⑨，而立则迁居盘溪，因来捐钱⑩，为修葺资助。由是相与往来。至道光二年⑪，始得借观其宗谱而就录焉。

盖濂溪生二子，长曰寿⑫；寿生六子，长曰伯逵⑬；伯逵生二子，长曰鏽⑭；鏽生二子，幼曰迈⑮；迈生三子，长曰清⑯；清生二子，幼曰欺⑰；欺生十子，三曰立。立为今盘溪第二世祖也。

顾立公所生子，杭谱以迁于浦，不载其名。今谱内载，立公之父曰䜣⑱，而以益国公为立之子⑲。考之书史，立与益国公支派各别，年代不符，诚有如盘洲先生丙辰序内所云谬妄无稽⑳，直置之不足辨可矣。况杭谱云："立公有二子㉑，行千三。"如今谱立公只二子，行卸三，而千三为立公孙炳彰行㉒。由是推之，则第一二三四世，皆前之秉笔者无从稽考，妄为撰入，未可知也。

独是，信以传信，疑以传疑㉓。立公之世，天下大乱。宋衰，金人逐散他郡。迁居浦者现有四派，其余多散处他邦，未获远稽博考，则亦仍在疑信之间而已矣。

今癸未秋㉔，周氏重有修谱之事，命予略次之，以待后之贤裔辨订疏明，而谱首仍其旧，不敢妄有改革。然吾读盘洲先生序，辨其舛，辨其误，不得谓仍讹踵谬㉕。读东珊先生序，得其正，得其承，不得谓数典忘祖。则周氏此举自有合于天理人情之正矣！

读之令人累。墟闻地山兄近日考核订正㉖。则此人之有功于周族岂浅哉！（朱千寻先生㉗）

（辑自〔清〕王可仪《味经斋诗文稿》）

【注释】

①盘溪：浙江浦江檀溪镇潘周家村东侧的大元溪，汇入西侧的壶源江（俗称大溪），双溪将村庄盘绕，故称。七百多年前，潘周家村的周氏祖先从杭州迁居于此，修有《盘溪周氏宗谱》。该文作于清道光三年（1823）。

②盘洲：周璠（1734—1803），字鲁玙，号盘洲，人称盘洲先生。浙江浦江檀溪镇潘周家村人。岁贡生，海盐县学训导。

③戴东珊：戴殿泗（1749—1825），字东瞻，号东珊。浙江浦江建溪（今诸暨马剑镇马剑村）人。金殿传胪，授翰林编修。曾为《盘溪周氏宗谱》撰《嘉庆戊辰续修谱序》。东珊，原作"东山"，音近而误。

④康熙壬戌：1682 年。

⑤嘉靖癸丑：1553 年。

⑥嘉庆二十五年：1820 年。

⑦周凯（1779—1837）：字仲礼（按，老子《妙真经》"仁以好施，义以制断，礼以凯敬，智以除害，信以立事"），号芸皋。浙江富阳人。进士，历任翰林院庶吉士、编修。工诗歌，精绘事。清道光二年（1822）编的《续修西湖周元公祠志》中，有他撰写的《重建元公祠募启》。

濂溪：周敦颐（1017—1073），原名周惇实，字茂叔（按，《管子·五行》"五谷邻熟，草木茂实"），号濂溪，谥号元公，行笃三，世称濂溪先生。道州营道楼田堡（今湖南道县）人。北宋文学家、哲学家，儒家理学思想的开山鼻祖。著有《周元公集》《爱莲说》《太极图说》《通书》等。其十世孙周天祐于南宋时在杭州清波门外钱家湾建周元公祠，今不存。

⑧昭：周昭（生卒年不详），字文信（按，《逸周书·大戒》"贞信以昭，其乃得人"），行千一。配孙氏，继配刘氏。南宋理宗（1225—1264）时，与弟周彝、周立、周琛从杭州迁居浦江檀溪镇响山岩下栗社（今立前畈村），为小洑派始祖。

彝：周彝（生卒年不详），字文鼎（按，《〈说文解字〉叙》"郡国亦往往于山川得鼎彝，其铭即前代之古文，皆自相似"），行千二。配李氏。南宋理宗时，与兄周昭、弟周立、周琛从杭州迁居浦江檀溪镇响山岩下栗社（今立前畈村），江苏淮安派始祖。

立：周立（生卒年不详），字文德（按，《左传·襄公二十四年》"太上有立德，其次有立功，其次有立言"），行千三。系周欺第三子，娶朱氏。南宋理宗时，与兄周昭、周彝、弟周琛从杭州迁居浦江檀溪镇响山岩下栗社（今立前畈村），为大园派始祖。

琛：周琛（生卒年不详），字文宝（按，《尔雅·释言》"琛，宝也"），行千四。配柳氏。南宋理宗时，与兄周昭、周立、周琛从杭州迁居浦江檀溪镇响山岩下栗社（今立前畈村），为河渚、狮溪、盘洲派始祖。

⑨浦邑：浦江县，今属浙江金华。

⑩捐钱：《续修西湖周元公祠志》中《嘉庆丁丑（1817）第一次捐输实数》："浦江县：盘洲畈大宗祠捐洋二百元。"

⑪道光二年：1822 年。

⑫寿：周寿（生卒年不详），字季老，一字元翁（按，《左传·昭公二十年》"其所以蕃祉老寿者，为信君使也"；〔三国魏〕曹丕《与吴质书》"已成老翁，但未白头耳"）。系周敦颐长子，娶郑氏，生周伯逵、周虞仲、周叔高、周季友、周季仲、周季次六子。荫补太庙斋郎。北宋元丰五年（1082）登第，官至司封郎中。

⑬伯逵：周伯逵（生卒年不详），字求良。荫迪功郎，补秦州仪曹。系周寿长子，

娶李氏，生周镰、周铭二子。北宋徽宗辛丑年（1121），秦州乱，周伯逵被金人杀害，夫人李氏及子周镰、周铭随隆祐太后南渡，居临安（今浙江杭州）。

⑭镰：周镰（生卒年不详），字集卿（按，镰，分道扬镰。《尔雅》"集，会也"。"镰""集"字义相反），行端一。系周伯逵长子，娶成氏，生周遇、周迈二子。荫迪功郎，举贤良方正。后为越州提刑。

⑮迈：周迈（生卒年不详），字云静（按，《说文解字》"迈，远行也"，系动。与"静"字义相反），号贵溪。系周镰次子，娶吴氏，生周清、周澄、周淑三子。南宋乾道丙戌年（1166），中进士，赠通议大夫。

⑯清：周清（生卒年不详），字衍仁（按，清，清廉；仁，仁爱。字义相顺）。系周迈长子，娶张氏，生周珪、周欺二子。荫承仕郎。

⑰欺：周欺（生卒年不详），字拾琛（按，出自成语"拾金不昧"。琛，珍宝，与"金"字义相近。昧，隐瞒，与"欺"字义相近）。系周清次子，娶俞氏，生周昭、周彝、周立、周琛四子；侧室柳氏，生周芳（字文贤，行千五，配王氏）、周敬（行千六）、周彰（字文景，行千七，配俞氏）、周坚（字文伯，行千八，娶郑氏）、周垕［hòu］（字文善，行千九，配唐氏）、周焕（字文美，行千十，配葛氏，徙安徽）六子。

⑱立公之父曰诉：据《续修西湖周元公祠志》，周立之父为周欺，此处有误。

⑲益国公：周必大（1126—1204），字子充，一字洪道（按，《说文解字》"充，长也，高也"，与"大"字义相近。〔清〕段玉裁《说文解字注》"洪，大也"），自号平园老叟。吉州庐陵（今江西吉安）人。南宋政治家、文学家。著有《省斋文稿》《平园集》等。

⑳丙辰：清嘉庆丙辰年（1796）。

㉑二子：周立有二子，长子周万，幼子未迁粟社，无考。

㉒炳彰：系《盘溪周氏宗谱》里杜撰的人物。

㉓信以传信，疑以传疑：可信的，就作为可信的留传下去；可疑的，仍然作为可疑的留传下去。

㉔癸未：清道光癸未年（1823）。

㉕仍讹踵谬：继承错讹，沿袭谬误。

㉖墟：乡村集市。

地山：周谦光（1793—1858），字地山（按，《周易·谦》"地中有山，谦"），号石孙，行雄二十七。浙江浦江檀溪镇潘周家村人。邑庠生。

㉗朱千寻：朱窝（1798—1861），字千人（或作千寻），号东轩，又号退庵。浙江浦江县城西隅朴树里人。恩贡生。

华七府君暨朱氏安人生辰立祭序①

《礼书》曰②："君子以义处礼，则祭不至于数烦③；以仁处礼，则祭不至于疏怠。"此四时之祭所以缘起也。

然则四时之外无祭乎？今人于先祖生辰忌日必设奠于其主④，则祭不拘于四时矣。顾士知祖，庶人知祢⑤，所祭恒不及祖祢以上。然礼缘人情，古今异宜。设人有逮事高曾⑥，至高曾没⑦，遂不得伸曾玄思慕之情⑧，是不以学士大夫自处而孝敬之心薄矣。

观吾同居时《家则》有曰⑨："四月廿二日为始祖百二府君生辰⑩，宗子当奉神主于正寝⑪，集众行一献礼⑫。"迄今恪遵弗怠。此固出于时祭之外而缘人情以生礼也。

吾族支脉繁衍，不可胜纪。而其中若碑牌、塘慈坑、陈山、前店四派⑬，皆出于第十二始祖华七府君，已垂三百余年。旧固祔食始祖庙⑭，四时享祭，因以不二。然为子孙者皆以未获如百二府君生辰之有祭，厥心未安也。故追溯三月廿八日为府君生辰，廿七日为朱氏安人生辰，议于廿七日集衣冠拜奠于墓所，虽世远年湮，不能俊然有见、怳然有闻⑮，而木本水源之思有不容已者，岂有数则渎、渎则不敬之嫌欤！

顾必祭于墓者，何也？尝见上世祖墓，其子孙分散异处，数传而不知墓，俾四尺之封任牛羊践踏而不顾⑯。今幸佳气郁葱，青松交映，祭之日，众子孙视之，可永守无毁伤也。

拟于廿七日以从安人生辰者，何也？律以阴随阳之义，宜于廿八日。然府君与安人生辰，仅差一日，苟从府君，则安人生辰逾时矣。正以其止一日有差，明日不再祭祀，以免数与渎也。若夫不及于忌日，则又遵《家则》百二府君之祭云。

缘人情以制礼，无过情，无不及情，斟酌尽善。至祭必于墓，尤为孝子慈孙之用心。（何小山老师⑰）

墓祭，所以使子孙知墓。此礼之所以缘人情而起也。一经道出，遂成典理。（张理材表弟⑱）

（辑自〔清〕王可仪《味经斋诗文稿》）

【注释】

①华七：王惠（1400—1448），字士迪（按，《尚书·虞书·大禹谟》"惠迪吉，从逆凶"），行华七。系浙江浦江深溪王氏十二世，郑宅镇碑牌、塘慈坑、陈山、前店四村共祖。该文被收入清同治辛未年续修的《深溪义门王氏宗谱》时，文后加一段："今嘉庆十六年三月，前店派之殷足者，先出己资一两，交勤敏者生息，为后日置祭产计，得若干人。既陈辞设祭矣，其各派之不忘所自出者，必有慕而兴也哉！"署"嘉庆十六年"，即1811年。

②《礼书》：共一百五十卷，北宋陈祥道著，内容是对古代礼制的诠释，从各种典

礼、祭礼、宗教仪式，到生活中的各种仪式，十分详尽。

③数烦：次数太多，过于麻烦。

④主：旧时为死人立的牌位。

⑤祢〔mí〕：古人称已在宗庙中立牌位的亡父。

⑥逮事：赶上侍奉。

高曾：高祖、曾祖。

⑦没：同"殁"〔mò〕，死亡。

⑧曾玄：曾孙和玄孙。原作"元"，清代为避清圣祖玄烨的讳，将"玄"改作"元"。今改回。

⑨《家则》：即《深溪义门王氏家则》，共一百八十四条，系深溪王氏第八世家长王士觉根据同里义门郑氏一百六十八条《郑氏规范》增删而成。以下内容系《家则》第十条："四月二十二日，百二府君降生之辰，宗子当奉神主于正寝，集家众行一献礼。"

⑩百二府君：王起（1142—1209），字作为（按，《孟子·滕文公下》"作于其心，害于其事；作于其事，害于其政。圣人复起，不易吾言矣"；《说文解字》"作，起也"），行百二。系王孝纯之子。北宋淳熙四年（1177），携十三岁长子王约之、七岁次子王望之，从浙江义乌凤林乡折桂里（今赤岸镇朱店村）迁居浦江灵泉乡峻岭（今岩头镇王店村沙溪庵一带），系峻岭王氏祖。

⑪宗子：大宗的嫡长子。

神主：供奉祖先或死者用的小木牌。

正寝：泛指房屋的正厅或正屋。

⑫一献礼：主人或主持者向宾客或族人敬酒称为"献"；宾客或族人回敬称为"酢"；主人或主持人先自饮，再劝大家一起饮，称为"酬"。三者合称为"一献礼"。

⑬碑牌、塘慈坑、陈山、前店：村名，今均属浙江浦江郑宅镇。深溪王氏第十二世王惠（行华七），生四子：王泽（行贤四），系碑牌派祖；王济（行贤七），再生四子，王保（行洪四）、王塤（行洪十五）、王珍（行洪廿八，塘慈坑派祖）、王堂（行洪三十七，陈山派祖）；王淞（行贤七，前店派祖）；王通（行贤廿二，前店派祖）。

⑭祔〔fù〕食：合食，受祭时与祖先共享祭品。

⑮僾〔ài〕然有见、忾然有闻：隐约看到，听到叹息。语出《礼记·祭义》："祭之日，入室，僾然必有见乎其位；周还出户，肃然必有闻乎其容声；出户而听，忾然必有闻乎其叹息之声。"僾然，仿佛，隐约貌。忾然，感慨貌，叹息貌。

⑯四尺之封：指坟墓。语出《礼记·檀弓上》："于是封之，崇四尺。"

⑰何小山：何纶锦（生卒年不详），字小襄，号小山，山阴（今浙江绍兴）人。举人。曾任金华县学教谕。

⑱张理材表弟：王可仪的父亲王龄娶浙江浦江郑宅镇孝门村张邦至长女，堂伯父王舟娶县城东隅张守渭之女，两家均有张姓表兄弟。而在《龙溪张氏八甲派宗谱》中，均无张理材，待考。

千二府君生辰立祭序①

尊祖故敬宗，敬宗故收族②。是以民德归厚，同深追远之心③；祀事孔明④，永切报本之念。

我祖千二府君为百二府君次子⑤，登宋朝嘉定贤书⑥。缅彼伯兄，奕叶绵延常熟⑦；惟兹弱弟，椒聊蕃衍浦阳⑧。世垂六百余年，祥发万千余指。同居五世，家传孝义之风⑨；旌表二朝⑩，名擅东南之美。仰高踪于峻岭⑪，邈矣难追；溯源流于深溪⑫，挹此可注。心源若接，口泽犹留。既已贻我孙谋⑬，共欲绳其祖武⑭。士则诗书执礼，农则孝悌力田⑮。

今届榱栋鼎新⑯，堂基廓旧，可以妥先灵风雨⑰，可以申子孙虔诚。惟十月初四之辰，为府君蟠桃之会⑱。雨濡橘绿，霜染枫丹。东阁开筵⑲，舞霓裳之一曲⑳；西畴稻熟，进春风以千觞。和平聆鼓吹之音，整饬肃衣冠之度。然而今之视昔，难必后之视今。欲其长守明禋㉑，莫若多立祭产。乃合谋于耆老，将贻业于后昆。爰集同心数十人，各出己资二十两，分班料理，或权子母以相生㉒；合志经营，可置田园以备物。行之勿失，垂于无穷；俾我裔孙，同伸孝敬。

嗟夫，年湮世远，敢云视死如生；鬼飨神歆㉓，讵曰承祭多福。主人共思其所尽，君子不忘其所由生云尔㉔。

前是千二公履历，中是生辰景致，后是立祭缘由，结是总收。其用《礼记》语，如天造地设，通体风发韵流，吐纳深稳。（朱千寻先生㉕）

（辑自〔清〕王可仪《味经斋诗文稿》）

【注释】

①该文亦被收入清同治辛未年续修的《深溪义门王氏宗谱》卷十四，题为《庆先会序》，文末署"道光四年甲申二月"，即作于 1824 年。

千二府君：王望之（1171—1213），字仲传，行千二。七岁随父母从浙江义乌凤林乡折桂里（今赤岸镇朱店村）迁居浦江灵泉乡峻岭（今岩头镇王店村沙溪庵一带）。进士，未授官而卒。

②尊祖故敬宗，敬宗故收族：尊敬先祖所以就尊敬宗子，尊敬宗子所以团结聚合族人。语出《礼记·大传》。收族，以上下尊卑、亲疏远近之序团结族人。

③民德归厚，同深追远之心：百姓的德性趋归敦厚，一起追念死亡已久的远祖。语出《论语·学而篇》："慎终追远，民德归厚矣。"

④祀事孔明：祭祀的仪式庄重而有条不紊。语出《诗经·小雅·信南山》："祀事孔明，先祖是皇。"

⑤百二府君：王起（1142—1209），字作为，行百二。北宋淳熙四年（1177），从浙江义乌凤林乡折桂里（今赤岸镇朱店村）迁居浦江灵泉乡峻岭（今岩头镇王店村沙溪庵

一带），为峻岭王氏始祖。

⑥贤书：贤能之书，谓举荐贤能的名录。后指考试中式的名榜。王望之中南宋嘉定元年（1208）进士。

⑦奕叶绵延常熟：王望之的兄长王约之移居江苏常熟，生王万、王芳，王万生王庶、王庭。王庶留在常熟，为祖父王约之、父亲王万守墓，子孙繁衍，成为巨族。奕叶，累世，代代。

⑧椒聊蕃衍：花椒树上的果实繁衍丰茂。语出《诗经·国风·唐风·椒聊》："椒聊之实，蕃衍盈升。"形容子孙众多。椒聊，花椒。蕃衍，生长众多。

浦阳：唐玄宗天宝十三年（754），置浦阳县。五代吴越天宝三年（910），改浦阳县为浦江县。

⑨同居五世，家传孝义之风：浙江浦江深溪义门王氏从南宋景定元年（1260）到明建文四年（1402），从第四世始，到第十世终，七世同居，历时142年，元明两朝受到朝廷旌表，称义门王氏或王义门，与同里郑氏媲美。五世同居，是七世同居的前半期，系从第四世到第八世。详见本书〔清〕陈命禹《源六十六朱安人传》。

⑩旌表二朝：元朝（后）至元年间（1335—1340）和明朝洪武年间（1368—1398），浙江浦江深溪王氏两次受到朝廷旌表，与同里郑氏媲美。

⑪峻岭：位于浙江浦江岩头镇王店村沙溪庵一带。是王起从浙江义乌迁居浦江的始居地。

⑫深溪：溪名。发源于浙江浦江金芙蓉山西麓，流经郑宅镇西部。王氏世居于此，称深溪王氏。详见本书《王继旦传》。

⑬贻我孙谋：指父祖对子孙的训诲。语出《诗经·大雅·文王有声》："诒厥孙谋，以燕翼子。"诒，贻，遗留。

⑭绳其祖武：踏着祖先的足迹继续前进。绳，继承。武，足迹。

⑮孝悌力田：指孝顺父母，尊敬兄长，努力务农。

⑯榱栋：屋椽与栋梁。

⑰妥先灵：安置祖先的亡灵。

⑱蟠桃之会：相传三月三日为西王母诞辰，当天大开盛会，以蟠桃宴请众仙，称为蟠桃会。

⑲东阁：古代称宰相招待、款待宾客的地方。

⑳霓裳：即《霓裳羽衣曲》，唐代乐曲名。

㉑明禋［yīn］：古代祭天的典礼。

㉒权子母：指资本经营或借贷生息。语出《国语·周语下·单穆公谏景王铸大钱》："民患轻，则为作重币以行之，于是乎有母权子而行，民皆得焉。"谓国家铸钱，以重币为母，轻币为子，权其轻重而使行，有利于民。

㉓鬼飨神歆：鬼神享受世人的祭祀。

㉔云尔：用于语尾，表示如此而已。

㉕朱千寻：朱鸾（1798—1861），字千人（或作千寻），号东轩，又号退庵。浙江浦江县城西隅朴树里人。恩贡生。

修造宗祠献厅捐簿序①

物本乎天，人本乎祖，故君子将营宫室、宗庙为先。而吾人欲衍箕裘②，祖功宜报。

惟我王氏，聿有宗祠③。自宋代以迄本朝六百年，于今为烈④；由始祖而昭来许廿七世⑤，长发其祥⑥。仰创建于前人，曰寝室，曰拜厅，曰中庭，曰献厅，曰门廊，规模自定；缅经营于当代，自顺治，自康熙，自雍正，自乾隆，自嘉庆，修葺频仍⑦。

然而榱题几度鼎新⑧，堂构依然由旧⑨。惟于嘉庆丙辰岁⑩，先将寝室以增高，亦越岁次甲戌年⑪，复即拜厅而廓大。易以石柱，蚀蚁是防；并及中庭，奂轮并美⑫。先灵永妥⑬，无忧上雨旁风；祀事孔明⑭，不间秋尝春礿⑮。

孙子之孝思无尽，祖宗之福庇弥长。乃于道光壬午之秋⑯，复有边屋优台之造⑰。爰拓门廊故址⑱，以成严翼巨观⑲。费逾二千，不派丁钱妇谷⑳；成于不日，皆由喜助乐输。由是董理相商，合族共议，捐五两者许其立碑享祭，捐十两者加以颁胙酬功㉑。斯真收族以敬宗㉒，奖贤以教孝也。

今也星移物换，献厅有蠹蚀之形；目击心惊，庙貌失翚飞之象㉓。急宜缮葺，前年已计口分捐；未获赢余，今岁共存心改造。方幸宗风勿替，还欣生齿日繁。董事惟四人，自肩庀材鸠工之任㉔；趋承合众派，能无赞功襄事之心。纵云松楩旅楹㉕，祠内之斫虔已具㉖；倘乏勤垣涂墍㉗，族中之孝敬奚申㉘。因而立簿劝捐，复议酬功；依旧不拘多寡，已定章程。盖事有琐而助洪，物有微而毗著㉙。钻燧取火，可以续旸谷之明；挥翣生风，可以赞飞廉之力㉚。

聿疏短引㉛，用告宗人㉜。

道光十八年戊戌季春吉旦㉝

以单行之神，作排偶之体，源委分明，辞条工整。（朱千寻先生㉞）

（辑自〔清〕王可仪《味经斋诗文稿》）

【注释】

①宗祠：即王氏宗祠，位于浙江浦江郑宅镇前店村北。由深溪王氏始迁祖王茇于南宋嘉定二十二年（1229）始建，历代屡有修建、扩建。清同治辛未年（1871）续修的《深溪王氏义门宗谱》卷三也收录此文，题为《道光十八年戊戌（1838）修造宗祠献厅捐簿序》，文末附言："道光十八年，拆造献厅五间，另造土地祠三间、继绝祠三间、西边厢屋四间、东边厢屋一间。董事：太学生守坚、介宾祖珏、太学生祖秬、邑庠生可嘉。"

献厅：原作"显厅"，误。

②箕裘：指父亲的技艺或事业。语出《礼记·学记》："良冶之子，必学为裘；良弓之子，必学为箕。"箕，扬米去糠的器具或畚箕等竹器。裘，皮衣。

③聿：文言助词，无义，用于句首或句中。

④于今为烈：某件事过去已经有过，现在更厉害。

⑤昭来许：昭告子孙。语出《诗经·大雅·下武》："昭兹来许，绳其祖武。"

⑥长发其祥：长久兴旺吉祥。语出《诗经·商颂·长发》："濬哲维商，长发其祥。"

⑦频仍：连续不断。

⑧榱题：屋椽的端头。通常伸出屋檐，因通称出檐。

⑨堂构：立堂基，盖房屋。

⑩嘉庆丙辰岁：1796 年。《味经斋诗文稿》作"嘉庆丙戌岁"，清嘉庆年间（1796—1820）没有丙戌年，故据《深溪义门王氏宗谱》改。

⑪甲戌年：清嘉庆甲戌年（1814 年）。

⑫奂轮并美：即美轮美奂。

⑬先灵永妥：祖先的灵魂永远安置。

⑭祀事孔明：祭祀的仪式庄重而有条不紊。语出《诗经·小雅·信南山》："祀事孔明，先祖是皇。"

⑮秋尝春礿〔yuè〕：春秋两季的祭祀。语出《礼记·王制》："天子、诸侯宗庙之祭，春曰礿，夏曰禘，秋曰尝，冬曰烝。"

⑯道光壬午：1822 年。

⑰优台：戏台。

⑱爰：于是。

⑲严翼：威严敬慎。

⑳丁钱妇谷：按男女人口摊派的钱谷。

㉑颁胙：祀礼名。古代赏食祭肉的制度。

㉒收族：以上下尊卑、亲疏远近之序团结族人。

㉓翚〔huī〕飞：形容宫室的高峻壮丽。语出《诗经·小雅·斯干》："如翚斯飞。"意谓像锦鸡一样飞。

㉔庀材鸠工：准备材料，招聚工匠。

㉕松桷旅楹：指松木做的方椽，排列的楹柱。语出《诗经·商颂·殷武》："松桷有梴，旅楹有闲，寝成孔安。"

㉖斫〔zhuó〕虔：用刀削木。语出《诗经·商颂·殷武》："方斫是虔。"方，乃。斫，砍。虔，削。

㉗勤垣涂塈：砌起围墙，涂饰修缮。语出自《尚书·周书·梓材》："若作室家，既勤垣墉，惟其涂塈茨。"垣，矮墙。涂塈，用泥涂抹屋顶或墙壁。

㉘奚：何。

㉙毗：辅。

㉚钻燧取火，可以续旸谷之明；挥翮生风，可以赞飞廉之力：语出〔西晋〕陆机《演连珠》："臣闻钻燧吐火，以续旸谷之曚；挥翮生风，而继飞廉之功。"钻燧取火，钻打火石取火，是原始人类的取火方式。旸谷，传说中太阳升起的地方。挥翮，挥动翅膀。飞廉，古代神话传说中的风神。

㉛聿：语助词，无义。

引：文体名。似序而短。

㉜用：以。

㉝道光十八年戊戌：1838 年。原作"道光十四年丁酉"，道光十四年是甲午年，丁酉年是道光十七年，故据《深溪义门王氏宗谱》改。

㉞朱千寻：朱寯（1798—1861），字千人（或作千寻），号东轩，又号退庵。浙江浦江县城西隅朴树里人。恩贡生。

芳五百二天威公传①

公讳守电，字君灿，号天威，府庠生鲁庵公之五子也②。性好读书。兄弟七，早殁其四③。自念高曾祖父世列衣冠④，欲绳厥武⑤，以大其门闾⑥。无何⑦，连丧昆季⑧，虽好读书，不得不辍业，博衣食焉。

然公不读书，未尝去书也。戴日而锄，披星而诵，检籯中得岐黄术⑨，研穷玩索于《黄帝内经》⑩，独契生旨，求医者应手效⑪，人咸谓之丹溪后身⑫。

然公好读书，已不暇读书也。首蒲身襏⑬，于野于郊而于任地，辨土审时之法，一一详悉，即遇水旱，而其收亦不大减。

然公不读书，常念读书也。命其子朝披夕吟，游心艺林，家事不惮己任，而其子亦得博士弟子员⑭。

然公不读书，且胜读书也。膝下承欢，克供子职⑮，脂膏潴澱⑯，自油油于晨羞夕膳间⑰。况夫持己严，与人一，不失口，不失色，不失足⑱，即世之文人学士，尚难企及。

呜呼，风与月两不相侔，而月晕必风⑲；雨与础各不相类，而础润必雨⑳。蕰藻蘋蘩，潢污行潦，可以荐鬼神，可以羞王公㉑。公其犹月乎！哉生明，哉生魄㉒，天将风，验其晕，晕而无，不知有风者。公其犹础乎！奠磐石，支梁柱，天将雨，验其润，润而无，不知有雨者。若夫公之操洁行芳，秉心不贰，不犹是潢污蕰藻，王公鬼神之可荐羞哉！向使公晨夕于青箱缥帙中㉓，恐亦未有以过于此也。谓非好读书之明效大验欤！读书人且共仰矣。

嘉庆二十四年己卯孟夏㉔　族侄孙可仪拜撰
（辑自清同治辛未年续修《深溪义门王氏宗谱》卷六）

【注释】

①芳五百二天威：王守电（1730—1794），字君灿，号天威（按，《周易·丰》"雷电皆至"。〔唐〕孔颖达疏"雷者，天之威动。电者，天之光耀"。灿若电，字义相延），行芳五百二。浙江浦江郑宅镇樟桥头村人。

②鲁庵：王继曾（1693—1764），字圣传，号鲁庵（按，曾，曾参，后人尊称"宗圣"，鲁国人，孔子弟子。"圣传"，即得圣人真传），行承四百二十六。浙江浦江郑宅镇

樟桥头村人。府庠生，治《诗经》。

③殁［mò］：死亡。

④高曾祖父世列衣冠：王守电的高祖父王大方，勤劳成家，教子读书。曾祖父王家明，举人，治《诗经》，事迹见《康熙金华府志》。祖父王宗臣，邑廪生，治《诗经》，著有《青囊心印》《天玉经注》，事迹见清《乾隆浦江县志》。父亲王继曾，府庠生，治《诗经》。

⑤欲绳厥武：要继承祖业。绳，继承。厥，不定代词，那个。武，足迹。

⑥门闾：家门，家庭，门庭。

⑦无何：没多久。

⑧昆季：兄弟。

⑨簏［lù］：竹箱。

岐黄：岐伯和黄帝，相传为医家之祖。借指中医。

⑩《黄帝内经》：中国最早的医学典籍，约成书于战国至秦汉时期，包括《素问》和《灵枢》两部分。

⑪应手：随手，顺手。形容技艺高超娴熟。

⑫丹溪：朱震亨（1281—1358），字彦修（按，《周易·震》"震，亨"。《象》曰"洊［jiàn］雷，震。君子以恐惧修省"）。元代医学家。浙江义乌人。家边小溪名丹溪，世称丹溪先生。著有《格致余论》《局方发挥》《丹溪心法》《本草衍义补遗》《伤寒论辩》《外科精要发挥》等。

⑬首蒲身襫［shì］：头戴斗笠，身披蓑衣。语出《国语·齐语·管仲对桓公以霸术》："首戴茅蒲，身衣袯襫。"蒲，茅蒲，挡雨遮阳的斗笠。襫，古代蓑衣一类的用具。

⑭其子：王祖邹（1756—1830），字贤居（按，邹国是亚圣孟子的家乡，圣贤所居），号瑞阳。浙江浦江郑宅镇樟桥头村人。邑庠生，治《诗经》。

博士弟子员：明清时对府、州、县学生员的称呼。

⑮克：能够。

⑯脂膏滫瀡［xiǔ suǐ］：用油脂调和，让食品变柔变软。语出《礼记·内则》："滫瀡以滑之，脂膏以膏之。"滫，疑指使食品稍加发酵变柔软。瀡，或指勾芡使食品柔滑。

⑰油油：和悦恭谨貌。

晨羞夕膳：洁净的早餐，馨香的晚餐。语出〔西晋〕束皙补写的笙诗《诗经·小雅·南陔序》："《南陔》，孝子相戒以养也……有其义：'馨尔夕膳，洁尔晨羞。'"

⑱不失口，不失色，不失足：语出《礼记·表记》："君子不失足于人，不失色于人，不失口于人。"意谓君子的一举一动，都不让人感到有失检点；一颦一笑，都不让人感到有失检点；一言一语，都不让人感到有失检点。

⑲⑳月晕必风，础润必雨：月亮周围出现晕圈，一定要起风，石础湿润，一定要下雨。语出〔北宋〕苏洵《辨奸论》："月晕而风，础润而雨，人人知之。"

㉑蘋藻蘩蘩，潢污行潦，可以荐鬼神，可以羞王公：语出《左传·隐公三年》："苟有明信，涧溪沼沚之毛，蘋蘩蕰藻之菜，筐筥锜釜之器，潢污行潦之水，可荐于鬼神，

可羞于王公。"蕴藻，水草。蘋，浅水中所长的植物。蘩，白蒿，草本植物。潢、污，不流动的积水。行潦，流动的积水。荐，进献，祭献。羞，同"馐"，食品。

㉒哉生明、哉生魄：农历初三、十六。语出《尚书·周书·武成》："厥四月，哉生明。"〔西汉〕孔安国传："哉，始也。始生明，月三日。"〔唐〕孔颖达疏："《顾命》传以'哉生魄'为十六日，则'哉生明'为月初矣。"

㉓青箱：即青箱世业。形容代代相传的读书生活。典出《宋书·王淮之传》："自是家世相传，并谙江左旧事，缄之青箱，世人谓之王氏青箱学。"

缥帙：淡青色帛做成的书衣，亦指书卷。

㉔嘉庆二十四年己卯：1819 年。

芳六百八十六君河公传①

学非为名，而名正以劝学。古者选士造士②，其事明以备，其法尊而严，故为俊为秀，莫不随其学以选造，则人才出而有志者得以奋兴于其间。然学者亦往往有预选造之才而不与选造之列者，士所以有有志未逮之叹也。

若吾族讳守涝字君河公者，迹其承数世好学之心③，开后人为学之志，能不为之喟然哉！公乃祖叔元公肇造基址④，即有志于学，辟除净室，枕经藉史⑤，以期释奠于先师⑥，而一亩之宫徒作松风庭院⑦，乃曰："不克于身，不可于子孙乎！"生三子，皆魁梧雄杰，即名其堂曰植槐，盖取手植三槐、后世必有为三公之义⑧。岂知鼓箧逊业⑨，俱不获登云路⑩。而公其为孙，身际阨塞⑪，志不颓靡⑫，学仍亹亹而不倦⑬，可谓能自振拔矣⑭。公昆季四，行居二，颖悟超群，金曰敦伦⑮，真是凤毛⑯。而路温仲虽截蒲编⑰，臧荣绪第宜布褐⑱。且夫有志者事竟成，以如此之志，一衿之区区⑲，数世而不克俾⑳。虽曰学非为名，而所以劝学者何在乎？后人之志宜稍怠矣！而公不然，生三子，命长子祖昌担囊出就外傅㉑，"甘露顶"美誉早驰㉒，《高轩过》才名幼擅㉓，真仙姿鹤骨之英，必得凤尾麒麟之赏矣。

乃今白发华颠，青云养翮㉔，生徒共推济济㉕，腹笥尽服便便㉖。老当益壮，穷且益坚㉗，非公好学之志有以开之钦？公于嘉庆丙子三月二十三日卒㉘，年七十有三。

吁！以公四世之间，伟人迭出，而欲求一青衿不可得，非预选造之才，而不得与选造之列钦？而能不为公一长喟钦？然公鸾镜早分㉙，鹿车不再㉚，晚而目同张籍，贫似孟郊㉛。而公之子，或舌耕以奉养㉜，或荷锸以承欢㉝，至公之死而不懈。今已孙五、曾孙一，皆崭然露头角，后世其大有望矣，而何患于有志未逮哉！

其长子祖昌公，尤吾善交也，命予为乃父传。余因述其数世好学之志，而谨以书焉。

嘉庆二十四年己卯春月㉞　族侄孙可仪拜撰
（辑自清同治辛未年续修《深溪义门王氏宗谱》卷六）

【注释】

①芳六百八十六君河：王守涝（1743—1816），字君河（按，涝，古河名。"涝"

"河"字义相类），行芳六百八十六（原作"六百八十八"，误）。浙江浦江郑宅镇上新屋村人。

②造士：造就学业有成就的士子。

③迹：追寻。

④叔元：王宗魁（1686—1733），字叔元（按，"魁""元"字义相同，皆有首义），行源七百七十。浙江浦江郑宅镇上新屋村人。任乡饮宾。

⑤枕经藉史：头枕经书，身靠史书。形容酷爱读书，与书为伴。

⑥释奠：是古代在学校设置酒食以祭奠先圣先师的典礼。语出《礼记·文王世子》："凡学，春官释奠于其先师，秋冬亦如之。凡始立学者，必释奠于先圣先师。"

⑦一亩之宫：形容居处狭窄简陋。语出《礼记·儒行》："儒有一亩之宫，环堵之室。"宫，墙垣。

松风庭院：典出《南史·陶弘景传》："半窗松风，庭院皆植松。每闻其响，欣然为乐。"南朝齐梁时陶弘景三十七岁辞官，归隐山林。

⑧手植三槐、后世必有为三公：语出《周礼·秋官·朝士》："面三槐，三公位焉。"后比喻三公。据《宋史·王旦传》："（王）祐手植三槐于庭，曰：'吾之后世，必有为三公者，此其所以志也。'"因以"三槐"为王氏的代称。

⑨鼓箧逊业：语出《礼记·学记》："入学鼓箧，孙其业也。"鼓箧，击鼓开箧，古时入学仪式。逊业，敬顺学业。孙，通"逊"。

⑩登云路：比喻做官一帆风顺，平步青云。

⑪阨塞：险要之地。此处指困厄。

⑫颓痱［yǔ］：颓废，懒惰。

⑬亹亹［wěi wěi］：勤勉不倦貌。

⑭振拔：振奋自拔。

⑮佥［qiān］：全，都。

敦伦：敬重伦理道德。

⑯凤毛：凤凰的羽毛。亦比喻珍贵稀少之物。

⑰路温舒虽截蒲编：典出《汉书·路温舒传》："使（路）温舒牧羊，（路）温舒取泽中蒲，截以为牒，编用写书。"形容刻苦读书。路温舒（生卒年不详），字长君，巨鹿（今河北广宗）人。上疏请求改变重刑罚、重用治狱官吏的政策，主张"尚德缓刑"，"省法制，宽刑罚"。

⑱臧荣绪第宜布褐：典出《南史·隐逸传下》："（臧）荣绪幼孤，躬自灌园……自号'被褐先生'。"形容生活贫困。臧荣绪（415—488），东莞莒（今山东莒县）人。南朝齐历史学家。幼年丧父，笃志好学，酷爱五经，著有《晋书》。荣，原作"洪"，误。第，但。布褐，布衣。

⑲一衿：一件青色交领的长衫。古代学子和明清秀才的常服。

⑳俾：达到。

㉑祖昌：王祖昌（1760—1820），字学言（按，《尚书·虞书·大禹谟》"禹拜昌言曰'俞'"），行启五百四。浙江浦江郑宅镇上新屋村人。

就外傅：出外就学。语出《礼记·内则》："十年，出就外傅，居宿于外，学书计。"

㉒甘露顶：即甘露灌顶。指裴敬彝（生卒年不详），绛州闻喜（今属山西）人。唐朝名士。七岁能写文章，性格谨慎聪敏，得到族人器重，号称"甘露顶"。

㉓《高轩过》：诗名。唐代诗人李贺初出茅庐时，当着都员外郎韩愈和侍御史皇甫湜的面，即景赋诗《高轩过》，才华横溢。

㉔白发华颠，青云养翮：意谓烈士暮年，壮心不已。语出〔唐〕岑参《寄左省杜拾遗》："白发悲花落，青云羡鸟飞。"华颠，白头，指年老。颠，原作"巅"，误。

㉕生徒：学生，门徒。

㉖腹笥便便：腹中所装书籍甚多，致使肚子肥满鼓出。形容人读书甚多，学识渊博。详见本书〔清〕王可仪《〈藏书目录〉序》。

㉗老当益壮，穷且益坚：语出〔唐〕王勃《滕王阁序》："老当益壮，宁移白首之心？穷且益坚，不坠青云之志。"

㉘嘉庆丙子：1816 年。

㉙鸾镜早分：比喻早年失偶。典出《艺文类聚》卷九十引〔南朝宋〕范泰《鸾鸟诗序》："昔罽［jì］宾王结罝［jū］峻卯之山，获一鸾鸟。王甚爱之，欲其鸣而不致也。乃饰以金樊，飨以珍羞。对之逾戚，三年不鸣。其夫人曰：'闻鸟见其类而后鸣，何不县镜以映之！'王从言。鸾睹形悲鸣，哀响冲霄，一奋而绝。"

㉚鹿车不再：比喻失偶。典出〔北宋〕司马光《资治通鉴·晋纪二十二》："燕主儁［jùn］征幽州刺史乙逸为左光禄大夫。（乙）逸夫妇共载鹿车。"鹿车，古代的一种小车。

㉛目同张籍，贫似孟郊：比喻贫病交加。语出〔北宋〕梅尧臣《因目痛有作》："已为贫孟郊，挤作瞎张籍。"唐代诗人张籍为太祝十年，因患目疾，几乎失明，被称为"穷瞎张太祝"。孟郊一生穷困潦倒，早年屡试不第，直到 46 岁才中进士，50 岁时才当上溧阳县尉。

㉜舌耕：以教学讲课谋生。

㉝荷锸：背着铁锹，务农为生。锸，原作"插"，形近而误。

㉞嘉庆二十四年己卯：1819 年。

芳九百五十一莲轩公传①

公讳守坊，字言可，号莲轩，邑廪生。父乡进士仁山公慷慨有节概②，邑人皆敬惮之。先世祖讳澄者七叶同居，号深溪义门③。仁山公慕其风，乃倡劝族人捐置义产，为岁科乡会试路费④。每岁春秋二仲望后一日⑤，率子姓赴祠课文⑥，各给楮笔⑦，为学者劝。皆事之所难也。生二子，长守埙⑧，邑庠生，次即公也。

公为人有骨干，深明大义，不肯为依阿泄沓之习⑨，笃学好古，攻举子业⑩，不随时趋，终屡荐不得售⑪，乃喟然曰："不于其身，独不可于子孙乎？"因建别墅，日集子弟生徒⑫，枕经藉史⑬，口讲指画。由是，其子皆力于学，食饩者一⑭，游庠者二⑮。复喟然叹曰："人不可囿于一乡也。"乃命治装⑯，先后游学于郡城丽正书院及武林敷文书院⑰，为潘德园、邵瑶圃二先生所深契⑱。《传》曰⑲："君子务知大者、远者。"于公有焉。

今年夏，以疾卒。方属纩时⑳，嘱其子曰："吾承尔祖志，欲立家塾，延请名师，以广惠族人，赀已充而事未集㉑。尔等勉为，无坠先绪㉒。"丁宁再四而殁㉓。夫人于弥留时，往往嘱咐家事，刺刺不休，而公独以家塾为急，无一言及私，此其见地过人，洵不可及也哉㉔。

性喜为人排解，有忿懥者得其一二语㉕，即冰消雪散。经理祠事，急公惠人。族有强梗㉖，折抑之，无敢逞。尝曰："吾于事不肯随人。"似喜事者，不知正畏事也。故其始也，信者半，疑者亦半，迨时至事定㉗，而卒归于信。其始也，德者半㉘，怨者亦半，迨事过境迁，而卒归于德。总其生平，所以垂裕后昆者㉙，正未有艾矣。

生乾隆壬午十一月廿七日㉚，卒嘉庆己巳四月初四日㉛，享年四十八。娶郑氏，勤俭有阃德㉜。子七：祖辉㉝，邑庠生；祖焯㉞，邑廪生；祖煊㉟，邑庠生；祖灿、祖炌、祖烺、祖烛，俱幼㊱；女二；孙三人：志镕、志铿、志鉴㊲。

时嘉庆十四年己巳十二月㊳　　族侄孙可仪拜撰

（辑自清同治辛未年续修《深溪义门王氏宗谱》卷六）

【注释】

①芳九百五十一莲轩：王守坊（1762—1809），又名纶如，字言可，号莲轩，行芳九百五十一。浙江浦江郑宅镇三雅村人。邑廪生，治《书经》。

②乡进士：按明清的科举制度，殿试的中举者为进士，乡试的中举者为举人，别称乡进士。也指贡生，因为其中的副贡生有乡试副榜之称。

仁山：王继廉（1725—1793），字德隅，号仁山。浙江浦江郑宅镇三雅村人。岁贡生，候选儒学训导。

③澄：王澄（1269—1341），字德辉，号善渊。浙江浦江郑宅镇郎中村（旧址在王氏宗祠西侧，今不存）人。效法郑氏，倡导同居，孝友入乡贤祠，事迹见《明史·孝义传》。

七叶同居，号深溪义门：浙江浦江深溪义门王氏从南宋景定元年（1260）到明建文四年（1402），从第四世始，到第十世终，七世同居，历时142年，元明两朝受到朝廷旌表，称义门王氏或王义门，与同里郑氏媲美。详见本书〔清〕陈命禹《源六十六朱安人传》。

④岁科乡会试：岁试、科试、乡试、会试。清制，各省学政一任三年，第一年举行岁试，第二年举行科试，在各府府城举行。乡试是在各省省城举行的科举考试，每三年一次，凡获得秀才身份的府、州、县学生员、监生、贡生均可参加，被录取者为举人。会试是在京城举行的科举考试，每三年举行一次，应考者为各省的举人，被录取者为贡士。

⑤春秋二仲：即仲春（二月）、仲秋（八月）。

望：望日，一月中月亮最圆的那一天，一般指农历每月十五日。

⑥子姓：泛指子孙、后辈。

课文：督促读书做文章。

⑦楮［chǔ］笔：纸笔。

⑧守埙［xūn］：王守埙（1749—1794），字伯吹，号华峰。浙江浦江郑宅镇三雅村人。邑庠生，治《诗经》。

⑨依阿：曲从附顺。

涊忍［tiǎn niǎn］：污浊，卑污。

⑩举子业：即举业，科举时代指为应考试而准备的学业，包括应试的诗文、学业、课业、文字。明清时期专指八股文。

⑪售：达到，指考中。

⑫生徒：学生。

⑬枕经藉史：头枕经书，身靠史书。形容酷爱读书，与书为伴。

⑭食饩［xì］：明清科举制度，生员经岁、科两试，成绩优秀者，增生可依次升廪生，谓之"补廪"或"补饩"。

⑮游庠：明清时，儒生经考试取入府、州、县学为生员，俗称中秀才。

⑯治装：备办行装。

⑰郡城：府城。指浙江金华。

丽正书院：清康熙六十一年（1722），浙江金华知府张坦让在滋兰书院的旧址上，修建而成。光绪二十八年（1902），改名为金华中学堂。

武林：杭州的古称。

敷文书院：即万松书院，地处杭州市凤凰山北万松岭上，建于明弘治十一年（1498）。清康熙十年（1671），改名太和书院；五十五年（1716），康熙帝御赐"浙水敷文"匾额，改名敷文书院，成为当时浙江规模最大的高等学府。

⑱潘庭筠（生卒年不详）：字兰公，一字兰垞，号德园（按，《说文解字》"筠，竹皮也"。竹、兰、菊、梅系四君子，品德高洁）。钱塘（今浙江杭州）人。进士，官至陕西道监察御史。工绘画，爱作水墨花卉。清嘉庆二年（1797），被聘为杭州敷文书院山长。著有《稼书堂》遗集。

邵瑛（1739—1818）：字桐南，号瑶圃（按，〔三国魏〕曹植《平原懿公主诔》"于惟懿主，瑛瑶其质"。瑛，古籍多写作"英"，桐英即桐花，字义相顺）。浙江余姚人。乾隆四十九年（1784）甲辰科榜眼，曾任文渊阁检阅、内阁中书、翰林编修，后在杭州敷文书院任教。擅长书法，著有《刘炫规杜持平》《说文群经正字》《楷书间架九十二法》。清嘉庆十四年（1809），撰《王莲轩先生传》："祖辉、祖焯、祖煊皆来万松（书院）从予游。"

契：相合，相投。

⑲《传》：指《左传》。后面这句话出自《左传·襄公三十一年》。

⑳属纩：古代病人临终前，要用新的丝絮（纩）放在其口鼻上，试看是否还有气息。语出《礼记·丧大记》："属纩以俟绝气。"

㉑赀：同"资"。

㉒先绪：祖先的功业。

㉓丁宁：叮咛，反复地嘱咐。

殁［mò］：死亡。

㉔洵：实在。

㉕忿懥［zhì］：发怒。

㉖强梗：骄横跋扈、胡作非为的人。

㉗迨：等到。

㉘德：感激。

㉙垂裕后昆：为后世子孙留下功业或财产。

㉚乾隆壬午：1762 年。

㉛嘉庆己巳：1809 年。

㉜阃［kǔn］德：妇女的德行。

㉝祖辉：王祖辉（1782—1824），字学成（按，出自成语"相映成辉"），号藕塘，行启八百五十六。浙江浦江郑宅镇三雅村人，后迁居三埂口村。邑庠生。

㉞祖焯：王祖焯（1784—1819），字学明，又字子公，号蒋岩。浙江浦江郑宅镇三雅村人。进士，考授咸安宫教习。

㉟祖煊：王祖煊（1786—1839），字学和，号艻岩。浙江浦江郑宅镇三雅村人。举人。

㊱祖灿：王祖灿（1789—1834），字学备（按，《后汉书·班固传》"备哉灿烂，真神明之式也"），号蓉岩，行启九百六十九。浙江浦江郑宅镇三雅村人，后迁居三埂口村。邑庠生。

祖炜：王祖炜（1795—1863），字学济，号芸岩。浙江浦江郑宅镇三雅村人。举人。

祖娘：王祖娘（1798—1845），字学炳（按，〔唐〕柳宗元《答韦中立论师道书》"乃知文者以明道，是固不苟为炳炳娘娘，务采色、夸声音而以为能也"），号萝岩，行启千八十四。浙江浦江郑宅镇三雅村人，后迁居三埂口村。邑庠生。

祖烛：王祖烛（1805—1856），字学显（按，出自成语"烛幽显微"），号薇岩，行启千百六十九。浙江浦江郑宅镇三雅村人，后迁居三埂口村。

㊲志镕：王志镕（1807—?），字成器（按，镕，铸器的模型，与"器"字义相顺），行后又六百九十六。浙江浦江郑宅镇三埂口村人。系王祖辉长子，娶郑氏。

志铿：王志铿（1809—1861），字成声，又字雅琴（按，《礼记·乐记》"钟声铿"；《韵会》"琴声"），号鲸川，行后七百十六。浙江浦江郑宅镇三埂口村人。

志鉴：王志鉴（1811—1863），字成藻（按，〔唐〕刘禹锡《上门下武相公启》"藻鉴之下，难逃陋容"），号史臣，行后七百四十三。浙江浦江郑宅镇三雅村人。

㊳嘉庆十四年己巳：1809 年。

启四百五辉山公传①

公讳祖瑞，字光玉，号辉山。昆季四人②，公居二。自祖父及公③，惟耕读是尚，负耒横经④，各事其事，未有舍业以嬉者。

公躯干雄伟，力量过人，而心谨慎，事无大小，必遵父命而行，故乡里咸推为长者。读书之暇，杂作农务，一切播获之事，无不身亲而详究之。年十七，与父致远公同补弟子员⑤，以耕以读，日夕无怠。父殁后⑥，家事悉为己任，与仲弟祖珣切磋砥砺⑦，望其成名。备资斧⑧，俾得游学名师益友间⑨，毫不致有累心者。其仲弟时时为余道之。

嘉庆丙辰岁⑩，设馆宗祠中，余弟从之游。而公泰岳张泰卿先生精音韵⑪，严点画，于四书六声详审细密⑫。公得其传，余亦受公讲论之益不少。

公生于乾隆辛未⑬，与吾父同庚，行分虽尊而谊联兄弟，经理祠事勤慎精敏，祠宇且资其恢廓⑭。尝谓曰⑮："吾族素称淳良，有长于吾者，有少于吾者，必得时相往来，共为劝勉，则姻睦之风油然矣⑯。"

于嘉庆九年七月十九日卒⑰，年五十四。适仲弟赴省试，讣闻，蹶而归⑱，哭泣尽哀，人不忍闻，其素笃友于之谊又可知矣⑲。子四：长继亲伯，次志拱⑳，邑庠生，三志推㉑，府庠生；孙一，已能读书矣。

呜呼！人之处世，何须取尊官厚禄以为宗族交游光宠，惟是读者读，耕者耕，孝于亲，慈于众，行事本忠信，士农皆秩式㉒，自得立身行道之要矣。

公三子志推曰："子为吾父传。"因实而书之。

时嘉庆二十四年己卯正月㉓　族侄孙可仪拜撰

（辑自清同治辛未年续修《深溪义门王氏宗谱》卷六）

【注释】

①启四百五辉山：王祖瑞（1751—1804），字光玉，号辉山（按，〔西晋〕陆机《文赋》"石蕴玉而山辉，水怀珠而川媚"。瑞，玉名），行启四百五。浙江浦江郑宅镇樟桥头村人。邑庠生。

②昆季：兄弟。

③自祖父及公：祖父王继登，任乡饮宾；父亲王守驹，邑庠生；王祖瑞自己也是邑庠生，祖孙三代都爱读书。

④负耒横经：谓勤学不倦、劳作不辍。负耒，背着耕地的用具，参加劳动。横经，横陈经书，请老师讲解。

⑤致远：王守驹（1725—1785），字轶千（按，《三国志·魏书·曹休传》"此吾家千里驹也"），号致远，行芳四百三十。浙江浦江郑宅镇樟桥头村人。邑庠生，治《诗经》。

弟子员：明清时，对府、州、县学生员的称呼。

⑥殁〔mò〕：死亡。

⑦祖珦：王祖珦（1761—1806），字名玉，号荆山（按，〔三国魏〕曹植《与杨德祖书》"人人自谓握灵蛇之珠，家家自谓抱荆山之玉"；《说文解字》"珦，玉名"），行启五百十七。浙江浦江郑宅镇樟桥头村人。邑庠生。

⑧资斧：旅费，盘缠。

⑨俾：使。

⑩嘉庆丙辰岁：1796 年。

⑪泰岳：泰山。指丈人。

张泰卿：张可檩（1749—1783），字泰卿（按，《说文解字》"泰，大也"。檩，树名。意谓大树，字义相顺）。浙江浦江县城人。岁贡生。曾任杭州仁和县学训导。长女适王祖瑞。

⑫四书：指书法中的真书、草书、隶书、篆书。

六声：中古汉语分为平声、上声、去声、入声四声，现代汉语分为阴平、阳平、上声、去声四声，其演变规律是"平分阴阳，入派三声"。也有六声的说法，譬如明代桑绍良《文韵考衷六声会编》分为浮平、沉平、上仄、去仄、浅入、深入六声，清代周赟《山门新语》分为阴平、阳平、上阳、阳去、阴去、入阴六声。

⑬乾隆辛未：1751 年。

⑭恢廓：扩张。

⑮曰：原作"昌"，形近而误。

⑯姻睦：对宗族和睦，对外亲亲密。

⑰嘉庆九年：1804 年。

⑱蹶：跌倒。

⑲友于：兄弟友爱。语出《尚书·周书·君陈》："惟孝，友于兄弟，克施有政。"

⑳志拱：王志拱（1778—1850），字环中，号鸿轩。浙江浦江郑宅镇樟桥头村人。邑庠生。

㉑志推：王志推（1787—1862），字景颜（按，景颜，景仰《颜氏家训》作者颜之推），号月轩，行后四百二十四。浙江浦江郑宅镇樟桥头村人。府庠生。

㉒矜式：敬重效法。

㉓嘉庆二十四年己卯：1819 年。

昆廿二竹岩夫子传①

呜呼，先生今已逝矣！先生处石柱山中②，少文人过往，或说及六经③，骇为异书。而先生少已知学，别购寻诵④，尽熟其文；长而游学县城，出所熟经质之师⑤，师异之。年二十余，补弟子员⑥。

先生固凤林处士之裔⑦，因中叶遘祸，散居石柱山，迨乾隆己丑始得合宗谱⑧。年次，祠中举春秋二仲课⑨，文无能出其右。时余尚少。至辛丑岁⑩，吾父乃聘请而得就学焉。馆中经史子集虽未克充，而所耳熟者亦多预蓄。先生且读且教，学者未有益，而教者已日进矣。其教人也，不屑屑科举时文⑪，惟学古是尚，作文黜华崇实，有古人风。馆予家始终十三载⑫，纯懿愿悋⑬，谦恭下人。遇有道，惟就正为念。壬子⑭，荐于乡而未售⑮，竟以青衿老⑯。

仪不敏，不克副先生望⑰。当去馆日，泣下沾襟，谓曰："予所望者惟子一人。子其勉之⑱！"迄今追维其言⑲，未尝不时为扼腕也。自是厥后⑳，馆于陈、于周、于潘，共服先生学问品行。而先生已老，弟子游庠者甚众㉑，而皆独善其身，不为世所知。岂弟子亦与先生之命同耶！

呜呼，先生今已逝矣！当其在时，以宗祠与余家近，春秋二祭，谒祠止宿，而于更阑烛跋说诗论文㉒，亹亹不倦㉓。以仪不获举于乡㉔，至有"杜默使泥人下泪"之言㉕。回忆先生之教，不屑媲白妃青㉖，为逢时技，而以古人是期，宜其圆凿方枘龃龉不相入㉗，以至于斯也。

今夫山林气味未可耀岩廊㉘，泉石性情讵足登台阁㉙。以先生之学而埋没消沉，不获一伸其畜积㉚，是亦为弟子者所甚悲也。然居于家，独辟一乡之文学；馆于外，更为异姓所推崇，亦可以无憾矣！

因谨著先生行略㉛，以志不忘云。

时嘉庆二十四年己卯四月㉜　受业族侄可仪百拜撰

（辑自清同治辛未年续修《深溪义门王氏宗谱》卷六）

【注释】

①昆廿二竹岩：王有芳（1747—1816），字如松，号竹岩，庠名筠（按，《楚辞·九歌》"山中人兮芳杜若，饮石泉兮荫松柏"；《礼记·礼器》"如竹箭之有筠也，如松柏之有心也"），行昆廿二。浙江浦江虞宅乡王村人。邑庠生，治《诗经》。曾经在郑宅镇前店村旭升堂设馆十三年（1781—1794），系王可仪之师。

②石柱山：今浙江浦江虞宅乡王村。深溪王氏的始迁祖王芰生王或，王或生王殷，系相连宅派祖。王殷生王示、王志，王志的曾孙王顺（？—1407，字廷和，行才十七）迁居石柱山。

③六经：《诗》《书》《礼》《易》《乐》《春秋》六部儒家经典的合称。

④寻诵：寻绎诵读。

⑤质：询问。

⑥弟子员：明清时对府、州、县学生员的称呼。

⑦凤林处士：王芰（1197—1260），字处棠（按，《诗经·国风·召南·甘棠》"蔽芾甘棠，勿翦勿伐，召伯所芰"），号凤林处士。南宋嘉定十年（1217），从浙江浦江灵泉乡峻岭（今岩头镇王店村沙溪庵一带）迁居深溪（今郑宅镇水阁村一带），成为深溪王氏祖。

⑧中叶遘祸，散居石柱山，迨乾隆己丑始得合宗谱：清同治辛未年续修《深溪义门王氏宗谱》收录乾隆三十四年（1769）撰《石柱山归谱引》曰："查谱载，自前明时，家长家遭不测祸……兹有石柱山一派，考其世系，在第六世祖行宗五讳志之下。查其曾孙顺，行传中仅有讳氏，而无生卒年月，此其散亡在外者耶！不宜因出亡年远，膜外置

之。今值重修家乘，因集族众定议，合谱是引。"明建文四年（1402），深溪王氏家长王士觉之侄、右春坊右庶子王勤在"靖难之役"后，受邻家之累，含冤被杀，同居结束，子孙星散，其中一支迁居石柱山。遘，相遇，碰上。迨，等到。乾隆己丑，1769年。

⑨春秋二仲：即仲春（二月）、仲秋（八月）。二，原作"一"，据《芳九百五十一莲轩公传》改。

⑩辛丑：清乾隆辛丑年（1781）。

⑪时文：科举时代称应试的文章。

⑫馆：坐馆授徒，旧时指担任塾师。

⑬纯懿愿恪：人品美好，谨慎诚实。纯，人品美好。懿，美好。愿，谨慎老实。恪，谨慎恭敬。

⑭壬子：清乾隆壬子年（1792）。

⑮荐于乡而未售：参加乡试，没有考中。

⑯青衿：青色交领的长衫，系明清秀才的常服，借指考中秀才。语出《诗经·国风·郑风·子衿》："青青子衿，悠悠我心。"

⑰副：相配，相称。

⑱其：表示祈使。

⑲维：思考。

⑳厥：不定代词，那个。

㉑游庠：明清时，儒生经考试取入府、州、县学为生员，俗称中秀才。

㉒跋：通"茇"，蜡烛根。

㉓亹亹〔wěi wěi〕：勤勉不倦。

㉔仪：王可仪自称。

不获举于乡：在乡试时没有中举。

㉕杜默使泥人下泪：比喻怀才不遇。典出〔南宋〕洪迈《夷坚志·夷坚丁志》卷十五："和州士人杜默，累岁不成名，性英伉不羁。因过乌江，入谒项王庙。时正被酒沽醉，才炷香拜讫，径升偶坐，据神颈，抚其首而恸，大声语曰：'大王有相亏者！英雄如大王，而不能得天下；文章如杜默，而进取不得官，好亏我。'语毕又恸，泪如雨。庙祝畏其必获罪，强扶掖下，掖之出，犹回首长叹，不能自释。祝秉烛入，检视神像亦垂泪，尚未已。"

㉖媲白妃青：诗文句式整齐，对仗工稳，如青色和白色，相配相偶。妃，古同"配"。

㉗圆凿方枘：圆的榫眼，方的榫头。比喻互不投合。

㉘岩廊：指朝廷。

㉙讵：岂。

㉚畜积：积聚。

㉛著：原文作"者"，形近而误。

行略：生平事迹的梗概。

㉜嘉庆二十四年己卯：1819年。

西圃先生传①

西圃先生，钟余人也②。其孙筠持先生行略③，谓余曰："惟子知吾祖特深，请为传。"

谨按，先生讳明爽，字慈明，号西圃。嘉庆丙辰④，吾伯祖尝请诲其子若孙⑤，始终凡十三载。当是时，余至讲席侧听训诲，惟以敬为主。窃思敬固士人持己之要，而时人以放浪为高，乃谆谆说："敬一字，得毋皆以为迂⑥。"既而熟悉其生平，知有得力于敬者不少。先生少失怙⑦，弟甫八岁⑧，家贫，衣食不给，然处之坦然，心存力学，友爱尤笃，而一时乡先辈皆以伟器目之，其小心寅畏已裕于幼年矣⑨。厥后⑩，以笔待耕，往狮源为童蒙师⑪，矢志潜修，入庠补饩⑫。迄今，狮源父老谓有合于"毋不敬，俨若思""敬人者，人恒敬之"也⑬。

先生之馆深溪也⑭，余堂叔及弟从之游⑮。年尚少，必教之以隅坐随行洒扫应对之节、事亲敬长之礼⑯，以及夫昆虫草木方长不折、启蛰不杀之仁⑰，而后及于文艺。其坐立也，如尸如齐⑱，其语言也，恂恂退让⑲，而不敢自主。斯真所谓人之模范者欤！何其克守一敬而终身不懈也欤！

今夫百善之集，必归于敬。事亲克敬，不得罪于亲；与人克敬，不得罪于人，以是知常获咎者，敬心失也。其敬如此，虽第以明经老⑳，而纵肆者无诋毁，谨慎者共尊崇，子孙日以盛，家道日以丰，敬之所存大矣哉！

时嘉庆廿四年岁次己卯孟夏月㉑　宗晚岁贡生可仪顿首拜撰㉒
（辑自民国乙酉年续修《新安王氏宗谱》）

【注释】

①西圃：王明爽（1751—1816），字慈明，号西圃。浙江浦江中余乡中余村人。岁贡生。曾经在郑宅镇前店村旭升堂设馆十三年（1796—1809），系王可仪之师。

②钟余：今作"中余"，为浙江浦江北部的一个乡。以江山寺钟声余音达此而得名。

③筠：王启筠（1793—1860），字增美，号竹斋，庠名筠（按，《广韵》"筠，竹皮之美质也"），行嵩二百四。浙江浦江中余乡中余村人。邑庠生。

行略：生平事迹的梗概。

④嘉庆丙辰：1796年。

⑤伯祖：大祖父，指王志枫（1725—1797），字宸植，号寒林。浙江浦江郑宅镇前店村旭升堂第四世。例贡生，候选儒学训导。

若：与。

⑥得毋：同"得无"，恐怕。

⑦失怙［hù］：指死了父亲。语出《诗经·小雅·蓼莪》："无父何怙？无母何恃？"

⑧甫：才。

⑨寅畏：敬畏，恭敬戒惧。

⑩厥：不定代词，那个。

⑪狮源：马剑镇下辖的一个村。原属浙江浦江，1967 年划归诸暨。

童蒙师：给年幼无知的儿童开蒙的老师。

⑫入庠：明清时，儒生经考试取入府、州、县学为生员。

补饩［xì］：明清科举制度，生员经岁、科两试，成绩优秀者，增生可依次升廪生，谓之"补廪"或"补饩"。

⑬毋不敬，俨若思：意谓待人处事不能不恭敬，好像在沉思。语出《礼记·曲礼上》。

敬人者，人恒敬之：敬重别人的，别人也敬重他。语出《孟子·离娄下》。

⑭馆：坐馆授徒，旧时指担任塾师。

深溪：溪名。发源于浙江浦江金芙蓉山西麓，流经郑宅镇西部。王氏世居于此，称深溪王氏。详见本书《王继旦传》。

⑮堂叔：指王镐（1788—1845），号维京。浙江浦江郑宅镇前店村旭升堂第五世，系王志枫庶子。

弟：指王可嘉（1778—1846），字肇锡，号坪南。浙江浦江郑宅镇前店村旭升堂第六世。邑庠生。

⑯隅坐：坐于席侧旁。

洒扫应对：洒水扫地，酬答宾客。

⑰昆虫草木方长不折、启蛰不杀之仁：语出《孔子家语·弟子行》："孔子曰：'柴于亲丧，则难能也；启蛰不杀，则顺人道；方长不折，则恕仁也。'"启蛰，谓惊起蛰伏过冬的动物。

⑱如尸如齐：语出《礼记·曲礼上》："若夫坐如尸，立如齐。"坐着像受祭的尸那样庄重，站着像斋戒时那样恭敬。尸，古代祭祀时代替神鬼受祭的人。齐，同"斋"，斋戒。

⑲恂恂［xún xún］：恭谨温顺貌。

⑳第：但。

明经：明清时代贡生的别称。

㉑嘉庆廿四年岁次己卯：1819 年。

㉒宗晚：同宗晚辈。王可仪系深溪王氏，王明爽系新安王氏。

盘溪周培九翁传（耆廿二公）①

公姓周氏，讳鹏翔，字培九，邑庠生，庠名官。父文采公生三子②，公其次子也。文采公持家有道，三子各以器使③，而独命公就学。自幼从其堂叔盘洲先生游④，举止语默⑤，循循合规矩。盘洲先生甚爱之，后任戴冠⑥。

余伯祖请盘洲先生设帐深溪⑦，诲吾伯父与吾父⑧。公随以来。时余方髫龄⑨，第见其不出户庭⑩，手批口吟，无时豫怠⑪，纵或嬉戏其侧，若不知为烦扰。盖其心力之专，外诱不能夺也。而与吾父知心独深，出入必与偕，饮食必与共，然讲习讨论，间一有不合⑫，则辩驳不少贷⑬。为文深幽邃奥，派近章罗⑭，故年至三十三，仅得一博士弟子员⑮。嗣是厥后⑯，以父母年老，筦理家事⑰，事治，而友于之誉并著里间⑱。

夫深溪距盘溪五十里而遥，且隔崇山峻岭。而公不艰跋陟⑲，岁时相访，与吾父谈心外，或裹粮寻山⑳，或持竿钓水，两人相得，即昔之尹敏班彪亦无以过㉑。

不幸年仅五十二岁而殁㉒。殁时，而文采公、盘洲先生与吾父胥健在㉓，则知公有不忍瞑目于地下者，在此数人，不在年命之修短也。娶陈氏，继娶张氏，又继娶郑氏，子男三人：志潜、志沅、志湘㉔，女二人：长适深溪王可仪，幼适桐庐锺景进㉕，孙八人，孙女五人。平时所作文不自收拾，散落他人之手，其幼子志湘汇得数十篇，谨录藏于家。某年月日葬于诸暨某都某原㉖，陈张二安人附。今郑安人尚在，克俭克勤，以健持门户㉗，家业隆隆日盛。夫亦公身后之福之所致也。

时道光十四年甲午十月上浣㉘　子婿王可仪顿首百拜撰㉙

（辑自民国己丑年续修《盘溪周氏宗谱》）

【注释】

①盘溪：浙江浦江檀溪镇潘周家村东侧的大元溪，汇入西侧的壶源江（俗称大溪），双溪将村庄盘绕，故称。

周培九：周鹏翔（1753—1804），字培九（按，《庄子·内篇·逍遥游》"鹏之徙于南冥也，水击三千里，抟扶摇而上者九万里"）；庠名官，字惟仁（按，做仁爱的官，字义相顺），行者廿二。浙江浦江檀溪镇潘周家村人。邑庠生。

②文采：周元玢（1721—1814），字文采。浙江浦江檀溪镇潘周家村人。介宾。

③器使：量材使用。

④盘洲：周璠（1734—1803），字鲁玙，号盘洲。浙江浦江檀溪镇潘周家村人。岁贡生，海盐县学训导。

⑤语默：谓说话或沉默。语出《周易·系辞上》："君子之道，或出或处，或默或语。"

⑥戴冠：古代男子二十岁时举行的加冠仪式，由指定的贵宾给予加冠，表示其已成年。

⑦伯祖：大祖父。指王志枫（1725—1797），字宸植，号寒林。浙江浦江郑宅镇前店村旭升堂第四世。例贡生，候选儒学训导。

设帐：指设馆授徒。详见本书〔清〕王兴谟《孝九十五王梅谷先生传》。

深溪：溪名。发源于浙江浦江金芙蓉山西麓，流经郑宅镇西部。王氏世居于此，称深溪王氏。详见本书《王继旦传》。

⑧伯父：指王舟（1751—1779），字济川，号道篷。浙江浦江郑宅镇前店村旭升堂第五世。府庠生。

父：指王龄（1751—1819），字梦九，号埜园，又号兰庭。郑宅镇前店村旭升堂第五世。例贡生，候选儒学训导。

⑨髫龄：幼年。

⑩第：但。

⑪豫怠：贪于安乐而怠惰。

⑫间：间或，断断续续。

⑬辩：原作"辨"，形近而误。

⑭章罗：章世纯与罗万藻。

章世纯（1575—1644）：字大力。江西临川箭港（今江西丰城）人。文章融会经史，阐述己见，将深奥的先贤哲理解释清楚。著有《留书》《券易苞》《章柳州集》《章大力集》等。

罗万藻（？—1647）：字文正，江西临川人。时文坚洁深秀，囊括百家之言，引人入胜，切中时弊。著有《此观堂集》《十三经类语》《罗文止稿》《制义》专集。

⑮博士弟子员：明清时对府、州、县学生员的称呼。

⑯嗣是厥后：即嗣后，以后。

⑰筦［guǎn］：同"管"。

⑱友于：兄弟友爱。语出《尚书·周书·君陈》："惟孝，友于兄弟，克施有政。"

里闬：里巷，乡里。

⑲跋陟：攀登，行走。

⑳寻山：指寻找葬坟的风水宝地。

㉑尹敏班彪：比喻朋友之间关系亲密。典出《东观汉记·尹敏传》："（尹）敏与班彪亲善，每相遇与谈，常日旰忘食，昼即至暝，夜则达旦。"

㉒殁［mò］：死亡。

㉓胥：全，都。

㉔志潜：周志潜（1788—1838），字见龙（按，《周易·乾》"初九，潜龙，勿用"），行雄十八。浙江浦江檀溪镇潘周家村人。

志沅：周志沅（1794—1863），字镡［xín］西（按，《山海经·海内东经》"沅水出象郡镡城西"），行雄三十一。浙江浦江檀溪镇潘周家村人。

志湘：周志湘（1801—1863），字兰江，号巨川（按，《史记·黄帝本纪》"黄帝南至于江，登熊湘"。"湘""江""川"字义相类）。行雄五十九。浙江浦江檀溪镇潘周家村人。

㉕钟景进（生卒年不详）：浙江桐庐水滨乡引坑村（今属新合乡）人，清乾隆、嘉庆年间在世。

㉖某都某原：具体位置为浙江诸暨廿一都下六保（今属诸暨同山镇）蒋宅。

㉗健持门户：健壮精干的妇女维持家庭生计。语出《玉台新咏·陇西行·天上何所有》："健妇持门户，亦胜一丈夫。"

㉘道光十四年甲午：1834 年。

上浣：上旬。

㉙子婿：女婿。

盘溪德辉公传 （行耆廿三）①

公讳凤翔，字德辉，太学生②。父剑铓公生四子③，公居长。自幼就学于堂叔盘洲先生④。稍长，辄不喜举子业⑤，所诵习多地理书⑥。而盘洲先生因材施教，不屑屑以应试之学督课之。

及壮，父剑铓公谢世，母夫人在堂。痛祖母及父未获葬地，乃赢粮走杭绍等处⑦，上会稽，探禹穴⑧，纵览山阴、富春诸名胜地⑨，以开拓其心胸，增长其目力，往往阅数月而一归。乃作《阴阳说》《生气辨》《峦头一知》数篇，上质盘洲先生⑩。先生尚⑪，颔之⑫。公每语人曰："果有善地以厝先人⑬，即罄家业以购求⑭，何害！"于是，习游近境，有合意处辄买之⑮。买就，覆视之，不合辄弃去，如是者屡屡。为人性情真，言语直，爱慷慨之士，薄鄙吝之徒。无论故旧新知，有急必尽力以周济，故乡邻宗族以及外间晋接之人⑯，无不爱悦而企慕之者。

而与吾父为至交⑰，重之以婚姻⑱，一心以吾祖未获安厝⑲，乃为卜吉以葬焉。后吾父没⑳，又为择地以葬。尝语予曰："此是吾生平大合意之地。"嗣是，公母夫人没，偕诸仲季奉祖母及父母枢，卜葬于富春之墅溪㉑，来观者人人称善。是非公一生精力所营、孝思所感而天之所以报善人乎。

公生于乾隆十九年四月二十二日㉒，卒于道光九年二月二十三日㉓，享年七十有六岁。娶锺氏，生于乾隆十五年十二月十九日㉔，卒于嘉庆廿五年十二月廿七日㉕，合葬于近境泗州岭之原㉖。前是，锺安人以艰于子嗣，劝公娶侧室陈氏，生一子，志煌㉗。今已得三孙矣。耕读并营，可卜其门闾大启矣㉘。

今道光丁酉㉙，修葺宗谱。其子志煌嘱为公传，故谨书之，且以志余之不谖云㉚。

道光十有七年九月上浣㉛　姻侄王可仪顿首百拜撰㉜

（辑自民国己丑年续修《盘溪周氏宗谱》）

【注释】

①盘溪：浙江浦江檀溪镇潘周家村东侧的大元溪，汇入西侧的壸源江（俗称大溪），双溪将村庄盘绕，故称。

德辉：周凤翔（1754—1829），字德辉（按，《论语·微子篇》"楚狂接舆歌而过孔子曰：'凤兮！凤兮！何德之衰'"），行耆廿三。浙江浦江檀溪镇潘周家村人。任介宾。生一女（1776—1815），适郑宅镇前店村旭升堂王可杰。

②太学生：太学是古代最高学院，即国学。清代不设太学，不能中功名的童生往往花钱捐太学生头衔。

③剑铓：周元珸（1731—1772），字剑铓（按，《史记·司马相如传》"流州多积石，名琨珸石，炼之成铁，以作剑，光明如精"），行德廿五。浙江浦江檀溪镇潘周家村人。

④盘洲：周璠（1734—1803），字鲁玛，号盘洲。浙江浦江檀溪镇潘周家村人。岁贡

生，海盐县学训导。

⑤举子业：即举业，科举时代指为应考试而准备的学业，包括应试的诗文、学业、课业、文字。明清时期专指八股文。

⑥地理：古代风水学的别称。

⑦赢粮：指携带粮食。

杭绍：杭州和绍兴。

⑧上会稽，探禹穴：语出《史记·太史公自序》："二十而南游江淮，上会稽，探禹穴 。"会稽，山名。地处浙江绍兴，山上有大禹陵。禹穴，相传为夏禹的葬地。

⑨山阴：古县名，县治在今浙江绍兴，始设于秦代。因其地处会稽山之阴而得名。

富春：古县名，县治在今浙江杭州富阳区。始设于秦代，东晋太元十九年（394），为避简文帝生母宣太后郑阿春讳，更名富阳。

⑩质：询问。

⑪尚：夸耀。

⑫颔：点头，表示同意。

⑬厝〔cuò〕：把棺材停放待葬，或浅埋以待改葬。

⑭罄：尽。

⑮轫：原作"辙"，形近而误。

⑯晋接：交接，接触。

⑰父：指王龄（1751—1819），字梦九，号埜园，又号兰庭。浙江浦江郑宅镇前店村旭升堂第六世。例贡生，候选儒学训导。身后葬于三圣岩余脉金山（今岩头镇山下畈村北），按风水理论，系发福地。

⑱重之以婚姻：王可仪娶檀溪镇潘周家村周鹏翔之女（1772—1844），其弟王可杰娶周凤翔之女（1776—1815）。

⑲祖：指王志棣（1729—1756），又名荣升，号鄂莘。浙江浦江郑宅镇前店村旭升堂第四世。葬在三圣岩脚道士贯下青仙冈（今岩头镇木勺岗脚村东），按风水理论，系发福地。

⑳没：同"殁"〔mò〕，死亡。

㉑墅溪：在今浙江杭州富阳区渔山乡，汇入富春江。

㉒乾隆十九年：1754 年。

㉓道光九年：1829 年。

㉔乾隆十五年：1750 年。

㉕嘉庆廿五年：1820 年。

㉖泗州岭：位于浙江浦江檀溪镇潘周家村南里许。岭南平地旧时为义葬地。

㉗志煌：周志煌（1803—1863），字耀光（按，〔秦〕李斯《苍颉篇》"煌，光也"），行雄七十二。浙江浦江檀溪镇潘周家村人。

㉘门间：家门，家庭，门庭。

㉙道光丁酉：1837 年。

㉚不谖〔xuān〕：不忘。

㉛道光十有七年：1837 年。

上浣：上旬。

㉜姻侄：指外戚下一辈的男性。本文作者王可仪的弟弟王可杰是传主周凤翔的女婿，故称。

盘溪周丝言公传①

公讳立纶，字丝言。父华山公生子立纲②，媳陈氏，未有孙而立纲卒。继娶郑氏，生公及立统③，而立统又夭。不数年，华山公与郑氏相继殁④。公尚幼，就养于嫂。稍长，叔父天章先生教以读书⑤，即能记诵。家贫，衣食不足以自给，乃弃而力农焉。

公为人方质有气量⑥，勤于耕作，事嫂不忘抚养，即生身之母亦无以过。公时侍左右，语言色笑谨承意旨⑦。处乡里恂恂如也⑧。然议公事秉直不阿。同里潘某为公岳父⑨，年近九旬，问安不间岁时。是可知其天性之优矣。

有田数亩，垦除播获，计其岁入，瘠土不减肥土。乃语子侄曰："人工所到，天不能限，学人如此，所谓'愚必明、柔必强'⑩，亦犹是也。"

尝外出，路有遗银一包，乃挟坐，俟其人寻至而即还之。壬辰岁大饥⑪，有远人籴谷渡狮溪⑫，暴雨骤至，失足，谷没溪潭，号泣而去。后数日，公之子捞而得之，乃为淘晒，访问其人以还之。其细行之克矜又如此⑬。

吁！天之生人各有定分，惟于分之所当为者为之，自可无忝所生矣⑭，何必求分外之事哉⑮！然则公不逮事父母⑯，可观其事叔父与嫂之诚；不获席丰厚，可观其处乡邻姻戚之义；不暇事诗书，可观其服田力穑之勤⑰；不必施恩惠，可观其还谷还银之节，洵不愧为乡里善人哉⑱！

生三子，长志道，次志遂，继嫂为嗣，幼志遒⑲，孙一：象典⑳。余在盘溪，志遒尝以所作文见示，不揣荒陋，妄加点窜。今嘱作乃父传，其曷以辞㉑！幸勿诮其不文可矣。

深溪王可仪拜撰

（辑自民国己丑年续修《盘溪周氏宗谱》）

【注释】

①盘溪：浙江浦江檀溪镇潘周家村东侧的大元溪，汇入西侧的壶源江（俗称大溪），双溪将村庄盘绕，故称。

周丝言：周立纶（1769—1833），字丝言（按，《礼记·缁衣》"王言如丝，其出如纶"），行耆六十。浙江浦江檀溪镇大梓村人。

②华山：周华山（1723—1794），字西岳，号蓉峰（按，蓉峰系西岳华山的西峰，形状像芙蓉，故名），行德十一。浙江浦江檀溪镇大梓村人。

立纲：周立纲（1744—1768），字克一（按，〔东汉〕郑玄《诗序谱》"举一纲而万目张"），行耆十。浙江浦江檀溪镇大梓村人。

③立统：周立统（1775—1799），字继可（按，《汉书·昭帝纪赞》"昔周成以孺子继统，而有管蔡四国流言之变"），行耆七十七。浙江浦江檀溪镇大梓村人。

④殁［mò］：死亡。

⑤天章：周华汉（1725—1794），字天章，号云峰（按，《诗经·大雅·棫朴》"倬彼云汉，为章于天"），行德十四。浙江浦江檀溪镇大梓村人。邑庠生。

⑥方质：方正质朴。

⑦色笑：指和颜悦色的态度。语出《诗经·鲁颂·泮水》："载色载笑，匪怒伊教。"

⑧恂恂［xún xún］：温顺恭敬貌。

⑨潘某：指潘善标（1736—1826），字道准，行善三十二。浙江浦江檀溪镇潘周家村人，娶王氏（1736—1812），生潘承燕、潘承炜、潘承煌、潘承炽四子，一女，适周立纶。

⑩愚必明、柔必强：愚蠢的人一定会明白，柔弱的人一定会刚强。语出《礼记·中庸》："果能此道矣，虽愚必明，虽柔必强。"

⑪壬辰：清乾隆壬辰年（1772）。

⑫狮溪：发源于浙江浦江的壶源江，流经檀溪镇大梓、大杨两村之间，村前有块状如狮子头的奇石，故称狮溪。

⑬细行：小节，小事。

矜：慎重。

⑭忝：辱没。

⑮哉：原作"载"，形近而误。

⑯逮：及。

⑰服田力穑：指努力从事农业生产。语出《尚书·商书·盘庚上》："若农服田力穑，乃亦有秋。"服，从事。穑，收获谷物。

⑱洵：实在。

⑲志道：周志道（1795—1833），字依仁（按，《孔丛子·记问》"仁道在迩，求之若远"），行雄三十八。浙江浦江檀溪镇大梓村人。

志遂：周志遂（1799—1861），行雄五十二。浙江浦江檀溪镇大梓村人。

志道：周志道（1807—1849），行雄六十八。浙江浦江檀溪镇大梓村人。

⑳象典：周象典（1827—1883），行震六十。浙江浦江檀溪镇大梓村人。

㉑曷：怎么。

珠塘庆六十六乾始公传①

公姓李氏，讳政易，字华周，号乾始。生六岁而孤，母夫人以养以教，俾至成人。然公自少时已能恪遵母命，出则就傅肄业②，入则执守少仪③，乡里咸器之④。及长，弃举子业不事⑤，遵例捐授贡生⑥。盖母夫人以失父孤儿，常欲日侍于侧，差慰厪念也⑦。公自善体母心，左右就养，而躬行勤俭，惟期子职之克供，一切靡费无益之事，屏而不为，由是主业更益充盈焉。然雅好施与，凡姻亲之艰于嫁者，必出赀以助之⑧，贫病而无告者，亦分润以赒之⑨，尝曰："自行吾心，非藉以沽人誉也。"

不幸于嘉庆丙子年十月初三日卒⑩，享年六十有五岁。丈夫子一⑪，现入太学⑫，既已抱孙，公亦可以无憾矣！然而犹有恨焉者，念母夫人昔日抚孤，勤劳家室，乃遇同文伯⑬，不获孝养以终，则生时之不忍一日相离，竟俾望天涯而长恸矣！

吾与公会面常稀，耳熟公之行事，以知其为人。窃叹天之不能假年于善人者，岂以命不可违耶！愿公子圣照善能继志⑭。有孙四人，其长如玉，来学吾家，晨夕勿懈，器美璠玙⑮，复克体公垂裕之意⑯，后必将大振其家声矣！

是为传。

时道光五年冬月⑰　岁贡生眷侄孙王可仪顿首拜撰
（辑自民国庚辰年续修《环溪李氏宗谱》）

【注释】

①珠塘：位于浙江浦江岩头镇新许村。

庆六十六乾始：李政易（1752—1816），字华周，号乾始（按，《周易》六十四卦，从乾卦始。字义相顺），行庆六十六。浙江浦江岩头镇新许村人。例贡生。

②就傅：出外就学。语出《礼记·内则》："十年，出就外傅，居宿于外，学书计。"

肄业：修习课业。肄，原作"肆"，形近而误。

③少仪：《礼记》有《少仪》篇，主要记"少者事长之节"。

④咸：都。

⑤举子业：即举业，科举时代指为应考试而准备的学业，包括应试的诗文、学业、课业、文字。明清专指八股文。

⑥遵例捐授贡生：生员不由考选而援例捐纳成为贡生，称例贡生。

⑦厪〔jǐn〕念：殷切的想念。

⑧赀：通"资"。

⑨赒〔zhōu〕：同"周"。

⑩嘉庆丙子年：1816 年。

⑪丈夫子：儿子。详见本书〔清〕王兴谟《孝九十五王梅谷先生传》。

⑫太学：古代最高学院，即国学。清代不设太学，不能中功名的童生往往花钱捐太学生头衔。

⑬文伯：即公父文伯，姬姓，名歜〔chù〕，春秋时期鲁国人。其母敬姜，教子有方，系著名贤母。先于母亲而卒，未能孝养其母。

⑭圣照：李圣达（1788—1852），字芳泉，号四端（按，《孟子·公孙丑上》"凡有四端于我者，知皆扩而充之矣，若火之始然，泉之始达"），庠名圣照，号西亭，行兆八十。浙江浦江岩头镇新许村人。贡生。

⑮璠玙：美玉名，比喻美德贤才。

⑯垂裕：为后人留下业绩或名声。

⑰道光五年：1825 年。

虞省堂公传① （循百五十六公）

公讳虞氏，讳承序，字宾贤，号省堂，太学生，饮宾瑞园公之子也②。

少好读书，健于为文。每艰童子试③，年近三十，未博一衿④，乃因瑞园公老，代理家事，捐入太学⑤。然以本性所好，遇子侄课艺，涉笔成章，虽时时攻苦塾中者莫能相尚⑥。由是，乡中耆宿劝入棘围者复三四焉⑦。为人谦卑逊顺⑧，以礼自循，未尝失口于人、失色于人。而人之善恶，胸中独精鉴别，故人共拟之为皮里春秋⑨。族有公事，无不率先督理。与读书人处，其心敬之不啻若神明⑩。

余于三十年前至其家。是时，瑞园公尚在，庞眉皓发⑪，年八十余，尤喜登山游览，手执一筇⑫，不避崄巇⑬。而公惧其足力不胜，以身翊卫⑭，纵家有要事，必舍以相随。后病卧缛，奉汤药，候饮食，扶持抑搔⑮，无刻或离左右。瑞园公顾而言曰："惜予既弥留，不及道尔之善。惟愿尔子亦如尔之事吾，足矣！"有以知其爱敬之尽于事亲也。尝引《关尹子》语"圆尔道，方尔德，平尔行，锐尔事"⑯，以训其子若孙⑰，盖以之自修而因以示后人也。

享寿八十三岁而卒。安人陈氏长公四岁，非仪无闻⑱，恪有闺德⑲，敬事舅姑⑳，克供妇职，享寿八十有二。子二人，长曰臣㉑，幼曰葆光㉒，俱入邑庠㉓，其余赴童试者一二孙焉。女一，适陈。孙六人，孙女一。曾孙五人，曾孙女亦五。共计男妇三十余人，或耕或读，各能自守其业，祖武是绳㉔。此自公盛德之所致也。

是为传。

时道光十四年仲冬月上浣之吉㉕　乡进士候选儒学正堂眷侄孙王可仪顿首拜撰㉖

（辑自民国壬申年续修《湖溪虞氏宗谱》）

【注释】

①虞省堂：虞承序（1747—1829），字宾贤（按，《诗经·大雅·行苇》"舍矢既均，序宾以贤"），号省堂，行循一百五十六。浙江浦江虞宅乡虞宅村人。乡饮宾。

②瑞园：虞志焞（tūn）（1714—1800），字继和（按，焞，古代占卦用来烧灼龟甲的火炬。和，温暖。以火取暖，字义相顺），号瑞园，行敬一百二十四。浙江浦江虞宅乡虞宅村人。

③童子试：亦称童试，即科举时代参加科考的资格考试，包括县试、府试和院试三个阶段。

④未博一衿：不能获取一件青衿（青色交领的长衫）。青衿系明清秀才的常服，借指中秀才。语出《诗经·国风·郑风·子衿》："青青子衿，悠悠我心。"

⑤太学：古代最高学院，即国学。清代不设太学，不能中功名的童生往往花钱捐太学生头衔。

⑥尚：超过，高出。

⑦棘围：古代对考场、试院的称谓。唐、五代时试士，用荆棘围住试院，以防止放榜时士子喧嚣，后又用来防杜夹带传递之弊。

⑧逊顺：谦逊恭顺。

⑨皮里春秋：意谓藏在心里不说出来的言论。典出《晋书·褚裒传》："谯国桓彝见而目之曰：'季野有皮里阳秋。'言其外无臧否，而内有所褒贬也。"皮里，内在。春秋，即春秋笔法，对人物、事件的褒贬不在表面而在内里。

⑩不啻：不止。

⑪庞眉皓发：眉毛粗，头发白，形容老人相貌。

⑫筇：竹子做的手杖。

⑬嵼巇 [xiǎn xī]：险峻崎岖。

⑭翊 [yì] 卫：辅弼护卫。

⑮抑搔：按摩抓搔。

⑯圆尔道，方尔德，平尔行，锐尔事：圆满你的大道，方正你的德行，平和你的行为，锐利你的事业。语出《关尹子·九药》。德，原作"履"，误。今改回。

⑰若：与。

⑱非仪：指妇女的是与非，善与恶。语出《诗经·小雅·斯干》："无非无仪，唯酒食是议，无父母诒罹！"

⑲阃 [kǔn] 德：妇女的德行。

⑳舅姑：妇称夫的父母。

㉑臣：虞光苏（生卒年不详），庠名臣，行洪一百四十。浙江浦江虞宅乡虞宅村人。邑武生。大约生活于清乾陵、嘉庆、道光年间。

㉒葆光：虞光葆（生卒年不详），庠名葆光，字蕴之（按，葆，藏也，与"蕴"字义相同），号芝田，行洪一百六十。浙江浦江虞宅乡虞宅村人。邑武生。大约生活于清乾隆、嘉庆、道光年间。

㉓邑庠：明清时期的县学。

㉔祖武是绳：踏着祖先的足迹前进。

㉕道光十四年：1834 年。

上浣：上旬。

㉖乡进士：按明清的科举制度，殿试的中举者为进士，乡试的中举者为举人，别称乡进士。也指贡生，因为其中的副贡生有乡试副榜之称。王可仪在道光壬午年（1822）中岁贡生。

儒学正堂：即儒学教谕，秩正八品。王可仪是候选儒学训导，儒学训导是明清府、州、县儒学的辅助教职，不是儒学教谕，误。

淳六百四十一黄母王太安人传①

　　舅祖母系出于中余王氏②，为浦名族。既笄③，而适元升舅翁④，生子一，女一。子讳兆焞⑤，字邦霆。当是时，舅祖母上奉公姑之欢，相夫子读书入邑庠⑥，中睦妯娌，下抚子女，闺门之内融融如也。

　　十余岁，而元升翁谢世。舅祖母始大痛几绝，然自顾茕茕孤子⑦，孑然尚存，含酸饮泣，不辞劳瘁，抚养邦霆公，俾至成人。娶周氏，得孙女二。继娶傅氏，未抱孙而邦霆公又殁⑧。呜呼，痛矣！

　　先是，邦霆公以中表与吾父同学⑨，谊甚厚。然善病，余父母以未获后嗣为公忧。至其家，见舅祖母荆钗布裙⑩，米盐葺杂，悉以身任。间尝言及嗣续之事⑪，未尝不泣下沾襟，忧其子之微弱，而竟以病卒。不逾年，而媳亦随之。白发青灯，形单影只，饮冰茹蘖⑫，苦寒自领矣。

　　太史公曰⑬："既欢合矣，或不能成子姓⑭；能成子姓矣，或不能要其终。"岂非命哉！不然，如元升翁、邦霆公之恂恂乐易⑮，舅祖母之温恭淑慎⑯，而竟使至此，谓天报施不爽，其信然耶？

　　元升舅翁兄弟四，行居二。其长兄已先殁。于是，其弟亮时公、素庵公痛翁之嗣⑰，三房各议一孙，长几珙⑱，次几理⑲，次几堞⑳，继邦霆公下。而几珙等亦能合志同心，洁羞馨膳，色思其柔㉑，俾勿稍有抑郁。桑榆暮景，差堪慰耳。

　　然吾有感焉。吾祖母与舅祖母为姑嫂。吾祖母幼年守节，得蒙旌表；舅祖母以年例不符，不获题请，而节寿之高，与吾祖母并顾。吾祖母之孙七而蠢愚无状，不克上承祖母欢；舅祖母之孙三而有光前绪，皆足为其祖母显。地下有知，其亦可以无憾矣。

　　舅祖母生于雍正乙卯年十月廿六日㉒，卒于嘉庆乙丑五月廿六㉓，享寿七十有一。与元升翁合厝于西陇之原㉔。邦霆公夫妇亦祔焉㉕。

时嘉庆岁次庚辰五月㉖　外孙王可仪顿首拜撰
（辑自民国丙辰年续修《合溪黄氏宗谱》）

【注释】

　　①淳六百四十一：黄以柀［biē］（1738—1772），庠名明锡，字启周（按，《尚书·虞书·尧典》"胤子朱，启明"），号元升，行淳六百四十一。浙江浦江黄宅镇桂花明堂村人。邑庠生。

　　②中余：浙江浦江北部的一个乡。

　　③既笄：也作及笄。古代女子十五岁结发，用笄贯之。也指女子到了结婚年龄。

　　④元升：黄以柀的号。

　　⑤兆焞［tūn］：黄兆焞（1757—1795），字邦霆（按，《诗经·小雅·采芑》"戎车啴啴，啴啴焞焞，如霆如雷"），行和五百六十三。浙江浦江黄宅镇桂花明堂村人。

⑥邑庠：明清时期的县学。

⑦茕茕［qióng qióng］：形容忧思，孤独无依貌。

⑧殁［mò］：死亡。

⑨中表：古代称父亲的姐妹所生子女为外兄弟姐妹，母亲的姐妹所生子女为内兄弟姐妹。外为表，内为中，合称中表。

⑩荆钗布裙：荆枝作钗，粗布为裙。形容妇女装束朴素。

⑪间尝：曾经。

⑫饮冰茹蘖［niè］：指处境清苦，如饮冰食蘖。多形容妇女苦节。

⑬太史公：西汉史学家司马迁。下面一段话出自司马迁《史记·外戚世家》。

⑭子姓：泛指子孙、后辈。

⑮恂恂［xún xún］乐易：温顺恭敬，和乐平易。

⑯温恭淑慎：温和，恭敬，贤淑，谨慎。

⑰亮时：黄以枸［jìn］（1739—1799），字经先，庠名揆叙，字亮时（按，《尚书·虞书·尧典》"纳于百揆，揆于时叙"），行淳六百六十七。浙江浦江黄宅镇桂花明堂村人。岁贡生，候选儒学教谕。

素庵：黄以桂（1740—1814），字重美，庠名汝听，字审三，号素庵。浙江浦江黄宅镇桂花明堂村人。恩贡生，候选儒学教谕。

⑱几珙：黄几珙（1782—1838），字良璧（按，《左传·襄公二十八年》"与我其拱璧，吾献其柩"），号维城，行惠四百五十一。浙江浦江黄宅镇桂花明堂村人。

⑲几理：黄几理（1788—1838），庠名叔申，字维翰（按，《诗经·大雅·崧高》"维申及甫，维周之翰"），号松崖，行惠五百六十九。浙江浦江黄宅镇桂花明堂村人。贡生。

⑳几堞：黄几堞（1789—1838），字雉高（按，〔南朝宋〕鲍照《芜城赋》"是以板筑雉堞之殷，井干烽橹之勤"）；庠名廷谟，字承烈（按，《尚书·周书·君牙》"丕显哉，文王谟！丕承哉，武王烈"），号维崧，行惠五百八十。浙江浦江黄宅镇桂花明堂村人。邑庠生。

㉑洁羞馨膳，色思其柔：洁美的饮食，温柔的颜色。语出〔西晋〕束皙补写的笙诗《诗经·小雅·南陔》："彼居之子，色思其柔。""馨尔夕膳，洁尔晨羞。"

㉒雍正乙卯年：1735 年。

㉓嘉庆乙丑：1805 年。

㉔合厝［cuò］：合葬。

陇：同"垄"，田埂。

㉕祔：合葬。

㉖嘉庆岁次庚辰：1820 年。

骆母张太母传①

节母之事，有逆有顺。逆者嫠而毁耳割鼻②，皆因逼迫而成，而其名已传于后。顺则古井无波③，坦夷自若④，谓守节为妇道之常，至没世而名不传。盖逆易惊人耳目，顺独绝人闻见，所以有传有不传也。

惟骆母张太母，所谓节而顺者也。太母之为未亡人也⑤，仅二十有五岁。子一，讳承武⑥，甫三周耳⑦。家本素封⑧，太翁上有二兄，皆怡然康乐。于斯时也，遗孤在抱，寡姑尚存⑨，俯仰堪怜⑩，有愁莫告，亦呜咽不自止耳。而太母有曰："命存焉冀！妯娌之和顺，慈帏之意事⑪，必咨而后行。"每饮食，必祝其亡人曰："汝若有后，共阴为保护，俟此孤成立⑫，始可以慰尔母心。"由是，常抱孤出，后闻择择声，立而视之，无见也。此固太翁之灵爽实式凭之也⑬。

厥后，子已成人，督学课耕，时时弗懈。姑殁而治丧事⑭，必诚必信。既已抱孙，犹勤织纴⑮。析爨后⑯，健持门户⑰，俾家小大致恭有礼⑱，而如太母者，真女中一丈夫耳！于嘉庆壬戌年十二月十二日卒⑲，享年六十有九。

呜呼！余尝读《易》，至《节》卦爻⑳："六四，安节，亨㉑。"盖六四以重柔之质，上承中正之君，将顺其美，敬守其法，安而行之，故亨，有合于太母之事姑也；"九五，甘节，吉，往有尚㉒。"盖九五刚尊，所谓当位以节中正㉓，以通节之中正，惟有不甘，甘节则已，行之而宜，故吉。往以节人，人亦不苦，而信从者众，故有尚，有合者太母之抚子治家也。然则太母之节而顺，以能安能甘而绝人闻见，自非若节而逆之者惊人耳目也。曷可俾堙没不传哉㉔！

是为传。

时大清道光岁次丙戌十有一月㉕　眷姻侄郡庠岁贡生王可仪顿首拜撰

（辑自民国己巳年续修《鹤溪骆氏宗谱》）

【注释】

①骆母张太母（1734—1802）：姓张，适浙江浦江黄宅镇骆村骆文才（1734—1758），生一子骆承武。

②嫠［lí］：指寡妇。

③古井无波：比喻内心恬静，情感不为外界事物所动。

④坦夷：坦率平易。

⑤未亡人：旧时寡妇的自称。

⑥承武：骆承武（1756—1806），字施勇（按，《文子·上德》"勇武以强梁死，辩士以智能困"），行美二十四。浙江浦江黄宅镇骆村人。

⑦甫三周：才三岁。

⑧素封：指无官爵封邑，而资财丰厚的富人。语出《史记·货殖列传》："今有无秩

禄之奉，爵邑之入，而乐与之比者，命曰'素封'。"

⑨寡姑：守寡的婆婆。

⑩俯仰：即仰事俯畜，上侍奉父母，下养活妻儿。语出《孟子·梁惠王上》："是故明君制民之产，必使仰足以事父母，俯足以畜妻子。"

⑪慈帷：母亲的代称。

意事：曲意侍奉。

⑫俟：等待。

⑬灵爽：神灵，神明。

式凭：依靠，依附。

⑭殁［mò］：死亡。

⑮织纴：指织作布帛之事。

⑯析爨［cuàn］：分立炉灶。指分家。

⑰健持门户：健壮精干的妇女维持家庭生计。语出《玉台新咏·陇西行·天上何所有》："健妇持门户，亦胜一丈夫。"

⑱致恭有礼：指父慈子敬。语出〔西汉〕韩婴《韩诗外传》卷四："父宽回而有礼，子敬爱而致恭。"

⑲嘉庆壬戌年：1802 年。

⑳《易》：即《周易》，也称《易经》，四书五经之一，相传系周文王姬昌所作。

《节》：是《周易》六十四卦的第六十卦。这个卦是异卦（下兑上坎）相叠。兑为泽，坎为水。泽有水而流有限，多必溢于泽外。因此要有节制，故称节。

卦爻：是《周易》的基本因素，分阳爻、阴爻。根据天、人、地三才的道理，把三爻重叠起来，构成八卦。八卦重叠起来，由阳爻和阴爻两种爻象，按每卦六画排列组合而成，构成六十四卦。

㉑六四，安节，亨：六四，安于自我节制，所以亨通。

㉒九五，甘节，吉，往有尚：九五，以节制为美德，吉祥，前往必有所嘉赏。尚，通"赏"。

㉓当位：《周易》中的爻位由下而上，分别名为初、二、三、四、五、上。其中初、三、五为奇，属阳位；二、四、上为偶，属于阴位。凡是阳爻居阳位，阴爻居阴位，均称为当位；反之，则为不当位。

㉔曷：怎么。

埋没：犹埋没。

㉕道光岁次丙戌：1826 年。

承五百八十七府君贾氏安人墓志铭①

公讳继纲，字德振。父号叔宾公②，生四子，公其次也。少习举子业③，府县试屡列前茅，而艰于一衿④。尝设帐五兰居家塾⑤，门弟子得其学而成名者数十人。处乡里，惟以敦睦为心，故大小顺从，而未尝有言色之失⑥。因念一兄二弟家常拮据，每不给于供养，乃设锅厂以营生业，为仰事俯畜之资⑦。

余生也晚，不获亲近于公。今距公殁已数十年⑧，而乡绅野老道及公名，无不以长者称也。子二，长守泰，次守海⑨，太学生；孙四，泰出者祖栋、祖庆⑩，海出者祖嘉⑪；曾孙三，志焘、志照、志熙⑫，皆嘉出。则公之未获丰于前，已可卜其裕于后矣。

公生于康熙四十四年二月十二日⑬，卒于乾隆四十五年十一月初二日⑭，享年七十有六。娶贾氏，有节操，于公殁后，更能训子成家。生雍正三年七月十七日⑮，卒嘉庆二年五月十三日⑯，享年七十有三，合葬于本都蒋山塔桥坪⑰。

今其孙祖嘉来嘱余铭，余不敢辞，铭曰：

洪范五福一曰寿⑱，古稀逾六维其有。德之积兮裕后昆，不于其身于子孙。塔桥坪兮嵯峨，公宅兆兮固山阿⑲。夜月明兮风响，如见公兮下上于松坡。

道光十二年壬辰孟秋⑳　族侄孙可仪拜撰

（辑自清同治辛未年续修《深溪义门王氏宗谱》卷十一）

【注释】

①承五百八十七：王继纲（1705—1780），字德振（按，《隋书·文学传》"振领提纲，去其繁杂"），行承五百八十七（原作"承五百八十五"，误）。浙江浦江郑宅镇樟桥头村人。

②叔宾：王宗燕（1667—1746），字叔宾（按，《礼记·文王世子》"若公与族燕，则异姓为宾"），行源五百四十九。浙江浦江郑宅镇樟桥头村人。

③举子业：即举业，科举时代指为应考试而准备的学业，包括应试的诗文、学业、课业、文字。明清时期，专指八股文。

④艰于一衿：为一件青衿所困，未能中秀才。青衿是青色交领的长衫，系明清秀才的常服，借指中秀才。语出《诗经·国风·郑风·子衿》："青青子衿，悠悠我心。"按明清科举制度，儒生通过县试、府试，为童生；通过院试，为生员（秀才）。若未通过院试，年纪再大也是童生。

⑤设帐：指设馆授徒。详见本书〔清〕王兴谟《孝九十五王梅谷先生传》。

五兰居：位于浙江浦江郑宅镇樟桥头村。系王继纲的伯祖父、举人王家明建造的居室。

⑥言色之失：语出《礼记·表记》："君子不失足于人，不失色于人，不失口于人。"

⑦仰事俯畜：上侍奉父母，下养活妻儿。语出《孟子·梁惠王上》："是故明君制民

之产，必使仰足以事父母，俯足以畜妻子。"

⑧殁［mò］：死亡。

⑨守泰：王守泰（1747—1831），字君岳（按，泰岳，即东岳泰山），行芳七百三十。浙江浦江郑宅镇樟桥头村人。

守海：王守海（1761—1818），字朝宗（按，《尚书·夏书·禹贡》"江汉朝宗于海"），行芳九百三十四。浙江浦江郑宅镇樟桥头村人。

⑩祖栋：王祖栋（1812—1862），字学梁（按，《庄子·人间世》"仰而视其细枝，则拳曲而不可为栋梁"），行启一千二百三十一。浙江浦江郑宅镇樟桥头村人。

祖庆：王祖庆（1816—1864），字学丰（按，〔金〕赵沨《秋郊晚望》"村农庆丰岁，社鼓已三挝"），行启一千二百七十三。浙江浦江郑宅镇樟桥头村人。

⑪祖嘉：王祖嘉（1792—1837），字学美（按，〔东汉〕王充《论衡·案书》"（董）仲舒之言道德政治，可嘉美也"），号锡予，行启一千〇七。浙江浦江郑宅镇樟桥头村人。

⑫志焘：王志焘（1818—1863），字成朗（按《说文解字》"焘，普覆照也"，"朗，明也"，"照""明"字义相顺），行后八百六十。浙江浦江郑宅镇樟桥头村人。

志照：王志照（1823—?），字金明（按，《楚辞·九辩》"彼日月之照明兮，尚黯黮而有瑕"），行后九百十九。浙江浦江郑宅镇樟桥头村人。

志熙：王志熙（1830—1901），字成瑚（按，《尚书·虞书·大禹谟》"疑谋勿成，百志惟熙"），行后一千〇八。浙江浦江郑宅镇樟桥头村人。

⑬康熙四十四年：1705 年。

⑭乾隆四十五年：1780 年。

⑮雍正三年：1725 年。

⑯嘉庆二年：1797 年。

⑰蒋山：位于浙江浦江郑宅镇赵郎村西北，为毛岭南支余脉。又名金芙蓉山，以山形似未开芙蓉而得名。海拔 340 米。

⑱洪范五福一曰寿：《尚书·周书·洪范》中所记载的五福，一曰寿，二曰富，三曰康宁，四曰攸好德，五曰考终命。

⑲宅兆：墓地。

⑳道光十二年壬辰：1832 年。

芳三百五十五寿山公暨黄氏安人墓志铭①

嘉庆二十一年岁次丙子三月②，族祖学纯将改卜其先人寿山公墓于家后溪湾之顶③，谓族侄孙可仪曰："改葬非古也，吾不敢违也，然实有不得已焉。吾少读书，留心地理之学④，见世人废者废、兴者兴，莫不有合《青囊》《玉尺》诸书⑤。吾不敢以先人骸骨祈福祥，而窀穸不足妥先灵⑥，于心终不忍。今迁柩有日矣，子其为我铭诸墓⑦。其勿辞。"

谨按，寿山公与继室黄氏安人已葬周村金锁形⑧。夫葬者，藏也，欲人之不得见也。

古人论葬，骨无痛痒之知，冢非栖神之所，礼不墓祭，为棺椁以朽骨、衣衾以朽肉而已，故尝营丘墟于不食之地，而甚者且以反壤树之为讥⑨，则是葬固不必择地矣。然自秦时已有卜吉之说⑩，晋郭璞著《葬书》⑪，后世因之不改。夫亦如《诗》《书》所载："涧水东，瀍水西⑫。"百泉溥原，必慎相度⑬。生而欲得安宅以居，死而任委之于壑乎！葬择吉地，亦孝子事死如事生之心也⑭。今寿山公墓木已拱⑮，其子窃自叹曰："此非吾父母安身之所。"因而得家后溪湾顶改葬焉。

呜呼！地由德致，德不积则地不灵。公之克宅于斯，自为发福吉壤⑯，虽在择地之精，而实公之有德，俾子若孙可积小而渐至于高大也⑰。

公讳守南，字复圭，号寿山，太学生⑱。生清康熙戊戌年七月初二日⑲，卒乾隆乙未年十一月三十日⑳，享年五十八岁。元配洪氏，先公卒，附祖坟庞陂㉑。继室黄氏，生康熙辛丑年九月廿七日㉒，卒嘉庆戊午年三月初九日㉓，享年七十有八，与公合葬于斯原。

三子，长祖琇㉔，太学生；次祖圣㉕，由太学举介宾㉖，洪出；季祖理，即学纯，邑庠生，黄出。孙八，曾孙十有六。女二。是地也，且有余穴，三房各义附。今孟房长子祖琇媳妇洪氏、季房孙志涌附焉㉗。至若公之行谊，其中表陈郁已为传㉘，兹不复赘。
铭曰：

是惟公墓，既安既固。非子之贤，曷云能迁㉙？惟公之福，有吉可卜。肃肃墓门，且和且温。宅尔灵骨，慰尔幽魂。慰尔幽魂，宜尔子孙。

嘉庆二十一年丙子三月　族侄孙可仪谨撰
（辑自清同治辛未年续修《深溪义门王氏宗谱》卷十一）

【注释】

①芳三百五十五寿山：王守南（1718—1775），字复圭（按，《论语·先进篇》"南容三复白圭，孔子以其兄之子妻之"），号寿山，行芳三百五十五。浙江浦江郑宅镇樟桥头村人。

②嘉庆二十一年岁次丙子：1816年。

③学纯：王祖理（1755—1834），字惟一，庠名学纯，号希文，又号东障。浙江浦江郑宅镇樟桥头村人。邑庠生。著有《东障吟集》。

溪湾之顶：浙江浦江郑宅镇樟桥头村北侧有白麟溪，溪的北侧有山背，坟墓葬此。

④地理之学：古代风水学的别称。

⑤《青囊》：即《青囊经》，相传为秦末黄石公所著，是历史上第一本有文字记载的风水书籍。

《玉尺》：即《玉尺经》，唐代杨筠松著，是继晋代郭璞《葬书》以后的又一部有关风水的重要著作。

⑥窀穸［zhūn xī］：安葬。语出《左传·襄公十三年》："惟是春秋窀穸之事。"〔西晋〕杜预注："窀，厚也；穸，夜也。厚夜犹长夜。春秋谓祭祀，长夜谓葬埋。"

妥先灵：安置祖先的灵魂。

⑦其：助词，表示祈使。

⑧周村：今属浙江浦江郑宅镇，在樟桥头村以南里许。

⑨夫葬者，藏也……而甚者且以反壤树之为讥：语出《礼记·檀弓上》："葬也者，藏也。藏也者，欲人之弗得见也……反壤树之哉。"又语出《三国志·魏书·文帝纪》："夫葬也者，藏也，欲人之不得见也。骨无痛痒之知，冢非栖神之宅，礼不墓祭，欲存亡之不黩也，为棺椁足以朽骨，衣衾足以朽肉而已。故吾营此丘墟不食之地。"

棺椁：棺和椁，泛指棺材。

反壤树：反而聚土为坟、植树为标。

⑩卜吉：占问选择风水好的葬地。

⑪郭璞（276—324）：字景纯，河东闻喜（今属山西）人。晋代文学家、训诂学家、风水学者，好古文、奇字，精天文、历算、卜筮，著有《葬经》等书。

⑫涧水东，瀍〔chán〕水西：语出《尚书·周书·洛诰》："我乃卜涧水东、瀍水西，惟洛食。"涧水、瀍水，二水名，均流经今河南洛阳境，注入洛水。

⑬百泉溥原，必慎相度：泉水多而广阔的原野，一定要慎重地察看。语出《诗经·大雅·公刘》："逝彼百泉，瞻彼溥原；……相其阴阳，观其流泉。"

⑭事死如事生：侍奉死去的父母，如同父母生时一样。语出《礼记·中庸》："事死如事生，事亡如事存，孝之至也。"

⑮墓木已拱：形容人已死去很久。典出《左传·僖公三十二年》："尔何知？中寿，尔墓之木拱矣。"

⑯发福吉壤：能使子孙得到福运、福气的风水好的坟地。

⑰俾：使。

若：与。

⑱太学生：太学是古代最高学府，即国学。清代不设太学，不能中功名的童生往往花钱捐太学生头衔。

⑲康熙戊戌年：1718年。

⑳乾隆乙未年：1775年。

㉑庳陂：地名，位于浙江浦江郑宅镇三雅村西。语出清同治辛未年续修《深溪义门王氏宗谱》卷六陈果《芳千百廿七贡生凝园府君行状》："葬于家西数十武庳陂之原。"凝园，系王守沾之号，系郑宅镇三雅村人，故庳陂在三雅村西。陂，原作"皮"，形近而误。

㉒康熙辛丑年：1721年。

㉓嘉庆戊午年：1798年。

㉔祖琇：王祖琇（1740—1794），字学美（按，《诗经·小雅·都人士》"彼都人士，充耳琇实，"〔西汉〕毛亨传"琇，美石也"），号希珍，行启三百三。浙江浦江郑宅镇樟桥头村人。

㉕祖圣：王祖圣（1745—1827），字学睿（按，《尚书·周书·洪范》"恭作肃，从作义，明作哲，聪作谋，睿作圣"）；庠名敬，号希备，行启三百三十八。浙江浦江郑宅镇樟桥头村人。介宾。

㉖介宾：古代行乡饮酒礼时辅佐宾客的人。

㉗志涌：王志涌（1777—1814），字达泉（按，《公羊传·昭公五年》"直泉者何？

涌泉也"），号锡三，行后三百二十四。浙江浦江郑宅镇樟桥头村人。

㉘中表：古代称父亲的姐妹所生子女为外兄弟姐妹，母亲的姐妹所生子女为内兄弟姐妹。外为表，内为中，合称中表。

陈郁（1757—1824）：名世侯，字膺锡，庠名郁，字惟监，号雪樵。浙江浦江县城东隅人。恩贡生，候选儒学教谕。清嘉庆七年（1802）撰《芳三百五十五寿山翁行传》，收入清同治辛未年续修《深溪义门王氏宗谱》。

㉙曷：怎么。

蕴甫公墓志铭①

合溪黄氏和八百十六府君讳灿，字叔光，号蕴甫，淳六百六十七府君亮时公三子②，有德而庆③，善承先业。年二十六，入邑弟子员④。亮时公命出就外傅⑤，以期远大。公笃学不倦，惜艰于遇，不获大展其才。后乃精习岐黄、堪舆之术⑥，务于济贫救苦。尝著《敬宗录》，自上世以迄近亲，支分迁徙，厘订疏剔，俾居则如对祖宗之灵爽⑦，出则可合海内之同宗，真实录也。

生乾隆庚寅十月十六日⑧。娶义邑陈用培公女⑨，勤俭有闺德⑩，生乾隆己丑十一月廿三日⑪。子二，长其武⑫，入太学⑬，幼垂裕⑭，善读书，能文章。女一，适邑庠锺鹏⑮。孙一，志衔⑯，尚幼。

公年五十余，乃于比近石宅之原⑰，自觅吉壤⑱。凡亲友至，必乐然前导，龙穴砂水⑲，一一指示，若人之见有未确者，有以知其大合意也。以道光十年五月初八日卒⑳，择于十一年二月二十日奉枢营葬事，且立陈安人寿藏于右㉑，来嘱余铭。铭曰：

人寿满百，终归抔土㉒。隙隙灵明㉓，孰昭千古。公降庚寅㉔，卒值其年。既周绮甲㉕，事更百千。生不遇时，死获佳城㉖。福绵奕叶㉗，何必身荣。马鬣崇封㉘，以安以固。子子孙孙，用言保护㉙。

道光十一年仲春月之吉㉚　表侄王可仪顿首拜撰
（辑自民国丙辰年续修《合溪黄氏宗谱》）

【注释】

①蕴甫：黄兆灿（1770—1835），字林英（按，〔唐〕张九龄《岁初巡属县登高安南楼言怀》"江气偏宜早，林英粲已繁"。"灿"与"粲"近义），庠名灿，字叔光（按，出自词语"光灿"），号蕴甫，行和八百十六。浙江浦江黄宅镇桂花明堂村人。邑庠生。

②淳六百六十七府君亮时：黄以枸（1739—1799），字经先，庠名揆叙，字亮时，行淳六百六十七。浙江浦江黄宅镇桂花明堂村人。岁贡生，候选儒学教谕。

③有德而庆：语出《史记·天官书》："五星合，是谓易行，有德，受庆。"

④弟子员：明清时对府、州、县学生员的称呼。

⑤就外傅：出外就学。语出《礼记·内则》："十年，出就外傅，居宿于外，学

书计。"

⑥岐黄：岐伯和黄帝，相传为医家之祖。借指中医。

堪舆：即风水，指住宅基地或墓地的形势，亦指相宅相墓之法。语出《淮南子·天文训》："堪，天道也；舆，地道也。"

⑦灵爽：神灵，神明。

⑧乾隆庚寅：1770 年。

⑨义邑：义乌县。今属浙江金华。

陈用培（生卒年不详）：浙江义乌人。大约生活于清乾隆、嘉庆年间。

⑩阃 [kǔn] 德：妇女的德行。

⑪乾隆己丑：1769 年。

⑫其武：黄其武（1799—1862），字克绳（按，《诗经·大雅·下武》"昭兹来许，绳其祖武"），号雅山，行惠七百九十七。浙江浦江黄宅镇桂花明堂村人。

⑬太学：古代最高学院，即国学。清代不设太学，不能中秀才的童生往往花钱捐一个太学生的头衔。

⑭垂裕：黄垂裕（1815—1860），字懋昭（按《尚书·商书·仲虺之诰》"王懋昭大德，建中于民，以义制事，以礼制心，垂裕后昆"）；庠名鳌 [áo]，字仁山（按，《山海经·大荒西经》"大荒之中，有山名曰鏖鳌矩，日月所入者"），行惠九百九十二。浙江浦江黄宅镇桂花明堂村人。

⑮钟鹏：钟嘉蔗（1805—1862），字应瑞（按，《汉书·宣帝纪》"蒙获嘉瑞，赐兹祉福"）；庠名鹏，号程万，又号冲霄（按，《庄子·内篇·逍遥游》"鹏之徙于南冥也，水击三千里，抟扶摇而上者九万里"），行位一百八十五。浙江浦江黄宅镇钟村人。武庠生。

⑯志衔：黄志衔（1829—?），字阶升（按，〔南宋〕刘克庄《一剪梅·袁州解印》"阶衔免得带兵农"），行徽八百七十三。浙江浦江黄宅镇桂花明堂村人。

⑰石宅：村名，今属浙江浦江黄宅镇。原名杨家碛，以所居石姓更名。

⑱吉壤：旧指风水好的坟地。

⑲龙穴砂水：风水学术语。龙，连绵不断、起伏盘旋的山峦、峰岭。穴，死者的葬地或生者的住地。砂，穴前后左右环抱的峰峦。水，大小明堂所见之水。

⑳道光十年：1830 年。

㉑寿藏：生时所建的墓圹。

㉒抔土：一捧土。后来作为坟墓的代称。

㉓陳陳：恐惧貌。

灵明：神灵，神明。

㉔庚寅：清乾隆庚寅年（1770）。

㉕既周绮甲：已经满一个甲子，即六十年。

㉖佳城：墓地。

㉗奕叶：累世，代代。

㉘马鬣崇封：坟墓形状像马鬣的封土。语出《礼记·檀弓上》："从若斧者焉，马鬣

封之谓也。"崇，高。

㉙用：因，以。

言：语助词，无义。

㉚道光十一年：1831 年。

节孝方氏安人墓志铭

道光十六年七月十五日^①，上采先生奉母枢卜葬于小岭马鞍山之原^②。因念父秀亭公殁^③，母年三十岁，守节五十一年，而父已葬十九都元宝形^④，今母所葬与父异处，于心终不安，然不可无志。越一年，冬，令余志而铭之。

陈母方氏，茶园太学生道梁公之女^⑤，州判垣峰公之媳^⑥，儒士秀亭公淑配。相夫子，敬事公姑^⑦。姒娣三，和顺无间言^⑧。生子二，女一，并能饬以仪礼，不为姑息之爱，佥曰^⑨："是可为乡里母仪矣^⑩。"

无何^⑪，秀亭公以乃父哀毁成疾，遂因以亡。此固足征秀亭公之孝思，而实为安人之不幸也，乃冰霜自凛^⑫，之死靡他^⑬。尝曰："亡人属纩时^⑭，谆谆以善养老母嘱予。惟是，谨晨羞，洁夕膳^⑮，供为妇职，庶不伤吾姑痛子之心^⑯。"次年，叔姒亦寡^⑰，共誓守节。安人健持门户^⑱，凡一切中馈井臼^⑲，尝以兼人之勤，半分伯叔姒之任^⑳。抚子成立，育女得嫁，继亡人之志，勤劳家庙。迨姑殁^㉑，丧服葬祭俱合于礼。呜呼！可谓节而能孝矣。今夫潜德幽光^㉒，郁而必发，以安人之节，自宜题请旌表，光耀门间^㉓，而不知天之福报不尔也^㉔。

上采先生长于地理^㉕，得二十都六保小岭马鞍山吉壤以厝^㉖，安人其能世世发福无疑。至若父与母不合葬为不安，不观延陵季子云乎："骨肉归复于土，命也。若魂魄则无不之也^㉗。"三复斯言^㉘，何必拘拘于同穴哉！

安人生乾隆丙子年九月十八日卯时^㉙，卒道光丙申六月初四日戌时^㉚，享年八十一岁。子二：长上采，太学生，幼上坦^㉛。女一，适锺君暕^㉜。夫亡时二十四岁，守节至殁。孙八人，曾孙三人。铭曰：

是维安人之宅，水绕山环，风藏气纳^㉝，可以妥亡灵^㉞，可以毓来哲^㉟。皆曰："天也，非人也。"而不知此地之得由于其子善地理之力，则子子孙孙永祚于千亿^㊱。

时道光十七年岁次丁酉冬月中浣之吉^㊲ 眷侄廪贡生王可仪拜撰^㊳

（辑自民国丙戌年续修《根溪陈氏宗谱》）

【注释】

①道光十六年：1836 年。

②上采：陈上采（1775—1840），字有地，庠名望卿（按，《韩诗外传》"古者天子为诸侯受封，谓之采地"。包括诸侯封给卿、大夫的土地），号默斋，行瑞八十。浙江浦江黄宅镇姓陈村人。

马鞍山：村名。今属浙江浦江郑宅镇。此地背靠青萝山，面向浦江盆地，地势高爽，视野开阔，按风水理论，系发福地。

③秀亭：即陈元俊（1756—1785），字书升，号秀亭（按，《礼记·王制》"司徒论选士之秀者，而升之学，曰俊士"），行祥一百五。浙江浦江黄宅镇姓陈村人。系陈邦枢之子，娶方氏（1756—1836），生陈上采、陈上坦二子。

④十九都：明清时期，浙江浦江县行政区划分为三十都。十九都在今郑宅镇西部一带。

元宝形：位于今浙江浦江郑宅镇寺口村附近，位于醴香寺寺基。

⑤茶园：位于今浙江浦江郑宅镇蒲塘村附近，又称下陈畈，在白麟溪南岸。

太学生：太学是古代最高学院，即国学。清代不设太学，不能中功名的童生往往花钱捐太学生头衔。

道梁：方道梁（1733—1777），字维桢，庠名济川（按，〔三国魏〕曹植《赠白马王彪·并序》"欲济川无梁"。梁，又有"梁柱"之义；桢，即筑墙时竖立在两端的木柱，字义相近），浙江浦江郑宅镇下方村人。

⑥垣峰：陈邦枢（1733—1784），字承机（按，《周易·系辞上》"言行，君子之枢机"），号垣峰，行肇百七十五。浙江浦江黄宅镇姓陈村人。例授州判职衔。

⑦相夫子：辅佐丈夫。

公姑：妇称夫的父母。

⑧间言：亦作"闲言"，非议，异议。

⑨佥［qiān］：都。

⑩母仪：为人母的典范。

⑪无何：没多久。

⑫冰霜自凛：冷得像冰箱一样。比喻态度严肃，不可接近。

⑬之死靡他：到死也不变心，意谓夫死妇矢志不嫁。语出《诗经·国风·鄘风·柏舟》："之死矢靡它。"

⑭属纩：古代病人临终前，要用新的丝絮（纩）放在其口鼻上，试看是否还有气息。语出《礼记·丧大记》："属纩以俟绝气。"

⑮谨晨羞，洁夕膳：洁净的早餐，馨香的晚餐。语出西晋时期束皙补写的笙诗《诗经·小雅·南陔》："馨尔夕膳，洁尔晨羞。"

⑯庶：也许，或许。

姑：妇称夫的母亲。

⑰叔姒：丈夫弟弟的妻子。

⑱健持门户：健壮精干的妇女维持家庭生计。语出《玉台新咏·陇西行·天上何所有》："健妇持门户，亦胜一丈夫。"

⑲中馈：指家中供膳诸事。

井臼：汲水舂米。泛指操持家务。

⑳伯叔姒：丈夫哥哥弟弟的妻子。

㉑迨：等到。

殁［mò］：死亡。

㉒潜德：不为人知的美德。

幽光：潜隐的光辉。

㉓门闾：家门，家庭，门庭。

㉔不尔：不如此，不然。

㉕地理：古代风水学的别称。

㉖都保：北宋神宗熙宁（1068—1077）年间，王安石创行保甲法，以十家为一保，五十家为一大保，十大保为一都保。

吉壤：旧指风水好的坟地。

厝［cuò］：把棺材停放待葬，或浅埋以待改葬。

㉗延陵季子：即季札。详见本书〔清〕王可仪《风水说为六弟一升作》。

骨肉归复于土，命也：语出《礼记·檀弓下》。

㉘三复斯言：反复朗读并体会这句话。

㉙乾隆丙子：1756 年。

㉚道光丙申：1836 年。

㉛上坦：陈上坦（1780—1851），字望平（按，〔东汉〕荀悦《汉纪·武帝纪三》"土地平坦，温和"），行瑞九十六。浙江浦江黄宅镇姓陈村人。

㉜钟君暕［jiǎn］（1782—1797）：字锋试，行禄二百四十二。浙江浦江黄宅镇钟村人。

㉝风藏气纳：即藏风聚气。迂回的山岭宛转盘绕，层层拱卫，挡住劲风，使气不散失。

㉞妥亡灵：安置祖先的灵魂。

㉟毓：养育。

来哲：后世智慧卓越的人。

㊱永祚：长福。

㊲道光十七年岁次丁酉：1837 年。

中浣：中旬。

㊳廪贡生：以廪生的资格而被选拔为贡生者。

陈大猷亲翁墓志铭①

翁姓陈氏，讳光勋，字大猷，号蔬园，授登仕郎②。

陈于浦阳为巨族③，散处邑四乡。翁居城东隅，家素封④。至翁祖父独勤耕作，俯仰亦得自宽⑤。兄弟三，伯仲早卒，而翁则以商业起家，城中称饶益焉。为人深沉简默，不事浮华。性甚聪颖，后弃商业不事。尝营别墅，治园圃，栽花莳药，浇灌必躬亲。每值春秋，芳兰佳菊，馥郁满庭，入其室，徘徊几不忍去，自得雅人深致矣⑥。窃尝闻其述

《老子》之言"知足不辱，知止不殆[7]"，非存知足之心，曷克自适若此[8]。

生平乐行善事。东溪湍流迅激[9]，人多病涉[10]，乃造石桥二，上曰带云，下曰留余。离城三里，缮葺亭子，行人便于憩息。学中尊经阁欲坏[11]，合十一人共修之。且补路施棺，捐恤榆社[12]，皆其事之可述而志也。然则翁固由塞而通，由瘠而衍[13]，可知人之处世在于俭力因时，不在于专司羽鸠[14]；在于通财好义，不在于自固缄滕[15]。徐伟长曰："行善而获福尤多[16]。"翁之谓也。

翁生于乾隆壬午十一月二十九日[17]，卒于道光丙申九月十九日[18]，享寿七十五岁。娶张氏，又娶章氏，又娶虞氏。丈夫子一[19]，宗义[20]，太学生[21]；女三，长适楼，次适余，幼适张。葬于北门外后塘宝镜山原之麓[22]。铭曰：

北门之北，有山崒崒[23]。登而四顾，佳气郁郁。唯翁之福，吉穴是卜[24]。以定厥祥，以绥后禄[25]。气其纳而[26]，瀜其勃而[27]。子子孙孙，人其杰而。

　　　时道光十九年岁次己亥孟夏月上浣之吉[28]　岁贡生深溪姻弟王可仪顿首拜撰[29]

（辑自民国庚午年续修《龙山陈氏宗谱》）

【注释】

①陈大猷：陈光勋（1762—1836），字大猷（按，〔明〕项穆《书法雅言》"树之为勋猷，立之为节操"），号蔬园，行颖三十。浙江浦江县城东隅人。例授登仕郎，诰封奉直大夫。娶张氏（1763—1847）；侧室章氏（1780—1818）；侧室虞氏（1794—1863），生一子陈宗义。

亲翁：亲家公。

②登仕郎：文散官名。清正九品概授登仕郎。

③浦阳：唐玄宗天宝十三载（754），置浦阳县。五代吴越天宝三年（910），改浦阳县为浦江县。陈光勋所在的龙山陈氏系浦江巨族。

④素封：指无官爵封邑，而资财丰厚的富人。语出《史记·货殖列传》："今有无秩禄之奉，爵邑之入，而乐与之比者，命曰'素封'。"

⑤俯仰：即仰事俯畜，上侍奉父母，下养活妻儿。语出《孟子·梁惠王上》："是故明君制民之产，必使仰足以事父母，俯足以畜妻子。"

⑥雅人深致：人品高尚，情趣深远。形容人的言谈举止不俗。

⑦知足不辱，知止不殆：知道满足，就不会受到羞辱；知道节制，就不会遇到危险。语出《老子》第四十四章。

⑧曷克：怎能。

自适：悠然闲适而自得其乐。语出《庄子·外篇·骈拇》："夫适人之适，而不自适其适，虽盗跖与伯夷，是同为淫僻也。"

⑨东溪：以流经浙江浦江县城之东得名，发源于仙华村北八角尖南麓，向南注入浦阳江。全长12公里。

⑩病涉：苦于涉水渡川。

⑪尊经阁：浙江浦江县学的藏书楼。尊经阁系陈光勋之子陈宗义继承父志，独资修葺，而非陈光勋所修。

⑫榆社：枌榆社的省略，西汉高祖刘邦故乡的里社名。泛指故乡的里社。

⑬由瘠而衍：由贫穷到富裕。

⑭在于俭力因时，不在于专司羽鸠：语出〔西汉〕桓宽《盐铁论》："富在俭力趣时，不在岁司羽鸠。"俭力，节俭并勤于耕作。羽鸠，周朝征收羽、鸠两种赋税的官吏名。

⑮固缄滕：捆紧绳索。语出《庄子·外篇·胠箧》："则必摄缄滕，固扃鐍［jiōng jué］。"

⑯徐伟长：即徐干（171—217），字伟长（按，《孔丛子》"非不伟其体干也"）。东汉北海郡剧县（今山东潍坊）人，"建安七子"之一。

行善而获福尤多：语出〔东汉〕徐干《中论》："世之治也，行善者获福，为恶者得祸。"

⑰乾隆壬午：1762 年。

⑱道光丙申：1836 年。

⑲丈夫子：儿子。详见本书〔清〕王兴谟《孝九十五王梅谷先生传》。

⑳宗义：陈宗义（1814—1901），字行之（按，〔西汉〕刘向《说苑·指武》"天下闻者咸谓武王行义于天下，岂不大哉"），号淡斋，行桂一百四。浙江浦江县城东隅人。清道光二十九年（1849）至咸丰元年（1851），出资一万余两银子，独修浦江学宫，议叙盐课司提举。

㉑太学生：太学是古代最高学院，即国学。清代不设太学，不能中功名的童生往往花钱捐太学生头衔。

㉒后塘：村名。今属浙江浦江仙华街道。

㉓崒嵂［zú lǜ］：山高峻貌。

㉔吉穴：风水好的坟墓。

㉕绥后禄：以安后日的福禄。

㉖而：用于句末，相当于"耳"。

㉗翁其勃：云蒸雾涌貌。

㉘道光十九年岁次己亥：1839 年。

上浣：上旬。

㉙深溪：溪名。发源于浙江浦江金芙蓉山西麓，流经郑宅镇西部。王氏世居于此，称深溪王氏。详见本书《王继旦传》。

朴斋公墓志铭①

公讳应濂，字景溪，号朴斋。曾祖宗敬公②，祖用虞公③，俱以孝行闻。父岐山公④，为献山族长⑤，生二子，公其次也。公生，有赤文在手，岐山公甚爱异之。

幼习举业⑥，善腹稿，一言一语不肯蹈袭前人。肄业屏山书塾⑦，浣溪、华川诸友咸推公为文伯⑧。乾隆乙巳岁⑨，入邑庠⑩。丙午⑪，秋闱报罢⑫，刻意读书，几忘寝食。赴乡试者数四⑬，不售⑭。从兄云村先生慰劳之⑮，曰："名场固宜独步，其如亲老何？"由是，嘉庆戊午循例贡成均焉⑯。

其年夏，岐山公寝疾⑰，侍汤药，候起居，不解衣卧者数月。无何⑱，岐山公卒，躃踊号泣⑲，人不忍闻。公之母王氏安人生公十五年而殁⑳，继母傅氏安人无嗣。公于家事，惟继母是听。始营葬岐山公于前黄庄㉑，卜之，不吉，后更卜于高尖山下葬焉㉒。春秋祭祀，自始以至终丧，未尝不盡然涕泣㉓。则公之事亲必尽其诚，自可以继乃祖之孝行著闻矣！

既乃耽游山水㉔，浙东西名胜地足迹几遍㉕。每遇文人学士，与之上下议论，甄别古今，眼界益宽，胸襟益扩，归而语人曰："读书人固不可自拘于墟也㉖。"

先是，公从张萝峰先生游㉗。询知萝峰师母孀居苦状，乃与诸同人商议，捐田若干亩，为师母供膳，并立师祭产，以授世兄㉘。闻者义之。总理祠事，祠南旧址被水冲坍，逼近寝室。公手植杨木数百株，以障其冲，自此流归故道，卒无水患。又厘清前人修葺祠宇亏项，且羡余赀㉙，交后手作修祠费。此又其尊师重道敬宗睦族之大也。

公为人质直刚方，不苟言笑。乡有争讼，一一与为排解。倘狭邪少年见公㉚，不敢平面视，或与言，俯首促促㉛，候然诺㉜，无敢阑语㉝。至勤俭务本者，恒乐与谈。终日家贫不能举火、身死无赀收殓者㉞，借贷于公，罔不慷慨与之㉟。

己卯春㊱，为公六十诞辰。时张寄轩先生设帐柳溪㊲，作序晋祝，称其"比闾共仰老成，族党咸称孝友。排患解纷，片言九鼎。济人利物，一诺千金"。而陈雪樵、项西溪及东明山长曹珩圃诸先生共书屏为公寿㊳，余家大人亦与焉。

往年，吾父殁，家遭不白之冤。公以与吾父至交，又怨出自公族，乃召族人到舍下，力为剖释，以辨其诬，得免罪戾㊴，曰："尔为人，吾所素知。吾今顺理而行，可知天理之不容没也。"是公之有德于吾，能一日忘哉！然则公之一生，其拯人之患、救人之急不即此，可类推哉。呜呼！世固不可少此人矣。

公卒于道光癸未十月十四日㊵，距生于乾隆庚辰三月初十日㊶，享年六十有四，卜葬于二十四都麻车坞之原㊷。德配张安人㊸，与公同庚，今年七十有二岁，白发垂额，神色怡康，恭俭仁爱有阃德㊹。子二：长燮安㊺，次荣安㊻，俱邑庠生㊼。燮安出继亲伯。女三：长适傅，次适黄，幼适吾族王祖烛㊽。孙五：兆元、捷元、奕元㊾，长出；春元、赓元㊿，次出。

今道光辛卯冬十二月�51，公之令嗣君携公行述�52，来嘱余铭。铭曰：

公之先世，真定是居�53。再迁兰隰�54，厥有尚书�55。扈跸靖康�56，力抗和议。更历四传，献山伊始。高曾祖父，孝行流闻。公之笃生�57，手有赤文。匪以异公�58，祖武克绳�59。保世滋大，族赖以兴。高山大川，历游几遍。作为文章，旧迹不践。色严气和，可畏可亲。敦薄宽鄙�60，用式乡人�61。维德斯茂�62，维天斯祐。锡之牛眠�63，以昌厥后�64。

时道光辛卯年大吕月�65　岁贡生候选训导眷侄王可仪拜撰

（辑自民国丁卯年续修《献山贾氏宗谱》）

【注释】

①朴斋：贾应濂（1760—1833），字景溪［按，景溪，即景仰北宋理学家周敦颐

（号濂溪）]，号朴斋，行忠三百八十九。浙江浦江白马镇旌坞村人。例贡生，例授修职郎。娶张氏（1760—1839），生贾康安、贾荣安二子。

②宗敬：贾一礼（1646—1698），号宗敬（按，［春秋］老子《妙真经》"仁以好施，义以制断，礼以凯敬，智以除害，信以立事"），行贞二百三十七。浙江浦江白马镇旌坞村人。

③用虞：贾德稷（1691—1767），字用虞（按，出自《尚书·虞书·益稷》），又名鹿鸣，号绿苹（按，《诗经·小雅·鹿鸣》"呦呦鹿鸣，食野之苹"），行祥二百七十五。浙江浦江白马镇旌坞村人。乡饮宾。

④岐山：贾玉凤（1735—1798），字圣彩，号岐山（按，《国语·周语上·内史过论神》"周之兴也，鸑鷟（凤凰）鸣于岐山"），行祐三百三十九。浙江浦江白马镇旌坞村人。乡饮宾。娶王氏（1723—1774），生贾应滮［biāo］、贾应濂二子。

⑤献山：位于今浙江浦江白马镇旌坞村东侧。贾氏世居于此，称献山贾氏。

⑥举业：即举子业，科举时代指为应考试而准备的学业，包括应试的诗文、学业、课业、文字。明清时期，专指八股文。

⑦肄业：修习课业。屏山书塾：又称屏山书屋，后又称屏山书院。位于浙江浦江白马镇旌坞村，由贾应濂的伯父贾玉麟创办。

⑧浣溪：又名浣浦、浣渚、浣江，是浦阳江流经浙江诸暨城关镇的河段，回环于西施故里苎萝山和郑旦故里鸬鹚湾之间，因西施曾经在此浣纱而得名。此处代指诸暨。

华川：唐武德四年（621），东阳郡改称婺州，于乌伤县置稠州，并分置乌孝、华川二县。武德七年（624），废稠州，合乌孝、华川为一县，改名义乌。此处代指义乌。

文伯：文章宗伯。

⑨乾隆乙巳岁：1785年。

⑩邑庠：明清时期的县学。

⑪丙午：清乾隆丙午年（1786）。

⑫秋闱：秋天的乡试。

⑬乡试：明清两代在省城举行的地方考试。每三年举行一次，逢子、卯、午、酉年举行，又称乡闱。考期在秋季八月，故又称秋闱。凡本省生员与监生、荫生、官生、贡生，经科考、岁科、录遗合格者，均可应试。各省主考官均由皇帝钦派。中式者称为举人，可参加次年在京师举行的会试。

⑭不售：指考试不中。

⑮从兄：堂兄。

云村：贾应程（1739—1807），字章式（按，《管子·明法》"法者，天下之程式也"），号云村，行忠三百三。浙江浦江白马镇旌坞村人。邑庠生。

⑯嘉庆戊午：1798年。

循例贡成均：按照惯例捐纳成为贡生，即例贡生。成均，古代的大学。后泛称官设的最高学府。

⑰寝疾：指卧病。

⑱无何：没多久。

⑲躃［bì］踊：捶胸顿足，哀痛貌。

⑳殁［mò］：死亡。

㉑前黄庄：前黄村，以所居黄氏得名。今属浙江浦江黄宅镇。

㉒高尖山：位于浙江浦江郑家坞镇沈街村南。

㉓齾［xì］然：悲伤痛惜貌。

㉔既乃：于是。

㉕浙东西：古代以钱塘江为界，以南称浙东，以北称浙西。

㉖墟：村落。

㉗张萝峰：张致璠（1750—1792），庠名大烈，字武扬（按，《尚书·周书·立政》"以觐文王之耿光，以扬武王之大烈"），号萝峰。浙江浦江县城北隅人。岁贡生，候选儒学训导。参编《乾隆浦江县志》。著有《萝峰诗草》。

㉘世兄：座师、房师的儿子。

㉙羡余：余剩。

赀：同"资"。

㉚狭邪少年：指居住陋巷无远识的年轻人。

㉛促促：拘谨小心貌。

㉜然诺：允诺，答应。

㉝阑语：妄语。

㉞举火：过活，维持生计。

㉟罔不：无不。

㊱己卯：清嘉庆己卯年（1819）。

㊲张寄轩：张汝房（1761—?），字次君，号寄轩，又号卧云山人。浙江浦江县城北隅人。拔贡，候选儒学教谕。

柳溪：发源于浙江浦江白马镇中门里村西北鸡冠岩东北麓，流经江西坞、旌坞、官田、横溪、长地等村，至傅宅五丰村注入浦阳江。全长12公里，流域面积15平方公里。上游称碧溪，景色秀丽，古有八景。

㉟陈雪樵：陈郁（1757—1824），名世侯，字膺锡，庠名郁，字惟监，号雪樵。浙江浦江县城东隅人。恩贡生，候选儒学教谕。

项西溪：项国麟（1757—1827），字善甫（按，麒麟，传说中性善的仁兽、瑞兽，有蹄不踏，有额不抵，有角不触）；庠名振元，字乃初（按，〔北宋〕苏轼《次韵蒋颖叔钱穆父从驾景灵宫》之二"与君并直记初元，白首还同入禁门"），号西溪，别号伴石山樵，行诚九十七。浙江浦江县城西隅项家人。岁贡生。著有《伴石山樵诗草》。

曹珩圃：曹开泰（1750—1819），名文鸾，字佩弦，号珩圃。浙江金华坦溪人。贡生，候选儒学训导。曾任浙江浦江郑宅镇东明书院山长。

㉟罪戾：罪愆。

㊵道光癸未：1833年。

㊶乾隆庚辰：1760年。

㊷麻车坞：位于浙江浦江杭坪镇杭坪村。

㊸德配：旧时对他人妻子的敬称。

㊹阃［kǔn］德：妇女的德行。

㊺燮安：贾康安（1789—1862），字尧衢（按，《列子·仲尼》“尧乃微服，游于康衢”）；庠名燮安，字子襄（按，燮，燮理。襄，襄理。字义相近），号砚农，一号笏堂，行孝四百十九。浙江浦江白马镇旌坞村人。

㊻荣安：贾荣安（1790—1841），字用之（按，《老子·第二十八章》“知其荣，守其辱，为天下谷……朴散则为器，圣人用之，则为官长，故大制不割”），号镜湖，行孝四百廿四。浙江浦江白马镇旌坞村人。邑庠生。

㊼邑庠生：明清时期的县学生员。

㊽王祖烛（1805—1856）：字学显，号薇岩。浙江浦江郑宅镇三雅村人。

㊾兆元：贾兆元（1812—1863），字大奎，一字占鳌（按，《韵会》“十亿为兆”，极言数字之大。奎元，谐音魁元，独占鳌头。字义相顺），号晴岚，一号蕉园，行承四百廿九。浙江浦江白马镇旌坞村人。

捷元：贾捷元（1818—1862），字京书（按，《梁书·蔡道恭传》“寇贼凭陵，竭诚守御，奇谋间出，捷书日至”），行承四百五十一。浙江浦江白马镇旌坞村人。

奕元：贾奕元（1829—1835），字大昌（按，《说文解字》“奕，大也”），行承四百八十一。浙江浦江白马镇旌坞村人。

㊿春元：贾春元（1827—1862），字万宗（按，〔南宋〕朱熹《春日》“万紫千红总是春”），号杏亭，行承四百七十五。浙江浦江白马镇旌坞村人。

赓元：贾赓元（1830—1906），字仕贤（按，《尚书·虞书·益稷》“乃赓载歌曰：‘元首明哉，股肱良哉，庶事康哉’”，“贤”“良”字义相近），号竹亭，行承四百八十八。浙江浦江白马镇旌坞村人。介宾。

(51)道光辛卯：1831 年。

(52)嗣君：称呼别人的儿子。

行述：谓生平概略、履历，即行状。

(53)真定：今河北正定。贾氏先世居河南洛阳，后迁河北正定。

(54)兰隰［xí］：北宋末年，丞相贾昌朝之孙贾宠，迁居浙江东阳怀德乡兰隰村（今东阳南市街道贾宅村）。

(55)尚书：指尚书省。指贾宠的曾孙贾廷佐，字子野，于北宋靖康末年随驾渡江。南宋绍兴二年（1132），中进士，官至尚书省详定一司敕令所删定官。族人尊称其删定公，外人称其贾删定。

(56)扈跸［hù bì］：随侍皇帝出行。跸，帝王的车驾或行幸之处。

靖康（1126—1127）：北宋钦宗的年号，其间发生靖康之变，北宋灭亡。

(57)笃生：谓生而得天独厚。

(58)匪：通“非”。

(59)祖武克绳：可以踏着祖先的足迹。

(60)敦薄宽鄙：轻薄的人变得宽厚，狭隘的人变得宽宏。语出〔东汉〕王充《论衡·非韩篇》：“闻柳下惠风者，薄夫敦，鄙夫宽。”

(61)用：以。

式：示范，作为榜样。

(62)维、斯：文言助词，没有意义。

(63)锡：赏赐。

牛眠：牛眠山，指风水宝地。详见本书〔清〕王学纯《阅堪舆书呈家埜园》。

(64)昌厥后：使得子孙后代兴旺发达。

(65)大吕月：十二月。

重建惟仁斋铭（有序）[①]

昔义门郑氏恕斋公以监察御史致仕[②]，归筑别墅于白麟溪南[③]，颜之曰“惟仁斋”[④]。吾表弟竹岩[⑤]，其裔孙也，因故址重建书斋，今年夏落成，仍以惟仁名斋，承祖志也，来征予铭。予窃思恕斋公以惟仁名斋，是有志于学也。今竹岩重建而名仍其旧，其亦欲肄业于兹者共从事于心学乎[⑥]！因掇朱子《仁说》中语铭之[⑦]。铭曰：

天地生物，惟人为大。人之为大，厥心是赖[⑧]。语心之德，贯通众理。一言以蔽，曰仁而已。是以惟仁，心之主宰。天地生人，即人而在。智愚贤否，共有此心。心为形役，仁不克任。天地之心，四德为用[⑨]。元亨利贞[⑩]，元无不统。其运行焉，春夏秋冬。春生之气，无所不通。人之为心，四德孔昭[⑪]。仁义礼智，仁无不包。其发用焉，爱恭恒别。恻隐之心，无所或缺。情之未发，体具于中。情之既发，其用不穷。众善之原，百行之本。体而存之，仁至不远。孔门之教，必此之由。故使学者，惟仁是求。义门郑氏，有恕斋公。致仕居家，以仁省躬。筑有幽斋，颜曰“惟仁”。君子务本[⑫]，本立一身。孙曰竹岩，祖武是绳[⑬]。重建书舍，惟仁克承。来征予铭，予谨铭之。博学笃志，切问近思[⑭]。从事于此，仁其在兹[⑮]。见宾承祭，不欲勿施[⑯]。内外无怨，仁有于斯。我愿同学，惟仁是依。造次颠沛，终食无违[⑰]。一日克复，天下同归。

时道光二十二年岁次壬寅仲夏月上浣之吉[⑱]　深溪味经王可仪题并书[⑲]

（辑自〔清〕郑楙《醉墨轩别编》卷四）

【注释】

①惟仁斋：明初，湖广道监察御史郑幹［gàn］始建的别墅，位于浙江浦江郑宅镇枣树园村，在白麟溪南侧。清末，其裔孙郑楙重建。

铭：古代用于铭刻的文字逐步形成的一种文体。

②义门郑氏：即浙江浦江郑义门（今郑宅镇）。郑氏家族从南宋建炎（1127—1130）初开始，至明天顺三年（1459）为止，十五世同居共食，长达300多年，称义门郑氏。

恕斋：郑幹（1343—1438），字叔恭，号恕斋（按，《孔子家语》“成恭而以恕”），浙江浦江郑义门（今郑宅镇）人，系同居第八世孙。曾受业于宋濂，被誉为“诗伯第一”。明初曾任湖广道监察御史。

监察御史：掌管监察百官、巡视郡县、纠正刑狱、肃整朝仪等事务。隋文帝开皇二年（582）始设。监察御史分道负责，分别冠以某某道地名。

致仕：交还官职，即辞官。

③白麟溪：溪名，流经浙江浦江郑宅镇。郑氏世居于此，称麟溪郑氏。

④颜：题额。

⑤竹岩：郑训楸（1794—1861），一名楸，字辑时，号竹岩，又号三宝居士，别号玄鹿山人。浙江浦江郑宅镇枣树园村人。

⑥肄业：修习课业。

心学：以陆九渊、王守仁为代表的宋明理学的一个流派，即所谓良知之学。主张明本心、致良知，认为心是宇宙的本原。

⑦撷：选取。

朱子：即朱熹（1130—1200），字元晦，又字仲晦，号晦庵，晚称晦翁。生于南剑州尤溪（今属福建）。南宋理学家、思想家、哲学家、诗人，儒学集大成者，世尊称为朱子。这篇铭文前半段的内容出自于朱熹的《仁说》："天地以生物为心者也。而人物之生，又各得夫天地之心以为心者也。故语心之德，虽其总摄贯通，无所不备，然一言以蔽之，则曰仁而已矣。请试详之。盖天地之心，其德有四，曰元、亨、利、贞，而元无不统。其运行焉，则为春夏秋冬之序，而春生之气无所不通。故人之为心，其德亦有四，曰仁义礼智，而仁无不包。其发用焉，则为爱恭宜别之情，而恻隐之心无所不贯。故论天地之心者，则曰乾元、坤元，则四德之体用不待悉数而足；论人心之妙者，则曰'仁，人心也'，则四德之体用亦不待遍举而该。盖仁之为道，乃天地生物之心，即物而在。情之未发，而此体已具；情之既发，而其用不穷。诚能体而存之，则众善之源、百行之本莫不在是。此孔门之教所以必使学者汲汲于求仁也。"

⑧厥：不定代词，那个。

⑨四德：即元、亨、利、贞。元，为大、为始，引申为善长，为春；亨为通，引申为嘉会，为夏；利为美利，引申为义和，为秋；贞为正，引申为干事，为冬。

⑩元亨利贞：语出《周易·乾》卦辞："乾，元亨利贞。"

⑪孔昭：十分彰著显明。

⑫君子务本：语出《论语·学而篇》："君子务本，本立而道生。"

⑬祖武是绳：踏着祖先的足迹前进。

⑭博学笃志，切问近思：广泛学习，意志坚定，恳切问询，考虑当前问题。语出《论语·子张篇》："博学而笃志，切问而近思。"

⑮在兹：在这里。

⑯见宾承祭，不欲勿施：出门办事就如接待贵宾，役使百姓就如举行祭祀；自己不要的，就不强加给别人。语出《论语·颜渊篇》："子曰：'出门如见大宾，使民如承大祭；己所不欲，勿施于人；在邦无怨，在家无怨。'"

⑰造次颠沛，终食无违：即使在仓促匆忙间，颠沛流离时，君子也不会在哪怕吃一顿饭的时间背离仁德。语出《论语·里仁篇》："君子无终食之间违仁，造次必于是，颠沛必于是。"

⑱道光二十二年岁次壬寅：1842 年。

上浣：上旬。

⑲深溪：溪名。发源于浙江浦江金芙蓉山西麓，流经郑宅镇西部。王氏世居于此，称深溪王氏。详见本书《王继旦传》。

家塾记

忆百二府君始迁浦之峻岭①，延朱子益先生诲其子②。当时，吕成公赠千二府君诗有曰："子益坛前侍仲传，分明孔席侍颜渊③。"其后，宋文宪公赠仁十二府君亦曰④："尔汝皆循理，行藏不去仁。"而天台方正学又以学得真传称王氏子⑤。今吾邑祠十三贤，吾族居其二⑥。

师道立，则善人多由此其选也。昔人谓人性如茧如卵，卵待伏而成雏，茧待缲而为丝⑦。则卵与茧，自具为雏为丝之质。而鹄卵以鲁鸡伏⑧，美茧以拙工缲，几何不至毁卵而揉茧也。今人之生，中材为多，而能自振拔流俗中者百不一二。乃日取青媲白、脆骨柔筋所谓时文者⑨，童而习之，白首而不离其尚，至若古人学问，皆畏葸不敢就⑩。岂才质之限止此乎！亦囿于今人莫之导以及于古也。

嘉庆庚午岁⑪，吾族创建家塾既落成，此父兄不殚竭蹶襄事以培养其子弟者也⑫，此子弟所由黾勉奋兴以求仰副父兄之期望者也⑬。吾则谓教学之道，择师为先。夫古人之学在德行道艺，今人之学在科举时文。古之时，必取士之经明行修已尝施于身而措诸事者，以为之师，使学人朝夕所闻见必于道德，所服习必于仁义，释奠释菜⑭，而孝亲敬长之心油然以生。考古证今，而安上治民之业充然以具。由是，作为文章，和顺积中而英华发外，所谓荣世可，传世亦可也！

仁山公创议此举⑮，族中各捐良田，积若干亩。今居积颇饶，度基址于宗祠右偏半里许，构若干楹，可居数十人。肆成矣⑯，果得大匠，授以规矩，无论巧者拙者，各随其器以成之，则祖宗之业可兴，而吾族之学不自此振起矣乎！至若取科名、致通显，是有命焉！积吾学以待之可也。

是为记。

嘉庆廿二年岁次丁丑正月⑰　可仪谨撰
（辑自清同治辛未年续修《深溪义门王氏宗谱》卷五）

【注释】

①百二府君：王起（1142—1209），字作为，行百二。南宋淳熙四年（1177），王起从浙江义乌凤林乡折桂里（今赤岸镇朱店村）迁居浦江灵泉乡峻岭（今岩头镇王店村沙溪庵一带）。

②朱子益：朱有闻（1125—1189），字子益（按，《论语·季氏篇》"友直，友谅，友多闻，益矣"），浙江浦江县城西隅朴树里人。南宋处士。为文质实，有理致，受吕祖谦器重。

③吕成公赠千二府君诗：即吕祖谦《记千二公从游诗》："朱子益先生学行士也，世之士大夫惟恐不能一见。予得访于逆旅，因见从游数子。继子益者，则王仲传。而诗以记师徒之善：'子益坛前侍仲传，分明孔席侍颜渊。几乎蕴在行藏里，卓尔形诸博约先。吾道精庵归大化，斯文正印授真传。自从阙里当年面，今日重来见圣贤。'"

吕成公：吕祖谦（1137—1181），字伯恭，婺州（今浙江金华）人。南宋理学家、文学家。南宋宁宗时，追谥为"成"，故称吕成公。

千二府君：王望之（1171—1213），字仲传，行千二。七岁随父母从浙江义乌凤林乡折桂里（今赤岸镇朱店村）迁居浦江灵泉乡峻岭（今岩头镇王店村沙溪庵一带）。南宋嘉定元年（1208），中进士，未授官而卒。

颜渊：颜回（前521—前481），曹姓，颜氏，名回，字子渊（按，《说文解字》"渊，回水也"），春秋时鲁国人，尊称复圣颜子。孔门七十二贤之首。

④宋文宪公赠仁十二府君：即宋濂《赠仁十二府君号养中诗》："大本具吾身，难于养得真。栽培毋苟慢，灌溉弗因循。尔汝皆循理，行藏不去仁。养中中有乐，浑是葛天民。"

宋文宪：宋濂（1310—1381），字景濂，号潜溪。浙江金华孝善里潜溪（今浙江金华金东区傅村镇上柳家村）人。元末明初政治家、文学家、史学家、思想家。著有《宋学士全集》七十五卷。身后追谥"文宪"，故称"宋文宪公"。

仁十二府君：王仁（1267—1332），字德明（一作德元）（按，《逸周书·大聚》"生无乏用，死无传尸，此谓仁德"），号养中，行仁十二。浙江浦江郑宅镇寺口村始祖。

⑤天台方正学：方孝孺（1357—1402），字希直，一字希古（按，希慕以直谏著称的古代名臣汲黯，字长孺），号逊志。浙江宁海人。因宁海地处天台山之东，与天台风俗相近，故常自称"天台方孝孺"。在四川汉中府任教授时，蜀献王赐名其读书处为"正学"，亦称"正学先生"或"方正学"。曾到浙江浦江郑义门向宋濂问学，为相邻的深溪义门王氏撰《义门诗序》《〈深溪集〉后序》《书浦江二义门唱和诗后》等文。

⑥吾邑祠十三贤，吾族居其二：在浙江浦江十三贤祠中，王氏裔孙只有一位，就是南宋的忠惠公王万。十三贤祠在浦江县学宫外西侧，清乾隆四十一年（1776），由知县薛鼎铭主持修建。

⑦昔人谓人性如茧如卵，卵待伏而成雏，茧待缫而为丝：语出〔西汉〕董仲舒《春秋繁露·深察名号》："性如茧如卵，卵待覆而为雏，茧待缫而为丝绸，性待教而为善，此之谓真天。"

⑧鹄卵以鲁鸡伏：大鸡孵天鹅蛋。比喻小才难当重任。语出《庄子·杂篇·庚桑楚》："越鸡不能伏鹄卵，鲁鸡固能矣。"鹄，天鹅。鲁鸡，大鸡。伏，通"孵"。

⑨取青媲白：以青配白，比喻诗文讲究对仗。

脆骨柔筋：比喻文章疲软无力。

时文：科举时代称应试的文章。

⑩畏葸〔xǐ〕：畏惧，胆怯。

⑪嘉庆庚午岁：1810年。

⑫竭蹶：尽力。

⑬黾勉：勉励，尽力。

⑭释奠：是古代在学校设置酒食以祭奠先圣先师的典礼。语出《礼记·文王世子》："凡学，春官释奠于其先师，秋冬亦如之。凡始立学者，必释奠于先圣先师。"

释菜：古代入学时祭祀先圣先师的一种典礼。语出《礼记·月令》："上丁，命乐正习舞，释菜。"

⑮仁山：即王继廉（1725—1793），字德隅，号仁山。浙江浦江郑宅镇三雅村人。岁贡生，候选儒学训导。

⑯肆：扩展。

⑰嘉庆廿二年岁次丁丑：1817 年。

三层楼记

姑父姬山先生于乐清轩后建三层楼①，命仪为记。

夫是轩者，先人所以会佳客、宴友朋也。明发有怀②，不间晨夕，今违色养而建斯楼③，论者谓有慕陶弘景隐居句曲山下之风④，而吾谓不然。

其建斯楼也，盖有深意存焉。试登而远览，则见白麟溪水中分市肆⑤，而义门古迹皆夹水环列，一一可收于楼内。中则岿然高耸，为天神阁⑥。此同居时神来助义，以丹青写像，藏于其阁也。亘而斜跨如虹者，此五皓图中所谓义门桥也⑦。东则孝感泉⑧，碧泪涔涔⑨，千载不涸也。旁近则悬柏原⑩，黛色参天，幽光弥地，即孝子冲素处士墓也⑪。极东则桃花涧⑫，暖涨翻红，同居时修禊所也⑬。东北则东明山⑭，绛帐云深⑮，潜溪遗韵于今不坠也⑯。至若凝眸西望，吾王氏昔时亦以七叶同居媲美郑氏⑰，今更姻娅相续也⑱。

卓哉！斯楼以视弘景之绝物为怀者⑲，度量相越何如耶？拟余更有说焉。先生之先人永行公墓在楼南⑳，虽窗开四面，而门则南向墓门。夫人子不忘其亲，有庐墓之举㉑。然而，庐墓非古也，望云孝子之心也㉒，固不必筑场于墓侧，而悠悠白云、昊天罔极之恩㉓，其即以登楼作《陟岵》可也㉔。然则斯楼之建，又曷可少哉㉕。

嘉庆十六年岁次辛未仲冬月㉖　内侄王可仪谨记
（辑自〔清〕郑祖涝《乐清轩外编》卷一）

【注释】

①姬山：郑祖涝（1761—1830），字和颖，号箕山，别号卧云子，又名祖芳，号姬山。浙江浦江郑宅镇枣树园村人。

乐清轩：位于浙江浦江郑宅镇枣树园村。系作者姑父郑祖涝的祖父郑若麟的别墅。

②明发有怀：天亮了还睡不着，怀念父母双亲。语出《诗经·小雅·小宛》："明发不寐，有怀二人。"

③色养：指人子和颜悦色地侍奉父母或承顺父母。

④陶弘景（456—536）：字通明（按，《三国志·魏书·徐邈胡质等传论》"徐邈清

尚弘通")。丹阳秣陵（今江苏南京）人。南朝齐梁时道教学者、炼丹家、医药专家。齐永明十年（492），辞官隐居句容句曲山（今江苏句容茅山镇），传上清大洞经箓，开道教茅山宗。

⑤白麟溪：溪名，流经浙江浦江郑宅镇。郑氏世居于此，称麟溪郑氏。

⑥天神阁：又称"天将台"，位于浙江浦江郑宅镇冷水塘沿村，在白麟溪北侧。相传元末群雄并起，有一股割据称雄者兵败后，投奔浦江郑义门（今郑宅镇），其头领伪称天神天将。他们常驻京城，探听动静。朝廷每次派人查抄郑家，都得天神天将预先通报，化险为夷。为感谢他们的恩情，特建天神阁。

⑦五皓图：明永乐年间（1403—1424），郑氏有《麟溪五皓》图轴，五位老人都是麟溪郑氏裔孙，也是宋濂门生，包括郑榦、郑棠、郑楷、郑柏、郑枏。

义门桥：在白麟溪上，位于浙江浦江郑宅镇冷水塘沿村东侧，清乾隆十八年（1753）造。

⑧孝感泉：位于浙江浦江郑宅镇冷水塘沿村，地处白麟溪南侧。

⑨涔涔［cén cén］：泪流不止貌。

⑩悬柏原：位于浙江浦江郑宅镇丰产村荷厅。为同居始祖郑绮及其母亲张氏、夫人傅氏合葬墓地。

⑪冲素处士：郑绮（1118—1193），字宗文（按，《晋书·天文志上》"族人有序，则如绮文而明正"）。浙江浦江郑义门（今郑宅镇）人。善读书，通《春秋穀梁传》。事亲极孝，父系狱当死，上书请代；母张氏病痹，抱持如婴儿，侍奉数十年如一日。临终，嘱咐子孙不得分财异爨。南宋孝宗乾道年间（1165—1173），赐号冲素处士。

⑫桃花涧：位于浙江浦江郑宅镇，源出玄鹿山西侧，自西北向东南流入白麟溪，两岸栽种桃花，故名。系玄鹿八景之一。

⑬修禊［xì］：古代民俗。人们于农历三月上旬的巳日，来到水边嬉戏，以祓除不祥，称为修禊。宋濂著有《桃花涧修禊诗序》一文。

⑭东明山：位于浙江浦江郑宅镇东明村附近。海拔60米。郑氏同居第五世郑德璋在此创立东明精舍，成为东明书院的前身。吴莱、宋濂曾在此讲学。

⑮绛帐：指设馆授徒。详见本书〔清〕王兴谟《孝九十五王梅谷先生传》。

⑯潜溪：宋濂（1310—1381），字景濂，号潜溪。浙江金华孝善里潜溪（今金东区傅村镇上柳家村）人。元末明初政治家、文学家、史学家、思想家。著有《宋学士全集》七十五卷。

⑰七叶同居：浙江浦江深溪义门王氏从南宋景定元年（1260）到明建文四年（1402），从第四世始，到第十世终，七世同居，历时142年，元明两朝受到朝廷旌表，称义门王氏或王义门，与同里郑氏媲美。详见本书〔清〕陈命禹《源六十六朱安人传》。

⑱姻娅：亲家和连襟。泛指姻亲。

⑲绝物：谓断绝人事交往。语出《孟子·离娄上》："既不能令，又不受命，是绝物也。"

⑳永行：郑遵兆（1727—1789），字永行（按，《周公解梦》"梦假山。此兆主行而欲止，止而必行，凡事因假成真之占"），号圣治，又号葆天，别号松涛，行孝一百九

十。浙江浦江郑宅镇枣树园村人。身后追赠奉政大夫、朝议大夫、中宪大夫。其墓在三层楼南里许。

㉑庐墓：父母或师长死后，在墓旁搭盖小屋居住，守护坟墓。

㉒望云孝子：指古代"二十四孝"之一唐代狄仁杰望云思亲的故事。详见本书〔清〕王龄《〈萱堂罔极图〉为天台徐敬亭明府作》。

㉓昊天罔极：原指天空广大无边，后比喻父母的恩德极大。语出《诗经·小雅·蓼莪》："欲报之德，昊天罔极。"

㉔陟岵：语出《诗经·国风·魏风》中的一篇，"陟彼岵兮，瞻望父兮"，是征人思亲之作，抒发对父母的思念之情。

㉕曷：怎么。

㉖嘉庆十六年岁次辛未：1811 年。

道光乙酉续修大宗祠记①

盘溪周氏于浦为著姓②，族繁派别，村落散处，而宗祠在盘溪大园村之西③，始建于雍正庚戌至乾隆丙戌④。学纯公捐田二亩余⑤，交文采公管理⑥。自后，各派陆续捐助。而公善理财，经营生息颇有余资。乙卯⑦，改造门廊，翼以边屋，先灵自得永妥矣⑧。嘉庆甲戌⑨，文采公以大耋卒⑩。族中相议，必得如文采公之矢志秉公、敏于干事者，始可永久。由是，举其长孙渭川⑪。盖渭川之诚悫⑫，素见信于族中。爰即伊祖所存银钱产业增而益之⑬，数年，资用益饶。

夫宗祠旧制，曰寝室，曰拜厅，曰献厅，曰门廊，各五间四进，又立贤功、节孝二祠于两庑⑭，襟山带涧，地近低湿，而寝室为尤。方欲高其基而拓其址，图所以改作者。乃于嘉庆庚辰⑮，杭城西湖有修葺始祖濂溪公官祠事⑯，捐去洋银三百圆。道光癸未⑰，又修葺宗谱，不派丁钱妇谷⑱。悉遵文采公经理时事，所费甚巨，祠欲改作，实难措手，而寝室及贤功、节孝二祠，栋楹梁桷⑲，盖瓦级砖⑳，日就扰缺，人共忧之。

渭川曰："此吾子孙所宜急图也。"因告族中。而族中皆踊跃捐助，立致千金。渭川乃拆去寝室并贤功、节孝旧宇，填其基址，较高数尺，且于寝室两旁各置屋一间，勤垣墉，涂塈茨㉑，严严翼翼㉒，焕然一新，计费银一千七百有奇㉓，并有余银数百，为善后计。

《诗》曰："寝成孔安㉔。"盖自是祖宗之心安，子孙之心安，而族中之心各安。然于所举之得人，以渭川能继祖志、述祖事也。

道光十六年冬㉕，复议修宗谱。渭川业已卸事，余同学地山修书道合族意㉖，嘱余书之，以告后之经理祠事者。

是为记。

道光十六年仲冬月上浣㉗　深溪王可仪拜撰㉘
（辑自民国己丑年续修《盘溪周氏宗谱》）

【注释】

①道光乙酉：1825 年。

②盘溪：浙江浦江檀溪镇潘周家村东侧的大元溪，汇入西侧的壶源江（俗称大溪），双溪将村庄盘绕，故称。

③大园村：今属浙江浦江檀溪镇，盘溪周氏的祖居地。

④雍正庚戌：1730 年。

乾隆丙戌：1766 年。

⑤学纯：周学纯（1709—1794），字惟一（按，〔东汉〕王充《论衡·本性》"初禀天然之姿，受纯一之质，故生而兆见，善恶可察"），又字嵩年，行颐二十三。浙江浦江檀溪镇潘周家村人。

⑥文采：周元玢（1721—1814），字文采。浙江浦江檀溪镇潘周家村人。介宾。

⑦乙卯：清乾隆乙卯年（1795）。

⑧妥：安置。

⑨嘉庆甲戌：1814 年。

⑩大耋：高龄。

⑪渭川：周志淇（1778—1863），字渭川，号亩竹（按，《诗经·国风·卫风·淇奥》"瞻彼淇奥，绿竹猗猗"。《史记·货殖列传》"齐鲁千亩桑麻，渭川千亩竹"），行雄六。浙江浦江檀溪镇潘周家村人。介宾。

⑫诚悫〔què〕：诚朴，真诚。

⑬爰：于是。

⑭贤功祠：旧时祭祀贤臣功臣的祠堂。

节孝祠：旧时旌表节孝妇女的祠堂。

庑：堂下周围的走廊、廊屋。

⑮嘉庆庚辰：1820 年。

⑯濂溪公官祠：又称"周元公祠"，位于杭州清波门外半里许钱家湾。濂溪，北宋理学家周敦颐的号。

⑰道光癸未：1823 年。

⑱丁钱妇谷：按男女人口摊派钱粮。

⑲栋楹：梁柱。

梁桷：泛指房屋的梁与椽。

⑳盖瓦级砖：屋顶的瓦，台阶的砖。

㉑勤垣墉，涂塈〔jì〕茨：辛勤地筑起高墙和矮墙，用茅草盖屋顶，涂补漏洞。语出《尚书·周书·梓材》："若作室家，既勤垣墉，惟其涂塈茨。"垣，矮墙。墉，高墙。塈，涂塞屋顶。茨，茅草盖屋。

㉒严严翼翼：形容庄重整齐。

㉓有奇：有余。

㉔寝成孔安：寝庙落成，神灵安恬。语出《诗经·商颂·殷武》。

㉕道光十六年：1836 年。

㉖地山：周谦光（1793—1858），字地山，号石孙。浙江浦江檀溪镇潘周家村人。邑
庠生。

㉗上浣：上旬。

㉘深溪：溪名。发源于浙江浦江金芙蓉山西麓，流经郑宅镇西部。王氏世居于此，
称深溪王氏。详见本书《王继旦传》。

启七百廿六松峰族叔祖七十寿序①

松峰族叔祖今道光癸卯三月初六日为七旬寿旦②，合族议制轴称庆③，乃亲自踵门坚
谢④。顾制轴虽如所谢，而其尽心于尊祖敬宗收族之事⑤，孝友睦姻任恤之风⑥，不可不
有言，以祝其寿考于勿替。今夫士处族中而动人庆幸者，岂必在奇行异能焜耀耳目哉⑦！
惟克于根本之地敦崇而不息，自有裨于人，而为族人之所景仰矣夫⑧！

族叔祖为积顺堂乡饮宾尚周公之子⑨。少业诗书，以父年老代理家政，捐入太学。
顾其自幼也，事亲孝，持己严，与人一，大节已见于前矣。迨尚周公以大耄卒⑩，而
族叔祖年甫及壮⑪，族中即以总理祠事任之⑫。当斯时也，共理者凝园、秋田、坪南诸
公合志经营⑬，敦伦饬纪⑭，整顿规模，为族所敬惮。而宗祠拜厅与门廊势将倾圮，乃
合谋曰："此屋不修且坏，其何以妥先灵⑮？"奈祠中资薄，甚难赍事⑯，于是设立规
条，各派子孙有能资助者，许其祖、父立碑入祠，享祀春秋二祭，并颁胙肉⑰。因有
族人皆踊跃输捐，不数月告成，且于门廊内建造优台⑱，为十月初四日二世祖千二府
君生辰演剧⑲。其尽心于宗祠甚厚。迟之数载，更如前规，改造中庭、献厅⑳，东立护
祠土地祠，西继绝祠㉑，二祠下造夹室以翼之㉒，而宗祠焕然一新。盖宗祠为先祖栖灵
所关，于一族之盛衰兴废不可不先务也。顾斯举也，经理固在四人，而营求木石，督
课工作，毫不推诿，如一己任。迨祠已落成，因而谢事。猗欤㉒！其自始迄终竭尽心
力，合三十载，祖宗有灵，能不默佑其克享大年哉！

顾其于他事，莫不尽然。尝以族内读书人少，商于堂兄东障公㉓，即祖所遗桂尊楼前
遗址㉔，筑佑启园㉕，立义学㉖，俾子姓之艰于资斧以就师者皆得肄业其中㉗。且以派祖
之未有祭祀者共为立祭，俾不绝烝尝㉙。而又捐修家左回龙庵、蒋山醴香寺㉚，可以祈福
禳灾；寺前古分月亭㉛，便往来行人憩息。然而事成于己而未尝言其勤，惠及于人而不念
隆其报，人有善事尽力赞襄，人为忿争相为排解，故人皆服其直，而公即或有拂人意，
而无怨之者。然则，自宜其寿而臧矣㉜。

尝读徐伟长《中论》云㉝："'五福，一曰寿'㉞，王泽之寿也；《诗》曰'其德不爽，
寿考不忘'㉟，声闻之寿也；孔子曰'仁者寿'㊱，行仁之寿也。"三者名不同而同归于德。
族叔祖之立心制行，皆有裨于人而不私于己，是有德也。以言王泽，则邑侯请席介宾㊲。

子四人，孙六人，曾孙三人，为耕为读，各安其业，四世同堂，齐眉称庆㊳，家道隆
隆日盛，所谓好德锡之福㊴，王泽其倍加矣！若夫功在宗祊㊵，誉隆乡党，事可没世不

忘，声闻又何待言。而乃康强其身，聪明其耳目，优游其步趣，盖得天独厚，而所以涵养心神，尊修德性，惟行仁始克至此。自是而耄耋[41]，而期颐[42]，其寿正未有艾也。故于开筵之日，命书其宜寿之由，而代合族议制轴以祝之心焉。

谨序。

龙飞大清道光二十有三年岁次昭阳单阏之如月上浣[43]　族侄孙可仪顿首拜撰

（辑自清同治辛未年续修《深溪义门王氏宗谱》卷十）

【注释】

①启七百廿六松峰：王祖珏（1774—1861），庠名玉兼，字人如，号松峰，行启七百廿六。浙江浦江郑宅镇樟桥头村人。介宾。

寿序：祝寿的文章。

②道光癸卯：1843 年。

③轴：画轴。

④踵门：亲自上门。

⑤收族：以上下尊卑、亲疏远近之序团结族人。

⑥孝友睦姻任恤：儒家的六行。语出《周礼·地官·大司徒》：“二曰六行：孝、友、睦、姻、任、恤。”孝，孝顺父母；友，友爱兄弟；睦，亲于九族；姻，亲于外亲；任，信任朋友；恤，赈忧贫者。

⑦焜［kūn］耀：明照，照耀。

⑧矣夫：感叹语，表示意犹未尽的意思。

⑨积顺堂：位于浙江浦江郑宅镇樟桥头村。

乡饮宾：乡饮酒礼的宾介。古代选德高望重的长者为乡饮宾，与当地官吏一起主持庆祝丰收、尊老敬老的宴乐活动。

尚周：王守骅（1740—1818），字君赤，号尚周。浙江浦江郑宅镇樟桥头村人。乡饮宾。

⑩迨：等到。

大耄：指高龄。

⑪年甫及壮：年方三十岁。语出《礼记·曲礼上》：“三十曰壮。”

⑫总理祠事：全面管理宗祠的事务。

⑬凝园：王守沾（1777—1833），字因心（按，〔北宋〕道潜《口占绝句》“禅心已作沾泥絮，不逐东风上下狂”），号凝园，行芳千百廿七。例贡生，候选儒学训导。浙江浦江郑宅镇三雅村人。著有《凝园诗草》一卷、《菊花借隐诗草》一卷。凝，原作“壬”，两字在浙江浦江方言中同音，误。

秋田：王祖柜（1793—1852），字逢太（按，《诗经·鲁颂·閟宫》“有稷有黍，有稻有秬……后稷之孙，实维大王”。大王，即太王，系周文王之祖古公亶父），号秋田，行启千八十。浙江浦江郑宅镇前店四份头村人。

坪南：王可嘉（1778—1846），字肇锡，号坪南。浙江浦江郑宅镇前店村旭升堂第六世。邑庠生。

⑭敦伦：敬重伦理道德。

⑮妥先灵：安置祖先的灵魂。

⑯赍 [jī] 事：办事。

⑰胙肉：祭祀时供神的肉。

⑱优台：戏台。

⑲千二府君：王望之（1171—1213），字仲传，行千二。七岁随父母从浙江义乌凤林乡折桂里（今赤岸镇朱店村）迁居浦江灵泉乡峻岭（今岩头镇王店村沙溪庵一带）。进士。未授官而卒。

⑳献厅：原作"显厅"，误。

㉑继绝祠：专门为本族绝户设立的祭祀场所。

㉒夹室：古代宗庙内堂东西厢的后部，藏五世祖以上远祖神主的地方。

㉓猗欤：叹词，表示赞美。

㉔东障：王祖理（1755—1834），字惟一，号希文，又号东障，庠名学纯。浙江浦江郑宅镇樟桥头村人。邑庠生。

㉕桂萼楼：楼名。位于浙江浦江郑宅镇樟桥头村。

㉖佑启园：义学名。位于浙江浦江郑宅镇樟桥头村。

㉗义学：旧时靠官款、地方公款或地租设立的蒙学，招生对象多为贫寒子弟，免费上学。

㉘俾：使。

子姓：泛指子孙、后辈。

资斧：旅费、盘缠。

肄业：修习课业。

㉙烝尝：秋冬二祭，后泛指祭祀。《诗经·小雅·楚茨》："絜尔牛羊，以往烝尝。"〔东汉〕郑玄笺："冬祭曰烝，秋祭曰尝。"

㉚回龙庵：位于浙江浦江郑宅镇樟桥头村东，清康熙三十八年（1699）建，庵内供奉观音菩萨和文昌帝君。1988年倒塌。

蒋山：位于浙江浦江郑宅镇赵郎村西北，为毛岭南支余脉。又名金芙蓉山，以山形似未开芙蓉而得名。

醴香寺：位于浙江浦江郑宅镇蒋山。毁于清咸丰辛酉年（1861），重建于同治年间（1862—1874）。今废。

㉛分月亭：位于浙江浦江郑宅镇醴香寺前。"深溪十景"中有"双池分月"，即是此处。

㉜寿而臧：长寿而美好。语出《诗经·鲁颂·閟宫》："俾尔炽而昌，俾尔寿而臧。"

㉝徐伟长：徐干（171—217），字伟长，东汉北海（今山东潍坊）人，"建安七子"之一。下面一段话出自他的《中论·夭寿第十四》。

㉞五福，一曰寿：《尚书·周书·洪范》中所说的五福，一曰寿，二曰富，三曰康宁，四曰攸好德，五曰考终命。

㉟其德不爽，寿考不忘：他的德行不差，长寿莫相忘。语出《诗经·小雅·蓼萧》。

㊱仁者寿：仁义的人长寿。语出《论语·雍也篇》。

㊲邑侯：知县。

介宾：古代行乡饮酒礼时辅佐宾客的人。

㊳齐眉：即举案齐眉，形容夫妻互相尊敬。详见本书〔清〕张铎《和十八朱安人像赞》。

㊴好德锡之福：语出《尚书·周书·洪范》，"曰'予攸好德'，汝则锡之福。"锡，赏赐。

㊵宗祊〔bēng〕：宗庙，家庙。

㊶耄耋：一般指八九十岁的老人。语出《礼记·曲礼上》："八十、九十曰耄。"

㊷期颐：百岁老人。语出《礼记·曲礼上》："百年曰期，颐。"

㊸龙飞：语出《周易·乾》："飞龙在天，利见大人。"〔唐〕孔颖达疏："若圣人有龙德，飞腾而居天位。"意谓帝王的兴起或即位。

道光二十三年：1843 年。

昭阳单阏：癸卯年。昭阳，癸的别称。《尔雅·释天》："在癸曰昭阳。"单阏，卯的别称。《尔雅·释天》："在卯曰单阏。"

如月：二月。

上浣：上旬。

贞节黄母郑孺人序①

合溪黄氏邑庠生讳斐②，字方升。公之孺人，麟溪郑氏职衔讳遵全公之女也③，于乾隆三十八年归方升公④。至四十二年，方升公卒，孺人年才二十有四岁。后四十四年，为道光十一年⑤，以节孝奉宪请旌⑥，候旨建坊。子一，名璧⑦，例授千总职衔⑧。孙一，名逵⑨，业儒⑩。

夫黄氏大姓，而孺人故富家。世谓贫而节难，富而节易，以贫则自守无资本，而富则席丰可恃也⑪。若孺人者，岂系乎家之贫富哉！方其于归也⑫，合于德，娴于礼，事舅姑称孝⑬，内谐外附，举无间言⑭。及其为未亡人也⑮，补绐浣濯⑯，膳饔朝夕⑰，人咸悯其劳苦，而孺人恬然自若，不殊贫室之鳌⑱。使孺人而食贫，吾知其苦节之贞必无异于今日也⑲。

昔敬姜犹织⑳，告其子曰："今我，寡也……朝夕处事，犹恐忘先人之业。"则知古之以节孝闻者，无贫与富，莫不以劳苦自持，故能处困而亨也。

孺人今年六十有九，白发垂领，而门户健持㉑，晨夕勿懈。为子若孙者定能体母氏之劬劳㉒，善养其志㉓，以报罔极之恩㉔，门闾盖将日显矣㉕。

兹因修葺家乘㉖，乃不辞陋劣，而为之序。

时道光十二年岁次壬辰四月㉗　表侄王可仪顿首拜撰

（辑自民国丙辰年续修《合溪黄氏宗谱》）

【注释】

①黄母郑孺人（1764—1853）：系浙江浦江郑宅镇枣树园村郑遵全之女，适黄宅镇桂花明堂村黄兆焰［tái］。二十四岁守寡，六十八岁受朝廷旌表。孺人，古代称大夫的妻子，明清七品官的母亲或妻子封孺人。也通用为妇人的尊称。

②合溪：也叫左溪、双溪。流经浙江浦江岩头镇、黄宅镇。黄氏世居于此，称合溪黄氏。

邑庠生：明清时期的县学生员。

斐：黄兆焰（1764—1853），庠名斐，字方升，行和六百九十五。浙江浦江黄宅镇桂花明堂村人。邑庠生。

③麟溪：溪名。流经浙江浦江郑宅镇。郑氏世居于此，称麟溪郑氏。

职衔：职位和头衔。有实职，也有虚衔，系荣誉性质。

遵全：郑遵全（1726—1780），字仁有（按，《宋史·潘慎修传》"仁则能全，义则能受，礼则能变，智则能兼，信则能克"）。浙江浦江郑宅镇枣树园村人。

④乾隆三十八年：1773 年。

⑤道光十一年：1831 年。

⑥奉宪：奉行法令，奉命。

⑦璧：黄几珌（1784—1837），字佩饰（按，《穆天子传》"珌佩百只，琅玕四十"）；庠名璧，行惠四百九十九。浙江浦江黄宅镇桂花明堂村人。

⑧千总：清代绿营兵编制，营以下为汛，以千总、把总统领。千总为正六品武官。

⑨遒：黄志遒（1809－1862），字九逢（按，《三辅黄图·都城十二门》"皆通达九遒"），庠名志葵，字梦生，号香城（按，〔南朝宋〕刘敬叔《异苑》"梦葵生城南"），行徽四百六十六。浙江浦江黄宅镇桂花明堂村人。岁贡生，候选儒学训导。

⑩业儒：以儒为业。

⑪席丰：形容生活优裕。

⑫于归：出嫁。

⑬舅姑：妇称夫的父母。

⑭间言：亦作"闲言"，非议，异议。

⑮未亡人：旧时寡妇的自称。

⑯补纫：补缀。

浣濯［huàn zhuó］：洗涤。

⑰膳爨［cuàn］：烧火做饭。

⑱嫠［lí］：寡妇。

⑲苦节：俭约过甚。后指坚守节操，矢志不渝。语出《周易·节》："节，亨。苦节，不可贞。"

⑳敬姜犹织：据《国语·鲁语下》载，春秋时文伯歜（chù）已为鲁相，其母敬姜犹纺绩不辍。歜问之，敬姜曰："今我，寡也。尔又在下位，朝夕处事，犹恐忘先人之业，况有怠惰，其何以避辟。"形容富贵不忘根本。

㉑门户健持：健壮精干的妇女维持家庭生计。语出《玉台新咏·陇西行·天上何所有》："健妇持门户，亦胜一丈夫。"

㉒若：与。

母氏之劬［qú］劳：母亲的劳苦。语出《诗经·国风·邶风·凯风》。

㉓养其志：谓奉养父母，能顺从其意志。《孟子·离娄上》："若曾子，则可谓养志也。"

㉔罔极：指人子对父母的无穷哀思。

㉕门闾：家门，家庭，门庭。

㉖家乘：又称家谱、族谱、宗谱等。是一种以表谱形式，记载一个家族的世系繁衍及重要人物事迹的书。

㉗道光十二年岁次壬辰：1832 年。

茳塘公九十寿序①

九畴纪寿②，寿独列于福先；三代引年③，年特尊于天下。惟克酿太和之气④，斯能臻大耄之期⑤。盖寿者，酬也，酬在行仁⑥，寿而臧焉⑦，臧由积善。

恭惟茳塘贾老先生诞维六月⑧，庆洽九旬⑨。堂设华筵，预选初春而晋静；身居族长，咸陈硕德以书屏。字焕珠玑，文成锦绣。况夫谊联姻戚，交结云霞⑩。自宜颂海歌山，藉以献筹介雅⑪。乃奏曲徒惭夫下里⑫，而硕德莫罄夫高年。用竭鄙忱⑬，同申晋祝⑭。

窃缅其持己也，崇万善之长，敦百行之原。因奉养而求鱼，身将冰卧⑮；每思亲而望鹤，目极云移⑯。偏乃早遁天山⑰，不羡群飞海水⑱。培兰种菊，衣飘彭泽之风⑲；玩水寻山，巾垫林宗之雨⑳。秉诗书以作则，期垄亩以遗安㉑。希洛社之耆英㉒，壮年已裕；仰太丘之功德㉓，子姓斯称矣㉔。

抑其涉世也，和顺积中，慈祥形外。具解纷之妙术，道在盍簪㉕；存济苦之深心，邻资举火㉖。鄙籝金之蓄积㉗，为义学以经营㉘。投赠虽多松杰，薜萝自足㉙；交游毋苟蒺藜㉚，桃李攸分㉛。所以作宾王家㉜，共拟山中宰相㉝；蜚声太学㉞，见推国子先生㉟。

今者面玉瞳方㊱，眉庞齿皓㊲，心田本裕，气海常温㊳。马文渊之矍铄堪称㊴，高伯恭之聪强自若㊵。或樵云桃坞㊶，花鸟萦红；或钓雨碧溪㊷，萍鱼漾绿。踞狮岩而探仙洞㊸，千点螺青；登鸡岫而望钱江㊹，一条练白。步月平桥之上㊺，哦松献岭之旁㊻。追随携四世孙儿，玩赏召多方宾从。鸠笻不御㊼，望若神仙；蕉叶微醺㊽，形同少壮。定当迟之十载，至大齐而更奉霞觞㊾；远享遐龄㊿，为人瑞而旋膺凤诰也(51)。

谨序。

道光二十三年岁次癸卯春正月(52)　深溪眷侄王可仪顿首拜撰(53)

（辑自民国丁卯年续修《献山贾氏宗谱》）

【注释】

①茫塘：贾应懋（1754—1849），字尔修，又字昭德（按，《诗经·大雅·文王》"无念尔祖，聿修厥德"；《尚书·商书·仲虺之诰》"王懋昭大德，建中于民"），号茫塘，行忠三百七十四。浙江浦江白马镇旌坞村人。邑庠生，介宾。

②九畴：传说中天帝赐给大禹治理天下的九类大法，即《洛书》，包括五行、五事、八政、五纪、皇极、三德、稽疑、庶征、五福。语出《尚书·周书·洪范》："天乃锡禹洪范九畴，彝伦攸叙。"

③三代：指夏商周三代。

引年：古礼对年老而贤者加以尊养。语出《礼记·王制》："凡三王养老，皆引年。八十者，一子不从政；九十者，其家不从政。"

④克：能。

太和：指天地阴阳、宇宙万物最高层次的和谐。语出《周易·乾》："保合太和，乃利贞。"

⑤臻：达到。

大耋：指高龄。

⑥行仁：行仁之寿，因实行仁德而长寿。

⑦寿而臧：长寿而美好。语出《诗经·鲁颂·閟宫》："俾尔炽而昌，俾尔寿而臧。"

⑧恭惟：对上的谦词，一般用于行文之始。

维：文言助词，用在句首或句中。

⑨庆洽：吉庆和协。

⑩交结云霞：即云霞之交。指不以个人利害为取舍的清高的交游。典出〔北宋〕李昉《太平广记·神仙·张子房》："（张良）与绮里季、东园公、甪里先生、夏黄公，为云霞之交。"

⑪筹：酒筹。

介雅：古代乐府诗的一种，用以祝寿。《隋书·音乐志（上）》："上寿酒，奏《介雅》，取《诗》'君子万年，介尔景福'也。"

⑫下里：即下里巴人，原指战国时代楚国民间流行的一种歌曲，比喻通俗的文学艺术。语出〔战国楚〕宋玉《对楚王问》："客有歌于郢中者，其始曰《下里》《巴人》，国中属而和者数千人。"

⑬用：以。

⑭晋祝：进祝。

⑮奉养而求鱼，身将冰卧：指古代"二十四孝"故事之一西晋孝子王祥卧冰求鲤的故事。典出〔东晋〕干宝《搜神记》："母常欲生鱼，时天寒冰冻，（王）祥解衣，将剖冰求之，冰忽自解，双鲤跃出。"

⑯思亲而望鹤，目极云移：指古代"二十四孝"故事之一唐代孝子狄仁杰望云思亲的故事。详见本书〔清〕王龄《〈萱堂罔极图〉为天台徐敬亭明府作》。

⑰早遁天山：比喻自甘退隐。语出《周易·遁》："天下有山，遁。"意谓本卦上卦

为乾，乾为天，下卦为艮，艮为山，天下有山，天高山远，是遁卦的卦象。

⑱群飞海水：比喻国家和社会不安宁。语出〔西汉〕扬雄《太玄经·剧》："海水群飞，终不可语也。"

⑲衣飘彭泽之风：比喻隐逸生活。彭泽，东晋诗人陶潜曾任彭泽县令，故称陶彭泽。他的《归去来兮辞·并序》有"舟遥遥以轻飏，风飘飘而吹衣"之句。

⑳巾垫林宗之雨：比喻名士风流。典出《后汉书·郭太传》："尝于陈梁间行，遇雨，巾一角垫。时人故折巾一角，以为'林宗巾'。"郭太（128—169），字林宗，太原郡介休县（今属山西）人。东汉名士。

㉑垄亩以遗安：比喻躬耕田野，淡泊自守，使子孙后代安宁无事。典出《后汉书·逸民列传》："（庞公）因释耕于垄上，而妻子耘于前。（刘）表指而问曰：'先生苦居畎亩而不肯官禄，后世何以遗子孙乎？'庞公曰：'世人皆遗之以危，今独遗之以安，虽所遗不同，未为无所遗也。'"垄亩，田亩，田野。

㉒洛社之耆英：指老人聚会以诗酒怡情悦性。详见本书〔清〕叶廷璧《芳五十三公传》。

㉓太丘：即东汉名士陈寔（104—187），字仲躬（按，寔，同"实"。躬实，字义相顺），颍川许县（今河南长葛）人。曾任太丘长，后世称为陈太丘。以清高有德行闻名，与钟皓、荀淑、韩韶合称为"颍川四长"。

㉔子姓：泛指子孙、后辈。

㉕盍簪：指士人聚会。语出《周易·豫》："朋盍簪。"〔三国魏〕王弼注："盍，合也；簪，疾也。"〔唐〕陆德明释文："簪，虞作戠［zhí］。戠，丛合也。"〔唐〕孔颖达疏："群朋合聚而疾来也。"

㉖举火：生火做饭，引申为过活。典出《晏子春秋·外篇上》："（晏）婴之宗族待（晏）婴而祀其先人者数百家，与齐国之间士待（晏）婴而举火者数百家，臣为此仕者也。"春秋齐国晏婴出去做官，依靠他接济为生的有上千人。

㉗籝［yíng］金：一籝之金。古人常用籝存放贵重金银财宝，比喻财富。语出《汉书·韦贤传》："故邹鲁谚曰：'遗子黄金满籝，不如一经。'"

㉘义学：旧时靠官款、地方公款或地租设立的蒙学，招生对象多为贫寒子弟，免费上学。

㉙薜萝：薜荔和女萝，常攀缘于山野林木或屋壁之上。借指隐者。语出《楚辞·九歌·山鬼》："若有人兮山之阿，被薜荔兮带女罗。"

㉚蒺藜：为蒺藜科蒺藜属植物。借指品格低下的小人。

㉛桃李：比喻争荣斗艳、品格低下的小人、庸人。

㉜作宾王家：意谓给皇帝办事，跟国家同命运。语出《尚书·周书·微子之命》："统承先王，修其礼物，作宾于王家，与国咸休，永世无穷。"

㉝山中宰相：指隐居但仍参与政事的人。典出《南史·陶弘景传》："国家每有吉凶征讨大事，无不前以咨询。月中常有数信，时人谓为山中宰相。"

㉞太学：古代最高学院，即国学。清代不设太学，不能中功名的童生往往花钱捐太学生头衔。

㉟国子先生：国子监的教师。清朝的最高学府为国子监，设祭酒一人，司业二人，丞一人，主簿一人。

㊱面玉瞳方：古人以为长寿之相。典出〔东晋〕王嘉《拾遗记·周灵王》："瞳子皆方，面色玉洁，手握青筇之杖，与（老）聃共谈天地之数。"

㊲眉庞：眉毛花白，年老貌。

㊳气海：人体穴位的名称，位于下腹部。

㊴马文渊之矍铄堪称：形容老人目光炯炯，精神健旺，老而强健。详见本书〔清〕郑祖涝《寄怀王埜园三十韵》。

㊵高伯恭之聪强自若：典出《册府元龟·总录部·寿考》："高允，（北魏）太和三年（229）为镇南大将军，领中书监。高祖诏（高）允议定律令，虽年渐期颐，而志识无损，犹心存旧职，搜考史书，谈说旧事，了无所遗。十一年卒，年九十八。"高允（390—487），字伯恭（按，《尚书·虞书·尧典》"允恭克襄"），渤海蓨［tiáo］（今河北景县）人。恭，原作"举"，形近而误。聪强自若，听觉灵敏，身体强健，镇静自如。

㊶桃坞：浙江浦江白马镇旌坞村口东边的一个山坞。早年，那里满坞桃树，开花季节，如同一片红云。

㊷碧溪：发源于浙江浦江白马镇中门里村西北鸡冠岩东北麓，流经江西坞、旌坞、官田、横溪、长地等村，至傅宅五丰村注入浦阳江。下游也称柳溪。

㊸狮岩、仙洞：位于浙江浦江白马镇旌坞村附近。清《光绪浦江县志》："仙人洞，位于县东三十五里，屏山狮子岩下。俗传杨六仙师降妖处。"金华曹开泰《碧溪八景》中有《狮子卧雪》《仙洞栖霞》。

㊹鸡岫：鸡冠岩，以山体南北长、东西狭，状如鸡冠，故名。位于浙江浦江白马镇瓦坞村北，为笔架山东南支脉。海拔725米，为浦江东部最高峰。清《光绪浦江县志》："县东北五十里。于诸山为最高。天晴明时，可俯瞰二百里外，苍茫中见一线微白者，盖钱塘江也。"

㊺平桥：位于浙江浦江白马镇旌坞村贾氏宗祠旁。

㊻献岭：位于浙江浦江白马镇旌坞村附近。

㊼鸠筇：即鸠杖，杖头上刻着鸠形。

㊽蕉叶：浅底的小酒杯。

㊾大齐：最大的定限。语出《列子·杨朱》："百年，寿之大齐。"

霞觞：犹霞杯。对杯子的美称。

㊿遐龄：高龄。

51人瑞：常指百岁以上的老人。

凤诰：即诰命。清代，皇帝给百岁老人赏赐匾额、顶戴等，以示尊老。

52道光二十三年岁次癸卯：1843年。

53深溪：溪名。发源于浙江浦江金芙蓉山西麓，流经郑宅镇西部。王氏世居于此，称深溪王氏。详见本书《王继旦传》。

华墙潘氏续修宗谱序

华墙潘氏续修宗谱[①]，事将告竣。其监修者特遣人携世系旧牒到深溪[②]，嘱余作序，岂可以不文辞。

谨按，昔宋潜溪先生《华墙宗谱引》[③]，知潘氏始居华墙者，宋朝伯度公次子讳礼也[④]。子孙三世为宋国戚，荣宠过人，浙左推为莫及[⑤]。诚浦阳望族也哉[⑥]！

今夫考世系者第言先世之盛[⑦]，可知今世之衰；叙世家者每因今世之衰，追念先世之盛。而于华墙潘氏则不其然。予尝至其地，与其都人士游，则见烟居稠密，绅士联翩。昔祖昌悦公著《三潘谱由》所云贵潘、富潘者[⑧]，则今日之为富为贵，虽未与前代埒[⑨]，而其气象将必继其武矣[⑩]。独是，华墙宗谱始于有明洪武庚辰[⑪]，至正德戊辰而一修[⑫]。则自正德至本朝道光壬午[⑬]，阅十数修矣[⑭]。顾始作者以生齿之繁、户口之众[⑮]，虑其涣而谱以萃之。而继修者以生齿之繁、户口之众，幸其萃而谱以涣之，何也？麟凤之姿不匿郊椒[⑯]，璠玙之器必登廊庙[⑰]，或仕宦而创业他乡，或游学而徙居异县。如华墙派下有居县之前，通化之石埠[⑱]，兰江之下清、后潘[⑲]，又有自石埠迁镇江。其于谱牒或合或分，而溯其源则皆自华墙始，其不赖继修者之幸其萃而谱以涣之乎！

然则今日之续修，必有异于昔日之续修；昔日之续修，必大有望于今日之续修。昔之视今，犹今之视后。为监修者[⑳]，其惟正舛误，辨鲁亥[㉑]，疏明其支派，厘订其迁徙，丁男嫁娶之勿遗，生卒葬祭之必审，上以苔祖宗燕贻之心[㉒]，下以起子孙灵承之意[㉓]，如是焉而可耳。监修为谁？曰镎、曰桂、曰蓉[㉔]。

时道光十八年岁次戊戌闰四月上浣[㉕]　候选儒学训导昧经王可仪谨撰

（辑自民国戊寅年续修《华墙潘氏宗谱》）

【注释】

①华墙：村名。原名纸坊塘，以花木芳菲而更名华墙，俗称"花墙头"。今属浙江浦江浦南街道。

②深溪：溪名。发源于浙江浦江金芙蓉山西麓，流经郑宅镇西部。王氏世居于此，称深溪王氏。详见本书《王继旦传》。

③宋潜溪：宋濂（1310—1381），字景濂，号潜溪。浙江金华孝善里潜溪（今金东区傅村镇上柳家村）人。元末明初政治家、文学家、史学家、思想家。在《华墙潘氏宗谱》卷首，有宋濂于明洪武十七年（1384）撰写的《华墙潘氏宗谱引》，叙述潘氏源流。

④伯度：潘伯度（1040—1125），字叔完，行权九。北宋初，其父潘邦自括苍丽水迁婺州浦江感德乡纸方塘（今白马镇止方村），生潘伯度。后随父移居嘉兴乡湖山村（今属浦南街道），生潘义、潘礼二子。潘义居住湖山故宅。潘礼字仲宣，行衡七，迁居花墙村，生潘昌、潘谐二子。

⑤浙左：即浙东，浙江钱塘江以南地区。

⑥浦阳：唐玄宗天宝十三载（754），置浦阳县。五代吴越天宝三年（910），改浦阳县为浦江县。

⑦第：但。

⑧《三潘谱由》：由潘氏裔孙、通直郎潘昌悦于南宋咸淳六年（1270）撰，民国戊寅年续修《华墙潘氏宗谱》将其置于卷首，叙述潘氏先世源流，有贵潘、清潘、富潘之说。

⑨埒［liè］：等同。

⑩武：脚步。

⑪洪武庚辰：1400年。其实是建文二年，燕王朱棣夺取皇位后，将建文年号废除，期间各年沿用洪武年号。洪武（1368—1398），明太祖朱元璋的年号。

⑫正德戊辰：1508年。正德（1506—1521），明武宗朱厚照的年号。

⑬道光壬午：1822年。

⑭阅：经历。

⑮顾：但。

生齿：人口。

⑯麟凤：麒麟与凤凰，比喻才智出众的人。

郊楲［sǒu］：郊外草泽之地。楲，古通"薮"。

⑰璠玙：美玉名，比喻美德贤才。

廊庙：指殿下屋和太庙，代指朝廷。

⑱通化：明清浙江浦江的南乡，辖区包括梅江流域。1960年，划归浙江兰溪，现为梅江镇、横溪镇。

石埠：村名。今属浙江兰溪梅江镇。

⑲兰江：钱塘江支流，地处浙江兰溪与建德之间。

下清：村名，今属浙江兰溪马涧镇。

后潘：村名，今属浙江兰溪马涧镇。

⑳监：原文作"鉴"，形近而误。

㉑鲁亥："鲁鱼豕亥"的简称，意为把"鲁"字错成"鱼"字，把"亥"字错成"豕"字。指书籍在撰写或刻印过程中的文字错误。语出《吕氏春秋·察传》："有读史记者曰：'晋师三豕涉河。'子夏曰：'非也，是己亥也。夫己与三相近，豕与亥相似。'"

㉒荅［dá］：还报。

燕诒：即燕诒，意谓使子孙后代安吉。语出《诗经·大雅·文王有声》："诒厥孙谋，以燕翼子。"〔西汉〕毛亨传："燕，安也。"

㉓灵承：善于顺应。

㉔铎：潘公铎（1772—1860），字协和（按，《周礼·地官·鼓人》"以金铎和鼓"），行伊三百二十七。清咸丰乙卯年（1855），钦赐举人。浙江浦江浦南街道花墙头村人。任宗谱董事。

桂：潘志贵（1755—?），庠名桂，行儒六百五十五。浙江浦江浦南街道花墙头村人。族长，任宗谱会修。

蓉：潘中逊（1801—1863），字子谦（按，〔西汉〕刘向《列女传·齐相御妻》"学道谦逊，常若不足"），庠名蓉，字人镜，号芙峰（按，〔唐〕段成式《酉阳杂俎续集·支诺皋中》"其诗赋中有人镜芙蓉之语"），别号古愚，行侦五十三。浙江浦江浦南街道花墙头村人。

㉕道光十八年岁次戊戌：1838 年。

上浣：上旬。

潘母陈太孺人钦旌节孝叙①

道光十四年十月②，潘生志梧为其祖母陈太孺人奉旨建坊③。于是，太孺人之亲侄潘承祖公起而谓余曰④："子馆盘溪始终三载⑤。吾叔母之节孝，子已熟志之矣。幸赖子于道光十年首事请旌⑥，巡抚御史撼实详奏⑦，制报如令。今志梧采石立绰楔⑧，巍然在望矣。子安可以无言⑨！"

谨按，太孺人为二十八都前山脚陈承志公长女⑩，年二十五岁归二十七都盘溪潘永宝公第四子善足公⑪。以乾隆五十八年十月归⑫，不幸次年六月善足公卒，才八阅月耳。太孺人痛尽几尽者数次⑬，然上念翁姑⑭，下复自思尚有遗娠，倘获生男，可以延其一线，遂勉强节哀。后六月，生子承俊⑮。而俊生未三月，遭厉疟疾⑯，远近名医共说不可为也。太孺人乃抱俊泣祷于天曰："天必使吾夫有后，不然，愿以氏代儿身⑰。"是夜，梦一老妪授药一丸，俾俊服之，次日立愈。此固其至诚所感也。

居常内外虽其至亲卑儿见之，未尝逾阈⑱。绩麻春粱⑲，不惮其劳。而家本素封⑳，缟衣蔬食㉑，未之或改。而事姑尤谨㉒。姑殁后㉓，痛事姑日浅，每遇忌辰，率子跪奠，呜咽良久而后起。又奉八十余岁老翁，晨羞夕膳必自亲㉔。之于伯叔妯娌，毫无间言㉕。乡邻有匮乏者，亦时能布施周恤之。子稍长，教以礼仪，后虽已就师傅，每夜归，必篝灯火与相对，以勖其学㉖，谓之曰："汝父早殁，予所以忍死者，冀汝之成立。不然，予何爱焉。"盖在孀居者二十二年而卒。

嗟夫！太孺人节孝今已旌表矣。吾窃叹世之苦节弥贞而子孙不才㉗，不能旌表其先人。即幸而旌于上，不能建石，以旌无穷，俾至灯愁机泣㉘，湮没于深闺穷巷间者不可胜数。今承俊才能干事，且有五子媲美于后，奋力建坊以显其母。乃于今正始事鸠工㉙，至三月而溘逝，人疑其事之不克有成矣。贤哉！梧也，累然在衰绖之中而父志是承㉚，率诸弟以黾勉从事㉛。观者孰不曰："此真太孺人节孝之至，故天佑其子若孙继承其事㉜，以慰其心于九泉下也。"

因不自揆㉝，奉潘公承祖之命，具载于文焉。

时大清道光十六年岁次丙申菊月之吉㉞　　乡进士深溪王可仪顿首拜撰㉟

道光十二年呈请旌表，道光十四年奉旨建坊，赐"冰清玉洁"四字，道光十六年落成。

（辑自民国戊寅年续修《盘溪潘氏宗谱》）

【注释】

①潘母陈太孺人（1769—1816）：系浙江浦江中余乡前山脚村陈承志长女，清乾隆五十八年（1793），适檀溪镇潘周家村潘善足。次年丧夫，生遗腹子潘承俊，寡居二十二年。道光十四年（1834），奉旨建坊，十六年（1836），落成。

钦旌节孝：皇帝亲自褒奖贞烈孝女。

叙：同"序"。

②道光十四年：1834 年。

③潘生志梧：潘志梧（1811—1874），字瑞庭，号朝阳（按，《诗经·大雅·卷阿》"凤凰鸣矣，于彼高冈。梧桐生矣，于彼朝阳"，另有"梧桐庭院"之说），行志七十六。浙江浦江檀溪镇潘周家村人。

④潘承祖（1783—1840）：字维绳（按，《诗经·大雅·下武》"昭兹来许，绳其祖武"），号敬斋，行承九十一。浙江浦江檀溪镇潘周家村人。邑庠生。

⑤馆：坐馆授徒，旧时指担任塾师。

⑥道光十年：1830 年。

《浦阳檀溪潘氏宗谱》收录《道光十二年贡生王可仪戴家玉等呈请旌表儒士潘善足妻陈氏节孝实行》一文。

⑦巡抚：官名。从明代宣德年间起，各省专设。清代正式成为省级地方政府长官，总揽一省军事、刑狱、吏治等。

御史：是古代执掌监察官员的一种泛称。明清专设监察御史，隶都察院，分道纠察。

摭［zhí］：选取。

⑧绰楔［xiē］：牌坊。

⑨安：怎么。

⑩陈承志（1780—?）：字志，行盛三百七十二。浙江浦江中余乡前山脚村人。

⑪潘永宝：潘德钥（1730—1817），字永宝（按，《南齐书·王秀之传》"仆以德为宝，足下以位为宝"），行德九十一。浙江浦江檀溪镇潘周家村人。介宾。

善足：潘善足（1778—1794），字富厚（按，《管子·枢言》"家室富足，则行衰矣"），行善二百六。浙江浦江檀溪镇潘周家村人。

⑫乾隆五十八年：1793 年。

⑬痛矗［xì］：悲痛。

⑭翁姑：公婆。

⑮承俊：潘承俊（1794—1834），字人伟（按，〔东汉〕陈琳《为袁绍檄豫州》"故九江太守边让，英才俊伟，天下知名"），行承百三十一。浙江浦江檀溪镇潘周家村人。

⑯遘［gòu］厉虐疾：得了恶病。语出《尚书·周书·金滕》："惟尔元孙某，遘厉虐疾。"遘，遇到。厉，病灾。虐疾，暴病。

⑰氏：指陈氏自称。

⑱阈［yù］：门槛，界限。

⑲春梁：原作"舂梁"，形近而误。

⑳素封：指无官爵封邑，而资财丰厚的富人。语出《史记·货殖列传》："今有无秩禄之奉，爵邑之入，而乐与之比者，命曰'素封'。"

㉑缟衣：旧时居丧或遭其他凶事时穿的白衣服。

㉒姑：妇称夫的母亲。

㉓殁〔mò〕：死亡。

㉔晨羞夕膳：洁净的早餐，馨香的晚餐。语出〔西晋〕束皙补写的笙诗《诗经·小雅·南陔》："馨尔夕膳，洁尔晨羞。"

㉕间言：亦作"闲言"，非议，异议。

㉖勖〔xù〕：勉励。

㉗苦节：俭约过甚。后指坚守节操，矢志不渝。语出《周易·节》："节，亨。苦节，不可贞。"

㉘俾：使。

灯愁机泣：对着灯草发愁，对着织机哭泣，形容妇女处境悲惨。

㉙鸠工：聚集工匠。

㉚累然：羸惫貌。

衰绖〔cuī dié〕：丧服。古人丧服胸前当心处缀有长六寸、广四寸的麻布，名衰，因名此衣为衰；围在头上的散麻绳为首绖，缠在腰间的为腰绖。衰、绖是丧服的主要部分。

㉛黾勉：勉力，努力。

㉜若：与。

㉝揆：揣测。

㉞道光十六年岁次丙申：1836 年。

菊月：菊花正值开放的月份，即农历九月。

㉟乡进士：按明清的科举制度，殿试的中举者为进士，乡试的中举者为举人，别称乡进士。也指贡生，因为其中的副贡生有乡试副榜之称。王可仪是道光壬午年（1822）中的岁贡生。

深溪：溪名。发源于浙江浦江金芙蓉山西麓，流经郑宅镇西部。王氏世居于此，称深溪王氏。详见本书《王继旦传》。

显斋先生七旬寿序①

抱德炀和②，乃修龄之秘旨③；归真返璞，即驻世之仙方。惟修善有获报之征，故寡过有假年之应也。

恭维显斋先生④，颍川巨族⑤，宋代遗风⑥。幼播誉于石麟⑦，长策名于金马⑧。品格则轩轩霞举⑨，胸襟则冉冉风流。听五夜之鸡鸣⑩，高堂问寝⑪；笃一行之雁序⑫，长被连床⑬。忠厚克家⑭，料理丁壬之债⑮；读书教子，披吟甲乙之签⑯。视富贵如鸿毛，供笑言于麈尾⑰。得意羲皇而上⑱，居心夷惠之间⑲。而且一诺千金⑳，片言九鼎㉑。锦段与错刀并重㉒，蒺藜与桃李攸分㉓。好生苏涸辙之鱼㉔，救苦恤困鸥之雀㉕。怜人病涉㉖，聿修来往之桥㉗；收族敬宗㉘，乃割膏腴之地。岂有心于为善，膺多福以无疆㉚。

今也绣户悬弧㉛，华堂设席。筵开七秩㉜，预征七业之祥㉝；祝衍三多㉞，慰藉三生之愿㉟。优游岁月，笑傲烟霞。黄尘不浼朱颜㊱，丹砂可回白首㊲。康山晓步㊳，黛千点而罨青㊴；汭水晨游㊵，带一条而绉绿。春生杖履㊶，庆溢庭闱。令子象贤㊷，实称双璧；文孙启秀㊸，树挺三珠㊹。鸿举案而齐眉㊺，鲤趋庭而绕膝㊻。舞斑斓于阶下㊼，开来四照之花㊽；晋醽醁于筵前㊾，酌满九乾之露㊿。此固娱情悦志，得至乐于天伦；葆气怡神，卜大齐于人世矣㊽。

斯时也，维春曰小㊼，厥月称良㊼，梅花唤作主人㊼。真是神仙修到，枫叶装成；春景却看，世界翻新。会集耆英资胜堂㊼，无非高士；图成真率履道里㊼，尽属名贤。锦绣裁成，灿灿生花之笔㊼；缙绅善祝，莹莹珠玉之篇。蒙委叙于再三，乃赞扬夫万一。

时道光二十三年岁次癸卯小春月㊼　岁贡生候选训导深溪王可仪味经顿首拜撰㊼

（辑自民国戊寅年续修《潮溪锺氏宗谱》）

【注释】

①显斋：锺君榜（1774—1846），字凌云（按，《晋书·王献之传》"魏时，凌云殿榜未题而匠者误钉之"），号显斋。浙江浦江黄宅镇锺村人。例贡生。

②抱德炀和：坚持道德，孕育和平。语出《庄子·杂篇·徐无鬼》："抱德炀和，以顺天下。"抱，怀抱，引申为坚持。炀，熔化，引申为孕育。

③修龄：长寿。

④恭维：亦作恭惟。对上的谦词，一般用于行文之始。

⑤颍川：郡名。秦始皇嬴政十七年（公元前230）置。以颍水而得名，治所在阳翟（今河南禹州）。历史上，锺氏系颍川望族。

⑥宋代：据民国戊寅年续修浙江浦江《潮溪锺氏宗谱》载，锺延嗣于南宋理宗绍定年间（1228—1233），由浙江桐庐松山迁居浦江白象形下，后裔移居浦阳江西岸，以姓为村名，称锺村。

⑦石麟：石麒麟。比喻有才之士。典出《陈书·徐陵传》："（徐）陵年数岁，家人携以候之。宝志手摩其顶，曰：'天上石麒麟也。'"徐陵（507—583），字孝穆（按，《左传·僖公四年》"东至于海，西至于河，南至于穆陵，北至于无棣"），东海郯（今山东郯城）人。南朝时，历任尚书左仆射、丹阳尹、中书监等职，被誉为"一代文宗"。

⑧策名：科举考试及第。

金马：汉代宫门名，是当时许多文人待诏膺选的地方。

⑨轩轩霞举：像云霞一样高高飘举，形容仪容俊美潇洒。典出〔南朝宋〕刘义庆《世说新语·容止》："海西时，诸公每朝，朝堂犹暗；唯会稽王来，轩轩如朝霞举。"轩轩，仪度轩昂貌。

⑩五夜：即五更。古代民间把夜晚分成五个时段，用鼓打更报时，所以叫作五更、五鼓或五夜。

⑪高堂：对父母的敬称。

问寝：即问安视寝，指古代子弟侍奉父母的孝礼。

⑫雁序：是兄弟的雅称。雁飞前后有序，兄弟出行亦如此，故称。

⑬连床：并榻或同床而卧。形容兄弟情谊笃厚。

⑭克家：能承担家事，继承家业。语出《周易·蒙》："纳妇，吉。子克家。"

⑮丁壬之债：指男女的风流之债。据明代万民英《三命通会·论十干合》："丁与壬何名为淫慝之合？壬者，纯阴之水，三光不照；丁者，藏阴之火，自昧不明。故丁壬为淫慝之合。"

⑯披吟：披诵吟讽。

甲乙：古代有人用甲、乙、丙、丁等十个天干来表示图书的卷数。

签：书签。

⑰麈 [zhǔ] 尾：古人闲谈时执以驱虫、掸尘的一种工具。语出〔东晋〕陶潜《晋故征西大将军长史孟府君传》："亮以麈尾掩口而笑。"

⑱羲皇而上：即伏羲氏以前的人。比喻无忧无虑生活闲适的人。语出〔东晋〕陶潜《与子俨等疏》："常言五六月中，北窗下卧，遇凉风暂至，自谓是羲皇上人。"

⑲夷惠之间：不做伯夷（宁可饿死，不肯失节），也不学柳下惠（坐怀不乱）。比喻折衷而不偏激。语出〔西汉〕扬雄《法言·渊骞》："曰：'是夷惠之徒与？'曰：'不夷不惠，可否之间也。'"

⑳一诺千金：许下的一个诺言价值千金。比喻说话算数，讲信用。典出《史记·季布栾布列传》："楚人谚曰：'得黄金百斤，不如得季布一诺。'"

㉑片言九鼎：比喻说话力量能起很大作用，或指人说话很守信用。

㉒段：通"缎"。

错刀：泛指钱财。

㉓蒺藜：为蒺藜科蒺藜属植物。借指小人。

桃李：喻争荣斗艳、品格低下的小人、庸人。

㉔涸辙之鱼：比喻在困境中亟待援助的人。详见本书〔清〕朱兴悌《王府君鄂铧暨配黄孺人墓志铭》。

㉕恤困鸥之雀：据〔东晋〕干宝《搜神记》载，汉代弘农人杨宝九岁时到华阴山北，看见一只黄雀为鸱鸮（xiāo）所搏，坠于树下，救回家中。详见本书〔清〕郑祖涝《后四十五黄太孺人节寿序》。

㉖病涉：苦于涉水渡河。

㉗聿：文言助词，用于句首或句中。

㉘收族：以上下尊卑、亲疏远近之序团结族人。

㉙割膏腴之地：意谓把肥沃的田地捐给宗族，作为祠堂田。

㉚膺：接受。

㉛悬弧：古代风俗尚武，家中生男，则于门口挂弓一张，后因称生男为悬弧。语出《礼记·内则》："子生，男子设弧于门左，女子设帨于门右。"

㉜七秩：七十大寿。

㉝七业之祥：这里是指刘家七子全部成才的故事。详见本书〔清〕董学丰《味经先

生大人暨王母周太孺人七十双寿序》。业，原作"叶"，音近而误。

㉞三多：指福多、寿多、子多。语出《庄子·外篇·天地》："尧观乎华。华封人曰：'嘻，圣人！请祝圣人，使圣人寿……使圣人富……使圣人多男子。'"

㉟三生：佛教所说的三生转世，即前生、今生、来生。

㊱浼〔wò〕：污，弄脏。

㊲丹砂：又称朱砂。古代修道者把它作为长生不老的仙药。

㊳康山：即康侯山。山上有康侯庙并墓，故名。今名官岩山。位于浙江浦江黄宅镇蒋宅村东。海拔 301 米。

㊴罨〔yǎn〕：掩盖，覆盖。

㊵汭〔ruì〕：河流会合的地方，或河流弯曲的地方。浦阳江自西往东流，到锺村东南侧折向北流。

㊶杖履：老者所用的手杖和鞋子。

㊷象贤：能效法先人的贤德。语出《尚书·周书·微子之命》："殷王元子，惟稽古，崇德象贤。"锺君榜有锺求、锺琢二子。

㊸文孙：周文王之孙。泛用于赞美他人之孙。

㊹树挺三珠：唐初王勃和哥哥王勮〔jù〕、弟弟王勔〔miǎn〕并有才名，被称为"三株树"。典出《新唐书·王勃传》："初，（王）勔、勮、勃皆著才名，故杜易简称'三珠（株）树'。"后作为对别人兄弟的美称。

㊺鸿举案而齐眉：形容夫妻互相尊敬。详见本书〔清〕张铎《和十八朱安人像赞》。

㊻鲤趋庭：意谓晚辈接受长辈的教训。详见本书〔清〕陈命禹《源六十六朱安人传》。

㊼舞斑斓：即老莱舞衣。形容子女孝顺父母。详见本书〔清〕朱兴悌《深溪王氏〈旌节编〉序》。

㊽四照之花：传说中因花开光华四照，故名。语出《山海经·南山经》："有木焉，其状如榖而黑理，其华四照，其名曰迷榖，佩之不迷。"

㊾醽醁〔líng lù〕：也作"醽渌"。古代美酒，产自湖南衡阳酃湖。〔南朝〕盛弘之《荆州记》："渌水出豫章康乐县。其间乌程乡有酒官，取水为酒，酒极甘美。与湘东酃湖酒，年常献之。世称酃渌酒。"醽、醁（渌）是两种酒的合称。

㊿九乾：九天，高远的天空。

51大齐：最大的定限，指百岁。语出《列子·杨朱》："百年，寿之大齐。"

52维春曰小：即小春，农历十月。

53厥月称良：即良月，农历十月。

54梅花唤作主人：语出〔南宋〕张镃《玉照堂观梅》："半生忧患摧残损，却与梅花作主人。"〔南宋〕洪惠英《减字木兰花·梅花似雪》："传语东君，且与梅花作主人。"早梅农历十月就能开放。

55会集耆英资胜堂：指老人聚会以诗酒怡情悦性。详见本书〔清〕叶廷璧《芳五十三公传》。

56图成真率履道里：据〔唐〕白居易《九老图诗序》、〔宋〕计有功《唐诗纪事》卷四十九记载，白居易于唐会昌五年（845）在故居香山（今河南洛阳龙门山之东），与胡杲、吉旼、刘贞、郑据、卢贞、张浑及李元爽、禅僧如满八位耆老结成“九老会”。有一天，在白居易私第履道里聚会，欢醉赋诗，作“九老诗”，绘“九老图”。

(57)生花之笔：比喻杰出的写作才能。详见本书〔清〕王兴谟《旋谷氏六十赠言》。

(58)道光二十三年岁次癸卯：1843 年。

小春月：农历十月。

(59)深溪：溪名。发源于浙江浦江金芙蓉山西麓，流经郑宅镇西部。王氏世居于此，称深溪王氏。详见本书《王继旦传》。

姬山姑父大人五十寿序①

昔人有言：“乐莫善于如意，忧莫惨于不如意②”。人情一遇不如意，辄幽囚厄塞③，郁郁不自伸，况更至于再、至于三，而欲其克自振拔于颠连踣顿中④，难矣！要非所语于达观者⑤。夫如意不如意，亦在人之自处。惟遇不如意，而知天不必尽以如意福人。由是，所见远而所遇安。此豪杰之士所以生于忧患也。

吾姑父姬山先生行年五十矣。迹其四十九年以前之所遇，非多大不如意之事哉！少艰童子试⑥，未弱冠而遭兄难，踯躅五六载，始得脱⑦。生四子，皆娟好静秀，而三子乃相继寻殁⑧。夫人于功名得失或可淡焉若忘，至变起天伦，祸几不测，而西河之恸复接踵而至⑨，将精神日益耗，意气日益消，更何术而能不受其挫折哉！

然君子遇穷而心志自广，劳倦而容貌不枯，竹箭之筠、松柏之心非素所自树立者然乎⑩？噫！吾知之矣，天不能冬莲春菊，时不可违也；地不能洛橘汶貉，俗不可违也；圣人不能使鱼飞鸟驰，性不可达也。惟于消长盈虚，一任其自然，可动可止，可晦可明⑪，而终不以境遇为秋毫累，困而得亨，亨而得寿，自然之理也。

庚午岁十月二十八日⑫，为先生书间史之辰⑬。因祥琴甫彻⑭，先作诗以谢知己，非吝也。回忆父母在时，相与共处大不如意之秋，迄今已违色养⑮，不忍为己称觞⑯，以伤其孝思也。且年仅五十，从此而耄耋⑰，而期颐⑱，子若孙之所以显扬其亲者⑲，方兴而未有艾。

《有駜》之三章曰⑳：“自今以始，岁其有。君子有穀，诒孙子。于胥乐兮㉑！”则前此之大不如意，后此不且为大如意乎！然而，不可不有述也。乃吮笔和墨，先期献祝，以当鲁酒之奉㉒。

嘉庆十五年岁次庚午十月望日㉓　内侄王可仪顿首拜撰

（辑自〔清〕郑祖涝《乐清轩外编》卷五）

【注释】

①姬山：郑祖涝（1761—1830），字和颖，号箕山，别号卧云子，又名祖芳，号姬山。浙江浦江郑宅镇枣树园村人。

②乐莫善于如意，忧莫惨于不如意：语出〔北宋〕苏辙《遗老斋记》。

惨：原作"甚"，据苏辙原文改。

③厄塞：窘迫艰难，时运不济。

④颠连：困顿不堪，困苦。

踣［bó］顿：困顿。

⑤要非：若不是。

⑥童子试：即童试，科举时代参加科考的资格考试，包括县试、府试、院试三个阶段的考试，考中的为生员。郑祖芳没有考中秀才，捐了一个太学生的头衔。

⑦未弱冠而遭兄难，踯躅五六载，始得脱：据〔清〕张汝房《中宪大夫姬山郑（祖涝）君行述》记载："乾隆己亥（1779），君年十九，遘乃兄非常之变，株连留系踰年，始得释。"郑祖涝年轻时曾遭遇兄弟之变，受到株连，入狱多年。郑祖涝之兄郑祖涓（1751—?），字和盛，邑庠生。弱冠，古代男子二十岁行冠礼，表示已经成人，但体还未壮，所以称弱冠。语出《礼记·曲礼上》："二十曰弱，冠。"踯躅［zhí zhú］，徘徊不前。

⑧乃：竟。

殁［mò］：死亡。

⑨西河之恸：也作西河之泣，比喻受谗而感伤。典出《吕氏春秋·长见篇》："吴起治西河之外，王错谮之于魏武侯。武侯使人召之。吴起至岸门，止车而望西河，泣数行而下。其仆谓吴起曰：'窃观公之意，视释天下若释躧［xǐ］，今去西河而泣，何也？'吴起抿泣而应之曰：'子不识。君知我而使我毕能西河，而可以王；今君听谗人之议，而不知我，西河之为秦取不久矣。魏从此削矣！'"

⑩竹箭之筠、松柏之心：比喻坚贞的节操。语出《礼记·礼器》："其在人也，如竹箭之有筠也，如松柏之有心也。"筠，坚韧的竹皮。

⑪天不能冬莲春菊……可晦可明：语出《关尹子·九药》："天不能冬莲春菊，是以圣人不违时，地不能洛橘汶貉，是以圣人不违俗，圣人不能使手步足握，是以圣人不违我所长，圣人不能使鱼飞鸟驰，是以圣人不违人所长。夫如是者，可动可止，可晦可明。"洛橘汶貉［hé］，洛阳长柑橘，汶水生貉兽，比喻违背自然规律。

⑫庚午岁：清嘉庆庚午年（1810）。

⑬书阊史之辰：即生日。语出《礼记·内则》："夫告宰名，宰辩告诸男名，书曰'某年、某月、某日某生'而藏之。宰告阊史，阊史书为二，其一藏诸阊府，其一献诸州史。"阊史，古代阊巷的小吏。

⑭祥琴甫彻：丧礼才撤除。语出《礼记·檀弓上》："孔子既祥，五日弹琴而不成声，十日而成笙歌。"祥琴，古代丧祭礼，谓亲丧大祥祭日，为节哀而弹奏素琴。甫，才。彻，撤除。

⑮色养：人子和颜悦色奉养父母或承顺父母。

⑯称觞：举杯祝酒。

⑰耄耋：一般指八九十岁的老人。语出《礼记·曲礼上》："八十、九十曰耋。"

⑱期颐：百岁老人。语出《礼记·曲礼上》："百年曰期，颐。"

⑲若：与。

⑳《有駜》：属于《诗经·鲁颂》中的一首。

三章：第三段。

㉑自今以始，岁其有。君子有穀，诒孙子。于胥乐兮：从今开始是丰年，君子有福留子孙，一起乐啊！穀，福禄。诒，遗留，留给。于，通"吁"，感叹词。胥，相。

㉒鲁酒：鲁国出产的酒，味淡薄。后为薄酒、淡酒的代称。

㉓嘉庆十五年岁次庚午：1810 年。

《乐清轩诗钞》跋①

《乐清轩诗钞》十二卷，姑父姬山先生六十以前所作②；积十年，又得八卷。表弟竹岩痛父已殁③，辄鸠工续梓④，合为二十卷。盖姑父生平所嗜，专在于诗。今竹岩于嬛嬛在疚中⑤，克成先志。其事死如生，如见亲之所爱，如欲色然也⑥。呜呼，竹岩可谓不死其亲哉！而兹集垂于不朽矣。

道光十有一年六月中浣⑦　内侄王可仪谨跋

（辑自〔清〕郑祖涝《乐清轩诗钞》卷尾）

【注释】

①《乐清轩诗钞》：〔清〕郑祖涝著。共二十卷，收录一千二百四十七首诗歌。

跋：写在文章、书籍等后面的短文，内容一般为鉴定、评价、考释等。

②姬山：郑祖涝（1761—1830），字和颖，号箕山，别号卧云子，又名祖芳，号姬山。浙江浦江郑宅镇枣树园村人。

③竹岩：郑训樑（1794—1861），一名棨，字辑时，号竹岩，又号三宝居士，别号玄鹿山人。浙江浦江郑宅镇枣树园村人。

殁〔mò〕：死亡。

④鸠工续梓：聚集工匠继续刻印。

⑤嬛嬛〔qióng qióng〕：孤独无所依靠貌。

⑥事死如生，如见亲之所爱，如欲色然：语出《礼记·祭义》。如欲色然，好像凡人贪欲女色一样。

⑦道光十有一年：1831 年。

中浣：中旬。

醉墨轩跋①

昔张旭善草书②，性嗜酒，醉后挥毫，变化犹鬼神，故时号张颠，又谓醉墨。今表弟竹岩以醉墨名轩③，其有旭之心哉！然性不喜饮，而作草书则霞催风送④，蓬振沙飞⑤，不亚于旭。盖墨因人醉而醉，醉不在墨，不因人醉而醉，墨自能醉矣，何必如醉后之旭乎！东坡云："近者作堂名醉墨，如饮美酒消百忧⑥。"竹岩不喜饮，吾得牵纸磨墨醉兹轩以消忧焉，足矣！

道光七年岁次丁亥小春月⑦　深溪王可仪题⑧

（辑自〔清〕郑祖涝《乐清轩外编》卷一）

【注释】

①醉墨轩：位于浙江浦江郑宅镇枣树园村。清道光丁亥年（1827），郑楸因高祖父郑尔玫的存义堂故居倾圮，对其加以修缮，堂后有听松阁，堂前有醉墨轩。

②张旭（约685—约759）：字伯高，一字季明。苏州吴县人。唐代书法家，擅长草书，喜欢饮酒，世称"张颠"。

③竹岩：郑训楸（1794—1861），一名楸，字辑时，号竹岩，又号三宝居士，别号玄鹿山人。浙江浦江郑宅镇枣树园村人。

④霞催风送：形容书法风韵潇洒，神采飘逸，秀美如同云霞，体势有似风月。语出〔唐〕韦续《墨薮·书品优劣第三》："郑虔如风送云收，霞催月上。"

⑤蓬振沙飞：意谓柔软的毛笔笔毫像蓬草一样自由翻飞，书法的线条像无数小砂砾那样飞动，积点成线。语出〔唐〕陆羽《释怀素与颜真卿论草书》："孤蓬自振，惊沙坐飞。"

⑥近者作堂名醉墨，如饮美酒消百忧：语出〔北宋〕苏轼《石苍舒醉墨堂》。

⑦道光七年岁次丁亥：1827年。

小春月：十月。

⑧深溪：溪名。发源于浙江浦江金芙蓉山西麓，流经郑宅镇西部。王氏世居于此，称深溪王氏。详见本书《王继旦传》。

承七百廿四曹氏安人赞①

家道之隆，必有内助。内助之善守成者贵有德，创业者又贵有才。安人，德盈公继配也②，生一子，君宇公③。当德盈公谢世，君宇公甫弱冠④，每有人侵陵，而安人维持保护不露声色，侵陵者多自悔而止。至若机勤纺授⑤，洁蘋蘩⑥，奉公姑⑦，和妯娌，济贫乏，其素性然也。由是，训子成立，家业日隆，享年六十八岁，则安人有德有才。古人云："健妇持门户，亦胜一丈夫⑧。"其信然欤！赞曰：

其德也醇，其才也纯。持家保世，有脊有伦⑨。子子孙孙，福庇无垠。百世而下，共仰安人。

族侄孙羽文拜撰⑩

（辑自清同治辛未年续修《深溪义门王氏宗谱》卷十三）

【注释】

①承七百廿四：王继盛（1714—1773），字德盈（按，《礼记·月令》"某日立春，盛德在木"），行承七百廿四。浙江浦江郑宅镇前店四份头村人。任乡饮宾。娶郑氏（1713—1740），生一子王守梁；继娶曹氏（1719—1787），生一子王守栋。

②继配：继娶之妻。

③君宇：王守栋（1748—1837），字君宇（按，《周易·系辞下》"后世圣人易之以宫室，上栋下宇，以待风雨"），行芳七百五十三。浙江浦江郑宅镇前店四份头村人。任介宾。

④弱冠：古代男子二十岁行冠礼，表示已经成人，但体还未壮，所以称弱冠。语出《礼记·曲礼上》："二十曰弱，冠。"

⑤纺授：即我国古代贤母的典范陈书夜里边纺织、边授经教子的故事。详见本书〔清〕周璠《旌节王母黄太孺人诗序》。

⑥蘋蘩：指能遵祭祀之仪或妇职。《诗经·国风·召南》有《采蘋》及《采蘩》篇。《采蘩序》："《采蘩》，夫人不失职也。夫人可以奉祭祀，则不失职矣。"

⑦公姑：妇称夫的父母，即公婆。

⑧健妇持门户，亦胜一丈夫：健壮精干的妇女维持家庭生计，胜过一个男子。语出《玉台新咏·陇西行·天上何所有》。

⑨有脊有伦：表示言之成理，有条不紊。语出《诗经·小雅·正月》："维号斯言，有伦有脊。"

⑩羽文：王可仪的字。

芳七百五十三府君君宇公喜像赞①

大清道光十有六年冬②，公图喜像，确肖于容。维公之年，八十有九。黄发儿齿，神完气厚。而寿而臧，而炽而昌③。芝兰玉树④，森森满堂。维其积善，降福简简⑤。宝相金姿，是宜用赞。

赞曰：水之潦也无源⑥，瓶之花也无根。惟有源有根，则流不竭，而发能蕃。如公也，其源也清，揽而不浑；其根也深，锄而不翻，夫是以波澜也远，枝叶也繁。

又赞曰：海之鹤不入笼樊⑦，河之鲤克登龙门⑧。惟为河为海，得成其变化，恣其飞奔。如公也，鸿才内蕴，大度中存，则子又生子，孙又生孙。其如鲤乎，扬鬐而奋跃⑨；其如鹤乎，振翮而高骞⑩。

赞毕，公心喜悦，可以示后人，可以昭来哲⑪，命于岁岁初正，高挂中堂之粉壁。

族侄孙可仪顿首百拜
（辑自清同治辛未年续修《深溪义门王氏宗谱》卷八）

【注释】

①芳七百五十三府君君宇：王守栋（1748—1837），字君宇，行芳七百五十三。浙江浦江郑宅镇前店四份头村人。介宾。

喜像：生前的画像。

②道光十有六年：1836 年。

③而寿而臧，而炽而昌：长寿，美好，昌盛。语出《诗经·鲁颂·闷宫》：“俾尔炽而昌，俾尔寿而臧。”臧，善，好。

④芝兰玉树：比喻优秀的子弟。详见本书〔清〕周璠《祭王母黄太安人文》。

⑤简简：盛大貌。

⑥潦：指雨水大或路上的流水。

⑦海之鹤不入笼樊：语出〔唐〕李白《至陵阳山登天柱石，酬韩侍御见招隐黄山》：“鸾凤翻羽翼，啄粟作樊笼。海鹤一笑之，思鬼向辽东。”典出〔东晋〕陶潜《搜神后记》卷一：“丁令威，本辽东人，学道于灵虚山，后化鹤归过，集城门华表柱。”传说中丁令威在辽东成仙化鹤，因辽东在海边，故称海鹤。

⑧河之鲤克登龙门：传说鲤鱼跃过黄河龙门山，就变成龙。比喻中举、升官等飞黄腾达之事。典出《坤雅·释鱼》：“俗说鱼跃龙门，过而为龙，惟鲤或然。”

⑨鬐〔qí〕：古通“鳍”。鱼脊上的鳍。

⑩振翮而高骞：振翅高飞。

⑪来哲：后世智慧卓越的人。

芳七百五十三张氏安人像赞①

《易》著家人之象②，箴传女史之文③。贵贱并遵，闺闱共守。安人自娴闺范④，可作母仪⑤。中馈虔供⑥，事不烦夫婢媵⑦；高堂敬养，祀更明于祖先。由是夫妇拟刘樊，同仰神仙之侣⑧；儿曹如荀薛，胥成龙凤之姿⑨。家业日隆，罗辞可弃⑩。锡后人以多福⑪，配夫子以长生。载赓曼辞⑫，聿昭遗像⑬。谨赞。

族侄可仪顿首拜撰

（辑自清同治辛未年续修《深溪义门王氏宗谱》卷十三）

【注释】

①芳七百五十三：王守栋（1748—1837），字君宇，行芳七百五十三。浙江浦江郑宅镇前店四份头村人。介宾。娶陈氏（1743—1771），生一子，王祖兑；继娶张氏（1758—1824），生王祖艮、王祖科、王祖柜、王祖程四子。

②家人：《周易》的卦名，下离上巽，内容是论治家之道。《周易·家人》：“家人，利女贞。”〔唐〕孔颖达疏：“家人者，卦名也，明家内之道，正一家之人，故谓之

家人。"

③箴传女史之文：即《女史箴》，西晋张华作。以历代贤妇事迹为鉴戒，讽刺西晋惠帝时专权善妒的贾后，被奉为"苦口陈箴、庄言警世"的名篇。女史，宫廷妇女。箴，规劝。

④阃〔kǔn〕范：妇女的道德规范。

⑤母仪：为人母的典范。

⑥中馈：指家中供膳诸事。

⑦媵〔yìng〕：泛指婢妾。

⑧夫妇拟刘樊，同仰神仙之侣：夫妻像刘纲、樊云翘，都是神仙伴侣。典出〔东晋〕葛洪《神仙传·樊夫人》："将升天，县厅侧先有大皂荚树，（刘）纲升树数丈，方能飞举，夫人即平坐床上，冉冉如云气之举，同升天而去矣。"

⑨儿曹如荀薛，胥成龙凤之姿：子孙像荀龙与薛凤，都是人中翘楚。典出《后汉书·荀淑传》："有子八人：俭、绲、靖、焘、汪、爽、肃、专，并有名称，使人谓之'八龙'。"《旧唐书·薛收传（附薛元敬传）》："（薛）元敬，隋选部侍郎（薛）迈子也。有文学，少与（薛）收及（薛）收族兄（薛）德音齐名，时人谓之'河东三凤'。"

⑩罗辞：即罗列辞藻。

⑪锡：赏赐。

⑫载：乃，于是。

赓：继续。

曼辞：华美的言辞。

⑬聿：文言助词，无义，用于句首或句中。

昭：明显，显著。

芳九百三十四朝宗公并蒋黄二安人像赞①

猗欤公也②，聿方而圆③，不斫而天④。心轻斗筲⑤，舌裕源泉。雅善经营，迄用有成。勾稽筦库⑥，孰与公精。家非素封⑦，日起隆隆。一枝春杏，十里犹红。福锡自天⑧，五十八年。安人有二，淑慎贞贤。相予夫子⑨，室其盈止⑩。室其盈止，后先媲美。曰子曰孙，垂裕后昆⑪。卓然成立，孝道克敦。公像在堂，意气轩昂。后人瞻之，曰笃不忘。

道光十二年壬辰季夏⑫　族侄孙可仪拜撰

（辑自清同治辛未年续修《深溪义门王氏宗谱》卷八）

【注释】

①芳九百三十四朝宗：王守海（1761—1818），字朝宗，行芳九百三十四。浙江浦江郑宅镇樟桥头村人。娶蒋氏（1773—1793），生一子，王祖嘉；继娶黄氏（1766—1824）。

②猗欤：叹词，表示赞美。

③聿：文言助词，无义，用于句首或句中。

④斫：雕琢。

天：天生的。

⑤斗筲［shāo］：比喻气量狭小，才识短浅。筲，一种竹器，容量仅为一斗二升。

⑥勾稽：查考核算。

笴［guǎn］库：亦作管库，管理仓库。

⑦素封：指无官爵封邑，而资财丰厚的富人。语出《史记·货殖列传》："今有无秩禄之奉，爵邑之入，而乐与之比者，命曰'素封'。"

⑧锡：赏赐。

⑨相予夫子：辅助我的丈夫。

⑩室其盈止：家室丰盈。

⑪垂裕后昆：为后世子孙留下功业或财产。后昆，子孙。

⑫道光十二年壬辰：1832 年。

题郑义门古迹 （八首录四）①

东明山②

朝游山之巅，暮游山之脚。山脚听晓莺，山巅巢老鹤。磊磊古高人，岩岩结飞阁③。桃李艳新蹊④，云霞护旧幕。天风鼓清籁⑤，山水自扬摧。千古知音稀，何以慰邛墅⑥。

义门桥⑦

古躅访旌门⑧，溪中石桥跨。长虹卧碧流，字结栏杆亚⑨。倾耳聆波澜，滔滔日奔泻。题柱灭苍苔，剟剔相惊讶⑩。烟霞淡秋晨，花月流春夜。五皓或携筇⑪，时向云间下（郑氏永乐间有麟溪五皓图轴，今尚存）。

悬柏原⑫

晨霞失幽薜，泪痕如未干。斯人不可作⑬，墓木犹丸丸⑭。敛衿拜棘门⑮，凛然肃瞻观。青松凄以劲，西风扫空坛。慈帏在咫尺⑯，抚坟共嗟叹。黄泉千载下，晨昏问暄寒。

桃花涧 （在玄鹿山⑰，八景之一）

问津迷仙源，缘涧觅前武⑱。溅溅曲渚流⑲，苹苹春林妩。悬岩落蕊珠⑳，飞泉洒红雨㉑。修禊临潺湲㉒，流觞集宾主㉓。上巳昔时同㉔，斯人今孰伍。摩石剔苍苔，天葩想倾吐。

（辑自〔清〕郑楧《浦阳历朝诗录》卷二十三）

【注释】

①郑义门：位于浙江浦江郑宅镇。自南宋建炎（1127—1130）初年，至明天顺三年（1459），郑氏家族合族聚居十五世，共 300 多年，以孝义治家闻名于世，故称郑义门。

长达168条的传世家训《郑氏规范》，被誉为中国传统家训的典范。其事迹载入《宋史》《元史》《明史》。

②东明山：位于浙江浦江郑宅镇东明村附近。海拔60米。郑氏同居第五世郑德璋在此创立东明精舍，成为东明书院的前身。吴莱、宋濂曾在此讲学。

③岧岧［tiáo tiáo］：高貌。

④桃李艳新蹊：比喻人只要真诚、忠实，就能感动别人。语出《史记·李将军列传》："谚曰：'桃李不言，下自成蹊。'此言虽小，可以谕大也。"

⑤清籁：清响。

⑥邛壑：丘壑。

⑦义门桥：位于浙江浦江郑宅镇冷水塘沿村白麟溪上，清乾隆十八年（1753）建。

⑧古躅：古迹。

旌门：旌表门闾。

⑨亚：繁体字作"亞"。栏杆上有"亞"字形的花纹图案。

⑩剜剔：挖削剔除。

⑪五皓：指明朝永乐年间（1403—1424），浙江浦江郑义门的五位白发老人郑榦、郑棠、郑楷、郑柏、郑柎。

携筇：拄杖。

⑫悬柏原：位于浙江浦江郑宅镇丰产村荷厅。为郑义门同居始祖郑绮及其母亲张氏、夫人傅氏合葬的墓地。

⑬作：起，死而复活。

⑭丸丸：高大挺直貌。

⑮敛衿：犹敛衽，整饬衣襟，表示恭敬。

棘门：古代帝王外出，在止宿处插戟为门，称为棘门。棘，通"戟"。此处指墓门。

⑯慈帷：母亲的代称。

⑰桃花涧：位于浙江浦江郑宅镇，源出玄鹿山西侧，由西北向东南流入白麟溪。两岸栽种桃花，故名。系"玄鹿八景"之一。

玄鹿山：位于浙江浦江郑宅镇北，为阁高尖南支余脉。海拔268米。山西麓有玄鹿八景摩崖石刻。玄，原作"元"，清代为避清圣祖玄烨的讳，改为"玄"为"元"。今改回。

⑱前武：前人的足迹。

⑲溅溅：水急流貌。

⑳蕊珠：即蕊珠岩。系"玄鹿八景"之一。

㉑飞泉洒红雨：此句描写"玄鹿八景"之一的飞雨洞。

㉒修禊［xì］：古代民俗。人们于农历三月上旬的巳日，来到水边嬉戏，以祓除不祥，称为修禊。宋濂著有《桃花涧修禊诗序》。

潺湲：水慢慢流动貌。

㉓流觞：即曲水流觞，是古代民间的一种传统习俗。农历三月初三上巳日，人们举行祓禊仪式后，大家坐在河渠两旁，在上游放置酒杯，任其顺流而下，停在谁的面前，

谁就取杯饮酒，意谓除去灾祸不吉。

㉔上巳：三月上旬的巳日。旧俗以此日在水边洗濯污垢，祭祀祖先，叫作祓禊、修禊、禊祭。魏晋以后，把上巳节固定为农历三月三日。此后，这天便演变成水边饮宴、郊外游春的节日。

恭祝盘洲夫子七旬荣寿 (二首)①

盘水渊源深复深②，扁舟孰是可追寻。一杯差幸沾余泽，半掬曾能溉上林③。菡萏花开香自昔，蒤蘠英绽寿如今④。他年有客来相访，铭石犹将卜国琛⑤。

绿树丛中结草堂，牙签万卷叠青箱⑥。方吴著作成千古⑦，柳宋才华滞一乡⑧。彩笔有人图寿客，村醪聊尔进霞觞⑨。平园风月增多少⑩，撰杖遥吟莆禄康⑪。

（辑自民国己丑年续修《盘溪周氏宗谱》）

【注释】

①盘洲：即周璠（1734—1803），字鲁玛，号盘洲。浙江浦江檀溪镇潘周家村人。岁贡生，海盐县学训导。王可仪早年曾向周璠问学。

②盘水：即盘溪。浙江浦江檀溪镇潘周家村东侧的大元溪，汇入西侧的壶源江（俗称大溪），双溪将村庄盘绕，故称。

③半掬曾能溉上林：半捧盘溪水竟然能够灌溉皇帝的上林苑。因周璠的学生戴殿泗中金殿传胪，任翰林编修，系皇帝的近臣，故称。曾，竟。上林，秦汉时期的宫苑名，此处指皇宫。

④蒤蘠 [chí qiáng]：菊的别称。

⑤国琛：国宝。比喻有德才的人。

⑥牙签：系在书卷上作为标识，以便翻检的签牌，是用牙骨等制成的。

青箱：即青箱世业。形容代代相传的读书生活。典出《宋书·王准之传》："自是家世相传，并谙江左旧事，缄之青箱，世人谓之王氏青箱学。"

⑦方吴：指方凤、吴莱。

方凤（1241—1322）：字韶卿、韶父（按，凤韶，相传为虞舜时的乐曲），一字景山，自号岩南老人。浙江浦江仙华街道方宅村人。南宋末年恩授容州文学。著有《存雅堂稿》等。

吴莱（1297—1340）：本名来凤，字立夫（按，出自成语"鸿鶱凤立"），门人私谥渊颖先生。浙江浦江前吴乡前吴村人。著有《渊颖吴先生集》。

⑧柳宋：指柳贯、宋濂。

柳贯（1270—1342）：字道传（按，《汉书·司马迁传》"贯穿经传，驰骋古今"）。浙江浦江通化乡（今兰溪梅江镇柳村）人。元代文学家、诗人、哲学家、教育家、书画家。

宋濂（1310—1381）：字景濂，号潜溪。浙江金华孝善里潜溪（今金东区傅村镇上柳家村）人。元末明初政治家、文学家、史学家、思想家。著有《宋学士全集》七十五卷。

⑨村醪［láo］：村酒。

霞觞：犹霞杯。对杯子的美称。

⑩平园：即邵平园。典出《三辅黄图》卷一《都城十二门》："广陵人邵平为秦东陵侯。秦破，为布衣，种瓜青门外，瓜美，故时人谓之'东陵瓜'。"比喻安于俭朴恬淡的田园生活。

⑪撰杖：谓侍奉长者。语出《礼记·曲礼上》："侍坐于君子，君子欠伸，撰杖履，视日蚤莫，侍坐者请出矣。"

茀［fú］禄康：有福气，有俸禄，有健康。语出《诗经·大雅·卷阿》："尔受命长矣，茀禄尔康矣。"茀，通"福"。

王可大

王可大（1773—1842），字功甫，庠名燮，字用和，号次轩，行弟十五。浙江浦江郑宅镇前店村旭升堂第六世。邑庠生。系王龄次子，娶黄宅镇桂花明堂村黄律元次女（1768—1806），生王思孟、王思豫二子；继娶陈氏（1787—1838），生王思鲸、王思京二子。著有《里下荒谈诗草》八卷、《诗韵通释会参》二十卷。

读陶诗①

季春尚闲暇，把卷偶一展。清风徐徐来，倏与情胥远②。借问此何为，陶公乃独善③。随分觅所安，理充欲自淡。自从挂冠归④，荣悴非所管⑤。白云望空驰，飞鸟向林返。万古匪为遥⑥，未识于今晚。接米想风徽⑦，披图足流览。令我日夕看，长天碧蓝染。

（辑自〔清〕郑楳《浦阳历朝诗录》卷二十二）

【注释】

①陶诗：指东晋田园诗人陶潜的诗文，感情真挚，朴素自然。共传世诗125首，文12篇。后人编为《陶渊明集》。

②胥：相。

③陶公：陶潜（352或365—427），字元亮，晚年更名潜，字渊明，别号五柳先生，私谥靖节，世称靖节先生。浔阳柴桑（今江西九江）人。东晋田园诗人。

④挂冠：比喻辞去官职。

⑤荣悴：指荣枯。比喻人世的盛衰。

⑥匪：同"非"。

⑦风徽：风范，美德。

宝掌冷泉歌①

宝掌之山冠金浦②，寻幽选胜自今古。层峦叠嶂相勾连，不时岚气蒸云雨。上界高接仙华山③，下方泚泚流清泉④。香甘好比金茎露⑤，承来石罅时涓涓。鱼虾不到水常涌，半壁凝成雪霜重。浮光掩映指生寒，探取源头神益竦⑥。自来老衲寿盈千，行尽中州数百年⑦。手持一杖握玄妙⑧，大瓢贮月资参禅。更开深袅吴夫子⑨，乍拨荒林旋挹水⑩。遥从一脉溯渊源，际此风流共标美。揽之真堪涤俗襟，聊资一掬清我心。

（辑自〔清〕郑楳《浦阳历朝诗录》卷二十二）

【注释】

①宝掌冷泉：旧"浦阳十景"之一。宝掌，山名，位于今浙江浦江仙华街道寺口村北，以泉、石、洞、寺著称。相传，唐代宝掌禅师曾栖于此，故名。谷中多泉水，以宝掌冷泉为胜，常年不枯。

②金浦：金华市浦江县。

③仙华山：俗名仙姑山，主峰少女峰，相传因轩辕黄帝幼女元修在此升仙而得名。位于今浙江浦江仙华街道，为登高山南支脉。海拔720米。

④泚泚［cǐ cǐ］：清澈貌。

⑤金茎露：传说汉宫承露盘中的露，和玉屑服用，可得仙道。

⑥竦［sǒng］：恭敬，肃敬。

⑦自来老衲寿盈千，行尽中州数百年：相传，宝掌和尚（前414—657）是印度人。出生时左手握拳，至七岁剃发始展掌，故取名宝掌。魏晋间（220—420），东游中土，历时数百年。唐太宗贞观十五年（641），居浙江浦江宝严寺，于唐高宗显庆二年（657）圆寂，寿达千余岁，故世称宝掌千岁和尚。老衲，年老僧人。中州，中原。

⑧玄：原作"元"。清代为避清圣祖玄烨的讳，将"玄"改为"元"。今改回。

⑨深袅：山名。位于浙江浦江前吴乡，距县城西三十里，旧称浦阳江发源地。元大儒吴莱曾在此隐居读书。

吴夫子：吴莱（1297—1340），本名来凤，字立夫，门人私谥渊颖先生。浙江浦江前吴乡前吴村人。著有《渊颖吴先生集》。

⑩挹水：舀水。

闲庭偶咏

晴窗晓气荡层阴，旁午支吾树色深①。半榻风情容短睡，一帘花影衬长吟。苔痕点点如摹画，涧水泠泠学鼓琴②。知否有人愁日暮，叱耕户外数声侵③。

（辑自〔清〕郑柟《浦阳历朝诗录》卷二十二）

【注释】

①旁午：纵横。

支吾：支撑。

②泠泠［líng líng］：清凉。原文作"冷冷"，形近而误。

③叱耕：喝叱耕牛。

题半月池①

凿得新池水，长惊半月留。纵非三五夜②，不异广寒游③。潋滟浓于酒④，光辉近在楼。方塘开一鉴⑤，今古兴同幽。

（辑自〔清〕郑祖涝《乐清轩外编》卷五）

【注释】

①半月池：位于浙江浦江郑宅镇枣树园村。

②三五夜：农历十五日夜晚。

③广寒：即广寒宫，古代神话传说中月球上的宫殿。

④潋滟：形容水波荡漾。

⑤方塘开一鉴：语出〔南宋〕朱熹《观书有感》："半亩方塘一鉴开，天光云影共徘徊。"

姬山氏六十寿①

六十诗翁鬓未华，小春天气伴梅花②。文章今古关心久，世路艰深阅境赊。抛却虚名谈海枣③，可堪旧事记滕瓜④。我来捧读《栾栾草》⑤，胜酌瑶觞泛九霞⑥。

（辑自〔清〕郑祖涝《乐清轩外编》卷七）

【注释】

①姬山氏：郑祖涝（1761—1830），字和颖，号箕山，别号卧云子，又名祖芳，号姬山。浙江浦江郑宅镇枣树园村人。

②小春：指农历十月。早梅在农历十月开放。

③海枣：传说中的果名。典出《晏子春秋·外篇下十三》："景公谓晏子曰：'东海之中，有水而赤，其中有枣，华而不实，何也？'"比喻虚妄不实的事物。

④滕瓜：指滕昙恭访瓜的典故。典出《南史·滕昙恭传》："年五岁，母杨氏患热，思食寒瓜，土俗所不产。（滕）昙恭历访不能得，衔悲哀切……桑门（和尚）曰：'我有两瓜，分一相遗。'还以与母，举家惊异，寻访桑门，莫知所在。"形容子女孝顺父母。

⑤《栾栾草》：郑祖涝作于清乾隆庚戌年（1790），收录悼念亡父郑遵兆的诗歌三十首。

⑥瑶觞：玉杯。

九霞：九天的云霞。

姬山氏七十寿 (二首)①

萝岫饶奇彦②，麟溪萃隽流③。清徽曾继武④，雅度足贻谋⑤。著作千秋业，声名万古留。如兹清可乐，明月定前修⑥。

壶里韶光好，相期庆七旬。鹤苍方益毳⑦，松劲更生麟。雨露从天渥⑧，箕裘累叶新⑨。十年一祝嘏⑩，又醉小阳春⑪。

（辑自〔清〕郑祖涝《乐清轩外编》卷九）

【注释】

①姬山：郑祖涝（1761—1830），字和颖，号箕山，别号卧云子，又名祖芳，号姬山。浙江浦江郑宅镇枣树园村人。

②萝岫：青萝山。位于浙江浦江郑宅镇马鞍山村北，为石姆岭南支余脉。海拔134米。元末宋濂曾在青萝山南麓建青萝山房。

③麟溪：即白麟溪，流经浙江浦江郑宅镇。郑氏世居于此，称麟溪郑氏。

④清徽：犹清操。

继武：接上前人的脚印。

⑤贻谋：父祖对子孙的训诲。语出《诗经·大雅·文王有声》："诒厥孙谋，以燕翼子。"诒，同"贻"，遗留。

⑥前修：前贤。

⑦毳〔cuì〕：鸟兽的细毛。

⑧渥：沾湿。

⑨箕裘：比喻祖先的事业。语出《礼记·学记》："良冶之子，必学为裘；良弓之子，必学为箕。"箕，用荆条、柳条编织的器具。裘，用毛皮缝制的衣服。

⑩祝嘏〔gǔ〕：祝贺寿辰。

⑪小阳春：指农历十月。

续修锁月楼①

危楼百尺耸三层，为慕先人累次登。肯构非徒宏乃业②，更新不惮竭其能。门传孝义名相垺③，手摘星辰势欲腾。邀与吕仙频锁月④，问君几度许同升。

（辑自〔清〕郑楸《醉墨轩别编》卷二）

【注释】

①锁月楼：位于浙江浦江郑宅镇枣树园村。清嘉庆辛未年(1811)，作者王可大的姑父郑祖涝在乐清轩后建三层楼，称锁月楼。

②肯构：盖房子，比喻子承父业。语出《尚书·周书·大诰》："若考作室，既底[zhǐ]法，厥子乃弗肯堂，矧肯构？"

③埒[liè]：相等。

④吕仙：即吕洞宾，道教主流全真派祖师。名嵒，字洞宾，道号纯阳子，自称回道人，河东蒲州河中府（今山西芮城）人。锁月楼上供奉吕洞宾铜像。

王可嘉

王可嘉（1778—1846），字肇锡，号坪南，行弟廿五。浙江浦江郑宅镇前店村旭升堂（新屋里）第六世。邑庠生。系王舟之子，娶黄宅镇桂花明堂村黄兆炟〔dá〕之女（1780—1862），生王思兼、王思胜、王思奠、王思永四子。

姬山氏六十寿 (四首)①

天生妙笔擅词场，绮岁耽吟老更狂②。十月生辰春尚小③，六旬周甲日初长④。居还近市心如水，醉不逃筋鬓欲霜。半亩松阴三径竹⑤，年来一一待平章⑥。

乐清轩畔日凭栏⑦，回首当年百虑攒⑧。棣鄂惊风摧韡韡⑨，棘枝带雨咏《栾栾》⑩。空山春老鹃声急⑪，迥野秋高鹤势盘⑫。自古甘原从苦得，别开新境海天宽。

楼起三层接太清⑬，塘开一鉴漾空明⑭。南宫书画船中泛⑮，北海樽罍座上倾⑯。济世有方皆玉液⑰，敲诗无字不金声⑱。洛阳纸价增如许⑲，总为新编始刻成。

鲰生倚玉愧兼葭⑳，欲续阳春也献巴㉑。案上双卮斟竹叶㉒，庭前三箭茁兰芽㉓。外孙真可称黄绢㉔，蒨子还能补白华㉕。伫待天边丹诰赐㉖，筵开七秩寿无涯。

（辑自〔清〕郑祖涝《乐清轩外编》卷七）

【注释】

①姬山：郑祖涝（1761—1830），字和颖，号箕山，别号卧云子，又名祖芳，号姬山。浙江浦江郑宅镇枣树园村人。

②绮岁：青春，少年。

③春尚小：小春，指农历十月。

④周甲：指满一个甲子，六十岁。

⑤三径：指归隐者的家园。典出〔东汉〕赵岐《三辅决录·逃名》："蒋诩归乡里，荆棘塞门，舍中有三径，不出，唯求仲、羊仲从之游。"

⑥平章：评处，商酌。

⑦乐清轩：位于浙江浦江郑宅镇枣树园村。系郑祖涝的祖父郑若麟的别墅。

⑧攒：聚集。

⑨棣鄂惊风摧韡韡〔wěi wěi〕：比喻兄弟相残。语出《诗经·小雅·常棣》："常棣之花，鄂不韡韡。凡今之人，莫如兄弟。"棣鄂，常棣花萼，比喻兄弟。韡韡，光明华美貌。据〔清〕张汝房《中宪大夫姬山郑君行述》记载："乾隆己亥（1779），君年十九，

遘乃兄非常之变，株连留系逾年，始得释。"郑祖涝年轻时曾遭遇兄弟之变，受到株连，入狱多年。

⑩棘枝带雨咏《栾栾》[luán luán]：形容痛哭流涕写悼念亡父的诗歌《栾栾草》。语出《诗经·国风·桧风·素冠》："庶见素冠兮，棘人栾栾兮，劳心慱慱[tuán tuán]兮。"带雨，沾着雨点，形容哭泣时的姿态。栾栾，身体瘦瘠貌，此处指《栾栾草》。

⑪鹃声：指杜鹃鸟的鸣叫声。杜鹃鸟口腔上皮和舌部都为红色，古人误以为它啼得满嘴流血。形容极度哀痛。

⑫鹤势盘：飞鹤在空中盘旋，不愿轻徙。形容留恋家乡，不愿离开。

⑬太清：天空。

⑭塘开一鉴：语出〔南宋〕朱熹《观书有感》："半亩方塘一鉴开，天光云影共徘徊。"

⑮南宫书画船中泛：泛称文人学士的游船。语出〔北宋〕黄庭坚《戏赠米元章》诗之一："沧江静夜虹贯月，定是米家书画船。"〔北宋〕任渊注："崇宁间（1102—1106），元章为江淮发运，揭牌于行舸之上，曰'米家书画船'云。"米芾（1051—1107），本名黻，字元章，湖北襄阳人。北宋徽宗诏为书画学博士，又称米襄阳、米南宫。

⑯北海樽罍[zūn léi]座上倾：比喻主人好客。典出《后汉书·孔融列传》："性宽容少忌，好士，喜诱益后进。及退闲职，宾客日盈其门。常叹曰：'坐上客恒满，尊中酒不空，吾无忧矣。'"北海，东汉末孔融为北海相，时称孔北海。樽罍，泛指酒器。樽，古代盛酒的器具。罍，古代一种酒器，多用青铜或陶制成。

⑰玉液：道家炼成的所谓仙液。

⑱敲诗：推敲诗歌。　金声：比喻音韵响亮、和谐。

⑲洛阳纸价增如许：即洛阳纸贵。典出《晋书·左思传》："（左思作《三都赋》成）于是豪贵之家竞相传写，洛阳为之纸贵。"比喻作品有价值，广为流传。

⑳鲰生：浅薄愚陋的人。此处为作者自谦。

倚玉蒹葭：低贱的芦荻倚着高贵的玉树。比喻两个品貌、地位极不相称的人在一起。深溪王氏旭升堂广有产业，富而不贵；麟溪郑氏玄鹿山房世代诰封，家世清贵。此处指王氏与郑氏联姻，是作者自谦高攀之辞。

㉑欲续阳春也献巴：典出〔战国楚〕宋玉《对楚王问》："客有歌于郢中者，其始曰《下里》《巴人》，国中属而和者数千人……其为《阳春》《白雪》，国中属而和者不过数十人。"阳春，《阳春》《白雪》，比喻高雅的文学艺术。巴，《下里》《巴人》，比喻通俗的文学艺术。

㉒卮：古代盛酒的器皿。

竹叶：酒名，竹叶青。泛指美酒。

㉒三箭：唐代名将薛仁贵领兵攻打天山的九姓突厥，连发三箭，射死三人。典出《旧唐书·薛仁贵传》："军中歌曰：'将军三箭定天山，战士长歌入汉关。'九姓自此衰弱，不复更为边患。"比喻才能杰出。

㉓兰芽：比喻子弟挺秀。

㉔外孙真可称黄绢：典出〔南朝宋〕刘义庆《世说新语·捷悟》："（杨修从）碑背

上见题作'黄绢幼妇，外孙齑臼'八字……（杨）修曰：'黄绢，色丝也，于字为
'绝'；幼妇，少女也，于字为'妙'；外孙，女子也，于字为'好'；齑臼，受辛也，于
字为'辤'（'辞'的异体字），所谓'绝妙好辞'也。"比喻美妙的文辞。

㉕蔚子还能补白华：比喻奉养孝敬双亲。《诗经·小雅·南陔序》："《南陔》，孝子
相戒以养也。《白华》，孝之洁白也。"《白华》本是《诗经·小雅》中的一篇，系笙诗，
有声无词。西晋束皙为了补《诗经》中《南陔》《白华》等六篇笙诗，写了《补亡诗六
首》，其二就是《白华》，有"蔚蔚士子，涅（染）而不渝"之句。蔚子，即蔚蔚士子，
意谓鲜明的读书人。

㉖丹诰：帝王封赠的文书。

王可仔

王可仔（1790—1839），字元弼（按，仔，担任。元弼，首席辅臣，指宰相。字义相延），号竹亭，行弟六十。浙江浦江郑宅镇前店村旭升堂第六世。职员宣课使。系王龄第七子，娶黄宅镇桂花明堂村黄耳鼎女（1788—1836），生王思统、王思继二子。

受鹤塘地原序①

　　道光十七年丁酉暮春②，余游于六山背③。适值一人曰："子盖于此寻风水也。吾有一地，视之久矣！未尝泄也。盍其游诸④！"余即随之往，但觉草木畅茂，清风徐来。余曰："快哉！此地洵可乐也⑤。子将为避暑之计乎！"其人不言而去。

　　迨后⑥，时值仲冬，事稍宽闲，暂捧一书而视之。童仆来前曰："有先生至。"便与道殷勤，通款洽⑦，谈及山水之事，最足移情。余问："所视有善地否？"曰："有，地在鹤塘。"余曰："夫鹤塘，吾父昔曾有买之者⑧，吾兄又有买之者⑨，夫岂犹有遗地哉！况游其地者不仅数千人，葬其地者不仅数千人，而且闻其所买之价，非数十两则数百两，甚至千数百余两。此皆几经审视，几费心思，而后买之也夫。岂犹有遗地哉！"先生曰："天生风水所系非轻，人之得之自有数焉！而谓竭力以寻，千金其价，果得之乎？吾子其游之！"

　　乃与偕往，载欣载奔⑩。未至之时，则见崎岖踊跃，烟树迷离。前行数百步，豁然开朗，水光接天，其间丘陵之宛转，岗阜之回还⑪，目不暇接。复前行，示吾以龙⑫，曰："此为正干⑬，突起穴山⑭，山名吉富⑮，巍然高峻，卓荦不群。"二人且坐其下。

　　未几，夕阳在山，林鸦争集。予曰："时将暮矣，盍且归欤⑯！"起而未行，忽有一人，白发苍然，负耒荷蓧⑰，近前而言曰："此地可易，其价且廉。至此地者往往忽诸，汝其细视之！"而予与先生皆然其言，归而不顾。

　　阅数日⑱，先生与予复谈前此所视之地，不可多觏⑲，但不知其果可易否也？顾请地主商之⑳。于是，同往有地之家，问之曰："吉富山中，汝有地乎？"对曰："有。"问："可易否？"曰："吾向欲易，今先生若买此地，固所愿也。"请其价，价果廉。遂写契易就，不日而成。

　　自此以后，朋友亲戚来审此地者，皆以为得地也云尔㉑。因特请义邑杨贞斋同义门郑麓梅二先生㉒，皆善视地者，往而视之，喜出意外，其赞言日不胜述也。

　　此吾受此地之由也。乃自记之。

（辑自清同治辛未年续修《深溪义门王氏宗谱》卷十四）

【注释】

①鹤塘：池塘名。位于浙江浦江黄宅镇西部，尾部有两条山岗，山清水秀，藏风聚

气。按风水理论，系发福地。

②道光十七年丁酉：1837 年。

③六山背：地名。位于浙江浦江，当在黄宅鹤塘一带，具体方位待考。

④盍：何不。

其：表示请求。

诸："之乎"的合音。

⑤洵：实在。

⑥迨：等到。

⑦款洽：亲密，亲切。

⑧父：指王龄（1751—1819），字梦九，号埜园，又号兰庭。浙江浦江郑宅镇前店村旭升堂第六世。例贡生，候选儒学训导。

⑨兄：指王可在（1786—1846），字明德，号文治。浙江浦江郑宅镇前店村旭升堂第六世。系王龄第六子。参见本书〔清〕王可仪《风水说为弟一升作》。

⑩载欣载奔：一面心里高兴，一面加快脚步。载，文言助词。

⑪丘陵之宛转，岗阜之回还：在鹤塘的尾部，原先有两条逶迤的山岗，山环水抱。二十世纪初，划入浦江县经济开发区，已被推平。

⑫龙：风水学术语，指连绵不断、起伏盘旋的山峦、峰岭。

⑬正干：主干。

⑭穴山：风水学上称结穴所在地为穴山。

⑮吉富：鹤塘西侧的小山。

⑯盍且：何不暂且。

⑰负耒：背负耕地农具。

荷莜［diào］：背着除草的农具。莜（筱），原作"筱（篠）"，形近而误。

⑱阅：经历，经过。

⑲觏［gòu］：遇见。

⑳地主：田地的主人。

㉑云尔：用于语尾，表示如此而已。

㉒杨贞斋（生卒年不详）：浙江义乌人。大约生活在清乾隆、嘉庆、道光年间，精堪舆。

郑麓梅：郑训滺（1794—1861），字辑川（按，《集韵》"滺，水流貌"。"滺"与"川"字义相类），号玉膏，别号麓梅，行芳三百六十四。浙江浦江郑宅镇后溪村人。府庠生。

王可枢

王可枢（1818—1863），字一清，又字凤翔（按，《管子·水地》"故水一则人心正，水清则民心易……其枢在水"；《三辅黄图》"铸铜凤高五尺，饰黄金，栖屋上，下有转枢，向风若翔"）；庠名照临，号旸谷，行弟一百八十九。浙江浦江郑宅镇前店村旭升堂第六世。府庠生。系王镐次子，娶璩氏（1817—1862），生一子王思贤。

秋日登锁月楼 <small>（乐清轩课，不拘体韵）</small>①

危楼高耸列三层，秋色萦人喜共登。此日元龙堪作侣②，当年庾亮谁为朋③。情连麟水清光映④，目极驹山（一名朱山）翠黛凝⑤。顾兔添来无限思⑥，云逵那不羡飞腾⑦。

（辑自〔清〕郑楳《醉墨轩别编》卷四）

【注释】

①锁月楼：位于浙江浦江郑宅镇枣树园村。清嘉庆辛未年(1811)，郑祖涝在乐清轩后建三层楼，称锁月楼。

乐清轩：位于浙江浦江今郑宅镇枣树园村。系郑祖涝祖父郑若麟的别墅。

课：功课，作业。

②元龙：陈登（169—207），字元龙（按，《后汉书·党锢列传·李膺》"士有被其容接者，名为登龙门"）。东汉下邳淮浦（今江苏涟水西）人。性格豪放，故有"元龙豪气"之称。典出《三国志·魏书·陈登传》："（许）汜曰：'陈元龙湖海之士，豪气不除。'……（刘备）曰：'君（许汜）求田问舍，言无可采，是（陈）元龙所讳也，何缘当与君语？如小人，欲卧百尺楼上，卧君于地，何但上下床之间邪？'"

③庾亮（289—340）：字元规（按，亮，诸葛亮；规，《诫子书》。诸葛亮临终前写《诫子书》曰"非澹泊无以明志，非宁静无以致远"）。颍川郡鄢陵县（今属河南）人。东晋名士，姿容俊美，风流偶傥。典出《世说新语·容止》："庾（亮）太尉在武昌，秋夜气佳景清，佐吏殷浩、王胡之之徒登南楼理咏。音调始遒，闻函道中有屐声甚厉，定是庾公。俄而率左右十许人步来，诸贤欲起避之，公徐云：'诸君少住，老子于此处兴复不浅。'因便据胡床与诸人咏谑，竟坐甚得任乐。"

④麟水：白麟溪，流经浙江浦江郑宅镇。郑氏世居于此，称麟溪郑氏。

⑤驹山：一名朱山，又名朱坞。位于浙江浦江郑宅镇北，为阆高尖南支余脉。海拔268米。古代多枫林，秋季枫叶染红，故名。元末自宋濂主讲东明精舍后，品题为玄鹿山，与白麟溪对仗。山西麓有玄鹿八景摩崖石刻。

⑥顾兔：亦作"顾菟"。传说月中阴精积成兔形，后为月亮的别名。语出《楚辞·天问》："厥利维何，而顾菟在腹？"〔东汉〕王逸注："言月中有菟，何所贪利；居月之腹，而顾望乎？"〔宋〕洪兴祖补注："菟，与兔同。"

⑦云逵：云路。逵，四通八达的道路。

王可楣

　　王可楣（1823—1861），字次君（按，《礼记·乡射礼》"序则物当栋，堂则物当楣"，〔东汉〕郑玄注"五架之屋，正中曰栋，次曰楣"），行弟二百十九。浙江浦江郑宅镇前店村旭升堂第六世。系王镐第三子，娶吴氏（1817—1862），生王思宾、王思钏、王思慎三子。

秋日登锁月楼（乐清轩课，不拘体韵）①

　　何须九日忆同游②，抛却巉岩任远眸③。级拔三层堪锁月④，身居百尺此登楼。驹山自古横空翠⑤，麟水于今绕碧流⑥。可有高人吹玉笛，一声天际白云留。

（辑自〔清〕郑楸《醉墨轩别编》卷四）

【注释】

　　①锁月楼：位于浙江浦江郑宅镇枣树园村。清嘉庆辛未年(1811)，郑祖涝在乐清轩后建三层楼，称锁月楼。

　　乐清轩：位于浙江浦江郑宅镇枣树园村。系郑祖涝祖父郑若麟的别墅。

　　课：功课，作业。

　　②九日：指九月九日，重阳节，民间有登高的习俗。

　　③巉〔chán〕岩：高而险的山岩。

　　④级：台阶。

　　⑤驹山：一名朱山，又名朱坞、玄鹿山。位于浙江浦江郑宅镇北，为阁高尖南支余脉。海拔268米。

　　⑥麟水：即白麟溪，流经浙江浦江郑宅镇。郑氏世居于此，称麟溪郑氏。

王思韩

王思韩（1792—1862），字昌期，号冠唐，庠名鹿鸣，行良一。浙江浦江郑宅镇前店村旭升堂第七世。系王可仪长子，娶张氏（1790—1813），生一子王兴讷；继娶骆氏（1796—1861），生一子王兴诗。

续修锁月楼（二首）①

百尺楼高喜更新，规模应不改前人。回头但觉松楸老②，即席犹思笑语亲。四壁歌题留旧迹，一时欢燕集嘉宾。可能复遇陶弘景③，梯上三重引步频。

忆昔追随杖履年④，春风秋月思悠然。一声长笛人谁倚⑤，百首新诗我尚编。鸟次雕窗鸣旧侣，云生画栋结新缘。高怀最是能绳武⑥，兀坐还恒伴吕仙⑦。

（辑自〔清〕郑楙《醉墨轩别编》卷三）

【注释】

①锁月楼：位于浙江浦江郑宅镇枣树园村。清嘉庆辛未年(1811)，郑祖涝在乐清轩后建三层楼，称锁月楼。

②松楸：松树与楸树。墓地多植，因以代称坟墓。在锁月楼的南侧里许，就是郑祖涝父亲郑遵兆的坟墓。

③陶弘景（456—536）：字通明，号华阳隐居，南朝梁时丹阳秣陵（今江苏南京）人，人称"山中宰相"。详见本书〔清〕王可仪《三层楼记》。弘，原作"宏"，音近而误。

④杖履：手里拿着老人的手杖和鞋子，追随左右。

⑤长笛：指山阳笛。三国时期魏国的嵇康、吕安被司马昭杀害后，他们的好友向秀经过嵇康的旧居山阳，听到邻人的笛声而怀念亡友，写了《思旧赋》。详见本书〔清〕郑祖涝《哭王埜园》。

⑥绳武：即绳其祖武，继承祖先的业迹。语出《诗经·大雅·下武》："昭兹来许，绳其祖武。"〔南宋〕朱熹集传："绳，继；武，迹。"

⑦吕仙：指神仙吕洞宾。锁月楼上供奉着他的铜像。

秋日登锁月楼 （四首）①

每到高秋念旧盟，登楼相赏最移情。清光心自牢关锁，晦朔长如皓月明②。

月明如水净胸襟，不受尘埃半点侵。追忆当年陪讲席，阑干共倚听寒砧③。

寒砧隐约漏声长④，夜薄难禁月色凉。便想蟾宫森桂馥⑤，天风吹下满楼香。

楼香诗酒自相宜，此夕清辉照与谁？最是主人无限意，楼名锁月动翘思⑥。

（辑自〔清〕郑楸《醉墨轩别编》卷四）

【注释】

①锁月楼：位于浙江浦江郑宅镇枣树园村。清嘉庆辛未年(1811)，郑祖涝在乐清轩后建三层楼，称锁月楼。

②晦朔：农历每月的末一天和下个月的第一天。

③阑干：栏杆。

寒砧［zhēn］：指寒秋的捣衣声。

④漏声：铜壶滴漏之声。

⑤蟾宫：指月亮。传说月亮里有一只三足蟾蜍。

⑥翘思：悬想。

重建惟仁斋①

白麟波涨自沄沄②，卜筑溪南为乐群。斋榜惟仁绳祖武③，房承玄鹿蔚人文④。桃花涧细延余润⑤，悬柏原高挹旧薰⑥。从此广招三益友⑦，雍容直谅又多闻。

（辑自清·郑楸《醉墨轩别编》卷五）

【注释】

①惟仁斋：明初湖广道监察御史郑榦始建的别墅，位于浙江浦江郑宅镇枣树园村白麟溪南侧，清末由其裔孙郑楸重建。

②白麟：即白麟溪，流经浙江浦江郑宅镇。郑氏世居于此，称麟溪郑氏。

沄沄［yún yún］：水流汹涌貌。

③榜：题署。

绳祖武：继承祖先的足迹。语出《诗经·大雅·下武》："昭兹来许，绳其祖武。"〔南宋〕朱熹集传："绳，继；武，迹。"

④玄鹿：即玄鹿山房。位于浙江浦江郑宅镇枣树园村。清代因避清圣祖玄烨的讳，将"玄"改"元"。今改回。

⑤桃花涧：位于浙江浦江郑宅镇，源出玄鹿山西侧，由西北向东南流入白麟溪。两岸栽种桃花。系玄鹿八景之一。

⑥悬柏原：位于浙江浦江郑宅镇丰产村荷厅。为郑义门同居始祖郑绮及其母亲张氏、夫人傅氏合葬的墓地，今尚存。

⑦三益友：正直、守信、见闻广博这三种有益的朋友。典出《论语·季氏篇》："孔子曰：'益者三友，损者三友。友直，友谅，友多闻，益矣。'"谅，信实。

忠智公崇祀乡贤纪事①

坏云压城头，火爇宫廷炽②。一龙翔云入，一龙潜身避③。仓皇度水关，计出铁函秘④。当时从亡者，矢心用不贰。卓哉忠智公，夙秉义门义⑤。翰苑萤英声⑥，萝山毓精粹⑦。待诏佐建文⑧，谓致升平治。天汉扫欃枪⑨，燕云走犷骑⑩。咄咄陈与童⑪，倡叛肆无忌。贵若曹国公⑫，亲若谷王橞⑬。望麾辄迎拜，枉受干城寄⑭。公独励臣节，夷险同一致。江湖多风波，卅载阅劳勚⑮。非不慕正学⑯，恸哭笔投地。非不企景清⑰，怀刃拼一试。人尽效捐躯，孰与执鞭辔⑱。尽瘁斯为忠，保主斯称智。杵臼与程婴⑲，岂以生死异。丈夫誓许国，不洒穷途泪。埋骨向天涯，荒冢竟无志。阐幽待后人，旷代重追企。羹调南涧苹⑳，衣制西江芰㉑。杯酒酹忠魂㉒，清风飒然至（二十二韵）。

（辑自〔清〕郑楳《希忠录》卷一）

【注释】

①忠智公：浙江浦江郑宅镇义门郑氏第八世郑洽（1343—1422），又名系，字行逵（按，《周书·于翼传》"即日澍雨霶洽，岁遂有年"）。官至翰林待诏。明建文四年（1402）六月，燕王朱棣的军队攻陷南京，"宫中火起，帝不知所终。燕王遣中使出帝后尸于火中，越八日，壬申，葬之。或云，帝由地道出亡"（《明史·恭闵帝本纪》）。相传，建文帝随行的22个官员中，就有郑洽，曾在郑义门暂住，至今留下建文井、老佛社等遗迹。朱棣登基后，《白麟溪义门郑氏宗谱》将郑洽的姓名削去。明万历四十七年（1619），朝廷为"靖难之役"中罹难的大臣平反昭雪，郑洽之名遂重见宗谱。清道光二十五年（1845），金际照等请祀乡贤祠，郑洽被私谥为"忠智"。次年，郑氏族人郑楳广征诗文，编为《希忠录》。卷一收录义乌骆兆爌［kuàng］诗《时道光丙午新春，读义门郑竹岩司厅为明翰林待诏令从先祖忠智公征诗文启，谨赋崇祀乡贤纪事七律二章，并嘱诸子作七排三首，寄请粲政（有序）》。王思韩的诗附于骆兆爌的诗之后。今单独成篇，标题为编者所加。

②蒻［ruò］：烧。

③一龙翔云入，一龙潜身避：指燕王朱棣进入南京，成为永乐帝，而建文帝朱允炆逃出南京，从此销声匿迹。

④仓皇度水关，计出铁函秘：相传南京陷落后，建文帝命人打开洪武帝留下的铁匣子，里面有度牒、袈裟。于是，乔装改扮，匆忙从御沟水关逃亡。

⑤义门：即浙江浦江郑义门（今郑宅镇）。郑氏家族从南宋建炎（1127—1130）初开始，至明天顺三年（1459）为止，十五世同居共食，长达300多年，称义门郑氏。

⑥翰苑：翰林院的别称。

⑦萝山：即青萝山。位于浙江浦江郑宅镇马鞍山村北，为石姆岭南支余脉。海拔134米。元末宋濂曾在青萝山南麓建青萝山房。

⑧待诏：即翰林待诏。唐玄宗开元元年（713）置，掌四方表疏批答，应和文章等事。后改为翰林供奉。明清为翰林院属官，秩从九品，掌校对章疏文史，为低级事务官。此处指郑洽。

建文（1398—1402）：明朝第二位皇帝朱允炆（1377—？）的年号。

⑨天汉：银河。

欃枪：彗星的别名。古人认为是凶星，主不吉，比喻叛乱。语出《尔雅·释天》："彗星为欃枪。"

⑩燕云：指北京地区。

矿［guō］骑：唐代宿卫兵名。后亦指骁勇彪悍、长于骑射之兵。

⑪陈与童：陈瑄与童俊，都是在明初的"靖难之役"中背叛建文帝、归附燕王的将领。据《明史·恭闵帝本纪》载："六月癸丑……都督佥事陈瑄以舟师叛附于燕"，"戊午，镇江守将童俊叛降燕"。

⑫⑬曹国公：李景隆（生卒年不详），江苏盱眙人，明朝将领，曹国公李文忠之子。

谷王橞：朱橞（1379—1428），明太祖朱元璋第十九子。在"靖难之役"中，李景隆和朱橞辜负建文帝的重托，打开南京金川门，放燕军入城。

据《明史·恭闵帝本纪》载："谷王橞及李景隆叛，纳燕兵，都城陷。"橞，原作"穗"，形近而误。

⑭干城：盾牌和城墙。比喻捍卫者。语出《诗经·国风·周南·兔罝［jū］》："赳赳武夫，公侯干城。"

⑮卌［xì］载：四十年。

劳勩［yì］：劳苦。

⑯正学：方孝孺（1357—1402），字希直，一字希古，号逊志。浙江宁海人。在汉中府任教授时，蜀献王赐名其读书处为正学，亦称正学先生或方正学。明初"靖难之役"后，方孝孺拒绝效忠朱棣，慷慨赴死。据《明史·方孝孺传》："（燕王）顾左右授笔札，曰：'诏天下，非先生草不可。'（方）孝孺投笔于地，且哭且骂曰：'死即死耳，诏不可草。'成祖怒，命磔［zhé］诸市。"

⑰景清（约1362—1403）：陕西真宁（今甘肃正宁）人。明洪武年间进士，授编修，改御史。朱棣登基后，以原官留任，欲于早朝时行刺，事败被杀。据《明史·景清传》：

"一日早朝，（景）清衣绯怀刃入。先是，日者奏异星赤色犯帝座，甚急。成祖故疑（景）清。及朝，（景）清独著绯。命搜之，得所藏刃。诘责，（景）清奋起曰：'欲为故主报仇耳！'成祖怒，磔死，族之。籍其乡，转相攀染，谓之'瓜蔓抄'，村里为墟。"

⑱鞭辔：鞭子和马笼头。借指随从效力。

⑲杵臼与程婴：据《史记·赵世家》记载，晋景公三年（前597），晋国大夫屠岸贾杀赵朔，灭其族。赵朔门客公孙杵臼与程婴商量，程婴抱赵氏真孤儿匿养山中，故意告发，令诸将杀死公孙杵臼及假孤儿。后晋景公听韩厥言，立赵氏后代赵武，诛屠岸贾。事成，程婴自杀，以报公孙杵臼。程婴和公孙杵臼相互配合救赵氏孤儿的忠义故事，后世广为传颂，编成戏剧。

⑳南涧苹：语出《诗经·国风·召南·采苹》："于以采苹？南涧之滨。"

㉑衣制西江芰：语出〔战国楚〕屈原《离骚》："制芰荷以为衣兮，集芙蓉以为裳。"西江，珠江上游三江中最长的支流，历史上以盛产荷花而闻名。

㉒酹〔lèi〕：把酒洒在地上，表示祭奠或起誓。

王思朝

王思朝（1800—1855），字迎曦，又字文三（按，〔唐〕韩愈《东都遇春》"朝曦入牖来，鸟唤昏不醒"，《周礼·秋官·朝士》"周天子诸侯，皆有三朝"），行良六。浙江浦江郑宅镇前店村旭升堂第七世。系王可仪第三子，娶陈氏（1802—1821）；继娶周氏（1811—1856），生王兴炉、王兴煜二子。

姬山氏七十寿 （六首）①

蓬岛随波凤往还②，何年小谪落人间③。披霞挹露心原淡，弄月敲风性自闲。藜杖每偕泉石伴④，柴扉早为利名关⑤。等身著作藏何处？小酉山兼大酉山⑥。

读罢瑶章俗虑消⑦，俨逢玉液把胸浇⑧。照来夙火参三昧⑨，仰到高风媲六朝⑩。好句如仙谁属和⑪？虚心比竹自忘骄。而今脱却窥天管⑫，拨雾能令眼界遥。

从来幽士兀忘年⑬，寄迹丘园草榻眠⑭。百尺楼台高莫并，四围山水望都全。兰绮芝圃怡情地，惠露仁风养性天。漫羡罗浮丹灶客⑮，晨昏辟谷漱清泉⑯。

麟溪春暖绿浮波⑰，闲访云亭载酒过⑱。为问解人能得几⑲，自怜木偶竟如何⑳。当年应悔空传钵㉑，此日何堪尚负蒭㉒。谨拟华筵申晋祝㉓，任教座客笑侬多。

海鹤衔书彩屋盘㉔，高堂更喜集双鸾。春厨羹待新人作，秋菊英留寿客餐。名世文章千世在，传家孝义一家完。从他百卉争春色㉕，剩有苍松耐岁寒。

鲰生怲尺戚还邻㉖，三世青箱守一经㉗。也仰品高齐望岳，其如心浊直同泾㉘。德崇自古天教寿，人杰由来地自灵。七十楚丘身矍铄㉙，延年千岁有松苓㉚（右谨和姑丈大人七十自寿诗韵六首）。

（辑自〔清〕郑祖涝《乐清轩外编》卷九）

【注释】

①姬山：郑祖涝（1761—1830），字和颖，号箕山，别号卧云子，又名祖芳，号姬山。浙江浦江郑宅镇枣树园村人。

②蓬岛：即蓬莱岛。传说中东海三座神山之一。

③小谪：指神仙谪降（尘世）。

④藜杖：用藜的老茎作的手杖，质轻而坚实。

⑤柴扉：柴门。指贫寒的家园。

⑥小酉山兼大酉山：即二酉。典出《太平御览》卷四十九引〔南朝宋〕盛弘之《荆州记》："小酉山上石穴中有书千卷，相传秦人于此而学，因留之。"古人以"书通二酉"比喻读书甚多，学识丰富精湛。

⑦瑶章：对他人诗文的美称。

⑧玉液：美酒。

⑨凤火参三昧：即火光三昧，教义名词。亦作火界定、火光定、火焰三昧等。由己身发出火焰之禅定，传为小乘实现"无余涅槃"的一种禅定。

⑩六朝：229—589 年，南方先后有三国孙吴、东晋和南朝宋、齐、梁、陈六个汉族政权在今南京建都，史称六朝。

⑪属和：和别人的诗。

⑫窥天管：通过竹管子的孔看天。语出《庄子·外篇·秋水》："是直用管窥天，用锥指地也，不亦小乎?"比喻见闻狭隘或看事片面。

⑬幽士：隐士。

兀忘年：一年到头勤劳不懈。

⑭丘园：家园，乡村。

草榻：简易的床铺。榻，原作"塌"，形近而误。

⑮罗浮丹灶客：指东晋时期曾经在岭南罗浮山上炼丹的葛洪。炼丹灶是用 24 块青石按道教阴阳八卦图形砌成，灶体由炉座、炉身、炉鼎三部分组成。

⑯辟谷：不吃五谷，一种方士道家修炼成仙的方法。

⑰麟溪：即白麟溪，流经浙江浦江郑宅镇。郑氏世居于此，称麟溪郑氏。

⑱云亭载酒：意谓教书为生。典出《汉书·扬雄传》："（扬雄）家素贫，耆酒，人希至其门。时有好事者载酒肴从游学。"云亭，即子云亭，在今四川绵阳，相传为西汉学者扬雄（字子云）读书处，故名。

⑲解人：善解人意的人。

⑳自怜木偶：意谓生活清贫。语出〔宋〕郑刚中《自怜》诗："木偶漂来万里身，自怜藏拙向三春。人穷但有哦诗债，意懒终无下笔神。屋后云深鸡失晓，厨中饭尽鼠嫌贫。五更小雨却堪喜，数垅寒蔬色已新。"

㉑传钵：传衣钵，继承祖业。

㉒负蓑：语出《诗经·小雅·无羊》："尔牧来思，何蓑何笠，或负其糇。"意谓牧人已经回来了，戴着斗笠披着蓑衣，背着干粮袋。何，同"荷"，披，戴。

㉓晋祝：进祝。

㉔海鹤衔书：典出〔北宋〕李昉《太平广记》卷二十五《元柳二公》载，唐宪宗元和初年，住在衡山的元彻、柳实二人坐船到浙东省亲，海上迷路，误入仙境，"忽有玄鹤，衔彩笺自空而至曰：'安期生知尊师赴南溟会，暂请枉驾。'"形容应邀赴宴。

㉕从：同"纵"。

㉖鲰生：浅薄愚陋的人。多作自称的谦辞。

㉗青箱：即青箱世业，形容代代相传的读书生活。典出《宋书·王准之传》："自是

家世相传，并谙江左旧事，缄之青箱，世人谓之王氏青箱学。"

一经：即一经教子，称颂教子有方。典出《汉书·韦贤传》："故邹鲁谚曰：'遗子黄金满籝，不如一经。'"

㉘其如：怎奈，无奈。

泾：泾水，也称泾河。渭河的支流，在陕西省中部。泾河水清，渭河水浑，泾河的水流入渭河时，清浊不混。

㉙七十楚丘：典出〔西汉〕刘向《新序·杂事第五》："昔者楚丘先生行年七十，披裘带索，往见孟尝君，欲趋不能进。孟尝君曰：'先生老矣，春秋高矣，何以教之？'楚丘先生曰：'噫！将我而老乎？将使我追车而赴马乎？投石而超距乎？逐麋鹿而搏豹虎乎？吾已死矣，何暇老哉？将使我出正辞而当诸侯乎？决嫌疑而定犹豫乎？吾始壮矣，何老之有？'孟尝君逡巡避席而有愧色。"形容老当益壮。

矍铄：形容老人目光炯炯，精神健旺，老而强健。详见〔清〕郑祖涝《寄怀王埜园三十韵》。

㉚松苓：即茯苓。

秋日登锁月楼 （乐清轩课，不拘体韵）①

金风玉露肃高秋，景物差堪一览收。红树迷离依落日，冰轮皎洁锁层楼②。嗤看世事成新故③，肯使年华任去留。竟夕清辉通户牖④，骚人应有秘思抽⑤。

（辑自〔清〕郑梾《醉墨轩别编》卷四）

【注释】

①锁月楼：位于浙江浦江郑宅镇枣树园村。清嘉庆辛未年(1811)，郑祖涝在乐清轩后建三层楼，称锁月楼。

乐清轩：位于浙江浦江郑宅镇枣树园村，系郑祖涝祖父郑若麟的别墅。

课：功课，作业。

②冰轮：指明月。

③嗤：笑。

④清辉：皎洁的月光。

户牖：门窗。

⑤骚人：诗人。

秘思：深邃的思绪。

王思兼

王思兼（1803—1862），字立三，号蔗余，行良十四。浙江浦江郑宅镇前店村旭升堂第七世。邑庠生。系王可嘉长子，娶黄宅镇桂花明堂村黄伯寅长女（1804—1851），生王兴豪、王兴亮、王兴毫、王兴亭、王兴膏五子。

松峰太老太翁大人八旬荣庆①

　　寿星灿烂悬当头，人间齿德称兼优②。昔日严君结至契，与公同学还同游。肝胆相孚彻终始，高风亮节倾群流。我亦亲承最有年，恩同顾复高山丘③。

　　吾族家传守孝义，世种书田种心地。五世同居祖训昭④，子姓相顺卜昌炽⑤。惟公迈德继前人⑥，不事浮华崇实致。读书但求大义伸，青紫只是等闲事⑦。所见既大品亦高，行诣如公自精粹⑧。义方垂训裕贻谋⑨，朴俭持家善继志。祖庙三修堂宇新，家塾增兴砺成器。亲朋缓急义相周，里党纷争悉妥置⑩。

　　但见有善必曲成，成人之美非沽名。但见有过必面斥，镜明能使丑忘怒。在人在己两持平，何事英英圭角露⑪。本质能端细行修，自求多福承天祜⑫。曰寿曰富曰康宁⑬，鹤发童颜仍健步。孙曾四世庆同堂，绕砌芝兰森玉树⑭。家风雍睦酿祥和⑮，天伦之乐诚异数。

　　跻堂请为谨详述，夙侍严君知一一。而今回首白云遥⑯，不见吾亲见父执。父执如父谊相关，见公如见父容颜。愿得父事永昏晨，年年岁岁常相亲，期颐再祝年华新⑰。

族玄孙思兼顿首拜祝⑱
（辑自清同治辛未年续修《深溪义门王氏宗谱》卷九）

【注释】

　　①松峰：王祖珏（1774—1861），字人如，号松峰，庠名玉兼，行启七百廿六。浙江浦江郑宅镇樟桥头村人。介宾。

　　②齿德：指年高德劭的人。

　　③顾复：指父母养育。语出《诗经·小雅·蓼莪》："父兮生我，母兮鞠我。拊我畜我，长我育我。顾我复我，出入腹我。"

　　④五世同居：浙江浦江深溪义门王氏从南宋景定元年（1260）到明建文四年（1402），从第四世始，到第十世终，七世同居，历时142年，元明两朝受到朝廷旌表，称义门王氏或王义门，与同里郑氏媲美。五世同居是七世同居的前半期，是从第四世到第八世。详见本书〔清〕陈命禹《源六十六朱安人传》。

　　⑤子姓：泛指子孙、后辈。

　　昌炽：兴旺，昌盛。

⑥迈德：勉励树德。

⑦青紫：指古代高官印绶、服饰的颜色。比喻高官显爵。

⑧行谊：行为事迹。

⑨义方：行事应遵守的规矩法度。

⑩诒谋：父祖对子孙的训诲。语出《诗经·大雅·文王有声》："诒厥孙谋，以燕翼子。"诒，遗留。

⑩里党：邻里，乡党。

⑪英英：俊美，气概不凡。

圭角：泛指棱角、锋芒。

⑫自求多福：求助自己比求助他人会得到更多的幸福。语出《诗经·大雅·文王》："无念尔祖，聿修厥德。永言配命，自求多福。"

祜［hù］：福。

⑬日寿日富日康宁：《尚书·周书·洪范》里记载有五福，"一曰寿，二曰富，三曰康宁，四曰攸好德，五曰考终命"。

⑭绕砌芝兰森玉树：比喻优秀的子弟。详见本书〔清〕周璠《祭王母黄太安人文》。

⑮雍睦：团结，和谐。

⑯回首白云遥：指古代"二十四孝"之一唐代狄仁杰望云思亲的故事。详见本书〔清〕王龄《〈萱堂冈极图〉为天台徐敬亭明府作》。

⑰期颐：百岁老人。语出《礼记·曲礼上》："百年日期，颐。"

⑱玄：原作"元"。清代为避清圣祖玄烨的讳，将"玄"改为"元"。今改回。

后四百廿四月轩老夫子大人七十寿序①

盖闻耆英著望②，有德斯称，大耄引年③，惟仁乃寿。

恭维月轩太老叔祖老夫子大人端方处己④，朴实为怀；润泽诗书，束身圭璧⑤。仰仪型而在望⑥，式玉式金⑦；遂齿德之并尊⑧，如山如斗⑨。当夫芸窗考古⑩，蓬庐研经⑪，启秘钥于琅环⑫，漱艺林之芳润。预卜染来彩翰⑬，润色升平；果然夺得锦标，螫声庠序⑭。而乃茂先学富⑮，李广数奇⑯。坐困青衿⑰，幼妇徒夸黄绢⑱；未抛白纻⑲，矮闱莫点朱衣⑳。江文通本是情痴，那堪赋恨㉑；阮步兵生于旧族，况值穷途㉒。居恒未识荣华，自幼每多颠踬㉓。痛绝髫龄失怙㉔，力卜牛眠㉕；愁添壮岁沉疴，频惊兔顾㉖。屠龙有技㉗，索米无囊㉘。鼻齆事而恒酸，肠胡为而若结。美人迟暮，琵琶痛哭于江边㉙；壮士肮脏，铁笛惊吹于月下㉚。无能为也，谓之何哉！然而穷且益坚者㉛，贞固之心也㉜；蓄极则泻者，循环之运也。砚田本无恶岁㉝，管城自有余荣㉞。拥插架之琳琅㉟，频年夜雨㊱；栽满园之桃李，遍地春风。既负耒而横经㊲，亦笔耕而墨稼㊳。义方教子㊴，自有凤毛；垂裕后昆㊵，夙称燕翼㊶。而且情深手足，移花联棣萼之辉㊷；道在观摩，伐木订金兰之谱㊸。褒奖后进，祠赞兴贤㊹；孝飨先灵㊺，祭修仲夏㊻。人共钦夫长者，乡尽号为先生。从兹继继承承，永绍诗书世业；即此勤勤恳恳，宏昭忠厚家声。

方今十月之初，正介七旬之寿。若比香山归老，何须作会九人[47]；笑他梁灏终迟，赢得少年十载[48]。斑衣绚烂[49]，舞向鲤庭[50]；玉斝殷勤[51]，擎来鸿案[52]。琼葩琪树[53]，诸孙器尽璠玙[54]；福海寿山，介爵辞争颂祷[55]。最是辛盘初荐[56]，橘绿橙黄；况当丙运重开[57]，日华云烂。

兼也叨居族党，忝附门墙，既亲炙以有年[58]，因心知而益稔。恩已同于顾复[59]，义更重乎冈陵[60]。谬承见许羊公，鹤惭不舞[61]；长此倾心麟士[62]，兕喜称觥[63]。六身偕二首而书，亥添甲子[64]；椿树并萱花而茂[65]，玉佩连环[66]。常怀敬仰于高山，大庆宏开之寿域。为拟千秋致祷，永呈威凤之祥[67]；先请十载为期，再献飞熊之祝[68]。

大清咸丰六年丙辰十月[69]　受业族再侄孙思兼百拜祝[70]

（辑自清同治辛未年续修《深溪义门王氏宗谱》卷十）

【注释】

①后四百廿四月轩：王志推（1787—1854），字景颜，号月轩，行后四百廿四。浙江浦江郑宅镇樟桥头村人。府庠生。

②耆英：即耆英会。后指老人聚会以诗酒怡情悦性。详见本书〔清〕叶廷璧《芳五十三公传》。

③大耄：指老年人，或高龄。

引年：古礼对年老而贤者加以尊养。语出《礼记·王制》："凡三王养老，皆引年。八十者，一子不从政；九十者，其家不从政。"

④恭维：亦作"恭惟"。对上的谦词，一般用于行文之始。

⑤束身圭璧：以美德约束自己。圭璧，美玉。

⑥仪型：楷模，典范。

⑦式金式玉：即金相玉式。形容相貌端美。

⑧齿德：年龄与德行。

⑨如山如斗：像泰山北斗。比喻道德高、名望重或有卓越成就为人所敬仰的人。

⑩芸窗：书斋的别称。内有驱虫之芸香，故称。

⑪蓬庐：茅舍，泛指简陋的房屋。蓬，原作"篷"，形近而误。

⑫琅环：亦作琅嬛。传说天帝藏书的地方。泛指珍藏书籍的所在。

⑬彩翰：彩笔。比喻才华出众。

⑭庠序：泛指学校。商代叫序，周代叫庠。

⑮而乃：连词。表示转折或另起话题。

茂先：张华（232—300），字茂先（按，〔三国魏〕曹植《洛神赋》"荣曜秋菊，华茂春松"）。范阳方城（今河北固安）人。西晋政治家、文学家、藏书家。记忆力强，学识渊博，对天下古今的事物了如指掌。

⑯李广数奇：典出《史记·李将军列传》："大将军（卫）青亦受上诚，以为李广老，数奇，毋令当单于，恐不得所欲。"比喻运气不好，有能力但没有发挥能力的机会或环境。

⑰青衿：青色交领的长衫，系明清秀才的常服，借指中秀才。语出《诗经·国风·郑风·子衿》：“青青子衿，悠悠我心。”

⑱幼妇、黄绢：指优美的诗文。详见本书〔清〕王可嘉《姬山氏六十寿（四首）》。

⑲白纻：白苎麻织成的衣服，唐朝举子之服。

⑳矮闱：指科举时代的考场。

朱衣：即朱衣神君，又称朱衣夫子、朱衣星君。相传此神著红衣，能细辨文章的优劣。典出〔北宋〕赵令畤《侯靖录》：“欧阳公知贡举日，每遇考试卷，坐后常觉一朱衣人时复点头，然后其文入格，始疑侍吏，及回视之，一无所见，因语其事于同列，为之三叹。尝有诗句云：‘文章自古无凭据，惟愿朱衣暗点头。’”

㉑江文通本是情痴，那堪赋恨：江淹本来就是痴情的种子，他在《恨赋》里感叹人生“自古皆有死，莫不饮恨而吞声”。江文通，江淹（444—505），字文通（按，〔南朝梁〕刘勰《文心雕龙·体性》“平子淹通，故虑周而藻密”）。宋州济阳考城（今河南民权）人。南朝政治家、文学家。

㉒阮步兵生于旧族，况值穷途：阮籍出生于世族大家，怀才不遇，穷途恸哭。典出《晋书·阮籍传》：“时率意独驾，不由径路，车迹所穷，辄恸哭而反。”阮步兵，阮籍（210—263），字嗣宗（按，出自词语“宗籍”，意谓皇族谱牒）。陈留尉氏（今河南开封）人。三国时期魏国诗人，“竹林七贤”之一。曾任步兵校尉，世称阮步兵。

㉓颠踬［zhì］：比喻处境艰难困苦。

㉔髫龄：童年，幼年。

失怙［hù］：指死了父亲。语出《诗经·小雅·蓼莪》：“无父何怙？无母何恃？”

㉕卜牛眠：葬在风水好的墓地，可使后辈兴旺发达。详见本书〔清〕王学纯《阅堪舆书呈家埜园》。

㉖兔顾：见兔顾犬的简称。比喻动作虽稍迟，但如果赶紧想办法，还来得及。语出《战国策·楚策四·庄辛谓楚襄王》：“见兔而顾犬，未为晚也。”

㉗屠龙：指高超而无用的技艺。典出《庄子·杂篇·列御寇》：“朱泙［pēng］漫学屠龙于支离益、单千金之家，三年技成，而无所用其巧。”

㉘索米无囊：意谓亲人已故，想背米尽孝也没有机会了。典出《二十四孝》：“（周）仲由，字子路，孔子弟子。家贫，食藜藿之食，为亲负米百里之外。亲没，南游于楚，从车百乘，积粟万钟，累茵褥而坐，列鼎而食。乃叹曰：‘虽欲食藜藿，为亲负米，不可得也。’”

㉙美人迟暮，琵琶痛哭于江边：唐代诗人白居易写的《琵琶行》中有“问其人，本长安倡女，尝学琵琶于穆、曹二善才，年长色衰，委身为贾人妇”“浔阳江头夜送客，枫叶荻花秋瑟瑟”“凄凄不似向前声，满座重闻皆掩泣。座中泣下谁最多？江州司马青衫湿”等句，形容声调低回哀怨。

㉚壮士肮［kǎng］脏［zāng］，铁笛惊吹于月下：典出〔唐〕段安节《乐府杂录》：“开元中，有李谟独步于当时，后（安）禄山乱，流落江东。越州刺史皇甫政月夜泛镜湖，命（李）谟吹笛，（李）谟为之尽妙。俄有一老父泛小舟来听，风骨冷秀。（皇甫）政异之，进而问焉。老父曰：‘某少善此，今闻至音，辄来听耳。’（皇甫）政即以（李）

谡笛授之。老父始奏一声，镜湖波浪摇动；数叠之后，笛遂中裂。即探怀中一笛，以毕其曲。（皇甫）政视舟下，见二龙翼舟而听。"形容声调高亢激越。肮脏，繁体字作"骯髒"，高亢刚直貌。

㉛穷且益坚：处境越穷困，意志越坚定。语出《后汉书·马援传》："丈夫为志，穷当益坚，老当益壮。"

㉜贞固：守持正道，坚定不移。

㉝砚田：旧时读书人以文墨维持生计，故称砚台为砚田。

㉞管城：即管城子，毛笔的代称。韩愈曾写《毛颖传》，说毛笔被封在管城，称之为管城子。

㉟插：原作"播"，形近而误。

琳琅：美好的事物。此处指珍贵书籍。

㊱夜雨：即夜雨对床。指亲友或兄弟久别重逢，在一起亲切交谈。语出〔唐〕白居易《雨中招张司业宿》："能来同宿否，听雨对床眠。"

㊲负耒横经：背负农具耒耜，横陈经书，请老师讲解。意谓且耕且读，勤学不倦。

㊳笔耕而墨稼：用毛笔来耕田，把笔墨当作庄稼。指勤奋写作。

㊴义方：行事应遵守的规矩法度。

㊵垂裕后昆：为子孙留下功业或产业。

㊶燕翼：善为子孙后代谋划。语出《诗经·大雅·文王有声》："诒厥孙谋，以燕翼子。"燕，安。翼，敬。

㊷棣萼：比喻兄弟。语出《诗经·小雅·常棣》："常棣之华，鄂不韡韡。凡今之人，莫如兄弟。"

㊸伐木：即《诗经·小雅·伐木》。《毛诗序》："《伐木》，燕朋友故旧也。"比喻人和人相互友爱。

金兰之谱：旧时两人或数人之间结为异姓兄弟或姐妹，称义结金兰，通常交换《金兰谱》。后形容友情深厚，相互契合。语出《周易·系辞上》："二人同心，其利断金。同心之言，其臭如兰。"

㊹祠赞兴贤：倒装句，即赞兴贤祠。兴贤祠，纪念先贤的祠堂。

㊺飨：祭祀。

㊻祭修仲夏：倒装句，即修仲夏祭。

㊼香山归老，作会九人：指唐代的香山九老。后指老人聚会，以诗酒怡情悦性。详见本书〔清〕王可仪《显斋先生七旬寿序》。

㊽梁灏终迟，赢得少年十载：形容老年及第。典出〔北宋〕陈正敏《遯斋闲览》："梁灏八十二岁，雍熙二年（985）状元及第。其谢云：'白首穷经，少伏生之八岁；青云得路，多太公之二年。'"梁灏（963—1004），字太素，北宋郓州须城（今山东东平）人。自幼喜爱读书，长大后成为有名的才子。屡试不第，直到八十二岁才中状元。

㊾斑衣绚烂：即老莱舞衣。形容子女孝顺父母。详见本书〔清〕朱兴悌《深溪王氏〈旌节编〉序》。

㊿鲤庭：意谓晚辈接受长辈的教训。详见本书〔清〕陈命禹《源六十六朱安人传》。

(51)玉斝［jiǎ］：玉制的酒器。

(52)鸿案：即梁鸿与妻孟光举案齐眉。形容夫妻互相尊敬。详见本书〔清〕张铎《和十八朱安人像赞》。

(53)琼葩：色泽如玉的花。

琪树：仙境中的玉树。

(54)璠玙：比喻美德贤才。

(55)介爵：古代酒器名，供辅宾者饮用。

(56)辛盘：旧俗，农历正月初一，用葱韭等五种味道辛辣的菜蔬置盘中供食，取迎新之意。

(57)丙运：丙为阳，是阳刚之火，丙为男，具有男子的阳刚之气。据民间《日柱丙火逢大运歌》："丙运比肩大高强，好似子牙遇文王。凡事作为多顺遂，家下清洁人丁旺。"

(58)亲炙：亲身受到教益。

(59)顾复：指父母养育。语出《诗经·小雅·蓼莪》："父兮生我，母兮鞠我。拊我畜我，长我育我。顾我复我，出入腹我。"

(60)冈陵：山冈和丘陵。形容份量之重。语出《诗经·小雅·天保》："如山如阜，如冈如陵。"

(61)见许羊公，鹤惭不舞：比喻徒有其名而无其实的人。典出〔南朝宋〕刘义庆《世说新语·排调》："刘（遵祖）尔日殊不称，庾（亮）小失望，遂名之为'羊公鹤'。昔羊叔子有鹤善舞，尝向客称之，客试使驱来，氃氋［tóng méng］而不肯舞。故称比之。"羊公，即羊祜（221—278），字叔子（按，祜，福；子，男子。有福男子，字义相延）。泰山郡南城县（今山东新泰）人。西晋战略家、政治家、文学家。

(62)麟士：沈麟士（419—503），字云祯（按，《宋书·乐志一》"九年，岚州献祥麟"，《说文解字》"祯，祥也"）。吴兴武康（今浙江德清）人。南朝宋齐学者、文学家。典出《南史·沈麟士传》："隐居余不吴差山，讲经教授，从学士数十百人，各营屋宇，依止其侧，时为之语曰：'吴差山中有贤士，开门教授居成市。'""（沈）麟士无所营求，以笃学为务，恒凭素几鼓素琴，不为新声。负薪汲水，并日而食。守操终老，读书不倦。"

(63)兕喜称觥：倒装句，即喜称兕觥，意谓高兴地举杯祝寿。语出《诗经·国风·豳风·七月》："跻彼公堂，称彼兕觥，万寿无疆。"称，举起。兕觥，古代酒器。

(64)六身偕二首而书，亥添甲子：比喻高寿。六身偕二首：指"亥"字，七十三岁的隐语。甲子，年岁，年龄。详见本书〔清〕董学丰《味经先生大人暨王母周太孺人七十双寿序》。

(65)椿树并萱花而茂：即椿萱并茂。比喻双亲健在。

(66)玉佩连环：比喻夫妻爱情坚贞和长久。详见本书〔清〕董学丰《味经先生大人暨王母周太孺人七十寿序》。

(67)威凤：瑞鸟。旧称凤有威仪，故称。

(68)飞熊之祝：祝贺长寿。飞熊，即姜子牙（约前1156—约前1017），别号飞熊。相传姜子牙八十岁时在渭水之滨垂钓，遇到周文王，被封为太师。后来辅佐周武王伐纣，建立周朝。典出《六韬·文韬·文师》："（周）文王乃斋三日，乘田车，驾田马，田于渭阳，卒见（姜）太公，坐茅以渔。""乃载与俱归，立为师。"

⑥咸丰六年丙辰：1856 年。

⑦族再侄孙：按浙江浦江深溪义门王氏的字辈"祖志有可思"，王志推与王思兼同族，王志推是王思兼的曾祖父辈，王思兼是王志推的曾孙辈，也称族再侄孙。

王思宾

王思宾（1847—1906），庠名赞襄，字利用，号介庵，行良百九十一。浙江浦江郑宅镇前店村旭升堂第七世。邑庠生。系王可楣长子，娶郑氏（1857—1931），生一子王兴镇。

旋谷氏七旬赠章 （二首）[①]

古稀岁月自长春，远播瑶章句复新[②]。清胜涧松标骨格，逸同云鹤炼精神。节高肯效赢居魏[③]，手妙奚输缓在秦[④]。雅事闲情从所欲[⑤]，寿星灿烂照幽人。

重添花甲十年周，品格遥钦第一流。句写轩窗无俗韵，课严耕读裕良谋。半园书带还生草[⑥]，四壁壶觞欲映榴[⑦]。愧我登堂随拜祝，刍荛敢作和诗留[⑧]。

（辑自〔清〕郑吉《惠珠编杂体诗》卷六）

【注释】

①旋谷：郑兴吉（1814—1888），庠名吉，一名经启，字奕元（按，《周易·泰》"六五，帝乙归妹，以祉元吉"），号旋谷，别号雅园。浙江浦江郑宅镇枣树园村人。

②瑶章：对他人诗文、信札的美称。

③赢居魏：比喻自甘清贫、洁身自好的隐士。典出《史记·魏公子列传》："魏有隐士曰侯赢，年七十，家贫，为大梁夷门监者。公子闻之，往请，欲厚遗之。不肯受，曰：'臣修身洁行数十年，终不以监门困故而受公子财。'"

④缓在秦：即扁鹊（前407—前310），姓秦，名缓，字越人，战国时期名医。渤海郡郑〔mào〕（今河北任丘）人。典出《战国策·秦策二》："医扁鹊见秦武王，武王示之病，扁鹊请除。左右曰：'君之病，在耳之前，目之下，除之未必已也，将使耳不聪，目不明。'君以告扁鹊。扁鹊怒而投其石，曰：'君与知之者谋之，而与不知者败之。使此知秦国之政也，则君一举而亡国矣。'"

⑤从所欲：语出《论语·为政篇》："子曰：'吾十有五而志于学，三十而立，四十而不惑，五十而知天命，六十而耳顺，七十而从心所欲不逾矩。'"

⑥书带还生草：即书带草。典出《后汉书·郡国志四》注引《三齐记》曰："郑玄教授不其山，山下生草大如薤〔xiè〕，叶长一尺余，坚刃异常，土人名曰康成书带。"后形容读书治学之所。

⑦壶觞：酒器。

榴：石榴，皮内多子，民间有多子多孙的寓意。

⑧刍荛：谦辞，在向别人提供意见时把自己比作草野鄙陋的人。

王兴谟

王兴谟（1851—1916），字陈三，号梅谷，行孝九十五。浙江浦江郑宅镇前店村旭升堂第八世。恩贡生，授直隶州州判衔。系王思奠长子，娶郑氏（1850—1922），生王逢述、王逢启二子。

肯堂公祭会序①

尊祖故敬宗，敬宗故收族②。是以水源木本，不忘其所由生；夏礿秋尝，咸思其有以自③。不谓先灵既邈，宗已跻乎三传④；于焉孝享难常⑤，迁乃同夫五世⑥。纵春秋二祭，觞许分甘⑦；而忌讳两辰⑧，气谁升臭⑨。此固孝孙所隐痛，后嗣所感怀者也。

我王氏当南渡以还，启东迁之运⑩。同居五世，孝义名家⑪；旌表两朝，元明著誉⑫。千万亿公之宏规恪守⑬，百八十条之《家则》咸遵⑭。本期继继承承，风更跨乎公艺⑮；讵料奇奇异异，祸还伏于皇都⑯。一家惊四散之心，同室启分炊之念。自是荆还摧树，田昆季业已离居⑰；从兹韭不偁迨⑱，籍大夫徒然数典⑲。四世祖享尝有缺⑳，一本亲恩谊谁联㉑。然而支派虽分，孰非皇祖先公之裔㉒；云礽虽远㉓，仍是左昭右穆之班㉔。缅峻岭之高风㉕，同伸敬仰；挹深溪之流水㉖，共切溯洄㉗。数百家棋布星罗，三十世瓜绵瓞衍㉘。欲其风敦雍睦㉙，莫若礼肃明禋㉚。

爰遍告夫宗人㉛，乃共成其美举。解囊可赠，粟毋待乎指困㉜；破钞不多，裘已成夫集腋㉝。但愿矢公矢慎㉞，握算持筹㉟；还期全始全终，积分累丈。修久湮之祀，以妥先灵㊱；置常稔之田㊲，用昭来许㊳。庶几闻僾见㊴，假庙征萃聚之亨㊵；斯祝孝暇慈㊶，衍祖献思成之颂㊷。他日者会资既裕，庙貌告成，享有专祠，祭称合族。三献之隆仪具肃㊸，一觞之美味同尝。寿祝南山，舞霓裳之一曲㊹；筵开东阁㊺，进春酒以千觞㊻。聿荐时馐㊼，用衍烈祖㊽。晋府君悬弧之晬㊾，酒泛红榴㊿；敞安人设帨之筵㉛，杯擎黄封㉜。质在旁，临在上㉝，同祈先祖之是皇㉞；致其敬，尽其诚，共视孝孙之有庆。行见歌山颂海，无物不丰；岂徒奠雁献羔㉟，有基勿坏。此则肯堂公之灵所厚望，而亦主器孙之责有难辞已㊱。

时光绪癸卯年秋九月㊲　裔孙兴谟谨识
（辑自民国己未年续修《深溪义门王氏宗谱》卷十四）

【注释】

①肯堂：王彧（1209—1262），字肯堂，号种德处士，行亿三八。浙江浦江深溪（今郑宅镇水阁村一带）人。

祭会：为祭祀祖先而成立的团体。

②尊祖故敬宗，敬宗故收族：语出《礼记·大传》。收族，以上下尊卑、亲疏远近

之序团结族人。收，原作"修"，音近而误。

③夏礿［yuè］：天子诸侯夏祭。

秋尝：天子诸侯秋祭。

有以自：即有自，有其来处。原作"有以自尽"，文义不通，联系上句"所由生"，从对仗的角度看，应是多了一个"尽"字。

④宗已跻乎三传：即三代宗亲，包括父、祖父、曾祖父。跻，登。

⑤于焉：于是。

孝享：祭祀。

⑥迁乃同夫五世：即五世而迁。语出《礼记·大传》："有百世不迁之宗，有五世则迁之宗。"因为过了五世，就是出了五服，不用祭祀了。

⑦齵［ní］：带骨的肉酱。此处指在祠堂祭祀后，分给族人的胙肉。

分甘：分享甘美之味。

⑧忌讳：指先人的死日和名字。语出《周礼·春宫·小史》："若有事，则诏王之忌讳。"〔东汉〕郑玄注引郑司农曰："先王死日为忌，名为讳。"

⑨升：进献。

臭［xiù］：气味的总称。

⑩王氏当南渡以还，启东迁之运：指晋室南渡以后，世居中原的士族王氏东迁到会稽（今浙江绍兴）一带。

⑪同居五世，孝义名家：浙江浦江深溪义门王氏从南宋景定元年(1260)到明建文四年（1402），从第四世始，到第十世终，七世同居，历时142年。五世同居是七世同居的前半期，是从第四世到第八世。详见本书〔清〕陈命禹《源六十六朱安人传》。

⑫旌表两朝，元明著誉：元朝（后）至元年间（1335—1340）和明朝洪武年间（1368—1398），浙江浦江深溪王氏两次受到朝廷旌表，称义门王氏或王义门，与同里郑氏媲美。

⑬千万亿公：浙江浦江峻岭王氏的第二、三、四世的排行，遵从义乌凤林王氏的规定，分别是千、万、亿。第二世有千一公王约之、千二公王望之，第三世有万三公王万、万四公王芳、万十公王菱、万十一公王莞，第四世有亿二七公王庆、亿三一公王广、亿三二公王廓、亿三四公王庶、亿三六公王庭、亿三八公王或。

⑭百八十条之家训：指《深溪义门王氏家则》，共184条，由深溪王氏第八世家长王士觉制订。百八十条是举其大略。

⑮公艺：张公艺（578—676），郓州寿张（今山东阳谷）人，古代寿星。北齐承光二年（578）生，经历北周、隋、唐三朝。作为治家有方的典范，屡受朝廷旌表，家族九世同居，合家九百人，和睦相处，倍受后人敬仰。

⑯祸还伏于皇都：相传，明建文四年（1402），时任右春坊右庶子的深溪王氏第九世王勔在南京受邻家之累，含冤被杀，族人星散，七世同居从此结束。皇都，指明朝初年的都城南京。

⑰荆还摧树，田昆季业已离居：比喻兄弟已经分家。参见本书〔清〕王龄《〈来来草〉题辞》。

⑱韭不傧笾：语出《诗经·小雅·常棣》："傧尔笾豆，饮酒之饫。"意谓把美味佳肴陈列在笾豆上，兄弟饮酒作乐。此处反用典故，形容兄弟不和乐。傧，陈列。笾，古代竹编食器，形状如豆，祭祀或燕享时用来盛食品。

⑲籍大夫徒然数典：即数典忘祖，比喻忘掉自己本来的情况或事物的本源。典出《左传·昭公十五年》："宾出，王曰：'籍父其无后乎！数典而忘其祖。'"籍大夫，战国晋国大夫籍谈。

⑳四世祖：指浙江浦江深溪王氏第四世王或。

享尝：四时的祭祀。

㉑一本亲：同一条根的亲人。

㉒皇祖：祖父或远祖。

㉓云礽：远孙。

㉔左昭右穆：我国古代的宗法制度，指宗庙、墓地或神主的辈次排列。以始祖居中，东向；二世、四世、六世位于始祖的左方，朝南，称昭；三世、五世、七世位于右方，朝北，称穆。

㉕峻岭：在浙江浦江岩头镇王店村沙溪庵一带，为峻岭王氏的祖居地。

㉖深溪：溪名。发源于浙江浦江金芙蓉山西麓，流经郑宅镇西部。王氏世居于此，称深溪王氏。详见本书《王继旦传》。

㉗溯洄：逆着河流的道路往上游走。比喻追寻家族的历史。

㉘三十世：该文作于光绪癸卯年（1903），浙江浦江深溪王氏已传至第二十九世，三十世是举其大略。

瓜绵瓞〔dié〕衍：比喻子孙昌盛，绵延不断。语出《诗经·大雅·绵》："绵绵瓜瓞，民之初生，自土沮漆。"〔南宋〕朱熹集传："大曰瓜，小曰瓞。"

㉙雍睦：和睦。

㉚明禋〔yīn〕：洁敬。指明洁诚敬的献享。

㉛爰：于是。

㉜指囷〔qūn〕：意谓慷慨解囊，乐于助人。典出《三国志·吴书·鲁肃传》："周瑜为居巢长，将数百人故过候（鲁）肃，并求资粮。（鲁）肃家有两囷米，各三千斛。（鲁）肃乃指一囷与周瑜。"囷，古时一种圆形的谷仓。

㉝裘已成夫集腋：即集腋成裘。比喻集众资以成一事。

㉞矢公矢慎：发誓为公，慎重办事。

㉟握算持筹：原指筹划，后称财务管理。筹，古同"算"。

㊱妥先灵：安置祖先的灵魂。

㊲稔：熟。

㊳用昭来许：以昭示后人。语出《诗经·大雅·下武》："昭兹来许，绳其祖武。"用，以。来许，后进。

㊴庶：但愿。

忾〔kài〕闻僾〔ài〕见：仿佛听到叹息，看到身影。语出《礼记·祭义》："祭之日，入室，僾然必有见乎其位；周还出户，肃然必有闻乎其容声；出户而听，忾然必有闻乎其叹息之声。"形容对已故亲人的思念。

㊵假庙征萃聚之亨：假借宗庙祭祀来验证聚集的亨通。语出《周易·萃》："亨，王假有庙，利见大人，亨利贞。""《彖》曰：萃，聚也。"假庙，假借宗庙祭祀。亨，通达，顺利。

㊶祝孝嘏［gǔ］慈：表示祭祀祝祷之礼。语出《礼记·礼运》："祝以孝告，嘏以慈告。"意谓孝子告神以孝为首，神告孝子以慈为首。嘏，福。

㊷衎［kàn］：和乐，愉快。

思成之颂：表示对祖先的怀念。语出《诗经·商颂·那》："绥我思成。"《诗经·商颂·烈祖》："赉［lài］我思成。"

㊸三献：古代聘礼及祭祀典礼，奠酒仪式分初献、亚献、终献，合称三献。

㊹霓裳：《霓裳羽衣曲》，唐代乐曲名，相传为唐玄宗李隆基所作。

㊺筵开东阁：泛指达官贵人饮宴之地。东阁，古代称宰相招致、款待宾客的地方。

㊻千觞：千杯。

㊼聿荐时馐：献上时鲜的美食。聿，文言助词，无字义，用于句首或句中。荐，进献。馐，美味的食品。

㊽烈祖：对远祖的美称。

㊾悬弧：古代风俗尚武，家中生男，则于门左挂弓一张，后因称生男为悬弧。语出《礼记·内则》："子生，男子设弧于门左，女子设帨于门右。"

斝［jiǎ］：古代青铜制的酒器，圆口，三足。

㊿酒泛红榴：即石榴花酒。语出《南史·夷貊传》："有顿逊国在海崎上，有酒树似安石榴，采其花汁，停瓮中，数日成酒。"

(51)设帨［shuì］：古礼，女子出生，挂佩巾于房门右。《礼记·内则》："子生，男子设弧于门左，女子设帨于门右。"后用以指女子生辰。

(52)黄封：宋代官酿之酒，因用黄罗帕或黄纸封口，故名。封，原作"蔚"，形近而误。

(53)质在旁，临在上：询问在旁边，莅止在上面。语出〔唐〕韩愈《与孟尚书书》："天地鬼神，临之在上，质之在旁。"

(54)皇：通"迋"，往。

(55)奠雁：古代婚礼，男方献雁给女方作为初见礼。

献羔：古代祭礼，献上羔羊。语出《诗经·国风·豳风·七月》："二之日凿冰冲冲，三之日纳于凌阴，四之日其蚤，献羔祭韭。"

56主器：祭器，引申为长子。语出《周易·序》："主器者莫若长子，故受之以《震》。"

57光绪癸卯年：1903年。

陈山六世祖源二百四十四宗信公墓图^①

　　右图迁陈山六世祖源二百四十四宗信公墓图^②。占石埠源二保^③，在陈山村南半里许，名曰外陈山末杀块^④。墓作艮山坤向^⑤，地势分二层，穴扦上下层之交^⑥，面积修广，统计一亩许。坟后有陈姓地一处。其地形之高低约分四层，地间有陈山村出源大路^⑦。上二层在路之上，下二层在路之下。坟前有涧，自东南而西北，水清可濯，向佳城而旋绕^⑧，形似弯弓。涧以外则低田连属，左控湾田，右带坑地。坑地外系郑姓坟山。斯穴也，峰环水抱，秀毓灵锺，来龙蜿蜒美而文^⑨，朝案和柔温且丽^⑩，天赐厥福发其祥，庆瓜瓞而咏螽斯^⑪，其在斯乎！岁值宗祠修谱，因刻墓图，并附数语于图后，以垂不朽云^⑫。

族孙兴谟谨识

（辑自民国己未年续修《深溪义门王氏宗谱》卷十四）

【注释】

　　①陈山：村名。位于浙江浦江郑宅镇西部，以地处石磨山西坡、初居者为陈姓而得名。

　　宗信：王宗信（1636—1699），字叔诚（按，《礼记·祭统》"是故贤者之祭也，致其诚信，与其忠敬"），行源二百四十四。源，原作"原"，误。深溪王氏第十四世王堂于明天顺年间（1457—1464）迁居陈山，历经王乔、王大桁、王大福、王家宝，至王宗信，为第六世，故称六世祖。

　　②右：民国己未年续修的《深溪义门王氏宗谱》系繁体竖排，文字说明的右边原有墓图，故称。

　　③石埠源：又名厚大溪。发源于浙江浦江郑宅镇淡竹岭南麓，流经蒙山、陈山、东畈、堂头、横溪、地畈、上新屋、前店、秧田、上郑、黄宅镇达塘、前陈，至下宫东北向东注入浦阳江。全长16.8公里，流域面积22.75平方公里。

　　④末杀块：地块名。

　　⑤艮山坤向：坐正东北，向正西南。

　　⑥扦〔qiān〕：插，插进去。

　　⑦源：石埠源。

　　⑧佳城：墓地。

　　⑨来龙：来龙山，指龙脉的来源。旧时堪舆家以山势为龙，称其起伏绵亘的姿态为龙脉。

　　⑩朝案：朝山和案山的合称。离墓穴近而小的称案山，高而大者称朝山。

　　⑪瓜瓞〔dié〕：喻子孙繁衍，相继不绝。语出《诗经·大雅·绵》："绵绵瓜瓞，民之初生，自土沮漆。"〔南宋〕朱熹集传："大曰瓜，小曰瓞。"

螽［zhōng］斯：一种直翅目昆虫，常称为蝈蝈。语出《诗经·国风·周南·螽斯》："螽斯羽，薨薨兮。宜尔子孙，绳绳兮。螽斯羽，揖揖兮。宜尔子孙，蛰蛰兮。"形容子孙众多。

⑫云：语助词，无实在意义。

弟百又四十四凡立翁七旬寿序①

盖闻德著达尊，圣世重饮宾之典②；寿臻大耄③，熙朝垂养老之文④。诚以令德无愆⑤，典型有在。作弟子之观瞻，为乡邦所矜式⑥。此修丹炼液⑦，无须夸服食之方；而葆本完真，自有致延年之诀已⑧。

如吾族凡立翁者，心安淡泊，貌著温和。居家勿喜浮华，处世维崇朴实⑨。完不雕不琢之性天⑩，浑金璞玉⑪；存无诈无虞之心地，朗月和风。忘希绛县高年⑫，乐拟康衢逸叟⑬。如今晋祝⑭，洵有德以相符⑮；自古原稀，悉行仁之所致也⑯。

迹其垂髫就塾⑰，总角从师⑱，萤窗自励⑲，蛾术维勤⑳。凛心正笔正之箴，惟知效柳；辨二分八分之体，不等簪花㉑。倘然笔砚无荒，预拟夺标而吐气；奈为瓶罍有感㉒，能无负米以承欢㉓。因以刘晴耕雨，茅昼绹宵㉔。既负耒以谋生㉕，兼牵车而洗腆㉖。贤相经纶，胶鬲亦鱼盐隐居㉗；田家况味，浩然则鸡黍联情㉘。农商是务，勤俭堪称。风霜辰集，披晏子之一裘㉙；寒暑辛勤，运陶公之百甓㉚。宜其室称鸠聚㉛，家振鸿声。置常稔之田㉜，纳惟正之供㉝。买来宝镜，为女牵羊；制就金屏，倩郎卜凤㉞。黄冠对客㉟，耕耘督桂子之勤㊱；绛帐延宾㊲，诗礼润兰孙之泽。自承先而启后，有志竟成；洵否极而泰来㊳，善人是富矣！且夫积而不施者，非长者所为也；私而忘公者，非达人所事也。数米称炭，韦庄未免财奴㊴；障簏倾身，祖约难辞钱癖㊵。而翁则惟力是视，见义必为，运石修桥，捐金砌路。修燕寝以妥先灵㊶，助鳞原而联宗谊㊷。以至恩周三党㊸，诺重千金㊹。济人患难，曾贻鲁肃之困㊺；通彼有无，不惜徐陵之米㊻。贾其余勇㊼，笔不胜书。翕然公望之孚㊽，允矣乡宾之举㊾。

兹者时逢九月，寿届七旬，黄菊初开，丹枫似染。凌风乌帽，孟参军举止偏闲㊿；送酒白衣，陶处士风流如在(51)。颂冈陵者琳琅满壁(52)，祝华封者灿烂盈庭(53)。

谟等谊属同宗(54)，情缘共族。筹添海鹤(55)，斋荐辛盘(56)，杖饰琼鸠(57)，宏开丙运(58)。敢附嘉宾之末，聊希上客之光。懿行素所熟闻(59)，事皆征实；俚语虽非动听，义不取谀。此时福享遐龄(60)，已符五羖相秦之岁(61)；他日荣登上寿，再祝八旬遇主之年(62)。

大清光绪六年岁次庚辰九月吉旦(63)　族孙兴谟拜撰

（辑自清光绪己未年续修《深溪义门王氏宗谱》卷十）

【注释】

①弟百又四十四凡立：王可豫（1811—1886），字凡立（按，《礼记·中庸》"凡事豫则立，不豫则废"），行弟百又四十四（原作"弟又四十四"，误）。浙江浦江岩头镇花

山村人。任乡饮宾。

②饮宾：乡饮酒礼的宾介。古代选德高望重的长者为乡饮宾，与当地官吏一起主持庆祝丰收、尊老敬老的宴乐活动。

③大耋：高龄。

④熙朝：兴盛的朝代。

⑤无愆：没有过失。

⑥矜式：敬重效法。

⑦修丹炼液：修炼丹砂和玉液。

⑧巳：文言助词，同"矣"。

⑨维：同"惟"。

⑩性天：犹天性。谓人得之于自然的本性。语出《礼记·中庸》："天命之谓性。"

⑪浑金璞玉：比喻天然美质，未加修饰。典出〔南朝宋〕刘义庆《世说新语·赏誉》："王戎目山巨源如璞玉浑金，人皆钦其宝，莫知名其器。"形容人品淳朴善良。

⑫绛县高年：比喻高寿。详见本书〔清〕董学丰《味经先生大人暨王母周太孺人七十双寿序》。

⑬康衢逸叟：相传尧主政五十年，乃微服私访于康衢，听到儿童唱歌，很高兴，归来后就把天下禅让给舜。据〔西晋〕皇甫谧《帝王世纪》载："帝尧之世，天下太和，百姓无事，有老人击壤而歌，曰：'日出而作，日入而息，凿井而饮，耕田而食，帝何力于我哉！'"形容天下太平。

⑭晋祝：进祝。

⑮洵：实在。

⑯自古原稀：语出〔唐〕杜甫《曲江二首（其二）》："人生七十古来稀。"

行仁：行仁之寿，因实行仁德而长寿。语出〔东汉〕徐干《中论·夭寿第十四》："夫寿有三：有王泽之寿，有声闻之寿，有行仁之寿。"

⑰迹：追踪，寻迹。

垂髫：指儿童。

⑱总角：古时少儿男未冠、女未笄时的发型。头发梳成两个发髻，如头顶两角。

⑲萤窗：形容勤学苦读。典出《晋书·车胤传》："（车）胤恭勤不倦，博学多通。家贫不常得油，夏月则练囊盛数十萤火以照书，以夜继日焉。"

⑳蛾术：蚂蚁不停地学习衔土。语出《礼记·学记》："蛾子时术之。"〔东汉〕郑玄注："蛾，蚍蜉也。蚍蜉之子，微虫耳。"术，学习，比喻勤学。

㉑凛心正笔正之箴，惟知效柳；辨二分八分之体，不等簪花：敬畏只有心正、用笔才正的箴言，只知道效法挺劲有力的柳公权；辨别二分、八分的汉隶，不用等娟秀工整的簪花格。详见本书〔清〕董学丰《味经先生大人暨王母周太孺人七十双寿序》。

㉒瓶罍：泛指小口大腹的陶瓷容器。语出《诗经·小雅·谷风·蓼莪》："缾之罄矣，维罍之耻。"〔东汉〕郑玄笺："瓶小而尽，罍大而盈。言为罍耻者，刺王不使富分贫、众恤寡。"

㉓负米以承欢：指子路负米的故事。表示奉养父母。详见本书〔清〕王思兼《后四

百廿四月轩老夫子大人七十寿序》。

㉔茅昼绹宵：白天割茅草，夜里搓绳子。语出《诗经·国风·豳风·七月》："昼尔于茅，宵尔索绹。"索绹，搓绳子。

㉕负耒：背负农具，从事农耕。

㉖牵车：即驾羊车。古代的一种用羊驾御的车。

洗腆：谓置办洁净丰盛的酒食，用来孝敬父母或款待客人。语出《尚书·周书·酒诰》："厥父母庆，自洗腆，致用酒。"〔南宋〕蔡沉集传："洗以致其洁，腆以致其厚也。"

㉗胶鬲〔gé〕亦鱼盐隐居：胶鬲原为商朝大夫，遭纣王之乱，隐遁经商，贩卖鱼盐。语出《孟子·告子下》："胶鬲举于鱼盐之中。"

㉘田家况味，浩然则鸡黍联情：参见〔唐〕孟浩然《过故人庄》："故人具鸡黍，邀我至田家。"

㉙晏子之一裘：形容人节俭。典出《礼记·檀弓下》："有子曰：'晏子一狐裘三十年，遣车一乘，及墓而反。'"

㉚运陶公之百甓：表示磨炼心志，励志功业。详见本书〔清〕王可仪《说动》。

㉛鸠聚：聚集。

㉜稔：庄稼成熟。

㉝惟正之供：指田赋。语出《尚书·周书·无逸》："以庶邦惟正之供。"正，正税，指正常的贡赋。

㉞买来宝镜，为女牵羊；制就金屏，倩郎卜凤：出自〔清〕王祖焯《恭祝承八百四十六伯祖母七秩寿序》（清同治辛未年续修《深溪义门王氏宗谱》卷十三）："买（原作'卖'，形近而误）来宝镜，为娇女牵羊；合就金屏，为倩郎卜凤。"宝镜，古代把镜子当作女儿的嫁妆，除了实用功能外，还有团圆、辟邪的象征意义。牵羊，古代以牵羊担酒，表示庆贺。语出〔元〕无名氏《举案齐眉》第四折："老夫如今牵羊担酒，与孩儿庆喜。"金屏，比喻被人选中为婿。典出《旧唐书·后妃传上·高祖太穆皇后窦氏》："乃于门屏画二孔雀，诸公子有求婚者，辄与两箭射之，潜约中目者许之。"卜凤，比喻女子许嫁。典出《左传·庄公二十二年》："初，懿氏卜妻敬仲。其妻占之，曰：'吉。是谓'凤皇于飞，和鸣锵锵。有妫之后，将育于姜。五世其昌，并于正卿。八世之后，莫之与京。'"

㉟黄冠：古代指箬帽之类，蜡祭时戴。语出《礼记·郊特牲》："黄衣黄冠而祭，息田夫也。野夫黄冠。黄冠，草服也。"后借指农夫野老之服。

㊱桂子：称誉他人的子嗣。

㊲绛帐：指设馆授徒。详见本书〔清〕王兴谟《孝九十五王梅谷先生传》。

㊳洵：实在。

否极而泰来：意谓逆境达到极点，就会向顺境转化。语出《周易·否》："否之匪人，不利君子贞，大往小来。"《周易·泰》："泰，小往大来，吉亨。"

㊴数米称炭，韦庄未免财奴：晚唐五代韦庄数着米粒来做饭，称好柴禾来烧火。典出〔北宋〕李昉《太平广记》卷一百六十五《廉俭（吝啬附）》："韦庄颇读书，数米而炊，称薪而爨。炙少一脔而觉之。"形容过分节俭。

㊵障麓倾身，祖约难辞钱癖：东晋祖约怕客人看见自己的财物，侧身遮挡。典出

〔南朝宋〕刘义庆《世说新语·雅量》："人有诣祖（约），见料视财物。客至，屏当未尽，余两小麓著背后，倾身障之，意未能平。"形容过分爱财。

㊶燕寝：古代帝王居住的宫室。借指祠堂。

妥先灵：安置祖先的灵魂。

㊷助鳞原：意谓助田给祠堂，作为宗族共有的祠堂田。鳞原，鳞状的田野。

㊸三党：指父族、母族、妻族。

㊹诺重千金：比喻说话算数，极有信用。语出《史记·季布栾布列传》："楚人谚曰：'得黄金百斤，不如得季布一诺。'"

㊺鲁肃之困［qūn］：意谓慷慨助人。详见本书〔清〕王兴谟《肯堂公祭会序》。

㊻徐陵之米：徐陵叫穷亲戚到家里取米，导致自己缺乏。典出《陈书·徐陵传》："（徐）陵亲戚有贫匮者，皆令取之，数日便尽。（徐）陵家寻致乏绝。府僚怪而问其故，（徐）陵云：'我有车牛衣裳可卖，余家有可卖不？'其周给如此。"意谓慷慨助人。

㊼贾［gǔ］其余勇：还有余力可卖。贾，卖。

㊽翕然：形容言论、行为一致。

㊾乡宾：主持乡饮酒礼的宾介。

㊿凌风乌帽，孟参军举止偏闲：形容才子名士的风雅洒脱、才思敏捷。典出《晋书·孟嘉传》："九月九日，（桓）温燕龙山，僚佐毕集。时佐吏并著戎服，有风至，吹（孟）嘉帽堕落，（孟）嘉不之觉。（桓）温使左右勿言，欲观其举止。（孟）嘉良久如厕，（桓）温令取还之，命孙盛作文嘲（孟）嘉，著（孟）嘉坐处。（孟）嘉还见，即答之，其文甚美，四坐嗟叹。"

(51)送酒白衣，陶处士风流如在：形容雪中送炭，遂心所愿。详见本书〔清〕郑祖涝《次王埜园明经龄暮春秋菊盛开元韵》。

(52)颂冈陵：语出《诗经·小雅·天保》："如山如阜，如冈如陵。"祝贺寿比山高。

(53)祝华封：华州人对上古贤者唐尧的三个美好祝愿，即祝寿、祝富、祝多男子，合称三祝。典出《庄子·外篇·天地》："尧观乎华。华封人曰：'嘻，圣人！请祝圣人，使圣人寿……使圣人富……使圣人多男子。'"

(54)谟：王兴谟自指。

(55)筹添海鹤：原指长寿，后为祝寿之词。典出〔北宋〕苏轼《东坡志林·三老语》："尝有三老人相遇，或问之年……一人曰：'海水变桑田时，吾辄下一筹，尔（迩）来吾筹已满十间屋。'"

(56)斋荐：敬献。

辛盘：旧俗，农历正月初一，用葱韭等五种味道辛辣的菜蔬置盘中供食，取迎新之意。

(57)杖饰琼鸠：相传鸠鸟进食不噎，杖饰鸠首，寓意老人进食顺利，身体健康。

(58)丙运：丙为阳，是阳刚之火，丙为男，具有男子的阳刚之气。据民间《日柱丙火逢大运歌》："丙运比肩大高强，好似子牙遇文王。凡事作为多顺遂，家下清洁人丁旺。"

(59)懿行：善行。

(60)遐龄：高龄。

(61)五羖［gǔ］相秦：秦穆公用五张黑公羊皮从集市上买回百里奚，拜为大夫，因此被称为"五羖大夫"。典出《史记·秦本纪》："（秦）缪公闻百里奚贤，欲重赎之，恐楚人不与，乃使人谓楚曰：'吾媵臣百里奚在焉，请以五羖羊皮赎之。'……（秦）缪公大说，授之国政，号曰'五羖大夫'。"

㉒八旬遇主：相传姜子牙八十岁时在渭水之滨垂钓，遇到周文王，被封为太师。姜子牙辅佐周武王伐纣，建立周朝。详见本书〔清〕王思兼《后四百廿四月轩老夫子大人七十寿序》。

㉓光绪六年岁次庚辰：1880 年。

廷百十五石舫公暨黄太孺人传并赞①

公讳宗燠，字新之，石舫其号也。东汉太丘之裔②。祖颍泉③，父菊人④，以巾箱世其家⑤。昆季二⑥，齿居长。

幼颖悟，年十二应童试⑦。师事朱千人先生⑧，凡诸子百家，无不源源委委⑨，每有著作，援手立就，而书法尤工。道光甲午⑩，入邑庠⑪；乙未⑫，食廪饩⑬；再岁丁酉⑭，蒙史宗师拔为抡元上品⑮；戊戌春⑯，公车北上⑰，凡所经历名胜古迹，每多题咏。抵京廷试⑱，以直隶州州判用⑲。因先君老迈，胞弟早逝，不及候选而归⑳。

由是，秉持家政，扩充产业，广大门闾㉑，且慷慨多义举。如郡修书院，邑修考棚㉒，族修宗谱，暨双溪之永济桥倾圮㉓，里南之云水庵损坏㉔，或助产业，或捐钱，公皆历任其事。

咸丰季年㉕，粤匪扰浦㉖，避乱于北乡之大姑寺㉗，奉侍严君㉘，不离左右，以期承欢膝下。不幸修文召急㉙，竟卒于同治壬戌十二月二十日㉚，存年四十有九。著有《北游诗草》二卷㉛，惜未付梓。

原配黄氏，淑慎温恭㉜，素娴姆教㉝，事翁姑最孝㉞。迨年逾七十㉟，犹支持门户不少衰。生子一，允畴㊱，郡庠生㊲。侧室胡氏㊳，生子二：允畤㊴，议叙㊵；允畈㊶，武庠生㊷。孙八，曾孙七。皆头角峥嵘㊸，大成可望。

今公已去世五十年矣。追思公之卒于大姑寺也，畴等皆幼少无知。公丧前七日，叔姒潘卒㊹；后三日，翁又卒。半月之中，三治丧事，流离琐尾㊺，举目无亲，苟非黄太孺人之经权并用㊻，内外兼治，其能如是之家声丕振、后嗣浸昌也哉㊼！

谟生也晚，当公卒时，尚在童年，未能熟窥底蕴。然先祖坪南公与菊人公为莫逆交㊽，先父定之公与公童年入泮㊾，谟又与丽堂兄弟同受业于黄敏斋夫子㊿，以数世之通家，岂敢以不文辞，因备述其大概而为之传，并为之赞曰：

石舫陈公，卓起浦东○51。幼年颖悟，驰誉神童。才优学富，圭璧望崇○52。科膺选拔○53，声隽黉宫○54。孝友秉性，勤俭持躬。居心仁厚，乐易可风○55。济人利物，暗积阴功。培兰育桂，永庆无穷。

宣统三年岁次辛亥仲冬之吉○56　恩贡生世愚侄王兴谟拜撰○57
（辑自民国丙子年续修《沙城陈氏宗谱》）

【注释】

①廷百十五石舫：陈宗燠（1814—1862），字硕望（按，《埤雅》"南地极燠，雁望衡山而止"），号晋芳；庠名淦，字新之（按，《汉书·地理志》"豫章郡有新淦县"），号石舫，行廷百十五。浙江浦江岩头镇岩头陈村人。拔贡，候选直隶州州判。娶黄氏（1812—1880），生陈允畹、陈允畸二子；娶侧室胡氏（1829—1914），生陈允畴、陈允畋二子。

②太丘：陈寔（104—187），字仲躬。颍川许县（今河南长葛）人。东汉名士。曾任太丘长，世称陈太丘。

③颍泉：陈其浪（1771—1824），字水心（按，《尚书·夏书·禹贡》"嶓冢导漾，东流为汉，又东为沧浪之水"），号颍泉，行俊二百二十四。浙江浦江岩头镇岩头陈村人。贡生。

④菊人：陈可果（1790—1862），字若侯，号菊人，又号浦岩，庠名果。行盈一百四十。浙江浦江岩头镇岩头陈村人。岁贡生。

⑤以巾箱世其家：即巾箱世业。形容代代相传的读书生活。

⑥昆季：兄弟。

⑦童试：即科举时代参加科考的资格考试，包括县试、府试和院试，合格者始为生员。

⑧朱千人：朱寯（1798—1861），字千人（或作千寻），号东轩，又号退庵。浙江浦江县城西隅朴树里人。恩贡生。

⑨源源委委：事情的本末和底细。语出《礼记·学记》："三王之祭川也，皆先河而后海，或源也，或委也。"

⑩道光甲午：1834 年。

⑪邑庠：明清时期的县学。

⑫乙未：清道光乙未年（1835）。

⑬廪饩［xì］：明清科举制度，生员经岁、科两试列优等者，增生可依次升廪生，谓之"补廪"或"补饩"，由政府供给其日常生活所需。廪，谷仓。饩，米粮。

⑭丁酉：清道光丁酉年（1837）。

⑮史宗师：史评（生卒年不详），字衡堂，号松轩。清道光十四年（1837）八月以内阁学士提督浙江学政。宗师，明清时期对提督学政的尊称。

抡元：科举考试中选第一名。

⑯戊戌：清道光戊戌年（1838）。

⑰公车：汉代的官署名称，掌管征召及受章奏，亦上书者所诣。

⑱廷试：由皇帝亲自策问，在朝廷上举行的考试。清制，每三年各省学政于府、州、县在学生员中选拔文行俱优者，与督抚会考，核定数名，贡入京师国子监，称为优贡生。经朝考合格后，可任职。这跟举人参加会试、殿试是不同的出仕途经。

⑲直隶州：明清时期地方行政单位之一，以直隶于布政司而得名，设在统治人口多、事务繁杂之处。

州判：清朝知州的佐官。直隶州州判级别，相当于同知，秩从七品。

⑳候选：清制，内自郎中、外自道员以下官员，凡初由考试或捐纳出身，及原官因

故开缺依例起复，皆须赴吏部报到，开具覆历，呈送保结。吏部查验属实，允许登记后，听候依法选用。

㉑门闾：家门，家庭，门庭。

㉒考棚：又称贡院，是科举时代士子们的应试考场。

㉓双溪：又名左溪、合溪。源出浙江浦江岩头镇马后山村西北八角尖东麓，流经大岭脚、刘笙、荷店、礼张、夏泉、芳地、岩头陈、洪家、三步石、毛尤、许村、黄宅镇八石塘，至魏村向南注入浦阳江。全长 17 公里，流域面积 45 平方公里。

永济桥：位于浙江浦江岩头镇田来村。长一丈八尺，宽九尺。

㉔云水庵：位于县东十五里。清道光庚子年（1840），僧道诠重葺，陈果记。

㉕咸丰季年：指清咸丰十一年（1861）。

㉖粤匪：清廷对太平天国军队的蔑称。

㉗大姑寺：又作大孤寺。位于县北五十里，明朝建。清代陈果有《大孤寺题壁》诗。

㉘严君：指父亲。

㉙修文召：旧指有才文人早死。详见本书〔清〕戴殿泗《昆三十四张太孺人七秩节寿序》。

㉚同治壬戌：1862 年。

㉛《北游诗草》：〔清〕陈宗燠著，二卷，未刊印，今佚。

㉜淑慎温恭：贤淑，谨慎，温和，恭敬。语出《诗经·国风·燕燕》："终温且惠，淑慎其身。"

㉝姆教：女师传授妇道于女子。

㉞翁姑：妇称夫的父母，即公婆。

㉟迨：等到。

㊱允畸：陈允畸（1852—1923），字余九（按，《说文解字》"畸，残田也"。〔清〕段玉裁注"残田者，余田不整齐者也"），号鹿田；庠名绮，字丽堂（按，〔东汉〕刘桢《公宴》"投翰长叹息，绮丽不可忘"），行寅二百八。浙江浦江岩头镇岩头陈村人。

㊲郡庠生：府庠生。

㊳侧室：偏室，小老婆。

㊴允畴：陈允畴（1850—1871），字范九（按，《尚书·周书·洪范》"天乃锡禹洪范九畴，彝伦攸叙"），号书田，行寅一百九十六。浙江浦江岩头镇岩头陈村人。

㊵议叙：清制对考绩优异的官员，交部核议，奏请给予加级、记录等奖励。

㊶允畎：陈允畎（1859—1923），字惠畎，号尔田（按，《尚书·周书·多方》"今尔尚尔宅，畎尔田"）；庠名琦，字子珍（按，《汉书·西域传下·渠犁》"赐以车骑旗鼓，歌吹数十人，绮绣、杂缯、琦珍凡数千万"），号锦堂，行寅二百二十八。浙江浦江岩头镇岩头陈村人。岁贡生，候选直隶州州判。

㊷武庠生：武秀才。

㊸头角峥嵘：形容年轻有为，才华出众。

㊹叔姒：弟妻。

㊺流离琐尾：比喻流离失所，卑微渺小。语出《诗经·国风·邶风·旄丘》："琐兮

尾兮，流离之子。"

㊻经权：不变与权变。经，常道。权，权变。

㊼丕振：大振。

浸昌：逐渐昌盛。

㊽坪南：王可嘉（1778—1846），字肇锡，号坪南。浙江浦江郑宅镇前店村旭升堂第六世。邑庠生。

㊾定之：王思奠（1809—1862），字定之。浙江浦江郑宅镇前店村旭升堂第七世。邑庠生。

入泮：古代学宫之内有泮水，故学宫称泮宫，童生初入学为生员则为入泮。

㊿丽堂：陈允畸的字。

黄敏斋：黄志锴（1816—1884），字文之（按，《左传·哀公四年》"文之锴（人名）后至"），号敏斋，庠名志勉（按，《礼记·中庸》"人道敏政"。〔东汉〕郑玄注"敏，犹勉也"）。浙江浦江黄宅镇桂花明堂人。岁贡生，候选儒学训导。

51浦东：浙江浦江东乡。

52圭璧：泛指贵重的玉器。比喻难得的人才。

53科膺：每科膺荐（承受荐举）。

54黉〔hóng〕宫：学宫。

55乐易：和乐平易。

56宣统三年岁次辛亥：1911年。

57恩贡生：凡是国家有重大节庆，从府州县学中选拔考核优秀的士子，恩准入国子监学习。清代规定恩贡生毕业后，中一等者，以州同用；二等、三等，以州判、县丞用。

旋谷氏六十赠言（六首）①

日在花丛兴不赊，耆英咸集望飞霞②。红榴照眼悬弧候③，满座高朋颂甲花④。

为忆椿萱想哺鸦⑤，六旬犹慕孝思遐。纯阳一去楼何在⑥？犹记仙人旌节花⑦。

伯仲先归棣萼斜⑧，莫将消息望仙楂⑨。一枝幸植田家树⑩，从此长开不老花⑪。

莫问支机织女家⑫，银河永隔信音些⑬。劝君保养恒春树⑭，不羡人间并蒂花。

虽无窦桂五枝花⑮，错节盘根有一桠。瓜瓞绵绵从此永⑯，阶前竞秀赏兰花。

嘴中握管舞龙蛇⑰，诗句清新可当茶。珠玉一编堪赏玩，昨宵应梦笔生花⑱。

（辑自〔清〕郑吉《惠珠编杂体诗》卷二）

【注释】

①旋谷：郑兴吉（1814—1888），一名经启，字奕元，号旋谷，别号雅园。浙江浦江郑宅镇枣树园村人。

②耆英咸集：即洛阳耆英会。后泛指老人聚会，以诗酒怡情悦性。详见本书〔清〕叶廷璧《芳五十三公传》。

③红榴：民间赋予石榴多子多福的寓意。

悬弧：古代风俗尚武，家中生男，则于门左挂弓一张，后因称生男为悬弧。语出《礼记·内则》："子生，男子设弧于门左，女子设帨于门右。"

④甲花：即六十甲子花。指高寿。

⑤椿萱：香椿和萱草。比喻父母。

哺鸦：乌雏长成，衔食喂养其母。后比喻报答亲恩。

⑥纯阳：吕洞宾，道教主流全真派祖师。名喦，字洞宾，道号纯阳子，自称回道人。河东蒲州河中府（今山西芮城）人。郑兴吉家中锁月楼上供奉吕洞宾像。

⑦旌节花：被称为富贵之花。语出〔北宋〕张唐英《蜀梼杌》卷下："初，有道士朱桃椎谒之于阶前，以剑拨土，取花子三粒种之，须臾成花三朵，谓处回曰：'此仙人旌节花，公富贵之兆。'"

⑧棠萼：比喻兄弟。语出《诗经·小雅·常棣》："常棣之华，鄂不韡韡。凡今之人，莫如兄弟。"

⑨仙楂：即仙槎，神话中能来往于海上和天河之间的竹木筏。典出〔西晋〕张华《博物志》卷三："旧说云，天河与海通，近世有人居海渚者，年年八月有浮槎去来不失期。人有奇志，立飞阁于查上，多赍〔jī〕粮，乘槎而去。"

⑩田家树：比喻兄弟和好如初。详见本书〔清〕郑祖涝《双桐诗为王埜园作（限双字）》。

⑪不老花：学名碱蔓菁，生长于碱性土壤中，初夏开白色小花，直到初冬，茎秆枯了，成为干花，故称不老花。

⑫支机：支机石，传说为天上织女用以支撑织布机的石头。《太平御览》卷八引〔南朝宋〕刘义庆《集林》："昔有一人寻河源，见妇人缫纱，以问之，曰：'此天河也。'乃与一石而归。问严君平，云：'此支机石也。'"

织女：原是星宿名（织女星），后衍化成神话中的女神，是著名的牛郎织女神话的女主角。

⑬些：少许。

⑭恒春树：亦称长春树，花随四时之色而更生。典出〔南朝梁〕任昉《述异记》卷下："燕昭王种长春树，叶如莲花，树身似桂树，花随四时之色，春生碧花，春尽则落；夏生红花，夏末则凋；秋生白花，秋残则萎；冬生紫花，遇雪则谢。故号为长春树。"

⑮窦桂五枝花：五代后周窦禹钧的五个儿子相继登科。比喻子孙都能成才。详见本书〔清〕郑祖涝《寿王羽文六十（二首）》。

⑯瓜瓞〔dié〕绵绵：喻子孙繁衍，相继不绝。语出《诗经·大雅·绵》："绵绵瓜瓞，民之初生，自土沮漆。"〔南宋〕朱熹集传："大曰瓜，小曰瓞。"

⑰舞龙蛇：形容书法笔势矫健多姿。

⑱梦笔生花：比喻杰出的写作才能。详见本书〔清〕郑祖涝《双桐诗为王堃园作（限双字）》。

旋谷氏六十大寿①

寿星灿烂正迎眸，想象当时锁月楼②。六十年来经浩劫，鲁灵光殿岿然留③。寿翁爱诗兼爱酒，诗酒怡情惟求友。九转丹成火候完④，岐黄妙试回春手⑤。手栽花木雅园春，毓桂培兰景物新。开径好将三益望⑥，优游杖履葆天真⑦。曾记严君与翁挹⑧，相亲相爱歌维挚。无何回首白云遥⑨，不见严君见父执。严君已往父执存，趋存无异见严尊。自愧频年缠俗冗，登堂拜谒礼莫敦。而今谨捧瑶章读⑩，始觉筵开秩逢六。纵使才乏鲤庭趋⑪，汗颜拟献巴人曲⑫。待逢杖朝杖国年⑬，拜手再上冈陵祝⑭。

（辑自〔清〕郑吉《惠珠编杂体诗》卷二）

【注释】

①因〔清〕郑吉《惠珠编杂体诗》原书缺卷一，无诗题。诗题系编者所加。

②锁月楼：位于浙江浦江郑宅镇枣树园村。清嘉庆辛未年(1811)，郑祖涝在乐清轩后建三层楼，称锁月楼。

③鲁灵光殿：汉代著名宫殿名，在山东曲阜。〔东汉〕王延寿《鲁灵光殿赋》序："鲁灵光殿者，盖景帝程姬之子恭王余之所立也……遭汉中微，盗贼奔突，自西京未央、建章之殿皆见隳坏，而灵光然独存。"比喻硕果仅存的人或事物。

④九转丹：道教谓经九次提炼、服之能成仙的丹药。

⑤岐黄：岐伯和黄帝，相传为医家之祖。借指中医。

⑥开径好将三益望：参见〔南朝梁〕江淹《杂体诗》之二十二："素心正如此，开径望三益。"三益，语出《论语·季氏篇》："孔子曰：'益者三友，损者三友。友直，友谅，友多闻，益矣。友便辟，友善柔，友便佞，损矣。'"

⑦杖履：老者所用的手杖和鞋子。

⑧严君：指父亲。王思夔（1809—1862），字定之，浙江浦江郑宅镇前店村旭升堂第七世。邑庠生。

⑨无何：不久。

回首白云遥：指古代"二十四孝"之一唐代狄仁杰望云思亲的故事。详见本书〔清〕王龄《〈萱堂周极图〉为天台徐敬亭明府作》。

⑩瑶章：对他人诗文、信札的美称。

⑪鲤庭趋：意谓晚辈接受长辈的教训。详见本书〔清〕陈命禹《源六十六朱安人传》。

⑫巴人曲：即《下里》《巴人》，原指战国时代楚国民间流行的一种歌曲，比喻通俗的文学艺术。语出〔战国楚〕宋玉《对楚王问》："客有歌于郢中者，其始曰《下里》《巴人》，国中属而和者数千人。"

⑬杖朝杖国：均为古代的尊老礼制。语出《礼记·王制》："五十杖于家，六十杖于乡，七十杖于国，八十杖于朝，九十者，天子欲有问焉，则就其室，以珍从。"

⑭冈陵祝：语出《诗经·小雅·天保》："如山如阜，如冈如陵。"意为祝贺寿比山高。冈，原作"岗"，误。

《惠珠编》 七十序①

（前缺）蒲酒俱香②。慭遗乎一老③，多福多寿何必多男④；矍铄哉是翁⑤，杖家杖乡还称杖国⑥。忆前番酉部称觥⑦，曾谱甲花之颂⑧；看此日午宫指斗⑨，又呼亥字之仙⑩。

谟也谊觊兰余⑪，眷叨葭末⑫。势难安于鸠拙⑬，声徒效夫蝉鸣⑭。生花有笔，未借江郎⑮；对镜无盐⑯，怕逢西子⑰，谬承见许羊公，鹤终不舞⑱；敢谓班栖凤侣⑲，鹦亦能言⑳。纵有千年上寿，原非倚马之才㉑；先请十载为期，再献飞熊之祝㉒。

　　　　时在龙飞大清光绪九年岁次癸未仲春月㉓　深溪世侄王兴谟顿首拜撰㉔
　　　　　　　　　　（辑自〔清〕郑吉《惠珠编杂体诗》卷首）

【注释】

①《惠珠编》：指《惠珠编杂体诗》，〔清〕郑兴吉著，共七卷，系清光绪九年（1883）排印的活字本。现存残本（缺卷一），收入《浦江文献集成》。

②蒲酒：菖蒲酒。

③慭〔yìn〕遗乎一老：愿意留下一个老人。语出《左传·哀公十六年》："旻天不吊，不慭遗一老，俾屏余一人以在位，茕茕余在疚。"

④多福多寿何必多男：此处化用《庄子·外篇·天地》："尧观乎华。华封人曰：'嘻，圣人！请祝圣人，使圣人寿…使圣人富…使圣人多男子。'"

⑤矍铄哉是翁：形容老人目光炯炯，精神健旺，老而强健。典出《后汉书·马援传》："（马）援据鞍顾眄，以示可用。帝笑曰：'矍铄哉！是翁也。'"

⑥杖家杖乡还称杖国：均为古代的尊老礼制。语出《礼记·王制》："五十杖于家，六十杖于乡，七十杖于国，八十杖于朝，九十者，天子欲有问焉，则就其室，以珍从。"

⑦酉部：《说文解字·酉部》："酉，就也。八月黍成，可为酎酒。"

称觥：举杯祝酒。

⑧甲花：即六十花甲子。

⑨午宫指斗：按星相之说，午宫入命，是紫微斗数最好的组合，此时紫微、天府、太阴、太阳皆具力量，加上好运，便可发越。午宫，太阳之垣，天福星，荣华吉命。

⑩亥字之仙：指七十三岁。后用来比喻高寿。详见本书〔清〕董学丰《味经先生大人暨王母周太孺人七十双寿序》。

⑪谟：王兴谟自称。

觌〔luó〕：觌缕，详述。

兰余：兰花之余。以兰花形容友情深厚，相互契合。

⑫葭末：即葭莩之末。葭莩，芦苇秆内壁的薄膜。比喻关系疏远的亲戚。王兴谟的太姑婆王氏，适郑兴吉的祖父郑祖涝，王郑二人属远亲。

⑬鸠拙：鸠鸟拙于筑巢穴。此处为谦词。

⑭蝉鸣：开始由几只蝉引领，叫了几声以后，其余的蝉应声而起。意谓随声附和。此处为谦词。

⑮生花有笔，未借江郎：即江郎才尽的典故，比喻才情减退。详见本书〔清〕郑祖涝《双桐诗为王埜园作（限双字）》。

⑯无盐：亦称无盐女。战国时齐宣王的王后锺离春，为人有德而貌丑，因是无盐人，故名无盐。后为丑女的代称。

⑰西子：指西施，与王昭君、貂蝉、杨玉环并称为中国古代四大美女，其中西施居首，是美人的化身和代名词。

⑱见许羊公，鹤终不舞：比喻徒有其名而无其实的人。此处为谦词。详见本书〔清〕王思兼《后四百廿四月轩老夫子大人七十寿序》。

⑲班：别也。

⑳鹦亦能言：比喻随声附和。此处为谦词。典出〔南宋〕罗大经《鹤林玉露》甲编卷二："上蔡先生云：'透得名利关，方是小歇处。今之士大夫何足道，真能言鹦鹉也。'"

㉑倚马之才：有倚在战马前起草文章的才能。典出〔南朝宋〕刘义庆《世说新语·文学》："桓宣武北征，袁虎时从，被责免官。会须露布文，唤袁（虎）倚马前令作。手不辍笔，俄得七纸，殊可观。"

㉒飞熊之祝：祝贺长寿。详见本书〔清〕王思兼《后四百廿四月轩老夫子大人七十寿序》。

㉓光绪九年岁次癸未：1883 年。

㉔深溪：溪名。发源于浙江浦江金芙蓉山西麓，流经郑宅镇西部。王氏世居于此，称深溪王氏。详见本书《王继旦传》。

旋谷氏七旬赠章 (二首)①

红羊劫换黑羊春②，阅历翻棋世局新。业绍遗风光祖父（令祖令尊俱以诗名③），楼传锁月礼仙神（翁家锁月楼供吕仙铜像④）。耽吟不减鹦鹉郑⑤，爱养还搜吉了秦⑥（翁曾喜养金鳞花鸟，故云）。玄鹿山房开寿宴⑦，添芒应笑和诗人。

甲花咏后十年周⑧，矍铄应推第一流⑨。苦口何殊医国计，甘心只有活人谋。披函捣药搜林杏⑩，制锦收诗献石榴⑪。自愧才疏难学步，愿祈松柏荫长留。

（辑自〔清〕郑吉《惠珠编杂体诗》卷五）

【注释】

①旋谷：郑兴吉（1814—1888），一名经启，字奕元，号旋谷，别号雅园。浙江浦江郑宅镇枣树园村人。

②红羊劫：古代的谶纬之说，代指国难。古人以为，丙午、丁未是国家发生灾祸的年份。天干"丙""丁"和地支"午"在阴阳五行里都属火，为红色，而"未"这个地支对应的生肖是羊，因此每六十年出现一次的"丙午丁未之厄"，后来便被称为"红羊劫"。

黑羊：古代的谶纬之说，代指财富和活力。古人以为，癸未年的"癸"，五行属水，对应的颜色是黑色，"未"是羊，故称黑羊。

③令祖：指郑祖涝（1761—1830），字和颖，号箕山，别号卧云子，又名祖芳，号姬山。浙江浦江郑宅镇枣树园村人。

令尊：指郑训楸（1794—1861），一名楸，字辑时，号竹岩，又号三宝居士，别号玄鹿山人。浙江浦江郑宅镇枣树园村人。

④楼传锁月：即锁月楼，位于浙江浦江郑宅镇枣树园村白麟溪南侧。清嘉庆辛未年（1811），郑祖涝在乐清轩后建三层楼，称锁月楼。

吕仙：即吕洞宾，道教主流全真派祖师。名喦，字洞宾，道号纯阳子，自称回道人，河东蒲州河中府（今山西芮城）人。锁月楼上供奉吕洞宾铜像。

⑤鹧鸪郑：〔唐〕郑谷所作《鹧鸪》诗云："暖戏烟芜锦翼齐，品流应得近山鸡。雨昏青草湖边过，花落黄陵庙里啼。游子乍闻征袖湿，佳人才唱翠眉低。相呼相应湘江阔，苦竹丛深春日西。"

⑥吉了秦：〔南宋〕林景熙《秦吉了》诗云："尔禽畜于人，性巧作人语。家贫售千金，宁死不离主。"

⑦玄鹿山房：位于浙江浦江郑宅镇枣树园村白麟溪南侧。玄，原作"元"，清代因避清圣祖玄烨的讳，将"玄"改"元"。今改回。

⑧甲花：即六十花甲子。

⑨矍铄：形容老人目光炯炯，精神健旺，老而强健。详见本书〔清〕郑祖涝《寄怀王垫园三十韵》。

⑩林杏：即杏林，中医界的代称。典出〔东晋〕葛洪《神仙传》卷十："（董）奉居山不种田，日为人治病，亦不取钱。重病愈者，使栽杏五株，轻者一株。如此数年，计得十万余株，郁然成林。"郑兴吉会医术。

⑪石榴：多子，比喻子孙满堂，后继有人。典出《北齐书·魏收传》："安德王延宗纳赵郡李祖收女为妃，后帝幸李宅宴，而妃母宋氏荐二石榴于帝前。问诸人，莫知其意，帝投之。（魏）收曰：'石榴房中多子，王新婚，妃母欲子孙众多。'"

王逢述

王逢述（1887—?），字光显，号绍卿，又名国度，行友七十二。浙江浦江郑宅镇前店村旭升堂第九世。系王兴谟长子，娶合溪黄氏（1884—1915），生一子王正大。继娶寿氏（1889—?）。

创造肯堂公祭祠记^①

韩昌黎伯云："莫为之前，虽美而不彰；莫为之后，虽盛而不传^②。"可知一事一物之动作兴起，必前由人创之，后人可以守之。后人守之之方，必有可传可久之道。又可使以后之后人睹物而兴，见事而忆，了然知事之本末、物之终始，则其可传可久矣。

原夫肯堂公之有祭祠也^③。由于清光绪二十六年庚子^④，余先君子兴谟同派下有铨、有土、可松、可汝、可银诸人^⑤，约有祭会^⑥。祭会中得能创造斯祠者，由会中集资生息，积有余金。余外捐修之项，俱依估价给胙之例^⑦。惟此会中修葺之款，合族绅董酌议指出，祠之左旁土地祠右手园内，准会中构造平屋三间，高低一仍土地祠旧式。经始民国十三年甲子^⑧，落成十四年乙丑^⑨。此创造祭祠之所由来也。

祠宇凡三楹，坐东南朝西北，内设神龛三，中供肯堂公暨祖妣神主二^⑩，左右两龛，则五六十会之长生禄位，序以昭穆^⑪。前凿鱼池二，点缀其间，共费三百余金。是役也，余适董司会账，与同事可绥、可炫、思法、兴凑、兴忠诸君共襄厥成^⑫。

现值续修谱牒，爰撮造祠始末^⑬，缀为俚言，登诸家乘^⑭。则此祠此会之可传可久，又洵无疑矣^⑮。俾后之来哲一览而知此会之所由起^⑯，此祠之所由造，即终见始，追昔抚今，知所以修葺增新，继续益美，则又属盛事之可传焉。

是为记。

民国二十年辛未仲夏上浣之吉^⑰　裔孙国度谨识^⑱

（辑自民国己未年续修《深溪义门王氏宗谱》卷十四）

【注释】

①肯堂：王彧（1209—1262），字肯堂，号种德处士，行亿三八。浙江浦江深溪（今郑宅镇水阁村一带）人。

②韩昌黎：即韩愈。

伯：旧时对文章、道德足为表率者的尊称。

莫为之前，虽美而不彰；莫为之后，虽盛而不传：意谓没有人给他引荐，即使有美好的才华也不会显扬；没有人作继承人，即使有很好的功业、德行也不会流传。语出〔唐〕韩愈《与于襄阳书》。

③原：推究。

④清光绪二十六年庚子：1900 年。

⑤兴谟：王兴谟（1851—1916），字陈三，号梅谷。浙江浦江郑宅镇前店村旭升堂第八世。恩贡生，授直隶州州判衔。

有铨：王有铨（1834—1915），字其衡（按，《淮南子·齐俗训》"县之乎铨衡"），行昆七百二十五。浙江浦江黄宅镇梅石坞村人。乡饮宾。

有土：王有土（1842—1924），字其厚（按，《吕氏春秋·辩土》"厚土则蕈不通，薄土则蓄藩而不发"），行昆八百四十七。浙江浦江郑宅镇前店四份头村人。

可松：王可松（1844—1903），行弟四百三十九。浙江浦江郑宅镇水阁村人。

可汝：王可汝（1843—1917），字兴为（按，《论语·雍也篇》"汝为君子儒，毋为小人儒"），号立斋，行弟四百二十三。浙江浦江郑宅镇秧田王村人。乡饮宾。

可银：王可银（1843—1908），行弟四百十二。浙江浦江郑宅镇水阁村人。

⑥祭会：为祭祀祖先或神佛而组织的团体。

⑦胙：胙肉，古代祭祀时供奉的肉。

⑧民国十三年甲子：1924 年。

⑨十四年乙丑：1925 年。

⑩神主：供奉祖先或死者用的小木牌。

⑪昭穆：即左昭右穆，是我国古代的宗法制度，指宗庙、墓地或神主的辈次排列。以始祖居中，东向；二世、四世、六世位于始祖的左方，朝南，称昭；三世、五世、七世位于右方，朝北，称穆。

⑫可绶：王可绶（1867—?），庠名受谦，字益三（按，《尚书·虞书·大禹谟》"满招损，谦受益"），行弟又六百四十四。浙江浦江黄宅镇梅石坞村人。

可炫：王可炫（1898—?），字用耀（按，《楚辞·远游》"建雄虹之采旄兮，五色杂而炫耀"），号霨［wèi］岩，行弟九百八十二。浙江浦江郑宅镇水阁村人。

思法：王思法（1873—?），行良三百四十三。浙江浦江郑宅镇秧田王村人。

兴凑：王兴凑（1866—?），行孝一百二十六。浙江浦江岩头镇花山村人。

兴忠：王兴忠（1871—1929），行孝一百三十八。浙江浦江黄宅镇王先生村人。

⑬摭［zhí］：摘取。

⑭家乘：又称家谱、族谱、宗谱等，是一种以表谱形式记载一个家族的世系繁衍及重要人物事迹的书。

⑮洵：实在。

⑯来哲：后世智慧卓越的人。

⑰民国二十年辛未：1931 年。

上浣：上旬。

⑱国度：文中有"余先君子兴谟"，则国度系王兴谟之子。查民国己未年续修《深溪义门王氏宗谱》，王兴谟有二子王逢述、王逢启，均未见"国度"之名。据旭升堂百岁老人王正全身前介绍，王逢述有文名，王逢启不能文。由此推断，国度应是王逢述的别名。

附　　录

深溪义门王氏重要史料辑存

深溪义门王氏家则（一百八十四条）^①

王士觉

序

　　家必有则乎？父子，天性也；兄弟，天伦也。其将不待劝而亲，不致肃而成^②，又何必乎有则也。世降俗微，宗法乡礼之不修，使之无则，上下失序，家楚越而身矛盾矣^③！苟有则焉，男女有别也，长幼有伦也，雍雍乎合敬同爱也^④，穆穆乎体信达顺也^⑤，亹亹乎趋事赴功也^⑥。此无他，盖有矩矱之可循、绳尺之可持焉耳^⑦！物则民彝昭昭在人心者^⑧，百世不能泯，矧可不加之意哉^⑨！

　　浦阳王氏会族而居五世余矣^⑩。其先自忠惠公弟处棠府君为深溪初迁之祖^⑪。五世，复之氏上承下引^⑫，同堂而食几二千指^⑬。且以人心天理固古今攸同，而情伪不能不滋，自非设为防范之具，罔克垂于永久^⑭。于是，著为《家则》一集，以贻厥子孙^⑮。其类凡九：首之以敬先，谓思所以报本也；次之以务本，谓行莫先于孝悌忠信也^⑯；又次之以惇礼^⑰，谓衣食、冠婚、丧祭必有其恒也；又次之以厚生^⑱，谓布帛、菽粟必欲其弗匮也^⑲；又次之以防范儆戒，谓以礼义维持勉其为善而禁其不善也；又次之以睦族恤众，谓推亲亲仁民之心将以为凭为翼也^⑳；又次之以规余，谓诸类不能尽者则列之于此也。其齐家修身之道可谓至矣！

　　呜呼！九江陈氏之家法、临川陆氏之家制与今同里郑氏之家范^㉑，大抵规同矩合而少有增损，要皆扶天经、树民彝而美风俗也^㉒。今复之氏所著者，一本忠厚之实，而有光于昔人，凡子孙之来尚^㉓，孜孜共引之而勿替哉^㉔。

　　复之名士觉，纯笃士也^㉕。平生言若不出口，制行则如古人^㉖，故识与不识，咸称其为有德君子云^㉗。

刘刚序^㉘

【注释】

　　①深溪义门王氏家则：最初由浙江浦江深溪王氏第四世王或于南宋景定元年（1260）制订，共28条，并开始效仿同里麟溪郑氏，带领兄弟子侄同居。明洪武十年（1377），第八世王士觉在此基础上，参考168条《郑氏规范》，加以增删，形成184条《家则》，并刻印。建文四年（1402），王士觉之侄、时任右春坊右庶子的王勣受邻家之累，含冤被杀，子孙星散，同居结束，深溪王氏的《宗谱》《家则》和文集《深溪集》等均被搜缴。崇祯戊寅年（1638），第十七世王大化掇拾旧闻，加以考订，并刻印，已非全本，随即散佚。清乾隆癸巳年（1773），第二十四世王舟搜得明代旧抄本。嘉庆辛未年（1811），王氏裔孙搜得明代旧刻本，与旧抄本互校，并刻印，共二卷，今存。现存最早的《深溪义

门王氏宗谱》，是清成丰六年（1856）第十九次续修本，但缺谱首的文集部分，其次是同治十年（1871）第二十次续修本，收录《家则》及刘刚序。与嘉庆本《家则》相比，同治本《宗谱》中收录的《家则》错讹较多，故本书以嘉庆本为底本，将同治本与之互校，择善而从。同治本有两个优长：第一，将王或制订的28条《家则》高二格排列，一直保持到民国己未年（1919）续修的《宗谱》。第二，文后署名"洪武十年，士觉识"，说明制订《家则》的时间，当有所本，故予以保留。

②肃：恭敬。

③楚越：楚国和越国。比喻相距遥远。

④雍雍：和乐貌。

⑤穆穆：仪容、言语美好，行止端庄恭敬。

体信达顺：守信达到和顺的境界。语出《礼记·礼运》："则是无故，先王能修礼以达义、体信以达顺故。"

⑥亹亹［wěi wěi］：勤勉不倦貌。

⑦矩矱［yuē］：规矩法度。语出〔战国楚〕屈原《离骚》："曰勉升降以上下兮，求矩矱之所同。"〔东汉〕王逸注："矩，法也；矱，度也。"

绳尺：工匠用以较曲直、量长短的工具。比喻法度、规矩。

⑧物则民彝：事物的法则，百姓的常理。语出《诗经·大雅·烝民》："天生烝民，有物有则。民之秉彝，好是懿德。"

⑨矧［shěn］：况且。

加之意：特别留意。

⑩浦阳：唐玄宗天宝十三载（754），置浦阳县。五代吴越天宝三年（910），改浦阳县为浦江县。

王氏会族而居五世余：浙江浦江深溪义门王氏从南宋景定元年（1260）到明建文四年（1402），从第四世始，到第十世终，七世同居，历时142年，元明两朝受到朝廷旌表，称义门王氏或王义门，与同里郑氏媲美。五世同居是七世同居的前半期，是从第四世到第八世。详见本书〔清〕陈命禹《源六十六朱安人传》。

⑪其先自忠惠公弟处棠府君为深溪初迁之祖：在清同治十年（1871）续修《深溪义门王氏宗谱》收录的《家则》中，该句的原文是"自忠惠公从弟处棠府君初迁深溪，越十余年，建立祠宇，大营居室。长子肯堂著《家则》28条，诸昆季子侄遵守成规，合爨凡五世"，明显比嘉庆本详尽，疑是深溪王氏后裔所添加，可备一说。

忠惠：王万（1194—1242），字处一（按，《后汉书·刘瑜传》"诚冀臣愚直，有补万一"），行万三。浙江浦江灵泉乡峻岭（今岩头镇王店村沙溪庵一带）人，生于江苏常熟。南宋嘉定十六年（1223），中进士，官至太常少卿，谥忠惠，赠集英殿修撰，入祀浦江五贤祠。著有《易说》《太极图说》《书说》《诗说》《中庸说》《论语说》《奏札》（十卷）和《时习编》（十卷）。

处棠：王芰（1197—1260），字处棠，号凤林处士。浙江浦江灵泉乡峻岭（今岩头镇王店村沙溪庵一带）人。南宋嘉定十年（1217），迁居深溪（今郑宅镇水阁村一带），为深溪王氏始祖。

深溪：溪名。发源于浙江浦江金芙蓉山西麓，流经郑宅镇西部。王氏世居于此，称深溪王氏。详见本书《王继旦传》。

⑫复之：王士觉（1309—1382），字复之，号太朴处士，行儒六。浙江浦江郑宅镇郎中村（旧址在王氏宗祠西侧，今不存）人。曾任族长，率领合族子弟同居共爨，制定184条《深溪义门王氏家则》，始修《深溪义门王氏宗谱》。身后追赠朝请大夫，又赠中宪大夫。从王芰到王士觉，中间经历王或、王铸、王源、王澄，故称五世。

⑬几：将近。

二千指：两百人。古人常以吃饭的指头来计算人口，十个指头为一个人。

⑭罔克：不能。

⑮贻厥子孙：为子孙后代谋划。语出《诗经·大雅·文王有声》："诒厥孙谋，以燕翼子。"贻，遗留。

⑯孝悌忠信：孝顺父母，尊敬兄长，忠于君主，取信朋友。

⑰惇［dūn］礼：推崇礼仪。

⑱厚生：使人民生活富足、充裕。

⑲布帛、菽粟：代指生活必需品。帛，丝织品。菽，豆类；粟，小米。

⑳亲亲仁民：亲爱亲人，仁爱百姓。语出《孟子·尽心上》："亲亲而仁民，仁民而爱物。"

为凭为翼：作为依靠、帮助。

㉑九江陈氏之家法：江西德安车桥镇义门村陈姓一族，从陈旺于唐开元十九年（731）卜居，到北宋嘉祐七年（1062）分家，历经331年、15世同居，达3900多人。义门陈氏的家族制度由《家法三十三条》《家训十六条》《家范十二则》构成。

临川陆氏之家制：江西临川陆氏始祖陆德迁从唐代迁到金溪，到南宋陆贺时止，数世同堂，合灶吃饭。陆贺第四子陆九韶制定《家制》，包括《居家正本》（上、下篇）和《居家制用》（上、下篇）。

郑氏之家范：浙江浦江郑氏家族从南宋建炎（1127—1130）初始，至明天顺三年（1459）止，合族聚居十五世，长达三百多年，称义门郑氏。第六世郑文融制定《家规》58条，后又由明代"开国文臣之首"宋濂参酌审定《郑氏家范》168条，成为郑氏的家庭法典。

㉒天经：天之常道。

民彝：犹人伦。旧指人与人之间相处的伦理道德准则。

㉓来尚：即由来尚矣，由来已久。语出《史记·八书·礼书》："余至大行礼官，观三代损益，乃知缘人情而制礼，依人性而作仪，其所由来尚矣！"。

㉔替：停止。

㉕纯笃：纯朴笃实。

㉖制行：规定道德和行为准则。

㉗云：语助词，无实在意义。

㉘刘刚（生卒年不详）：字养浩（按，《孟子·公孙丑上》"我善养吾浩然之气……其为气也，至大至刚"）。浙江义乌人。善文辞，精音律，曾作十二篇《铙歌鼓吹曲》。

明朝初年，曾游南京，与方孝孺一同受业于宋濂，其妹适宋濂长孙宋慎。与深溪王氏第九世王应友善，并教其子王温。洪武十三年（1380），为老师胡翰编次文集《胡仲子集》，请宋濂作序。王应拟出资刊印，征得其父王士觉同意，由其子王温经办，从当年六月始刻，到次年十一月完工。

八世祖太朴处士讳士觉、字复之公著。内有二十八条，遵四世祖种德处士讳或字肯堂公所著①。

敬先类（凡十三条）

第一条　祠堂，子孙报本敬先之所。为屋三间，缭垣四周②，务以坚朴。中奉先世神主③，出入必告，朔望必参谒④。四时祭祀，其仪式并遵《朱子家礼》⑤。

第二条　凡祭，须卜日斋戒莅事。然必以时，毋事繁数，恐涉不敬⑥。四时祭毕，更行会拜之礼。长幼立积顺堂⑦，自长拜始，拜毕者坐。忌日，当用黪巾淡服致祭⑧。孝子是日不得饮酒、茹荤、听乐，夜则出宿于外，以致孝慕之情。如时祭之外，不得妄祀邀福。

第三条　凡祭祀合用一切牲醴粢盛等物⑨，家长预命执礼者先旬日置备⑩，宗子严加点视⑪，务在精洁而合礼，毋致轻亵不敬。

第四条　祭祀务尽其诚敬，以致如在之意⑫。其或行礼不恭，离席自便，与夫跛倚、欠伸、哕噎、嚏咳⑬，一切失容之事，惩过者议罚⑭。惩过者不言，罚亦及之。

第五条　子孙入祠堂者，当正其衣冠，如祖考在前⑮，不得嬉笑，不得亵语⑯，不得疾步，晨昏皆当致恭而退。

第六条　祭田⑰，拨常稔之田五十亩⑱，令宗子别蓄其租，专充祭祀之费。其田券印"义门王氏祭田"六字，字号、亩步亦当勒石祠堂之左⑲，俾子孙永远保守⑳。有言卖鬻者㉑，以大不孝论。

第七条　宗谱㉒，实叙亲辨疏之法，不可不谨修焉。当设宗图于祠堂之右㉓，一岁一续，庶使大小宗法不致混淆㉔。

第八条　宗子当严祠堂扃钥㉕，每旦躬率子弟，轮任洒扫。其祭器、祭服不许他用。

第九条　宗子上奉祖考，下一宗族㉖。家长当竭力教养，若其不肖，当遵横渠张子之说㉗，择其贤者易之。

第十条　四月二十二日，百二府君降生之辰㉘。宗子当奉神主于正寝㉙，集家众行一献礼㉚，令子弟一人朗诵谱图一遍㉛，圆揖而退㉜。神主，宗子奉还祠堂。

第十一条　二月朔日，系初迁之祖风林府君降生之期㉝，宗子当奉神主于积顺堂，集家众行一献礼，复击鼓二十四声，令子弟一人朗诵谱图一遍，曰明谱会。团揖而退。

第十二条　清明、中元二祀㉞，当上追百二府君五世之祖，下沿百二府君五世之嗣，照名设位祀之，毋得失错。自吾三世后，不必祀也。

第十三条　先世坟茔年远，其有平塌浅露者，宗子当择土益之，更立石深刻葬者名氏，勿致湮灭难考。近茔竹林乔木不许剪拜㉟，各处庵宇更当辑治，至于作冢制度㊱，已有《家礼》可法㊲。其诸处茔冢，岁节及寒食、十月朔㊳，子孙须亲展省㊴。女妇不得预此。

【注释】

①种德处士讳或字肯堂：王或（1209—1262），字肯堂，号种德处士，行亿三八。浙江浦江深溪（今郑宅镇水阁村一带）人。王或制订的《家则》，共28条，即王士觉制订的《家则》第1、7、9、10、12、13、15、17、26、33、41、54、56、61、71、80、85、100、101、105、110、120、125、129、136、157、136条。

②缭垣：围墙。

③神主：供奉祖先或死者用的小木牌。

④朔望：农历每月初一谓朔，十五谓望。

⑤《朱子家礼》：〔南宋〕朱熹著，共五卷。分为通礼、冠礼、昏（婚）礼、丧礼和祭礼。

⑥毋事繁数，恐涉不敬：次数不要太繁太多，恐怕涉嫌不敬重。语出《礼记·祭义》："祭不欲数，数则烦，烦则不敬。"

⑦积顺堂：位于浙江浦江郑宅镇樟桥头村。

⑧黔巾：黑色的头巾。

⑨牲醴：指祭祀用的牲口和甜酒。

粢盛：指盛在祭器内供祭祀的谷物。

⑩家长：指一族之长，俗称家长太公。

执礼者：执守礼制的人。语出《礼记·文王世子》："赘宗秋学礼，执礼者诏之。"

⑪宗子：嫡长子。语出《礼记·曲礼下》："支子不祭，祭必告于宗子。"

⑫如在：祭祀神灵、祖先时，好像受祭者就在眼前。语出《论语·八佾篇》："祭如在，祭神如神在。"

⑬跛倚、欠伸、哕噫、嚏咳：语出《礼记·内则》："进退周旋慎齐，升降、出入、揖游，不敢哕噫、嚏咳、欠伸、跛倚、睇视。"哕〔yuě〕噫，打呃，打嗝。跛倚，站立歪斜不正，倚靠于物。

⑭惩过者：惩罚过失的人。

⑮祖考：已故的远祖。

⑯亵语：污秽的语言。

⑰祭田：旧时族田中用于祭祀的土地。

⑱常稔之田：常熟的田，良田。

⑲亩步：古代田亩制度中的亩制和步制。亩制在秦国商鞅变法之前是"步百为亩"（小亩），之后是"二百四十（方）步一亩"（中亩）。步制在唐之前有六尺步制与五尺步制两种说法，唐以后为五尺步制。

勒石：刻在石碑上。

⑳俾：使。

㉑鬻：卖。

㉒宗谱：家谱，族谱。

㉓宗图：宗族的世系图。

㉔庶：希望，但愿。

㉕扃钥：门户钥匙。

㉖一：统一。

㉗横渠张子：北宋理学家张载（1020—1077），字子厚（按，《周易·坤》"坤厚载物，德合无疆"）。凤翔郿县（今陕西眉县）人。世称横渠先生，尊称张子。提出"为天地立心，为生民立命，为往圣继绝学，为万世开太平"。著有《正蒙》《横渠易说》等。

㉘百二府君：王起（1142—1209），字作为，行百二。南宋淳熙四年（1177），从浙江义乌凤林乡折桂里（今赤岸镇朱店村）迁居浦江灵泉乡峻岭（今岩头镇王店村沙溪庵一带），为峻岭王氏始祖。

㉙正寝：房屋的正房。

㉚一献礼：主人或主持者向宾客或族人敬酒称为"献"；宾客或族人回敬称为"酢"；主人或主持人先自饮，再劝大家一起饮，称为"酬"。三者合称为"一献礼"。

㉛谱图：记述氏族或宗族世系的图表。

㉜圆揖：向前后左右的人作揖。

㉝凤林府君：王苠（1197—1260），字处棠，号凤林处士。南宋嘉定十年（1217），从浙江浦江灵泉乡峻岭（今岩头镇王店村沙溪庵一带）迁居深溪（今郑宅镇水阁村一带），成为深溪王氏始祖。

㉞中元：农历七月十五，是祭祀亡故亲人，缅怀祖先的日子。

㉟剪拜：砍伐。语出《诗经·国风·召南·甘棠》："勿剪勿拜。"拜，通"掰"，分开。

㊱作冢：葬坟。

㊲《家礼》：即《朱子家礼》。

㊳寒食：清明前一天，是中国传统的节日之一。古人从这一天起，三天不生火做饭。

㊴展省：察看，审视。

务本类（凡三十一条）

第十四条　朔望，家长率众参谒祠堂毕，出坐积顺堂，男女分序而立。击鼓一通，令子弟一人唱云："齐家必本于修身，修身莫先于孝悌。孝则善事其亲，悌则善事其长，以致夫妇之相宾，兄弟之相友，上下之相亲，内外之相睦也。故徇私以害公，弗居也；蚀利以妨义，弗趋也；习惰以荒事，弗从也；逞奢以违礼，弗庸也；乱性莫过于酒，弗嗜也；乱德莫过于欲，弗纵也；乱家莫过于妇言，弗听也。谆谆祖训，饬我后昆①。废兴之由，有耳共闻。身修家齐，训言垂经。夙兴夜寐，无忝尔所生②。"众皆一揖，分东西行而坐。复令子姓敬读孝悌故实一通③，会揖而退。

第十五条　立家之道不可过刚，不可过柔，须适厥中④。凡子弟须随掌门户者，轮去州邑，练达世故，庶无暗昧不识事机之患⑤。若年过六十者，当自保绥⑥，不宜轻出。

第十六条　婚嫁必择温良有家法者，不可苟慕富贵，以亏择配之义。其豪强逆乱、世有恶疾者⑦，毋得与议。

第十七条　诸妇必须安详恭敬，奉舅姑以孝⑧，事丈夫以礼，待娣姒以和⑨。无故不许出中门⑩，夜行以烛，无烛则止。如其淫狎，即宜屏放⑪。若有妒忌长舌，姑诲之；诲之不悛⑫，则责之；责之不悛，则出之。

第十八条　子孙临丧当务尽礼，不得惑于阴阳，如的呼妨损之类⑬，非礼拘忌，以乖大义⑭，亦不得用乐。服未阕者⑮，不得饮酒食肉，违者不孝。详见《家礼》⑯。

第十九条　旱干之时，子孙不得各惜陂塘之水以养鱼⑰，有妨灌注⑱。

第二十条　子弟已冠而习学，每月十日一轮，挑背其已记之书及谱图、《家则》之类。初次不通，去巾一日；再次不通，则倍之；三次不通⑲，分紛于未冠时⑳。通则复之。

第廿一条　子孙固当竭力以事尊长。为尊长者亦宜慈爱，不可过于忿怒，使人无所容身，恐非教养之道。若子弟有过，则反覆谕戒之。其不得已，会众棰之㉑，以示耻辱。

第廿二条　子弟受长上呵责，不论是非，但当俯首默受，毋得分理。

第廿三条　子孙须令饱煖㉒，方能保全义气。当令廉谨有为者佐执礼者㉓，以掌服食之事，务要合宜，而无不足之叹。

第廿四条　每旦，击钟十二声，家众俱兴㉔；四声，咸盥漱；八声，入积顺堂。男女序立，家长一揖，戒之曰："勿听私室言㉕。"众皆答云："一遵严命。"复立左右行，一揖而退；九声，男会食于乐同堂㉖，女会膳于礼辨堂㉗，三时并同㉘。其不至者，家长规之。

第廿五条　家长总治大小之事，家众则各掌一事。然须在上者谨守礼法，以制其下；在下者事无大小，亦必皆咨禀而后行㉙，不得私假，不得私与。

第廿六条　家长专以至公无私为本，不得偏徇㉚。既以诚待下，一言不可妄发，一行不可妄为，庶合古人身教之意。临事之际，毋察察而明㉛，无昧昧而昏㉜。更须以量容人，常视一家如一身，可也。如其有失，举家随谏之，然必起敬起孝，毋妨和气。若其不能任事，次者佐之。

第廿七条　设通典一人㉝，以助家长行事。必选刚正公明、才堪治家、为众人所仪准者为之㉞，并不论长幼，不限年月，凡一家大小之务，无不赖正㉟。

第廿八条　择端严公明可以服众者一人，通纠诸事㊱，必二年一轮。其将莅事者，告祠堂毕，集家众于积顺堂，先拜尊长四拜，次受卑幼四拜，然后鸣鼓，约说《家则》，使肃听之。既莅事后，家众有善有不善，须直言之。如或知而不言与言而非实，众告祠堂，鸣鼓声罪而易置之。

第廿九条　家众既多，或有为不善者，通纠不能周知，有能察而知者，即以实闻通纠。通纠当审实以禀家长，轻重议罚。

第三十条　家中产业文券，既印"王氏义塾产㊲，子孙久远保守"，仍书字号、位置，立砧基簿书㊳，告官印押㊴。家长会众封藏，不可擅开。不论长幼，有敢言质鬻者㊵，以大不孝论。

第卅一条　增拓产业，彼则出于不得已，吾则欲为子孙悠久之计，当体究果值几缗[41]，尽数还足。不可与狙侩交谋[42]，潜萌侵人利己之心。否则，天道好还，纵得之，必失之矣。

第卅二条　增拓产业，家长必须与掌门户者详其物与价等，然后行之。或掌门户他出，必伺其归，方可交易。然又当预使子弟亲去检视肥瘠及见在文凭无差，切不可卤莽，以为子孙之害。

第卅三条　子弟自八岁入小学[43]。小学之师，当择严肃而精于句读者为之[44]。十二岁出就外傅[45]，十五岁入大学[46]，聘致明师，必以孝弟忠信为主[47]，期底于道[48]。若年至二十一岁，其业无所就者，令习治家理财。倘学有进者，不拘。

第卅四条　子孙为学，须以孝悌切切为务。若一向偏滞词章[49]，深所不取。

第卅五条　小儿五岁者，亦朔望参祠堂讲书及忌日奉祭，可令学礼。每日早膳后，亦随众到书斋祗揖[50]。须值祠堂者及斋长教明[51]，否则罚之。其母不明，亦罚之。

第卅六条　延迎礼法之士，庶几有所观感[52]，有所兴起，其于学问资益非小。若呫词幼学之流[53]，当寖待之[54]。

第卅七条　子孙须恂恂孝友[55]。见兄长，坐必起，行必以序，应对必以名，毋以尔我[56]。诸妇并同。

第卅八条　人子之于父母，当尽晨昏定省之礼[57]，须恭敬顺从，不可有悖慢之意[58]。

第卅九条　广储书籍以惠子孙，不许妄借人，以致散逸。仍识卷首云"王氏书籍"。如子孙妄借及鬻[59]，以不孝论。

第四十条　子孙不得炫奇斗胜，两不相下。彼以其奢，我以吾俭，吾何害哉！

第卌一条　主母之尊[60]，欲使家众悦服，不可使侧室为之[61]，以乱尊卑。

第卌二条　诸妇育子，苟无大故[62]，必亲乳之，不可置乳母，以饥人之子。

第卌三条　诸妇育子，不得接受邻族鸡子鳸肩之类[63]。执礼者日周给之[64]。

第卌四条　他家有子孙一人者，犹能任一家之务。吾子孙念此，宜奋力向前，不必更相责望。盖吾人之才智高下不同，岂能尽如人意，更思才也养不才可也[65]。

【注释】

①后昆：后代。

②忝：辱没，常作谦词。

③子姓：泛指子孙、后辈。

④厥中：言行不偏不倚，符合中正之道。语出《尚书·虞书·大禹谟》："人心惟危，道心惟微，惟精惟一，允执厥中。"

⑤庶：也许，或许。

暗昧：昏昧，糊涂。

⑥保绥：安适，安宁；使得到保全，获得安定。

⑦者：漏字。

⑧舅姑：妇称夫的父母，即公婆。

⑨娣姒：妯娌。兄妻为姒，弟妻为娣。语出《尔雅·释亲》："长妇谓稚妇为娣妇，娣妇谓长妇为姒妇。"

⑩中门：指二门，外院与内院之间的门。古代大户人家的女子有"大门不出，二门不迈"的规矩。

⑪屏放：原意是免官放归，引申为休妻。

⑫悛〔quān〕：悔改。

⑬的呼妨损：旧时葬礼，到了入棺、钉棺、破土、出殡等环节，阴阳先生会念一些利市话作为彩头，众人大声应答，叫作"的呼"。如甲子日安葬的呼辛丑年生人，必须回避。有人的八字与死者冲忌，不能参加葬礼，否则就有妨碍或损害，叫作"妨损"（原作"防陨"，形近而误）。

⑭乖：违背。

⑮服未阕：守孝尚未期满除服。

⑯《家礼》：即《朱子家礼》。

⑰陂〔bēi〕塘：狭长的池塘。陂，原作"坡"，形近而误。

⑱灌注：指池塘灌溉的范围。

⑲不：原作"之"，形近而误。

⑳紒〔jì〕：束发为髻，像未冠时，以示羞辱。紒，原作"列"，误。

㉑棰：鞭打。

㉒煖〔nuǎn〕：同"暖"，温暖。

㉓廉谨：廉洁慎重。

㉔众：原作"长"，误。

兴：起来。

㉕私室：内室，妇人所居之室。

㉖乐同堂：浙江浦江深溪王氏同居时男子会膳之所，位于郑宅镇樟桥头村。

㉗礼辨堂：浙江浦江深溪王氏同居时女子会膳之所，位于郑宅镇樟桥头村。

㉘三时：指一日三餐。

㉙咨禀：请教，禀告。

㉚偏徇：偏私曲从。

㉛察察而明：在细枝末节上用心，自以为明察。

㉜昧昧而昏：昏暗貌。

㉝通典：辅助家长处理日常事务的职位。

㉞仪准：法度标准。

㉟赖正：赖以端正。

㊱通纠：负责纠察、监督家族事务的职位。

㊲义塾：旧时靠官款、地方公款或地租设立的蒙学，招生对象多为贫寒子弟，供其免费上学。

㊳砧基簿书：登载田亩四至的簿册。砧，原作"踮"，形近而误。

㊴印押：指印章和画押。

㊵质鬻：质押，售卖。

㊶缗［mín］：用于成串的铜钱，每串一千文。

㊷狙侩：狡猾奸诈。

㊸小学：指六岁以后、十五岁以前的教育，主要内容是识字、写字和道德教育。

㊹句读［dòu］：也称句逗，俗称断句。

㊺出就外傅：出外就学。语出《礼记·内则》："十年，出就外傅，居宿于外，学书计。"

㊻大学：指十五岁以上的教育，主要内容是儒学思想教化，概括为"三纲领"（明明德、亲民、止于至善）和"八条目"（格物、致知、诚意、正心、修身、齐家、治国、平天下）。

㊼孝弟：亦作"孝悌"。孝顺父母，敬爱兄长。

㊽厎［zhǐ］于道：到达道的境界。语出《尚书·周书·毕命》："三后协心，同厎于道。"厎，原作"底"，形近而误。

㊾偏：原作"诵"，误。

㊿祇揖：见面时向对方行肃拜之礼。

(51)斋长：对塾师的尊称。

(52)庶几：或许，也许。

(53)哤［máng］词：杂乱之词。

幼学：语出《礼记·曲礼上》："人生十年曰幼，学。"原指幼时的学业，此处作初级浅显的学业。

(54)寖：止息，废弃。原作"浸"，形近而误。

(55)恂恂［xún xún］：恭谨温顺貌。

(56)尔我：彼此以你我相称，表示亲昵。

(57)晨昏定省：也称昏定晨省，旧时侍奉父母的日常礼节，晚间服侍就寝，早上省视问安。语出《礼记·曲礼上》："昏定而晨省。"

(58)悖慢：违逆不敬，背理傲慢。

(59)鬻：卖。

(60)主母：婢妾、仆役对女主人的称呼。

(61)侧室：小妾。

(62)大故：重大事故，指父母之死。

(63)彘肩：猪腿。

(64)周给：接济。

(65)才也养不才：有才能的人，影响没有才能的人。语出《孟子·离娄下》："孟子曰：'中也养不中，才也养不才，故人乐有贤父兄也。'"

惇礼类（凡三十二条）

第卅五条　子弟未冠者学业未成，不得食肉[1]。古有是法，今当节以与之，非惟可资勤苦，抑欲识藘盐之味[2]。年十六以上许行冠礼[3]，须能谙记四书一经正文[4]，讲说大义，方可行之。否则，宜至二十一岁。弟若先能，即先冠以愧之。及其当冠，须延有德之宾，教以成人之道，其仪式并遵《朱子家礼》。未冠者不许以字称，不许以第称[5]，庶几合于古人责成之意[6]。

第卅六条　男子衣资一年一给。夏则纻衣革履[7]，冬则纩袄皮靴[8]。十岁以上者半其给，给以布；十六岁以上者全其给，兼以帛；四十岁以上者重其给，给以帛。仍皆给以裁制之费。若年至二十者，当给礼衣一袭，亦不可过各色绅绢[9]，不得僭用绫罗纻丝。余则纱巾皮靴，不可僭用华靡。

第卅七条　妇人衣资照依前数，两年一给之。女子及笄者[10]，给银首饰一副。其当笄时，母为选宾行礼，制辞字之[11]。

第卅八条　掌服者除给男女衣资外，更于四时祭后一日，俵散诸妇履材及油泽、脂粉、针线之属[12]。

第卅九条　子弟当娶时，须用同身寸制深衣一袭、巾履各一事[13]，仍令自藏，以备后之用。

第五十条　子弟年未二十五者，除绵衣用绢帛外，余皆衣布。除寒冻用蜡履外[14]，其余遇雨皆以麻履[15]。从事三十里内不许乘轿马，初到亲姻家者不拘。

第五十一条　婚姻乃人道之始，事亲迎、醮崒、奠雁、授受之礼[16]，人多违之。今一祛时俗之习，其仪式并遵《朱子家礼》。

第五十二条　男子十五而聘，二十而娶。女子亦十五而受聘，聘后裁量而嫁。

第五十三条　嫁娶亦用币帛及首饰衣资等物，既有一定之则，务使均而无怨。

第五十四条　娶妇不得用乐，当以嗣亲为念[17]。入门四日，婿妇当同往妇家，行谒见之礼。

第五十五条　吾家子弟宜任劳公堂之事及备岁时行礼之数，岂可出赘他家。凡结亲，倘议为赘婿者决不敢从。吾家嫁女，亦不敢招他家子弟以为赘婿。

第五十六条　诸妇之家贫富不同，所用器物或有或无，家长量度给之，庶使均而无怨[18]。

第五十七条　娶妇一月，许用便服。其初来，何可便责以吾家之礼。限半年，皆要通晓《家则》大义。或有不教者，罚其夫。

第五十八条　姻家初见，当以币帛为贽[19]。

第五十九条　亲朋馈赠，执礼者即时书簿，庶有稽考[20]，以尽往来之礼。

第六十条　亲宾馈送，一年一度，吊庆则不拘。切不可过奢，又不可视贫而加薄、视富而加厚。

第六十一条　亲宾往来，掌宾客者禀于家长，当以诚意延款，务合其宜。虽至亲，亦宜宿于外。

第六十二条　所任通纠及用执事执礼等，其有才干优长不可遽代者㉑，并听众人举留。

第六十三条　诸妇主馈㉒，年临六十者免之。新娶之妇与假三月，三月之外，即当主馈。主馈之时，外则告知于祠堂，内则会茶以闻于众。托故不至者，罚其夫。

第六十四条　诸妇主馈，十日一轮，必以二人同任其劳。膳堂所有锁钥及器皿之类，主馈者次第交之。

第六十五条　男女六十者，理宜异膳。执礼者务在合宜，违者罚之。

第六十六条　家众有过，可谏谕者即谏谕之㉓。如其不可，亦宜委曲规劝，使之悛改㉔，不可诟谇以妨和气㉕。

第六十七条　子侄年至十六者，不得与伯叔连席而坐。违者罚之，会膳弗拘。

第六十八条　子弟饮食，幼者必后于长者，言语亦必有伦序，对宾客不得杂以俚俗放言㉖。

第六十九条　兄弟相呼，各以其字冠于兄弟之上。伯叔之命侄亦然。侄之称伯叔则以行，继之以父。夫妇亦当以字行，诸妇娣姒相呼并同㉗。

第七十条　女子议亲，须谋于众。其或父母于幼年妄自许人者，家长罚之，公堂不与妆奁。

第七十一条　女子适人者㉘，若外甥弥月之礼㉙，惟首生者与之，余并不许，但令人以食味慰问之。

第七十二条　每岁任执事、执礼者交代，先须谒祠堂，书祝致告，次拜家长，然后莅事。

第七十三条　立知宾二人㉚，接奉迎送，提督茶汤㉛，点视床帐被褥，务要合宜。

第七十四条　子弟受人贽帛㉜，皆纳之公堂。至于酬答，则公堂给之。

第七十五条　凡父母、舅姑生期㉝，存者酒果三行，亡者致茶祠堂，终日追慕。

第七十六条　寿辰既不设筵，所有袜履之类亦不可受，徒蠹女工㉞，无益于事。

【注释】

①学业未成，不得食肉：语出〔唐〕柳玭《柳氏叙训》："其遇饥岁，则诸子皆蔬食，曰：'昔吾兄弟侍先君为丹州刺史，以学业未成，不听食肉，吾不敢忘也。'"

②虀〔jī〕盐：咸菜和毛盐，形容非常穷困。虀，同"齑"，咸菜。

③冠礼：古代男子二十岁举行的加冠之礼，表示成人。

④四书：《大学》《中庸》《论语》《孟子》。儒家经典除了四书，还有五经，即《诗》《书》《礼》《易》《春秋》。此处称一经，当是五经中的某一经。

⑤第：行第，排行的次序。

⑥庶几：或许，也许。

⑦纻衣：苎麻所织的衣服。

⑧纩袄：丝绵做的棉袄。

⑨绸〔chóu〕：古同"绸"。

⑩及笄：古时女子十五岁结发，用笄贯之，表示到了婚嫁年龄。语出《礼记·内则》："（女子）十有五年而笄。"

⑪字：取字，表示女子到了婚嫁的年龄。

⑫俵散：按份散发，分发。

⑬深衣：古人平时闲居时所穿的衣服，上衣和下裳相连。此处指深红色的吉服。

⑭蜡履：涂蜡的木底鞋。

⑮麻履：麻鞋。

⑯亲迎：古代婚礼六礼之一。女婿亲往女家迎娶新娘的仪式。

醮啐〔cuì〕：婚礼时简单饮酒仪节，尊者对卑者酌酒，卑者接敬酒后饮尽，不需回敬。

奠雁：新郎到女家迎亲，献雁作为见面礼。后泛指迎亲时献上见面礼。

授受：即授绥，把绳子交给登车的人，指女方家将新娘和新郎送上婚车。绥，古代登车时手挽的索。

⑰娶妇不得用乐，当以嗣亲为念：娶妻的人家不能奏乐，应当想到婚娶嗣亲表示前辈的代谢。语出《礼记·曾子问》："取妇之家，三日不举乐，思嗣亲也。"

⑱庶：希望，但愿。

⑲贽：初次拜见尊长时所送的礼物。

⑳庶：或许，也许。

㉑遽：立即。

㉒主馈：妇女主持烹饪等家事。

㉓谏谕：劝谏讽喻。

㉔悛〔quān〕改：悔改。

㉕诟谇：辱骂。

㉖放言：放纵其言，不受拘束。

㉗娣姒：妯娌。兄妻为姒，弟妻为娣。语出《尔雅·释亲》："长妇谓稚妇为娣妇，娣妇谓长妇为姒妇。"

㉘适人：出嫁。

㉙弥月：满月。

㉚知宾：主管接待宾客的职位。

㉛提督：提调监督。

㉜贽帛：礼物。

㉝舅姑：妇称夫的父母，即公婆。

㉞蠹：浪费。

厚生类（凡二十八条）

第七十七条　选老成有智虑者，通掌门户之事。输纳租赋及礼有不可免者，皆禀家长而行。至于山林、陂塘、防范之务，与夫增拓产业、计会财息之事^①，亦并属之。

第七十八条　每年命二人任执事之责，更轮子弟佐之，所任出纳钱粟、艺树稼圃之类^②。又命二人任执礼之责，亦轮子弟佐之，所任冠婚丧祭、衣食宾礼等。执事任毕，当交执事，执礼任毕，复交执礼。然皆以次年六月而代，务使劳逸适均。

第七十九条　任执礼者合支菽粟及一应杂物^③，当总于执事支给。各置《公心簿》，逐事逐物书之，月朔共呈于家长，对读无讹，家长方与给筹书^④，附总簿。总簿系家长亲书。

第八十条　任执事者，财货当逐项纳诸家长。任执礼人，理合用度于家长前请给之^⑤。

第八十一条　任执事执礼者递年轮当，须视切己之务，计会经理，自二十五岁，止六十岁。过此，血气既衰，礼当优遇，勿使任之。

第八十二条　家长当令子孙以理生财，补助公堂之费。子孙不得坐飨以败家道^⑥。违者，通纠当痛罚之。

第八十三条　治家当务勤谨，毋习怠惰。至于树艺之饶、牧畜之蕃^⑦，执事当禀家长，量拨子弟掌之，限以岁时，责其成功。

第八十四条　子弟晓练世故者，命以掌市肆。初，公堂给本钱与之，使通商贾，以资日用之费。然亦一年一度，执事为之结算，其子钱纳诸家长^⑧。倘有私其钱者，天实临之^⑨。

第八十五条　朔望二日，家长检点一应大小之务，不笃行者有罚^⑩。子弟诸簿籍或过日不算结及失时不具呈者，亦量情议罚。

第八十六条　每夕击昏定钟之时，通纠、执事、执礼聚于一室，算结本日账目。家务之类难拘，十日一呈。

第八十七条　每夕，执事、执礼聚会之际，对众商确何日可行某事，书之于籍。上半月所书，下半月行之；下半月所书，次上半月行之，庶无迂滞之患。

第八十八条　执事置一《总租簿》，写明一年逐一谷若干石，总计若干石，又新置田若干石。此是一定之额，宜于当年十二月望日，以所收者与前数总较之，便知实欠多少，以凭催讨。后收到者别书一簿，至交代时抄入《总租簿》中通算，其簿书不分明者，不许交代。一应钱谷，须先期逐项详注已收未收之类，于交代日分明条说，与承账人交付。虽累更任其人，要如出一手，庶不使人欺隐。

第八十九条　执礼簿书不分明者，亦不许交代。

第九十条　执事、执礼支钱，稽考簿前当具收钱总目，后却逐项开支务要明白，毋得毫厘涉虚，违者议罚。

第九十一条　设掌膳者一人，专供家众膳食之事，务要及时烹爨^⑪，并专意提督菜圃^⑫。此外，不许干预杂役。亦须一年一轮。

第九十二条　设掌服者一人，专掌男女衣资之事。宜先措置夏衣[13]，须四月给之；冬衣，须九月给之，不得临时猝办。如或过时不给，家长罚之。

第九十三条　命子弟多储药剂、布帛及蓄积杂物。家中必合用度者，执礼者请给与之，毋啬毋丰，惟务中礼。或有余赀[14]，则缴质当之利，以补衣资诸费之缺。亦须明白书簿，月朔一呈家长，以备稽考。

第九十四条　子弟凡有所职掌，请同通典禀家长量拨，属执事提督。若陶、漆、铜、锡器皿及床帐、被褥、鞍辔、灯轿之类[15]，以置籍现数[16]，并拨子弟分掌。

第九十五条　牧艺之事[17]，当以一人总其纲，须置簿书，写各人逐年足缺数目，更宜逐月点检催督，到岁终举明赏罚。失时不办者，除本年衣资不给。

第九十六条　每岁畜蚕，主母分给蚕种与诸妇，使之在房畜饲。待成熟时，却就蚕室上箔[18]。所得之茧，当聚一处抽丝。更预先抄写各房所畜多寡之数，照什一之法赏之[19]。须子弟专掌桑叶之有无及蚕茧之多寡，亦必直宿蚕室，以防风烛。

第九十七条　诸妇每岁所治绵之类，掌服者同主母称量付诸妇[20]，共成段匹[21]。掌服者复著其铢两于簿[22]，主母则催督成之。诸妇能自织造者，掌服者先用什一之法赏之，然后给聚于众。

第九十八条　诸妇每岁公堂于十月俵散木绵[23]，使成布匹，限次年八月交收，以给一岁衣资之用，公堂不许侵使。或有故意制造不佳及不登数者，则准给本房，甚者住其衣资不给。有能依期而登数者，照什一之法赏之，其事并系掌服者主之。

第九十九条　令子弟专主农工膳酒之事，又令子弟时往田畴督视耕耘溉获，庶知稼穑之艰难[24]。然必一年一轮。

第一百条　山林之务，虽在掌门户者阅防[25]，更宜专令子弟掌之。仍拨勤干者时时照管，每岁于九月入山，蹈检柴薪，书于一簿，庶有考凭。所获薪资具数纳诸家长。

第一百一条　荒芜田地，执事逐年招佃。或遇山塌水汆[26]，即书簿以俟开垦[27]。开垦既成，复入原簿，免致遗漏。

第一百二条　凡遇凶荒事故，或有欠缺，家长预为区画[28]，不使匮乏。

第一百三条　佃人有用钱折租者，执事当逐项收贮，别附于簿，每日纳诸家长。至交代时，通结大数，书于《总租簿》，云"收致佃家钱货若干"。如以禽畜之类准折者，则付与执礼[29]，支钱入账，不可与杂色钱同收[30]。

第一百四条　子弟既各掌其事，倘有患病者，通典宜禀家长，量拨子弟代掌之。伺差[31]，即还其事，务合用心，如出一手。

【注释】

①计会 [kuài]：算账。

②艺树稼圃：泛指种植瓜果蔬菜。艺，种植。树，种植，培育。稼，种植谷物。圃，种瓜果。

③菽粟：豆和小米。泛指粮食。

④筭：同"算"。

⑤长：原作"者"，误。

⑥坐飨：坐食，坐享。飨，同"享"。

⑦蕃：同"繁"，繁殖。

⑧子钱：利钱。

⑨临：从高处往低处看，引申为从上监视。

⑩笃行：切实地实行。

⑪烹爨〔cuàn〕：烧火做饭炒菜等。

⑫提督：掌管督察。

⑬措置：安排。

⑭赀：同"资"。

⑮鞍辔：鞍子和驾驭牲口的嚼子、缰绳。

⑯置籍：载列簿籍。

⑰牧艺：养殖和种植。

⑱箔：养蚕的器具，多用竹制成，像筛子或席子。

⑲什一：十分之一。什，同"十"。

⑳掌服者：原作"羞服长"，误。下同。

㉑段匹：绸缎和布匹。段，同"缎"。

㉒铢两：一铢一两。引申为极轻的分量。

㉓木绵：棉花。

㉔庶：也许，或许。

稼穑：耕种收获。泛指农业劳动。

㉕阅防：察看，预防。

㉖水汆〔tǔn〕：水流冲破堤岸。

㉗俟：等待。

㉘区画：筹划，安排。

㉙与：原作"白之"，误。

㉚杂色钱：其它类别杂乱的钱。

㉛差：同"瘥"，病愈。

防范类（凡五十二条）①

第一百五条　子孙处事接物当务诚朴，不可置纤巧之物务以悦人，以长华丽之习。

第一百六条　子孙当以和待乡里，宁我容人，无使人容我，切不可操忿人之心。若屡相逼，进进不已者②，当理直之③。

第一百七条　子孙赌博无赖及一应违于礼法之事，家长度其不可容，会众罚拜以愧之，但长一年者受三十拜。不悛④，则会众而通棰之⑤，又不悛，则陈于官，放绝之，仍告于祠堂，于宗图上削其名。三年能改者，复之。

第一百八条　子孙不得私造饮馔，以徇口腹之欲⑥。违者，姑诲之；诲之不悛，则责之。产者、病者不拘。

第一百九条　卑幼不得抵抗尊长，一日之长皆是。出言不孙、制行悖戾者⑦，姑诲之；诲之不悛者，则众棰之。

第一百十条 男女不共圊溷⑧，不共沐浴，以谨其嫌。

第一百十一条　进退动作当务尽礼，不得进引娼优、讴词献妓、娱宾狎客，上累祖考之嘉训，下教子孙以不善，甚非小失。违者，家长棰之。

第一百十二条　子弟不得谑浪败度、免巾徒跣⑨。凡诸举动，不得掉臂跳足⑩，以蹈轻儇⑪。见宾客，亦当肃行祇揖⑫，不可参差错乱。

第一百十三条　子孙不得无故设席，以致滥支。唯酒食是议，君子不取。

第一百十四条　子孙不得修建异端寺宇、妆塑土木形象。

第一百十五条　女子年及八岁者，不许随母到外家。余虽至亲之家，亦不许往。违者，重罚其母。

第一百十六条　世人生女，往往多致溺没。虽曰女子难嫁，荆钗布裙有何不可⑬。诸妇违者，罚之。

第一百十七条　庄妇类多无知识之人，最能翻斗是非。若非高明，鲜有不遭聋瞀⑭，切不可纵。其往来岁时展贺，亦不令入房闱⑮。

第一百十八条　执事、执礼者皆置《逐日簿》，每日计其所出所入几何，总结于后，十日一呈通纠。果无私滥，则通纠书其下曰"勘验无私"。后若显露，先责通纠，次及各所任者。

第一百十九条　立《功过簿》，令通纠掌之，月书功过，以为劝惩。有沮之者⑯，以不孝论。

第一百二十条　内外屋宇大小修造工役，家长常加点检，委人用工，无致损坏。

第一百廿一条　执事专掌货财，事务颇烦，既择廉干子弟佐之⑰，以掌营运之事。岁终，当会算通计其数⑱，呈之于家长、通纠严阅，防察其私滥。

第一百廿二条　子孙倘有私置田业、私积货钱，但见事迹，众得言之家长。家长率众告于祠堂，击鼓声罪，而榜于壁⑲，更邀其所与亲朋告语之，所私使纳公堂。有不服者，告官，以不孝论。其有立心无私、积劳于家者，优礼遇之，更于《功过簿》上明纪其绩，以示于后。

第一百廿三条　执事所收之谷，每匦收讫，即结总数，报于家长，不可过于次日。家长置《租赋簿》，令其亲书"每号匦系某人于某年月日收，向算谷计若干石"。量出之时，须逐匦禀闻，更具细数，呈诸家长，以凭勿错。

第一百廿四条　逐日食用谷麦亦须置簿书，写"某匦春磨自某日支起⑳，至某日支毕"，以凭稽考。当令子弟专掌之，明白交收见数，务在珍惜，不得妄用。

第一百廿五条 掌门户者置他人产业，即时书于《受产簿》中，不许过于次日。仍用招人佃种，其或失时不行，家长朔望点检议罚。

第一百廿六条　执礼所积杂物之房，长幼皆不许入。违者，通纠议罚。或有所需，当请给之。

第一百廿七条　立廉谨子弟二人，与家长收公堂钱货，出入皆明白附籍。或有折陷，家长勒其本房衣资、首饰，补还公堂。

第一百廿八条　子弟器识可以出仕者，宜资廪之[21]。既仕，须奉公勤政，毋陷贪黩，以忝家法[22]。任满交代，不可过为留寓，亦不可涉自贵自尊，以骄宗族。违者，以不孝论。

第一百廿九条　子孙以理财为务者，若沉迷酒色，妄肆费用，以致亏陷，家长核实罪之[23]，与私置私积者同。

第一百三十条　丧礼久废，多惑于释老之说[24]。今皆绝之，其仪式并遵《朱子家礼》。

第一百卅一条　子孙不得目观非礼之书。其一涉戏淫亵慢之语者[25]，即焚毁之。妖咒之属并同。

第一百卅二条　俗乐之设，诲滛长奢[26]，切不可令子弟习肄。违者，家长棰之。

第一百卅三条　棋枰、双陆及饲养虫鸟之类[27]，皆足以蛊心惑志、废事败家，子孙当一切弃绝之。

第一百卅四条　家中燕飨[28]，男女不得互相献酬，庶几有别[29]。

第一百卅五条　每日三膳，早饭羹以豆乳，午饭羹以鱼肉，晚粥侑以鲞菜。能饮者，酒不过七行[30]。或遇节序及欣庆等事，长幼团坐，亦不过五七味，不可太奢。

第一百卅六条　子孙年未二十者，不许饮酒。壮者虽许少饮，亦不许沉酣杯酌、喧呶鼓舞[31]，不顾尊长。违者，棰之。若奉延宾客，唯务诚悫[32]，不必强人以酒。

第一百卅七条　甥婿初归，除公堂依礼与之，不得别有私与。诸亲并同。

第一百卅八条　诸妇之于母家二亲存者，礼得归宁[33]；无者，不许。其有庆吊势不可已者，弗拘。

第一百卅九条　子弟或有妇归宁母家者，当出宿于外。

第一百四十条　诸妇媟言无耻[34]，及干预阃外事[35]，当罚拜以愧之。

第一百卌一条　各房用度杂物，公堂总买而均给之。不可托付邻族越分买鲜华之物，以起乖争。

第一百卌二条　诸妇服饰毋事华靡，但务洁雅。违者，罚之。更不许其饮酒，年过五十者弗拘。

第一百卌三条　各房染段[36]，掌服者斟酌为之。仍置簿书之，毋使多寡不等。

第一百卌四条　子弟十二岁，于正月朔日即出就外傅[37]，见灯不许入中门。违者，棰之。

第一百卌五条　少母但可受自己子女跪拜[38]，其余子弟不过长揖[39]。诸妇并同。违者，通纠议罚。

第一百卌六条　诸妇亲姻颇多，除本房至亲与相见外，余并不许。可相见者，亦须子弟引导，方入中门，见灯不许。违者，会众罚其夫。

第一百卌七条　男女不亲授，礼之常也。诸妇不得用刀镊工剃面[40]，当自为之。

第一百卌八条　委弟子一人，专掌晨昏启闭门扃[41]，因候出入，各置锁钥关防[42]。

第一百卌九条　居室既多，守夜之法不可不加严[43]。轮用已娶子弟，终夜鸣磬[44]，以达于旦，仍鸣小磬，周行居室者四次。所过之处，随手启闭门扃，务在警严，以防偷窃。

第一百五十条　防虞之事，除守夜及出就外傅者外，别设一人，谨察风烛，扫拂灶尘。凡可以致灾之具，即时举明移易。更置水瓮⑤，列于房闼之外，冬月用草结盖，以护寒冻。

第一百五十一条　子孙不得畜养飞鹰、猎犬，专事佚游，亦不得恣情取餍⑯，致败家事。违者，以不孝论。

第一百五十二条　亲朋聚食若至十人，礼不许中夜设宴。时有小酌，亦不许至一更。昼则不拘。

第一百五十三条　子弟黎明闻钟即起。通纠置《夙兴簿》，令人各亲书其名，然后就所业。或有托故不书者，议罚。

第一百五十四条　大小学中⑰，不可容异姓子弟。

第一百五十五条　掌门户者及诸子弟于公家干求属托之事，一切痛绝。虽至亲，一毫闲事勿管。

第一百五十六条　既立一转轮，供递器物。又立一灶于其侧，外则注水而爨⑱，内则汲汤而䴴⑲。子孙勿轻改易。

【注释】

①防范类：注明有 52 条，实际只有 51 条。第一百五条、第一百六条，原是一条，为对应《郑氏规范》的第一百二十七条、一百二十三条，故分为两条。

②进进：奋力前进貌。

③直：面对。

④悛［quān］：悔改。

⑤棰：鞭打。

⑥徇：顺从，曲从。

⑦孙：通“逊”。

制行：规定道德和行为准则。

悖戾：违逆，乖张。

⑧圊溷［qīng hùn］：厕所。

⑨谑浪败度：爱开玩笑，行为放荡，败坏法度。

免巾徒跣［xiǎn］：去掉头巾，光着双脚。

⑩掉臂跳足：手舞足蹈，动作轻佻。

⑪轻儇［xuān］：轻佻，不庄重。

⑫祗：恭敬。

⑬荆钗布裙：荆枝制作的髻钗，粗布制作的衣裙。指妇女简陋寒素的服饰。

⑭聋瞽：耳聋眼瞎。

⑮房闼［tà］：寝室，闺房。

⑯沮：阻止。

⑰廉干：廉洁，干练。

⑱筭：同“算”。

⑲榜于壁：写在墙壁上。

⑳春：原作"春"，形近而误。

㉑资廪：资助。

㉒忝：辱没。

㉓核：仔细地对照考察。

㉔释老：释迦牟尼和老子，指佛教和道教。

㉕亵慢：轻慢，不庄重。

㉖滛："淫"的异体字。

㉗棋枰：棋盘，棋局。

双陆：古代赌博用具，也是一种棋盘类游戏。

㉘燕飨：亦作"燕享"，泛指以酒食款待人。

㉙庶几：或许，也许。

㉚行：量词。计算酌酒奉客的单位。

㉛喧呶：闹嚷，争吵。

㉜诚悫［què］：诚实。

㉝归宁：出嫁的女儿回娘家看望父母。

㉞喋［xiè］言：啰唆，语言轻慢。

㉟阃［kǔn］外：指家庭之外。

㊱段：同"缎"。

㊲出就外傅：出外就学。语出《礼记·内则》："十年，出就外傅，居宿于外，学书计。"

㊳少母：庶母，父亲的妾。

㊴长揖：旧时拱手高举继而落下的一种敬礼。

㊵刀镊工：剃头匠。

㊶门扃［jiōng］：门户。

㊷关防：防备，防范。

㊸不可：原作"可"，原文漏字。今补全。

㊹磬：古代乐器。这里指铜制的圆形器具，其声如磬。

㊺水瓮：盛水的陶器，腹部较大。

㊻取餍：满足私欲。

㊼大小学：小学为幼童至少年接受教育的场所，大学为十五岁以上青年子弟接受教育的场所。

㊽爨［cuàn］：烧火做饭。

㊾靧［huì］：洗脸。

儆戒类（凡九条）

第一百五十七条　家业难成，当以俭素是绳是准。唯酒器用银外，子孙不可别造，以败我家。

第一百五十八条　内外所用秤斗①，当宜中平。不可私置两般，以贻天谴②。

第一百五十九条　佃家劳苦不可备陈。试与会计之所获何，偿其所费。执事当矜怜痛悯，不可过求。设使尔欲既遂，他人谓何。否则，贻怒造物③，家道弗延。除正租外，所有佃麦、佃鸡④，子孙断不可取。

第一百六十条　吾家既以孝义聚居，所习所行无非积善之事。子孙皆当体此，不得妄肆威福，图胁人财，侵凌人产，以为祖宗积德之累。违者，以不孝论。

第一百六十一条　子孙不得从事交结⑤，以义助闾里为名而恣行己意，遂致轻冒宪刑⑥，隳弃家业。故再三申言之，切宜刻骨。

第一百六十二条　朔望后一日，令子弟于聚揖之前，直说古烈女事，使诸妇听之。

第一百六十三条　子孙倘有出仕者，当夙夜切切以务国为先⑦，抚恤下民，实如慈母之保赤子⑧。有申理者，哀矜恳恻，务得其情，毋行苛虐。又不可一毫妄取于民，若在任衣食不能给者，公堂资而勉之。其或廪禄有余⑨，亦当纳之公堂，不可私与妻孥⑩，竞为华丽之饰，以起不平之心。违者，天实鉴之。其有赃墨闻者⑪，生则于谱图上削去其名，死则不许入祠堂。

第一百六十四条　里党之疴痒疾痛者⑫，吾子孙能医治之，不必望其馈送。即有一毫相赠，亦不可受。

第一百六十五条　拯救宗族里党一应等务，令通纠置《周急簿》，逐项书之。岁终，于家长前会筭⑬。其或沽名失实及执吝不肯支者，天必绝之。此吾拳拳真切之言，不可不谨，不可不慎。

【注释】

①秤：原作"称"，形近而误。

②贻：遗留，遭受。

③造物：创造、主宰万物的力量。

④佃麦、佃鸡：佃农除正租以外额外缴纳的麦和鸡。

⑤子孙：原作"孙子"，错简。

⑥刑宪：刑法、法令。

⑦夙：同"早"。

⑧赤子：刚生的婴儿。

⑨廪禄：禄米，俸禄。

⑩孥〔nú〕：儿女。原作"帑"，形近而误。

⑪赃墨：贪污纳贿。

⑫里党：邻里，乡党。

痒疴：泛指疾病。痒，疥疮。疴，口疮。

⑬筭：同"算"。

睦族类（凡六条）

第一百六十六条　宗人实同一气所生，彼病则吾病，彼辱则吾辱，当委曲庇覆①，勿使失所。切不可恃势凌轹②，以忝厥祖③。更于缺食之际④，揆其贫者周给之⑤，其不能婚嫁者资助之。

第一百六十七条　宗族之无所归者，宜有以处之。若遇凶荒，除自支外，有余则时加赈给。或死委无后者，则葬之。

第一百六十八条　宗族之无后者，立春祭先祖毕，令子弟设馔于他室祭之⑥。

第一百六十九条　宗人无后，实堕厥祀⑦，当择亲近者为继立之，更少资之。外姓不许入谱，查出呈告究治，削之。

第一百七十条　宗人若寒深，当恻悯。其果无衾与絮者，当量力而资助之。

第一百七十一条　立春当行会族之礼⑧，不问亲疏，户延一人，食三品⑨，以三进为节⑩。

【注释】

①委曲：殷勤周至。

庇覆：保护。

②凌轹 [lì]：欺凌损毁。

③忝厥祖：辱没祖先。厥：不定代词，那个。

④缺食：原作"饮食"，误。

⑤揆：揣度。

⑥馔：饭食。

⑦堕厥祀：断绝祭祀。

⑧会族之礼：合族祭祀祖先的仪式。

⑨食三品：吃三种菜肴。

⑩三进：进三次酒。

恤众类（凡八条）

第一百七十二条　里党贫寒者众多①，吾安忍独享温饱，坐视颠危而不顾恤。其果患难无告者，当量力拯救之。

第一百七十三条　每岁秋收成谷价廉平之际，籴谷别储②。遇时艰食，依原价粜给乡邻之困乏者③。然须裁量，毋使多寡不均。

第一百七十四条　家中食谷倘有赢余，当照时价出粜。里党有贫病缺食者，更用裁量出谷借之。后以原数归还，勿收其息。

第一百七十五条　里役繁重④，多丧厥家。当相时量力而资助之，亦吾子孙所当为者，毋为敛聚生怨。

第一百七十六条　展药市一区，收贮药材。邻族疾病，其证章章可验⑤，如瘟痢痈疖之类⑥，施药与之。更须论察寒热虚实，不可慢易⑦。此外，不可妄与，恐致误人。

第一百七十七条　田租既有定额，子孙不得别增数目。所有逋租亦不可起息⑧，以重困吾里党人，但务及时勤讨，以免亏折。

第一百七十八条　佃人有于吾产中私垦田者，执事但据现业分租，不可计其年月远近，过于赔偿。

第一百七十九条　桥圮路塌⑨，子孙倘有余资，当助修治，以便往来。其遇隆暑，又当于通衢设茶汤以济渴者，自六月朔至八月朔止。

【注释】

①里党：乡党，邻里。

②籴〔dí〕：买进粮食。

③粜〔tiào〕：卖出粮食。

④里役：乡里差遣之事。

⑤章章：同"彰彰"，明显。

⑥瘟痢痈疖：泛指各种毛病。瘟，同"肿"，浮肿；痢，痢疾；痈，皮肤和皮下组织化脓性痰症；疖，皮肤病。

⑦慢易：轻慢。

⑧逋租：欠租。

⑨圮〔pǐ〕：倒塌。

规余类（凡五条）

第一百八十条　子孙毋习吏胥①，毋为僧道②，毋治刻肆③，毋狎屠竖④，以坏心术。当时以仁义二字，铭心镂骨，庶或有成⑤。

第一百八十一条　奉先之外，一应道释巫觋之神不可尊崇⑥，象钱寓马亦并绝之⑦。

第一百八十二条　诸妇亲族有为僧道者，不许往来。

第一百八十三条　邻族分岁之饮⑧，执礼者于冬至后择日为之。所用农工，则十二月望日为之。

第一百八十四条　凡用农工，食饮不可菲薄，工价须务分明。欲得其力，不可不得其心，切勿令其诽怨。

洪武十年⑨　士觉识

【注释】

①毋习吏胥：不要学地方官府中掌管簿书案牍的小吏。古时该职位没有正当收入，难免蒙蔽官员，上下其手，谋取私利，为正人君子所不取。

②毋为僧道：不要做和尚道士。在儒家看来，和尚道士崇拜鬼神，蛊惑人心，故"子不语怪力乱神"。

③毋治刻肆：不要经营刻印店。该行常因熟人所托，刻假印章，以致作奸犯科。

④毋狎屠竖：不要亲近屠夫。该行杀生作孽，伤天害理，故"君子远庖厨"。

⑤庶或：或许，也许。

⑥巫觋［xí］：巫婆、神汉。

⑦象钱寓马：民间祭奠时所用的冥钱、纸马一类的物品。

⑧分岁：民间除夕守岁至半夜。

⑨洪武十年：1377 年。

清同治辛未年（1871）续修《深溪义门王氏宗谱》收录《深溪义门王氏家则》时，末尾添加"洪武十年　士觉识"，并附注："以上条目，道光以前俱另载《深溪集》内，散佚无查。惟二世祖之二十八条刊入谱，今并录入。"

重刻《家则》跋

右《王氏家则》一卷，纲九①，目一百八十有四②，八世祖复之公所著③，凛凛以齐家之则示后人也④。

自遭有明靖难之厄⑤，家长构祸⑥，流离播迁⑦，《家则》之板已全毁矣！其后搜残补缺，重梓于崇祯戊寅⑧，郑公尚藩序之⑨。然亦随即散佚，即有略载宗谱者，尚皆十亡其二三。呜呼，厚彝伦、敦风化⑩，先人著述所重，即灵爽所寄⑪，决不可终于埋没也。

星霜递更⑫，手泽犹在⑬。幸于国朝乾隆癸巳⑭，勤访搜求⑮，得旧抄本。然犹以未获付梓，使族人得时时观览为憾也。嘉庆辛未之秋⑯，得明旧刻，以相校对，理祠诸人遂镂板以传⑰，而更附以当时名贤序、记、铭、颂等篇⑱，令《家则》中所言凿凿，得所考据。自非吾祖之默启其衷，安得四五百年散佚之书复睹其大全乎！夫不有其则，家曷以齐⑲。家之有则，惟在其人则之也。

今已刊布流传，人人得朝夕览观，履规蹈矩，恍若亲承懿训⑳。其则存，即其人存，继先绪而绍家声㉑，未必不在此举也。

仪与校雠之列㉒，梓事告成㉓，乃述其巅末㉔，以附于卷后。

嘉庆十六年七月十五日㉕　第二十五世孙可仪谨跋

（辑自清嘉庆辛未年镌《深溪义门王氏家则》，大宗祠藏板）

【注释】

①纲九：九大类，包括敬先、务本、惇礼、厚生、防范、儆戒、睦族、恤众、规余。

②目一百八十有四：184 条。

③复之：王士觉（1309—1382），字复之，号太朴处士。浙江浦江郑宅镇郎中村（旧址在王氏宗祠西侧，今不存）人。曾任族长，率领合族子弟同居共爨，制订 184 条《深溪义门王氏家则》，始修《深溪义门王氏宗谱》。

④凛凛：威严而使人敬畏貌。

⑤靖难之厄：1398 年，明建文帝朱允炆即位，进行削藩。1399 年，燕王朱棣起兵北平（今北京），号称"靖难之役"。1402 年，燕王兵破京师（今江苏南京），建文帝死于宫中（一说逃亡），朱棣即位，是为明成祖。

⑥家长构祸：明建文四年（1402），"靖难之役"后，明成祖朱棣大肆杀戮建文帝的旧臣。浙江浦江深溪义门王氏家长王士觉之侄、时任右春坊右庶子王勲受邻家之累，含冤被杀，子孙星散，同居结束。

⑦流离播迁：流转迁徙。

⑧崇祯戊寅：1638 年。崇祯（1628—1644），明思宗朱由检的年号，也是明朝的最后一个年号。

⑨郑公尚藩序：郑尚藩于明崇祯戊寅年（1638）撰《深溪义门王氏家则重刻序》。郑尚藩（1586—1664），字良价（按，《诗经·大雅·板》"价人维藩，大师维垣"），号鹤川。浙江浦江郑宅镇丰产佛楼下人。著有《龙图合解》《大学古本注》《中庸解》《静乐堂诗稿》等。

⑩彝伦：常理，常道。

⑪灵爽：神灵，神明。

⑫星霜：星辰一年一周转，霜每年遇寒而降，故指年岁。

⑬手泽：先人的遗物或手迹。

⑭国朝：指本朝。

乾隆癸巳：1773 年。

⑮勤访搜求：周璠于清乾隆癸巳年（1773）撰《深溪义门王氏家则记》："王生济川（舟）访问搜求，迄今乃得而读之焉。"

⑯嘉庆辛未：1811 年。

⑰镂板：雕板印刷。

⑱名贤序、记、铭、颂等篇：指明代的胡翰《祠堂记》、朱廉《积顺堂记》、郑涛《乐同堂颂（有序）》、郑泳《礼辨堂记》、刘刚《深秀轩记》、方孝孺《正谊斋记》、宋濂《义门碑铭》、胡翰《义门碑颂》、范干《义门箴（并序）》、苏伯衡《义门跋》、方孝孺《深溪集序》。

⑲曷：何。

⑳懿训：美好的教诲。

㉑先绪：祖先的功业。

㉒仪：王可仪（1770—1843）自称。王可仪，字羽文，号味经。浙江浦江郑宅镇前店村旭升堂第六世。岁贡生，候选儒学训导。

校雠［chóu］：校勘。

㉓梓事：刻印之事。

㉔巅末：从开始到末尾，谓事情的全过程。

㉕嘉庆十六年：1811 年。

浦阳深溪王氏义门碑铭（有序）①

宋 濂②

浦阳于婺为山邑③。唐天宝末，始割义乌、兰溪、富阳三县地置之④。人生其中，往往朴茂淳质，力农务本，耻于华言伪行，而以士自命。陈文毅公盛称书传所载古者礼仪之俗殆不是过⑤。其言信不诬矣。

载稽其事⑥，梁贞明初⑦，县人何千龄四代同居⑧。宋淳熙中⑨，锺宅亦至三世⑩。何、锺二氏之间，而冲素处士郑绮奋然兴起⑪，教子孙无别火而食，志确见凝⑫，尤非二氏所能及，故六传至文嗣⑬，而家益昌。元至大末，旌其门闾，而于力役之征，俾无有所与⑭。宋元二朝国史皆为之立传⑮。盖自建炎初，迨今已历十世，逾二百五十春秋矣⑯。

深溪王氏，其先出于乌伤之凤林⑰。有讳万者，字处一，擢宋嘉定癸未进士第⑱，立朝謇谔⑲，凛然不可犯，憸人畏之⑳，为之敛迹㉑，终官太常少卿㉒，谥曰忠惠㉓。少卿之弟芳㉔，三传至某㉕，生二子，澄、汶㉖。澄以忠厚为家，州里之无告者㉗，煦之以仁㉘，人爱戴之，不啻其父兄㉙。濒终，集家众言曰："汝曹能合族如同里郑氏㉚，吾瞑目无憾矣。"言讫而逝。澄生三子，士觉、士麟、士伟，士麟出为汶后㉛，皆善绍先志。士觉生五子，应、念、恳、庆、聪㉜。士麟生一子，宪㉝。士伟生二子，懃、恩㉞。而应之伯仲又各生子，逾二十人矣㉟。士觉与士麟合谋，召子姓谓曰㊱："一体之分，散为九族，痒疴疾痛，举切吾身。收族而聚居㊲，是谓惇本㊳，离宗而自矜，是谓乖义，古之道也。今吾家相传四叶矣㊴，和孺之乐虽殷㊵，管摄之计未建㊶，庸非阙欤㊷？况吾父有遗言，欲法郑氏。郑氏于吾有连，其成规具在，吾将损益而行之，何如？"于是应、念帅诸弟踊跃承命，请参定《家则》一卷㊸，朝夕遵之，惟恐有所失。驭家之礼，质文之兼至，应物之务，内外之齐饬㊹。薰蒸太和之中㊺，一囿范围之内㊻，乡人士莫不感厉而歆艳之㊼。士觉且谓不可无以示来者，既勒《家则》于碑，而复征濂文以纪其事。

昔者成周之世㊽，九夫为井，井方一里，而一夫受田百亩㊾。其家众男为余夫㊿，亦受二十五亩，赋由斯而出。夫由斯而定，其势不得不分[51]。当是时，未闻有同居累世者也。其相亲相恤之政，则有大小宗法存焉。大宗譬则干也，小宗譬则枝也[52]，枝虽有千万之不齐，而其干终一而已。前王持世之微权[53]，盖不得不尔也。自夫封建宗法之制坏，九族之亲漫焉不相统属[54]，俨若秦肥之视越瘠[55]，仁人义士乃于服尽情迁之时[56]，缀之以食而弗殊[57]，事虽有异于古，不犹行古之道乎哉。浦江蕞尔之邑[58]，以义居闻者三人[59]，而士觉又不悖先训，蹶然而思继焉[60]，古者礼义之俗，诚岂有越于此哉！文毅公之言[61]，至是益可征矣！

士觉本名阅之后[62]，金华诸族亦同出于凤林，其显融者项背相望，而淳熙宰相为尤著[63]。宰相势隆望重，尚未能合族以居，而士觉一韦布之士[64]，乃断然行之，斯可谓之贤也矣。虽然，靡不有初，鲜克有终[65]，士觉之嗣人尚世守遗法而不坠，他时将与郑氏俪美而交辉。圣朝以孝治天下，旌异之典[66]，未必为士觉惜也。龙光下烛[67]，行当炳焕于山川之间矣[68]。濂因不辞而记之，又系之以铭曰：

《易》著《同人》，合乾与离⑥。上参于天，火之赫熹⑦。类族辨物，君子以之⑦。况我宗属，一气之为⑦。譬犹单干，渐敷群枝⑦。服虽少獬⑦，情或甚非。物我相形，矛盾迭驰。借穰取箕，诤语丝披⑦。所幸天衷⑦，亘古无亏。不有人豪，务克己私。何能大公，拔其藩篱。浦阳之江，其流弥弥⑦。太朴未散⑦，民醇俗熙。以义闻者，接轸联帷⑦。有美王氏，裔出绅绥⑧。佩厥先训，如铭鼎彝⑧。大合其族，嗜义若饴。夙夜无惄⑧，竭其心思。度物引类，取式树规。巨探浩渺，细入密微。日约月会，有文可稽。耄倪同心⑧，一唱百随。孰为范防，征礼与诗。以匡念虑，以肃威仪。如水斯潴，畬筑以时⑧。涓滴弗戒，不翅漏卮⑧。古云孝弟⑧，致家之肥。匪间古今，验若蓍龟⑧。维彼崇构，肇自筑基⑧。既坚既饬，栋宇翚飞⑧。维彼跬步，千里在兹⑨。行行不息，其至无疑。上慎旃哉⑨，勇毅自持。谁谓华高，企其齐而⑨。太史造铭⑨，勒之丰碑。

（辑自《宋濂全集》卷四十九）

【注释】

①浦阳：唐天宝十三年（754），割浙江义乌县的东北部（相当于今浦江县域）、兰溪县的北部（相当于今横溪镇、梅江镇，1960年重新划归兰溪县）、富阳县的东南部（相当于今马剑镇，1967年划归诸暨县），置浦阳县。五代吴越天宝三年（910），改为浦江县（今属浙江金华）。

深溪：溪名。发源于浙江浦江金芙蓉山西麓，流经郑宅镇西部。王氏世居于此，称深溪王氏。详见本书《王继旦传》。

王氏义门：浙江浦江深溪义门王氏从南宋景定元年（1260）到明建文四年（1402），从第四世始，到第十世终，七世同居，历时142年，元明两朝受到朝廷旌表，称义门王氏或王义门，与同里郑氏媲美。详见本书〔清〕陈命禹《源六十六朱安人传》。

碑铭：指碑文和铭文。其中有韵的碑文为铭文。

②宋濂（1310—1381）：字景濂，号潜溪。浙江金华孝善里潜溪（今金东区傅村镇上柳家村）人。元末明初政治家、文学家、史学家、思想家。25岁，到浦江郑宅镇东明精舍，跟随元末大儒吴莱学习。次年，任教东明精舍。37岁，筑室于郑宅镇马鞍山村北青萝山麓。51岁，被朱元璋应召到应天（今江苏南京），在郑宅镇生活了26年。曾于元至正三年（1342）应深溪王氏家长王士觉之请，主修《深溪义门王氏宗谱》。

③婺：即婺州，浙江金华的古称。

④义乌：古称乌伤，秦始皇二十五年（前222）建县。唐武德七年（621），改名义乌。今属浙江金华。

兰溪：唐咸享五年（674），析金华县西三河戍地建县。今属浙江金华。

富阳：古称富春，秦始皇二十六年（前221）建县。东晋太元十九年（394），改名富阳。今属浙江杭州。

⑤陈文毅公盛称书传所载古者礼仪之俗殆不是过：据明《嘉靖浦江志略》，"按，永康陈氏曰：浦江于婺为山邑，非宾客商贾之所奔辕。民生其间者，往往朴茂质实，力农务本，家以不欠赋租相尚，人以不历公庭为常，耻于华言少实，而以士自命……此虽书传所载，古者礼仪之俗不过如此。"陈文毅，即陈亮（1143—1194），字同甫，号龙川，谥文毅，故

称陈文毅公。婺州永康（今属浙江金华）人。南宋思想家、文学家。著有《龙川文集》《龙川词》等。殆，大概。

⑥载籍：书籍，典籍。

⑦贞明（915—920）：后梁末帝朱友贞的第二个年号。

⑧何千龄（875—942）：浙江浦江十七都练墅（今黄宅镇下何村）人。据《球山何氏宗谱》载，唐大中八年（854），太末人何延寿迁居浦江十七都练墅。传三世，至贞孝处士何千龄，一门尚义，四世同居。梁贞明六年（920），旌表义门。

⑨淳熙（1174—1189）：南宋孝宗赵眘的第三个年号。

⑩锺宅（生卒年不详）：浙江浦江兴贤乡（辖区包括今浦江县中余乡、诸暨市马剑镇）人。南宋淳熙年间（1174—1189），其母得病，割肝疗亲，极为孝顺。家族三世同居，不分家。

⑪郑绮（1118—1193）：字宗文。浙江浦江郑宅镇人。善读书，通《春秋穀梁传》。事亲极孝，父系狱当死，上书请代；母张氏病寧，抱持如婴儿，侍奉数十年如一日。临终，嘱咐子孙不得分财异爨。南宋孝宗乾道年间（1165—1173），赐号冲素处士。

⑫志确见凝：意志坚定不动摇。

⑬文嗣：郑文嗣（1262—1326），字绍卿（按，〔唐〕韩愈《河南府同官记》"嗣绍家烈，不违其先"）。浙江浦江郑义门（今郑宅镇）人。系郑德珪子，同居第六世祖，以宗子任家长。事迹见《元史·孝义传》。

⑭元至大末，旌其门闾，而于力役之征，俾无有所与：元至大二年（1309），地方政府逐级上报郑义门九世同居事迹。至大四年（1311），朝廷批复，予以旌表，并免除徭役赋税。至大（1308—1311），元武宗孛儿只斤·海山的第一个年号。门闾，家门，家庭，门庭。力役之征，劳役。语出《孟子·尽心下》："有布缕之征，粟米之征，力役之征。"俾，使。

⑮宋元二朝国史皆为之立传：浙江浦江郑义门先贤事迹载于《宋史·孝义传》的有郑绮、郑德珪、郑德璋、郑文嗣等四人，载于《元史·孝友传》的有郑文嗣、郑文融（大和）等二人。

⑯盖自建炎初，迄今已历十世，逾二百五十春秋矣：从南宋高宗赵构建炎（1127—1129）初年算起，历经250年，至明太祖朱元璋洪武十年（1377）左右已历十世。盖，发语词。建炎（1127—1130），南宋高宗赵构的第一个年号。

⑰乌伤之凤林：北宋太平兴国八年（983），太子太师、右金吾卫上将军、邠国公王彦超携子王棣、王标、王槐，从汴京开封南迁，经会稽（今浙江绍兴），到浙江义乌凤林乡折桂里（今赤岸镇朱店村）定居，为凤林王氏始祖。

⑱万：王万（1194—1242），字处一。浙江浦江灵泉乡峻岭（今岩头镇王店村沙溪庵一带）人，生于江苏常熟。于南宋嘉定癸未年（1223）中进士，官至太常少卿，卒后谥忠惠，赠集英殿修撰，后入祀浦江五贤祠。

⑲謇谔：忠直敢言貌，正直貌。謇，通"謇"。

⑳憸［xiān］人：小人，奸佞的人。

㉑敛迹：收敛形迹。谓有所顾忌而不敢放肆。

㉒太常少卿：官名。北魏始置，为太常寺副长官。祭祀宗庙时，由其率太祝、斋郎安排香烛、整理揩拂神座与幕帐，迎送神主。

㉓忠惠：忠诚仁爱。语出《墨子·天志下》："故凡从事此者，圣知也，仁义也，忠惠也，慈孝也。"此处为王万的谥号。

㉔芨：王芨（1197—1260），字处棠，号凤林处士，行万十。北宋嘉定十年（1217），从浙江浦江灵泉乡峻岭（今岩头镇王店村沙溪庵一带）迁居深溪（今郑宅镇水阁村一带），成为深溪王氏始祖。

㉕某：指王芨的曾孙王源（1253—1327），字仍深（按，〔唐〕魏徵《谏太宗十思疏》"源不深而望流之远，根不固而求木之长"），行亿七。浙江浦江郑宅镇郎中村（旧址在王氏宗祠西侧，今不存）人。

㉖澄：王澄（1269—1341），字德辉，号善渊。浙江浦江郑宅镇郎中村（旧址在王氏宗祠西侧，今不存）人。效法郑氏，倡导同居，孝友入乡贤祠，事迹见《明史·孝义传》。

汶：王汶（1273—1337），字德润（按，汶，水名，与"润"字义相类），行义一。浙江浦江郑宅镇郎中村（旧址在王氏宗祠西侧，今不存）人。

㉗州里：古代二千五百家为州，二十五家为里。后泛指乡里或本土。

㉘煦：抚育。

㉙不啻：不止。

㉚同里郑氏：指与深溪王氏比邻而居的浙江浦江郑义门。自南宋建炎（1127—1130）初年，至明天顺三年（1459），郑氏家族合族聚居十五世，共三百多年，以孝义治家闻名于世，受到宋元明三朝旌表，故称义门郑氏或郑义门。《郑氏规范》被誉为中国传统家训的重要里程碑。其事迹载入《宋史》《元史》《明史》。

㉛澄生三子，士觉、士麟、士伟，士麟出为汶后：据《宋濂全集》，该句作"澄生四子，子觉、子麟、子伟、子麒，子麒出为汶后"。据明《嘉靖浦江志略》、清《乾隆浦江县志》《光绪浦江县志》和清同治辛未年续修《深溪义门王氏宗谱》所载，王澄只有士觉、士麟、士伟三个儿子。今据浦江县志和王氏宗谱改。

士觉：王士觉（1309—1382），字复之，号太朴处士，行儒六。浙江浦江郑宅镇郎中村（旧址在王氏宗祠西侧，今不存）人。曾任族长，率领合族子弟同居，制定184条《深溪义门王氏家则》，始修《深溪义门王氏宗谱》。身后追赠朝请大夫、中宪大夫。其墓在三层楼南里许。

士麟：王士麟（1311—1370），字祥之（按，《宋史·乐志一》"九年，岚州献祥麟"），号简易，行儒八。浙江浦江郑宅镇郎中村人。

士伟：王士伟（1315—1375），字仪之（按，《后汉书·杨璇传》"兄乔，为尚书，容仪伟丽，数上言政事"），号太素，行儒十。浙江浦江郑宅镇郎中村人。

㉜应：王应（1341—1396），字思正（按，《周易》每一个卦都由六个爻组成，阴爻对阳爻或阳爻对阴爻的，叫作"正应"），行荣七。浙江浦江梅石坞新城派祖。任广东布政使司左参议，迁河南布政使司左参议，加授朝请大夫、赞治少尹。

念：王念（1343—1389），字思恶（按，《法苑珠林·惟无三昧经》"一善念者，亦得善果报；一恶念者，亦得恶果报"），行荣十。浙江浦江郑宅镇郎中村人。

愚〔yú〕：王愚（1345—1368），字思须（按，〔南宋〕朱熹《近思录》"涵养须用敬，进学则在致知"；《广韵》"愚，恭敬"），行荣十六。浙江浦江郑宅镇郎中村人。

庆：王庆（1348—1384），字思吉（按，〔北齐〕颜之推《颜氏家训·风操》"不宜奏乐宴会及婚冠吉庆事也"），行荣十九。浙江浦江郑宅镇郎中村人，移居浙江诸暨，为大居派祖。

聪：王聪（1349—1396），字思明（按，《周易·鼎》"巽而耳目聪明"），行荣廿二。浙江浦江郑宅镇郎中村人。任通政使左通政，授中宪大夫。

㉝宪：王宪（1343—1395），字思端（按，《荀子·君道篇》"法者，治之端也"；《尔雅》"宪，法也"），行荣十二。浙江浦江郑宅镇郎中村人。

㉞勤：王勤（1346—1402），字思报（按，出自成语"天道酬勤"。酬即报，勤即勤），行荣二十三。浙江浦江郑宅镇郎中村人。任右春坊右庶子，授奉议大夫。后受邻家之累，含冤被杀。

恩：王恩（1349—1396），字思义（按，《淮南子·人间训》"有功者离恩义，有罪者不敢失仁心也"），行荣十七。浙江浦江郑宅镇郎中村人。

㉟逾二十人：超过二十人。王应兄弟八人，共有子侄二十八人。

㊱子姓：泛指子孙、后辈。

㊲收族：以上下尊卑、亲疏远近之序团结族人。

㊳惇本：重视根本。

㊴四叶：四世。从浙江浦江深溪王氏第四世王或、王广兄弟，到第七世王澄、王汶兄弟，共计四世。

㊵和孺：兄弟和好、相亲。语出《诗经·小雅·常棣》："兄弟既具，和乐且孺。"

㊶管摄：管辖统摄。

㊷庸：表示反问，难道、岂、哪里。

阙：同"缺"。

㊸《家则》：即《深溪义门王氏家则》。元至正二年（1342），浙江浦江深溪王氏家长王士觉以王或制订的28条王氏《家则》为蓝本，参照168条《郑氏规范》，有所增删，形成184条王氏《家则》，分成九大类，涉及尊宗敬祖、礼义廉耻、财物掌管、待人处事、勤俭节约、婚嫁迎娶等方面。

㊹饬：整顿，使有条理。

㊺薰蒸：熏陶。

太和：天地间冲和之气。

㊻一圈：统一拘束。

㊼感厉：亦作"感励"，感奋激励。

歆艳：歆美，美慕。

㊽成周之世：借指西周时周公辅助周成王的兴盛时代。

㊾九夫为井，井方一里，而一夫受田百亩：周代实行的井田制，将一方里九百亩田分成井字形，一共九块，每块一百亩。周围的八块为私田，由八家耕种，每家一百亩。中间的一百亩为公田，由八家共同耕种。语出《孟子·滕文公上》："方里而井，井九百

亩。其中为公田，八家皆私百亩，同养公田。”

(50)余夫：古代谓法定的受田人口之外的人。语出《春秋公羊传·宣公十五年》：“什一者，天下之中正也，什一行而颂声作矣。”〔东汉〕何休注：“一夫一妇受田百亩以养父母妻子，五口为一家……多于五口，名曰余夫。余夫以率受田二十五亩。”

(51)其势不得不分：按照井田制的规定，一夫一妇可分田一百亩。家中若有几个儿子，不分家的话，只能作为余夫，每人分到二十五亩。为了多分田，迫使父子、兄弟尽量分家。

(52)大宗、小宗：封建宗法社会以嫡系长房为大宗，余子为小宗。

(53)微权：权谋，机变。

(54)九族：即高祖、曾祖、祖父、父亲、本人、子、孙、曾孙、玄孙。从本人往上到高祖是五代，往下到玄孙也是五代，故又称五服。

(55)秦肥之视越瘠：即秦越肥瘠。语出〔唐〕韩愈《争臣论》：“视政之得失，若越人视秦人之肥瘠，忽焉不加喜戚于其心。”此处指秦越两地相去遥远，比喻疏远隔膜，各不相关。

(56)服尽情迁：指族人的血缘关系出了五服，感情迁移。

(57)缀：连结，继续。

食而弗殊：吃饭而没有不同，此处指同居。

(58)蕞［zuì］尔：形容小（多指地区小）。语出《左传·昭公七年》：“郑虽无腆，抑谚曰‘蕞尔国’，而三世执其政柄。”

(59)以义居闻者三人：指何千龄倡导的同居持续四世、锺宅倡导的同居持续三世，郑绮倡导的同居当时已持续十世，后延至十五世。

(60)蹶然：疾起貌。

(61)文毅：即陈亮。

(62)名阀：名门望族。浙江浦江深溪王氏源自峻岭王氏，峻岭王氏源自义乌凤林王氏。凤林王氏始祖系北宋初年的太子太师、右金吾卫上将军、郐国公王彦超，第五世王固中皇祐五年（1053）进士。峻岭王氏第二世王望之中嘉定元年（1208）进士，第三世王万中嘉定十六年（1223）进士，官至太常寺少卿，谥忠惠。故称名门望族。

(63)金华诸族亦同出于凤林，其显融者项背相望，而淳熙宰相为尤著：据浙江义乌《凤林王氏大宗谱》载，迁居金华府城雅堂街的，系凤林王氏始迁祖王彦超幼子王槐的孙子王从皓。王从皓的曾孙王本中进士，封鲁国公。王本的长子王登中北宋政和二年（1112）进士，生二子，王师心、王师德。王师心（1097—1169），字与道，中北宋重和元年（1118）进士，曾任江南西路安抚使、两浙安抚使、户部侍郎、礼部尚书兼侍读，著有《易说》。乾道元年（1165），以左奉议大夫致仕，卒后谥庄敏。王师德生王淮（1126—1189）。王淮字季海，中南宋绍兴十五年（1145）进士，历任临海尉、监察御史、右正言、秘书少监兼恭王府直讲、太常少卿、中书舍人，官至左丞相，封鲁国公。淳熙十六年（1189）卒，赠少师，谥文定。

显融，显明，显著。

(64)韦布：即韦带布衣，指粗陋的衣服。借指寒素之士、平民。

㊻靡不有初，鲜克有终：意谓凡事都有个开始，但经常不了了之，没个结果。讽谕持志不终的人。语出《诗经·大雅·荡》。

㊱旌异：旌表，褒奖。

㊲龙光：皇帝特别给予的恩宠、荣光。语出《诗经·小雅·蓼萧》："既见君子，为龙为光。"

烛：照，照亮。

㊳炳焕：鲜明华丽。

㊴《易》著《同人》，合乾与离：《周易》中的同人卦，由上乾下离组合组成。该卦阐释和同的原则，重视大同，不计小异。

㊀上参于天，火之赫熹：语出《周易·同人》："《象》曰：天与火，同人。"意谓天在上，火有炎上之势，故天与火同性，两相亲和。赫熹，指烈日。

㉑类族辨物，君子以之：语出《周易·同人》："君子以类族辨物。"意谓人格高尚的人按照类别的聚集来辨别事物的性质。

㉒一气：声气相通。

㉓敷：展开。

㉔翻〔shā〕：古同"杀"。收束，终止。

㉕借耰〔yōu〕取箕，诔〔suì〕语丝披：儿子借农具给父亲，脸上就显出给父亲恩德的表情，婆母前来拿簸箕扫帚，儿媳立即口出恶言。语出〔西汉〕贾谊《治安策》："借父耰鉏，虑有德色；母取箕帚，立而诔语。"比喻子女不孝顺父母。耰，古代的一种农具，用来弄碎土块，平整田地。诔语，斥责，责骂。丝披，即分丝披缕，也作分丝析缕，比喻分得很细。

㉖天衷：天的善意。

㉗浦阳之江：即浦阳江，又称浣江。发源于浙江浦江西部山区，穿过浦江盆地，向东北流经诸暨、萧山、绍兴等地，直接注入东海。明朝中期，浦阳江改道，经萧山闻堰镇汇入钱塘江。全长 150 公里，流域面积 3452 平方公里。

弥弥：水满貌。

㉘太朴：原始质朴的大道。

㉙接轸联帷：车辆和帐幕相连接。形容其多。

㉚绅緌〔ruí〕：指有官职的人。绅，大带。緌，冠带之末梢下垂部分。

㉛鼎彝：古代祭器，上面多刻着表彰有功人物的文字。

㉜愆〔qiān〕：罪过，过失。

㉝耄倪：老少。语出《孟子·梁惠王下》："王速出令，反其旄倪，止其重器。"〔东汉〕赵岐注："旄，老耄也。倪，弱小，緊倪者也。"

㉞潴〔zhū〕：（水）积聚。

畚筑：盛土和捣土的工具。

㉟涓滴：极少量的水。比喻极少量的钱或物。

不翅：不止。

漏卮：是指底上有孔的酒器。

⑧孝弟：亦作"孝悌"。孝顺父母，敬爱兄长。语出《论语·学而篇》："其为人也孝弟，而好犯上者鲜矣。"

⑧匪：通"非"。

蓍龟：古人以蓍草与龟甲占卜凶吉，因指占卜。

⑧崇构：犹言高筑。

肇：开始，初始。

⑧翚〔huī〕飞：意谓像锦鸡一样飞，形容宫室的高峻壮丽。语出《诗经·小雅·斯干》："如翚斯飞。"

⑨维彼跬步，千里在兹：语出《荀子·劝学》："不积跬步，无以至千里。"意谓只有坚持行走，才能到千里。

⑨上慎旃〔zhān〕哉：希望小心谨慎。上，通"尚"，希望。旃，之，语助词。

⑨华：华山。此处指世代同居的孝义典范浙江浦江郑义门。

而：用于句末，相当于"耳"。

⑨太史：《周礼》春官之属有太史，为掌天象历法之官。汉初太史令仍兼有修史之职，如司马迁，称太史公。宋代史馆始置编修、检讨，而明清翰林院亦置编修、检讨，于是影响附会，亦称翰林官为太史。宋濂曾任翰林学士承旨、知制诰，主持修纂《元史》，故称太史。

义门诗序①

方孝孺②

孟子言，仁言不如仁声之入人深也③。先王导民之具详矣，政教以约之，礼乐以正之，刑罚以威之。犹以为未足，而复宣之以言，入之以声。言载于书，声感于耳，斯民之视听莫不有所劝诫，宁有不善者乎？秦汉以来，治道湮熄，先王之泽不可复见，所存者独诗为粗完④，传于学者。

孟子所谓仁声，诗盖为近之。然其言虽存，而不易入人。诵说者且不解其意，况于闻之者哉！盖世远而事异，旨微而理密，人不为之感者，固宜也。后世之诗，出于一时之言，殆若可以感人矣⑤，而病于道德不足，而辞采有余。故虽可以感人，而不能使人知性情之正。夫人莫不有仁让敬义之心也，恒患不能言之。以其心之所同然者入其耳，戾者化，悍者革，悔者至于涕泣自讼，喜者至于拊手蹈足⑥，此仁声之所以为深者乎！惜夫，其不见于世也久矣。

予于浦阳王氏，得士大夫所为义门之诗而读之⑦，喟然为之叹息，然后知仁声未尝尽亡也。王氏累世数千指合食⑧，不以亲疏少异，其行信有足称者。诗之所言，虽辞有不同者，而其旨必归于孝悌、礼让、慈爱、敦睦，恳恳然有闵俗思古之意⑨。使治天下者，不用仁声化民则已，苟有用者，舍是诗将奚取哉！天下之不治，多始于民不亲睦。涵斯民于教化之中，使之勇于为善而怯于为暴者，岂条法约束显示而明禁之，亦惟濡涤其耳目，昭融其心志，俾自得之耳。夫不能使民自得而欲以浅陋之术制之，其幸致于安治者鲜哉⑩！

今天子方兴三代之政⑪，必以诗道化民，将见王氏之诗，采于史官，而用于邦国。然则此诗也，非王氏之诗，乃治世之音也。非为一时之观美，实后世之所法者也。

（辑自《方孝孺集》卷十三）

【注释】

①义门：即王义门。浙江浦江深溪义门王氏从南宋景定元年（1260）到明建文四年（1402），从第四世始，到第十世终，七世同居，历时142年，元明两朝受到朝廷旌表，称义门王氏或王义门，与同里郑氏媲美。详见本书〔清〕陈命禹《源六十六朱安人传》。

②方孝孺（1357—1402）：字希直，一字希古，号逊志。浙江宁海人。因在汉中府任教授时，蜀献王赐名其读书处为正学，亦称正学先生或方正学。曾到浙江浦江郑义门（今郑宅镇）向宋濂问学，为相邻的深溪义门王氏撰《义门诗序》《王氏〈深溪集〉后序》《书浦江二义门唱和诗后》等文。

③孟子言，仁言不如仁声之入人深也：语出《孟子·尽心上》："仁言不如仁声之入人深也，善政不如善教之得民也。"

④粗：略微。

⑤殆若：大概像。

⑥抃手：拍手。表示喜悦或惊讶。

⑦浦阳王氏：即浙江浦江深溪义门王氏。

⑧数千指：数百人。古人常以指头计人口，一人十个指头，形容人多。

合食：同炊。指不分家。

⑨闵：同"悯"。

⑩幸致：侥幸得到。

⑪三代之政：指夏商周三代先王的良政善治。

王氏《深溪集》后序①

方孝孺②

侥幸可以致富贵而不可以得一善之名，富贵可以予夺人而不可以得君子之誉，天下公言甚可畏也。赵孟之门③，寒者能使之温，馁者能使之饱，徒者而能使之车马而行，然欲使一人称其义，终不可得。颜回、原宪皆畸穷困厄之士④，食无稻而居无庐，其势不足以诒谈者之口⑤，而称仁义者必推而归之。人心之公不可以势利夺也，尚矣！士之致乎美名者，舍仁义何以哉！一乡之所予，一国不予之；一国之所予，天下不予之，而能名乎世者未之见也。乡之人曰然，国之人和之；国之人曰然，天下之人和之；天下皆曰然，而不得当世君子称之。苟名矣而能传乎世者，未之见也。故名发诸身，扬于众人，而传于君子，岂不较然矣乎⑥！

婺之浦江在宋中世有郑绮者⑦，以义闻当时，而教其子孙不异爨⑧，历元迄今凡十世如其初，乡人称之，浙水之东又称之，既而天下又称之，名贤巨儒遂发于文辞，以咏歌之。郑氏尝集为书，即所居之地，名曰《麟溪集》以传⑨，由是郑氏之义闻海内。郑氏之里深溪有王氏讳澄者⑩，尝慕郑氏名，教其子孙取以为法。子孙承其志，今越五世亦不少变，乡人遂亦称之，士君子亦从而赞美之。王氏乃亦辑而为书，即其所居之地，名之曰《深溪集》，将刻以示来世。

呜呼，王氏可谓知所慕而善于致名矣！世之君子，其学术殊，其智识亦殊，其居之远近又殊，至于称王氏之义门，如出一口然。诚非有其实而众誉之能若是乎？天地之间，自斯民之生，其为人亦众矣，然至今相传而不泯者，其名可得而数，又何其少乎！盖惟豪杰之士能传，而湮没无闻者多故也。夫人之生，莫不自雄于一世，及其死也，至与草木同为澌尽⑪，岂不诚惑乎！故士论富贵贫贱，惟善足以不朽。仁义之心，人孰无之。读斯集者，非惟王氏后人当思自励，有人心者，皆知所以鉴矣。

（辑自《方孝孺集》卷十三）

【注释】

①《深溪集》：明朝初年，浙江浦江深溪义门王氏将讴歌家族世代同居、孝义持家的诗赋文章汇编为《深溪集》，共二十卷。建文四年（1402），"靖难之役"后，明成祖朱棣大肆杀戮建文帝旧臣，王勉（家长王士觉之侄、时任右春坊右庶子）受邻家之累，含冤被杀，子孙星散，同居结束，《深溪集》与《宗谱》《家则》一起被搜缴。只有方孝孺撰写的《王氏〈深溪集〉后序》，因存于《方孝孺集》及《深溪义门王氏宗谱》中才留传于世。

②方孝孺（1357—1402）：字希直，一字希古，号逊志。浙江宁海人。曾到浙江浦江郑义门（今郑宅镇）向宋濂问学，为相邻的深溪义门王氏撰《义门诗序》《王氏〈深溪集〉后序》《书浦江二义门唱和诗后》等文。

③赵孟之门：指春秋时晋臣赵盾及其后代赵武、赵鞅、赵无恤。赵氏世代执掌晋国朝政，贵显无比。

④颜回（前521—前481）：曹姓，颜氏，名回，字子渊，鲁国人。春秋鲁国思想家，孔门七十二贤之首。居陋巷，尊称"复圣颜子"。《论语·雍也篇》："一箪食，一瓢饮，在陋巷，人不堪其忧，（颜）回也不改其乐。"

原宪（前515—？）：字子思（按，《逸周书·谥法解》"在约纯思曰宪"）。春秋末年宋国商丘人。孔门七十二贤之一。出身贫寒，个性狷介，安贫乐道，不肯与世俗合流。《庄子·杂篇·让王》："原宪居鲁，环堵之室，茨以生草；蓬户不完，桑以为枢；而瓮牖二室，褐以为塞；上漏下湿，匡坐而弦。"

⑤诒：传给。

⑥较然：明显貌。

⑦郑绮（1118—1193）：字宗文。浙江浦江郑宅镇人。善读书，通《春秋穀梁传》。事亲极孝，父系狱当死，上书请代；母张氏病笃，抱持如婴儿，侍奉数十年如一日。临终，嘱咐子孙不得分财异爨。南宋孝宗乾道年间（1165—1173），赐号冲素处士。

⑧异爨［cuàn］：分开起灶。指兄弟分家。

⑨《麟溪集》：元至正十年（1350），浙江浦江郑义门第六世郑大和（文融）编。该书汇集宋以来诸家题赠郑义门世代同居、孝义传家的诗赋及碑志序记题跋之类，共为一编。前十卷以十天干纪卷，后十二卷以十二地支纪卷，末为别编二卷，为续作。

⑩深溪：溪名。发源于浙江浦江金芙蓉山西麓，流经郑宅镇西部。王氏世居于此，称深溪王氏。详见本书《王继旦传》。

王氏讳澄者：即王澄（1269—1341），字德辉，号善渊。浙江浦江郑宅镇郎中村（旧址在王氏宗祠西侧，今不存）人。其效法郑氏，倡导同居，孝友入乡贤祠。事迹见《明史·孝义传》。

⑪澌尽：消亡。

旭升堂大事记

约公元前 565 年，周灵王的太子姬晋出生。公元前 550 年，姬晋被废为庶人，未及三年而薨，年仅 17 岁。其子姬宗敬，避居晋阳（今山西太原），人称王家，后人以王为氏。

秦亡（前 206），大将军王离长子王元迁居山东琅琊，为琅琊王氏祖；幼子王威仍居晋阳，为太原王氏祖。

东晋（265—420）末年，中原世家大族随晋室南迁，时称"王与马，共天下"的名臣王导之族人随迁。会稽地区（今浙江绍兴）的大量王姓族人，大多是那时南迁的。

唐朝（618—907）末年，王氏第五十一世、王彦超高祖王昌禹任大理寺评事，从会稽北迁，定居大名临清（今河北临西）。

唐末、五代（907—960），王氏第五十四世、王彦超父亲王重霸从政。后周显德年间（954—960），以光禄卿致仕。北宋太祖乾德三年（965），卒。

五代后梁乾化四年（914），王氏第五十五世王彦超生。北宋初，官至太子太师、右金吾卫上将军，封邠国公。太平兴国八年（983），携子王棣、王标、王槐，从汴京开封南迁，经会稽，到婺州义乌凤林乡折桂里（今浙江义乌赤岸镇朱店村）定居，为凤林王氏祖。雍熙三年（986）卒，享年七十三岁，赠尚书令。

北宋皇祐五年（1053），凤林王氏第五世王固（994—1064）中进士，初试秘书省校书郎，主楚州宝应县（今属江苏），移处州龙泉（今属浙江）县令，迁建州松溪县（今属福建），调恩阳（今属四川）县令。

元祐二年（1087），凤林王氏第七世王孝纯出生，官至国子助教。

南宋淳熙四年（1177），凤林王氏第八世王起（1142—1209）携十三岁的长子王约之（1165—1225）、七岁的次子王望之（1171—1213），迁居浙江浦江灵泉乡峻岭（今岩头镇王店村沙溪庵一带），成为峻岭王氏祖。

嘉定元年（1208），峻岭王氏第二世王望之中进士，治《春秋》。未授官而卒。

嘉定十年（1217），峻岭王氏第三世王芟（1197—1260）携弟王尧（1199—1258）迁居深溪（今郑宅镇水阁村一带），成为深溪王氏祖。为了不让峻岭王氏的祖先断祀，深溪王氏的世代从峻岭王氏算起，故峻岭王氏第一世王起也是深溪王氏第一世，峻岭王氏第三世、深溪王氏始迁祖王芟也是深溪王氏第三世。后王尧返回峻岭故宅定居，成为前溪派祖。

嘉定十六年（1223），峻岭王氏第三世王万（1194—1241）中进士，官至太常寺少卿，谥忠惠，赠集英殿修撰，后入浦江五贤祠。

绍定二年（1229），王芟始建王氏宗祠。历代屡有翻修、扩建，今存。

景定元年（1260），深溪王氏第四世王或（1209—1262）制订 28 条王氏《家则》，率领兄弟子侄开始同居。

元大德三年（1299），深溪王氏第五世王铸（1233—1299）卒，临终嘱咐儿孙世代同居。王铸系深溪王氏前店、象山、郎中派共祖。

（后）至元年间（1335—1340），深溪王氏因效法同里麟溪郑氏世代同居，受朝廷旌表，称义门王氏或王义门。

至正元年（1341），深溪王氏第七世王澄（1269—1341）卒。临终嘱咐儿孙世代同居："尔等当法我勤俭，更效同里郑氏九叶聚居。吾瞑目泉下矣！"

至正二年（1342），深溪王氏第八世王士觉始修《深溪义门王氏宗谱》，由宋濂秉笔。又以王或制订的 28 条王氏《家则》为蓝本，参照 168 条《郑氏规范》，有所增删，制订 184 条《深溪义门王氏家则》。

明洪武年间（1368—1398），深溪王氏因效法同里麟溪郑氏世代同居，再次受朝廷旌表。

建文四年（1402），深溪王氏第九世、时任右春坊右庶子的王懋（1346—1402）受邻家之累，含冤被杀。遭此家变，七世同居、历时 142 年、元明两朝两次受到朝廷旌表的义门王氏子孙星散，同居结束，相关家族资料散佚。

正统十三年（1448），深溪王氏第十二世王惠（1400—1448）卒。王惠生四子：王泽、王济、王淞、王通，其中王淞、王通是前店村共祖。

崇祯十一年（1638），深溪王氏第十七世王大化掇拾旧闻，考订刻印《深溪义门王氏家则》（非全本），随即散佚。

同年，深溪王氏第十八世王天爵（1568—1638）卒。生前建造中正堂，俗称旧屋里。生六子：王宗相、王宗藩、王宗恒、王宗完、王宗规、王宗群。

清康熙二年（1663），深溪王氏第二十世王继祥、王继旦兄弟跟随郑义门邑庠生郑尚蓂读书。这是旭升堂第一位有文字记录的塾师。王继旦创立旭升堂（今存），支持兄长王继祥专心举业，抚养侄儿王守观、儿子王守中，子侄二人均中秀才，举为乡饮宾。事迹载清《乾隆浦江县志·孝友传》。

康熙八年（1669），深溪王氏第十九世王宗群（1613—1669）卒。墓在旭升堂西北半里许，碑上刻有"西山朝奉之墓"六字，今存。

康熙十七年（1678），深溪王氏第二十世王继祥（1644—1680）中邑庠生，治《诗经》。

康熙十八年（1679），陈命禹在王继旦（1651—1692）家的家塾青云斋坐馆授徒。

康熙二十八年（1689），深溪王氏第二十一世王守观（1669—1720）中府庠生，治《诗经》。

同年，旭升堂第二世王守中（1674—1739）中邑庠生，治《周易》。卒后葬村南蟆头山，今存。

康熙五十四年（1715），旭升堂第三世王祖源（1696—1739）中邑庠生，治《诗经》。

康熙五十八年（1719），王守中参与《深溪义门王氏宗谱》第十一修。

雍正十三年（1735），深溪王氏前店派议定十月十四日为中正堂始祖王天爵的诞辰祭日。

乾隆十五年（1750），旭升堂第三世王祖津（1705—1750）卒。生前中邑庠生，治《诗经》。后中恩贡生，候选儒学训导。

乾隆十六年（1751），大旱，旭升堂第四世王志枫（1725—1797）、王志棣（1729—1756）兄弟捐谷赈饥。

乾隆十七年（1752），王志枫中邑庠生。后捐为例贡生，候选儒学训导。

乾隆二十九年（1764），王志枫在村西石塽源上造履安桥，长五丈二尺，宽一丈三尺。

乾隆三十四年（1769），王志枫参与《深溪义门王氏宗谱》第十三修。

乾隆三十八年（1773），旭升堂第五世王舟搜得《深溪义门王氏家则》明代旧抄本（未刻印）。

同年，周璠应王志枫之邀，在旭升堂坐馆，教授王志枫之子王舟、从侄王龄，历时五年。后王龄的儿子王可仪、王可大又向周璠问学。

同年，王志枫在村南石塽源上建旭升桥，长二丈，宽七尺。

乾隆四十一年（1776），王舟（1751—1779）中府庠生。

同年，清《乾隆浦江县志》纂修完成。王志枫等倡修，王舟等参与缮录。

乾隆四十二年（1777），旭升堂第五世王龄（1751—1819）中邑庠生，治《书经》。后捐为例贡生，候选儒学训导。创建家塾双桐书屋（俗称新书堂），编有《双桐书屋诗》二卷，著有《垫园诗钞》（又称《亦亦诗钞》）四卷。今佚。

乾隆五十二年（1787），旭升堂第六世王可仪（1770—1843）中府庠生。

乾隆五十三年（1788），王志枫在旭升堂南里许登高里建成"王氏先茔"（俗称花坟），后将父母王祖源夫妇安葬于此。

同年，王龄参与《深溪义门王氏宗谱》第十四修。

乾隆五十五年（1790），旭升堂第四世王志棣妻黄氏奉旨建旌节牌坊。乾隆五十七年（1792），在王氏宗祠南侧建成。

嘉庆二年（1797），王志枫卒，附葬"王氏先茔"。生前在富春江上贩盐，"念天下财路关隘莫如盐务，乃营其业，张肆富春江上，船筏往来其间"。

同年，旭升堂第六世王可大（1773—1842）受时任浙江学政阮元赏识，中邑庠生。著有《里下荒谈诗草》八卷、《诗韵通释会参》二十卷。今佚。

嘉庆七年（1802），王龄将歌咏其母黄氏青年守节抚孤、晚年受朝廷旌表建坊的诗歌，汇编为《旌节编》，由朱兴悌作序。今佚。

同年，旭升堂第六世王可嘉（1778—1846）中邑庠生。后任祠堂经理四十年，三次参与修缮王氏宗祠。

同年，王龄、王可仪、王可大参与《深溪义门王氏宗谱》第十五修。

嘉庆十三年（1808），王可嘉与王祖珏倡首，重作《深溪十咏》诗，一唱众和，刻印成集，由曹开泰作序。今佚。

嘉庆十六年（1811），王氏族人搜得《深溪义门王氏家则》明代旧刻本，与明代旧抄本互校，刻印。王可仪参与校雠，并作跋。

同年，王龄出资刻印业师周璠的著作《盘洲诗文集》八卷（《盘洲文集》六卷、《盘洲诗集》二卷），由朱兴悌、戴殿泗校订。原本、副本及全副镂板藏王氏兰庭。

嘉庆十七年（1812），王可仪为姑夫郑祖涝编次《乐清轩诗钞》。

嘉庆二十四年（1819），王舟妻张氏奉旨建旌节牌坊。道光四年（1824），在旭升堂大门北侧建成。

同年，王龄、王可仪、王可大、王可嘉参与《深溪义门王氏宗谱》第十六修。

道光二年（1822），金殿传胪、翰林院编修戴殿泗为王舟妻张氏撰《昆三十四张太孺人七秩节寿序》。

同年，王可仪中岁贡生，候选儒学训导。曾任月泉书院山长。著有《味经斋诗文稿》十六卷（今存残本），汇辑《古文集》二十卷（今佚）。

道光十二年（1832），旭升堂第七世王思兼（1803—1862）中邑庠生。

同年，王镐、王可仪、王可大、王可嘉、王可杰、王可在、王思古参与《深溪义门王氏宗谱》第十七修。

同年，王可仪在浙江浦江檀溪镇潘周家村坐馆授徒，历时三年。

道光十三年（1833），旭升堂第七世王思奠（1809—1862）中邑庠生。

道光二十二年（1842），王可仪编选《味经斋诗文稿》（今存残本），共十六卷，由朱寓作序。

同年，王可仪编选《天崇四大家文稿》。今佚。

道光二十三年（1843），王可仪为表弟郑梾汇辑的《浦阳历朝诗录》作序。此前，参与编辑。

道光二十四年（1844），王镐、王可嘉、王可在、王思古、王思兼、王思奠、王思渫参与《深溪义门王氏宗谱》第十八修。

咸丰六年（1856），王可枢、王思兼、王思孟、王思古、王思胜、王思奠、王思渫参与《深溪义门王氏宗谱》第十九修。

咸丰七年（1857），旭升堂第八世王兴豪（1825—1863）中邑庠生。

咸丰八年（1858），郑梾汇辑的《浦阳历朝诗录》刊印。收录旭升堂先贤王龄诗 22 首、王镐诗 2 首、王可仪诗 4 首、王可大诗 3 首。

咸丰十一年（1861），太平军攻入浙江浦江，藏于王氏兰庭的《盘洲诗文集》全副镂板毁于兵燹，书籍也留存无几。旭升堂的文化遗产经受第一次劫难。

同治元年（1862），王思兼死于战乱。生前曾总理王氏宗祠事务近二十年。

同治二年（1863），旭升堂第八世王可枢卒。生前为府庠生。

同年，旭升堂第七世王思古卒。生前为府庠武生。

同治十年（1871），旭升堂第七世王思渫参与《深溪义门王氏宗谱》第二十修。

同治十三年（1874），旭升堂第八世王兴谟（1851—1916）中邑庠生。后中贡生，授直隶州州判衔。

光绪二年（1876），旭升堂第七世王思宾中邑庠生。其熟谙医术，接诊病人，不索回报。

同年，王思渫卒。生前为武庠生，倡议将家族的贤田改作祭田。

光绪九年（1883），王思宾、王兴谟参与《深溪义门王氏宗谱》第二十一修。

光绪十七年（1891），浙江学政潘衍桐编纂《两浙轩续录》刊印，收录清末浙江5300多位诗人的15000首诗歌，包括王龄的《孝感泉》《拟古（二首）》。

光绪二十一年（1895），王思宾、王兴谟参与《深溪义门王氏宗谱》第二十二修。

光绪三十三年（1907），王兴谟、王兴嗣参与《深溪义门王氏宗谱》第二十三修。

光绪年间（1875—1908），虞善扬誊录王可仪的著作《味经斋诗文稿》（今存残本）。

民国七年（1918），旭升堂第八世王兴嗣（1839—1918）卒。面对战乱之后贪官鱼肉百姓的暴行，他曾为营救亲人奔走呼号。

民国八年（1919），王逢坤、王逢汉参与《深溪义门王氏宗谱》第二十四修。

民国十一年（1922），旭升堂第八世王兴镇在王氏宗祠创办私立中正初级小学，有教职员一人，学生十余人。

民国二十年（1931），王逢坤、王逢沾参与《深溪义门王氏宗谱》第二十五修。

民国二十五年（1936），私立中正初级小学有教职员三人，学生四十八人。

民国三十二年（1943），王兴镇、王逢述、王逢源、王逢法、王正大、王正孝、王在先、王在腾参与《深溪义门王氏宗谱》第二十六修。

民国时期（1912—1949），旭升堂正厅多次发生火灾，旋即修复。

1966年，"文化大革命"开始，"王氏先茔"（俗称花坟）、黄氏、张氏旌节牌坊被毁。旭升堂的文化遗产经受第二次劫难。

2007年，旭升堂第十一世王东晓当选为中国共产党第十七次全国代表大会代表。其曾任热带海洋环境国家重点实验室主任、中国科学院南海海洋研究所副所长、中国科学院热带海洋环境动力学重点实验室主任、中国科学院中国——斯里兰卡联合科教中心主任等职务，获全国自强模范、全国五一劳动奖章、中国青年科技奖、国家"万人计划"科技创新领军人物等荣誉。目前，担任中国科学探险协会副主席、中山大学海洋科学学院院长等职。

2009年，旭升堂第十一世王根泉参与《深溪义门王氏宗谱》第二十七修。

2010年，王氏宗祠、旭升堂被列为浙江省浦江县第四批文物保护单位。

2015年，旭升堂被列为浙江省浦江县百幢历史建筑保护利用工程，加以修缮后，建成前店村文化礼堂。

2020年，方勇主编的《浦江文献集成》由学苑出版社出版，王可仪的著作《味经斋诗文稿》（残本）被收录其中。

2023年7月，深溪王氏第二十八世王向阳编注的《旭升堂：江南好家风》一书由中山大学出版社公开出版发行。

旭升堂先贤功名录

世代	谱名	生卒年	功名	年份	专攻	职官	主要功业
第二世	守中	1674—1739	邑庠生	1689	《周易》		随父创建旭升堂
第三世	祖源	1696—1739	邑庠生	1715	《诗经》		教书育人
第三世	祖津	1705—1750	邑庠生 恩贡生		《诗经》	候选儒学训导	延请名师，允许同宗子弟入家塾读书
第四世	志枫	1725—1797	邑庠生 例贡生	1752	《春秋》	候选儒学训导	经营盐业，修建"王氏先茔"，修建履安桥、旭升桥，倡修清《乾隆浦江县志》
第五世	舟	1751—1779	府庠生		《书经》		参与缮录清《乾隆浦江县志》，搜集《深溪义门王氏家则》明抄本
第五世	龄	1751—1819	邑庠生 例贡生	1776	《书经》	候选儒学训导	创建双桐书屋，为母建造牌坊，编《双桐书屋诗》二卷、《旌节编》，著《埶园诗钞》四卷，刊印《盘洲诗文集》八卷
第六世	可仪	1770—1843	府廪生 岁贡生	1787 1822	《礼记》	候选儒学训导	著《味经斋诗文稿》十六卷，辑《古文集》二十卷，任月泉书院山长
第六世	可大	1773—1842	邑庠生	1797			受浙江学政阮元赏识，著《里下荒谈诗草》八卷、《诗韵通释会参》二十卷
第六世	可嘉	1778—1846	邑庠生	1802			为母建牌坊，管理王氏宗祠四十年
第六世	可枢	1818—1863	府庠生				
第七世	思古	1802—1863	府庠武生				
第七世	思兼	1803—1862	邑庠生	1832		赐盐运使知事衔	管理王氏宗祠近二十年
第七世	思奠	1809—1862	邑庠生	1833			
第七世	思溁	1818—1876	邑庠武生				将贤田改祭田
第七世	思宾	1847—1906	邑庠生	1876			擅长医术，不索回报
第八世	兴豪	1825—1863	邑庠生	1857			

（续上表）

世代	谱名	生卒年	功名	年份	专攻	职官	主要功业
第八世	兴亮	1827—1863	承荫监生	1862			
第八世	兴谟	1851—1916	邑廪生 恩贡生	1874		授直隶州 州判衔	教书育人，借印清《光绪浦江县志》
第八世	兴镇	1887—1951	例贡生			派出所 所员	民国十一年（1922）在王氏宗祠创办私立中正初级小学

旭升堂塾师一览

姓名	字号	生卒年	籍贯	功名、职官	学生	备注
郑尚苊	号立羽	1636—1707	郑宅镇丰产村	邑庠生，儒学训导	继祥继旦	著《浣云轩诗草》《书种堂文稿》
陈命禹	字舜也，号中庵	1651—1701	白马镇清塘村	邑庠生	守中	坐馆十余年
张以珸	字次玉，号华麓	1685—1750	县城东隅	进士，昌平州、霸州知州	祖源祖津	著《华麓诗稿》四卷
王祖福	字学景，号安宁，又号陆巢	1703—1765	郑宅镇水阁村	邑庠生	志枫	
张邦彦	字俊球	1711—1782	县城	举人，仁和儒学训导	志枫志棣	曾主月泉书院教席
周璠	字鲁玙，号盘洲	1734—1803	檀溪镇潘周家村	岁贡生，海盐县学训导	舟、龄、可仪、可大	坐馆五年，著《盘洲诗文集》八卷
王有芳	字如松，号竹岩，庠名筼	1747—1816	虞宅乡王村	邑庠生	可仪等	坐馆十三年
陈耀俊	字升之，号新田	1749—1810	檀溪镇寺前村	岁贡生	可仪等	著《兰庭课草》十八首
王明爽	字慈明，号西圃	1751—1816	中余乡中余村	贡生	镐、可仪、可嘉	坐馆十三年
王祖瑞	字光玉，号辉山	1751—1804	郑宅镇樟桥头村	邑庠生	可大	
王志推	字景颜，号月轩	1787—1854	郑宅镇樟桥头村	府庠生	思兼	
黄志锴	字文之，庠名志勉，号敏斋	1816—1884	黄宅镇桂花明堂村	岁贡生，候选儒学训导	兴谟	

（续上表）

姓名	字号	生卒年	籍贯	功名、职官	学生	备注
黄几塎	字云湄	1826—1883	黄宅镇小份村	恩贡生，候选儒学训导，杭州府学训导，景宁县学教谕	兴谟	
王志镆	字子铆，号谷堂，别号筱云，改名景曾	1831—？	郑宅镇三埂口村	贡生，翰林待诏	兴谟	

参考文献

一、书籍

方孝孺. 方孝孺集［M］. 徐广大，点校. 杭州：浙江古籍出版社，2013.

方勇. 浦江文献集成［M］. 北京：学苑出版社，2020.

旌义编［M］. 书种堂藏板［民国壬戌年（1922）重刊］.

潘衍桐. 两浙輶轩续录［M］. 杭州：浙江古籍出版社，2014.

浦江县民政局，杭州市勘测设计研究院. 浦江县地名志［M］. 长沙：湖南地图出版社，2021.

深溪义门王氏家则［M］. 大宗祠藏板［清嘉庆十六年（1811）重刊］.

宋濂. 宋濂全集［M］. 黄灵庚，编辑校点. 北京：人民文学出版社，2014.

郑楸. 浦阳历朝诗录［M］. 郑氏玄鹿山房〔清咸丰六年（1856）本〕.

锺声，江东放. 浦江历代碑刻拾遗［M］. 杭州：浙江人民美术出版社，2020.

何保华，洪以瑞. 浦江县书画人物小传［M］. 金华：浦江县县志编纂委员会，1985.

吴月. 月泉书院考志校注［M］. 金华：浦江县县志编纂室，2020.

二、宗谱

陈舒平. 浦江宗谱文献集成［M］. 上海：上海古籍出版社，2012.

深溪义门王氏宗谱于清朝同治辛未年（1871），光绪癸未年（1883）、乙未年（1895）、丁未年（1907），民国己未年（1919）、辛未年（1931）续修。

香溪蔡氏宗谱. 民国戊子年（1948）续修.

根溪陈氏宗谱. 民国丙戌年（1946）续修.

龙山陈氏宗谱. 民国庚午年（1930）续修.

清塘陈氏宗谱. 民国戊辰年（1928）续修.

沙城陈氏宗谱. 民国丙子年（1936）续修.

檀溪陈氏宗谱. 民国庚辰年（1940）续修.

合溪黄氏宗谱. 民国丙辰年（1916）续修.

献山贾氏宗谱. 民国丁卯年（1927）续修.

华墙潘氏宗谱. 民国戊寅年（1938）续修.

盘溪潘氏宗谱. 民国庚申年（1920）续修.

新安王氏宗谱. 民国乙酉年（1945）续修.

湖溪虞氏宗谱. 民国壬申年（1932）续修.

柳溪张氏宗谱. 民国乙酉年（1945）续修.

龙溪张氏（八甲派）宗谱. 民国甲戌年（1934）续修.

白麟溪义门郑氏宗谱. 民国丙辰年（1916）续修.

潮溪锺氏宗谱. 民国戊寅年（1938）续修.

盘溪周氏宗谱. 民国己丑年（1949）续修.

朱氏宗谱.（义泉长派）民国辛未年（1931）续修.

环溪李氏宗谱.民国庚辰年（1940）续修.

鹤溪骆氏宗谱.民国己巳年（1929）续修.

后　记

　　家是最小国，国是最大家。家风的好坏，小则影响家族的前程，大则影响国家的命运。在实现中华民族伟大复兴的历史进程中，尤其需要弘扬良好的家风，形成淳朴的民风，促进清明的政风。

　　而今，家风教育已经提上国家的议事日程。这不是喊一句口号，也不是刮一阵风，而是需要以抓铁有痕、踏石留印的毅力，扎扎实实地开展家风教育，深入其中，持续下去。编注《旭升堂：江南好家风》，是为了给读者提供一种内容翔实、通俗易懂的家风读本，以便旭升堂后人读史明理，继承先志；炎黄子孙见贤思齐，学习借鉴，成为家庭、社会、国家的有用之才。

　　十年磨一剑，得失寸心知。回顾辑佚、点校、注释《旭升堂：江南好家风》的过程，酸甜苦辣，一言难尽。

　　2020 年 7 月 10 日，我在查阅浙江《浦江文献集成》时，无意中发现浦江郑宅镇前店村旭升堂先贤王可仪的《味经斋诗文稿》（残本），如获至宝。原书 16 卷，现存 25 篇古文，可谓字字玑珠。

　　其实，早在十年之前，我就开始关注旭升堂的家风。2012 年 11 月 2 日，收到江东放先生出资重印的线装书《浦阳历朝诗录》，我发现其中收录了前店旭升堂先贤王龄、王可仪等人的 20 余首诗歌。2015 年 11 月 2 日，陈舒平先生发给我新旧两种《深溪义门王氏宗谱》的照片版，我从中发现前店旭升堂在清朝 200 多年时间里连续 8 代出了秀才，堪称江南好家风。感佩之余，我把有关旭升堂先贤的几十篇文章收集起来，点校以后，分享给远在广州的旭升堂十二世孙王东晓。

　　这一次，我又将《味经斋诗文稿》第一时间与王东晓分享。他在惊喜之余，提议出版一本反映旭升堂家风的文史资料集，由我承担具体的辑佚、校勘、注释工作，并给予我精神上的鼓励和物力上的支持。经过多年积累，我觉得此事已经水到渠成，于是欣然应允，立马动手。

　　第一步，辑佚。除上述资料外，我从《浦江文献集成》中，查阅清代文人的文集，找到几十篇与旭升堂先贤有关的诗文。又从《浦江宗谱文献集成》中，查到旭升堂先贤王龄、王可仪父子写的 10 余篇文章。又请陈舒平先生在《浦江宗谱文献集成（第二辑)》稿本中，帮我找到王可仪写的 7 篇诗文，以免有遗珠之憾。又经张贤先生之介，在锺声、江东放编的《浦江历代碑刻拾遗》一书中，找到王龄写的《回龙庵记》。

　　第二步，校勘。在古籍的不同版本中，选择年代较早的版本作为底本，进行校勘，择善而从。对于文字差错，予以改正，并出校记；对于史实错误，在注释中予以考辨说明。

　　第三步，注释。鉴于清儒自幼浸淫于儒家经典，其落笔时有意无意受到影响，因此需要查考的出处和典故甚多，我为此再度通读了四书五经。书中涉及成千上百的小人物，别说国史，就是方志也鲜有记载，因此只能翻阅各家的宗谱寻寻觅觅，犹如大海捞针。特别是各种名不见于经传的小地名，很多是明清时期鱼鳞册里的土名，不见于典籍记载，只存于所在村庄村民的口耳相传中，更是难以查考。

　　凡心所向，素履以往。因为心中有一团火，身上有一股劲，我只有"撸起袖子加油干"。于是，我几乎每个月都回老家一次，到张伟文、张春燕伉俪家查阅《浦江文献集成》、各家宗谱以及其他文献资料，深入宝山，珠玉在前，琳琅满目，应有尽有。感恩他们的仗义相助，不仅为我提供幽静的查阅场所，不时送茶端水，烹制美食，还相互切磋遇到的难题，让我沉浸在心灵和舌尖的双重享受当中，常有乐不思蜀之感。

同时，我走出书斋，翻山越岭，进行田野调查，勘察各地遗迹，采访耆老，聆听故实，以便与文献资料相互佐证。这三年多来，我一次次寻访与旭升堂有关的历史遗迹，访王氏宗祠，过玄鹿山房，探深溪源、石塆源，寻鹤塘，爬蒋山、石磨山、寺后山，上峻岭、黄梅岭、毛岭、石母岭，朝三圣岩，虽然耗费了大量的时间和精力，但却收获了许多在文献资料中难以查到的宝贵信息。

在汇编校注旭升堂文史资料集的过程中，我常有"书到用时方恨少"之叹。好在有一众助人为乐的亲朋师友，时时帮助、鞭策、鼓励着我，我才得以抱病完成这项艰巨的任务。除了上文提及的诸位以外，尚有徐儒宗、郑定财、郑志法、王华庭、王适红、王森林、王燎瑜、王忠魁、王荣标、王灿烂、郑辉、张黎明、黄曙光、潘朝阳、边建松、陆生作、吴滔、吴建明等人先后向我提供了各种各样的帮助。在本书的出版过程中，中山大学出版社的李文、叶枫等编辑一丝不苟，严格把关，付出了艰辛的劳动。在此一并表示感谢。尤其要感谢中国社会史学会常务理事、广东省历史学会会长、中山大学党委书记陈春声教授在百忙之中拨冗赐序，给予我极大的鼓励和鞭策。

年湮世远，沧海桑田，旭升堂文史资料的搜集工作难以穷尽，难免会有疏漏之处。由于内容包罗万象，加上本人腹笥浅薄，虽然十五易其稿，但仍有个别地名有待进一步考证、部分名字的内在关联尚待进一步探究，敬请博雅君子不吝赐教，匡我不逮（微信号：13857112755）。同时，由于时代局限，书中汇集的文史资料或有个别良莠不齐之处，敬请读者注意甄别，以便去粗存精，古为今用。

浙江浦江深溪王向阳撰

2022 年 11 月 2 日